Reclams Führer zu den Denkmalen der Industrie und Technik in Deutschland 2

*Magdeburg-Buckau. Grusonwerke, Montage III*

# Reclams Führer zu den Denkmalen der Industrie und Technik in Deutschland

## Band 2
## Neue Länder · Berlin

Herausgegeben von
Volker Rödel

Mit 100 Fotos
sowie Rissen und Plänen

Philipp Reclam jun. Stuttgart

**Die Deutsche Bibliothek – CIP-Einheitsaufnahme**

**Rödel, Volker:**
Reclams Führer zu den Denkmalen der Industrie und Technik in Deutschland / hrsg. von Volker Rödel. – Stuttgart : Reclam

Bd. 2. Neue Länder, Berlin. – 1998
ISBN 3-15-010377-0


Einbandgestaltung: Reichert Buchgestaltung Stuttgart,
unter Verwendung eines Fotos von Dr. Volker Rödel,
Frankfurt am Main (Abwasserpumpwerk in Berlin-Wilmersdorf)
Gesamtherstellung: Wilhelm Röck, Weinsberg
Printed in Germany 1998

ISBN 3-15-010377-0

# Inhalt

# Autoren des Bandes

Die Beiträge sind mit den Namenszeichen der Autoren versehen, die die Ortsartikel für folgende Bundesländer bzw. Städte bearbeitet haben:

Helmut Derp (*HD*): Magdeburg

Klaus Dreßler (*KD*): Sachsen

Axel Föhl (*AF*): Magdeburg

Hans-Günter Hallfahrt (*HH*): Berlin

Ulrich Krüger (*UK*): Leipzig

Volker Rödel (*VR*): alle Länder

Hubert Staroste (*HS*): Berlin

Wilfried Theile (*WT*): Brandenburg

Simone Thümmel (*ST*): Sachsen

Otfried Wagenbreth (*OW*): Sachsen

Hermann Wirth (*HW*): Thüringen

# Vorwort

Band 2 des *Führers zu den Denkmalen der Industrie und Technik in Deutschland* ist, in Anknüpfung an Band 1, ein Versuch, die bislang noch nicht vorhandene flächendeckende Gesamtdarstellung der hauptsächlich aus dem 19. Jh. überlieferten Relikte des Industriezeitalters in den sogenannten Neuen Bundesländern vorzubereiten. Die Zielsetzung aller, die bei diesem Buch mitgewirkt haben, war, Wesentliches durch objektive Beschreibung zu dokumentieren.

Wie für den ersten Band gilt auch für Band 2 die Endlichkeit der Aussage. Stärker noch als in den alten Bundesländern, in denen die Industriedenkmalpflege seit den 1980er Jahren doch einige Erfolge erzielen konnte, stehen die mit Denkmalen der Industrie und Technik beschäftigten Konservatoren in den Denkmalfach- und -schutzbehörden der fünf neuen Bundesländer mit dem Rücken zur Wand. Gedankenlose Abrißmentalität bei Investoren, Kommunen und auch bei den Landesregierungen verkürzen die Zeit für ein Nachdenken über den behutsamen Umgang mit den Geschichtszeugnissen der vergangenen 150 Jahre, auf denen maßgeblich unsere heutige Gesellschaft fußt. Die Milliarden, die nach der Wiedervereinigung in die neuen Bundesländer geströmt sind, hätten, bei besserem gedanklichen Ansatz der Verwaltenden sinnvoll eingesetzt, viel hochwertiges Kulturgut gerade auch aus dem Bereich der Industrie erhalten können. So kann es aber vorkommen, daß eine in diesem Buch beschriebene industrielle Anlage während der Bearbeitungszeit zur Ruine wurde oder dann, wenn der Leser es zur Hand nimmt, überhaupt nicht mehr zu betrachten ist.

Wie bei Band 1 orientierte sich die Objektauswahl nicht ausschließlich an den – wenn überhaupt vorhandenen – Denkmallisten der einzelnen Bundesländer, vielmehr sind es die Kenntnisse und der Fachverstand der mit der Materie vertrauten, meist als Denkmalpfleger tätigen Autoren, die manche für keine Liste vorgesehene Objekte auswählten und andere, wie etwa Mühlen jeglicher Art, nur in exemplarischer Auswahl vorstellen.

Wichtige Grundlagen für den Band 2 bilden neben eigener Anschauung und der zitierten Literatur die bereits zu DDR-Zeiten erschienenen Publikationen von Otfried Wagenbreth und Eberhard Wächtler (*Technische Denkmale in der Deutschen Demokratischen Republik*, [4]1989), Wolfgang Schmidt und Wilfried Theile (*Denkmale der Produktions- und Verkehrsgeschichte*, Band 1, 1989, Band 2, 1991) und Hermann Wirth (*Technik. Zeugnisse der Produktions- und Verkehrsgeschichte*, 1990), deren Autoren meist auch für diesen Band gewonnen werden konnten. Wie bei allen Gemeinschaftspublikationen gilt auch für diese die Regel, daß jeder Autor für seine Texte selbst verantwortlich zeichnet.

Ein Punkt (●) neben dem Text soll auf Bauwerke, Details und Maschinen von besonderer architektur- oder kulturhistorischer Bedeutung aufmerksam machen.

Für hilfreiche Hinweise aus Sachsen, Sachsen-Anhalt und Thüringen danke ich vor allem Rainer Philipp, Stephan Klaus und Rolf Höhmann, die sich aus Arbeitsüberlastung außerstande sahen, selbst redaktionelle Beiträge beizusteuern. Arbeitsüberlastung war auch der Hauptgrund, weshalb das Land Mecklenburg-Vorpommern manchem Leser in diesem Band etwas unterrepräsentiert erscheinen mag. Mein besonderer Dank gilt zum guten Ende den Mitautoren, auch den Mitarbeitern des Verlags Philipp Reclam jun.

*Volker Rödel*

# Einführung

Die Wiedervereinigung ein Jahr nach dem Fall der Mauer am 9. 11. 1989, die, seit dem 13. 8. 1961 sichtbar, aber meist nur mit tödlicher Folge greifbar, zwei infolge des 2. Weltkrieges entstandene deutsche Staaten mit unterschiedlicher Entwicklung trennte, weckte Hoffnungen auch bei den Industriedenkmalpflegern, gab es doch in den auf dem Territorium der ehemaligen DDR etwa in den Grenzen von 1815 neugebildeten Bundesländern Denkmale der Industrie und Technik von einer Dichte und Qualität, wie sie im Westen zu dieser Zeit schon längst nicht mehr existierten. Die Hoffnung, daß bei der Neuorganisation der Denkmalpflege in den neuen Bundesländern die negativen Erfahrungen aus den alten Ländern berücksichtigt, Industriedenkmalpflege also gleich wie die Bau- und Kunstdenkmalpflege gewichtet würden, erfüllte sich nicht.
Dabei hatte die DDR mit der Arbeit des Instituts für Denkmalpflege und des Kulturbundes, die inhaltlich an die in den 1920er Jahren vom Verein Deutscher Ingenieure (VDI), dem Deutschen Bund Heimatschutz und dem Deutschen Werkbund entwickelten Gedanken zu Technischen Kulturdenkmälern (dokumentiert in den Publikationen von Conrad Matschoss und Werner Lindner) anknüpfte, in einigen, eher an Objekten der Früh- denn der Hochindustrialisierung orientierten Bereichen der Industriedenkmalpflege – Wind- und Wassermühlen, frühe Anlagen des Bergbaus und der Verhüttung etc. – ein durchaus positives Erbe hinterlassen.
War im Westen die Zerstörung wichtiger Zeugnisse der industriellen Vergangenheit, immer noch Basis unserer Dienstleistungsgesellschaft auf dem Sprung in das 3. Jahrtausend, ein über Jahrzehnte dauernder Prozeß, schafften es Investoren in Zusammenarbeit mit der Treuhandanstalt und deren Nachfolgerin, innerhalb von fünf Jahren nicht nur Arbeitsplätze, sondern auch wertvolles Kulturgut ohne Grund zu vernichten. Die Anonymität der Gegner zwang den Denkmalpflegern erneut einen quijoteresken Kampf auf gegen das Unvermögen einer sich neu bildenden Gesellschaft, die jüngere Vergangenheit zu bewältigen. Die Industriedenkmalpflege nimmt auf der Werteskala dieser neuformierten Gesellschaft einen der hintersten Plätze ein, sicher nicht zum Vorteil zukünftiger gesellschaftlicher Entwicklung.
Auch für die neuen Bundesländer gilt das bereits im 1992 erschienenen Band 1 Gesagte: »Noch immer nicht gehören die meist aus dem 19. und 20. Jahrhundert erhaltenen Denkmale der Industrie und Technik, im Gegensatz zu den eigentlich dem gleichen Genre zuzuordnenden antiken oder mittelalterlichen Relikten (Aquädukte, römische Kalköfen, Wasserkünste u. a.) zum anerkannten kulturellen Erbe. Begründungen für den geringen Stellenwert der Zeitzeugen des Industriezeitalters innerhalb unserer Kultur lassen sich einige finden. An erster Stelle rangiert wohl das aus der Entwöhnung von körperlicher Tätigkeit resultierende Unverständnis für manuelle und maschinelle Arbeit (eine Aussage, die für die neuen Bundesländer nur mit Einschränkung zutrifft) einer sich zur Dienstleistung hin orientierenden Gesellschaft, das sich oft, dann meistens ideologisch bestimmt, in rigoroser Ablehnung von Arbeit und Leistung ausdrückt. Zwei verheerende Weltkriege erzeugten ein einseitiges Bild von Industrie und Technik, das allein auf deren negative, zerstörerische Möglichkeiten fixiert ist. Ein ähnlich pauschal und unkritisch geprägtes Image, ohne Abwägung von Notwendigkeit und Nutzen, entsteht der Industrie heute – damit auch ihrer historischen Bedeutung – durch ein zwar notwendig wachsendes, aber nicht immer reflektiertes Umweltbewußtsein. Nicht zuletzt trägt der bundesweit ungenügende und unkoordinierte Wissensstand zur Unterbewertung der Denkmale aus Industrie und Technik bei.«
Erschwert wird die Akzeptanz der Zeugen unserer industriellen Entwicklung in der Bevölkerung wie auch bei den Behörden – und hier sei nochmals betont, daß die in der 1. Hälfte des 19. Jh.s auch in Deutschland beginnende industrielle Revolution den Grundstock unserer heutigen gesellschaftlichen Entwicklung bildet – durch die gigantischen Altlasten, die ein auf rigorose Ausbeutung der natürlichen Ressourcen ausgerichtetes Staatssystem, dem auch nur der geringste Ansatz zu einem Umweltbewußtsein fehlte, hinterlassen hat. Hier bleibt die Denkmalpflege

ohne Chance. Die Wüstungen eines ausgekohlten Braunkohletagebaus, die landschaftsüberformenden Abraumhalden des Mansfelder Reviers, die strahlenden Relikte des Uranbergbaus oder die Überreste der chemischen Großindustrie müssen in Abwägung der öffentlichen Interessen im Sinne eines vernünftigen Umweltschutzes als erhaltbare Objekte (Ausnahmen bestätigen die Regel) von der Denkmalpflege aufgegeben werden. Um die Erinnerung an die geschichtliche Entwicklung zu konservieren, muß – und dies sollte eine der wesentlichen Aufgaben ostdeutscher Industriedenkmalpflege im Moment sein – gleichzeitig mit der Renaturierung eine umfängliche Dokumentation erstellt werden, die auch späteren Generationen einen Blick zurück erlaubt.

Wie Industriedenkmale in Deutschland klassifiziert werden, läßt sich der ausführlichen Beschreibung in Band 1 entnehmen. Territorialgeschichte (die an dieser Stelle nicht behandelt werden soll) und industrielle Entwicklung der mitteldeutschen Länder, auf die sich diese Publikation konzentriert, sind im Westen weitgehend unbekannt.

Die Landschaft des Nordens beschreibt Theodor Fontane prägnant in den *Wanderungen durch die Mark Brandenburg*: »Das [...] Land ist überhaupt eins von den stillen in unserer Provinz, die Eisenbahn streift es kaum, und die großen Fahrstraßen laufen nur eben an seiner Grenze hin.« Eindrücke, die sich heute noch bestätigen und die sich auch auf Mecklenburg-Vorpommern übertragen lassen.

Mecklenburg, ein Land mit wenigen ausbeutbaren Bodenschätzen, lebt seit dem Mittelalter hauptsächlich von der Kultivierung des fruchtbaren Bodens der Moränenlandschaft, in der seit Beginn des 19. Jh.s vornehmlich Getreide, Zukkerrüben und Kartoffeln angebaut werden, partiell ergänzt durch Viehzucht und die den stellenweise vorhandenen tonigen Boden nutzenden Ziegeleien. Die Verarbeitung der landwirtschaftlichen Produkte übernahmen lokale Zucker-, Stärke- und Konservenfabriken. In den einst die Ostseeschiffahrt dominierenden Hansestädten Wismar, Rostock und Stralsund sowie Warnemünde entwickelte sich seit der Jahrhundertwende eine intensive Schiffbautätigkeit mit Werften von überregionaler Bedeutung, deren wirtschaftliche Existenz durch Spekulationsgeschäfte Mitte der 1990er Jahre in Frage gestellt ist.

Ähnlich dem nördlichen Nachbarn wird die Landschaft der Mark Brandenburg bestimmt durch die Formgebung der letzten Eiszeit mit flachhügeligen Endmoränen, mitgestaltet durch drei Urstromtäler (Glogau-Baruther, Warschau-Berliner und Thorn-Eberswalder). Große Flächen des Landes bestimmt auf Sandböden die Forstwirtschaft, die Lößböden werden genutzt für Getreide-, Kartoffel- und Gemüseanbau. Den Grundstein für die seit der 1. Hälfte des 19. Jh.s in Berlin und im südlichen Brandenburg entstehende Industrielandschaft legte Friedrich Wilhelm, der Große Kurfürst, mit dem Edikt von Potsdam (1685), in dessen Folge bis 1697 etwa 12000 Hugenotten und viele reformierte Schweizer, Württemberger, Sachsen, Mecklenburger und Böhmen eine neue Heimstatt in Brandenburg fanden. Berlin rückte in den Mittelpunkt des durch Brandenburg führenden Fernverkehrs mit der Fertigstellung des Friedrich-Wilhelm-Kanals (Oder-Spree-Kanal, 1662–69), der nun Frankfurt an der Oder als Handelszentrum an die Peripherie verwies, ergänzt unter Friedrich II., dem Großen, durch den Bau des Finow-Kanals (1744–46) und des den Salztransport nach Brandenburg und Pommern erleichternden, die untere Havel und die mittlere Elbe verbindenden Plauer Kanals (1743–45). Das mit Bodenschätzen nicht reich bedachte Brandenburg besaß dennoch in den seit dem Ende des 18. Jh.s konsequent abgebauten Kalksteinvorkommen bei Rüdersdorf und den ab 1848 schrittweise erschlossenen Braunkohlevorkommen in der ehemals sächsischen Niederlausitz, die in den Verhandlungen des Wiener Kongresses dem unter Friedrich Wilhelm I. (reg. 1713–40) aus der Mark entstandenen Preußen als Beutegut zugeschlagen wurde, eine Rohstoffbasis, die, zumindest bei der Braunkohle, bis über die Mitte des 20. Jh.s hinaus immense Bedeutung für die industrielle Entwicklung des Landes besaß.

Wie überall in den deutschen Staaten waren auch in Preußen – Brandenburg und Berlin – der Ausbau des Schienennetzes und die Industrialisierung eng miteinander verknüpft. Allein zwischen 1837 und 1860 stellte der Staat 400 Mio. Taler für den Eisenbahnbau zur Verfügung, die nur zum geringeren Teil in den rheinischen Landesteilen verbraucht wurden, aber Berlin mit den von hier ausgehenden Strecken nach Magdeburg (1838–46), Wittenberg (1841), Frankfurt an der Oder (1842), Stettin (1843) und Hamburg (1846) zum nordostdeutschen Verkehrsknotenpunkt werden ließen. Die 2. Hälfte des 19. Jh.s wurde, besonders im Raum Berlin, geprägt von der nach 1848 stürmisch einsetzenden Phase der Hochindustrialisierung, mit welcher die das brandenburgische Wirtschaftsleben bis dahin bestimmende Landwirtschaft an Bedeutung verlor. In Berlin überflügelte die Bekleidungsindustrie das traditionelle Textilgewerbe der Brandenburger und Niederlausitzer Städte; in der weiteren Umgebung entstanden Industriestandorte mit Schwergewicht Maschinenbau (z. B. Brandenburg), Metallverarbeitung (z. B. Eberswalde) und optische Erzeugnisse (z. B. Rathenow). In der Lausitz profitierten Tuch- und Glasindustrie von dem allgemeinen Aufschwung. Nach der Reichsgründung 1871 fokussierte sich die industrielle Entwicklung eindeutig auf Berlin, wo die großen Unternehmen des Maschinenbaus, der Konfektion und der Elektroindustrie um die Jahrhundertwende begannen, mit der Verlagerung ihrer Fabrikstandorte an die Peripherie (2. Randwanderung) der inzwischen zur Millionenstadt gewachsenen Metropole unbewußt auch Stadtplanung zu betreiben.

Mehr als ein halbes Jahrhundert später gab die Aufrüstung des Dritten Reiches nochmals Impulse für einen Ausbau der Industrie in Brandenburg und in und um Berlin, wozu auch der Ausbau der Flughäfen gehörte. Die seit Mitte des 19. Jh.s fest etablierten Industriezweige – Schwermaschinen- und Lokomotivbau in Henningsdorf, Tegel und Wildau; Hütten- und Walzwerk, Textilindustrie, Metallverarbeitung in Brandenburg a. d. Havel; Maschinenbau in Eberswalde-Finow (bekannt durch die im Großschiffahrtsweg Berlin–Stettin 1900–14 bei Niederfinow erbaute Schleusentreppe und dem Schiffshebewerk von 1927–1934), Nähmaschinen- und Zellstoffproduktion in Wittenberge, um nur einige Standorte zu nennen, ergänzten in den 1930–40er Jahren die Herstellung von Aluminium (Lauta) und Zellwolle (Premnitz), die Produktionsstätten der Luftfahrtindustrie (u. a. Nowawes, Rangsdorf, Brandenburg, Oranienburg) sowie Fahrzeugbau, Funk-, Fernmelde- und Fernsehtechnik (Berlin) und Filmstudios (Babelsberg). Standorte, die auch für die Wirtschaft der DDR Bedeutung behielten.

Sachsen-Anhalt in seinen heutigen Grenzen existierte, politisch und verwaltungstechnisch definiert, bis zur Wiedervereinigung eigentlich nur zwischen dem 9. 7. 1945 und dem 25. 7. 1952, konstruiert aus der 1815 vor allem auf Kosten Sachsens geschaffenen preußischen Provinz unter Einbeziehung der ehemals bis nach Thüringen reichenden kursächsischen Gebiete und aus südlichen Landesteilen der Mark Brandenburg. Geographisch entwickelt sich das Land von der im Norden durch eine eiszeitlich geprägte, noch dem norddeutschen Tiefland zugehörigen Moränenlandschaft mit sandigen, von Kiefernwäldern bestimmten Böden (u. a. Colbitz-Letzlinger Heide), durchsetzt von fruchtbaren Schwarzerde- und Lößlandschaften über das Mittelgebirgsvorland der Magdeburger Börde und der Leipziger Tieflandsbucht, bis zu den im Südwesten begrenzenden Höhen des Harzes, denen sich im Süden die Ausläufer des Thüringer Waldes anschließen.

Der von der Elbe bei Wittenberge natürlich und gegen Niedersachsen bei Salzwedel politisch abgegrenzte Landesteil nördlich der Autobahn Hannover–Magdeburg–Berlin wird weitgehend von Landwirtschaft bestimmt, den mittleren und südlichen Teil des Landes prägt seit der Mitte des 19. Jh.s die Industrie, wobei der Bergbau auf Kupferschiefer um Mansfeld bereits zwischen dem 12. und 16. Jh. eine vorindustrielle Hochblüte erzeugte, die sich nach mehrfacher Einstellung der Förderung schließlich unter dem rigorosen Autarkieprogramm der DDR, natürlich mit anderen technischen Möglichkeiten, bis zur endgültigen Stillegung der Gruben 1969 wiederholte. Den Niedergang des Kupferschieferbergbaus im 19. Jh. glich auf fast identischer Fläche der Abbau von Kalisalzen aus, die zuerst 1861 bei Staßfurt angebohrt wurden und über ein Jahrhundert als Düngemittel die Versorgung einer rasant wachsenden Bevölkerung durch entsprechende Ertragssteigerung in der Landwirtschaft ermöglichten.

Flächendeckend bildeten der Zuckerrübenanbau und die Veredelung der Rübe die Basis der Industrialisierung. Später weltberühmte Maschinenfabriken – zu Beginn der Entwicklung im Raum Magdeburg konzentriert, dann auch in Halle, Dessau u. a. Städten ansässig – produzierten anfangs ausschließlich Maschinen für die Landwirtschaft. Den aufbereiteten Rohstoff lieferten die Eisenhütten des Nordharzes und Lauchhammer. Der Energieversorgung der ständig wachsenden Industrie diente die zwischen Halle und Zeitz geförderte Braunkohle, deren

Transport das seit 1839 immer dichter werdende Eisenbahnnetz übernahm. Braunkohle ermöglichte auch den Aufbau der energieverschlingenden Elektrochemie im Raum Bitterfeld (ab 1892) und in Leuna (ab 1916), ergänzt durch die eine Generation spätere Gründung der künstlichen Kautschuk herstellenden Bunawerke (1939) in Schkopau. Gespeist aus den nach dem 2. Weltkrieg erschlossenen Erdgasvorkommen bei Salzwedel und russischem Erdöl, bildete die Petrochemie an diesen Standorten eine wichtige Säule der DDR-Wirtschaft.

Der heutige Freistaat Thüringen entspricht mit seiner Grenzziehung in etwa dem aus einer Vielzahl von Kleinstaaten mit dem Gemeinschaftsvertrag vom 4. 1. 1920 neu formierten Land, doch jetzt unter Einbeziehung auch des damaligen preußischen Regierungsbezirkes Erfurt. Coburg hatte sich bereits 1920 per Volksabstimmung für den Anschluß an Bayern entschieden. Als geographisches Zentrum des Landes gilt seit jeher das fruchtbare, sich um den Mittelpunkt Erfurt ausdehnende Thüringer Becken, begrenzt im S und SW durch den Thüringer Wald, im W von Rhön und der Hügellandschaft des Werragebietes und im Norden von den Südausläufern des Harzes. Nach NO öffnet sich das Becken sanft gewellt zur Leipziger Tieflandsbucht, durch die sich die Hauptflüsse des Landes, Saale und Unstrut, nach ihrer Vereinigung in Sachsen-Anhalt bei Naumburg bis zur Elbe ihren Weg gebahnt haben.

Über das Handwerk hinausgehend, begann unter Herzog Friedrich II. (1691–1732) von Gotha-Altenburg eine an merkantilistischen Prinzipien ausgerichtete vorindustrielle Entwicklung durch Förderung des Bergbaus auf Eisenstein und der Metallverarbeitung; Forstwirtschaft ermöglichte die Existenz zahlreicher Glashütten in den Gebirgstälern; in Gotha wurde 1719 eine erste Wollmanufaktur gegründet. Mit dem Beitritt des unter Preußens Anleitung 1833 gegründeten »Zoll- und Handelsvereins der Thüringischen Staaten« zum Preußisch-Hessischen Zollverein, aus dem nach Fusion mit dem Süddeutschen Zollverein am 1. 1. 1834 der Deutsche Zollverein entstand, wurde das Fundament für die industrielle Entwicklung Thüringens gelegt, auf dem zuerst die ostthüringische Textilindustrie aufbauen konnte, zu deren Zentren sich Apolda, Gera, Greiz und Schleiz entwickeln sollten. Im Herzogtum Meiningen entstand ein Hüttenwerk, das an die Tradition der südthüringischen Kleineisen- und Waffenproduktion von Ruhla, Schleusingen, Schmalkalden, Suhl und Zella-Mehlis anknüpfte. Gegen Ende des 19. Jh.s eroberten die Sonneberger Spielwarenhersteller bedeutende Anteile am Weltmarkt; um die Braunkohlelagerstätten bei Altenburg entstand mit Brikettfabriken und Schwelereien eine neue Basisindustrie, ebenso mit dem Kalibergbau an der Wipper rund um Bleicherode und an der Werra zwischen Gerstungen und Vacha. Eisenach, seit 1896 Nebenstandort der Bayerischen Motorenwerke, entwickelte sich sehr bald zum Zentrum der Automobilindustrie in Thüringen, das bis heute seine Bedeutung nicht verloren hat. Mit den Zeiss-Werken, Synonym für optische Präzisionsgeräte, erlangte Jena Weltruf. Weniger positive Erinnerungen verbinden sich mit den im 2. Weltkrieg errichteten Rüstungsbetrieben (Flugzeugfabrik bei Kahla und Raketenproduktion bei Niedersachswerfen), in denen unzählige Fremdarbeiter und Häftlinge zu Tode kamen. Große Probleme bereiten dem Land heute die strahlenden Hinterlassenschaften des 1946–90 intensiv betriebenen Uranbergbaus um Ronneburg.

Der Freistaat Sachsen in seiner jetzigen Ausdehnung bildet nur noch ein Rudiment der durch die Ergebnisse des Siebenjährigen Krieges und der Wiener Verhandlungen 1815 beschnittenen Fläche; bis dahin teilten sich die zwei sächsischen Fürstenhäuser noch zusätzlich große Teile des nördlichen Thüringens, das heutige Sachsen-Anhalt, die Niederlausitz und die südlichen Gebiete der Mark. Das sächsische Idiom galt bis zur erzwungenen Abtretung weiter Landesteile an Preußen nach dem Wiener Kongreß als die wesentliche Grundlage der deutschen Hochsprache, was selbst Goethe nicht in Zweifel zog.

Von der fruchtbaren Leipziger Tieflandsbucht und der weitgehend durch Wasser geprägten Landschaft der Lausitz steigt das Gelände mählich über die Vorboten des mittelsächsischen Berglandes und der Lausitzer Berge, in denen die Elbtalmulde sich birgt, zu den die Südgrenze definierenden Gebirgen an, von denen das bizarrste die »Sächsische Schweiz«, das rauheste das Erzgebirge darstellt.

Das Erzgebirge, wegen seiner reichen Erzvorkommen so benannt, bildete mit seinem um Freiberg konzentrierten Bergbau vornehmlich auf Silber seit dem 12. Jh. mit Unterbrechungen um 1500 und während des Dreißigjährigen Krieges bis in das 19. Jh. hinein eine der wesentlichen fi-

nanziellen Säulen der sächsischen Fürstenhäuser. Gegen Ende des 15. Jh.s entwickelte sich Leipzig zu einer Drehscheibe des Wirtschaftslebens in Ostdeutschland, begünstigt durch die Messeprivilegien von 1497 und 1507. Insgesamt kann dem Land bis zum Beginn der eigentlichen industriellen Revolution, die in Sachsen sicher nicht zu Unrecht mit der Eröffnung der ersten Eisenbahnfernstrecke (Leipzig–Dresden 1839) angesetzt wird, kontinuierlicher Gewerbefleiß nachgesagt werden.
Seit 1828 förderte (neben der seit 1765 bestehenden Bergakademie in Freiberg) die polytechnische Schule in Dresden, die zweite Gründung nach Karlsruhe (1825) in Deutschland, einen technischen Nachwuchs, der mithalf, Sachsen gegen Ende des Jahrhunderts zu einem Industriestaat zu formen, ohne auf nennenswerte Rohstoffvorkommen zurückgreifen zu können. Das gleiche Jahr brachte die Gründung des Industrieverbandes für das Königreich Sachsen zur Hebung des Exports und den Anschluß an den Mitteldeutschen Handelsverein, dem 1833 der Beitritt zum Preußisch-Süddeutschen Zollverein folgte, aus dem 1834 der Deutsche Zollverein entstand. Nach der Einführung der Gewerbefreiheit 1861 waren die Tore für eine stürmische industrielle Entwicklung des Landes geöffnet, die sich im rasanten Zuwachs der Bevölkerung spiegelt: Bereits 1871 war Sachsen mit 170,5 Menschen pro Quadratkilometer das am dichtesten besiedelte Land des Deutschen Reiches, 1895 mit einer Bevölkerungsdichte von 252,6 das von ganz Europa.
Sachsens Wirtschaft wurde auch weiterhin geprägt von einer arbeitsintensiven Veredelungsindustrie, deren Produkte zu einem hohen Anteil für den Export bestimmt waren. Beherrschend blieb die Textilindustrie mit Spinnereien und Webereien im Großraum Chemnitz–Zwickau, ergänzt durch die Spitzen- und Gardinenindustrie (Weißwaren) des Vogtlandes, aus deren Bedarf an Spezialmaschinen eine qualifizierte Maschinen- und Metallindustrie (Chemnitz) entstand. Daneben prosperierten im Erzgebirge und im Vogtland traditionelle oder hochspezialisierte neue Produktionszweige mit dem Musikinstrumentenbau um Klingenthal und Markneukirchen, der auf Sebnitz und Neustadt konzentrierten Kunstblumenherstellung, der heute erneut weltberühmten Uhrenkonstruktion und -fertigung in Glashütte und der Papiererzeugung in den Tälern der Freiberger und Zwickauer Mulde und der Zschopau. Das westliche Erzgebirge und den Landstrich zwischen Bautzen und Zittau bestimmte Kleineisen- und Metallwarenindustrie. In den beiden Metropolen des Landes erlangten besonders feinmechanische und optische Unternehmen (Dresden) und das polygraphische Gewerbe (Leipzig) Weltruf. Schwerindustrie entwickelte sich nur an wenigen Standorten in Abhängigkeit von den energiespendenden Rohstoffen, so südlich von Leipzig (Braunkohle), im Plauenschen Grund nahe Freital, um Zwickau und im Lugau-Oelsnitzer Gebiet (Steinkohle). Der Erzbergbau konzentrierte sich ab 1946 auf die Förderung von Uran im Gebiet zwischen Aue und Schneeberg, dessen Altlasten nach der Einstellung des Abbaus ähnliche Probleme aufwerfen wie im thüringischen Ronneburg.
Für jeden, der sich mit der industriellen Vergangenheit als Bestandteil unserer Geschichte beschäftigt, bieten die neuen Bundesländer noch genügend Anschauungsmaterial über Technik und Arbeitsbedingungen unserer Eltern, Groß- und Urgroßeltern. Es bleibt zu hoffen, daß nach dem Untergang der DDR und der nach der Wiedervereinigung einsetzenden Ernüchterung doch auf breiter Basis eine Sensibilität – und damit ist auch die Erhaltung von Maschinen und Bauten gemeint – für die positiven Aspekte des Industriezeitalters entsteht, aus der es möglich wird, unseren Enkeln und Urenkeln jüngere Geschichte zu vermitteln. *VR*

# ORTE IN ALPHABETISCHER REIHENFOLGE

## Adorf (Vogtlandkreis/H 3) FS

*Im Tal der Elster an der Verkehrsstraße nach Eger vermutlich um 1200 besiedelt. Neben Perlmuttwaren- und Musikinstrumentenindustrie war besonders die Textilindustrie in der jüngeren Vergangenheit der Haupterwerbszweig.*

**Sächsische Kunstweberei Claviez AG** (Oelsnitzer Straße 46). 1895 in Berlin gegründet. Das Firmenkontor befand sich in Leipzig wegen der engen Verbindung zur Kammgarnspinnerei in Leipzig-Plagwitz. Einer der Gründer und Leiter des Unternehmens, Emil Claviez, besaß bereits Patente auf dem Gebiet der Möbelstoffweberei und der Papiergarnherstellung. Betriebe entstanden in Leipzig und A. 1897 wurden die ersten Webstühle in A. in Gang gesetzt. Im Jahr 1900 verkaufte die Aktiengesellschaft die Leipziger Fabrik, und das Unternehmen etablierte sich gänzlich in A., nun neben der Dekorationsstoffweberei und der Papiergarnerzeugung Teppiche herstellend. Die bestehenden Bauten entwarfen F. Franke und O. Händel um 1905. Während des 1. Weltkrieges Konzentration auf die Papiergarnproduktion und -verarbeitung. Mit den Heimarbeitern waren in dieser Zeit um 3000 Arbeitskräfte beschäftigt. Nach baulichen Erweiterungen in den 20er Jahren von den Brüdern Uebel 1925 übernommen als »Adoros-Teppichwerke«. Im 2. Weltkrieg wurden wieder vorrangig Papiergarnerzeugnisse hergestellt. Seit 1953 produzierte der Betrieb als Werk der Halbmond-Teppiche Oelsnitz/Vogtl. Teppiche verschiedenster Ausführungen. Zum Betriebsgelände gehören zwei große *Geschoßbauten* und *Shedhallen.* Alle Bauten, die in mehreren Etappen seit der Firmengründung entstanden, sind architektonisch aufeinander abgestimmt. Sie sind in roter Klinkerbauweise teilweise mit gelben Klinkern verziert ausgeführt. Repräsentativ ist der Haupteingangsbereich gestaltet. Zur Fabrik gehört eine Wohnsiedlung mit größeren Beamtenwohn- und kleineren Arbeiterwohnhäusern, ebenfalls mit roter Klinkerverkleidung. Etwas abseits von dem Fabrikkomplex liegt die Unternehmervilla. – **Fabrikanlage der Gebrüder Uebel.** 1856 als kleine mechanische Weberei in Netzschkau gegründet. Um 1890 begann die Produktion in A., die 1893 400 Webstühle und eine Versuchsspinnerei umfaßte. Straßenzugbestimmend sind heute die roten, mit gelben Klinkern verzierten dreigesch. Werksbauten, hinter denen sich die weitere Fabrikanlage erstreckt. Nach dem 2. Weltkrieg wurde hier eine Baumwollspinnerei betrieben. *ST*

Lit.: Die Großindustrie des Königreiches Sachsen; Geschichte des Betriebes Sächsische Kunstweberei Claviez AG.

## Ahlbeck, Seebad (Ostvorpommern/B 5) MV

**Bahnhof.** Das seit etwa 1800 bestehende Fischerdorf entwickelte sich nach der ersten Saison 1852 zu einem bedeutenden Badeort an der Ostseeküste Vorpommerns, der von Berlin aus ab 1876 über Swinemünde/Swinoujscie (15. 5. 1876, Ducherow–Swinemünde, Berlin-Stettiner Eisenbahn; 1. 7. 1894, Swinemünde–Heringsdorf, Preuß. Staatseisenbahnen) mit der Eisenbahn erreicht werden konnte. Das durch Seitenrisalit akzentuierte zweigesch. *Empfangsgebäude* in Backsteinrohbau im Zustand der Erweiterung von 1896–97. – An die Bedeutung des Seebades um 1900 erinnert die 1891–92 als 250 m langer Landungssteg für den Dampferverkehr errichtete »Seebrücke«, die, als Folge von Wasser- und Eisschäden permanent verkürzt, nach der Jahrhundertwende mit eingesch. hölzernen, durch Ecktürmchen betonten Pavillonbauten (1982 rest.) ausschließlich dem Badebetrieb diente. Urspr. Holzpfähle 1971 durch Stahl ersetzt. Am Zugang zur Seebrücke **Uhrturm** mit Windrichtungsanzeiger von 1910. *VR*

Lit.: ZBV 1905; ZBW; Wirth, 1990, 52; Vorpommersche Küstenregion, 261.

## Aken (Köthen/E 3) SA

Die Stadt am Übergang der Straße von Köthen nach Zerbst über die Elbe begann, wenn auch bescheiden, mit der Eröffnung der *Zweigbahn* von Köthen (1. 5. 1890, Preuß. Staatseisenbahn) und dem Bau eines ersten *Hafens* an der industriellen Entwicklung des ausgehenden 19. Jh.s teilzunehmen. Weithin sichtbar am Hafen ein achtachsiger, viergesch. **Speicher** (Hallesche Getreide GmbH) als roter Backsteinrohbau in Mischformen des Historismus aus der Mitte der 1890er Jahre. Die von Stichbogenfenstern durchbrochenen Längsfassaden zweifach betont durch übergiebelte Risalite mit den großen Öffnungen der Ladeluken. *VR*

## Alleringersleben (Ohrekreis/E 2) SA

Bereits 1747 teilte Andreas Sigismund Marggraf seine Erkenntnisse über den Zuckergehalt der Runkelrübe der Berliner Akademie der Wissenschaften mit. Franz Karl Achard setzte die Idee, Zucker aus Rüben zu gewinnen, Ende der 1790er Jahre in die Praxis um. Begünstigt durch die von Napoleon I. zur Schädigung des englischen (Übersee-)Handels verhängte Kontinentalsperre (1806–12), von der auch der Rohrzuckerimport betroffen war, begann in Frankreich, wo die Verfahren für eine Großproduktion von Zucker aus der zuckerreichen Zuchtform der Runkelrübe entwickelt wurden, und in Deutschland ab den 1830er Jahren die industrielle Verwertung der Zuckerrübe (145 Zuckerfabriken gab es 1840 in Deutschland, 1870 waren es über 300). Bis weit in die zweite Hälfte des 19. Jh.s blieb die Magdeburger Börde das Hauptanbaugebiet für Zuckerrüben in Deutschland mit entsprechend großer Zahl von *Zuckerfabriken* ähnlich der stillgelegten Anlage in A. (B 1, westl. Ortsrand am Abzweig nach Wefensleben). Die bis auf romanisierende Bogenfriese und Gurtgesimse schmucklosen Backsteinrohbauten von Fabrik und Lager, Direktion, Remise und langgestreckten, zweigesch. Arbeiterkasernen entsprechen dem Standard des preiswerten Fabrikbaus um 1890. – Etwa 500 m westl. der **Zuckerfabrik** (Betriebsstraße südl. B 1) dokumentieren ein zweifarbiger *Backsteinrohbau* in retardierenden neoromanischen Formen und ein Wohn- und Verwaltungsgebäude in zurückhaltend neuklassizistischer Architektursprache (um 1910) die mißglückte Schachtanlage der Kaligewerkschaft Alleringersleben. *VR*

## Altenbrak-Wendefurth SA (Wernigerode/F 2)

**Rappbodetalsperre.** Der Eindruck der engen Täler des Harzes verliert sich auf der Fahrt von Rübeland nach A. unvermittelt am Ausgang des Tunnels, der die Straße aus dem Gebirge auf die holprige, 106 m über der Talsohle der Rappbode gelegene Krone der Hauptstaumauer des Rappbodetalsperrensystems entläßt. Nach SW erfaßt der Blick eine Staufläche von etwa 3,9 km² (für maximal 109 Mio. m³ Wasser), nach NO den steilen Absturz der Schwergewichtsmauer aus 860000 m² Beton (Sohlenbreite 78 m) über ca. 450 m Kronenlänge in das fast wasserleere Tal des namengebenden Flusses. Erste Projekte zur Bannung der Hochwassergefahr aus den im Sommer eher harmlosen Wasserläufen der Kalten und Warmen Bode, der Rappbode und der Hassel, zugleich zur Schaffung eines Trink- und Brauchwasserreservoirs für die Städte nördl. des Gebirges bis Halle, Leipzig und Magdeburg erarbeitete der Ingenieur Arnecke aus Thale bereits 1891 mit einer Sperrmauer bei Thale. Modifizierte Entwürfe 1898/1900/1911 gingen von einem System mehrerer Talsperren aus. 1. Weltkrieg, Weltwirtschaftskrise und 2. Weltkrieg blockierten die Ausführung. Am 1. 9. 1952 begannen die 1959 beendeten Bauarbeiten an der Hauptstaumauer, 1948 bereits die Ausführung der Vorsperren: Hochwasserschutzbecken der Kalten Bode westl. Königshütte (Erddamm, L 140 m, H 24 m), Überleitungsbecken östl. Königshütte (Beton, L 120 m, H 17 m, Stollen zum Hauptbecken 2 km), Rappbodevorsperre nördl. Trautenstein (Beton, L 140 m, H 25 m), Hasselvorsperre nordwestl. Hasselfelde (Beton, L 140 m, H 21,5 m). Das Kraftwerk im Unterwasser bei Wendefurth produzierte zu Zeiten der DDR jährlich etwa 37 Mio. KWh zur Versorgung der Städte im Nordharzvorland mit elektrischer Energie. Die Hauptstaumauer ist heute sanierungsbedürftig. *VR*

Lit.: Schmidt/Theile I, 149; Wirth, 1990, 317.

## Altenburg (Altenburger Land/G 3) TH

**Bahnhof.** Als Zwischenstation der 1841 begonnenen Sächsisch-Bayerischen Eisenbahn Leipzig–Hof erhielt A. zunächst einen 1842 in Betrieb genommenen Kopfbahnhof, von dem sich die 1844 eröffnete Strecke nach Crimmitschau infolge der Geländemorphologie als Spitzkehre fortsetzte (Fertigstellung bis Hof, verzögert durch den Bau der Göltzschtalbrücke bei → Netzschkau, 1851). Heutiger Bahnhof etwas weiter nördlich von 1876/78, geplant vom Königlichen Bau-Ingenieurbüro unter Leitung von Alexander Frh. von Oer, als Durchgangsstation bei gleichzeitiger Neutrassierung östlich bis zum Anschluß an die bestehende Strecke bei Münsa mit gewaltigen Aufdämmungen und einem 375 m langen Tunnel. Vom alten Bahnhof verblieben bis heute großenteils verbaute Reste des *Empfangsgebäu-*

*des* (Seitenflügel mit Ecktürmen) in der Fabrikstraße. Vom neuen Bahnhof am bemerkenswertesten die 400 m lange *Bahnsteigüberdachung* und das weitgehend erhaltene bzw. restaurierte *Empfangsgebäude* in Seitenlage: langgestreckte Baukörpergruppe in streng symmetrischer Anordnung mit dreigesch., zum Vorplatz dreiachsigen Kopfbauten, um 3 Achsen rückversetzten zweigesch. und siebenachsigen Zwischentrakten zu dem um eine Achse vorspringenden fünfachsigen Zentralbau; dieser mit dreigesch. turmförmigen Eckrisaliten, in den beiden unteren Geschossen – wie sämtliche Fassaden der übrigen Baukörper – kräftig rustiziert, im dritten Geschoß mit korinthisierender Pilasterordnung unter Konsolgesims, dazwischen die *Eingangshalle* mit Freitreppe, 3 kolossalen Rundbogenportalen, das mittlere flankiert von 2 freistehenden römisch-dorisierenden Säulen auf hohen Postamenten und unter verkröpftem Gesims urspr. zur Aufnahme überlebensgroßer plastischer Figuren; darüber das in Höhe und Gestalt mit den Eckrisaliten korrespondierende OG, deren Verdachungen einst mit geschweiften Hauben auf Attikageschoß, die der übrigen Trakte mit Mansarddach, wodurch der hier – entsprechend dem baukünstlerischen Anspruch an den Bahnhof einer fürstlichen Residenzstadt (Herzogtum Sachsen-Altenburg, bis 1918) – befolgte italienische Renaissance-Historismus eine französisch- bzw. preußisch-barocke Färbung erhielt. *HW*

Lit.: Berger, 59–61.

## Altentreptow (Demmin/B 4) MV

**Bahnhof.** Das *Empfangsgebäude* an der am 1. 12. 1877 eröffneten Teilstrecke Neubrandenburg–Demmin der von der privaten Berliner Nordbahn begonnenen, 1878 durch die Preußische Staatsbahn vollendeten Strecke Berlin–Stralsund entspricht mit seinem I-förmigen Grundriß dem für das erste Halbjahrhundert Eisenbahngeschichte gültigen Schema. In Vereinfachung klassizistischer Quaderung schmücken den Backsteinrohbau im EG andersfarbige Ziegelbänder, die Geschosse werden getrennt durch doppelte Gurt- und Konsolgesimse. Im Norden eingesch. Güterschuppenanbau, im Süden Toilettenhäuschen. *VR*

## Altfriesack (Ostprignitz-Ruppin/D 4) BG

**Klappbrücke** (Ortslage über die Ruppiner Wasserstraße). Eine hölzerne Klappbrücke von 1787–89 wurde 1927 durch eine Stahlkonstruktion mit verstärkten Widerlagern ersetzt, die der »klassischen« Ausführung mit einseitig festem Auflager und Portalschwinge entspricht. Die 14,3 m lange Portalschwinge, auch Waagebalken genannt, und beide 7 m hohe Pylone sind als Stahlfachwerk-Nietkonstruktion ausgeführt. Die Fahrbahnbreite beträgt 3 m, die der beiden erhöht liegenden Fußwege je 0,75 m. Die Brükkenöffnung hat eine Durchlaßbreite von 6,9 m. Die Brückenklappe wird über einen Seiltrieb, früher manuell, heute elektromechanisch, gehoben bzw. gesenkt. 1993/94 umfassend restauriert. *WT*

## Altkalen (Güstrow/B 3) MV

Als Ersatz für eine 1913 abgebrannte Windmühle wurde ein 1910 in Wittenförde erbauter **Holländer** einschl. der techn. Einrichtung (Mahl- und Schrotgang, Walzenstuhl, Reinigungsmaschinen) nach A. transloziert. Seit der Aufstockung 1923 wirkt er wie ein Turmholländer. 1928 Installation eines Elektromotors. 1956 Modernisierung der Technik mit 2 Doppelwalzenstühlen, einem vierteiligen Plansichter, einem Filterschrank und einer Grießputzmaschine. Von 1960 bis zur Stillegung 1990 Mischfutterwerk. 1991–95 restauriert. *VR*

Lit.: Vergessene Mühlen, 84.

## Ampfurth (Bördekreis/E 2) SA

In der 1832 von Berlin bis Magdeburg installierten, 1833 bis Koblenz weitergeführten optisch-mechanischen Telegraphenlinie (→ Iserlohn, Köln-Flittart) diente der **Treppenturm** des weitgehend aus dem 16. Jh. stammenden Schlosses der Herren von der Asseburg (seit dem 18. Jh. Eigentum der preuß. Könige) als 16. Station bei der Übermittlung von Nachrichten zwischen der Hauptstadt und den preuß. Rheinprovinzen. Der Zeichengeber bestand aus einem Mastbaum mit beidseitig je 3 Flügeln (Indikatoren), die über Seilzug bewegt wurden. Über starke Fernrohre konnten die im Abstand von 1,5 deutschen

Landmeilen (etwa 11,3 km) aufgestellten Signalmasten abgelesen werden. Von der orig. techn. Ausstattung, nach französischem Vorbild von dem Geh. Postrat Carl Philipp Heinrich Pistor (1778–1847) entwickelt, blieb lediglich ein Indikator museal erhalten. Mit Einführung der elektromagnetischen Telegraphie wurde die Nachrichtenstrecke 1852 eingestellt. *VR*

Lit.: Schmidt/Theile II, 130.

## Angermünde (Uckermark/C 5) BG

Der **Bahnhof** Angermünde wurde 1842 mit der Eröffnung der Teilstrecke Neustadt (heute Eberswalde)–Angermünde in Betrieb genommen. Damit war einer der wichtigsten Abschnitte der am 15. 8. 1843 eröffneten Strecke Berlin–Stettin im Netz der Fernstrecken fertiggestellt. Das *Empfangsgebäude* ersetzte 1863 einen schlichten Holzbau. Gleichzeitig entstand in gleicher Architektur und Größe die Gaststätte mit Wartesaal. Diese beiden einzeln stehenden, giebelständigen zweigesch. Gebäude wurden 1905 durch einen traufständigen eineinhalbgesch. Zwischenbau, der die neue Empfangshalle aufnahm, verbunden. Die für Bahnhofsbauten aus dieser Zeit typischen großen Rundbogenfenster im gesamten UG weisen auf die urspr. Nutzung der Räume als Wartesäle verschiedener Klassen mit Gaststätten hin. Zu den historischen Bahnanlagen gehören auch die um 1908 errichteten Funktionsgebäude, wie *Stellwerke, Güterboden, Wassertürme* und *Wasserkräne* zur Versorgung der Dampflokomotiven mit Speisewasser. 1906–1908 wurden die Gleise und Bahnsteige, die sich bis dahin beiderseits des Empfangsgebäudes befanden, auf die Westseite verlegt und 3 überdachte Bahnsteige mit gußeisernen Säulen und Holzdächern errichtet, die man durch einen Tunnel miteinander verband. *WT*

## Anklam (Ostvorpommern/B 5) MV

Um auch größeren Schiffen die Fahrt auf der Peene zu ermöglichen, kann die Bahnstrecke nach Stralsund (1. 11. 1863, A.–Stralsund, Berlin-Stettiner Eisenbahn) seit 1938 kurzzeitig durch eine **Klappbrücke** (Hafenrand) unterbrochen werden. Das insges. 52,5 m lange, über dem Fluß auf 14,7 m Länge einseitig über Gelenke und Kreissegment-Zahnradrollkränze aufklappbare Brückenbauwerk bestand urspr. aus genieteten Vollwandträgern, die 1982–83 durch eine geschweißte Konstruktion ersetzt wurden. – Noch neugotisch beeinflußt ist die Architektur des 1906 für die städt. Wasserversorgung errichteten **Wasserturms** (Spantekower Landstraße). – Einen ungewohnten Anblick bietet die ehem. **Windmühle** am Peenedamm, deren kopfloser oktogonaler, sich nach oben verjüngender Schaft mittig aus einem durch übergiebelte Einfahrt zentrierten siebenachs. Wohngebäude aufsteigt. *VR*

Lit.: Bez. Neubrandenburg, 43 ff.; Wirth, 1990, 57.

## Annaberg-Frohnau (Annaberg/H 4) FS

**Eisenhammer** (an der Straße nach Schönfeld). Seit 1436 gab es auf dem Standort des heutigen Hammerwerkes eine Getreidemühle. Zu dieser wurde zwischen 1498 und 1502 noch eine Silbermünze betrieben. Weiterhin diente das Mühlenanwesen auch als Scherenschmiede, Silber- und Kupferhammer. 1657 ließ der Annaberger Kaufmann Rubner einen Eisenhammer einrichten, der nach einem Brand zerstört und 1692 wieder aufgebaut wurde. Der letzte Besitzer Martin betrieb den Hammer bis 1904. 1908 übernahm ein im Ort gegründeter Hammerbund das Bauwerk mit seiner technischen Ausstattung, um es der Öffentlichkeit zugänglich zu machen. In den 50er Jahren wurde das Denkmal umfassend instand gesetzt und als Museum eröffnet. 1986 richtete man wieder eine Metallbearbeitungswerkstatt mit den originalen Maschinen ein. Zum Museum gehören neben dem Hammerwerk auch das in repräsentativer Fachwerkbauweise errichtete Herrenhaus von 1697. *ST*

Lit.: Wirth, 1990, 164.

## Antonsthal (Aue-Schwarzenberg/D 4) FS

Die **»Königliche Antonshütte«**, eine von dem Oberberghauptmann von Herder angeregte Neugründung zur gewinnträchtigen Verhüttung der weniger metallhaltigen Erze des oberen Erzgebirges – wegen der hohen Transportkosten nach Freiberg war dies zuvor unrentabel – entstand 1828–32 nach einheitlicher Planung als offene Dreiflügelanlage mit zentralem *Herrenhaus* und, den Innenhof fassend, *Schmelz- und Erzhaus* in spätklassizistisch-neugotisch geprägten Formen. Nach Stillegung der Hütte 1858 richtete der Zwickauer Kaufmann F.C. Weidenmüller in dem Gebäudekomplex eine Holzschleiferei ein, aus der sich nach 1884 eine Papierfabrik entwickelte, deren Produktion erst im letzten Viertel des 20. Jh.s endete. Die Anlage, wenn auch in den Einzelbauten mehrfach verändert, läßt den Gedanken staatlichen Ordnungswillens noch erkennen. Technikgeschichtlich von Interesse bleibt die Antonshütte als urspr. Standort des von Christian Friedrich Brendel entworfenen, von Maschinenbaumeister Döring in Halsbrücke in gotisierender Gußeisenkonstruktion ausgeführten *Zylindergebläses* zur Luftversorgung der Schmelzöfen, das sich heute als sog. Schwarzenberg-Gebläse vor der Grube »Alte Elisabeth« in Freiberg als touristische Attraktion präsentiert. *VR*

Lit.: Bauten der Technik und Industrie, 67; Wagenbreth/Wächtler, 1990, 349, 460.

## Apolda (Weimarer Land/G 2) TH

Grundlage einstiger überregionaler Bedeutung Apoldas als thüringischer Industriestadt waren das Textil- und das metallurgische Gewerbe, der Textilmaschinen- und Gerätebau. Das Textilgewerbe wurde in dem 1261 als Stadt bezeichneten Burgort 1593 mit der Strickerei, 1690 mit der Wirkerei heimisch. Die älteste, weitgehend vollständig erhaltene Textilfabrik ist der Industriebau in der Dornburger Straße: ein 95 m langes viergesch., nach Entwurf von Carl Timler 1880 in gelben Vormauerziegeln ausgeführtes Gebäude, in Formen der späten Schinkelschule. Tonreliefs in den Brüstungsfeldern des ersten OG veranschaulichen den »Weg der Wolle«. Der 1946 zerstörte Mittelrisalit wurde in nüchternen Formen der 1950er Jahre ersetzt. – Die metallurgische Tradition Apoldas geht auf die Niederlassung des Glockengießers Johan Christoph Rose aus Volkstedt bei Rudolstadt (Initialort von Friedrich Schillers *Glocke*) 1722 zurück. Das Rosesche Unternehmen erwarb 1759 J. G. Ulrich (Sohn des Gründers der Glockengießerei in Laucha). Aus dem Betrieb gingen 1825 die **Gießereien** Gebr. Ulrich und Carl Friedrich Ulrich hervor. Die erstere bezog später ihren Standort nördlich der Kernstadt (Katharinenweg), wo sich noch die zweigesch., in formaler Anlehnung an englische Fachwerktraditionen gestaltete Fabrikantenvilla befindet; hier entstand 1923 die drittgrößte Glokke der Welt, die »Kaiserglocke« für den Kölner Dom. – Auf dem Gelände der 1945 liquidierten Firma hat sich das Apoldaer Feuerlöschgerätewerk ausgebreitet. Dessen Stammbetrieb, eine 1906 errichtete, 1937 von der »Total«-Kommanditges. Förster & Co. erworbene **Plüschweberei** ist ein dreieinhalbgesch., neunachsiger Stahlbetonskelettbau mit Klinkerausfachungen für die Fensterrahmungen, 1938/39 nach Entwurf von Egon Eiermann (mit Günther Andretz und Robert Hilgers) in gleicher Betonkonstruktion mit 4 Vollgeschossen und bekrönendem Terrassendach um 10 Achsen verlängert. Im EG Wiederholung der Ziegelausfachung des Stammgebäudes mit segmentbogigen paarigen Fenstern; die 3 OG mit gänzlichen Verglasungen zwischen Rahmenstielen, -riegeln und schmalen Klinkerbrüstungen, hofseitig angeordnetes Treppenhaus eine reine Stahlbeton-Glas-Konstruktion – insges. ein charakteristisches Beispiel für die geduldete Kontinuität der architektonischen Moderne während des Nationalsozialismus. Die **Glockengießerei C.F. Ulrich** hatte sich 1826 auf dem innerstädtischen Standort (Robert-Koch-Straße) niedergelassen; seit 1876 Fa. Schilling, 1972 zwangsenteignet, 1988 liquidiert. Gefertigt worden waren hier 1928 das damals größte Glockenschlagwerk des Leipziger Hochhauses der Kroch-Bank, 1956 die Glocke des Mahnmals Buchenwald bei Weimar, 1974 das Glockenspiel des Magdeburger Rathauses, 1975 das Geläut der Zittauer Marienkirche, 1979 das Klangspiel des Bartholomäusturmes in Erfurt. Um einen malerischen Binnenhof gruppieren sich das *Torhaus* (Verladehalle mit historischer Firmeninschrift), das ehem. *Schillingsche Wohnhaus* mit Kontor, die *Große Gießhalle* im »Rundbogenstil« von 1900 (Inschrift im Schlußstein der Torfahrt), die *Modelltischlerei* und *Glockenputzerei* mit ziegelgefülltem Holzfachwerk, dahinter die *Lehm- und Kälberhaaraufbereitung* für die Glockenformen, in der Hofecke die *Kleine Gießhalle*, alles mit noch weitgehend komplettem Inventar (Schmelzöfen, Dammgruben, Schablonen für Hohlform und »falsche« Glocke [Matrize], Mischaggregate, Krane mit Laufkatzen). Endfertigungen von Glokkenarmaturen erfolgten am nördlichen Stadtrand (Auenstraße) neben der 1904 nach Entwürfen des Bauherrn R. Schilling und des Architekten Julius

Gräbner entstandenen Fabrikantenvilla: Torfahrt zum Hof in Glockenform, Gebäude zweigesch. mit steilem Dach und Turmanbau in bemerkenswerter Symbiotik einheimischer Jugendstil- und orientalischer Schmuckformen.
Eisenbahnanschluß hat A. 1846 erhalten. Noch aus der Ursprungszeit des am 19. Dezember eröffneten Streckenabschnittes Weißenfels–Weimar der Thüringischen Eisenbahn stammt der 1845/46 zwischen aufgeschütteten Erddämmen errichtete **Eisenbahnviadukt** (Buttstädter Straße), ein 97 m langes, 22 m hohes Steinbauwerk mit zwei 12,55 m weit gespannten Mittel- und je 4 z. T. zweietagigen, 4,24 m weiten Seitenbögen, letztere auf spitzbogig quer zur Brückenachse miteinander verbundenen Pfeilerpaaren. Die Mittelbogen über der nördlichen Zugangsstraße zur Kernstadt und über den Apfelbach erheben bastionsartige Vorlagen zum monumentalen Tormotiv; im mittleren Bogenzwickel der Nordseite ein Medaillon mit Löwenkopf. Das Gesamtbauwerk ist von Lisenen gerahmt und war urspr. mit kräftigem Konsolgesims gekrönt, das bei Erneuerungsarbeiten 1980/81 beseitigt wurde. Vorher schon hat man die Zwischenräume der Pfeilerpaare zubetoniert. – Das aus gelben Sandsteinquadern geschichtete **Bahnhofs-Empfangsgebäude** entspricht in seinen neuromanischen Formen – die Schalterhalle eingeschlossen – den 1882–1883 nach Entwurf von Architekt Rowald entstandenen Bauten der Bahnhöfe in Gelnhausen und Bad Hersfeld (s. *Reclams Führer zu den Denkmalen der Industrie und Technik,* Bd. 1). Die Überdachung des Perrons von Gleis 1 auf Gußsäulen mit ionischem Kapitell gelagert. *HW*

Lit.: Architekturführer DDR (Erfurt); Hübner; Wirth, 1990, 59–61.

## Arnsdorf-Amerika (Mittweida/G 4) FS

● Den Grundstein zu der Fabriksiedlung Amerika im Tal der Zwickauer Mulde legte der Peniger Kattundruckereibesitzer Heinrich Börner 1836 mit dem Bau einer **Spinnmühle**. Nach dem Konkurs 1840, einem Zwischenbesitz der Gebr. Weigel, wurde aus der Baumwollspinnerei unter dem neuen Eigentümer Robert William Schmidt – Teilhaber in der Altenburger Firma J. G. Schmidt & Söhne – ab 1841 eine florierende Kammgarnspinnerei, die seit Anfang der 1870er Jahre Dampfkraft zum Antrieb der Spinnmaschinen nutzte. Ein halbes Jahrhundert liefen in dem nun als »Bernhard Schmidt, Zweigniederlassung Amerika der J. G. Schmidt & Söhne« firmierenden Unternehmen 30 000 Spindeln. 1946 in Volkseigentum umgewandelt, produzierte die Firma in den beiden letzten Jahren vor der Stillegung 1992 als »Altenburger Strickgarn GmbH«. Vom 2. Weltkrieg verschont geblieben, dokumentieren die etwa 40 Fabrikbauten neben der Entwicklung des Unternehmens auch die der Textilproduktion im Zeitraum eines Jahrhunderts. Am Ufer der Zwickauer Mulde erhebt sich viergesch. unter Mansarddach mit 11 Achsen die nach engl. Vorbild errichtete Spinnmühle von 1836, ergänzt um 2 den Mühlgraben überlagernde *Turbinenhäuser* (um 1880 und 1910–11). Südl. der Mühle die *Schlosserei* und *Schmiede,* ein zweigesch., mit Gußplatten gedeckter Fachwerkbau von 1870. Zum Ensemble gehören ein fünfgesch. *Produktionsgebäude* (um 1865), *Wohnheim* (1870), *Kesselhaus* (1870/1880), *Spinnereigebäude* mit Sheddach (1870/1934/1945), *Zwirnerei* und *Krempelei* (viergesch., 1887), *Lager* (um 1890), *Küche* (um 1890), *Direktions-* und *Verwaltungsgebäude* (um 1890), *Badehaus* (1896–97), *Versand* (1899) und 2 *Verwaltungsgebäude, Wärterhaus* sowie dreigesch. *Ballenlager* (alle um 1900). *VR*

**Haltepunkt der Eisenbahnlinie** Penig–Rochlitz. Am 25. 5. 1876 wurde die Penig-Rochlitzer Eisenbahnlinie eröffnet. Zu dieser Zeit befand sich in Amerika eine Haltestelle für den Güterverkehr der Schmidtschen Wollspinnerei, zu der lediglich ein *Güterschuppen* gehörte. 1897 erhielt die Haltestelle den Rang eines Bahnhofes, was auch die Personenverkehrabfertigung nach sich zog. 1899 erbaute man das *Stationsgebäude* als gelben, rot verzierten Klinkerbau. *ST*

Lit.: Bauten der Technik und Industrie, 108 f.; Sammlung firmengesch. Materialien im Betrieb des ehem. VEB Altenburger Wollspinnerei Amerika.

## Arnstadt (Ilmkreis/G 2) TH

**Wasserturm auf dem Arnsberg.** In stadtgestalterisch markanter Randlage 1925/26 für die städtische Wasserversorgung nach Entwurf von Lotz und Gebhard mit hohem baukünstlerischem Anspruch errichtet. Turmkopf als 1000 m³ fassender Behälter mit ringförmigem innerem Umgang aus Stahlbeton auf eigenwillig gestaltetem, gleichsam gefaltetem, mit Ziegeln verkleidetem Schaft: bekrönt von laternenartigem Aufbau mit Kuppeldach. Ein bemerkenswertes Beispiel für die Übernahme expressionistischer Formvorstellungen in die Industriearchitektur.

● **Bahnbetriebswerk.** Eisenbahnanschluß erhielt Arnstadt 1867 mit dem Abzweig von der Thüringischen Eisenbahn bei Neudietendorf; die Eröffnung der Verlängerung zunächst bis Plaue (Richtung Schweinfurt und Ilmenau) erfolgte 1879, die der (nicht mehr betriebenen) Stichbahn nach Ichtershausen 1885, die der Strecke A.–Stadtilm (Richtung Saalfeld) 1894: Der Arnstädter Hauptbahnhof wurde zu einem regionalen Verkehrsknoten mit entsprechender Ausstattung. Technikgeschichtlich am meisten bemerkenswert das *Bahnbetriebswerk* u. a. mit *Wasserturm* neben dem Empfangsgebäude – mit weit auskragendem Kopf auf mäßig hohem, konischem Schaft – mit Bekohlungsanlage, Werkstatt, Schmiede, *Ringschuppen* für 22 Lok-, Stell- und Wartungsplätze, der davor gelegenen, 23 m messenden Drehscheibe. Im Lokschuppen neben Diesel-Rangierlokomotiven älterer Bauart zahlreiche Dampflokomotiven, u. a. ein Exemplar der legendären »P8« (Baureihe 38) aus dem Jahre 1910 sowie eine Dreizylinder-Güterzug-Lokomotive der Baureihe 44 von 1941. Utensilien, Gerätschaften, Modelle (u. a. einer Heusinger-Steuerung) und Maschinenteile werden museal präsentiert.

**Rathaus-Uhr.** Nach verheerendem Stadtbrand von 1581 erfolgte 1583 der Neubau des stattlichen (mehrfach erneuerten und veränderten), im Grundriß winkelförmigen, in damals bis hierher beliebten Bauformen der niederländischen Renaissance nach Entwurf von Chr. Junghans ausgeführten Rathauses, im östlichen Zwerchhausgiebel mit einer bemerkenswerten Uhr: über dem ersten Giebelgeschoß (Kehlgebälk des Dachwerkes) Zifferblatt – innen mit 4-Wochenteilung, außen mit 12-Stundenteilung in römischen Ziffern –, links von einem »Wilden Mann« mit Glocke in der Hand des beweglichen Armes, rechts von einer »Wilden Frau«, ebenfalls mit Glocke, als Wimpelträgerin flankiert; darüber ein nach links blickender einköpfiger Adler (fürstlich-schwarzburgisches und städtisches Wappentier) mit beweglichen Flügeln; unter dem Zifferblatt die Lune, eine drehbare Kugel zur Demonstration der Mondphasen. – Seit 1937 neues, jetzt elektrisch betriebenes Uhrwerk; das urspr. befindet sich im städtischen Museum. *HW*

Lit.: Wirth, 1990, 61 f.; Architekturführer DDR (Erfurt), 98–99.

## Artern (Kyffhäuserkreis/F 2) TH

**Ehemalige Saline.** Der älteste urkundliche Nachweis einer produktiven Nutzung der im heutigen Friedhof (ehemals »Salztal«) noch schüttenden Solequelle liegt aus dem Jahre 1477 vor. Nach Verkauf der kursächsischen Saline 1585 an die benachbarte thüringische Landesherrschaft Schwarzburg wurden sämtliche Anlagen beseitigt, um Konkurrenz zur Saline → Frankenhausen auszuschalten. 1723 Neugründung auf anderem, kursächsischem Standort nahe der Unstrut bei Verwendung der aus schwarzburgischem Gebiet schüttenden Sole durch Johann Gottfried Borlach (→ Bad Dürrenberg, Bad Kösen). Borlach ließ die Sole aus dem »Salztal« durch Rohrfahrten über einen 1728 gebauten (1897 abgebrochenen) Kunstturm auf dem Mühlenwerder (neben der Unstrutbrücke; Reste noch erkennbar) den Gradieranlagen zuführen und in den Hütten versieden; diese nach 1731 partiell, 1789 gänzlich auf Kohlefeuerung umgestellt. 1831 begonnene, 1837 in 296 m erfolgreiche Tiefbohrungen auf Steinsalz mit artesisch quellender gesättigter Sole machten Gradieranlagen und Nutzung der Sole aus dem »Salztal« überflüssig. Die 1815 an Preußen gefallene Saline übernahm 1924 die PREUSSAG: Installation von Zentrifugentrocknern 1926 und Neubau eines damals zu den modernsten Anlagen gehörenden Produktionsgebäudes mit 4 Unterkesselpfannen 1927/1928. Nach 1945 zwangsliquidiert, produzierte die Saline als »Volkseigener Betrieb« bis 1964. Aus der Frühgeschichte des Salzwerkes sind lediglich *Quellort* und *Solbach* verblieben, aus der jüngeren Geschichte das Gebäude des *Solschachtes* (»Borlach-Schacht«, 1838), 2 *Salzmagazine* und das *Produktionsgebäude*: ein mehrfach, rechtwinklig um einen Binnenhof gegliederter Baukomplex mit separat angeordnetem Schornstein, etwas abseits liegendem, mit einer Brücke verbundenem Verwaltungsgebäude, baukörperlich alles überragendem Schachtturm unter – wie auch bei den übrigen Gebäudeteilen – flach geneigter Verdachung. In dem von Ziegelstruktur, bei den Verbindungstrakten von Holzverschalungen geprägten äußeren Erscheinungsbild dominieren durch ihre Profilierungen die Eck- und Mittel-Lisenen, gleichsam Monumentalpilaster ersetzend – insges. gesehen, ein Industriebau seltener Prägnanz. – Seine weitere Umgebung ist durch monotone mehrgesch. Wohnbauten, seine engere Umgebung durch Verwahrlosung verschandelt. *HW*

Lit.: Emons, 47–51; Wirth, 1990, 62.

## Aschersleben (Aschersleben-Staßfurt/F 2) SA

Die Stadt an der Eine, namensgebend im 11. Jh. für das Geschlecht der Askanier, seit dem industriellen Aufschwung in der 2. Hälfte des 19. Jh.s als »Tor« zum Ostharz bezeichnet, erhielt einen ersten Bahnanschluß mit Eröffnung der Strecke von Bernburg nach Wegeleben (10. 10. 1865, Magdeburg-Halberstädter Eisenbahn) und bahnwirtschaftliche Bedeutung mit der Verbindung nach Könnern (15. 10. 1871, Magdeburg-Halberstädter Eisenbahn). Für die zahlreichen Industriebetriebe – Papier-, Zucker- und Seifenfabriken, Kalibergwerk Schmidtmannshall, Zuckerrübensamenanbau und Handel – entstand in den 1890er Jahren ein ausgedehnter **Rangierbahnhof** mit *Lokomotivschuppen* 1891–92 (8 Stände), erweitert 1898–99 (8 Stände), und dem *Wasserturm* (Magdeburger Brücke) von 1898–99 in typischer Formgebung für einen Intze-Behälter: über gedrungenem kegelförmigem Schaft in Backsteinrohbau tragen konkave Konsolen das Eisenfachwerk des polygonalen, vertikal verbretterten Behälterumgangs, darüber liegt ein flachgeneigtes Zeltdach. – Erwähnenswert die *»Wassertormühle«* mit Renaissancegiebel und die *»Klostermühle«* (Klosterhof 1) von 1768, beide mit teilweise erhaltener technischer Einrichtung, sowie die *Kreuzmühle* (Lindenstraße), urkundlich erstmals 1324 erwähnt, mit erhaltenem Wasserrad.

LANDKREIS: Mühlentechnik der 1850–1870er Jahre dokumentiert die **»Mittelmühle«** an der Selke in Hoym, erbaut 1750, mit Schrotgang, Plansichter und Walzenstühlen. Das unterschlächtige hölzerne Wasserrad (Dm. 5 m, B 1,5 m) wurde 1958 erneuert. – Die 1873–78 an der Selke in Meisdorf als Backsteinrohbau errichtete dreigesch. **Industriemühle** und Nudelfabrik trieb ihre Maschinen (1875: 4 Mahl- u. 4 Graupengänge; 1876: 4 Budapester Walzenstühle; um 1900: 20 Walzenstühle, 15 Grießputzmaschinen) bis 1955 über ein rückenschlächtiges Rad an, ab 1958 durch eine Francis-Turbine (75 PS). 1990 noch als Roggenmühle mit 4 Doppelwalzenstühlen und einem Schrotgang betrieben. *VR*

Lit.: ZBW 1905; Statistische Nachweise, 25, 26; Mühlen, 224 f., 230, 232.

## Aue (Aue-Schwarzenberg/H 4) FS

*Die Ansiedlung Aue wurde 1464 erstmalig urkundlich erwähnt. Die Bewohner waren in den nahegelegenen Bergbaugruben tätig. Das örtliche Handwerk bot Grundlagen für die Herausbildung einer vielseitigen Industrie seit dem 19. Jh. Unter anderem entstanden Betriebe der Baumwollindustrie und des Maschinenbaues. Nach dem 2. Weltkrieg wurde Aue Zentrum der Wismut AG.*

**Bahnhofsbrücke.** Stadtbaurat Hasse projektierte die Überführung der Gleisanlagen am Bahnhof einschließlich der Zwickauer Mulde. Mit der Konstruktion des größten erzgebirgischen Brükkenbauwerkes 1935–37 war die Firma Dyckerhoff und Widmann betraut, fachlich beraten von Prof. Franz Dischinger, der dabei erstmals seinen Gedanken des unterspannten Trägers verwirklichte. Daher spricht man auch von der ersten Spannbetonbrücke der Welt. Dabei erzeugt eine vorgespannte Bewehrung eine Druckspannung, die sich durch Verkehrslasten wieder abbaut und so große Stützweiten ermöglicht. Die Brücke ist 308 m lang und überspannt 10 Öffnungen mit unterschiedlichen Stützweiten bis zu 69 m. Nachspannarbeiten an den Spanngliedern des Spannbetonteiles und Beseitigung von Korrosionsschäden fanden im Rahmen umfangreicher Sanierungsmaßnahmen 1962 und 1983–85 statt. 1994/95 wurde die Brücke, da sie infolge völliger Materialermüdung ihre Funktion nicht mehr erfüllen konnte, nach dem Konstruktionsprinzip von Dischinger und in gleicher Gestalt und Abmessung wieder aufgebaut. – **Huthaus »Weißerdenzeche«** (Schwarzenberger Straße). Nach dem Kaolinfund 1698 bei A. wurde 1705 dieses zentrale Verwaltungs- und Sozialgebäude Weißerdenzeche »Weißer St. Andreas« erbaut. Der Zechenbesitzer Veit Hans Schnorr erhielt 1711 ein Privileg für seinen Porzellanrohstoff, welchen er nun regelmäßig an die Manufaktur Meißen lieferte. Die Kaolinförderung fand 1855 ihr Ende.

Das nach einem Brand (1781) wiedererrichtete Huthaus (Zechenhaus) ging 1912 in Besitz der Stadt Aue über. Mit einem 1933 fertiggestellten Anbau diente das Gebäude als Bürgerheim zum Aufenthalt für ältere Menschen. Diese Funktion hatte das Huthaus bis zu einem abermaligen Brand 1984. Seit 1992 instand gesetzt und zur Gaststätte ausgebaut. *ST*

### A.-Auerhammer

**Hammerherrenhaus.** Das seit 1526 urkundlich nachgewiesene *Eisenwerk* besaß einen Holzkohle-Hochofen, Frisch- und Staböfen, 2 Blechhämmer, ein Zinnhaus (zur Herstellung von Weißblech) und eine Schmiede. Es bestand wohl bis 1829, dem Jahr, in welchem Ernst August Geitner sein Argentanwerk nach Auerhammer verlegte. Heute gehört das Herrenhaus zu der »Auerhammer Metallwerk GmbH«. Das Hammerherrenhaus ist ein zweigesch. Bau mit massivem EG, verbrettertem Fachwerkobergeschoß, Satteldach und Dachreiter von 1797 mit Uhr. Das heutige Aussehen hat das Haus wohl im 18./19. Jh. erhalten, doch enthält es Bausubstanz aus früherer Zeit, z. B. Erdgeschoßmauern verm. aus dem 15. Jh., eine profilierte Holzbalkendecke (17. Jh.) und einen liegenden Dachstuhl, der auf einen Festsaal (vielleicht in der Zeit des berühmten Besitzers Veit Hans Schnorr von Carolsfeld) schließen läßt. *OW*

Lit.: Hofmann/Thürmer; Schönberg/Fichtner; Wagenbreth/Wächtler, 1989.

## Augsdorf (Mansfelder Land/F 2) SA

**Otto-Brosowski-Schacht** (Straße von Siersleben nach Heiligenthal). In der Nähe der dem Ort zugewandten mächtigen Halde bilden die mit Ausnahme des Fördergerüstes erhaltenen Übertagebauten der nördlichsten Großschachtanlage des Mansfelder Landes ein eindrucksvolles Ensemble. Der nach dem Oberberg- und Hüttendirektor des Mansfeld Konzerns Paul Fuhrmann benannte Paulschacht (geteuft 1900–06 mit einer Endteufe von 575 m; nachgeteuft 1948–49 auf das Niveau der 11. Sohle, etwa 830 m, tiefster Schacht des Mansfelder Reviers), 1951 umbenannt, war mit Unterbrechungen 1906–69 in Betrieb. Die Übertagebauten tradieren in ihrer Gestaltung noch die im letzten Jahrzehnt des 19. Jh.s beliebte Mischung von Neuromanik und Neurenaissance. *VR*

## Augustusburg (Freiberg/G 4) FS

**Burgbrunnen** des Schlosses (Im Stallhof). Für das 1568–73 errichtete, nach dem Bauherrn Kurfürst August benannte Schloß Augustusburg teufte 1568–75 der Freiberger Oberbergmeister Martin Planer den 130,6 m tiefen Brunnen ab, der bis 1882 der Wasserversorgung des Schlosses diente. Planer versah das Brunnenhaus zur Förderung des Wassers mit einem Göpelwerk (1831 nach Brand neu). Das Brunnenhaus ist zweigesch. massiv, mit einer die »Rennbahn« des Göpels nachzeichnenden Rundung der Umfassungsmauer. Das Dach ist gemäß dieser Rundung abgewalmt. Die Brunnenöffnung liegt 3,8 m höher als die Rennbahn des Göpels. Über dem Brunnen befindet sich die 7,26 m lange und 0,5 m starke Welle, auf der die Seile für die Wasserkübel auf- und abgewickelt wurden. Auf der Welle sitzt eine Bremsscheibe und ein 1,27 m hohes Stockgetriebe, das die Welle in Drehung versetzt und von dem 7,44 m messenden Kammrad am oberen Ende der etwa 6 m hohen senkrechten Göpelwelle angetrieben wird. Das Kammrad ist mit schrägen Streben an der Göpelwelle abgestützt. Die ebenfalls mit einer schrägen Strebe versteifte Deichsel ließ die Zugtiere (Ochsen) einen Kreis von 4,7 m Radius laufen. In 12 Minuten wurde ein Kübel mit 125 Liter Inhalt gefördert (1 $m^3$/h). *OW*

Lit.: Wirth, 1990, 63 f.

## Auma (Greiz/G 3) TH

**Postsäule.** Von dem (nie vollendeten) Wegemarkierungssystem in Kursachsen, das auf Geheiß Augusts des Starken (in Personalunion König von Polen) der »Geographus Regius« Adam Friedrich Zürner ab 1716 meßtechnisch vorbereitet (u. a. mit einem von ihm konstruierten Zählwerkwagen) und wahrscheinlich der Hofarchitekt Matthäus Daniel Pöppelmann entworfen hat, sind nur wenige steinerne Zeichen (Ganzmeilensäule, Halbmeilensäule, Viertelmeilenstein, Distanzsäule) ab 1721 verblieben; bei der jetzt einzigen »Distanzsäule« auf thüringischem Territorium, auf dem Marktplatz von A., handelt es sich um die 1922 angefertigte Kopie eines Originals von 1722: auf kräftig profiliertem Sockel 4,5 m hoher Obelisk (und keine Säule nach landläufiger Bezeichnung) mit übereck angebrachtem sächsischen und polnischen Wappen mit Königskrone und Monogramm AR (›Augustus Rex‹), mit Richtungsweisungen und Entfernungsangaben in Stunden (bezogen auf einen ununterbrochenen Fußmarsch), unten mit Jahreszahl und Posthorn. – 1981 z.T. fehlerhaft restauriert (bei Richtungsweisung nach »Wilßdruff« z.B. steht fälschlich »Wilßhoff«). *HW*

Lit.: Wirth, 1990, 65.

## Bahnitz (Havelland/D 3) BG

**Staustufe** Bahnitz mit Nadelwehr, Schützenwehr, Kahnschleuse und Nadelschuppen im Wehrarm sowie Schleppzugschleuse im Schleusenkanal Untere Havelwasserstraße, für Wehr km 82,000, für Schleuse km 81,950. Die Staustufe liegt zwischen den Orten Pritzerbe und Bahnitz. Sie entstand 1910–12 in unmittelbarer Auswirkung eines Gesetzes zur »Verbesserung der Vorflut- und Schiffahrtsverhältnisse auf der Unteren Havel« vom 4. 8. 1904. Das Hauptziel der Baumaßnahmen, ein Trockenfallen der uneingedeichten Havelwiesen bis zum 1. Juni eines jeden Jahres zu erreichen, hatte auf die Schiffahrt, besonders in Trockenzeiten, negative Auswirkungen. Da die beschleunigte Wasserabführung das hydrologische Gleichgewicht erheblich beeinflußte und sich nachteilig auf die Landeskultur auswirkte, wurden in der Unteren Havel Stauanlagen eingerichtet. Das *Bahnitzer Nadelwehr* (Durchflußbreite 66,63 m) wurde 1912 fertiggestellt. Es besteht wie jedes Nadelwehr aus Wehrböcken, Wehrnadeln und dem Bediensteg. Die aus Walzstahlprofilen geschweißten Wehrböcke (1977 erneuert) sind auf einer am Grund angelegten Betonschwelle drehbar gelagert. Sie werden mit Hilfe einer Handwinde vom Ufer aus gerichtet bzw. gelegt. Der Bediensteg besteht aus einzelnen Platten in Metallgitterkonstruktion, die den oberen Nadelanschlag bilden. Die 4,4 m langen Wehrnadeln (Nadelholz-Kanthölzer 10–16 cm mit einem Griff am oberen Ende, dem sog. Nadelbeschlag) müssen manuell gesetzt und gezogen werden. Zur Feinregulierung der Wasserstände befindet sich neben dem Nadelwehr ein Schützenwehr. Der Schütztafelhub erfolgt mittels Triebstock über ein elektromechanisches Windwerk. Eine *Kahnschleuse* für kleinere Fahrzeuge befindet sich an der rechten Seite. Ihre hölzernen Drehtore (1977 erneuert) werden über eine Handwinde vom Ufer aus betätigt. Das Füllen und Entleeren der Schleusenkammer erfolgt über einen Gleitschütz mittels Handhebelbetätigung. Der gesamte Wehrkörper ist in Stampfbetonbauweise mit Klinkerverblendung ausgeführt. Der *Nadelschuppen* am linken Ufer, ein Fachwerkbau mit Krüppelwalmdach, dient der Aufnahme der gezogenen als auch neuer Wehrnadeln. Das vielfenstrige kleine Gebäude enthält mit den über Lamellen verschließbaren Fensterläden eine wirkungsvolle Einrichtung zum Belüften des Nadelschuppens und Trocknen der Nadeln. Bei gelegtem Wehr erfolgt ein Teil der Schiffahrt über den *Wehrarm*. Bei gerichtetem Wehr muß die Schleuse benutzt werden. Die Schleppzugschleuse B. wurde 1910 dem Verkehr übergeben (L 215 m, nutzbare B 19,9 m). Ihre rechtsversetzten Häupter ermöglichen die Aufnahme eines kompletten Schleppzuges. Als ein besonderes Konstruktionsmerkmal können die im Querschnitt kuhhornförmigen Kammerwände gelten. Kammer und Häupter bestehen aus Stampfbeton mit Klinkerverblendung, die Kammersohle aus einer Steinschlagabdeckung. Die Schleusenverschlüsse, d.h. Ober- und Untertor, sind als stählerne Stemmtore aufgeführt. Das Entleeren bzw. Füllen der Kammer erfolgt über kurze Umläufe mit Rollkeil-Schützverschlüssen und Gleitschützen in den Toren. Im Rahmen einer Hauptinstandsetzung erhielt die Schleuse 1988/89 neue Tore in geschweißter Ausführung. Im Jahr 1994 wurde von elektromechanischem auf elektrohydraulischen Antrieb umgestellt. *WT*

## Ballendorf (Muldentalkreis/G 4) FS

**Bockwindmühle.** Die 1835 erbaute, 1975 stillgelegte Bockwindmühle 3 km östlich von Bad Lausick enthält außer dem Getriebe u.a. 2 Mahlgänge, einen Walzenstuhl und einen Sichter. Am Steinbalken die Inschrift: »Eigenthumsbesitzer und Bauherr Frau Johanna Christiana Flemming, MDCCCXXXV«. *OW*

Lit.: Mühlen, 276, 388; Wirth, 1990, 65f.

**Ballstädt** (Gotha/G 2) TH

**Bockwindmühle.** Der Standort nördlich des Dorfes bei der Straße nach Gräfentoma – nicht auf einem Mühlenberg, sondern in einer west-östlichen Windschneise an einem sanft geneigten Talhang – war vor 1860 bereits mit einer Windmühle in außergewöhnlich enger Nachbarschaft zu mehreren Wassertriebwerken (Ober-, Mittel-, Untermühle) besetzt. Sie wurde 1921 abgebrochen und durch eine aus Wangenheim (7 km westlich) nach hier translozierte Windmühle ersetzt, die 1930 einem Blitzschlag zum Opfer fiel. Im selben Jahr Ankauf der jetzigen Mühle in Eggersdorf (Kr. Schönebeck), Demontage, Eisenbahntransport und Wiederaufbau mit der hinsichtlich ihres neuen Standortes irritierenden folkloristischen Inschrift im Steinbalken: »Trau auf Gott, wens stürmt und schneit / wenn die Donner Wolke Schreit / Trift mich gleich das Böse Wetter / Gott allein ist mein Erretter / Johann Gottlieb Nagel / Margrethe Eliesabett Nagel / 1834«. Bis 1950 gewerblich – ausschließlich mit Wind – betrieben, 1954 denkmalpflegerisch restauriert, seit 1982 wieder betriebsfähig zum Schroten und für Anschauungszwecke. – Unverkleideter Bock, darüber der zweigesch., mit geschweiftem Satteldach bekrönte Mühlenkasten mit auskragender Feise und Sterz, ausgestattet mit Schrotgang und Sichter; das Flügelkreuz mit Jalousien nur an 2 Ruten bestückt, die beiden anderen mit Lattenrost zum Einhängen von Holztafeln (Türen). *HW*

Lit.: Wirth, 1990, 66.

**Bannewitz-Boderitz** FS (Weißeritzkreis/G 5)

**Marienschacht** (Schachtstraße 8). Ein erstes Privileg zum Abbau von Steinkohle im Plauenschen Grund südl. von Dresden datiert in das Jahr 1542. Um 1800 begann Carl Friedrich Dathe, dem bereits 1767 durch Heirat das Rittergut Burgk mit ausgedehnten Steinkohlefeldern zugefallen war, die ersten Tiefbauschächte im Plauener Revier anzulegen. Bereits um die Mitte des 19. Jh.s förderten die »Frhr. von Burgker Steinkohlenwerke im Plauenschen Grund« auf 5 Schachtanlagen. Zum Unternehmen gehörten außerdem das Walzwerk zu Obercarsdorf und der Eisenhammer Dölzschen. Als letzter Förderschacht wurde 1886–93 der »Marienschacht« zwischen Boderitz und Bannewitz abgeteuft, jedoch schon 1930 wieder abgeworfen. Rohstoffknappheit der Nachkriegszeit führte 1958–59 zur Wiederaufwältigung, zwischen 1968 und 1989 förderte die SDAG vorwiegend uranhaltige Steinkohle, 1992 wurde die Schachtanlage endgültig stillgelegt, der Schacht bis auf 10 m verfüllt, die aus Bruchstein gemauerten Übertagebauten blieben jedoch erhalten. Dominierend über dem Schacht der *Malakowturm* (etwa 14 x 14 m Grundfläche, Höhe bis zur Traufe etwa 20 m), dessen 2 dreiachsige Obergeschosse – vom EG durch Gurtgesims getrennt – Lisenenrahmen gliedern; das Pyramidendach von einer offenen Laterne bekrönt. Ein fünfachsiges Werkstattgebäude verbindet Turm und Fördermaschinenhaus. Die Fördermaschine aus der letzten Betriebsperiode ist einschl. Seiltrommel und Seilscheibe erhalten. *VR*

Lit.: Bauten der Technik und Industrie, 41 f.

**Banzkow** (Parchim/B 2) MV

Seit den 1890er Jahren verbindet eine **Drehbrükke** die durch den Störkanal – 1568–72 angelegt als schiffbare Verbindung zwischen Schweriner See und Elde – getrennten Ortsteile. An die urspr. Konstruktion erinnert nur noch die Funktion der 1952 in Material und Breitenabmessungen völlig erneuerten Brücke aus Stahlvollwandträgern mit Öffnungsweiten von 7,7 m und 5,9 m. *VR*

Lit.: Erler/Schmiedel, 174; Schmidt/Theile II, 12; Wirth, 1990, 67.

**Bastorf** (Bad Doberan/A 3) MV

In 2,5 km Entfernung von der Küste südlich Kühlungsborn, an der Basis 78 m über dem Normalpegel der Ostsee, dient Deutschlands höchstgelegenes Leuchtfeuer auf dem **Leuchtturm Buk** (54°7′57″ N, 11°41′41″ O) seit dem 1. 12. 1878 dem Schiffsverkehr in der Mecklenburger Bucht als Navigationshilfe. Aus der auf romanisierendem Gesims über den gedrungenen konischen Backsteinschaft auskragenden Galerie wächst in 2 Stufen die Leuchtfeuerlaterne empor (Feuerhöhe 95,3 m über Mittelwasser; Kennung: dreimal im Wechsel 2,1 s hell – 6,9 s dunkel, 2,1 s hell – 15,9 s dunkel, Wiederkehr 45 s), bedeckt von einer knaufbekrönten Kuppel. Daneben das stark veränderte *Wohnhaus* des Leuchtturmwärters. *VR*

Lit.: Schmidt/Theile II, 103; Zemke, 166.

## Bautzen (Bautzen/G 6) FS

● **Alte und Junge Wasserkunst.** Eine erste zentrale Wasserversorgung leistete sich die Stadt 1496 im Zusammenhang mit dem Ausbau des Befestigungssystems: Sie baute eine Wasserkunst in der den Spreeübergang unterhalb des Scharfenbergs sichernden rechteckigen, in geschlossenem Wehrgang endenden Bastion. Die heute sichtbare prägnante Silhouette des auf diesem Bauwerk aufgesetzten, fast zylindrischen *Wehrturmes* – das Alte Wasserkunst Wahrzeichen der Stadt über dem Steilufer der Spree – stammt von Wenzel Röhrscheidt d. Ä. (1558–59) und diente von Beginn an auch als Gehäuse für eine *Wasserkraftanlage* im untersten Geschoß, mit der das Pumpengestänge der Hebeanlage angetrieben wurde. Bis in die 1960er Jahre in Betrieb, haben sich mit Kolbenpumpen, Transmissionen und Turbinen noch Teile der techn. Einrichtung aus dem letzten Viertel des 19. Jh.s erhalten. Die oberen Geschosse sind als Museum eingerichtet. – Die Junge Wasserkunst (Lauenstraße/Schiller-Anlagen) wurde 1606 unter Wenzel Röhrscheidt d. J. ebenfalls als *Rundturm* begonnen und konnte, nach Einsturz 1608 neu ausgestattet, mit Wasserkraftantrieb und Pumpen ab 1610 die Alte Wasserkunst bei der Versorgung der Stadt unterstützen. Nach ruinösem Dasein seit Beginn des Dreißigjährigen Krieges erhielt sie endgültige Gestalt mit geschweiftem Kuppeldach zwischen 1720 und 1725. – Der neue **Wasserturm** in der Nähe der Michaeliskirche fügt sich mit Material und historischen Formen harmonisch ins Stadtbild ein. *VR*

Lit.: Wirth , 1990, 68.

## Bechstedtstraß (Weimarer Land/G 2) TH

**Bockwindmühle.** Am südöstlichen Ortsrand, 1834 nach Vernichtung des Vorgängerbaus durch Feuer neu errichtet (Inschrift am Steinbalken). Die oft erneuerte, nach dem 2. Weltkrieg verfallene und mehr ein technisches Gerät als ein Bauwerk darstellende Mühle verdankt ihre Erhaltung der Umwidmung in den 1980er Jahren für einen Klub (»Bauernstube«) auf dem Mehlboden mit Feise: Stählerne Bruststücke verblieben als Rest der 4 Ruten; die gebrochene Schwelle des Bockes ersetzen 4 Ziegelpfeiler unter den Ecken des neuverschalten Mühlenkastens, der dadurch – obwohl noch mit Sterz ausgestattet – nicht mehr drehbar ist. Über dem Mehlboden steinerner Schrot- und Mahlgang; Stockgetriebe, Kammräder und Flügelwelle. Bekrönung durch Satteldach mit Krüppelwalm an der Windseite. In erheblichem Abstand die jüngeren, jetzt ruinösen Gebäude des *Müllerhofes* (Wohnhaus, Ställe, Scheune). *HW*

Lit.: Wirth, 1990, 69; Mühlen, 243.

## Beelitz (Potsdam-Mittelmark/E 4) BG

**Post-Relaishaus** (Poststraße 16). Das Gebäude ist das einzige ohne wesentliche Veränderungen überkommene Bauwerk einer preußischen Relaisstation aus dem ausgehenden 18. Jh. Beelitz erhielt 1789 die Station im Postkurs Berlin–Leip-

*Beelitz-Heilstätten. Maschinenhalle*

*Beelitz-Heilstätten. Wasserturm am Kessel- und Maschinenhaus*

zig über Potsdam. Mit der Inbetriebnahme der Eisenbahnstrecken von Berlin ab 1837 wurde sie überflüssig und 1839 stillgelegt. Das Gebäude ist ein zweigesch. fünfachsiger Putzbau in Formen des spätbarocken Klassizismus. Die Mittelachse, ein Risalit, betont ein die Durchfahrt abschließendes hölzernes Tor mit Schlupftür, über dem der preußische Adler angebracht ist. Über dem Mittelfenster des OG ein Posthorn unter einem Blattgehänge. Im UG und OG nicht unbedeutende klassizistische Wandmalereien (ideale Landschaften).

## B.-Heilstätten

**Heizkraftwerk** und **Wasserturm** (3 km nördlich der Stadt). Erbaut wurden die Heilstätten ab 1898 durch die Landesversicherungsanstalt Berlin in drei Bauabschnitten. Der wesentliche Teil der Anlage entstand in der ersten Bauphase (1898–1902). Die Gesamtplanung lag bei den Architekten Heino Schmieden und Julius Boethke. Besonderes Interesse verdient der Gebäudekomplex des Heizkraftwerkes mit seinem Kessel- und Maschinenhaus sowie dem Wasserturm. Er wur de als zentrales Fernheizkraftwerk zur Versorgung des weiträumigen Komplexes mit Strom, Produktionsdampf, Fernwärme und Gebrauchswarmwasser ausgeführt. Die Erstausstattung umfaßt die bis heute erhaltenen zwei 150-PS-Verbund-Dampfmaschinen der Berliner Firma August Borsig, gekoppelt mit 240-V-Gleichstrom-Generatoren der AEG. In der ersten Erweiterungsphase kam statt der vorgesehenen weiteren 2 Dampfmaschinen eine moderne Verbundmaschine mit einer Leistung von 275 PS zum Einsatz. Im Rahmen der dritten Bauphase zwischen 1926 und 1930 wurden die Anlagen umfassend modernisiert. 2 Kondensationsturbinen mit je 450 kW Leistung und Drehstromgeneratoren ersetzten die große Dampfmaschine. 1930 wurde von Dampf auf Heißwasser umgestellt. Nach dem 2. Weltkrieg Militärhospital der sowjetischen Armee. In dieser Zeit wurden moderne Kesselanlagen installiert. Dampfmaschinen, Turbinen und Generatoren wurden 1976 stillgelegt. Das Ganze war als technische Musteranlage errichtet. Ihr Kernstück, das Heizkraftwerk, war die erste Fernheiz-Kraftanlage im Deutschen Reich, die mit Kraft-Wärme-Kopplung betrieben wurde. – Der **Wasserturm** (H 45 m, 250 $m^3$) ist architektonischer Höhepunkt der Anlage. Obwohl durch seinen Hochbehälter und die Füllstandanzeige als Industriebauwerk ausgewiesen, lassen ihn die weißen Glasursteine des konischen Schaftes, die kleinteilige Fachwerkgliederung des Turmkopfes und der pyramidenförmige Dachaufbau mit seinen Ziergiebeln auch als bedeutenden architektonischen Akzent im Heilstättenkomplex erscheinen. *WT*

Lit.: Wirth, 1990, 69f.; Die Arbeiterheilstätten der Landesversicherungsanstalt Beelitz bei Berlin.

## Beichlingen-Altenbeichlingen TH (Sömmerda/G 2)

**Turmholländermühle.** In markanter Lage, mit dem neugotischen Turm der Altbeichlinger Dorfkirche korrespondierend. Aus dem steinernen, sich nach oben verjüngenden Mühlenkörper unter geschweifter Haube, ragt das Flügelkreuz (ohne Jalousien und Türen) heraus. Um 1850 errichtet, um 1920 ausgebrannt, danach erneuert u.a. durch Turmerhöhung mit Ziegelkranz unter der neu aufgesetzten Haube, bis 1948 mit Windkraft, nach Sturmschäden am Flügelkreuz bis 1956 ausschließlich elektrisch betrieben, entging die Mühle dem endgültigen Verfall durch Ausbau für Wohnzwecke seit 1970 mit Bewahrung der verbliebenen Reste des technischen Inventars: steinerner Schrotgang, Königswelle, Kammrad, Flügelwelle. Der aus der Haube herausragende Schornstein und die jüngsten Überbauungen des sich eng anschließenden einstigen Müllerhofes verdeutlichen den Funktionswechsel (→ Linda). *HW*

Lit.: Wirth, 1990, 70; Mühlen, 243.

## Belrieth (Schmalkalden-Meiningen/H 1) TH

**Werrabrücke.** In Muschelkalk 1578 errichtetes fünfbogiges Bauwerk; Gesamtlänge 53 m, 4,3 m breite Fahrbahn 6,5 m über mittlerem Wasserspiegel. Die Pfeiler zur Stabilisierung stromabwärts mit im Grundriß halbkreisförmigen Vorbauten, von denen einer bis zur Fahrbahnhöhe reicht und Platz zum Ausweichen der Fußgänger vor dem Fahrverkehr bietet. Für diesen ist die Brücke nach Erneuerung des Belages sowie nach Ersatz der steinernen Brüstungen durch stählerne Geländer (zur Verbreiterung von Fahrbahn und Fußgängersteig) noch voll funktionsfähig. *HW*

Lit.: Wirth, 1990, 70; Erler/Schmiedel, 156.

## Benz (Ostvorpommern/B 5) MV

Der 1836 über massivem Kellergeschoß auf dem Mühlberg (südöstlich des Ortes) erbaute **Erdholländer** wurde seit den 1950er Jahren – trotz erhaltener Windkraftanlage mit Segelgatterflügeln und Windrose – elektrisch betrieben. Nach der Stillegung 1972 zum Wohnhaus umgebaut, jedoch blieb die Technik erhalten. *VR*

Lit.: Mühlen, 186; Schmidt/Theile I, 207; Wirth, 1990, 70.

## Berge-Muggerkuhl (Prignitz/C 3) BG

**Muggerkuhler Ziegelwerk GmbH** (Dorfstraße 4). In dem 1908 als Gutsziegelei in Betrieb genommenen Werk nahe der Landesgrenze zu Mecklenburg-Vorpommern werden im Saisonbetrieb Ziegel in der klassischen Technik, d.h. durch Lufttrocknung mit anschließendem Brand im

Hoffmannschen Ringofen, hergestellt. Seine besondere produktionsgeschichtliche Bedeutung liegt im nahezu unverändert überkommenen Ringofen Hoffmannscher Bauart, in dem seit 85 Jahren Ziegel gebrannt werden. Durch die Ausnutzung der Restwärme zur Verbrennungsluftvorwärmung und der Rauchgasabwärme zum Vorwärmen der Rohlinge reduzieren sich die Brennstoffkosten um bis zu 35 % gegenüber herkömmlichen Öfen. Die historischen Anlagen in der Form eines produzierenden Denkmals sind einmalig im Landkreis Prignitz, hat in Brandenburg nur in der → Glindower Ziegelei GmbH ein Pendant. *WT*

## Bergen (Rügen/A 4) MV

**Bahnhof.** Dem steigenden Zustrom binnenländischer Erholungsuchender – die seit dem 1. 11. 1863 von Berlin aus zwar Stralsund mit der Eisenbahn erreichen konnten, dann aber den Strelasund per Fährschiff bis Altefähr überwinden und schließlich mit dem Pferdefuhrwerk vorliebnehmen mußten – trug die Strecke von Stralsund über Altefähr (Trajektbetrieb) ins Zentrum der Insel Rügen Rechnung (1. 7. 1883, Preuß. Staatsbahn). Zum Knoten wurde der Bahnhof Bergen durch die von der gleichen Bahngesellschaft trassierten Strecken nach Putbus (15. 8. 1889) – mit Verlängerung zum Strandbad Lauterbach (15. 5. 1890) – und Saßnitz (1. 7. 1891). Das zweigesch. *Empfangsgebäude* in Seitenlage zeigt mit gleisseitigem Risalit und hölzerner Perronhalle, stadtseitigem quadr. Turm und zweifarbiger Verblendsteinfassade die für das letzte Jahrhundertviertel typischen Merkmale eines Landbahnhofs der Preuß. Staatsbahn. Gestalterisch gleichartig behandelt ist der ebenfalls durch Risalit akzentuierte, jedoch eingesch. östl. Seitenflügel. Der westl. eingesch. Seitenflügel, ein Holzständerbau mit verputzten Gefachen im Wechsel mit Segmentbogenfenstern an den Längsseiten, dessen Giebel vierteilige Bogenfenster öffnen, wurde verm. im Zusammenhang mit der Eröffnung der Schmalspurbahn (750 mm) über Wittower Fähre nach Altenkirchen (11. 10. 1899, Rügensche Kleinbahnen, abgebaut) errichtet. Auf dem Bahnhof weitere Betriebsgebäude und techn. Einrichtungen. *VR*

Lit.: Die Bau- und Kunstdenkmale der mecklenburgischen Küstenregion, 472.

*Berggießhübel. Bergmannsiedlung, Mundloch des »Zwiesler tiefer Erbstolln«*

## Berggießhübel, Kurort FS (Sächsische Schweiz/G 5)

**Bergmannsiedlung.** Verhüttung von Magneteisenerzen gab es hier mindestens seit Mitte des 15. Jh.s. Gut erhalten ist das *Mundloch des »Zwiesler tiefer Erbstolln«* (nahe Zwieselmühle, nördl. Straße B.–Langhennersdorf) von 1825, eines 1400 m langen, 1853 vollendeten Hauptsuchstollens. Prächtiges Portal mit Inschrift und königlich-sächsischem Wappen (li. H. 1,9 m). Seit 1936 wird das Bergwasser von der städtischen Wasserversorgung genutzt. Wenig weiter talwärts erste Erwähnung eines Eisenhammers 1516, ab 1560 als **Zwieselmühle** (An der Zwieselmühle). Der heutige Bau, ein einfaches zweistöckiges Haus von 7 x 3 m Achsen mit OG in Fachwerk, stammt von 1787. Heute Gaststätte und Holzsägemühle. Die Achse des Wasserrades ist erhalten, der Mühlgraben erkennbar. *KD*

Lit.: Werte der deutschen Heimat, 1961; Klose.

## Bad Berka (Weimarer Land/G 2) TH

*Balneologische Grundlage der ab 1812 auf Empfehlung Goethes angelegten, nie recht zur Entfaltung gekommenen Kuranlagen (Pavillon, Bade-*

*gesellschaftshaus von 1825 nach Entwürfen von Clemens Wenzel Coudray) waren Mineralquellen (schwefelwasserstoff- sowie eisenhaltiges Buntsandstein- und salziges Gipswasser), die heute noch – seit 1877 aus 35 m Tiefe erschlossen – für Bade- und Trinkkuren angewendet werden. 1898 Errichtung einer der ersten Lungenheilstätten Deutschlands abseits auf den Höhen des Ilmtals, Status als Bad seit 1911.*

**Ilmbrücke.** Unweit der jetzigen Stadtpfarrkirche (anstelle einer vormaligen Klosterkirche), wo sich die älteste Ilm-Durch- bzw. Überquerung zwischen dem Kloster und der seit 1280 bekannten, in späteren Überbauungen bis heute erkennbar gebliebenen Wassermühle einerseits und der einstigen Berkaer Burg andererseits befand, um 1885 errichtetes Brückenbauwerk, jedoch nur für Fußgänger: einfeldige bogenförmige Überspannung mit relativ großer Pfeilhöhe, mit 2 polygonalen, einem Bogen einbeschriebenen, über die Gehbahn angeordneten Fachwerkträgern, aus Profilstählen in 9 Feldern zusammengenietet, in den 3 mittleren Feldern mit 4 Riegeln zu einer Kastenkonstruktion gefügt. An den Brückenköpfen seitlich des Gehsteiges je 2 steinerne Sitzbänke zwischen Steinpfeilern. *HW*

## Berlin (Berlin/D 4–5) B

*Obwohl erst 1237 (Cölln) bzw. 1244 (Berlin) urkundlich erwähnt, ist ein dauerhaft besiedelter Fernhandelsstützpunkt niederrheinisch-westfälischer Kaufleute als Gründungskern der Stadt bereits für die Zeit um 1220 anzunehmen. An einer Verengung des Spreetales zwischen den Hochflächen des Barnim und des Teltow angelegt – hier kreuzten sich wichtige West-Ost-Fernhandelswege (Straße Magdeburg–Posen–Gnesen und Elbe-Havel-Spree-Wasserweg) – verliehen die askanischen Markgrafen um 1250 der Doppelstadt Berlin-Cölln (1307 Vereinigung zur Bundesstadt) das Stadtrecht. Ebenfalls um 1250 planmäßig erweitert (Marienviertel), entwickelte sich die Doppelstadt im 13. und 14. Jh. zu einer der führenden Handelsstädte in der Mark Brandenburg. Als Mitglied der Hanse (1358) vermittelte B.-Cölln den Handel zwischen den mittelmärkischen und anschließenden mittelelbischen Gebieten (Getreide, Holz) und dem Nord- und Ostseeraum (u. a. Tuche, Fisch). Das städtische Handwerk hatte nur lokale Bedeutung. Die Doppelstadt war Versammlungsort der märkischen Stände und Haupt des mittelmärkischen Städtebundes. Diese vor allem im 14. Jh. errungene städtische Autonomie und politische Bedeutung wurde von den hohenzollernschen Landesherren seit Mitte des 15. Jh.s eingeschränkt. Kurfürst Friedrich II. beschnitt 1442 die autonomen Rechte und ließ 1443–51 in Cölln eine landesherrliche Burg errichten.*

*Im Verlauf des 16. Jh.s bauten die Kurfürsten das Berliner Schloß zu ihrem ständigen Wohnsitz aus und machten Berlin zu ihrer Residenz. Dadurch erhielt das städtische Handwerk neue Impulse. Auch die Berliner Kaufleute orientierten sich zunehmend an den Bedürfnissen des Hofes, da die Stadt mit der Durchsetzung der Gutsherrschaft ihre beherrschende Stellung im mittelmärkischen Getreidehandel verlor. Nach dem wirtschaftlichen Niedergang im Dreißigjährigen Krieg profitierte das Wirtschaftsleben der Stadt vom Auf- und Ausbau absolutistischer Herrschaftsstrukturen im brandenburgisch-preußischen Territorialstaat. Durch den Aufbau einer staatlichen Zentralverwaltung und eines stehenden Heeres erhielten Handel und Gewerbe neue Impulse.*

*Die Stadt wurde 1658–83 nach Plänen von Johann Georg Memhardt durch Festungsanlagen gesichert und zwischen 1662 und 1734 durch planmäßig angelegte barocke Quartiere (Friedrichswerder, Dorotheenstadt, Friedrichstadt) deutlich erweitert. Erste Manufakturen entstanden. Dabei waren die Landesherren bemüht, das gewerblich rückständige Brandenburg-Preußen durch die gezielte Ansiedlung europäischer Glaubensflüchtlinge wirtschaftlich zu beleben. Den französischen Hugenotten, die Kurfürst Friedrich Wilhelm III. mit dem Edikt von Potsdam 1685 ins Land holte – von ihnen lebten um 1700 etwa 5500 in Berlin (das rund 25 000 Einwohner hatte) –, folgten Pfälzer und Schweizer reformierten Glaubens. Zwischen 1671 und 1700 kamen 117 vor allem aus Wien vertriebene vermögende jüdische Familien nach Berlin. 1732 holte der König 20 000 Salzburger Protestanten ins Land. Nicht zuletzt gefördert durch diese Ansiedlungspolitik wurde B. im 18. Jh. zum bedeutendsten Gewerbe- und Manufakturstandort Preußens, wobei die Textilherstellung dominierte. Begünstigt durch die Gründung der Akademie der Künste 1696 und der Akademie der*

*Wissenschaften 1700 entfalteten sich Kunst und Wissenschaft. Um 1750 ist B. ein Zentrum der Aufklärung in Deutschland. In der 1810 eröffneten Berliner Universität wurde die Einheit von Forschung und Lehre praktiziert, sorgte Alexander von Humboldt für die Einbeziehung der Naturwissenschaften in den Lehrbetrieb.*

*Seit 1835/40 prägte eine rasante Industrialisierung, vom preußischen Staat gefördert (P. C. Beuth) und mit dem Schwerpunkt in der Eisenindustrie/Maschinenbau (Egells, Borsig, Wöhlert, Schwartzkopff), die wirtschaftliche Entwicklung der Stadt. Wesentliche Impulse erhielt dieser Industrialisierungsprozeß durch den Aufbau eines Eisenbahnverkehrssystems. Um 1900 ist Berlin der modernste und größte Industriestandort Europas. Technisch führende und in Großkonzernen organisierte Unternehmen vor allem der Elektroindustrie (AEG, Siemens) begründeten Berlins Ruf als »Elektropolis«. Dieser industrielle Konzentrationsprozeß wurde maßgeblich gefördert durch den expandierenden Berliner Kapitalmarkt. Die großen deutschen Finanzinstitute (u. a. Deutsche Bank, Berliner Handelsgesellschaft) konzentrierten ihre Geschäftszentralen im Berliner Bankenviertel um die Behrenstraße. Durch die an den Berliner Universitäten (u. a. die 1879 eröffnete TU Charlottenburg) und Forschungsinstituten (u. a. die 1911 gegr. Kaiser Wilhelm-Gesellschaft in Dahlem) konzentrierte naturwissenschaftlich-technische Lehre und Forschung erhielt die innovative Berliner Industrie wesentliche Impulse. Seit der Gründung des deutschen Reiches auch deutsche Hauptstadt, wuchs Berlin in rasantem Tempo (1877: 1 Mio. Einw., 1905: 2 Mio. Einw.). Die planerischen Grundlagen der Stadterweiterung wurden bereits 1862 von James Hobrecht festgelegt und führten zu der für Berlin (bis 1914) typischen hochverdichteten Blockstruktur. Während die Berliner*

*Großindustrie, begleitet durch den Auf- und Ausbau einer modernen und leistungsfähigen Verkehrsinfrastruktur (Ring- und Stadtbahn 1871–1882, Vorortbahnen) in mehreren Schüben an die Peripherie der Stadt wanderte, verblieben Handwerker sowie kleinere und mittlere Unternehmen der verarbeitenden Industrie in den mehrgeschossigen Mietetagenfabriken der Innenstadtquartiere.*

*Mit der Bildung von Groß-Berlin 1920 wurde die Stadt Berlin mit 7 Städten, 59 Dörfern und 27 Gutsbezirken des Umlandes vereinigt. In 20 Stadtbezirke gegliedert, war B. mit nunmehr 3,8 Mio. Einwohnern drittgrößte Stadt der Welt. Ab 1925 setzt auf der Grundlage eines Generalbebauungsplanes unter dem Stadtbaurat Martin Wagner eine rege, kommunal geförderte, sozialambitionierte Bautätigkeit ein. Die Verkehrs- und soziale Infrastruktur wurde modernisiert und ausgebaut. Mit Großsiedlungen wie der »Hufeisensiedlung« in Britz und der Wohnsiedlung »Carl Legien« am Prenzlauer Berg von Bruno Taut oder der »Weißen Stadt« in Reinickendorf von Otto Salvisberg u.a. wird die permanente Wohnungsnot angegangen. Namhafte Architekten der »Moderne« prägen die Berliner Großstadtarchitektur bis 1933. In der Zeit des Nationalsozialismus entstanden außer gigantischen Planungen (Albert Speer, Germania) wenige bemerkenswerte Anlagen (Flughafen Tempelhof). 1945 war B. eine Trümmerwüste. Die Einwohnerzahl sank von 4,3 Mio. (1939) auf 2,3 Mio., mehr als 50 % aller Bauten waren zerstört. Von den alliierten Siegermächten in vier Sektoren aufgeteilt, jedoch mit gemeinsamer Verwaltung, wurde 1948 die Stadtverwaltung gespalten und Berlin 1961 durch den Bau der Mauer in zwei Stadthälften rigoros getrennt. Bis zum Fall der Mauer 1989 entwickelten sich die beiden Stadthälften, Ost-Berlin als Hauptstadt der DDR und West-Berlin als westliche Enklave, stadt- und infrastrukturell isoliert und politisch-wirtschaftlich konträr. Seit 1990 wieder eine Verwaltungseinheit, werden große Anstrengungen unternommen, um die zerrissene Infrastruktur zusammenzufügen und die neue Bundeshauptstadt auch wirtschaftlich modern zu strukturieren.*

**Fernbahnhöfe.** Die in 2 Phasen zwischen 1838 und 1846 bzw. 1867 und 1879 eröffneten Bahnlinien stellten die Eisenbahnverbindungen in alle Regionen Deutschlands her (1838 Potsdamer Bahn, 1846 bis Magdeburg verlängert; 1841 Anhalter Bahn; 1842 Frankfurter Bahn, 1844 in Niederschlesisch-Märkische Bahn umbenannt und 1846 bis Breslau verlängert; 1843 Stettiner Bahn; 1846 Hamburger Bahn; 1867 Görlitzer Bahn und Küstriner/Ostbahn; 1871 Lehrter Bahn; Dresdner Bahn; 1878 Nordbahn; 1879 Wetzlarer Bahn). Nachdem der preußische Staat bereits 1852 die Niederschlesisch-Märkische Bahn gekauft und die Ostbahn, Nordbahn und die Wetzlarer Bahn in eigener Regie erbaut bzw. fertiggestellt hatte, wurden zwischen 1879 und 1887 die anderen, B. berührenden privaten Fernbahnlinien verstaatlicht. Die staatliche Eisenbahnverwaltung reorganisierte den Bahnbetrieb und konzentrierte den Personenfernverkehr neben den Bahnhöfen der Stadtbahn (Alexanderplatz, Friedrichstraße, Zoologischer Garten, Charlottenburg, siehe unter S-Bahn) auf 6 Kopfbahnhöfe (Schlesischer, Stettiner, Görlitzer, Anhalter, Lehrter und Potsdamer Bahnhof). Von den Fernbahnhöfen ist nur der bereits 1884 stillgelegte **Hamburger Bahnhof** ● (Invalidenstraße 50–51 in Tiergarten) erhalten. 1845–47 nach Plänen von Friedrich Neuhaus und Ferdinand Wilhelm Holz als klassischer Kopfbahnhof errichtet, war er stilbildend für die später errichteten Berliner Kopfbahnhöfe. 1905–1906 wurde er nach Plänen von Schwartz und Doerge zu einem Eisenbahnmuseum umgebaut und dabei die dreischiffige eiserne Bahnsteighalle durch einen Neubau (Dreigelenkbogenbinderkonstruktion) ersetzt. 1910–11 entstanden der westliche und 1914–16 der östliche Ehrenhofflügel. 1943 z. T. zerstört und stillgelegt, ließ die DDR-Reichsbahn nur den Hauptbau bis 1960 instand setzen. Seit 1984 im Besitz des Westberliner Senats, wird der Hamburger Bahnhof nach Substanzsicherung 1988 wieder museal genutzt. 1990–96 nach Plänen von Josef Paul Kleihues zum »Museum für Gegenwart« umgebaut und erweitert, beeindruckt die dreiflüglige Anlage mit der sanierten dreischiffigen Halle und der Hauptfassade, die von dem mit stumpfen, viereckigen Türmen gefaßten und durch zwei große Rundbogenportale und darüber liegender Pfeilerarkade torartig geöffneten Mittelbau beherrscht wird. An den 1874–80 nach Entwurf von Franz Schwechten errichteten **Anhalter Bahnhof** am Askanischen Platz (Kreuzberg) erinnern nur noch Ruinenreste der Hauptfassade der Eingangshalle mit dem Hauptportal. In das **Museum für Verkehr und Technik** (Trebbiner Straße 8–9, Kreuz-

*Berlin, Hamburger Bahnhof*

berg) sind 2 zu Museumshallen umgebaute Lokomotivschuppen des Anhalter Güterbahnhofes integriert. – Auf dem Gelände des **Bahnbetriebswerkes Pankow** (Prenzlauer Chaussee) erinnert der 1893 errichtete **Rundschuppen** an das Berlin besonders prägende Eisenbahnzeitalter. 22 Lokomotivstände sind mit 2 Einfahrgleisen und zentraler Drehscheibe unter der Kuppel des kreisförmigen Baus zusammengefaßt. Eine filigrane Schwedlersche Kuppelkonstruktion ruht auf dem umlaufenden Oberlichtband, das von Gußstützen getragen wird. Dadurch scheint die Kuppel zu schweben. Den gleichen Typ repräsentiert der auf dem Gelände des **Bahnbetriebswerkes Rummelsburg** (Lichtenberg) 1904 errichtete **Rundschuppen** (Dm. 61,7 m, Kuppelhöhe 16,4 m). Noch mit authentischer zentraler Drehscheibe ausgestattet, bietet er ebenfalls 22 Lokomotiven Platz. Durch die zunehmende Länge der Dampflokomotiven ging man um 1900 zum Bau von Ringschuppen über. Diesen Typ repräsentiert der **Lokomotivschuppen** des **Bahnbetriebswerkes Niederschöneweide** (Adlergestell, Treptow), ein einfacher Ziegelrohbau mit flachem Satteldach, der in einem Viertelring um eine Drehscheibe (Dm. 23 m) angeordnet war und später auf 20 Lokstände erweitert wurde. In seiner unmittelbaren Nachbarschaft befindet sich ein massiger *Bahnwasserturm*. Das auskragende Behältergeschoß mit weit überstehendem Kegeldach mit Dachreiter ruht auf einem kurzen, konischen Schaft. Obwohl in verschiedenen architektonischen Stilen ausgeführt, sind die 1912 bzw. 1914 errichteten **Bahnwassertürme** am **Ostkreuz** (Entwurf von Karl Cornelius im Jugendstil; 40 m Höhe Behälterunterkante, offener Hängebodenbehälter, 400 $m^3$) und des **Bahnbetriebswerkes Rummelsburg** (Entwurf von D. Hirsch in Renaissanceformen; 22 m Höhe Behälterunterkante, offener Hängebodenbehälter, 200 $m^3$) technisch gesehen bereits Typenbauten. Im Gegensatz zu den bis dahin üblichen Intze-Wasserbehältern, die noch eine stabile Rahmenkonstruktion erforderten, erlaubten die hier eingesetzten druckfesten, zylinderförmigen Hängebodenbehälter eine viel leichtere Turmkopfkonstruktion auf dem gemauerten Turmschaft. Mit genormten Höhenvorgaben für die Wasserbehälter wurde der für den Bahnbetrieb notwendige Wasserdruck erzeugt. Einen völlig anderen Typ repräsentiert der von Hugo Röttcher entworfene und 1927 gebaute **Bahnwasserturm des Verschiebebahnhofes Tempelhof** (Prellerweg 47, Schöneberg). Der kugelförmige stählerne Wasserbehälter ruht auf 5 genieteten, fünffach mit Querträgern versteiften Vollwandstützen (40 m Höhe Behälterunterkante, Kugelbehälter, 400 $m^3$). Mit dem damals in Fachkreisen großes Aufsehen erregenden Stahlturm gelang Hugo Röttcher eine mustergültige Verbindung von Ingenieurbau und Baukunst.

● **Stadt-, Ring- und Vorortbahnen (S-Bahn).** Bereits 1851 (bis 1871) verband die für Güter- und Militärtransporte eingerichtete und parallel zur Akzisemauer verlaufende »Verbindungsbahn« die Berliner Kopfbahnhöfe. Dieses Verkehrskonzept aufgreifend, war die 1871–82 errichtete, dampfbetriebene Stadt- und Ringbahn bis 1900 das Rückgrat des innerstädtischen Verkehrssystems, das mit dem Bau von Vorortbahnen (u. a. Wannseebahn 1874, Spindlersfeld 1892) auch das Berliner Umland mit einbezog. Der Vorortverkehr lief durch die Einrichtung neuer Stationen und Haltepunkte seit Ende der 1870er Jahre über die Fernbahnstrecken. Diese sowohl vom Vorort- als auch vom Fernverkehr frequentierten Bahnlinien erhielten zur Entlastung seit Mitte der 1890er Jahre mit den »verlängerten Stadtgleisen« separate Gleisanlagen (Grunewaldbahn 1896, 1909, 1911, Lichtenberg–Friedrichsfelde 1903). Vor allem von 1927–30 elektrifiziert und weiter ausgebaut (Siemensbahn 1929, Nord-Süd-Bahn 1939), verfügte Berlin über eine moderne und leistungsfähige Schnellbahn (S-Bahn). Nach Beseitigung der Kriegsschäden wurde mit dem Bau der Berliner Mauer 1961 das Streckennetz getrennt. Während der Betreiber der S-Bahn, die DDR-Reichsbahn, im Westteil der Stadt Linien verkürzte und später häufig stillegte, wurden in Ost-Berlin zur Aufrechterhaltung des Betriebes Umgehungsstrecken angelegt (zwischen Schönhauser Allee und Pankow und Grünauer Kreuz und Schönefeld) und zur Anbindung der neuen Großsiedlungen im Nordosten in den 70er und 80er Jahren das Streckennetz weiter ausgebaut (Linien nach Ahrensfelde und Wartenberg). 1984 übernahm der Senat den Betrieb der verbliebenen S-Bahnlinien für den Westteil der Stadt. Seit dem Fall der Mauer 1989 wird das S-Bahn-Netz wiederhergestellt. – Die 1875–82 nach Plänen von Ernst Dircksen (Gesamtleitung) errichtete **Stadtbahn**, die in ihrer Trassenführung im historischen Stadtkern dem Verlauf der ehem. Festungsanlagen folgt, verknüpft auf einer Strecke von 12,15 km über gemauerte Viaduktbögen (L 7,96 km), Brücken und Eisenviadukten (L 1,82 km) und Dammschüttung (L 1,35 km) wichtige Fernbahnhöfe (Schlesischer und Lehrter Bahnhof) und durchschneidet zugleich auf dieser viergleisigen Strecke den S-Bahnring (Umsteigebahnhöfe zur Ringbahn: Bahnhof Ostkreuz und Bahnhof Westkreuz). Die 1927–28 elektrifizierte Stadtbahn prägt mit ihrer Trasse wie kein anderer Verkehrsträger die Berliner Innenstadt.

Zweigesch. aufgebaut, erhielten die Bahnhöfe der Stadtbahn fast ausnahmslos seitlich geschlossene Bahnsteighallen mit ornamentgeschmückten, pfeilergegliederten Ziegelverblendfassaden und wurden von einer flachbogigen Eisenbinderkonstruktion überspannt (**Bahnhof Hackescher Markt**, 1879–81 von Johannes Vollmer, **Bahnhof Bellevue**, 1878–80 von Johann Eduard Jacobsthal; **Lehrter Stadtbahnhof**, 1880–82). Die Stadtbahn fungiert als dezentralisierter Fernbahnhof (**Bahnhof Zoologischer Garten**, 1880–81, Neubau der 2 kubischen Bahnsteighallen unterschiedlicher Höhe als Stahlvollwandbinderkonstruktion mit verglasten Seiten und Stirnschürzen 1934–40 von Fritz Hane, Wiederherstellung 1953–61; **Bahnhof Friedrichstraße**, 1878–82 von Johannes Vollmer, Neubau der zweischiffigen, lichten, von einer Binderkonstruktion in Form eines flachen Tudorbogens überspannten Bahnsteighalle 1919–25 von Theodor Brodführer) und bietet Umsteigemöglichkeiten zur U-Bahn (u. a. **U-Bahnhof Friedrichstraße**, 1923 von Heinrich Jennen, 1936 umgebaut und durch einen Gang mit Fern- und S-Bahnhof verbunden; **Bahnhof Alexanderplatz** 1878–82 von Johann Eduard Jacobsthal, Wiederaufbau 1964 von Hans Joachim May und Günter Andrich). Besonders aufwendig war der Neubau des Umsteigebahnhofes **Jannowitzbrücke** (1927–32 von Hugo Röttcher) durch den Bau des Spreetunnels für die kreuzende U-Bahnlinie U8. – Die repräsentative Architektur einiger Vorortbahnhöfe zeugen vom Selbstbewußtsein der damals noch selbständigen und rasant wachsenden Berliner Vororte. Die aufwendig gestalteten *Empfangsgebäude*, wie das in einer eleganten und schwingenden Jugendstilarchitektur errichtete des **Bahnhofes Mexikoplatz**, 1904–05 von Hart & Lesser, oder der winkelförmig angelegten mehrgesch. Bauten der **Bahnhöfe Pankow** (1909–14 von Ernst Schwartz und Karl Cornelius) und **Blankenburg** (1909–14 von Ernst Schwartz und Karl Cornelius) bildeten häufig mit der Bebauung der Bahnhofsvorplätze eine architektonische Einheit (**Bahnhof Frohnau**, 1908–10 von Hart & Lesser) und gaben damit den Vororten eine Mitte. Besonders beeindrukkend ist die expressionistische Architektur des nach Plänen von Richard Brademann 1927–28 errichteten **Bahnhofes Wannsee**. Das von eingesch. Ladenzeilen flankierte *Empfangsgebäude* wird von der zentralen Schalterhalle auf achteckigem Grundriß mit zweistufigem Dachaufsatz dominiert. Aneinandergereihte, spitzwinklig abschließende Tür- und Fensteröffnungen prägen die Erdgeschoßzone. Der über die Bösebrücke erreichbare **Bahnhof Bornholmer Straße** (1934–1935 von Richard Brademann) ist ein sachlich gestalteter, mit Keramikplatten ausgefachter Stahlskelettbau auf fünfeckigem Grundriß. – 1927–29 ließ die Firma Siemens zur Erschließung ihres weitläufigen Areals in Siemensstadt mit der **Siemensbahn** eine 4,5 km lange zweigleisige S-Bahnlinie (zumeist Dammschüttung) anlegen. Der 800 m lange stählerne Viaduktteil besteht aus Zweigelenkrahmen und eingehängten Vollwandträgern. Hans Hertlein entwarf die 1928–1929 gebauten **S-Bahnhöfe Wernerwerk** und **Siemensstadt** als im Viadukt bzw. in eine Brücke integrierte aufgeständerte Haltepunkte mit überdachtem Mittelbahnsteig (Vollwandstahlstützen mit Kragarmen). Die nüchtern-sachlichen, mit dunkelroten Klinkern verblendeten Eingangsbauten plazierte er unter dem Viadukt bzw. hinter den Brückenwiderlagern. Nach dem Vorbild der Berliner U-Bahn erhielten die einzelnen Bahnhöfe auf den Bahnsteigen eine farbliche Kennzeichnung (blau bzw. rot). 1976 wurde die Siemensbahn stillgelegt. – Die 1934 bis 1939/1940 angelegte Nord-Süd-Bahn durchquert unterirdisch die Innenstadt und verband die großen Berliner Kopfbahnhöfe. Mit dem unterirdisch angelegten **Nordbahnhof** stellte die Linie den Anschluß zum Stettiner Bahnhof her. Das am Bahnhofsvorplatz als klinkerverkleideter Stahlskelettbau nach Entwurf von Lüttich errichtete *Empfangsgebäude* erhält durch die knappen kubischen Formen eine sachlich-funktionalistische Ausprägung. Der horizontalen Schichtung der Bauteile, betont durch das geschwungene Vordach des Haupteinganges und der viertelkreisförmig anschließenden Ladenfront, wird ein der Schalterhalle aufgesetzter schlanker Uhrenturm entgegengestellt. – Als zentrales Wartungs- und Reparaturwerk für die elektrischen Triebzüge der Berliner S-Bahn wurde 1927–28 nach Entwurf von Fritz Hane das **S-Bahn-Ausbesserungswerk Niederschöneweide** (Adlergestell, Treptow) errichtet und 1931, 1938 und 1952 erweitert. Drei große mehrschiffige Wagen- und Bearbeitungshallen (Eisenfachwerkwände mit Verblendmauerwerk, eiserne Fachwerkbinder in Oberlichtraupen eingezogen) sind zu einem Komplex zusammengefaßt und erlauben einen kontinuierlich fließenden Arbeitsprozeß. Den Hallen sind zwei- bis fünfgesch. Kopfbauten für Büros und Sozialräume vorgelagert. Deren sachliche Fassaden werden durch horizontale, verklinkerte Brüstungs- und Fensterbänder gegliedert. Das Ausbesserungswerk galt bis in die 1950er Jahre als modernstes seiner Art in Deutschland.

● **Hoch- und Untergrundbahn (U-Bahn).** Nachdem die Fa. Siemens & Halske bereits 1880 erste Pläne für den Bau einer Hochbahn vorgelegt hatte, wurde nach langen und zähen Verhandlungen zwischen 1896 und 1902 mit der sog. Stammbahn (heute U1) die erste elektrische Hoch- und Untergrundbahn Deutschlands errichtet (L 11,3 km, davon 7,3 km Viaduktstrecke, 14 Stationen). Mit der Stadtbahn verknüpft (Umsteigebahnhöfe Warschauer Brücke, Zoologischer Garten), führte die Linie vom Berliner Osten durch die südlichen Randgebiete über das Gelände der Potsdamer und Anhalter Bahn nach Charlottenburg. Eine Abzweigung führte zum Potsdamer Platz. Nach einer Planungsänderung 1899 wurde die Linie ab Bahnhof Nollendorfplatz als Unterpflasterbahn gebaut. Die Bauausführung übertrug die 1897 für die Durchführung des Hochbahnprojektes von der Fa. Siemens & Halske und der Deutschen Bank 1897 gegründete »Gesellschaft für elektrische Hoch- und Untergrundbahnen in Berlin« (Hochbahngesellschaft) der Fa. Siemens & Halske, die in Budapest bereits eine U-Bahnlinie realisiert hatte. – Der **Hochbahnviadukt** zwischen den Stationen Warschauer Brücke und Gleisdreieck war nach Plä-

*Berlin. Hochbahnviadukt*

nen von Heinrich Schwieger (bis 1897) und Johannes Bousset (Konstruktion: Adolf Lerche, Bauleitung: Regierungsbaumeister A. Gier, Ekert) als transparente Eisenfachwerkkonstruktion (Zweigelenkbögen mit Spannweiten von 12 m bis 21 m, über den Bogengelenken auskragende Arme und dazwischengehängte Gitterbalken), die auf 2 parallel laufenden Stützenreihen ruhte, ausgeführt. Nachdem hier bereits die Portalstützen nachträglich (1900) nach Entwürfen von Alfred Grenander »künstlerisch durchgebildet« wurden, erhielt der westliche Teil der Viaduktstrecke eine repräsentativere Gestaltung. Die Monotonie der nunmehr leicht gespreizten Stützenpaare wurde durch vornehmlich an Straßenkreuzungen aufgestellte massive Steinportale und hochaufragende pylonartige Steinpfeiler (Entw. Alfred Grenander, Bruno Möhring) und durch architektonisch überarbeitete Brücken (Paul Wittig, Bruno Möhring, Cremer & Wolffenstein) unterbrochen. Zwischen 1924, 1937 und 1996 wurden die Gitterträger fast völlig durch vollwandig ausgebildete Brückenträger auf dreigelenkbogigen Querrahmen ersetzt. Nur ein kurzer Streckenabschnitt zwischen den Bahnhöfen Schlesisches Tor und Oberbaumbrücke blieb erhalten. – Nach den Erfahrungen beim Bau der 1896 eröffneten Budapester U-Bahn wurde die Tunnelstrecke in offener Bauweise (nach Grundwasserabsenkung) ausgeführt. Die Tunneldecke (quergerichtetes Eisengerippe mit dazwischengespannten Stampfbetonkappen und Unterzug) ruhte auf einer Mittelstützenreihe (genietete Doppel-T-Träger). Tunnelsohle und Tunnelwände waren ebenfalls aus Stampfbeton. – Durch den Bau weiterer Hoch- (Teil der Innenstadtlinie in der Schönhauser Allee, L 1,4 km) und U-Bahn-Strecken (Verlängerung der Stammbahn bis Westend, heute U2, 1903–13; Schöneberger Bahn, heute U4, 1908–10; Innenstadtlinie, heute U2, in 3 Bauabschn. 1905–13; Wilmersdorf-Dahlemer-Bahn, heute U1, 1910–13; Kurfürstendammlinie, heute U15, 1910–13; Verstärkungslinie, heute U1, in 2 Bauabschnitte 1915–17 und 1925–26; Nord-Süd-Bahn, heute U6 und südöstl. Teil der U7, in mehreren Bauabschn. zwischen 1912 und 1930; GN-Bahn, heute U8, in 3 Bauabschn. zwischen 1913 und 1930; Linie E, heute U5, 1927–30) entstand bereits bis 1930 ein dichtes Netz von leistungsfähigen U-Bahnlinien von 80 km Länge, mit 94 Bahnhöfen. Die Bauweise der Hochbahnviadukte (Vollwandträger auf genieteten Profilstahlstützen) und U-Bahn-Tunnel (Stahlbeton) wurde ständig verbessert, und die bis an die Stadtperipherie ausgreifenden Streckenteile wurden als Damm- oder Einschnittbahn ausgeführt. – In den 1920er Jahren erhielt die Förderung des Personennahverkehrs unter Ernst Reuter absolute Priorität in der städtischen Verkehrspolitik. Der planmäßige Ausbau des U-Bahnnetzes erfolgte nunmehr unter kommunaler Regie. Bis 1928 gingen auch die Aktien der privat betriebenen Linien in kommunales Eigentum über. Mit der 1929 gegründeten »Berliner Verkehrsaktiengesellschaft« (BVG) war der U- und Hochbahnbetrieb (gemeinsam mit Straßenbahn und Omnibus) in einem riesigen kommunalen Verkehrsunternehmen konzentriert. Ab 1953 wurde das U-Bahnnetz im Westteil der Stadt durch Linienverlängerungen (U6, U7, U8) und -neubauten (U9) zum Rückgrat des innerstädtischen Personennahverkehrs ausgebaut. In Ostberlin beschränkte sich die Bautätigkeit auf die Verlängerung der Linie E (U5) bis zum Tierpark (1969–73) und in den 1980er Jahren zur Anbindung der Großsiedlung Hellersdorf bis Hönow im Berliner Nordosten. – **Hoch- und U-Bahnhöfe.** Der **Bahnhof Warschauer Straße** (1900–02) wurde als Endbahnhof auf gemauertem Viadukt mit 2 Wagenhallen angelegt. Siemens & Halske hatte für die Hochbahnhöfe der Stammbahn eine einfache Typenhalle (Profilstahlskelett mit Stahlblechbrüstungen, großen, gesproßten Glasfenstern, segmentbogenförmige, flache Eisendachbinder mit Zugband, wellblechgedecktes Tonnendach, Seitenbahnsteige – auch noch überliefert auf den Bahnhöfen **Görlitzer Bahnhof** und **Prinzenstraße**) entwickelt. Die den **Bahnhof Warschauer Straße** im Norden abschließende *Bahnsteighalle* ist ein variierter Typenentwurf (Bahnsteige von 2 Satteldächern mit Oberlicht überdeckt und querliegender Vorhalle mit Eingangsgebäude). Bereits 1907–08 mußte der Bahnhof umgebaut (Stellwerk, aufgeständerte Stahlfachwerkkonstruktion; Treppenturm von Paul Wittig) und erweitert werden (rechtwinklig über eine Weichenharve angeschlossene »Aufstellhalle«, ein zweigesch. Stahlfachwerkbau von Alfred Grenander). 1961 stillgelegt, ist der Bahnhof nach seiner Wiederherstellung 1995 wieder in Betrieb. Die ebenfalls wegen eines Umbaus (1927 von Alfred Grenander) erneuerte Halle des Bahnhofes **Hallesches Tor** ist eine vollwandige Stahlrahmenkonstruktion mit blechverkleideten Seitenwänden und feingliedrig gesproßten Fensterbändern. Die Kragträger der Brüstungen und Fensterkonsolen erzielen in ihrer endlosen Reihung eine ornamentale Wirkung. Den gleichen Hallentyp entwarf Grenander auch für den 1928–29 zum Kreuzungsbahnhof umgebauten Hochbahnhof **Kottbuser Tor**. Diesen moderneren Hallentyp (jedoch mit Mittelbahnsteig) hatte Alfred Grenander, der wie kein anderer Architekt in einer mehr als 30jährigen Tätigkeit die Bauten der Berliner U-Bahn prägte, bereits für den Bau der Hochbahnhöfe **Eberswalder Straße** und **Schönhauser Allee** (1911–13) entworfen. Bereits seit 1900 mit dieser für Architekten völlig neuen Bauaufgabe konfrontiert, entwickelte Alfred Grenander die ästhetische Form aus der Konstruktion heraus. Die von ihm entworfenen Bauten der Berliner U-Bahn sind maßgebliche Bausteine in der Entwicklung einer modernen europäischen Verkehrsarchitektur.

Vom Hallenprinzip abweichend, erhielt der **Bahnhof Schlesisches Tor** (1899–1901 von Hans Grisebach und Georg Dinklage) ein in den Stilformen der deutschen Renaissance aufwendiger gestaltetes Bahnhofsgebäude auf unregelmäßigem Grundriß und mit einer über den Gleisen offenen *Bahnsteigüberdachung*. Für die Zweiglinie zum Potsdamer Platz mußte ein 1902 fertiggestelltes, technisch aufwendiges, z. T. mehrere Ebenen einnehmendes dreieckiges Viaduktsystem angelegt werden, das, 1912–13 zur Gleiskreuzung umgebaut, zum Bau des 2 Ebenen einnehmenden **Hochbahnhofs Gleisdreieck** (Sepp Kaiser) führte. Beide Bahnsteighallen sind als vollwandige Stahlrahmenbinderkonstruktion mit Fensterbändern über Blechbrüstungen und Satteldächern mit längslaufenden Oberlichtraupen ausgeführt und durch eine kreuzförmige Treppenanlage miteinander verbunden. Für den von Fritz Schumacher konstruierten **Hochbahnhof Bülowstraße** (1900–01) entwarf Bruno Möhring eine üppige Jugendstildekoration, die insbesondere die über seitliche Treppen zugängliche Vorhalle schmückt. Die Bahnsteighalle ruht auf Steinpfeilern, die reich verziert, pylonartig über

*Berlin. U-Bahnhof Bülowstraße*

das Hallendach ragen. 1928–29 durch einen sachlich gestalteten Hallenanbau erweitert (Rudolf Möhring), wurde der 1971 stillgelegte Hochbahnhof 1991–94 restauriert und 1994 wiedereröffnet. – Für die U-Bahnhöfe der Stammbahn entwickelte Alfred Grenander Gestaltungsprinzipien (oberirdisch mit Eisengittern gerahmte und durch charakteristische Eisenportale gekennzeichnete Zugänge, übersichtlich angeordnete und sachlich gestaltete Zugangsbereiche, gestalterische Betonung der Konstruktion, farblich abgestimmte keramische Wandverkleidung), die über viele Jahrzehnte für die Bauten der Berliner U-Bahn verbindlich blieben. – Der 1899–1902 für die Stammbahnlinie angelegte und 1907 stillgelegte älteste Berliner **U-Bahnhof Potsdamer Platz** (bis 1923 Leipziger Platz) wurde durch einen 1906–07 für die Innenstadtlinie errichteten Neubau (Grenander) ersetzt. Die Station, z. T. unter dem gleichzeitig errichteten Hotel Fürstenhof liegend, erhielt durch eine zweischalige Wandkonstruktion und Ummantelung der unter dem Hotel befindlichen Stahlstützen eine technisch aufwendige Umhüllung. Über 3 Treppenanlagen zugänglich und mit Mittelbahnsteig, prägen die die Decke tragenden mächtigen ummauerten Pfeiler (westliche Bahnsteighalle) bzw. Stahlstützen (östliche Bahnsteighalle) die über graubraunem Sockelband mit weiß glasierten Fliesen verkleidete Bahnsteighalle. Die abgehängte Flachdecke sowie die Fliesenverkleidung der Pfeiler wurden vermutlich Mitte der 1930er Jahre angebracht. Durch die wegen der Spreeuntertunnelung ungewöhnliche tiefe Lage der **U-Bahnhöfe Klosterstraße** und **Märkisches Museum** (1911–13) der Innenstadtlinie (U2, 1906–1913, L 7,4 km, davon 1,4 km Hochbahnviadukt, 12 Stationen) mußte Alfred Grenander für die Zugangsbereiche Zwischenpodeste einfügen, die zugleich als Vorhallen mit Fahrkartenschalter dienten. Die Wand- und Deckengestaltung der südlichen Vorhalle des Bahnhofes Klosterstraße erhält mit einer Keramikverkleidung, die sich durch sorgfältig abgestimmte Farbkombinationen und ausgefallene Schmuckmotive auszeichnet, eine besondere Wirkung. Der ungewöhnlich breite Mittelbahnsteig (12 m) weist auf ein urspr. geplantes drittes Gleis für eine nie gebaute Zweiglinie hin, deshalb ist die Stützenreihe nicht in der Mittelachse und sind die Treppen zweiläufig angeordnet. Die Bahnsteighalle des Bahnhofes Märkisches Museum überspannt ein tief in die Wandzone heruntergezogenes, mit weiß glasierten Fliesen verkleidetes Korbbogengewölbe. – **U-Bahnhof Rathaus Schöneberg** (ehem. Stadtpark, 1907 von Emil Schaudt): Die Schöneberger U-Bahn (U4, 1908–10, Planung Friedrich Gerlach, L 3 km Tunnel) überquert hier eine zu einem Park umgestaltete Talsenke, dadurch wurde eine oberirdische Bahnhofsanlage notwendig, die zugleich als Unterbau für eine Straßenbrücke dient. E. Schaudt entwarf einen streng horizontal und vertikal gegliederten Hallenbau, der sich mit großen Fensterflächen zum Park öffnet. Durch Treppenanlagen begrenzt, werden die langgestreckten Fassaden durch je zwei vorspringende, skulpturenbekrönte Vorsprünge gegliedert. – Der 1925–26 und 1928–29 nach Plänen von Johannes Bousset und Alfred Grenander zum Umsteigebahnhof ausgebaute **U-Bahnhof Nollendorfplatz** wird über ein dem 1900/01 nach Entwurf von Cremer & Wolffenstein errichtetem Hochbahnhof der Stammbahnlinie (tonnenüberwölbte Bahnsteighalle mit imposantem, von 4 Pylonen flankiertem, laternenbekröntem Kuppelbau, 1955 nach Kriegszerstörung vereinfacht erneuert) vorgelagertes Empfangsgebäude, einen schlicht gestalteten, muschelkalkverkleideten Flachbau mit einem medaillonfriesgerahmten, breiten Portal, innen mit graubraunen Keramikplatten ausgekleidet, erschlossen. Über Treppenanlagen erreicht man die 2 übereinander liegenden Bahnsteighallen der U-Bahn (U2, U4). Bemerkenswert die separierte kreisrunde, glaskuppelüberwölbte Treppenhalle mit einem gegenüberliegenden Pendant, das als Gedächtnishalle dient, wie auch der darüber kreuzende Hochbahnhof (U1). – Die Bahnhöfe der Wilmersdorf-Dahlemer Bahn (1909–13), ein gemeinsames Projekt der Hochbahngesellschaft, der Kommune Wilmersdorf und der Domäne Dahlem unter der Leitung von Johannes Bousset, Hermann Müller und Bandekow (L 8,46 km, 10 Stationen) folgten in ihrer Anlage dem von der Hochbahngesellschaft entwickelten Muster, sie erhielten jedoch eine repräsentativere Gestaltung, u. a. durch den Einsatz von Naturstein (Kalk- und Sandstein, Granit, Marmor). Bereits im Straßenraum markant die Eingänge, Steinbrüstungen mit hohen pylonartigen Steinpfeilern, ebenso die individuelle Gestaltung und aufwendige Ausstattung der Bahnsteighallen. Von besonderer Bedeutung ist hier der bereits 1902 für die Stammbahn angelegte und 1911–13 zum Verkehrsknoten ausgebaute **U-Bahnhof Wittenbergplatz** (Alfred Grenander). Über ein den Platzraum beherrschendes, neuklassizistisches *Empfangsgebäude*, einen muschelkalkverkleideten Bau auf kreuzförmigem Grundriß mit zentraler, zeltdachbekrönter Halle (nach Kriegszerstörung 1951 Wiederaufbau, 1981–83 Raumfassung wiederhergestellt), erreicht man die weitgespannte und mit glasierten Tonplatten (Gesimse und Schmuckformen in Majolika) verkleidete Bahnsteighalle (3 parallel geführte und durch ein geschmiedetes Gitter getrennte Bahnsteige der Linien U1, U15 und U2). Die Hallendecke aus Stahlträgern und Betonkappen ruht auf 4 Stützenreihen (genietete Doppel-T-Stützen mit ionisierenden Kapitellen). Obwohl 1971 durch den Umbau zum Umsteigebahnhof verändert, erreicht auch der **U-Bahnhof Fehrbelliner Platz** (1911–13, Wilhelm Leitgebel) eine hohe Gestaltungsqualität. Hier sind die Wände der Bahnsteighalle der Linie U1 mit gelblichgrünen, an den oberen und unteren Rändern mit braunen keramischen Platten verkleidet, die kassettierte flache Decke ruht auf Mittelstützen, die mit braunen Majolikaplatten verkleidet sind. Mit ähnlichem Aufwand gestaltete Wilhelm Leitgebel den **U-Bahnhof Hohenzollernplatz** (1909–1913). – Der **U-Bahnhof Heidelberger Platz** (1911–1913, Wilhelm Leitgebel) verfügt über eine besonders aufwendige Ausstattung mit Bildhauer-, Kunstschmiede- und Mosaikarbeiten. Auffällig der südliche, von einem hohen Pfeilerkranz umgebene Zugang, der über eine glaskuppelüberdeckte, halbrunde Vorhalle zur Bahnsteighalle führt, die von einem zweischiffigen, auf gedrungenen Granitpfeilern ruhendem Kreuzgratgewölbe überspannt ist. Als Einschnittbahn (L 2,2 km) weitergeführt, wurde das *Eingangsgebäude* des **U-Bahnhofes Dahlem-Dorf** (1912–13, Friedrich und Wilhelm Hennings), ein Mauerwerksbau mit vorgesetztem Holzfachwerk und reetgedecktem Krüppelwalmdach, in seiner Architektur der dörflichen Situation angepaßt. Ähnlich verfuhr man mit der **U-Bahnstation Tiehlplatz** (1912–13, Heinrich Straumer), dessen *Eingangsgebäude* im Landhausstil dem von Hermann Muthesius entworfenen Haus Freudenberg (1907–08) nachempfunden wurde. 1980 erhielt die Station am westlichen Bahnsteigabgang ein ebenfalls diesem Vorbild verpflichtetes zweites Bahnhofsgebäude. – Eine deutlich modernere Architektur prägen die von Alfred Grenander entworfenen *Empfangsgebäude* der U-Bahnhöfe

Krumme Lanke (1929, U1), Olympiastadion und Ruhleben (1928–29, U2). Das 1988–89 wiederhergestellte Bahnhofsgebäude **Krumme Lanke** ist ein kleiner, pavillonartiger Flachbau mit einem überhöhten, halbrund hervortretenden, großzügig belichteten Kopfteil. Für den 1929 errichteten Neubau des **U-Bahnhofes Olympiastadion** entwarf Grenander eine über einen Vorplatz erreichbare große, sachlich gehaltene *Eingangshalle*, die durch die geschwungene klinkerverblendete Eingangsfront einen monumentalen Charakter erhält. Der **U-Bahnhof Ruhleben** ist ein in den Bahndamm gebauter, langgestreckter Stahlbetonbau mit streng gegliederten klinkerverkleideten Fassaden und darüber befindlichen Bahnsteiganlagen. Beide Bahnhöfe überzeugen durch ihre funktionale und sachliche Form. – Der **U-Bahnhof Hermannplatz** der 1913–30 angelegten GN-Bahn (1913–30, L 10,2 km, 14 Stationen, U8) erhielt als Umsteigebahnhof (1926–1927 von Alfred Grenander und Alfred Fehse) und wegen der direkten Verbindung zum neuerbauten Kaufhaus Karstadt eine besondere Gestaltung. Besonders die untere der hier kreuzförmig übereinander angeordneten Bahnsteighallen beeindruckt durch einen hohen, mit gelbglasierten Fliesen verkleideten Raum. Die Last des architravartig ausgebildeten und mit Reliefbändern verzierten Unterzuges und der tief eingeschnittenen, an den Seiten stark abgeschrägten Kassettendecke ruht auf schlanken, keramikummantelten Mittelstützen mit weit ausladenden, expressionistisch beeinflußten Kapitellen. Auch heute noch beeindruckend sind die optimal und übersichtlich angeordneten Zugangs- und Umsteigeverbindungen. – Für den als Umsteigebahnhof zur Ringbahn dienenden **U-Bahnhof Gesundbrunnen** (1928–30) der GN-Bahn legte Grenander nördlich und südlich der Ringbahntrasse *Empfangsgebäude* an. Der Nordeingang ist ein klinkerverkleideter kubischer Flachbau mit aus dem Baukörper herausragendem Mitteltrakt, der die Eingangshalle aufnimmt. Den Südeingang, ein rechtwinklig angeordneter zweiflügliger Flachbau, verband Grenander mit einer flachen Ladenzeile und schuf damit einen lebendigen Vorortbahnhof. – Der 1927–30 (Alfred Grenander) im Zusammenhang mit dem Bau der GN-Bahn und der Linie E (1927–31, Planung Johannes Bousset, L 7,9 km, 10 Stationen) zum Verkehrsknoten ausgebaute **U-Bahnhof Alexanderplatz** (bereits 1911–13 Station der Innenstadtlinie von Alfred Grenander, zugleich Stadtbahnhof) ist eine der technisch anspruchsvollsten Bauten der Berliner U-Bahn. Die auf drei Ebenen liegenden Bahnsteighallen werden über einen von Läden gesäumten Verbindungsgang erschlossen, der in höher bzw. tiefer liegende vorhallenartige Zwischenpodeste mündet, die als Verkehrsverteiler dienen. Das ineinander verschachtelte Raumgefüge der Zu- und Verbindungsgänge, Vor- und Bahnsteighallen führt zu spannungsvollen und sich ständig verändernden Raumeindrücken. Beeindruckend sind die kapitellartigen Lichtkästen in den niedrigen Vorhallen, durch die die flachen Decken zu schweben scheinen.

**Straßenbahn- und Omnibusverkehr.** Neben der Stadt- und Ringbahn beherrschten die 1871 gegründeten privaten Verkehrsunternehmen der »Großen Berliner Pferde-Eisenbahn-Actien-Gesellschaft« und der »Allgemeinen Berliner Omnibus AG« (ABOAG) den innerstädtischen und Vorortverkehr. Nach Versuchen, für den Vorortbetrieb dampfgetriebene Straßenbahnen einzusetzen (1877–80), für das Berliner Stadtgebiet war dies verboten, wurden in den 1880er Jahren in den südwestlichen Vororten vereinzelt Dampfstraßenbahnlinien (u. a. 1886 nach Halensee) eingerichtet. Nachdem bereits 1881 die Fa. Siemens & Halske in Lichterfelde den Einsatz einer elektrisch betriebenen Straßenbahn erfolgreich erprobt hatte, wurden zwischen 1895 und 1902 die Straßenbahnlinien elektrifiziert. Von den dabei errichteten acht neu errichteten Straßenbahnhöfen der Großen Berliner Straßenbahn-AG ist nur der **Betriebshof** in der **Blankenfelder Straße** 1–7 in Berlin-Pankow (1901–02 von Joseph Fischer-Dick) noch in Betrieb. Die mit gelben Ziegeln verblendete, 190 Wagen fassende Halle mit einer von Eisenfachwerkbindern getragenen Sheddachkonstruktion wurde 1924 um eine südlich anschließende Wagenhalle (nach Entwurf von Jean Krämer) erweitert. Krämer gelang es, den ebenfalls ziegelverblendeten, von einem Knickgiebel dominierten, großzügig belichteten Hallenneubau durch Übernahme der Lisenengliederung stimmig in die Gesamtanlage zu integrieren. Die urspr. zinnen- und ziergiebelbekrönte Hauptfassade der alten Wagenhalle erhielt eine reduzierte Fassung. Ebenfalls ein bauliches Zeugnis der Frühphase elektrischer Straßenbahnen ist das aus 3 Wagenhallen und einem Wohn- und Verwaltungsgebäude bestehende **Depot der**

**Städtischen Straßenbahn Köpenick** in der **Wendenschloßstraße** 138, 1903–06 nach Entwurf des Köpenicker Stadtbaumeisters Hugo Kinzer errichtet. Besonders markant ist die 12 Tore umfassende Hallenfront mit 2 sechsteilig geschwungenen Giebelfeldern, deren klinkergefaßte Putzflächen von einer reichen, ebenfalls in Klinker ausgeführten Ornamentik geschmückt wird. – Für den **Straßenbahnbetriebshof** in der Tempelhofer **Kaiserin-Augusta Straße** 76–77 baute Jean Krämer 1924–25 eine einschiffige, stützenlose Wagenhalle als Dreigelenkrahmenkonstruktion. Das für die expressionistische Architektur häufig verwendete Tudorbogenmotiv der Dachkonstruktion prägt die elegant durchgestaltete Hallenrückfront. Mit dem 1925–27 errichteten **Straßenbahnhof** in der Weddinger **Müllerstraße** 77–81 schuf Jean Krämer einen der modernsten und gestalterisch qualitätsvollsten Betriebshöfe, der 1958–60 zum Omnibusbetriebshof umfunktioniert wurde. Von fünfgesch. Wohnbebauung für die Straßenbahnbediensteten eingerahmt, bildet die riesige, 320 Straßenbahnwagen fassende, unterkellerte, weitgespannte (je 31,6 m) dreischiffige Halle (Tragwerkkonstruktion von Gerhard Mensch: Vollwandbinder als Dreigelenkbogen) den Kern der Anlage. Material und Formensprache der expressionistisch gestalteten, eisenklinkerverblendeten Umfassungsmauern der Halle prägen auch die Klinkerfassaden der Wohn- und Nebenbauten, dabei besonders markant die die Einfahrt flankierenden Turmbauten, in deren Obergeschossen sich Wasserbehälter befanden. Eine ähnliche Anlage, völlig von Wohnbauten umschlossen, baute Jean Krämer 1927–30 in der Charlottenburger **Königin-Elisabeth-Straße** (Wohnbauten unter Mitarbeit von Otto Rudolf Salvisberg, Konstruktion Gerhard Mensch). Die Dachkonstruktion (einwandige Blechbinder) der riesigen Wagenhalle (L 120 m, B 97,24 m) ruht auf nur 6 Pendelstützen. In der Weddinger **Badstraße** 41 A befindet sich eine 1926–31 errichtete **Straßenbahnbetriebswerkstatt**. Die von Jean Krämer entworfenen klinkerverkleideten blockhaften Bauten beeindrucken durch eine maßvoll expressionistische, sachliche Architektur. Da die Stadt Berlin für den Innenstadtbereich den Betrieb von Pferde-Straßenbahnen untersagt hatte, blieb der Verkehr hier bis um 1900 allein den Pferde-Omnibussen der ABOAG vorbehalten. In der Weddinger **Schwedenstraße** 14–15 ist ein 1907–08 nach Plänen von Franz Ahrens errichtetes **Pferdeomnibusdepot** überliefert. Das langgestreckte Hofgebäude, ein schmuckloser, dreigesch. Mauerwerksbau mit geschoßweise vorgebauten eisernen Galerien, diente als Remise (EG), Pferdestall (erstes OG, über eine inzwischen abgetragene Rampe erreichbar) und Futterboden und zeugt von der für die Berliner Innenstadt typischen hochverdichteten Bebauung auch mit Verkehrsbauten. Für den ab 1905 beginnenden Einsatz von Kraftomnibussen mußten neue Omnibusdepots gebaut werden. In der Charlottenburger **Helmholtzstraße** 41 baute Franz Ahrens 1925–26 eine zweischiffige Omnibushalle (für rund 200 Omnibusse). Eine ingenieurtechnische Meisterleistung ist die über 53,5 m gespannte, stützenlose Dreigelenkblechbogenkonstruktion der Haupthalle mit Zugbändern in Fußbodenkanälen. Für die stützenfrei zu überspannende Omnibushalle des **Betriebshofes** in der Treptower **Eichenstraße** 4 (gebaut 1927) wählte Franz Ahrens Halbparabel-Fachwerkträger. Zum Betriebshof gehören auch die um 1915 von Bruno Buch für die damals hier ansässige Maschinenfabrik Carl Beermann gebauten Shedhallen, die 1925 für die ABOAG als Hauptwerkstatt eingerichtet wurden, das ebenfalls von Franz Ahrens 1927 errichtete viergesch. Werkstatt- und Wohngebäude sowie das 1928 von Alfred Warthmüller entworfene zwei- bis viergesch. Werkstattgebäude (Stahlskelettkonstruktion). Obwohl von verschiedenen Architekten entworfen, vermitteln die klinkerverblendeten Bauten mit ihrer expressionistischen Architektur einen gestalterisch geschlossenen Eindruck. Dies gilt auch für die von Franz Ahrens entworfenen und in 2 Abschnitten errichteten lisenengegliederten 2 Geschoßbauten (fünfgesch. Garagen-, Werkstatt- und Bürogebäude, 1911–12, an der **Jasmunder Straße** 2; fünfeinhalbgesch. Werkstatt- und Wohngebäude, 1929–30) und die Wagenhalle (1929–30) des **Betriebshofes** in der Weddinger **Wattstraße** 22–24. Zur stützenfreien Überdachung (Flachtonnendach) der 63 m breiten Halle wurden vollwandige Dreigelenkbogen mit aufgehängtem Zugband verwandt. Als erstes Berliner Parkhaus entstanden in der **Kantstraße** 126–127 (Charlottenburg) nach Entwürfen von Hermann Zweigenthal und Richard Paulick die **Kant-Garagen** als Stahlbetonkonstruktion. Die 6 Parkgeschosse (16 000 m² für 400 Autos) werden, getrennt für ein- und ausfahrende Autos, durch Doppelspiralen erschlossen. Die sehr sachlich und modern wirkende Fassade zur Straße ist in der Mitte durchgehend verglast und wird durch ein horizontales Fensterband unter dem Traufgesims und ein das Treppenhaus belichtendes vertikales Fensterband gerahmt.

● **Brücken.** Die älteste Berliner Brücke ist die **Jungfernbrücke** (Friedrichsgracht, Mitte). Sie wurde 1798 als Klappbrücke (hölzerne Klappen über der mittleren Öffnung, die 2 seitlichen Öffnungen massiv überwölbt und sandsteinverkleidet) über einem Spreearm errichtet. Sie repräsentiert einen für Berlin einstmals typischen Brückentyp. Die überlieferte technische Konstruktion der Klappbrücke ist noch funktionsfähig. Die 1802 in der Königlichen Eisengießerei Malapane gegossene **Hohe Brücke** im Schloßpark Charlottenburg (Spandauer Damm 2/38) ist die älteste Eisenbrücke Berlins. Die Konstruktion der Fußgängerbrücke (11,9 m lang und 4 m breit) über den nördlichen Abfluß des Karpfenteiches besteht aus 4 gußeisernen Bogenträgern, die Träger sind in 4 übereinanderliegende Bogenrippen aufgelöst. Die benachbarte gußeiserne Fußgängerbrücke am Mausoleum ist ein Nachbau von 1958. Wie beim 1800 gegossenen Vorbild besteht sie aus 5 tragenden Bögen, auf denen der jeweilige Gehwegträger über Ringe aufgeständert ist. – 1821–24 entstand nach Entwurf von ● Karl Friedrich Schinkel die **Schloßbrücke** (Unter den Linden, Mitte); die zwei seitlichen Öffnungen sind massiv überwölbt, die hölzernen Klappen über der mittleren Öffnung wurden 1912 durch massives Gewölbe ersetzt. Mit den in Erinnerung an die Freiheitskriege ab 1853 aufgestellten, zwischen 1842 und 1857 von Bildhauern der Rauch-Schule geschaffenen 8 marmornen Figurengruppen (Kampf junger Krieger, begleitet von Siegesgöttinnen), ist die Schloßbrücke eines der bedeutendsten Zeugnisse des Klassizismus in Berlin. Nach Kriegsschäden 1950 wiederhergestellt (Wiederaufstellung der Figurengruppen 1983), prägt die vom Schloßplatz zur Straße Unter den Linden führende Brücke entscheidend diese innerstädtische Achse. – 1894–97 nach Plänen des städtischen Tiefbauamtes errichtet, überspannt die **Weidendammer Brücke** (Friedrichstraße, Mitte) einen Spreebogen. Das gußeiserne Tragwerk der auf 2 schmalen granitverkleideten Strompfeiler ruhenden, 22,4 m breiten Brücke (Stützenweiten 16,3 m x 38,5 m x 15,5 m) bestand aus 10 dreiteiligen Bogenträgern, die als Mischkonstruktion mit seitlichen Fachwerkkragträgern und gelenkig dazwischen gehängten Blechträgern ausgelegt war. 1914 wegen des Baus der U-Bahntrasse der Nordsüdbahn abgerissen, wurde die Weidendammer Brücke bis 1922 mit veränderter Gründung für die Strompfeiler und Landwiderlager unter Verwendung der alten Träger und der dekorativen schmiedeeisernen Geländer und Laternenmasten wiederaufgebaut und auf 25,3 m verbreitert. Dabei wurde die Konstruktion mit 6 durchlaufenden Blechträgern verstärkt. Nach Reparaturen 1974–75 und 1985 wurde die Brücke 1994–95 saniert. – **Oberbaumbrücke** (Am Oberbaum, Friedrichshain). ● 1894–96 nach Entwurf von Otto Stahn als massiver Ziegelbau mit 7 flachbogig gewölbten Öffnungen (7,5 m x 16 m x 19 m x 22 m x 19 m x 16 m x 7,5 m) gebaute Spreebrücke (150 m lang und 27,9 m breit). In den Stilformen der märkischen Backsteingotik errichtet, erzeugt die Oberbaumbrücke mit Zinnenmotiv und den beiden, mittelalterlichen Stadttürmen nachempfundenen Türmen den Eindruck eines Stadttores. Über die Oberbaumbrücke wurde auch die 1902 in Betrieb genommene Trasse der Hochbahn geführt. Als Unterbau diente ein gemauerter Viadukt, die tragende Konstruktion bestand aus Eisenträgern, die auf Pfeilern ruhen. Die im 2. Weltkrieg stark beschädigte Brücke wurde, da 1951 nur notdürftig repariert, 1992–95 wiederhergestellt. Das erneuerte Mittelteil entwarf Santiago Calatrava. Die Moabit und Charlottenburg verbindende **Gotzkowskybrücke** (Gotzkowskystraße, Tiergarten) überspannt die Spree (Spannweite 56,3 m) mit 12 vollwandigen eisernen Bogenträgern. Die schlichten steinernen Schmuckbauten an den Brückenköpfen (Schmuckportal sowie 2 Tierplastiken von Walter Schmarjes) und Geländer der 1910–11 errichteten Brücke entwarf Alfred Grenander. – 1906 nach Plänen von Bernhard Schaede als Straßen- und U-Bahnbrücke errichtet, überquert die **Kaiserdammbrücke** (Kaiserdamm, Charlottenburg) die Ringbahn, seit 1962 auch die Stadtautobahn. Die Gitterträger ruhen auf 3 Eisenstützenreihen, die unter der Fahrbahn geführte Trasse der U-Bahn hängt als eiserne Galerie zwischen 2 Gitterträgerpaaren. Umbauten 1932 und 1960, u. a. Verstärkung durch Blechträger. – Die über Bahnanlagen führende **Swinemünder Brücke** im Wedding (Swinemünder Straße; 228 m lang und 18,6 m breit, mittlere Spannweite 108 m, Seitenöffnungen je 60 m) wurde

1902 im städtischen Tiefbauamt unter der Leitung von Friedrich Krause und F. Heddes entworfen und bis 1905 als Mischkonstruktion aus Krag- und Gerberträgern ausgeführt. Die 90 Meter langen Fachwerkträger der Seitenöffnungen überkragen um je 30 m die massiven Pfeiler zur Mittelöffnung, die ein eingehängter 48 m langer Schwebeträger überspannt. Das Tragwerk ist durch von den eisernen Aufbauten auf den Zwischenpfeilern ausgehenden Hängegurten bewehrt. Ein Zwischengurt ist je 30 m zu beiden Seiten der Mittelstütze in flacher Hängeform eingefügt. Die von Bruno Möhring entworfenen Jugendstilornamente wurden mit Beseitigung der Kriegsschäden zumeist entfernt. Bestehend aus 1700 t Flußeisen und Gußeisen der Fa. Beuchelt & Co., war sie mit 1,127 Mio. Mark Baukosten der damals aufwendigste Brückenbau Berlins. – Als Bogenträgerbrücke mit abgehängter Fahrbahn (138 m lang und 27 m breit, mittlere Spannweite 87 m, Seitenöffnung je 25,5 m) wurde 1912–15 die **Bösebrücke** für den nördlichen Ringstraßenzug in der Bornholmer Straße (Wedding) nach Plänen von Friedrich Krause, Behner und Kalb errichtet. Die Treppenanlagen mit den neuklassizistisch gegliederten, scharrierten Vorsatzbetonwänden entwarf Richard Wolffenstein. Durch die große Spannweite und ungewöhnliche Breite war eine aufwendige, aus 2 durchgehenden Pfostenfachwerkgebilden (Dreigelenkbogen mit überkragenden Enden und gelenkig angehängten Schleppträgern) bestehende Konstruktion mit hohem Materialaufwand (erstmaliger Einsatz von Nickelstahl der Deutsch-Luxemburgischen Bergwerks- und Hütten-AG, Abt. Dortmunder Union) notwendig. Das teilweise aus Nickelstahl gebildete Tragwerk mit 16,5 m Hauptträgerabstand weist einen großzügigen Schwung in der Linienführung und eine harmonische Abstimmung der Stabquerschnitte auf. – Die **Stößenseebrücke** (Heerstraße, Spandau), 1908–09 nach Plänen von Karl Bernhard errichtet, überquert als 100 m lange und 24 m breite Straßenbrücke im Verlauf der Heerstraße den durch Dammaufschüttung verengten Stößensee. Die 4 Fachwerkkragträger ruhen auf Mittelauflagern, die sich anschließenden Schleppträger sind gelenkig angehängt und ruhen in der Höhe verstellbar auf der Dammkrone. Während die Fahrbahn über den Obergurten verläuft, spannen sich die Untergurte von den Mittelauflagern im eleganten Bogen zu den mit bossierten Granitquadern verkleideten Widerlagern. Die Brücke beeindruckt durch harmonische Einbindung in die Havellandschaft und ästhetische Linienführung der Tragwerkskonstruktion. Von gleicher Qualität ist die nur wenige hundert Meter westlich die Havel überspannende **Freybrücke** (Heerstraße, Spandau; 163,8 m lang und 24 m breit). Diese ebenfalls von Karl Bernhard entworfene und 1908–09 errichtete Stahlfachwerkbogenkonstruktion besteht aus 2 Hauptträgern, die zwischen den Widerlagern auf je 4 Fußpunkten ruhen. Während die Fahrbahn der Heerstraße über der Flußniederung auf den flachgeschwungenen Fachwerkbögen der Kragträger und eingehängten Koppelträger aufliegt, hängt sie in der breiteren Mittelöffnung (Spannweite 63 m) an Fachwerkbögen. 1948–51 wurde die 1945 gesprengte Brücke wiederaufgebaut. – Die die Havel zwischen Zehlendorf und Potsdam überspannende **Glienicker Brücke** wurde 1905–07 von der Preußischen Wasserbauverwaltung als dreifeldrige Stahlfachwerkträgerbrücke (Spannweite 36,6 m x 73,3 m x 36,6 m) mit unten liegender Fahrbahn und Obergurten in Hängeform errichtet. Durch die harmonische Linienführung der Fachwerkträger

*Berlin. Freybrücke*

und den bastionsartig ausgebildeten und mit Kolonnaden und skulpturalem Schmuck (1908 von Stephan Walter) bekrönten Brückenköpfen gelang eine stimmige Einbindung in die umgebende Park- und Schlösserlandschaft. Auf der 1945 gesprengten und 1947–49 wiederhergestellten Brücke fanden vor allem in der Zeit des Kalten Krieges spektakuläre Agentenaustausche statt.

**Eisenbahnbrücken.** Die 1878–82 errichtete und nach 1920 verstärkte **Spreebrücke der Stadtbahn** am Bahnhof Friedrichstraße (Mitte) überquert die Spree stützenfrei als flach gespannte Fachwerkbogenträgerbrücke (Spannweite 50 m, Breite 32 m, viergleisig). Die aus 6 schmiedeeisernen Fachwerkbogenträgern mit Querverbänden und seitlich aufliegenden Kämpfergelenken bestehende Brückenkonstruktion gehört zu den wenigen überlieferten Berliner Eisenbahnbrücken der ersten Generation. Der **Gleimtunnel** (Gleimstraße, Wedding) wurde 1904 nach Entwurf von Zabinsky von der Reinickendorfer Stahlbaufirma »Hein, Lehmann & Com.« als Eisenbahnunterführung errichtet, die hier das inmitten dicht bebauter Wohnquartiere als Barriere wirkende etwa 120 m breite Bahngelände des Güterbahnhofes der Nordbahn unterquert und die aus vier unterschiedlich breiten (insgesamt 100 m) aneinandergereihten Trägerrostkonstruktionen und aus vier aneinandergereihten Trogbrücken (20 m) besteht. Das als Gerbersystem mit Gelenken in den Seitenfeldern ausgebildete Tragwerk (Spannweite 5 m x 14 m x 5 m) ruht auf massiven Widerlagerwänden und zwei Reihen gußeiserner (Hartungscher) Pendelstützen. Von gleicher Konstruktion (Blechträger mit einer Spannweite von 26,5 m und seitlichen Pendelstützen oder starren Vollwandrahmen) sind die **Yorckbrücken** (Yorckstraße, Schöneberg), die südlich der einstmals riesige Innenstadtflächen einnehmenden Güterbahnhöfen der Potsdamer, Anhalter und Dresdner Bahn aneinandergereiht die Bahngleise über die als südliche Ringstraße angelegte Yorckstraße führen. Die u.a. nach Plänen von Heinrich Seidel vor allem zwischen 1883 und 1891 gebauten 10 Brücken, inzwischen bis auf die Brücken der S-Bahn und der Postgleise stillgelegt, zeugen von der einst immensen Bedeutung des Eisenbahnverkehrs für die Stadt. Nördlich des ehemaligen Stettiner Bahnhofes überspannen die **Liesenbrücken** (Gartenstraße, Wedding) einen durch 5 hier einmündende Straßen gebildeten Stadtplatz. Die beiden Eisenbahnbrücken wurden 1890–92 von W. Hildebrand und Bathmann mit einer Spannweite von 64 m eingleisig bzw. 1896 mit einer Spannweite von 94 m doppelgleisig als stützenlose Stahlfachwerkträgerbrücken mit Halbparabel-Obergurten errichtet. Die Fachwerkträger der nebeneinander, leicht versetzt stehenden Eisenbahnbrücken sind technisch und ästhetisch hochrangige Ingenieurkonstruktionen. Inzwischen stillgelegt, prägen die Liesenbrücken den Stadtplatz.

**Häfen.** Mit dem Stapelrecht wurden bereits in der mittelalterlichen Doppelstadt Berlin-Cölln Uferzonen der Spree am Mühlendamm als Warenumschlagplätze genutzt. 1669–70 erfolgte auf Betreiben der Berliner Kaufleute der Bau des ersten Packhofes. 1749 stellte Friedrich II. das Pomeranzenhaus (Orangerie) am Lustgarten als Neuen Packhof zur Verfügung und ließ dort einen Kran aufstellen. 1829–31 wurden diese Anlagen durch das nach Entwurf von Karl Friedrich Schinkel errichtete fünfgesch. Packhofgebäude ersetzt, welches später Museumsbauten weichen mußte. Trotz des Anlegens weiterer Häfen (u.a. 1852 Schöneberger Hafen am gerade fertiggestellten Landwehrkanal, 1859 Bau des Humboldthafens und des Nordhafens am Berlin-Spandauer Schiffahrtskanal, 1883–86 Errichtung des Packhofes in Moabit, 1885 und 1891 Bau der Ladestraßen Charlottenburger Ufer-Ost und Ufer-West am Landwehrkanal, 1891–96 Bau des Urbanhafens ebenfalls am Landwehrkanal) und der zunehmenden Konkurrenz durch die Eisenbahn konnten die nach 1850 stark ansteigenden Gütermengen kaum bewältigt werden. Vor allem die während der Gründerjahre stark anwachsende Bautätigkeit führte zu ständig zunehmenden Baustofftransporten. 1906 war Berlin mit einem Umschlag von 10,4 Mio. t nach Duisburg die umschlagstärkste Binnenhafenstadt Deutschlands. Da die bestehenden Binnenhäfen den wachsenden Anforderungen nicht mehr genügten, begann die Stadt B., welcher der preußische Staat 1886 diese Aufgaben in eigener Verantwortung übertragen hatte, 1893 mit den Planungen für 2 leistungsfähige Häfen im Osten und Westen der Stadt. – 1899 legte der Stadtbaurat für den Tiefbau, Friedrich Krause, den ersten Entwurf für den **Osthafen**, einem Flußhafen mit ausgezeichneter Eisenbahnverkehrsanbindung am rechten

Spreeufer (Stralauer Allee 1–16, Friedrichshain) vor. Die Bauausführung erfolgte 1907–13 nach Entwürfen von Friedrich Krause (Gesamtanlage), Zaar und Henrici (Hochbauten) sowie Kritzler und Tischer (Gestaltung). Die an der 1390 m langen Kaimauer aneinandergereihten, als graue Verblendziegelbauten errichteten Lager-, Wirtschafts- und Verwaltungsgebäude werden durch einen sechsgesch., inzwischen z. T. ruinösen *Getreidespeicher* beherrscht. Den nördlich anschließenden, 1928–29 nach Entwürfen von Oskar Pusch errichteten und 1940 erweiterten gewaltigen Gebäudekubus des *Großkühlhauses* schmückte ein aus zweifarbigem Klinkermauerwerk kunstvoll gestaltetes Rautenmuster. Ende der 1970er Jahre zum Tiefkühlhaus umgebaut, überdeckt gegenwärtig eine zusätzlich aufgebrachte Temperaturdämmhülle die Fassaden. – Der zwischen 1914 und 1927 nach Entwürfen von Friedrich Krause (Gesamtanlage), Loranz (Ausführungsplanung) und Richard Wolffenstein (Fassadenentwürfe) angelegte **Westhafen** (Westhafenstraße 1–3, Tiergarten) besteht aus 3 axial ausgerichteten Hafenbecken (Kailänge insgesamt 2500 m, Fassungsvermögen 68 600-t-Schiffe), um die sich ein architektonisch hochwertiges Ensemble von *Verwaltungs-, Wirtschafts-* und *Lagerbauten* gruppiert. Die monumentale Mitte des Hafens bilden die 1913 entworfenen und mit schwarzbraunen Eisenklinkern verblendeten Bauten am Mittelbecken: das Verwaltungsgebäude, drei Lagerhallen, der Getreidespeicher und der Zollspeicher. Als Ergänzungsbau wurde u. a. das 1939–43 zwischen dem Nordbecken und dem Kanal ein ebenfalls klinkerverblendetes Getreidesilo errichtet. Überlieferte Hebezeuge (u. a. 2 Kräne) und technische Ausstattung (Getreidespeicher) zeugen von einem hohen Stand der Technik. – Mit dem Bau des Teltowkanals (1901–1906, L 37,8 km) wurde für den **Tempelhofer Hafen** (Tempelhofer Damm 227/235) ein viereckiges Hafenbecken (180 x 80 m) angelegt. Am Nordkai ließ die Stadt 1908 nach Plänen von Havestadt & Contag, Wijg und Schmidt das 120 m lange, vier- bis fünfgesch. Lagerhaus mit mächtigem, von Erker und Gaupen durchbrochenen Mansarddach, im Mittelteil gestuftem Satteldach, errichten. Obwohl in der Fassaden- und Dachgestaltung das Vorbild spätbarocker Speicherbauten noch spürbar ist, wirkt der gut gegliederte, weiß verputzte Mauerwerksbau (innen Stahlbetonstützen und -decken) zurückhaltend sachlich. Vor dem Lagerhaus am Kai befindet sich noch ein Portalkran aus den 1920er Jahren.

**Flughäfen.** Der nach dem Flugplatz Johannisthal (1908–09) älteste Berliner **Flughafen Tempelhof** (Platz der Luftbrücke 1–6) wurde, da verkehrsgünstiger liegend, 1922–23 auf einem ehemaligen Exerzierplatz angelegt und bis 1929 zum Berliner Zentralflughafen ausgebaut. Wegen des enorm zunehmenden Flugverkehrs und des Repräsentationsbedürfnisses der nationalsozialistischen Reichsregierung entstand zwischen 1936 und 1941 auf einer Fläche von etwa 4 km² nach Plänen Ernst Sagebiels einer der seinerzeit leistungsfähigsten und modernsten Flughäfen. Städtebaulich markant fassen im Nordwesten Flugzeug- und Werkstatthallen mit dem überdachten *Flugsteig* (Stahlkonstruktion) in einem weiten Bogen (1230 m Frontlänge) das elliptisch geformte Rollfeld ein. Das Zentrum der Anlage bildet die *Abfertigungs-* und *Empfangshalle,* die mit einem von Seitenflügeln eingefaßten Vorhof, die Hauptachse des Rollfeldes aufnehmend, axial auf den nur z. T. ausgeführten, runden Platz der Luftbrükke ausgerichtet ist. Kalte Monumentalität und strenge Symmetrie charakterisieren die mit braungelben Natursteinplatten verkleideten Fassaden der Abfertigungs- und Verwaltungstrakte (Stahlbetonskelettbauten). Die 1912 gegründete und auf dem **Flugplatz Johannisthal** (Rudower Chaussee, Treptow) angesiedelte **Deutsche Versuchsanstalt für Luftfahrt** (DVL) ließ im Zuge forcierter Rüstungsanstrengungen nach Plänen von Hermann Brenner ab 1932, vor allem zwischen 1935 und 1940, hochmoderne Forschungsanlagen errichten. Nach den von Franz Dischinger und Walter Bauersfeld entwickelten Grundlagen zur Herstellung dünnwandiger Eisenbeton-Schalenflächen baute die Firma Dyckerhoff & Widmann für die DVL Experimentalbauten für lufttechnische Versuche. Zu den Versuchsanlagen, die damals in bezug auf ihre technische Parameter und die angewandten Konstruktions- und Bauverfahren international eine Spitzenstellung einnahmen, gehören der große Windkanal, der schallgedämmte Motorenprüfstand, der Höhenprüfstand sowie der *Trudelturm,* der als erster seiner Art simulierte Trudelversuche zuließ. Bei der Herstellung der berechneten komplizierten Raumhüllen bewährte sich die durch die Schalenbauweise mögliche Formbarkeit des Materials. Von den weiteren Institutsbauten ist der 1940 fertiggestellte und von 2 Bürotürmen flankierte Flugzeughangar als stützenlose Halle mit weitgespanntem gewölbten Schalendach hervorzuheben. – Als mit der Umstellung auf Düsenverkehrsflugzeuge die Start- und Landebahnen des Tempelhofer Flughafens nicht mehr den Anforderungen genügten, wurde sukzessive der Flugverkehr auf den ausbaufähigen, bis 1960 nur von der französischen alliierten Schutzmacht als Militärflugplatz genutzten **Flughafen Tegel** (Reinikkendorf) verlegt. Als Ersatz für die provisorischen Abfertigungsanlagen Tegel-Nord (1960–65) entstand 1969–74 nach Entwürfen von Meinhard von Gerkan, Volkwin Marg und Klaus Nickels in Tegel-Süd ein neues Abfertigungszentrum, das aus auf sechseckigen Grundrissen errichtetem zentralen Verkehrsring mit Zentralgebäude und Tower und dem Flugsteigring West besteht. Die aus einem internationalen Ideenwettbewerb als Sieger hervorgegangene Hamburger Architektengruppe hatte 3 im Winkel aneinandergrenzende Sechsecke entworfen, die beiden äußeren als Flugsteigringe, davon der Flugsteigring West ausgeführt, Ost als Ausbaupotential, und einen mittleren Auffahrts- und Verteilerring mit Zentralgebäude in den Nordflügeln und Rampen und Brücken der Zufahrtsstraßen in den Südflügeln. Das gut erschlossene Abfertigungszentrum ermöglichte mit dem sechseckigen Flugsteigring (West) und den auf einer Hauptebene konzentrierten Abfertigungsvorgängen kurze Wege und Abfertigungszeiten. Betriebsräume und technische Anlagen sind in den tiefer liegenden Geschossen untergebracht. Die eigenwillige Gliederung der Baukörper (Stahlbetonmontagebau) durch gestaffelte Schichtung der Geschosse und geneigte Fenster- und Brüstungsbänder vermitteln einen dynamischen Eindruck. Klare Ordnung und Übersichtlichkeit prägen auch das Innere, überschaubare Räume reihen sich aneinander, Farbgebung wird als Information eingesetzt: Gelb ist der Abfertigung zugeordnet, Grün weist auf Nebendienste wie Bank, Post, Läden u. a. m. Für die zahlreichen Nebenanlagen und Betriebsgebäude am südlichen Flugfeldrand (u. a. Hangar, Energiezentrale, Luftfrachthalle und Bordküchengebäude) wurde ein Container-Bausystem nach einem einheitlichen Maßmodul entwickelt, so daß auch diese Bauten gestalterisch konsequent durchgeformt sind. Auf internationale Vorbilder vor allem in den USA reagierend, präsentiert sich der Flughafen Tegel als moderner Verkehrsbau. Er wird gegenwärtig (1998) im Inneren modernisiert und umgestaltet.

**Stromversorgung, Kraftwerke.** 1896–97 baute die AEG zur Stromversorgung ihres neuen Kabelwerkes am Spreeufer das **Kraftwerk Oberspree** (Wilhelminenhofstraße 78, Köpenick). Vermutlich nach Plänen von Paul Tropp errichtet, leitete es als erstes europäisches Drehstromkraftwerk die Entwicklung zum Großkraftwerksbau ein. Bis 1910 mehrfach bedeutend erweitert und mit Dampfturbinen ausgerüstet, versorgte es, seit 1899 im Eigentum der Berliner Elektrizitätswerke (BEW), den Südosten Berlins. Inzwischen stillgelegt und zur Fabrikhalle umfunktioniert, beeindruckt die langgestreckte *Maschinenhalle*, der ältere Teil in Giebelstellung zur Straße, mit ihrer reich gegliederten, gelben Ziegelfassade. Neben der Schaltbühne im Inneren der Halle weisen die 3 Schornsteine (von ehemals 6) und die Fassadenornamentik mit Attributen zur Stromerzeugung auf die urspr. Funktion hin. Als zweites Drehstromkraftwerk nach diesem Vorbild ließ die BEW 1899–1900 nach Entwurf von Franz Schwechten an der Unterspree das **Kraftwerk Moabit** (Friedrich-Krause-Ufer 10–15, Tiergarten) errichten. Durch die gewählte Uferlage erfolgte die Kohleversorgung wie an der Oberspree über den Wasserweg. In den 1920er und 1930er Jahren nach Entwürfen von Hans Heinrich Müller sowie Walter Klingenberg und Werner Issel erweitert, mußte 1987 die von Schwechten entworfene riesige Maschinenhalle (117 m Länge) mit dem Kesselhaus einem Kraftwerksneubau weichen. Nur der Hallengiebel mit einem rund 10 m tiefen Hallensegment erinnert an deren einstmals beeindruckende Architektur. – Am Charlottenburger Nordufer der Spree (Am Spreebord 5–7) erhebt sich mit imposanter Silhouette das 1899–1900 entstandene, nach technischem Konzept von Georg Klingenberg ebenfalls auf Drehstrombasis konzipierte und später mehrfach erweiterte und modernisierte **Kraftwerk Charlottenburg**. 1925 wurde es zum ersten deutschen Hochdruck-Kraftwerk umgerüstet. Aus der ersten Bauphase 1899/1900 sind Maschinenhalle mit von Türmen flankiertem neugotischen Südgiebel sowie das östlich anschließende Beamtenwohnhaus überliefert. Westlich anschließend erhebt sich der mächtige, mit Klinker und Sandsteinplatten verkleidete Kubus (Stahlskelettkonstruktion) des 1955–66 nach Plänen von Rathge errichteten Kesselhauses. Mit den beiden, von

Schönburg 1925 und der Siemens-Bauunion 1929 als expressionistische Klinkerbauten entworfenen 6 kV/30 kV-Schalthäusern repräsentiert das Kraftwerk exemplarisch 7 Jahrzehnte Kraftwerksbau auf höchstem technischen und architektonischen Niveau. Zur Bewältigung kurzfristiger Lastspitzen entstand 1929 die Ruth-Speicheranlage. Sie besteht aus 16 freistehenden Speicherdampfbehältern und 2 Speicherturbinen, die in der 1929 um 42 m verlängerten Maschinenhalle installiert sind. *HS*

● **Kraftwerk Rummelsburg** (Rummelsburger Landstraße 12, Köpenick). 1907 errichtet, am südöstlichen Stadtrand gelegen, ist es das erste Kraftwerk der Berliner Elektrizitätswerke, in dem ausschließlich Dampfturbinen eingesetzt wurden (13 500 kW). Gleichzeitig wurde das älteste Berliner Blockkraftwerk in der Markgrafenstraße stillgelegt. Die gesamte in Berlin installierte Kraftwerksleistung stieg im Laufe des Jahres 1907 auf ca. 117 000 kW. Das Kraftwerk dokumentiert den Anstieg des Stromverbrauchs in den ersten Jahren des 20. Jh.s in Berlin und den Wendepunkt in der Stromversorgungskonzeption, hin zur Errichtung von leistungsfähigeren Drehstrom-Kraftwerken an der Peripherie der Stadt. Die Backsteinbauten von 1907, im wesentlichen *Kessel-* und *Maschinenhäuser*, geben sich an der Straßenfassade repräsentativ durch plastische Gliederung und große, nicht funktional bedingte Fensteröffnungen sowie durch einen monumentalen Giebel, verzichten aber bereits weitgehend auf historisierende Formen. Der Erweiterungsbau 1925–26, von Hans Müller in klaren Formen gehalten, ist der Moderne verpflichtet. Für den Architekten typische Gestaltungselemente, wie optisch zu Stützen aufgelöste vertikale Fensterbänder, markantes Hauptgesims mit mehrreihigem Zahnschnittfries oder hohes Rundbogenfenster, gliedern die gewaltige Fassade. Von technikgeschichtlicher Bedeutung ist die vollständig erhaltene Schaltwarte im Maschinenhausanbau. Die 1975 stillgelegte Anlage ist ein wichtiges Zeugnis für die Neuerungen im Berliner Kraftwerksbau im ersten Jahrzehnt des 20. Jh.s. – **Kraftwerk Steglitz** (Birkbuschstraße 40–44, Steglitz). Nach langen Voruntersuchungen beschließt 1910 der Gemeinderat von Steglitz, ein Kraftwerk zu errichten. Die maschinentechnischen Grundlagen werden von Martin Rehmer erarbeitet, der Entwurf des Werkes wird von Hans Müller und der Hochbauabteilung angefertigt. Die Realisierung erfolgt 1910–11. Das Organisationsschema der Anlage entspricht dem Prozeß der Umwandlung von Kohle in elektrische Energie, dessen einzelne Phasen symmetrisch entlang der Längsachse der Anlage angeordnet werden. Nach Anlieferung der Kohle durch Schiffe vom Teltowkanal auf den Kohlenhof erfolgt die Verbrennung im *Kesselhaus*, die Stromerzeugung im *Maschinenhaus*, schließlich die Stromverteilung im *Schalthaus*. Den straßenseitigen Abschluß bildet das *Direktorenhaus*, das mit seinem symmetrischen Aufbau, seiner zentralen Eingangstreppe, der seitlichen Apsis des Treppenhauses und der rückseitigen asymmetrischen Anbindung der niedrigeren Seitenflügel eine Verwandtschaft mit Schinkels Schloß Charlottenhof zeigt. Der wichtigste Teil des Kraftwerkes, die *Maschinenhalle*, liegt quer zur Längsachse und wird durch seine Gebäudehöhe und -form betont. Die Backsteinfassade ist durch vertikale Fensterbänder optisch in Stützen aufgelöst, die einen Giebel mit Thermenfenster tragen. Die Anlage, 1926 zu einem Heizkraftwerk umgerüstet, als solches heute noch in Funktion, erhielt Ergänzungsbauten, so von Egon Eiermann, Mitarbeiter der BEWAG-Bauabteilung unter Hans Müller, ein 30/6-kV-Abspannwerk (1929). Der Kern des Kraftwerkes von 1910–11, ein Bauensemble der aufkommenden Moderne mit klassizisierenden Zügen, gehört zu den wichtigen Beispielen der Berliner Industriearchitektur vor dem 1. Weltkrieg. – **Kraftwerk Klingenberg** (Köpenicker Chaussee 42–45, Lichtenberg). ● Um den stark angewachsenen Strombedarf zu befriedigen, wurde das Kraftwerk Klingenberg 1925–26 in nur fünfzehnmonatiger Bauzeit von der AEG (Generalprojektant) nach dem wissenschaftlich-technischen Konzept von Walter Klingenberg (seit 1927 nach ihm benannt) als erstes Berliner Großkraftwerk für die BEWAG errichtet und leitete damit eine neue Stromversorgungskonzeption (erneuter Übergang zur Stromeigenerzeugung) ein. 1927 ging das Kraftwerk mit der vollen Leistung von 270 000 kW ans Netz. Es war mit seinen drei Hauptmaschinengruppen von je 80 000 kW und drei Vorschaltturbinensätzen von je 10 000 kW sowie 16, mit Steinkohlenstaub beheizten 37-atü-Kesseln eine der größten und modernsten Anlagen Europas. Bemerkenswert auch die 30-kV-Schaltanlage mit völliger Phasentrennung in 4 Geschossen. Die architektonische Gestaltung der vorbildlosen großräumigen Industrieanlage, beidseits der Köpenicker Chaussee zwischen Bahngelände und Spree gelegen, ist durch die Architekten Walter Klingenberg und Werner Issel in höchst qualitätvoller Weise in den Formen der Neuen Sachlichkeit mit expressionistischen Details gelungen. Alle Gebäude bis auf das *Schalthaus* (reiner Mauerwerksbau) entstanden in Stahlskelettbauweise, mit roten Klinkern verblendet oder ausgefacht, unter Verwendung unterschiedlicher Mauerungstechniken. Die konsequent funktionale Architektur der rückwärtigen Bauten (nur noch z. T. erhalten), bei der die Stahlkonstruktion nach außen hin unverkleidet blieb, im Kontrast zur repräsentativen und monumentalen Gestaltung der Bauten an Straße und Spree. Der Hauptakzent wird dabei vom elfgesch. *Verwaltungshochhaus* in strenger Vertikalisierung, mit z. T. ornamentaler Klinkerverblendung und zurückgesetztem Dachaufbau, gesetzt. Hier finden sich expressionistische Details an den dreieckig abschließenden Fenstern im obersten Geschoß, dem durchbrochenen Dachaufsatz und den Klinker-Ornamentstreifen. An der gegenüberliegenden, südlichen Straßenseite liegt das langgestreckte, durch acht Treppentürme rhythmisierte 30-kV-Schalthaus. Verbunden sind die Komplexe beiderseits der Straße durch eine umbaute Brükke als Kabeltrasse und Personalgang. Für die Kohleanlieferung von der Spree aus zu den Kesselhäusern des nördlichen Betriebsteils ist ein Stichkanal angelegt worden. 1965 wurde die Gruppe der urspr. acht Stahlschornsteine durch zwei hohe Betonessen ersetzt, die Silhouette dadurch verändert. 1974–87 Umbau zum Heizkraftwerk, dabei Erneuerung der gesamten techn. Anlagen und weitere Veränderungen im baulichen Bereich. – **Kraftwerk Reuter**, ehem. Kraftwerk West (Otternbuchstraße 11–27, Spandau/Siemensstadt). Infolge des neugebildeten Groß-Berlin und nicht zuletzt durch die Elektrifizierung der S-Bahn war der Strombedarf der Stadt in den 1920er Jahren ständig angewachsen. Dem als erstes Großkraftwerk 1926 fertiggestellten Werk Klingenberg folgte 1930 das Kraftwerk West (1953 zur Ehrung Ernst Reuters umbenannt), das nach Entwurf von W. Dohme, einem Schüler des Siemens-Architekten Hans Hertlein, 1929–32 errichtet wurde. Dohme gestaltete die klinkerverkleidete Stahlskelettkonstruktion als Hülle für die Maschinen und Kessel in betonter Sachlichkeit, so daß ein riesiger Kubus mit einzeln angefügten Baugliedern entstand. Drei hohe Schornsteine überragen stadtbildprägend die Anlage. Im 2. Weltkrieg stark zerstört, danach demontiert, erlebte das Kraftwerk einen historisch bedeutsamen Wiederaufbau 1948–49, nachdem die alliierte Militärregierung diesen als unverzichtbar für die Energieversorgung eines isolierten West-Berlin erkannt hatte. Fast die gesamte neue techn. Ausstattung (rund 1500 t) mußte während der Blockade mit Flugzeugen transportiert werden. So hat das nach der Demontage begonnene, gewaltige Bauprojekt zur Wiederherstellung und Erweiterung ab 18. 4. 1948 als »Blockade-Brecher« auch historische Bedeutung.

**Umformwerk Wilhelmshavener Straße** (Wilhelmshavener Straße 7, Tiergarten). Um 1900 gehen die Kraftwerke Oberspree und Moabit in Betrieb, und es entstehen eine Vielzahl von Umformwerken z. B. in der Voltastraße, Mariannenstraße, Palisadenstraße und das von Franz Schwechten entworfene, 1900–01 errichtete *Umformwerk* in der Wilhelmshavener Straße. Das dreigesch., vierachsige Gebäude verbirgt seine technische Nutzung hinter einer spätklassizistischen, reich dekorierten Fassade mit großen Arkadenfenstern im EG, Putzbänderung, Pilastern, vegetabilem Stuckdekor und kräftigem Konsolgesims. An der Bauplastik erschließt sich die eigentliche Bestimmung des Gebäudes. So zeigt über dem Eingang rechts der Schlußstein ein aus der Wolke fahrendes Blitzbündel als Symbol für die Elektrizität, und die Schlußsteine mit behelmten Männerköpfen über den Rundbogenfenstern des EG verweisen auf den blitzeschleudernden Zeus. 1925 erfolgt nach Entwurf von Hans Müller eine Erweiterung auf dem Hof. Die dortige Fassade läßt die Funktionsaufteilung erkennen. Das untere Geschoß wird zur zusätzlichen Aufstellung von Umformermaschinen benötigt, wodurch sich ein hohes EG mit den darüberliegenden Batterieräumen ergibt, deutlich ablesbar an den hohen Fenstern im EG und den gleichmäßig darüber befindlichen Lochfenstern. Die glatte Klinkerfassade erhält lediglich durch ein knappes Bandgesims mit Zahnschnitt über den Maschinenraumfenstern und das abschließende Dachgesims einen Schmuck. *HH*

Mit der Umstellung auf Großkraftwerke und Fernstromversorgung (Spitzenlast, Golpa/Zschornewitz) in den 1920er Jahren arbeitete die Berliner Stromversorgung (1923 Gründung der BEWAG) mit einer 30-kV-Verteilungsspannung. Über 30/6-kV-Umspannwerke wurde der hochgespannte Strom abgespannt und in das städtische Stromnetz eingespeist. Als eines der ersten Werke entwarf Hans Heinrich Müller das 1926–1927 errichtete **Umspannwerk Wilhelmsruh** in B.-Pankow (Kopenhagener Straße). Müller, der ab 1924 als Leiter des Baubüros der BEWAG die Architektur der städtischen Stromversorgungsbauten maßgeblich prägte, gruppierte das Umspannwerk nach klar getrennten Funktionsabläufen (Phasenschieberhalle in der Straßenfront, Transformatoren in den Seitenflügeln, Schalthaus) als monumentale, mit roten Klinkern verkleidete Vierflügelanlage (Stahlskelett als Tragwerk) um die zentrale elliptische Schaltwarte. In der Straßenfront der Phasenschieberhalle sind 2 fünfgesch., eckturmartige Wohnbauten angefügt, die der Anlage mit dem rückwärtigen, von schlanken Treppentürmen flankierten hohen Schalthaus den Charakter einer deutschen Ordensritterburg verleihen. Dieser Eindruck wird durch die die Fassaden in einem strengen Rhythmus vertikal gliedernden, mehrfach abgestuft eingeschnittene Lisenen und hohen Fenster betont. Mit seiner z.T. noch erhaltenen Ausstattung (u.a. Schaltwarte) ist das stillgelegte Umspannwerk Wilhelmsruh ein bemerkenswertes Zeugnis der Berliner Stromversorgung. *HS*

**Umspannwerk Humboldt** (Kopenhagener Straße 58–63, Prenzlauer Berg). Nach Entwürfen von Hans Müller entstand 1924–26 ein imposanter Komplex funktionaler Architektur, in wirkungsvoller axialsymmetrischer Gruppierung von Schalthaus, Transformatorenhaus, Phasenschieber und Wohnhaus um das im Hof angeordnete Wartengebäude. Das größte Gebäude, das *Schalthaus*, wurde in Stahlskelettbauweise errichtet und mit dunkelroten Klinkern verblendet, die übrigen sind Klinkerbauten in Mauerwerkstechnik. Auffallend das elliptische *Wartengebäude* mit zylindrischer Treppenanlage hinter hohem spitzbogigem Doppeltor in der Sonnenburger Straße. Die betont glattflächig gehaltenen Fassaden stehen im Kontrast zu den Fenstern an der Straßenfront, die z.T. durch einen Rahmen aus vorkragenden Steinen gefaßt sind, und zum mehrreihigen Zahnschnittfries des Hauptgesimses. Das Werk war eines der ersten Umspannwerke, das nach den damals modernsten Gesichtspunkten als ein 30/6-kV-Umspannwerk der Innenstadt errichtet wurde. – **Umspannwerk Buchhändlerhof** (Mauerstraße 78–80, Mitte). Im Zentrum Berlins auf sehr beengt im Blockinneren gelegenen Grundstück zwischen Mauerstraße und Wilhelmstraße befand sich 1886–1926 das zweite öffentliche Kraftwerk Berlins. Es bestand aus Maschinenhalle, Kesselhaus und Nebengebäude, 1885–86 nach Planung Oskar von Millers errichtet. 1887 wurde hier die erste Zusammenschaltung von 2 aus verschiedenen Kraftwerken (KW Markgrafenstraße und KW Mauerstraße) gespeisten Netzen in Deutschland realisiert und damit eines der ersten »Netzmodelle« in der Welt geschaffen. Unter Beibehaltung der räumlichen Anordnung und durch Einbeziehung vorhandener Bauteile entstand nach Entwurf von Hans Müller an dieser Stelle das Umspannwerk Buchhändlerhof. Dabei wurde der südliche Teil abgebrochen, der nördliche umgebaut und der neungesch. Bau des Schalthauses in die südliche Grundstücksecke gesetzt. Über einen mehrgesch., schmalen Gang ist das Schalthaus mit dem umgebauten Altbau verbunden. Die Symmetrie wahrend, gruppieren sich um einen zentralen mittleren Lichthof in den Obergeschossen die Entrauchungskammern der Ölschalter, während die unteren Geschosse die große Maschinenhalle mit den dahinter angeordneten Trafos aufnahmen. An der nördlichen Hochwand des südlichen Gebäudes *(Schalthaus)* treten in expressiver Form 2 unterschiedlich große, dreieckige Schächte als Wandgliederungen hervor. Die glatten dunkelroten Klinkerfassaden, die in einem für den Architekten typischen Stufengesims enden, werden durch scharf eingeschnittene Fenster rhythmisch dem Inneren Bedarf entsprechend aufgeteilt. Wirkungsvoll der dreifach auskragende, viertelkreisförmige Baukörper des *Wartengebäudes* im Eck zwischen Neubau und Übergang, der durch seine sichtbar belassene Stahlkonstruktion mit Prüßwandausmauerung an einen Fachwerkbau erinnert. Die in großen Teilen erhaltene Anlage wurde 1988 stillgelegt. – **Umspannwerk Kottbuser Ufer** (Paul-Lincke-Ufer 20–22, Kreuzberg). 1924–26 nach Entwurf von Hans Müller als monumentaler eisenklinkerverblendeter Komplex (Stahlskelett als Tragwerk) in sachlichen und expressiven Formen errichtet. Funktional bedingt ist die Durchdringung mehrerer Baukörper, die von einem kräftigen zahnschnittartigen Dachgesims bekrönt und unten von einem niedrigen Sockel eingefaßt werden. Die dazwischenliegenden Hochwände sind ohne jede horizontale Gliederung geblieben und nur durch glatt eingeschnittene Fenster rhythmisch dem inneren Bedarf entsprechend aufgeteilt. 2 Schaltanlagen sind übereinander in einem gewaltigen, neungesch. 30/6-kV-Schalthaus untergebracht, das die anderen Gebäude der asymmetrischen Anlage (Wartengebäude, Phasenschieberhalle, Transformatorenhaus und Wohnhaus) deutlich überragt. Die Gebäudemasse des mächtigen Schalthauses ist im Hof des Grundstücks untergebracht. Die »Kathedrale der Elektrizität« wird durch 2 vertikale Fensterschlitze an der Straßenfront und einen nochmals höheren Treppenturm an der gegenüberliegenden Seite gegliedert. Bemerkenswert auch das Wohnhaus mit expressionistischem Spitzerker. Die in Verbund mit dem Großkraftwerk Klingenberg als Niederspannwerk für den Südosten der Stadt erbaute Anlage wird, bedingt durch neue Technologien, nur noch in geringem Umfang genutzt. – **Umspannwerk Knie** (Zauritzweg 13–15, Charlottenburg). 1922 nach Plänen des Architekturbüros Klingenberg & Issel als zweigesch., flachgedeckter Backsteinbau mit reicher Klinkerornamentik sowie halbzylindrischer Schmalseite errichtet und 1980 erweitert. – **Umspannwerk Scharnhorst** (Sellerstraße 16–26, Wedding). In dem 1927–29 nach Plänen von Hans Müller errichteten Werk »Scharnhorst« sind alle notwendigen Anlagen in einem Haus untergebracht. Das Werk, eines der markantesten Gebäude dieses Bautyps, ist spiegelbildlich um eine Mittelachse geplant, und die Schalteinrichtungen sind mit den Ölschaltern um einen inneren Lichthof quer zur Gebäudeachse gruppiert. An den flächigen Schmalseiten befinden sich Büro-, Werkstatt- und Laborräume sowie elektrische Stützpunkte zur weiteren Umverteilung des Stroms. Charakteristisch für den expressiven Charakter des mit hellbunten Klinkern verblendeten Stahlskelettbaus ist die zu einem ehem. Hafenbecken (Nordhafen) gerichtete dreizehnachsige Südfassade. Sie wird gegliedert durch vortretende, Luftschächte und Sammelschienen führende Dreiecksvorlagen mit der Wirkung einer Kolossalordnung. Durch diese rhythmische Staffelung der dreieckigen Wandpfeiler wirkt die Fassadenfläche wie gefaltet. Die Dynamik der Wandvorlagen wird durch ihr sockelloses Herauswachsen aus dem Boden und ihr Auslaufen in ein verkröpftes, mehrfach gestuftes Kranzgesims gesteigert. Die rechteckigen Gebäudekanten (Treppenhäuser) sind in die Fluchtlinie vorgezogen. Die Rückfront (Nordfassade) ist flächig und wird durch scharf abgegrenzt davorliegende Elemente moduliert. Eine weitere Besonderheit des Gebäudes ist die Lichtwarte auf dem flachen Dach, von der aus das Berliner Stadtgebiet beobachtet und entsprechend der festgestellten Belichtungsverhältnisse die Straßenbeleuchtung eingeschaltet wurde. Die dreieckigen Wandvorlagen der Hauptfront verkörpern in ihrer Zickzacklinie symbolhaft die Elektrizität und spannen den Bogen zu einem Lieblingsmotiv des Expressionismus. – **Umspannwerk Leibniz** (Leibnizstraße 65/ Niebuhrstraße, Charlottenburg). In dem mit roten Klinkern verblendeten, flachgedeckten, viergesch. Stahlskelettbau, der nach Entwurf von Hans Müller 1927–29 als Umspannwerk »Leibniz« für die BEWAG errichtet wurde, sind alle notwendigen Anlagen ebenfalls in einem einzigen Haus untergebracht. Den Gebäudetyp eines Stadtpalastes der italienischen Renaissance assoziierend, zeigt die Hauptfassade in ihrer Flächigkeit eine moderne Interpretation der Palastfassade. Auf winzigem Sockel ruht das EG mit mächtigem zentralem Eingang. Die Funktion des Gurtgesimses zur Abgrenzung vom Mittelgeschoß übernimmt eine horizontale Reihe kleiner Quadratfenster. Ebenso wird der obere Teil vom Mittelteil getrennt. Die gesamte Lochfassade ist von einem breiten Hauptgesims mit Klötzchenfriesen gekrönt. An der Leibniz-/Ecke Niebuhrstraße und am anderen Ende des Flügels an der Niebuhrstraße finden sich abgerundete, je ein rundes Treppenhaus enthaltende Ecken mit vertikalen Fensterschlitzen. Das Werk ist von Müller nur im ersten Bauabschnitt realisiert und 1951–1953 durch einen ebenfalls viergesch., aber etwas niedrigeren Anbau an der Leibnizstraße erweitert worden. – **Umspannwerk Uklei** (Am Juliusturm 2–8, Spandau/Haselhorst). Der nach Planung von Hans Müller 1928–29 in den Formen der Neuen Sachlichkeit errichtete Komplex setzt sich wieder aus Einzelbaukörpern zusammen, die als großvolumige Baukörper zueinander gestaffelt und als streng gegliederte Kuben ohne jeglichen Schmuck scharfkantig geformt sind. Das Werk, in klinkerverblendeter Stahlskelettkonstruktion errichtet, zeichnet sich durch eine kaum noch zu reduzierende Einfachheit und Strenge aus. Der Anlage ist ein zweigesch. kompaktes Wohngebäude (Mauerwerksbau) für Betriebsangehörige im gleichen Stil vorgelagert. – **Stützpunkt Christiana** (Osloer Straße 16/Ecke Prinzenallee 71, Wedding). 1927–29 entstand nach dem Entwurf von Hans Müller an der Ecke zur Prinzenallee als auffällig gegliederter roter Klinkerbau der BEWAG-Stützpunkt »Christiana«. Die Fassade, bestehend aus 9 bzw. 5 eng aneinanderliegenden, 6 Geschosse übergreifenden Lanzettfenstern, deren Gewände den Eindruck von gotischen Bündelpfeilern vermitteln, wirkt vollkommen entmaterialisiert. Die spitzen Überfangbögen schneiden leicht in die Gesimshohlkehle ein. An den Kopfbau schließt seitlich ein flacherer zehnachsiger Klinkerbau zur Unterbringung des Netzbüros an. 1977 wurde die Anlage zu einem Bürogebäude umgebaut. Die Fassaden und das Treppenhaus über dreieckigem Grundriß sind original. *HH*

**Stromversorgung der S- und U-Bahn.** Zur Elektrifizierung der Berliner S-Bahn ließ die Reichsbahn ab 1922 modernste Stromversorgungsanlagen errichten. Der von Kraftwerken gelieferte 30-kV-Drehstrom mußte übernommen, abgespannt, in 800-V-Gleichstrom umgewandelt und in das S-Bahnbetriebsnetz eingespeist werden. Diese Funktionen übersetzte Richard Brademann, der als leitender Architekt der Berliner Bauabteilung die Gestaltung der Bauten der Reichsbahn in den 1920er und 1930er Jahren entscheidend prägte, im 1927–28 errichteten **Schaltwerk Halensee** (Halenseestraße 26/30, Wilmersdorf) am S-Bahn-Westkreuz in eine klare und übersichtliche Architektur. Die dreigeteilte, symmetrische Anlage besteht aus dem langgestreckten, viergesch. *Hochspannungshaus*, dem parallel angeordneten zweigesch. *Gleichrichterhaus* und der verbindenden oktogonalen *Schaltwarte*. Die sachlichen, mit expressionistischen Formen durchgebildeten Fassaden der mit Klinkern verkleideten, durch ein Stahlskelett verstärkten Mauerwerksbauten beeindrucken durch eine den elektrischen Schaltplänen nachempfundene strenge Reihung und Rhythmisierung gleicher Elemente. Prägnant sind die scharfkantig vorspringenden, die Fassade des Gleichrichterhauses rhythmisch gliedernden Kaminschächte. Beim 1927–28 errichteten **Schaltwerk Markgrafendamm** (Markgrafendamm 24B, Friedrichshain) am S-Bahn-Ostkreuz mußte Brademann wegen der nur beschränkt verfügbaren Baufläche das Gleichrichterwerk im unterkellerten, viergesch. Hochspannungshaus unterbringen. Anschließend ein dreigesch. oktogonaler Bauteil mit der Schaltwarte. – Das auf einem schmalen Grundstück errichtete **Schaltwerk Ebersstraße** (Werdauer Weg 6, Schöneberg) besteht aus einem zweigesch., langgestreckten Mauerwerksbau *(Hochspannungshaus)* und anschließendem fünfgesch., turmartigem *Gleichrichterhaus* (1927–28) mit die Fassade gliedernden Kaminen als dreieckige Pfeilervorlagen und das Flachdach überragenden Lüfteraufsätzen. – In den älteren Unterwerken wie dem 1922–24 errichteten **Umformwerk Pankow** (Esplanade) kamen noch Umformer zum Einsatz. Brademann entwarf hier einen abgestuften Baukörper aus drei blockhaften Teilen: einem dreigesch. Bauteil mit Transformatoren im EG, Ölschalter im 1. OG und 30-kV-Sammelschiene im 2. OG, einem anschließenden zweigesch. Trakt mit Schaltanlagen im EG und den Umformern im hohen, saalartigen OG sowie einem niedrigeren zweigesch. Bauteil mit Schaltanlagen und Steckenschaltern. Den im Rückgriff auf die beginnende Moderne gestalteten Putzbau gliedern vertikal betonte, in Gruppen zusammengefaßte, schlitzartige Fenster und die Bauteile zusammenfassende breite Gesimsbänder. Eine ähnliche Gestaltung erhielt das 1922–25 nach Entwurf von Brademann errichtete **Umformwerk Hermsdorf** (Schloßstraße 27, Reinickendorf). Das für den erstmaligen Einsatz von Großgleichrichtern vorgesehene und 1925–26 errichtete **Gleichrichterwerk Tegel** (Buddestraße 20/28, Reinickendorf) entwarf Brademann als klinkerverkleideten, dreigesch., blockhaften Baukörper. Zwischen den beiden symmetrischen Treppenhäusern (Nordfassade) bzw. den kantig vorspringenden Lüftungsschloten (Südfassade) reihen sich im EG die Tore der Transformatoren- und Ölschalterzellen und in den OG die eingeschnittenen Fensteröffnungen. Nach dem Vorbild des Tegeler Werkes entwarf Brademann u. a. die **Gleichrichterwerke Rahnsdorf** (1927–28, Alter Fischerweg, Köpenick) und **Kaulsdorf** (1927–28, Wilhelmsmühlenweg 21/27, Hellersdorf), jedoch mit reduziertem Raumprogramm, da die Wartung und Reparatur der Anlagen ausgelagert war. Das die Stadtbahn versorgende **Gleichrichterwerk Friedrichstraße** in Berlin-Mitte (Brademann, 1927–28) ist wegen des nur begrenzt verfügbaren Baugrundes als fünfgesch. (Transformatoren und Gleichrichter im EG, Schaltanlage und

Sammelschienen in den OG), blockhafter Klinkerbau mit den charakteristischen, kantig vorspringenden Lüftungsschloten ausgeführt worden. Die nach einem Typenentwurf von Brademann 1927–28 gebauten ferngesteuerten Kleingleichrichterwerke der Ringbahn sind eingesch., klinkerverblendete Mauerwerksbauten mit überhöhtem Mittelteil und zweifach abgestuftem Flachdach, so u.a. die **Kleingleichrichterwerke Charlottenburg** (Gervinusstraße), am **Humboldthain** (Wedding) und **Jungfernheide** (Max-Dohrn-Straße 7/9, Charlottenburg). Davon abweichend ist das **Kleingleichrichterwerk Hermannstraße** (Siegfriedstraße, Neukölln; Brademann, 1927–28) ein schmaler, zweigesch. Bau mit einem dreigesch. Stellwerksanbau. – Zur Fahrstromversorgung der Berliner U-Bahn wurde ab 1906 der in betriebseigenen Kraftwerken gewonnene 10-kV-Drehstrom in das Netz eingespeist und in Umformwerken in 750-V-Gleichstrom umgewandelt. Das mit der Umrüstung auf wassergekühlte Quecksilberdampf-Gleichrichter 1927–28 nach Entwurf von Alfred Grenander errichtete **Gleichrichterwerk Hermannplatz** (Hermannstraße 5–8, Neukölln; 8 Großgleichrichter mit insgesamt 8210 KW, nach 1951 umgerüstet) versorgt die GN-Bahn (U8) mit Fahrstrom. Den sachlichen, klinkerverkleideten, langgestreckten, blockhaften Baukörper untergliederte Grenander horizontal in einen deutlich geschiedenen Funktions- (mit Transformatorenzellen und Schaltanlagen, Gleichrichter und Schalterzellen im EG und 1. OG) und einen Wohnteil (2.–4. OG). Das ähnlich gestaltete **Gleichrichterwerk Bastianstraße** (Nr. 6, Wedding; A. Grenander, A. Warthmüller, 1928–30) besteht aus schmalem viergesch. Kopfbau und dreigesch. Seitenflügel (im 3. OG Wohnungen). Die schmale, klinkerverkleidete Straßenfront wird von einem werksteingerahmten, sechsfenstrigen Wandfeld dominiert.

**Gaswerke.** Von 1826 bis 1846 wurde die Gasversorgung in B. allein von der britischen Imperial Continental Gas Association (ICGA) wahrgenommen. Erst 1847 gingen die beiden ersten städtischen Gaswerke in Betrieb. Bei deren Erweiterung wurden für das Gaswerk II an der Gitschiner Straße zwischen 1874 und 1896 an der **Fichtestraße** 4–12 (Kreuzberg) vier Gasbehälter errichtet. Erhalten blieb ein durch Gesimsbänder und Blendnischen in 3 Geschosse gegliederter, 27 m hoher Mauerwerkszylinder (Durchmesser 56 m) mit filigraner Schwedlerscher Kuppelkonstruktion, nach der Stillegung in den 1930er Jahren 1942 zum Luftschutzbunker umgebaut. – Von dem ab 1890/91 von der ICGA an der **Torgauer Straße** 12–15 angelegten **Gaswerk Schöneberg** zeugt der 1908–1910 von der BAMAG errichtete Niederdruckgasbehälter »Schöneberg IV«. Der dreifach teleskopierte Gasbehälter mit einem Fassungsvermögen von 160000 m³ wird in einem ca. 70 m hohen Gerüst aus Stahlfachwerkmasten geführt. An der Lankwitzer Straße legte die ICGA ab 1900 zur Versorgung der südwestlichen Vororte nach Plänen von E. Drory das **Gaswerk Mariendorf** (Lankwitzer Straße 45–57, Tempelhof) am 1906 fertiggestellten Teltowkanal an. Die bis 1908 errichteten Bauten des ältesten Teils des inzwischen stillgelegten Gaswerkes sind bis auf die abgetragenen Retortenhäuser erhalten. Neben den in den Stilformen der märkischen Backsteingotik nach Entwürfen von Schulz & Schlichting und Paul Karchow errichteten *Apparatehäusern* I und II, dem dreischiffigen Reinigerhaus I, dem Meß- und Reglerhaus sowie dem einem mittelalterlichen Stadtturm nachempfundenen Wasserturm beeindruckt besonders der riesige, im filigranen Führungsgerüst aus Stahlfachwerkmasten hängende, zweifach teleskopierte Niederdruckgasbehälter von 1901 mit 108000 m³ Fassungsvermögen (dieser war bereits 1891 in Wien aufgestellt und wurde nach Mariendorf transloziert). Die nach Entwurf von Karl Bernhard 1908 errichtete dreischiffige Eisenfachwerkhalle des Reinigerhauses II zeigt bereits unverhüllt ihren industriellen Charakter. *HS*

**Wasserversorgung.** Ehem. **Wasserversorgungsanlage** (Werk Belforter Straße 1, Prenzlauer Berg). 1856 ging, zusammen mit einem Rohrnetz von 114 km Länge, das von den englischen Ingenieuren Charles Fox und Thomas Russel Crampton geplante erste Berliner Wasserwerk in Betrieb. Die »Berlin Waterworks Company« betrieb es vor dem Stralauer Tor und auf dem ehem. Windmühlenberg zwischen Belforter Straße und Knaackstraße. Hier war neben einem kreisförmigen Erdbehälter mit einem Fassungsvermögen von 3000 m³ ein 20 m hohes *Standrohr* zum Druckausgleich errichtet worden. Der von Henry Gill erbaute Standrohrturm ist ein schlanker, runder, lisenenverzierter gelber Backsteinturm auf hohem quadratischem Sockel, mit kleinen rundbogigen Fenstern. Ab 1873 Anlage eines

*Zwischenhebewerkes* für die höher gelegenen nördlichen Teile Berlins mit zwei *Maschinenhäusern*, 1876 und 1888, sowie einem dicken, sechsgesch., polygonalen *Wasserturm* aus gelbem Backstein, 1875–76 gleichfalls nach Planung von Gill. Den Wasserturm, Point de Vue in der Achse der Rykestraße, gliedern Fensterlisenen mit segmentbogigen Fensterpaaren und ein breiter Ornamentfries als Abschluß. Er enthält Wohnungen und den schmiedeeisernen Hochbehälter. 1914 Stillegung der Maschinen, des Standrohrs und der zugehörigen Reinwasserbehälter, 1952 Aufgabe des Wasserturms. Die auf einem Hochplateau gelegene Anlage ist von großer Prägnanz im Stadtbild. – ● **Wasserwerk Teufelssee** (Wilmersdorf/Grunewald). Inmitten des Grunewaldes, am Ufer des Teufelssees, liegt das älteste als Gesamtanlage erhaltene Wasserwerk Berlins, dessen bauliche Anlagen und techn. Ausstattungen weitgehend so erhalten sind, wie sie seit 1872 – 1890–92 und 1895 erweitert – bis zur Stillegung 1969 in Betrieb waren. Mit dem Bau des Wasserwerks waren die Hamburger Oberingenieure Hanshent und Schmetzer beauftragt, die 1872 zunächst den Kern der Anlage errichteten: einen Gebäudekomplex, bestehend aus Backsteinbauten in zurückhaltenden historistischen Formen mit rundbogigen Fenstern, in dem sich Maschinenhaus, Kesselhaus und Kohlenschuppen befanden. Nordwestlich des Kohlenschuppens der Schornstein für das Kesselhaus und südwestlich vom Maschinenhaus ein Schachtbrunnen. Eine durchgreifende Verbesserung der Wasseraufbereitung führte 1890–92 zur umfangreichen Erweiterung des Werks. Zur Anwendung des kombinierten Belüftungs- und Filtrierverfahrens wurden das Rieslergebäude, die Sandfilter mit der Sandwäsche und die Reinwasserbehälter erbaut. Von besonderer Bedeutung ist die Dampfmaschine der Bauart »Woolf« aus der »Fr. Wöhlertschen Maschinenbauanstalt und Eisengiesserei AG Berlin« von 1873 als älteste erhaltene Maschine der Berliner Wasserwerke. – ● **Wasserwerk Friedrichshagen** (Müggelseedamm 301–08, Köpenick). Als eine der am vollständigsten erhaltenen und besonders qualitätvollen Architekturen ihrer Art kann das Berliner Hauptwasserwerk in Friedrichshagen am Müggelsee angesehen werden. Auch diese 1888–93 realisierte, damals größte und modernste Anlage Europas, beruht auf der Grundkonzeption von Henry Gill. Er konzipierte unter Beteiligung von E. Beer den großzügigen Ersatz für das alte Wasserwerk am Stralauer Tor und als Ergänzung für das Tegeler Wasserwerk von 1877. Das nach Entwürfen von Stadtbaumeister Richard Schultze im Stil gotischer Klosteranlagen der Mark Brandenburg errichtete reizvolle Ensemble ist malerisch eingefügt in die parkähnliche Anlage. Die individuell gestalteten Gebäude wie Schöpfmaschinenhäuser, Sammelbrunnen, Rieselhäuser, Verwaltungsgebäude, Schieberhäuschen, Maschinenhäuser, Beamtenwohnhäuser in Villenform usw. sind funktionsbezogen gruppiert und durch steingepflasterte Wege verbunden. Alle Bauten sind unverputzt aus Rathenower Klinker, belebt durch geputzte Blenden, Maßwerkfriese und Ziegelmuster nach Motiven der gotischen Bauten in Chorin und Tangermünde. Durch die Straße (Müggelseedamm) ist das Werk in 2 verschiedene Aufgabenbereiche geteilt: in die *Schöpfmaschinenanlagen* am Müggelseeufer und in die Aufbereitungs- und Fördermaschinenanlagen nördlich der Straße. Infolge Umstellung von See- auf Grundwasserentnahme 1903–06 teilw. Um- und Neubau, 1925–27 Elektrifizierung, 1977–1982 Erweiterung nach Nordosten, Restaurierungen seit 1979. Seit 1987 ist im Schöpfmaschinenhaus B ein *Wasserwerksmuseum*; die Schöpfmaschinenhäuser A und C werden gegenwärtig in das Museumskonzept einbezogen. Größter Wasserlieferant und zugleich ältestes noch in Betrieb befindliches Wasserwerk Berlins. – **Zwischenpumpwerk Lichtenberg** ● (Landsberger Allee 230, Lichtenberg). Nach Planung des langjährigen Direktors der Berliner Wasserwerke, Henry Gill, 1890–93 gebaut als Zwischenpumpwerk mit der Aufgabe, das vom Wasserwerk Friedrichshagen gelieferte Trinkwasser unter Druckerhöhung in das städtische Rohrnetz einzuleiten. Die architektonische Gestaltung oblag wie beim Wasserwerk Friedrichshagen dem Stadtbaumeister Richard Schultze. Das historistische Erscheinungsbild der dunkelroten Klinkerverblendbauten, vor allem der sechs Maschinenhäuser, wurde dem Werk am Müggelsee angeglichen (märkische Backsteingotik), jedoch im ganzen sachlicher gestaltet. Repräsentativ das unmittelbar an der Straße gelegene Pförtnerhaus mit blendengeschmückten Stufengiebeln und Treppenturm unter steilem Helm. – **Wasserwerk Köpenick** (Müggelberge, Köpenick). Das von der Stadt Köpenick 1906–07 nach Planung von Hugo Kinzer errichtete Wasserwerk in den Müggelbergen, nicht weit vom Langer See, zeigt eine Stilhaltung bei der Gestaltung der Putzflächen und des Stabfachwerks sowie in der Anordnung und Maßstäblichkeit der Gebäude, die von einem englischen Landsitz inspiriert sein könnte. Das *Berieselungs-* und *Enteisergebäude* mit der vorgelagerten, durch eine Gestaltung als Terrasse verdeckten technischen Anlage, bildet den Mittelpunkt des Komplexes. Das 1996 stillgelegte Werk ist mit Werktor, Maschinenhaus samt urspr. Pumpenanlage, Filterhaus, Werkstattgebäude, Wohnhaus und Werkgarten vollständig erhalten. *HH*

Den kleineren der beiden **Wassertürme Westend** am Spandauer Damm 165/167 (Akazienallee 35/39, Charlottenburg) ließ die Charlottenburger Wasserwerke AG 1882 nach Entwurf von B. Salbach als massigen ziegelverblendeten Rundturm mit flachem Kegeldach (30 m hoch) errichten. Der ungewöhnlich massige Turmschaft trägt einen mächtigen Hängebodenbehälter (1000 $m^3$, 16 m Dm., 22 m Höhe des mittleren Wasserspiegels). Im 1908–09 nach Entwurf von Stadtbaurat Heinrich Seeling hinzugefügten schlankeren Turm mit dreistufiger Bekrönung und seitlich angefügtem rundem Treppenturm sind 2 Behälter vom Typ Barkhausen mit je 500 $m^3$ Fassungsvermögen übereinander gestapelt. Der obere Behälter, 40 m über dem Gelände, versorgte das »Westendplateau«, der untere Behälter (22 m) diente als Reserve- und Ausgleichsbehälter. Gegenwärtig wird nur der obere Behälter zum Druckausgleich genutzt. *HS*

**Wasserturm Altglienicke** (Schirnerstraße 19, Treptow). Städtebaulich dominant und an den beiden nach Schönefeld (Flughafen) führenden Bahnlinien markant sichtbar, erhebt sich auf polygonalem Sockel der nach Entwurf von Heinrich Scheven 1905–06 errichtete Wasserturm als ein sich verjüngender Rundturm aus Sichtmauerwerk mit bekrönendem Zylinder und Zinnenkranz in gotisierenden Formen. Verziert durch umlaufende Bänder dunkelglasierter Klinker. *HH*

**Entwässerung.** Die von James Hobrecht entwickelte Planung zur Berliner Abwasserkanalisation unterteilte das Stadtgebiet in 12 Entwässerungsbezirke. Die Abwässer liefen im natürlichen Gefälle über unterirdisch verlegte Tonrohre und gemauerte Kanäle zu Pumpwerken und wurden dann über radiale, gußeiserne Druckleitungen auf Rieselfelder an die Peripherie der Stadt gepumpt. 1873 ließ die Stadt B. am **Halleschen Ufer** 78 (Kreuzberg) mit dem **Pumpwerk III** das erste Abwasserpumpwerk errichten. Im freistehenden, ziegelverblendeten Hallenbau, dessen Fassaden durch von Ädikulae gerahmte hohe Fenster und Pilaster gegliedert sind, waren Maschinen- und Kesselhalle untergebracht, auf dem Hof der viergliedrige, achteckige Schornstein. Im Maschinensaal ist noch eine (von ehemals 3) *Doppelkolbenpumpen* von 1902 zu sehen. Das 1967 stillgelegte Pumpwerk wird seit 1977 als Lapidarium und Ausstellungshalle genutzt. – Das 1881 in der **Holzmarktstraße** 31–33A (Friedrichshain) eröffnete **Pumpwerk V** entsorgte die östliche Berliner Innenstadt. 1904–05 nach Plänen von Richard Tettenborn erweitert und 1995 stillgelegt, prägt die aus Maschinen- und Kesselhaus sowie einem Beamtenwohnhaus bestehende Anlage das Spreeufer. Im 1889–90 nach Plänen von Richard Tettenborn errichteten und 1916 erweiterten **Pumpwerk XII** in der Rudolfstraße 15 (Friedrichshain) sind noch 2 um 1893 installierte und 1933 umgerüstete Zwillingspumpen für die Spitzenlast in Betrieb. – Von dem 1906 für die damals noch selbständige Gemeinde Wilmersdorf am **Hohenzollerndamm** 208 nach Plänen von Hermann Müller gebauten **Pumpwerk** ist noch die in den Formen der märkischen Backsteingotik gestaltete Haupthalle mit dem Maschinensaal erhalten. Zwei 1928 umgerüstete Kolbenpumpen sind noch in Betrieb. *HS*

**Abwasserpumpwerk Erich-Weinert-Straße** (Erich-Weinert-Straße 131, Prenzlauer Berg). Der Bau des radialen Stadtentwässerungssystems, nach Plan von James Hobrecht 1868, erfolgte, beginnend mit dem innerstädtischen Radialsystem III, schrittweise 1875–1907. Mit der Errichtung des Abwasserpumpwerks in der Erich-Weinert-Straße 1906–08, das zum Radialsystem XI gehört, war der Bau der Stadtentwässerungsanlagen im wesentlichen abgeschlossen. Damit war Berlin mit dem damals modernsten Stadtentwässerungssystem flächendeckend ausgestattet. Die Anlage, bestehend aus Maschinenhalle mit Schornstein, Rechenhaus (für angeschwemmte Sperrstoffe), zweigesch. Verwaltungsgebäude und Wohnhaus nach Entwürfen von Adams, Lengert und Meier zeigt Sandsteindekor im Stil des niederländischen Barock. 1991–92 restauriert. Die urspr. Technik ist z.T. erhalten. *HH*

Die 1936–37 nach Plänen von Paul Baumgarten am Spreeufer in der Helmholzstraße 42 (Charlottenburg) errichtete **Müllverladestation** ragt mit einer weitausladenden aufgeständerten stählernen Rampe in das Hafenbecken. In der Verladehalle, einer Stahlfachwerkhalle mit umlaufendem Oberlichtband unterhalb des Flachdaches, entleerten die Müllwagen ihre Fracht über Schütt-Trichter in die Lastkähne. Rund 25 Prozent des damaligen Berliner Hausmülls wurden von hier aus über die Spree zum Golmer Luch transportiert. Die bereits 1953 aufgegebene Müllverladestation ist mit ihrer Einheit von Funktionalität und Eleganz ein markanter städtebaulicher Akzent. 1974 zur Umschlaghalle für Altöltransporte umgebaut, wird sie nach behutsamer Sanierung als Architekturbüro genutzt.

**Schlachthof.** Mit eigenem Verladebahnhof entstand nach Plänen von Hermann Blankenstein und August Lindemann zwischen Ringbahn und Eldenaer Straße (Prenzlauer Berg) auf einem 50 ha großen Areal in 3 Bauabschnitten von 1878 bis 1910 der Zentrale Vieh- und Schlachthof. Von den 1963 und 1990 stillgelegten weitläufigen Stall- und Schlachtanlagen sind große Teile inzwischen abgetragen. Die Schlachthallen an der Landsberger Allee, die Stallanlagen mit der riesigen neunschiffigen basilikalen Rinderauktionshalle (217 x 72 m), eine der ältesten Berliner Eisenhallen (1879–80 errichtet, Gußstützen, eiserne Dachbinder), und die Verwaltungsgebäude an der Eldenaer Straße zeugen noch von diesem einstmals als modernste Anlage Europas geltenden Schlachthof.

**Markthallen.** Von den insges. 14 ab 1883 bis 1892 nach Plänen von Hermann Blankenstein gebauten städtischen Markthallen sind nur noch wenige überliefert. Die 1891 eröffnete **Markthalle IX** in der **Eisenbahnstraße** 42–43 (Kreuzberg) liegt im Blockinneren und wird durch einen 9 m breiten Durchgang erschlossen, der als basilikales Mittelschiff mit Firstentlüftung ausgebildet ist, die großflächigen Seitenschiffe mit den hölzernen Marktständen überdecken Sheddächer. Das Hallendach (schmiedeeiserne Binder, hölzerne Sparren und Dachschalung) ruht auf gußeisernen Stützen und massiven Umfassungsmauern. Die Markthalle ist vollständig unterkellert (Waren- und Kühlräume). Die nüchternen Klinkerfassaden der zweigesch. Kopfbauten werden von den beiden übergiebelten hohen Rundbogenportalen dominiert. Den gleichen Typ verkörpert die 1888 in der **Ackerstraße** 23–26 (Mitte) eröffnete **Markthalle VI**, hier jedoch aufgrund der Ecklage mit abgewinkelter Durchfahrt. Die 1891 eröffnete **Markthalle X** in der **Arminiusstraße** 2 (Tiergarten) ist ein freistehender Hallenbau, die klinkerverkleideten Fassaden sind deshalb aufwendiger gestaltet.

**Post-, Rundfunk- und Messebauten.** Ältester Postbau Berlins ist das 1875–81 nach Plänen von Carl Schwatlo als zweiflügelige Anlage in der Oranienburger Straße 35–36, Ecke Tucholskystraße errichtete **Postfuhramt**. Die ziegelverblendeten Hauptfassaden orientieren sich in ihrer Gestaltung am Vorbild der italienischen Renaissance, reich mit qualitätvoller Terrakotta-Ornamentik geschmückt, stadtbildprägende Eckbetonung des tief eingeschnittenen Hauptportals durch flache achteckige Haupt- und 2 Nebenkuppeln als Reaktion auf die Kuppeln der benachbarten jüdischen Synagoge. Auf dem Hof des nach Kriegsschäden vereinfacht wiederhergestellten Postfuhramtes weisen ein (von ehemals 2) großes mehrgesch. Pferdestallgebäude sowie das Kessel- und Maschinenhaus auf das Postfuhrwesen und den Rohrpostbetrieb hin. Das gegenüberliegende **Haupttelegrafenamt** in der Oranienburger Straße 73–76 ließ die Berliner Oberpostdirektion 1910–16 als den mit 3,1 Millionen Mark bis dahin aufwendigsten Postbau in Deutschland errichten. Eine der größten europäischen Fernmeldedienststellen, war es mit modernster Telegrafentechnik ausgerüstet und bis in die 20er Jahre eine Entwicklungsstätte des deutschen Funkverkehrs. Von hier aus wurden u.a. ab 1916 die in Königswusterhausen eingerichtete militärische Funkstelle und ab 1920 die Großfunkstelle in Nauen gesteuert. Der viergesch., vierflügelige Mauerwerksbau umschließt 2 (urspr. überdachte) Lichthöfe. Die Fassaden sind neubarock mit wuchtigem Mansarddach, besonders aufwendig ist die Hauptfassade an der Oranienburger Straße, mit einem durch Pilaster und Säulen in Kolossalordnung (Trachittuff) betonten Mittelrisalit über den 2 rustizierten Untergeschossen. Der 1924–26 auf dem Berliner Messegelände am **Messedamm** (Hammarskjöldplatz 1/5, Charlottenburg) gebaute **Funkturm** markiert als Rundfunksendemast den entscheidenden Schritt in der Entwicklung der Rundfunktechnik zum Massenmedium in Deutschland. Als Kenn-

*Berlin. Messegelände, Funkturm*

zeichen des Messegeländes und des modernen, innovativen Berlins der 20er Jahre avancierte er zu einem der symbolträchtigsten Bauwerke der Stadt. Die als Antennenträger dienende, 138 m hohe stählerne Turmkonstruktion ist eine herausragende Ingenieurleistung des Architekten Heinrich Straumer in Zusammenarbeit mit der Stahlbaufirma Hein, Lehmann & Co. (sich nach oben verjüngendes Stahlgitterwerk mit 4 Hauptträgern über quadratischem Grundriß, auf Kugelgelenken gelagert); man kam mit einer für diese Höhe ungewöhnlich geringen Stahlmenge (400 t St 37-Stahl) aus. In die Turmkonstruktion sind über einen Fahrstuhl erreichbare stählerne Plattformen für ein Restaurant und ein Aussichtsgeschoß (125 m) integriert.

Von den frühen Bauten des seit 1914 erschlossenen **Messegeländes** am Messedamm (Charlottenburg) zeugen mit der von Martin Wagner und Hans Poelzig geplanten Halle 17 (errichtet 1929–30, inzwischen stark überformt) und dem ovalen Sommergarten nur geringe Reste. Nach dem Brand von 1935 entwarf Richard Ermisch 2 *Rundpavillons* (Halle 12 und 16) als Eckpunkte für die um 1980 erneuerte »Gläserne Galerie«, sowie die 1936–37 errichtete *Haupthalle* (Hallen 18–20) als Stahlkonstruktionen mit neuklassizistischen Werksteinfassaden. Nach Wiederaufbau der beschädigten Hallen folgten nach 1950 weitere Neubauten, u. a. von Bruno Grimmeck und Werner Düttmann (Marshall-Haus 1950, Palais am Funkturm und Schwermaschinenhalle 1957). – Für das 1929–31 als erstes Funkhaus Deutschlands gebaute **Haus des Rundfunks**, Masurenallee 10/14, entwickelte Hans Poelzig einen ungewöhnlichen, jedoch übersichtlichen und funktionalen Grundriß: Der 150 m lange Hauptflügel bildet mit den nach innen gebogenen Seitenflügeln ein Dreieck, in dem 3 radial zur Mitte der Hauptfront angeordnete Hofflügel eingeschlossen sind. In dem vom Verkehrslärm abgeschirmten und von den vier- bis fünfgesch. Büroflügeln auch konstruktiv getrennten Hofflügel sind die 3 (trapezförmigen) Sendesäle untergebracht. Die langgestreckten klinkerverblendeten Fassaden gliederte Poelzig durch die Fenster vertikal zusammenfassende und mit Keramikplatten verkleidete flache Pfeilervorlagen. Aus dem 1945 von sowjetischen Truppen besetzten, weitgehend intakten Haus des Rundfunks sendete bis 1952 der (Ost-)Berliner Rundfunk. 1956 übergab die sowjetische Besatzungsmacht das inzwischen demolierte Haus an die Westalliierten. Im nunmehr vom SFB genutzten Rundfunkhaus wurden 1956–57 die Innenräume wiederhergestellt und 1959 der Große Sendesaal ausgebaut. Die dabei völlig veränderte, über 5 Geschosse reichende Eingangshalle wurde 1986/1987 in der Poelzigschen Fassung wiederhergestellt. – Als Ersatz für das Funkhaus in der Masurenallee ließ der DDR-Rundfunk das **Rundfunkzentrum Nalepastraße** 10–50 (Köpenick) auf dem Gelände einer ehemaligen Furnierfabrik am Spreeufer nach Plänen von Franz Ehrlich und Gerhard Probst von 1951 bis 1956 in Stahlbetonskelettbauweise errichten. Die funktionale Architektur der klinkerverblendeten Verwaltungs- und Studiobauten wird durch vertikal strukturierte Fassaden und mächtige Kranzgesimse geprägt. Großzügig belichtete Foyers und Verbindungsgänge kontrastieren mit den geschlossenen Wandscheiben der Studios. Die Musikaufnahmesäle und Studioräume sind in 2 Studiobauten mit verbindender, viertelkreisförmiger flacher Gebäudespange zusammengefaßt. Der Hauptstudiobau ist wegen der besonderen akustischen Anforderungen zweischalig, als Haus im Haus, konstruiert. Die Studioräume erhielten trapezförmige Grundrisse und eine technisch anspruchsvolle Ausstattung. 1995 wurde das Rundfunkzentrum stillgelegt. – Im Stadtzentrum am Alexanderplatz (Mitte) erhebt sich der 1965–69 errichtete und die Berliner Stadtkrone dominierende 365 m hohe **Fernsehturm** (Entwurf Fritz Dieter, Günter Franke und Werner Ahrendt, Ausführungsplanung Architektenkollektiv Günter Kollmann u. a.). Der 250 m hohe Stahlbetonschaft hat die Form einer sich verjüngenden Röhre und wird von einem aus 120 Edelstahlsegmenten geformten, kugelförmigen Turmkopf bekrönt. Über dem siebengesch. Turmkopf, in dem sich neben den technischen Anlagen auch eine Aussichtsplattform und ein Café befinden, wächst aus dem Stahlbetonzylinder der schlanke stählerne Antennenmast (115 m). Die aus zweigesch. Pavillons bestehende Umbauung des Turmes entstand 1969–72 nach Entwurf von Walter Herzog. *HS*

*Berlin. Haus des Rundfunks*

**Industrie**

**Maschinenbau.** Die Industrialisierung Berlins wurde zwischen 1850 und 1900 entscheidend vom Maschinenbau geprägt. Die im Maschinenbauviertel an der Chausseestraße ansässigen namhaften Firmen (Borsig, Schwartzkopff, Egell) gründeten nach 1850 weitere Filialen am Berliner Stadtrand (Moabit). Bis 1900 verlegten sie ihre Fabriken sukzessive an die Peripherie der schnell wachsenden Stadt. 1898 verlagerte die Firma **Borsig** ihre Moabiter Maschinenbauanstalt und Eisengießerei auf ein 22,3 ha großes Grundstück zwischen dem Tegeler See (Borsighafen) und der Berliner Straße (Nr. 19–37, Reinickendorf/Tegel). Das später mehrfach erweiterte Werksareal wird trotz starker Zerstörungen im 2. Weltkrieg noch immer durch zahlreiche Werkhallen geprägt. Beginnend mit der 1872 im nüchternen Rundbogenstil für die Märkisch-Schlesische Maschinen- und Hütten AG, vormals Egell, errichteten dreischiffigen basilikalen **Germania-**

**halle**, repräsentieren diese Anlagen in einer für B. einmaligen Konzentration eine exemplarische Entwicklungsgeschichte des Berliner Werkhallenbaus. 1884 von der Kruppschen Schiff- und Maschinenbau AG »Germania« durch den Anbau der Gelbgießerei und Formerei sowie 1915, nunmehr von der Borsig AG um ein westliches Seitenschiff (nach Abriß des alten Seitenschiffes) erweitert, gilt die Germaniahalle als eine der ältesten Berliner Werkhallen. Das Hauptschiff erhielt eine leichte eiserne Dachkonstruktion mit Oberlicht, das Pultdach des östlichen Seitenschiffes wird von einem hölzernen Sprengwerk getragen. Von den 1898 von Friedrich Reimer & Konrad Körte für Borsig errichteten vielschiffigen **Montagehallen** sind auf dem nordöstlichen Werksgelände noch ein dreischiffiger (127 x 43,5 m) und ein fünfschiffiger Komplex (94 x 168 m) erhalten. Für die Konstruktion (eiserne Dachbinder mit breiten Oberlichtbändern auf Gitterstützen, die auch Laufkranschienen tragen) war Carl Metzbacher verantwortlich. Mit ihren inzwischen vereinfachten gotisierenden Giebelfronten bilden sie mit dem von Rundtürmen flankierten trutzigen Haupttor und dem später mehrfach erweiterten, dreigesch. neugotischen Verwaltungsgebäude (1898 von Reimer & Körte) eine architektonische Einheit. Auf dem südlichen Werksgelände befinden sich noch weitere bemerkenswerte Hallenbauten: die mit der 1916–17 errichteten zweischiffigen Kanonenwerkstatt (noch mit eisernen Dachbindern auf Gitterstützen) und der 1921–22 bereits als Stahlrahmenkonstruktion gebauten und 1938 erweiterten zweischiffigen Werkhalle (246 x 38 m) sowie im Norden mit der dreischiffigen Werkhalle (stählerne Fachwerkstützen und weitgespannte Fachwerkbinder, Stahlfachwerkwände, 170 x 52 m) von 1935. Beherrschendes Wahrzeichen der Tegeler Borsigwerke ist der als Verwaltungsbau von Eugen Schmohl entworfene und 1922–24 gebaute 63 m hohe elfgesch. **Borsigturm**, das älteste Berliner Hochhaus. Der in expressionistischen Formen gehaltene klinkerverblendete Stahlskelettbau wird durch 3 abgetreppte Klinkergesimse, die jeweils 3 Geschosse zusammenfassen, gegliedert und schließt mit einem hohen Saalgeschoß und bekrönenden offenen Spitzbögen ab. – An die 1838 von B. nach Spandau verlegte **Geschützgießerei**, die mit den 1868–69 in unmittelbarer Nachbarschaft errichteten Artilleriewerkstätten ein herausragendes Rüstungspotential zur Ausrüstung des preußisch-deutschen Heeres der Kaiserzeit bildete, erinnert die 1871–74 nach Plänen von Wevel erbaute Halle der **Bohrwerkstatt** am Obermeierweg 18/24. Kranbahn und Hallendach der auf L-förmigem Grundriß errichteten dreischiffigen Halle (in die Seitenschiffe ist ein Galeriegeschoß eingefügt) ruhen auf Gußstützen. Die gelben Ziegelfassaden werden durch hohe Rundbogenarkaden monumental gegliedert. Die Bohrwerkstatt gehört zu den ältesten Berliner Industriehallen. Das auf die Herstellung von Eisenbahnwaggons, Hebe- und Fördertechnik spezialisierte Unternehmen **Orenstein & Koppel** ließ auf dem 15 ha großen Werksgelände am Brunsbütteler Damm 144/208 (Spandau) in mehreren Bauabschnitten zwischen 1899 und 1922 mehrere Werkhallenkomplexe errichten. Der aus 6 dreischiffigen Hallen bestehende

*Berlin. Borsigturm*

Komplex am Brunsbütteler Damm prägt noch heute mit den aneinandergereihten basilikalen, dreieckigen und abgeknickten Backsteingiebeln den Straßenraum. Zwischen 1901 und 1922 entstanden die beiden Hallenkomplexe im Westen des Werksgeländes. Die Stahlfachwerkhallen, im ersten Bauabschnitt dreischiffig mit Gitterstützen und filigranen, stählernen Dachbindern, ab 1910/11 dreischiffig mit Kraggelenk- und eingehängten Schwebeträgern oder zweischiffig mit Durchlaufträgern, wurden vermutlich in der firmeneigenen Stahlbauabteilung konstruiert. Sie repräsentieren exemplarisch die konstruktive Entwicklung des Werkhallenbaus in den ersten Jahrzehnten des 20. Jh.s. Die urspr. asymmetrische Fassade des 1922 nach Plänen von Jacob Heilmann & Max Littmann errichteten, dreigesch. Verwaltungsgebäudes erhielt durch einen dreiachsigen Anbau 1961 eine neue Symmetrie, da dadurch der dreiachsige, übergiebelte Risalit in die Mitte rückte. – Der drei- bis viergesch. imposante Gebäudetrakt der **Maschinenbaufabrik Ludwig Loewe & Co.** an der Huttenstraße 17–20 (Tiergarten) entstand 1907–08 nach Plänen von Alfred Grenander. Er variierte die auf den ersten Blick einheitlich wirkenden roten Backsteinfassaden des langgestreckten Baukörpers entsprechend der jeweiligen Nutzung. Hochrechteckige Fenster im EG, lisenengegliederte Fassade und markanter, von 2 Ecktürmen flankierter Ostabschluß prägen das Lagerhaus; von 2 breiten Giebelrisaliten eingefaßt und mit überhöhtem Walmdach hervorgehoben ist der westlich anschließende, viergesch. Verwaltungstrakt; einfache Lisenengliederung kennzeichnen den Fabrikflügel. Die Bauten gehören heute zum Werksgelände der Kraftwerke Union (KWU). – Die **Fräs- und Bohrmaschinenfabrik** der Firma **Ludwig Loewe & Co.** baute Alfred Grenander 1914–17 in der benachbarten Wiebestraße 42–45 (Tiergarten) als eine kompakte dreigesch. Hofanlage um 2 Innenhöfe. Mit diesem, später durch Einziehen einer Zwischendecke im hohen EG viergesch. Etagenbau, der zudem im abgewalmten, von (für Grenander typischen) Halbrundgauben belichteten Satteldach über ein bis zwei nutzbare Dachgeschosse verfügte, gab das Unternehmen das bisher bevorzugte System der Pavillonbauten auf und folgte dem vorherrschenden Trend zur Hofanlage. Die übereinandergestapelten Produktionshallen ruhen auf von 2 Betonstützenreihen getragenen Stahlbetondecken. Die mit rotem Klinker verkleideten Außenfassa-

*Berlin. Raboma-Maschinenfabrik Hermann Schoening*

den werden durch die Fensterachsen einfassende Pfeiler rhythmisch gegliedert, darüber liegt das als schweres Gebälk ausgebildete Traufgesims. Das Haupttor ist als von toskanischen Säulen gefaßte Durchfahrt herausgehoben und wird von Skulpturen und Allegorien in Haustein geschmückt. Auf dem Grundstück Miraustraße 46/56 (Reinickendorf) entwarf Bruno Buch 1914–1915 für die **Raboma-Maschinenfabrik Hermann Schoening** eine dreischiffige langgestreckte Montagehalle (172,5 x 33,8 m), die zu den architektonisch qualitätvollsten Berliner Hallenbauten gehört. Die Hallenkonstruktion besteht aus zwei Reihen Gitterstützen und vollwandigen Dachbindern, in den Seitenschiffen ist ein Galeriegeschoß eingehängt. Der zweigesch., ziegelverblendete Kopfbau (Stahlskelettbau) ist gestalterisch hervorgehoben durch einen beherrschenden Mittelgiebel und ein Pfeilerportal mit Dreiecksgiebel und durch eng gestellte Fensterpfeiler rhythmisiert. – Die ebenfalls von Bruno Buch entworfene ehem. **Fahrzeugfabrik F. G. Dittmann** (errichtet 1913–14) an der Lübarser Straße 40/46 (Reinickendorf) beeindruckt durch gestalterische Eleganz und Geschlossenheit. Der Fabrik sind in der Straßenfront das Verwaltungsgebäude im neoklassizistischen Villenstil und ein zweigesch. Pförtnerhaus vorgelagert. Den beiden Montagehallen mit Wiegmann-Dachbinder auf Mauerpfeilern, flachem Satteldach und querlaufenden Oberlichtern sind als Kopfbauten Garagenflügel vorgesetzt, die sich mit einer monumentalen Doppeltoranlage zu einer der repräsentativsten Fabrikfassaden Berlins verbinden. – Das 1916–17 von Karl Stodieck an der Daimlerstraße 122 (Tempelhof) erbaute **Fritz-Werner-Werk** besteht im Kern aus einer dreiflügelig um eine fünfschiffige Montagehalle gelegten Fabrikanlage. Der dreiflügelige Geschoßbau (Verwaltung, Konstruktion, Werkstätten) ist schloßartig mit beherrschendem Mittelrisalit und hohem Walmdach angelegt. Die pfeilergegliederten Backsteinfassaden sind im Ansatz bereits expressionistisch. Mit dem Hauptflügel über einen Bogengang verbunden ist das Modellhaus, ein pfeilergegliederter, flachgedeckter Backsteinkubus mit auskragendem Gesims und Attikageschoß. Die Stahlskelettkonstruktion der später mehrfach erweiterten Montagehalle besteht aus vollwandigen Walzstahlstützen und Trägern. 1996 wurde die Werkzeugmaschinenfabrik stillgelegt. – Die

*Berlin. Werkzeugmaschinenfabrik Herbert Lindner*

**Werkzeugmaschinenfabrik Herbert Lindner** in der Lübarser Straße 8/38 (Reinickendorf) ist als »Fabrik im Grünen« großzügig in Grünanlagen eingebettet und wurde in vier Bauabschnitten nach Entwürfen von Martin Punitzer und Simon & Hoppe in den Stilformen der Neuen Sachlichkeit zwischen 1932–40 erbaut. Den beidseitig verglasten Stahlskeletthallen sind zwei Bürogebäude als Kopfbauten vorgelagert. Die Fassaden der einzelnen Baukörper bringen die Arbeitsabläufe klar zum Ausdruck: eine transparente Stahl-Glas-Architektur charakterisiert die Werkhallen, auf die Bürobauten weisen Fensterbänder mit weiß gestrichenen Brüstungsfeldern hin. Da das von Martin Punitzer für den ersten Bauabschnitt erarbeitete Entwurfskonzept in den späteren Bauabschnitten gültig blieb, entstand eine Fabrik von beeindruckender architektonischer Geschlossenheit. Der in enger Korrespondenz mit den Fabrikbauten nach Entwürfen von Richard Lesser angelegte Werkpark ist in dieser Form in Berlin einmalig. – An der damals noch dünn besiedelten Peripherie im Nordosten Berlins und dadurch weniger vom Luftkrieg gefährdet, errichtete der Baustab von Albert Speer 1940–42 an der Landsberger Allee 399 (Marzahn) für die auf die Herstellung von Werkzeugmaschinen spezialisierte **Firma Hasse & Wrede** eine moderne Rüstungsfabrik. Kern der Anlage ist die riesige Stahlskeletthalle, die von einem monumental gegliederten Verwaltungstrakt und seitlichen Büroflügeln dreiseitig umfaßt wird. Streng symmetrisch auf die Halle ausgerichtet sind die in Stahlbetonskelettbauweise errichteten Geschoßbauten der Hauptmechanik und der Zentralwerkstatt mit Tankstelle sowie das Heizhaus. Die Monumentalität der Fabrikanlage wird durch die dem pfeilergegliederten Verwaltungsflügel vorgelagerten großen, begrünten Freiflächen gesteigert. Die hochmoderne Ausrüstung des für die Kriegsrüstung wichtigen Betriebes (neben Spezialwerkzeugmaschinen Herstellung von einziehbaren Fahrwerken für Kampfflugzeuge) wurde 1945 der stählernen Hallenkonstruktion von der sowjetischen Siegermacht demontiert. Mit dem Wiederaufbau der Shedhalle 1963 Stammbetrieb der Maschinenfabrik Marzahn, dient das Werk seit 1991 der Knorr-Bremse-AG als Berliner Produktionsstandort.

**Elektroindustrie.** Neben dem Maschinenbau hat vor allem die Elektroindustrie entscheidend die industrielle Entwicklung geprägt. Ab 1890 sind es vornehmlich in Berlin ansässige Unternehmen der Elektroindustrie, die den technischen Fortschritt in Deutschland vorantreiben, und wie die AEG, Siemens und Osram schließlich weltweit agieren. Berlins Ruf als »Elektropolis« wird neben den Siemensfirmen vor allem von der AEG mitbegründet. Das 1883 als Deutsche Edison Gesellschaft gegründete und 1887 in Allgemeine Elektrizitäts-Gesellschaft umbenannte Unternehmen erlangte in Wedding, Moabit und Köpenick innerhalb weniger Jahre ein für damalige Maßstäbe gewaltiges Produktionspotential. 1888–90 entstand unter der Leitung von Paul Tropp in der Weddinger Ackerstraße 71–76 die einen kompletten Baublock einnehmende **AEG-Apparatefabrik**. ● In der viergesch. Hofanlage waren die Produktionshallen übereinandergestapelt. Konstruktiv ein Mauerwerksbau mit innenliegenden Stahlstützenreihen, bot die Fabrik eine historisierende Repräsentationsarchitektur. Der für die Fassadengestaltung verantwortliche Franz Schwechten entwarf eine streng hierarchisch gegliederte und mit Terrakotten und Formsteinen reich dekorierte Ziegelfassade. Ein im 2. Weltkrieg zerstörter Gebäudeflügel mußte bis auf das EG abgetragen werden. Die Apparatefabrik ist durch einen 1895–97 von C. Schnebel und W. Lauter angelegten **Bahntunnel**, dessen Betonröhre als Versuchsbau für die damals bereits geplante erste Berliner U-Bahnstrecke angesehen werden kann, mit den Weddinger Stammwerken der AEG auf dem östlich anschließenden riesigen Areal zwischen Brunnenstraße, Humboldthain, Hussiten- und Voltastraße verbunden. An die älteren, hier ab 1895 erbauten und inzwischen abgebrochenen Werksanlagen erinnert noch das von Franz Schwechten 1896 in gotisierenden Formen entworfene **Beamtentor** an der Brunnenstraße 107A. Die **Alte Fabrik für Bahnmaterial** an der Voltastraße entstand 1906–07 nach Plänen von Johannes Kraaz noch in gotisierender Backsteinarchitektur. Beim 1908 errichteten Westflügel ist bereits die Handschrift von Peter Behrens spürbar, der ab 1907 als künstlerischer Beirat für die AEG eine moderne Architektur und ein Produktdesign entwickelte. Die nach seinen Entwürfen in den folgenden Jahren für die AEG errichteten Werksbauten haben als bahnbrechende Vorbilder die Entwicklung der modernen Industriearchitektur maßgeblich beeinflußt. Beim Umbau der Alten Fabrik für Bahnmaterial

1911 ist dieser stilistische Umbruch spürbar: Peter Behrens ließ die Backsteinfassaden entdekorieren und auf eine rhythmische Pfeilergliederung reduzieren. 1909–10 entstand auf dem westlichen Werksgelände die von Peter Behrens entworfene **Hochspannungsfabrik**. Der in Stahlskelettbauweise errichtete Bau besteht aus einer zweischiffigen Halle (123 x 73 m) und 2 flankierenden, fünfgesch. Lager- und Werkstattbauten, die an der Ostseite mit einem Büroteil verbunden sind. Er zeigt eine nüchterne Backsteinarchitektur aus durchgehenden Pfeilern und großflächigen Fenstern, akzentuiert durch mächtige Treppentürme. Von monumentaler Würde ist die zur Tempelfront stilisierte Südwestansicht der von Treppentürmen flankierten Hallenfront. Der langgestreckte Baukörper der **Kleinmotorenfabrik** (1910–12) beherrscht mit seiner 195 m langen, von kräftigen Halbrundpfeilern gegliederten Fassadenfront die Voltastraße (Nr. 4–11). Die in der Berliner Architektur dieser Zeit häufig verwendete Pfeilerfassade wird hier von Behrens ins Monumentale gesteigert. Bei der 1911–12 errichteten, westlich anschließenden **Neuen Fabrik für Bahnmaterial** verzichtet Behrens auf eine zwischen einfacher gegliederter Hof- und monumentalisierender Straßenfront differenzierende Architektur, ein Prinzip, das er auch an der Kleinmotorenfabrik anwandte. Jetzt sind Hof- und Straßenfront gleichermaßen durch flache, die großflächigen Fenster rahmende Pfeiler gegliedert, über dem fast bündigen Gesimsband verläuft das niedrigere 3. OG. Dieser weitgehende Verzicht auf kräftige Gliederungselemente charakterisiert auch die 1911–12 als Dreigelenkbinder-Konstruktion (Karl Bernhard) erbaute **Montagehalle für Großmaschinen** an der Hussitenstraße. Durch die nahezu bündige Anordnung der Ziegel-, Glas- und Stirnflächen der Stahlstützen vermied Behrens pathetische Gesten und leitete eine Entwicklung ein, die erst von der stereometrischen Architektur der Neuen Sachlichkeit in den 1920er Jahren aufgenommen wurde (südliche Erweiterung von Ernst Ziesel 1928). Die glatten Ziegelfassaden der in den Formen der Neuen Sachlichkeit 1929–30 von Ernst Ziesel erbauten, nördlich anschließenden **Umformstation** mit Güterboden werden in der Front der Huttenstraße durch ein gerahmtes, horizontales Fensterband gegliedert. Ziesel gestaltete auch das 1940–41 erbaute **Büro- und Laborgebäude** an der Gustav-Meyer-Allee unbeeindruckt vom Zeitgeschmack betont sachlich. – Nach dem Zusammenbruch der AEG gingen die Werksanlagen in verschiedene Hände über. Sie werden z. T. von der TU, von Fernsehsendern sowie von Kleinfirmen (Berliner Innovations- und Gründerzentrum) genutzt, die z. T. störende Um- und Neubauten vornahmen. Für das **AEG-Hydra-Werk** in der Drontheimer Straße (Wedding) erbaute Ernst Ziesel 1928–29 das Hauptgebäude (Nr. 30) als fünfgesch. Gebäudekubus mit zurückgestaffeltem 5. OG, einer in den beiden oberen Geschossen gestaffelten Südseite und vor die Westfassade gestellten Treppenturm. Die Fenster sind bandartig in die glatten Klinkerwände des Stahlskelettbaus eingeschnitten. Das Gebäude wurde 1956 um 20 m verlängert und um einen zweiten Treppenturm ergänzt. Die Werksanlage, zu der auch ein 1909 von Richard Schirop errichteter und 1927–28 erweiterter Geschoßbau (Nr. 34/38) gehört, wird seit Mitte der 1980er Jahre als Gewerbepark von verschiedenen Firmen genutzt. Die 1909 nach Entwürfen von Peter Behrens an der Huttenstraße 12–16 (Tiergarten) errichtete **AEG-Turbinenhalle**, für die Konstruktion war Karl Bernhard verantwortlich, gehört zu den wichtigsten Industriebauten des frühen 20. Jh.s. Die stählernen Stützen der Dreigelenkbinder-Konstruktion sind sichtbar vor die Glasfassade gerückt. An der Ostseite zur Berlichingenstraße neigen sich die Glasflächen mit der inneren Schräge der Stützen und betonen so die Tragkonstruktion. An der südlichen Stirnseite zur Huttenstraße wird die Konstruktion durch mächtige, gequaderte Eckpfeiler verdeckt und von einem fünffach gebrochenen, die Konturen des Dachbinders nachzeichnenden Betongiebel bekrönt. Im Giebelfeld sind das von Behrens entworfene sechseckige AEG-Signum und der Schriftzug »Turbinenfabrik« eingearbeitet. 1939–40 wurde die ursprünglich 123 m lange Halle von Jacob Schallenberger und P. Schmidt auf 207 m verlängert. – Die Turbinenhalle gehört zu den folgenreichsten Schöpfungsbauten auf dem Weg zur »Moderne«. Die Hallenkonstruktion wird nicht nur unverhüllt, sondern monumental überhöht präsentiert. Vor allem die südliche Giebelfront mit den rahmenden Betonpylonen und dem mächtigen Giebelfeld präsentiert sich mit der erhabenen Würde eines Industrietempels. Auf dem Werksgelände der ehemaligen AEG-Turbinenfabrik (jetzt produziert hier die KWU) befindet sich eine noch für die »Union-Elektricitäts-Gesell-

schaft« erbaute **Montagehalle** (auch als »alte Turbinenhalle« bezeichnet). Die dreischiffige, basilikale Halle entstand 1896–97 nach Plänen von Theodor Rönn. In den Seitenschiffen ist ein Galeriegeschoß eingefügt, den auf stählernen Stützen ruhenden Segmentbogenbindern (mit Zugband) des Mittelschiffes ist ein Segmentbogengiebel vorgelegt, der mit den flankierenden leicht überhöhten, dreigesch. Büroflügeln wie eine Doppelturmfassade wirkt. An der Ecke Berlichingen-/Sickingenstraße (Tiergarten) erhebt sich der fünfgesch. vierflüglige Baublock der 1905–11 von Viktor Kühn & Gustav Teske erbauten **AEG-Glühlampenfabrik**. Die Treppentürme sind vor die Hoffassaden gerückt, dadurch sind die zweischiffigen Geschoßflächen flexibel nutzbar. Die pfeilergegliederten, roten Verblendziegelfassaden sind durch die großen, tief heruntergezogenen Fenster in ein Stützen-Riegel-Raster aufgelöst. In der späteren Telefunken-Röhrenfabrik werden heute Elektromotoren gefertigt und Lehrlinge ausgebildet. – Bereits ab 1895 begann die AEG weit außerhalb der Stadt im Südosten Berlins zwischen der Oberspree und der heutigen Wilhelminenhofstraße ein langgestrecktes Band von Werksanlagen zu errichten, die noch immer mit ihren gelben Ziegelfassaden den Köpenicker Ortsteil prägen. 1897–1900 entstand der aus einem fünfschiffigen Hallenblock und mehreren Geschoßbauten (Drahtfabrik, Fabrik für Isoliermaterial, Gummifabrik und Kantine) bestehende ältere Teil des **Kabelwerkes Oberspree** an der Wilhelminenhofstraße 76–78 (Köpenick). Zwischen 1903 und 1905 wurden für die Automobilherstellung ein weiterer, inzwischen zum großen Teil abgerissener Hallenblock sowie das vier- bis fünfgesch. Lagerhaus und die fünfgesch. Reifenfabrik, 1910 ein weiteres Lagerhaus erbaut. Mit den zwischen 1915 bis 1930 errichteten Hallen und Geschoßbauten hat man das bisherige Prinzip, eigenständige, abgeschlossene Fabrikanlagen aneinanderzureihen, aufgegeben und eine bandartige Produktionslinie gewählt. An den von namhaften AEG-Architekten wie Paul Tropp, Johannes Kraaz, Klemm, Peter Behrens und Ernst Ziesel errichteten Bauten des Kabelwerkes spiegeln sich in eindrucksvoller Dichte 3 Jahrzehnte Industriearchitektur. Besonders deutlich wird dies an der 1899–1900 von Klemm erbauten dreischiffigen Werkstatthalle, die 1928 von Ernst Ziesel und Gerhard Mensch um 2 neue Hallenschiffe für das Kupferwalzwerk erweitert wurde. Neben der alten Hallenkonstruktion aus Eisenfachwerkstützen und Eisenfachwerk-Mansardbindern steht die vollwandige Stahlrahmenkonstruktion der beiden neuen Hallenschiffe, die pfeilergegliederte gelbe Ziegelfassade mit Segmentbogenfenstern wird zur glatten Giebelscheibe mit expressionistischen Giebelaufsätzen und horizontalen Fensterbändern. Die Werksanlagen auf dem südöstlichen Teil des Werksgeländes werden gegenwärtig als Gewerbepark genutzt, im nordwestlichen Werkteil produzierte bis 1997 ein britischer Kabelhersteller. Die ab 1899 noch für die **Deutsche-Niles-Werkzeug-Maschinen-Fabrik** an der Wilhelminenhofstraße 83–85 erbaute Werksanlage wird in der Straßenfront von der 1915–16 nach Entwurf von Paul Tropp errichteten Großmontagehalle geprägt. In der Ausformung des Baukörpers und der Fassadengliederung ist das Vorbild von Peter Behrens spürbar. 1928 errichtete Ernst Ziesel für die AEG, die bereits 1920 das Werk übernommen hatte, den Kubus der Großtransformatorenhalle als stählerne Dreigelenk-Rahmenkonstruktion an der Edisonstraße. Er löste die Fassaden der Halle in riesige Glasflächen auf. Die Halle wurde 1938 von Paul Sellmann erneut verlängert. Seit 1996 ist das AEG-Transformatorenwerk (TRO) stillgelegt. – Die Fabrik der **Siegmund Bergmann Glühlampen AG** (ab 1935 Osram) an der Oudenarder Straße 14–20 (Wedding) entstand inmitten dicht bebauter Wohnquartiere in 4 Bauabschnitten (1888–89 von C. und B. Borchardt, 1896–1910 von H. Enders, 1910–14 von Richard Schirop, 1936–37 von Waldemar Pattri) als 2 Baublöcke teilweise umschließende, zumeist vier- bis fünfgesch. Randbebauung, die auf dem südlichen Baublock (zwischen Oudenarder und Liebenwalder Straße) zu einer Hofanlage verdichtet ist. An den mit gelben Ziegeln verblendeten Fassaden – nur das an der Seestraße 1912–14 von Richard Schirop errichtete Verwaltungsgebäude ist als reich gegliederter, neoklassizistischer Putzbau herausgehoben – ist die Entwicklung von der historisierenden Repräsentationsfassade zur nüchtern-sachlichen Rasterfassade und pfeilergegliederten Stahl-Glas-Fassade ablesbar, ebenso der konstruktive Wandel vom Mauerwerksbau mit den von Eisenstützen getragenen Massivdecken zum Stahlskelettbau.
Ab 1906 ließ die **Deutsche Gasglühlicht AG**, die 1919 mit der Glühlampenherstellung der AEG und Siemens & Halske zur Osram-GmbH-KG

fusionierte, auf dem Gelände des 1893 stillgelegten Wasserwerkes vor dem Stralauer Tor eine Glühlampenfabrik errichten. Die von namhaften Berliner Architekten (Wilhelm Walther, Theodor Kampffmeyer) entworfenen 3 fünfgesch. und mehrere Innenhöfe umschließenden Fabrikblökke in der Ehrenbergstraße 17–18 und 19–23 und der Naglerstraße 17–18 (Friedrichshain) folgen, trotz differenzierter architektonischer Gestaltung einem einheitlichen funktionalen und konstruktiven Konzept. In den einzelnen Fabrikgeschossen sind großflächige, ganze Flügel einnehmende Produktionshallen untergebracht. Die für große Lasten ausgelegten Stahlbetondecken ruhen auf Mittelstützen. Treppenhäuser und Aufzüge befinden sich an den Flügelübergängen und Flügelenden. Die in Skelettbauweise errichteten Gebäudeblöcke sind mit Ziegelmauerwerk verblendet, die Fassaden werden durch ein gleichförmiges Öffnungsraster großflächiger Fenster gegliedert. Dabei fallen die von Theodor Kampffmeyer entworfenen Fassaden der 1907–09 errichteten Fabrikblöcke Ehrenbergstraße 17–18 und Naglerstraße 17–18 mit ihrer reichen Ziegelornamentik und der zur Schauseite ausgebildeten Nordfront mit hohem geschwungenem Giebel und dem zehngesch. Turm besonders auf. Äußerlich von den Fabrikblöcken kaum zu unterscheiden ist der von Hermann Dernburg entworfene und 1913–14 errichtete, fünfgesch. und 3 Innen- und Lichthöfe umschließende Verwaltungsblock Ehrenbergstraße 11–14 mit einer von geklinkerten Wandvorlagen, Pilastern und einem Gurtgesims gegliederten Fassade. Die bis 1990 vom Glühlampenhersteller Narva genutzte Fabrik wird seit 1993 saniert und zu einem Büro- und Dienstleistungskomplex umgebaut. Die imposante, aus 5 Trakten bestehende, fünfgesch. Fabrikanlage am Tempelhofer Hafen, Lorenzweg 5, erbaute Karl Stodieck 1916–18 für die **Lorenz AG** (Standard Elektrik Lorenz). Die Stahlbetonskelett-Konstruktion spiegelt sich in den Fassaden als ein klares Rastersystem aus Pfeilern, schmalen Brüstungen und großen Fensteröffnungen, darüber erheben sich weit auskragende Walmdächer. Die Fabrik ist über ein verzweigtes Schmalspurnetz und Lastenaufzüge vorbildlich erschlossen.

Mit der 1898 beginnenden Ansiedlung auf den weit außerhalb Berlins, zwischen den damals noch selbständigen Städten Spandau und Charlottenburg liegenden Nonnenwiesen leitete die 1847 als Siemens & Halske gegründete Firma Siemens nicht nur eine Industriewanderung ein; innerhalb weniger Jahrzehnte entstand mit der **Siemensstadt** (Spandau) ein eigenständiger städtischer Organismus, geprägt von den Werken und Werkssiedlungen dieses Elektrokonzerns. Die herausragende Bedeutung dieser einmaligen Denkmallandschaft liegt nicht allein in den einzelnen Industrie- und Siedlungsdenkmalen, sondern in den hier geschaffenen funktionalen und städtebaulichen Qualitäten. Die wesentlichen Voraussetzungen für diese Entwicklung schufen Karl Janisch (1898–1915) mit den von ihm konzipierten infrastrukturellen Grundlagen und sein Nachfolger Hans Hertlein (1915–1951), der die Siemensstadt zu einem funktionierenden Stadtorganismus ausbaute und mit seiner unverwechselbaren Industriearchitektur einen »Siemens-Stil« kreierte. Das 1906 von Karl Janisch und Carl Dihlmann errichtete und bis 1942 mehrfach von Janisch und Hertlein erweiterte **Dynamowerk** in der Nonnendammallee 72 ist die älteste erhaltene Siemens-Werksanlage in der Siemensstadt. Der riesige Hallenkomplex (Stahlskelettkonstruktion) von 185 x 215 m besteht aus 4 bis zu 20 m hohen Montagehallen und den östlich anschließenden, flacheren Shedhallen, die im Norden und Süden durch viergesch. Büroflügel abgeschlossen werden. Der Montagehallenbereich erhielt als nördlichen Abschluß markante antikisierende Kopfbauten, die von 2 mächtigen Giebelfronten mit von Doppelpilastern eingefaßten Triumphbogen-Fenstern geprägt werden. Diese monumentale Nordfassade ist das städtebauliche Pendant für den Ehrenhof des 1910–13 nach Plänen von Karl Janisch und Friedrich Blume errichteten **Hauptverwaltungsgebäudes** an der Nonnendammallee 101. Der viergesch., schloßartige Verwaltungsbau wurde 1922 und 1929/30 von Hans Hertlein im Norden erweitert und war bis 1945 Sitz der Siemens-Hauptverwaltung. Die vielflüglige Anlage ist 180 m lang und bis zu 140 m tief, sie umschließt sieben Höfe. Die sparsam gegliederten Fassaden sind mit Quadermauerwerk im Sockelgeschoß und in den Obergeschossen mit roten Ziegeln verblendet, darüber erhebt sich ein hohes Mansarddach. Die beiden Hauptzugänge liegen im Ehrenhof sowie im Ostflügel am Rohrdamm, hier als ein von Kolossalpilastern gegliederter, übergiebelter Mittelrisalit hervorgehoben. Die im 2. Weltkrieg zerstörte, prachtvolle östliche Haupteingangshalle ist trotz erheblicher Veränderungen (u. a. Einbau einer

Flachdecke) mit dem Mosaikfußboden und den eingestellten toskanischen Kolonnaden noch immer von eindrucksvoller Wirkung. Im 1. OG des Ostflügels blieb der repräsentative Sitzungssaal (Eichensaal) mit seiner reichen Ausstattung erhalten. Das Gebäude gehört zu den bedeutendsten Verwaltungsbauten der Wilhelminischen Ära. – Der westlich anschließende, 1916 begonnene und bis 1928 von Hans Hertlein in mehreren Bauabschnitten erweiterte **Schaltwerk-Hallenkomplex** erstreckt sich auf einer Fläche von 222 x 174 m. Die als Stahlskelettkonstruktion auf einem Stützenraster von 6 x 12 m erbauten Shedhallen bilden mit der ebenfalls von Hertlein 1926–28 erbauten, 168 m langen und 17,5 m breiten, zehngesch. Gebäudescheibe des **Schaltwerk-Hochhauses** an der Nonnendammallee 104 ein beeindruckendes Ensemble. Der vierständrige Stahlskelettbau ermöglicht flexible Zuschnitte der Produktionshallen, in den beiden oberen, als Staffelgeschosse zurückgesetzten Stockwerken waren Büros untergebracht. Erschlossen wird das Hochhaus auf jeder Seite durch 2 mächtige Treppentürme, die vor die mit gelb-roten Klinkern verkleidete Pfeilerfassaden gerückt sind. – Für die nördlich der Schaltwerkhallen liegende **Stoßstrom-Prüfanlage** entwarf Hans Hertlein einen aus mehreren Kuben bestehenden und in der Höhe gestaffelten, mit roten Klinkern ausgemauerten Stahlfachwerkbau, der über Fensterbänder belichtet wird. Der 1927–28 errichtete und später erweiterte winkelförmige Hallenbau wirkt sehr modern und sachlich. Einige hundert Meter westlich befindet sich das aus der Großen Hochspannungshalle und einem zweigesch. Laborgebäude bestehende **Hochspannungsprüffeld**. Walter Henn wählte für die 1958–59 errichtete Hochspannungshalle, einem der bedeutendsten Berliner Forschungsbauten, einen parabelförmigen Querschnitt, um eine optimale Raumhülle für die Hochspannungsversuche zu gewinnen. Die Konstruktion der Parabelhalle besteht aus einem als Rautenfachwerk ausgelegten Gerüst von Betonfertigteilrippen. Die Gefache sind zweischalig mit dreieckigen Betonplatten ausgefüllt und die Halle außen mit Kupferblech verkleidet, um einen Faradayschen Käfig zu erzeugen. – Der in 2 Bauabschnitten 1928–30 und 1936/37 nach Plänen von Hans Hertlein errichtete **Wernerwerk-Hochbau** am Siemensdamm 50–54 bildet eine 2 Höfe einfassende, kubische Baugruppe, die mit ihren sich durchdringenden, verschieden hohen Flügelbauten (fünf- bis zehngesch.) und hoch aufragenden Treppentürmen eine bewegte Silhouette bieten. Im spannungsvollen Gegensatz dazu stehen die sachlichen, mit roten Klinkern verkleideten glatten Lochfensterfassaden. Der vierständrige Stahlskelettbau ist für flexible Nutzungen ausgelegt. Die markanten Baukörper des **Wernerwerkes XV** am Siemensdamm 62 entstanden in vier Bauabschnitten 1924–41 nach Plänen von Hans Hertlein. Der fünf- bis zehngesch., dreifach abgewinkelte rote Klinkerbau wurde in den beiden ersten Bauabschnitten (1924/25 und 1929/30) als Stahlskelettkonstruktion mit Fassaden in enger Pfeilergliederung und 1936/37 bzw. 1940/41 als Stahlbetonskelettkonstruktion mit glatten Lochfassaden errichtet. Gewaltige, vor die Fassade gestellte Treppentürme akzentuieren die kubischen Baukörper. Den 1911–12 erbauten riesigen Shedhallen-Komplex (228 x 282 m) des **Kabelwerkes** in der Gartenfelder Straße 28 (Spandau/Siemensstadt) entwarf Karl Janisch in Zusammenarbeit mit dem Statiker Nagy als Stahlskelettkonstruktion auf einem Stützenraster von 6 x 12 m. Der 1913, 1918 und 1923 auf eine Grundfläche von 288 x 282 m (etwa 8 ha) erweiterte Hallenkomplex wird über eine zweigesch., kreuzförmige Verkehrsachse erschlossen und in vier Quadranten gegliedert und verkörpert den von Janisch entwickelten Typus einer faktisch unbegrenzt erweiterungsfähigen Fabrikhalle. Die benachbarte achtschiffige Stahlskelett-Halle (135 x 125 m) des Kabelwerk-Metallwerkes entstand in mehreren Bauabschnitten zwischen 1917 und 1955. Kern der Anlage ist die ursprünglich im nordfranzösischen Valenciennes aufgestellte und nach ihrer Demontage 1917 hier wieder aufgebaute einschiffige »Belgienhalle«, die Hans Hertlein 1918 um 2 Seitenschiffe erweiterte. 1922 baute Hertlein 4 weitere Hallenschiffe, die drei letzten, nach dem Vorbild der bestehenden Anlage basilikal angelegt, wurden 1928–29 bis auf das hohe Mittelschiff auf 135 m verlängert und um ein achtes Hallenschiff ergänzt. Erst 1955 wurde auch das Mittelschiff verlängert. Die Belichtung erfolgt über längs- und querlaufende Oberlichter sowie in die Stahlfachwerkwände eingeschnittene Fensterbänder. Für das 1927 errichtete und bereits 1929–30 erweiterte Heizwerk entwarf Hans Hertlein eine kubische, zweischiffige Stahlfachwerkhalle als betont sachliche Raumhülle. – Von dem urspr. als fünfgesch.

Hofanlage von Karl Janisch mit 12 Höfen nach dem Vorbild des Werkes I konzipierten **Wernerwerk II** am Wernerwerkdamm 5 wurden von 1914 bis 1928 nur sechs Höfe ausgeführt und nach teilweiser Zerstörung im 2. Weltkrieg in veränderter Form wiederaufgebaut. Nur der im Zentrum der Anlage von Hans Hertlein 1916–18 errichtete, 70 m hohe **Turmbau** blieb als weithin sichtbares Wahrzeichen des Werkes II unbeschädigt erhalten. Der nach dem Vorbild italienischer Renaissancetürme gestaltete Uhrenturm diente als Schornstein für das im Werk integrierte Heizwerk sowie als Wasserturm. Die benachbarte viergesch. Dreiflügelanlage des **Forschungslaboratoriums** am Wernerwerkdamm 2 entstand 1914–17 nach Plänen von Hans Hertlein und wurde 1935 erweitert. Der auf flexible Grundrisse ausgelegte Mauerwerksbau (mit einer Stahlstützenreihe im Inneren) erhielt eine neoklassizistische Fassade und ein abgewalmtes Steildach mit Giebelgauben. – 1898–1901 ließ die Firma Siemens & Halske in der Charlottenburger Helmholtzstraße 2–9 nach Entwürfen von Martin de la Sauce das **Glühlampenwerk**, das spätere **Osram Werk S**, als fünfgesch. Hofanlage mit 3 Innenhöfen errichten. Zwischen 1906 und 1911 von Karl Janisch u.a. im Hofbereich um einen langgestreckten Flügel erweitert, ist am Glühlampenwerk die für die Berliner Industriearchitektur dieser Zeit charakteristische Entwicklung von der historisierenden Repräsentationsfassade (des älteren Bauteils) zur einfachen, klar strukturierten Pfeilerfassade ablesbar. – Am Charlottenburger Salzufer 6–8 baute Hans Hertlein 1925–1926 für die von Siemens & Halske aufgekaufte **Telephon-Apparat-Fabrik E. Zwietusch & Co** einen fünfgesch. winkelförmigen Neubau mit signifikantem Staffelgiebel. Die klinkerverblendeten Rasterfassaden werden durch Wandpfeiler gegliedert, darüber zurückspringend drei Staffelgeschosse. – Für die auf die Herstellung von elektrotechnischen Meßinstrumenten spezialisierte **Robert Abrahamsohn GmbH** erbaute Martin Punitzer 1928–29 in der Nicolaistraße 7 (Steglitz) ein kleines, aber sehr modernes Fabrik- und Bürogebäude. Flachdach und durchgehende (lindgrün geflieste) Brüstungs- und Fensterbänder des dreigesch. Stahlskelettbaus betonen die Horizontale, die durch 2 gerahmte, vertikale, verglaste Treppenhäuser aufgefangen wird.

Die zunehmenden Rüstungsaufträge veranlaßten die Firma Siemens 1936–37 zum Bau des **Siemens-Luftfahrtgerätewerkes** in der Spandauer Streitstraße 5–15. Hans Hertlein entwarf die kubischen Baukörper der aus einem fünfflügeligen, ehrenhofartig ausgebildeten Büro- und Laborkomplex und einem langgestreckten Fabrikflügel und einem Shedhallenkomplex bestehenden Anlage. Die in Stahlskelettbauweise errichteten Geschoßbauten erhielten glatte Putzfassaden und ein konsequent durchgehaltenes Fensterraster. In den sechsgesch. Nordflügel des Ehrenhofes ist ein dominanter, elfgesch. Turm integriert. Nach 1945 bezog die Bezirksverwaltung Spandau die Geschoßbauten.

Die ebenfalls von Hans Hertlein 1937–40 erbauten **Telefunken-Werke** und späteren Mc Nair-Barracks in der Steglitzer Goerzallee 190–238 weisen formale Parallelen zum Spandauer Luftfahrtgerätewerk auf. Die Baukörper der weiträumig angelegten Fabrik folgen einer klaren Disposition. Das Zentrum des Werkes bildet ein Ehrenhof mit einem akzentuierenden hohen Uhrenturm. In der Fassadengestaltung wird der Einfluß des Nationalsozialismus auf die Industriearchitektur deutlich: nüchterne Putzfassaden mit kräftigen Fenstereinfassungen, das monumentalisierte Pfeilermotiv mit schmalem Balkon im Ehrenhof und attikaartigem Gesimsabschluß. Die von der US-Armee nach 1945 zur Kaserne umgenutzte Anlage steht seit deren Abzug leer. – Eine spürbar sachlichere Architektur zeichnet die fast zeitgleich, 1939–41 von Paul Renner erbaute fünfgesch. Fabrik der **Radio-Loewe AG** Am Elsenbruch 6–7 (Steglitz) aus. Der abgewinkelte, zweiflügelige, kubische Baukörper hat eine elegant abgerundete Eckausbildung, der eingefügte achtgesch. Turm akzentuiert ihn. In die glatten roten Ziegelwände sind die gleichmäßig aneinandergereihten Fenster eingeschnitten. Der kubische, zweiflügelige Fabrikerweiterungsbau der **Auer-Lichtgesellschaft AG** am Friedrich-Krause-Ufer 24–25 (Tiergarten), in dem die Berliner Ausländerbehörde untergebracht ist, entstand 1937–38 nach Plänen von Egon Eiermann. Die Fassade des viergesch. Stahlbetonskelettbaus ist mit roten Ziegeln im Prüßverband verkleidet, im Rhythmus der in Vierergruppen zusammengefaßten Fenster spiegelt sich das Konstruktionsraster. Über das Flachdach ragen durchgestaltete Lüftungsaufsätze.

**Metallindustrie.** Auf einem anfänglich bereits etwa 35 ha großen Areal am Eichborndamm 105/

177 (Reinickendorf) ließen die **Deutschen Waffen- und Munitionsfabriken** (DWM) in mehreren Bauabschnitten ab 1906 riesige Fabrikanlagen errichten. Die 4 von zweigesch. Bürobauten dreiseitig eingefaßten, inzwischen nur noch in geringen Resten erhaltenen großflächigen *Shedhallen* entstanden mit dem Haupteingang, den beiden Kantinengebäuden und dem dreigesch. Lagerhaus in mehreren Bauabschnitten zwischen 1906 und 1918 nach einem einheitlichen Entwurf von Alfred Kühn, die Bauausführung übernahm die Firma Boswau & Knauer. Die langgestreckten roten Ziegelfassaden der Büroflügel werden durch Lisenen gegliedert und durch eingerückte Treppentürme und breit gelagerte Frontispize akzentuiert. Der markante südwestliche *Turm* entstand im 2. Bauabschnitt 1912. Die Shedhallen sind über ein Stützraster von 7,8 x 4,6 m mit Stützen und Dachbindern aus Walzstahl gebaut. Dominant tritt die 1915 als einschiffige Eisenrahmenbinderhalle (162,5 m lang, 30 m breit, Firsthöhe 27,7 m) errichtete **Hammerschmiede** an der Miraustraße 10–14 (Reinickendorf) in Erscheinung. Die von O. Leitwolf entworfene Konstruktion besteht aus 22 vollwandigen genieteten Rahmenbindern. Die Wandfelder und Giebelwände sind durch eine eiserne Fachwerkkonstruktion ausgesteift, das riesige Satteldach wird von einer durchlaufenden Lüftungslaterne bekrönt. Nach 1918 von der in Berlin-Karlsruhe Industriewerke AG umbenannten DWM für zivile Produktion genutzt (1927 übernahm auch General Motors einen Teil der Anlagen), diente die Fabrik in den 30er Jahren wieder der Rüstungsproduktion. 1939–42 entstanden auf dem nördlichen Areal zwischen Miraustraße und Holzhauser Straße weitere Hallen, Büro- und Verwaltungsgebäude, die sich mit ihrer Architektur als lisenengegliederte Verblendziegelbauten harmonisch in die Gesamtanlage einfügen. Verschiedene Gewerbe- und Handelsfirmen nutzen dieses Zeugnis der deutschen Rüstungsindustrie heute. In unmittelbarer Nähe des östlichen Berliner Bahnkreuzes (Ostkreuz) ließ die auf die Herstellung von Eisenbahnbremsen spezialisierte **Knorr-Bremse AG** in der Neuen Bahnhofstraße 9–17 (Friedrichshain) nach Entwurf von Alfred Grenander 1913–16 eine Fabrik errichten. Die großflächigen Produktionshallen wurden wegen des nur begrenzt verfügbaren Baulandes in einer sich um 2 Höfe gruppierenden, fünfgesch. Fabrikanlage übereinander gestapelt. Aufgänge und Aufzüge sind als Treppen- und Aufzugstürme vor die Gebäudefronten gerückt. In der langgestreckten Hauptfassade werden Verwaltungs- und Fabrikgebäude durch Material (rote Klinkerverblendung), die Vertikale betonende Pfeilervorlagen, Arkaden in der Erdgeschoßzone und einer hohen Attikazone zu einer einheitlich wirkenden Straßenfront zusammengefaßt. Die im Verwaltungsgebäude überlieferten Raumfassungen und Ausstattungen zeugen von Grenanders Nähe zum Werkbund. Durch einen (inzwischen zugeschütteten) Tunnel unter der Ringbahn mit der alten Fabrik verbunden, erweiterte die Knorr-Bremse AG 1922–27 das Firmenareal nach Osten durch umfangreiche, ebenfalls von Alfred Grenander entworfene Neubauten. Herzstück der neuen Fabrik war die riesige (192,5 x 47,5 m), 3 Innenhöfe umschließende, sechs- bis siebengesch. Fabrikanlage an der Hirschberger Straße 4. Zwischen den ganze Gebäudeflügel einnehmenden Fertigungssälen sind mächtige, sieben- bis achtgesch. Türme gerückt, die Aufgänge, Aufzüge, Sanitär- und Sozialräume sowie Büros aufnehmen und den gewaltigen Baukörper akzentuieren. Der klinkerverblendete, monumental gegliederte Bau prägt das innerstädtische Industrieareal am Ostkreuz. 1991 wurde die Fabrik stillgelegt und das riesige Fabrikgebäude bis 1993 saniert und für die Bundesversicherungsanstalt für Angestellte zum Verwaltungsgebäude umgebaut. – Heinrich Theising erbaute 1905–07 für die 1879 gegründete und auf die Herstellung von elektrischen Nachrichtengeräten spezialisierte Firma **Mix & Genest** in der Schöneberger Geneststraße 5 eine Fabrikanlage, eingezwängt zwischen Gleisanlagen und Sachsendamm. Die fünfgesch. Fabrikgebäude umschließen 4 Innenhöfe. Die Decken der in den Gebäudeflügeln übereinandergestapelten Produktionshallen sind aus Stahlbeton. Die durch flache Pfeilervorlagen gegliederte Rasterfassaden sind, wie damals für Gewerbehöfe üblich, in den Hofbereichen mit hellen Kacheln verkleidet. Die Fabrik wird als »Gewerbehof Schöneberg« von verschiedenen Firmen und öffentlichen Einrichtungen genutzt. – An der Ostendstraße 1–14 (Köpenick) erhebt sich der imposante Baublock der von Peter Behrens 1915–17 für die AEG-eigene **Nationale Automobil Gesellschaft** (NAG) erbauten Automobilfabrik. Fünfgesch. Büro- und Fabrikflügel, an der Ecke zur Wilhelminenhofstraße von einem markanten 58,5 m hohen Turm (mit Wasserbe-

hälter) überragt, legen sich hufeisenförmig um eine zweischiffige Montagehalle (98 x 60 m). Die dreischiffigen Fabrikgeschosse werden über aus der Hoffassade gerückte Aufzugstürme erschlossen. Die Fassadenfronten sind bis zum 4. Geschoß durch Pfeilervorlagen vertikal gegliedert, über dem architravartigen Gurtgesims folgt das 5. Geschoß, ein kräftiges, gestuftes Traufgesims leitet zum hohen, 2 Dachgeschosse aufnehmenden Satteldach über. Der Verwaltungsflügel wird über eine hohe, von 4 Galeriegeschossen umrahmte Treppenhalle erschlossen. Die NAG-Fabrik, in der bereits seit den 1930er Jahren Rundfunkröhren und später Fernsehgeräte hergestellt wurden, ist heute in ein Fernsehgerätewerk integriert. – Die von Otto Schröder ursprünglich für die auf die Herstellung von Rechenmaschinen spezialisierte Firma Ludwig Spitz entworfene **Isophon-Fabrik** in der Eresburgstraße 22–23 (Schöneberg) wurde 1923–24 errichtet. Die jetzt hier ansässige, Rundfunk-Lautsprecher produzierende Isophon GmbH bezog die Fabrik nach 1945. Das langgestreckte, drei-, im Mittelteil viergesch. Hauptgebäude gehört mit seiner expressionistisch gestalteten Ziegelarchitektur zu den herausragenden Industriebauten Berlins. – Der langgestreckte, zweigesch. Stahlbetonskelettbau der **Norddeutschen Kühler-Fabrik** (seit den 1930er Jahren Chemische Fabrik) an der Oberlandstraße 52–65 (Tempelhof) entstand 1923 nach Plänen von Jean Krämer. Verwaltungs- und Fabrikationsteil spiegeln sich in der Klinkerfassade durch unterschiedliches Fensterraster und Attikaausbildung. Im Inneren sind die repräsentative Eingangshalle und das Treppenhaus in der Art-déco-Fassung erhalten. Die 1936–39 von Paul Renner in der Oberlandstraße 74–84 (Tempelhof) erbaute **Gilette-Fabrik** besteht aus einer dreigesch. Dreiflügelanlage, die eine Shedhalle (90 x 45 m) umschließt. Die funktionalen Klinkerfassaden des Stahlskelettbaus stehen noch in der Tradition der Moderne, im Gegensatz dazu ist am dominanten Kubus der Eingangshalle der Einfluß nationalsozialistischer Architektur spürbar. – Das dreigesch. Verwaltungsgebäude der **Elektro-Thermit GmbH** in der Colditzstraße 33/35 (Tempelhof) erbaute Otto Bartning 1927–28 in den Stilformen der Neuen Sachlichkeit. Der kubische Baukörper (Stahlskelettkonstruktion mit Betondecken) ist durch übereinandergeschichtete Klinker-, Fenster- und Sichtbetonbänder horizontal gegliedert. Die Einbauten der Direktionsräume von Otto Bartning sind noch in alter Form erhalten. Auf dem Werksgelände befindet sich mit der 1939–40 von Ernst Neufert errichteten Kanalhalle ein weiterer bemerkenswerter Industriebau. Der zwei- bis dreigesch. Klinkerbau ist durch die beiden eingefügten Treppentürme in 3 Funktionsbereiche (Verwaltung, Fertigung, Konstruktionsbüros) gegliedert und erhält durch reduziert eingesetzte expressionistische Architekturdetails eine monumentale Wirkung.

**Chemie-, Baustoff-, Glas-, Druck- und Leichtindustrie.** Auf dem zwischen Spree und heutiger Wegelystraße 1 (Charlottenburg) liegenden Grundstück der stillgelegten Gesundheitsgeschirr-Manufaktur ließ der preußische Fiskus 1868–72 unter der Leitung von Gustav Möller für die hierher verlegte, traditionsreiche **Königliche Porzellan Manufaktur** (KPM) eine neue Fabrikanlage mit eigenem Hafen (am inzwischen zugeschütteten Schafgraben) errichten. Von den um einen großen rechteckigen Hof angelegten Fabrikbauten, die später mehrfach umgebaut und erweitert wurden, blieben nach schweren Bombentreffern 1943 neben der *Schlämmerei* und dem *Ofengebäude* nur der langgestreckte, dreigesch. Backsteinbau der *Formerei* und *Dreherei* erhalten. Das solide gebaute und zurückhaltend gestaltete Fabrikgebäude gehört zu den ältesten Fabrikbauten Berlins. Die Ziegelfassaden sind durch Lisenen und farbige Ziegelbänder gegliedert, die Stichbogenfenster der beiden OG mit flachen Blendbögen zusammengefaßt. Die zwischen 1955–62 errichteten Neubauten entwarf Bruno Grimmeck.

Die aus zwei parallel angeordneten Gebäuderiegeln und einem anschließenden, umbauten Fabrikhof bestehende **Optische Anstalt C. P. Goerz** in der Rheinstraße 44–46 (Schöneberg) entstand in mehreren Bauabschnitten zwischen 1897 und 1916 und belegt exemplarisch den Stilwandel von historisierenden Repräsentationsfassaden zu einer zunehmend funktionsbetonten Industriearchitektur. – Das 1897–98 nach Entwurf von Wilhelm Wendt & Paul Egeling in den Formen der Märkischen Backsteingotik errichtete viergesch. Fabrikgebäude wurde bereits 1901 im gleichen Stil nach Westen verlängert und auf dem Hof das Kesselhaus erbaut. 1904–08 folgten die von Emil Schmidt entworfenen rückwärtigen, einen großen Innenhof umschließenden sechsgesch. Fabrikflügel mit ihren für Gewerbehöfe typischen, schmucklosen Rasterfassaden. Dem bereits 1898 der Fabrik in der Straßenflucht vorgesetzten, spätgotische und Renaissanceformen aufgreifenden, viergesch. Verwaltungsgebäude wurde 1914 ein fünfgesch., verputzter Verwaltungsbau (Stahlbetonskelett-Konstruktion) mit hohem geschwungenen Ziegeldach und ein zweigesch., antikisierender Werkstattbau (von Albert Paesler und E. Schmidt) angefügt. Als bizarres Wahrzeichen der inzwischen von dicht bebauten Wohnquartieren umgebenen Fabrik erhielt der vordere Fabrikflügel 1914–15 zur Justierung der für die Armee produzierten Entfernungsmeßgeräte einen mehrgesch. Turmaufsatz, dessen Stahlskelettkonstruktion z.T. mit Mauerwerk verblendet ist, in den beiden Obergeschossen jedoch als reine Stahl-Glas-Konstruktion erscheint. – Für die Glanzfilm AG erbauten H. Müller-Erkelenz und Ilakowski 1923–24 in der Friedrichshagener Straße 9 (Köpenick) eine **Filmfabrik**. Während sich die in die Straßenfront gerückten Sozial- und Verwaltungsbauten von Müller-Erkelenz noch traditionell, in reich gegliederter und mit Schmuckdetails aufgewerteter Repräsentationsarchitektur präsentieren, sind die der Fertigung dienenden Geschoß- und Hallenbauten von Ilakowski bereits sachlich-funktional gestaltet. – Das Studio 1 der **Ufa-Filmstudios** in der Tempelhofer Oberlandstraße 26–35 erbaute Bruno Buch 1912–13 als Glashaus mit Zweigelenkfachwerkrahmen auf einem zweigesch. Sockelbau, um das Tageslicht optimal für die Filmaufnahmen nutzen zu können. Mit dem Übergang zum Tonfilm mußte das Studio aus schalltechnischen Gründen umgebaut werden. Otto Kohtz stellte 1931 die verklinkerte Ummantelung (ausgefachte Zweigelenkrahmen-Konstruktion) auf betonummantelte Stahlstützen, ohne den Sockelbau anzutasten.

Obwohl nur zum Teil realisiert und 1961 baulich verändert, gehört die 1926–27 von Fritz Höger entworfene und nur zu etwa einem Viertel ausgeführte **Parfümerie-Fabrik Scherk** in der Kelchstraße 31 (Steglitz) zu den wichtigsten Berliner Industriebauten der 1920er Jahre (heute Universitätsinstitute). Höger überzog die additiv zusammengefügten, kubischen Baukörper des fünfgesch. Fabrikgebäudes mit einer reichen expressionistischen Ziegelornamentik. (Die Ziermuster wurden nach Reparatur der Kriegsschäden nicht erneuert.) Während das filigrane Netzwerk der Klinkerbänder und die das 5. Geschoß charakterisierenden rautenförmigen Fenster zumeist erhalten blieben, mußte die expressionistische Eingangshalle mit dem Portikus einer zweigesch. Glasarchitektur weichen. – Die von Carl Makkensen 1928–30 in reicher expressionistischer Ziegelarchitektur erbaute **Schwarzkopf-Fabrik** in der Schöneberger Alboinstraße 36/42 besteht aus einem zurückgesetzten, langgestreckten fünfgesch. Fabrikgebäude und 2 winkelförmig anschließenden, urspr. zweigesch., 1936 aufgestockten Büroflügeln. Zwischen den Büroflügeln, die sich bis zur Straße vorschieben, ist eine Doppeltoranlage eingespannt. Der gläserne Turmaufbau des in die zwischen linken Büroflügel und Fabrikgebäude gerückten Haupttreppenhauses stammt von 1936. – Für die auf Filmkopierarbeiten spezialisierte **Geyer-Werke AG** in der Harzer Straße 39 (Neukölln) entwarf Otto Rudolf Salvisberg den 1927–28 errichteten, viergesch. Erweiterungsbau. Die glatten Klinkerfassaden des kubischen Baukörpers erhielten nur am Hauptportal (Terrakottabänder mit Firmenschriftzug) und dem turmartig überhöhten Übergangbau zum fünfgesch. Altbau von Gottlieb Tesch (1910) einen sparsamen, aber sehr effektvollen expressionistischen Dekor.

Das 1924–26 von Max Taut, Franz Hoffmann und Karl Bernhard (Konstruktion) in der Kreuzberger Dudenstraße 10 erbaute **Verbandshaus der Deutschen Buchdrucker** ist als klassische Hofanlage konzipiert. Das hofseitige Druckereigebäude besteht aus einer Stahlbeton-Rahmenkonstruktion mit einer Spannweite von 13,5 m. Während das mit gelben Ziegeln verblendete Wohnhaus (mit Ladenzone im EG) durch Loggien horizontal gegliedert ist, erhielt das Druckhaus durch die vor der Fassade stehenden Stahlbetonstützen und die beiden vorgezogenen seitlichen Treppenhäuser eine klare vertikale Gliederung. – Das aus sechs- bis siebengesch. Flügelbauten, die um einen Innenhof gelagert sind, und dem markanten, 76 m hohen Hochhausturm bestehende ehem. **Ullstein-Druckhaus** ● am Mariendorfer Damm 1/3 (Tempelhof) entstand 1925–30 nach Plänen von Eugen Schmohl. Als erster Berliner Hochbau erhielt es eine gegossene Stahlbetonkonstruktion (Stockwerksrahmen mit zwei innenliegenden Stützenreihen), die mit rotbuntem Klinkermauerwerk verkleidet wurde. Der reich mit Werksteindekor und Bauplastik geschmückte expressionistische

*Berlin. Ullstein-Druckhaus*

Bau erregte seinerzeit als Musterbeispiel moderner Industriearchitektur großes Aufsehen. Als hochaufragendes Stadtzeichen prägt er das Industrie- und Gewerbeband am Teltowkanal. – Der 1929–30 am Hafen Rudow Ost von W. Lüthi in Leichtbauweise errichtete Hallenkomplex (flankierende Lagerhallen mit Satteldach, Fabrikationshallen mit Sägesheds) der **Eternitfabrik** (Köpenicker Straße 26, Neukölln) wurde 1956–58 nach Plänen von Paul Baumgarten erweitert. Vor allem Baumgartens Kantinengebäude, ein Stahlskelettbau mit Vorhangfassade und Pultdach, ist baukünstlerisch bemerkenswert.

● **Brauereien.** Die 1980 stillgelegte **Schultheiss-Brauerei** in der Moabiter Stromstraße 11–17 (Tiergarten) gehört zu den ältesten Berliner Brauereistandorten. 1826/27 als Crullsche Brauerei gegründet, sind die in zwei Bauabschnitten zwischen 1871 und 1877 von Friedrich Koch und 1895–1904 von G. Lüdicke und A. Rohmer im Auftrage der Aktien-Brauerei-Gesellschaft Moabit errichteten Bauten weitgehend geschlossen überliefert. Die aus Sudhaus (1872), Mälzerei, Lager und Kellerei (1898–99) bestehende 136 m lange Gruppe prägt mit ihren im »mittelalterlichen Burgenstil« gestalteten Backsteinfassaden den Straßenraum. *HS*

**Bötzow-Brauerei** (Prenzlauer Allee 242–247, Prenzlauer Berg). Am Hang des ehem. Windmühlenberges entstanden 1884–1906 nach Plänen von Otto Carl und Gustav Hochgürtel Gebäude für die Bötzow-Brauerei als gelbe, durch rote Ziegellagen gegliederte Backsteinbauten im Rundbogenstil mit Neurenaissanceanklängen an städtebaulich markanter Stelle. Bereits 1864–65 war hier ein großer Biergarten und Bierkeller angelegt worden. Der Braubetrieb wurde um 1948 eingestellt, später Nutzung als Großhandelslager, ab 1990 als Großmarkt. – **Schultheiss-Brauerei**

(Schönhauser Allee 36–39, Prenzlauer Berg). Die bis 1871 errichteten Produktionsräume einschließend, entstand 1887–92 nach Entwurf von Franz Schwechten das vollständig erhaltene *Werkgelände* (Produktionsabteilung I) der Schultheiss-Brauerei als großer Komplex roter und gelber Backsteingebäude für verschiedenartigste Funktionen – neben Produktions- und Werkstattgebäuden auch ein repräsentatives Restaurationsgebäude – in romanisierenden Formen. Die langen Straßenfronten sind durch Rundbogenfenster, Lisenen, aus dem Klinkermaterial entwickelten Gesimsen usw. aufwendig gegliedert. Entlang der Schönhauser Allee akzentuieren der hohe Giebel des Saalbaues und der schlanke, übereckgestellte Turm mit steilem, vierseitig ausgeschwungenem Dach als Eingang zum ehem. Restaurationsgebäude die Fassade. Im Bereich Sredzki-/Knaackstraße treten ein mächtiger, quadratischer Eckturm mit Pyramidendach über den ehem. Lagerkellern und Giebelfassaden im Stil mittelalterlicher Burgenarchitektur städtebaulich dominant in Erscheinung. Der Brauereibetrieb wurde 1963–64 endgültig eingestellt, von der technischen Ausstattung dieser einst größten und modernsten Produktionsstätte der Berliner Schultheiss-Brauerei ist nichts erhalten. Heute kulturell (Franz-Club und Kulturbrauerei) und gewerblich (Möbelmarkt) genutzt. – **Ehem. Aktienbrauerei Friedrichshöhe**, vorm. Patzenhofer (Landsberger Allee 54/Richard-Sorge-Straße 51–62, Friedrichshain). Der Aufbau der Brauerei, die bis 31. 12. 1990, in den letzten Jahren als Abteilung des VEB Getränkekombinat Berlin, in Betrieb war, begann nach der Umwandlung der Patzenhofer Brauerei in die »Actien-Brauerei-Gesellschaft Friedrichshöhe« ab 1874. Nach Plänen des Ratsmaurermeisters A. Rohmer wurde zwischen 1877 und 1886 der Kernbereich der Brauerei, bestehend aus unverputzten Backsteinbauten in historisierenden Formen, errichtet: 1877 *Sudhaus*, 1884 *Gärkeller*, 1884–85 *Umfassungsmauer*, 1885 *Comptoir-* und *Direktorenwohnhaus*, 1886 *Mälzerei* mit Darre und bis 1894 ein dreischiffiges *Faßabfüllungsgebäude*. Die Schlosserei (1894) entwarfen Althertum & Zadek. 1912 wurde eine neue Sudhausanlage errichtet, die als modernste des Kontinents galt und in großen Teilen noch erhalten ist. 1937 wurde das Maschinen- und Kesselhaus mit einer Stahlskelettkonstruktion umgebaut und durch die Deutsche Babcock & Wilcox-Dampfkesselwerke AG Oberhausen umgerüstet. Bezugnehmend auf die gegenüberliegenden Krankenhausbauten von Gropius & Schmieden, tritt das ehem. Comptoir- und Direktorenwohnhaus an der Landsberger Allee stadtbildprägend hervor. Den zweieinhalbgesch. Klinkerverblendbau mit flachgeneigtem Dach zieren ein breiter Terrakottafries zwischen EG und OG, Terrakottarahmungen an den überdachten Obergeschoßfenstern zur Straße, ornamental bemalte Rechteckfelder zwischen den Fenstern des Mezzanins sowie Gurt- und Kranzgesims. – **Schultheiss-Brauerei**, vormals Tivoli-Brauerei (Methfesselstraße 28–48, Kreuzberg). Auf dem Gelände des 1829 eröffneten Vergnügungsparks »Tivoli« südwestlich des sog. Kreuzbergdenkmals von Schinkel wurden 1873–85 nach Entwürfen von Junghahn u.a. Gebäude in den historisierenden Formen märkischer Backsteingotik für die 1857 gegründete »Berliner Brauerei-Gesellschaft Tivoli« errichtet. 1885 Umwandlung in eine AG; die Brauerei hatte in dieser Zeit den größten Bierausstoß Deutschlands. 1901–02, nach Übernahme 1891 durch den schärfsten Konkurrenten, die Schultheiss-Brauerei, Erweiterung nach Plänen von Karl Teichen. Aus der Zeit vor 1900 stammt der Restaurationsbau »Gotische Halle« (1869). Schmiede und Kesselhaus mit »Linde-Kälte-Maschine« von 1898 sind ebenfalls erhalten. Dem »Burgenstil« in monumentalisierter Form trägt besonders das ehem. Schankgebäude an der nordöstl. Ecke, mit mächtigem Rundturm von Teichen, Rechnung. Vor dem 1. Weltkrieg war die Brauerei eine der modernsten der Welt. Rund 250 000 Flaschen verließen täglich die Brauerei. Eigene Werkstätten für Stellmacher, Tischler, Maler, Schmiede und Hufschmiede (für 275 Brauereipferde) u.a. waren vorhanden. 1993–94 wurde der Braubetrieb eingestellt und nach Berlin-Weißensee in die Pilsner Brauerei GmbH verlagert. – **Malzfabrik** der Schultheiss-Brauerei (Mühlenstraße 11, Pankow). Die nach Plänen von Ratsmaurermeister A. Rohmer und Regierungsbaumeister C. Teichen errichtete ehem. Malzfabrik, bestehend aus »Alter Mälzerei« von 1885–98 und »Neuer Mälzerei« von 1898–1902, war mit einer jährlichen Erzeugung von 7500 t Malz der größte Malzlieferant Berlins. Die Fassaden der vier- bis sechsgesch. Backsteinbauten sind in den üblichen historistischen Formen aus gelben Ziegeln erstellt. Sie werden durch risalitartig vorgezogene Eckbauten mit segmentbogigen Fenstern, die von Blendbögen zusammengefaßt werden, besonders gegliedert. Für den Produktionsvorgang charakteristische Dachaufbauten, wie massive zylindrische Dunstschlote mit Lüftungshauben, u.a. auch sog. »Darrfaxe« als Bekrönung, verweisen auf die urspr. Nutzung und geben den Fabrikgebäuden ein besonders markantes Erscheinungsbild. Von der techn. Ausstattung sind z.T. noch die Zweihordendarren »Münchner System« sowie die Gersteputz- und -sortieranlage erhalten. Von etwa 1949 bis 1990 diente der Fabrikkomplex als Großhandelslager. *HH*

Die auf dem Grundstück Neuendorfer Straße 25–30 (Spandau) in mehreren Bauabschnitten zwischen 1876 und 1928 errichtete **Schultheiss-Patzenhofer-Brauerei** ist in ihrem aus Mälzerei, Sud- und Maschinenhaus, Kesselhaus und Kellereigebäude bestehenden Kernbereich überliefert. Besonders markant ist das am Havelufer um 1904 als Mauerwerksbau errichtete und bis 1927 zweimal (als Stahlskelettbau) erweiterte viergesch. Kellereigebäude, dessen rote Ziegelfassaden durch Blendarkaden gegliedert sind. Das im 2. Weltkrieg zerstörte Dachgeschoß wurde vereinfacht wiederaufgebaut, die Walmdach-Turmhelme der beiden hofseitig angefügten Aufgangstürme sind jedoch verschwunden. Von den zwischen 1925 und 1930 im Zuge einer durchgreifenden Modernisierung errichteten Bauten (u.a. neues Sud- und Maschinenhaus, 1927–28; Kesselhaus, 1928) ist das einen kleinen Innenhof umschließende, viergesch. Verwaltungsgebäude (1927–28) von Hermann Dernburg hervorzuheben. Die Büroräume werden über Flure, die um den Innenhof gelegt sind, erschlossen, in den oberen Geschossen sind Wohnungen für die Direktoren untergebracht. Die mit expressionistischen Anklängen gestalteten Fassaden gliedern hohe Blendrahmen, das abschließende Mezzanin ist durch kleine quadratische Fenster gekennzeichnet. Die 1876 von Emil Leue gegründete Brauerei, seit 1897 im Besitz der Patzenhofer-Brauerei, die 1920 mit der Schultheiss-Brauerei fusionierte, war bis 1992 in Betrieb. – In der Bessemerstraße 2/14 (Schöneberg) erhebt sich der mächtige Backsteinbau der **Schultheiss-Malzfabrik**, dessen vier auf dem Walmdach sitzenden Entlüftungsrohre mit den charakteristischen, drehbaren Hauben die Mälzerei bekrönen. Im sechsgesch. Gebäude befinden sich die Trockenböden (Darren). Nördlich der Mälzerei schließt ein Gebäude mit den Tennen zur Vorbehandlung der Gerste an. Die 1914–17 nach Plänen von Schlüter errichtete Malzfabrik wurde im 2. Weltkrieg teilweise zerstört, die Anlagen wurden nach 1945 wieder aufgebaut und 1958–63 durch eine Kastenmälzerei, ein Kesselhaus und ein Malzsilo erweitert. – Als Mälzerei gibt sich auch der in der Tempelhofer Steinstraße 41 1898 von Wilhelm Walther im norddeutschen Renaissancestil errichtete fünfgesch. Backsteinbau mit den charakteristischen »Dunstschloten« zu erkennen. In das mächtige schiefergedeckte, in 3 Etagen von Schleppgauben durchbrochene Satteldach der **Schloßbrauerei-Mälzerei** ragen hohe Frontispize hinein, die Risalite betonend. – Von der 1872 gegründeten und bis 1930 zu einem Großbetrieb ausgebauten **Kindl-Brauerei** in der Werbellinstraße 50 (Neukölln) sind nur wenige Bauten erhalten. Das 1927–28 von Hans Claus & Richard Schepke im Stile der Neuen Sachlichkeit errichtete **Sudhaus** gehört zu den architektonisch anspruchsvollsten Brauereibauten Berlins. In dem mit Bockhorner Klinker verkleideten Hallenbau, dessen reiche Raumfassung nach starken Kriegsschäden 1952 in zeitgenössischen Formen erneuert werden mußte, ist die für damalige Verhältnisse hochmoderne technische Ausstattung mit den Würzpfannen, Maisch- und Läuferbottichen noch erhalten. Zwischen der Sudhalle und dem Kesselhaus ist ein 38 m hoher Turm eingefügt, der als Wasserturm, Malzsilo und Schrotmühle dient. *HS*

**Engelhardt-Brauerei** (Krachtstraße 9–10, Friedrichshain). Das als ein Spätwerk des Industriearchitekten Bruno Buch 1929–30 errichtete sog. »Flaschenkellergebäude« schloß die Erweiterung der Engelhardt-Brauerei auf der Stralauer Halbinsel an der Rummelsburger Bucht weitgehend ab und dominierte fortan weithin sichtbar mit seiner Höhe und kraftvollen Architektur in roter Backsteinverkleidung als Monument im Übergangsstil zwischen Expressionismus und Neuer Sachlichkeit den Industriestandort. 2 unterschiedlich hohe Baukörper, vom Produktionsablauf organisch miteinander verbunden, sind verschiedenartig gestaltet. Beim niedrigeren Gebäudeteil wird die Breitenwirkung durch liegende Fenster betont, die von durchlaufenden Betongesimsen im Sturz- und Brüstungsbereich zu Fensterbändern zusammengefaßt werden. Den turmartigen Charakter des anderen, teilweise siebengesch. Gebäudeteils dagegen betonen die die Fenster der einzelnen Geschosse bindenden Lisenen. Der Turm findet seinen Abschluß in einem zum übrigen Baukörper zurückspringenden oberen Geschoß. Die kubischen Bauglieder greifen jedoch ineinander, so daß dem übergeordneten sachlich-funktionalen Gestaltungsprinzip zusätzlich Nachdruck verliehen ist. Das »*Flaschenkellergebäude*«, ein Stahlbeton-Skelettbau mit Ausfachungen und Vormauerschale aus Ziegelmauerwerk (Sommerfelder Verblendsteine), hat in den Geschossen eine Stahlbeton-Pilzdeckenkonstruktion, nur das jeweils oberste Geschoß eine freitragende Dachkonstruktion. Nach der Wiedervereinigung erfolgte 1991 die Stillegung der Brauerei. – **Malzbierbrauerei Groterjan** (Prinzenallee 78–80, Wedding). Vom Industriearchitekten Bruno Buch 1928–29 entworfene Erweiterung des Firmengeländes, bestehend aus fünfgesch. Bürohaus, einer zweigesch. Halle für Flaschenbierabfüllung, Lagerung und Versand sowie einem Pferdestall und Garagen. Im Stadtbild markant das leicht expressionistisch gestaltete *Hauptgebäude*, für dessen Dekorationsteile brauner Ilse-Klinker verwendet wurde. Die Fassade zeigt im übrigen gelbe Sommerfelder-Klinker im Kreuzverband. Nach dem Auszug der Brauerei 1979 und Verkauf an die Fa. Dr. Thiedig & Co. Anlagen und Analysetechnik wurden von der urspr. Anlage das Verwaltungsgebäude an der Prinzenallee und die rechtwinklig anschließende zweigesch. Halle 1983–84 instand gesetzt und einer neuen Nutzung zugeführt. Neben der versetzten Toreinfahrt das Original-Firmenzeichen der Malzbierbrauerei Groterjan & Co. Aktiengesellschaft. *HH*

**Lebensmittelindustrie.** Das bereits seit dem 14. Jh. als Mühlenstandort genutzte Areal am Tegeler Fließ (An der Mühle 5–9, Reinickendorf), auf dem seit 1848 eine **Dampfmühle** stand, wurde ab 1887 von den Unternehmern Cohn & Rosenberg mit der **Humboldtmühle** zu einer modernen Großmühle ausgebaut. Sie verfügte mit dem südlich anschließenden Tegeler Hafen und einem Gleisanschluß über leistungsfähige Verkehrsanbindungen. Die Mühle besteht aus dem 1912–13 errichteten viergesch. langgestreckten Mühlengebäude, dem östlich anschließenden sechsgesch. Mehlspeicher (1911), dem Kontorgebäude (1913, alle von Enders & Lichtenstein), dem Maschinen- und Kesselhaus (1906 von Feit & Hallert) und dem bereits um 1870 errichteten Müllerhaus. Bis auf den Mehlspeicher (Eisenbetonskelettbau mit Ziegelausfachung) sind die Gebäude als nüchterne Verblendziegelbauten ausgeführt, nur die langgestreckten Fassaden des Mühlengebäudes sind (durch Gesimse und Wandvorlagen) repräsentativer gestaltet und werden durch 2 Zwerchhäuser mit Dreiecksgiebeln akzentuiert. – In der Lichtenberger Josef-Orlopp-Straße 32/54 ließ die **Konsumgenossenschaft Berlin und Umgegend** in 2 Bauabschnitten eine Verwaltungszentrale mit Großbäckerei und Wurstfabrik errichten. 1913–14 entstanden nach Plänen von Leberecht P. Ehricht das Vorstands- und Verwaltungsgebäude, ein schloßähnlicher, neuklassizistischer Putzbau mit turmbekröntem Walmdach und repräsentativen Raumfassungen (Eingangshalle, Vorstandsraum), und die Zweite Bäckerei, ein reich gegliederter roter Klinkerbau mit dominantem Mittelrisalit. Das dem Vorstandsgebäude 1929–30 von Fritz Wetstein angefügte, vier- bis fünfgesch. Wohlfahrtsgebäude erhielt eine schlichtere neuklassizistische Fassung. Wetstein entwarf auch die 1928 als Hofgewerbebau errichtete Wurstfabrik und den expressionistischen Klinkerbau des Werkstattgebäudes (1926–27) an der Ruschestraße. Die aus 3 kubischen Gebäudeteilen mit östlichem, zweigesch. Trakt (Gärräume), überhöhtem dreigesch. Mittelteil (Teigzubereitung und Silo), niedrigerem dreigesch. Büro- und Wohntrakt sowie anschließender Back- und Expeditionshalle bestehende **Schlüter-Bärenbrotfabrik** in der Eresburgstraße 24–29 (Schöneberg) entwarf Bruno Buch 1927–28. Die Halle ist eine Stahlkonstruktion mit vollwandigen Dreigelenkbindern. Die rot-violetten Klinkerfassaden sind mit expressionistischen Baudetails verziert. – Von der seit 1908 in der Maxstraße 2–4 (Wedding) ansässigen **Wittler Brotfabrik** ist nur der 1928 von Kurt Berndt erbaute mittlere Fabrikflügel mit vorgelagertem, straßenseitigem Büroflügel erhalten. In dem mit weißen Spaltklinkern verkleideten, fünfgesch. Backhaus war der Fertigungsprozeß vertikal (mit dem Mehlsilo im Dachgeschoß, über Teigherstellung und Backprozeß in den Obergeschossen bis zur Verpakkung im EG) organisiert. Ein markanter Aufzugsturm dominiert die hofseitige Giebelfront. Die Straßenfassade des ebenfalls in Stahlskelettbauweise errichteten Büroflügels ist über der klinkerverblendeten Sockelzone durch Lisenen und Fensterbänder mit weiß verputzten Brüstungen spannungsvoll gegliedert. – Die als Hofanlage um 2 Innenhöfe mit angefügtem Kesselhaus angelegte Schokoladenfabrik **Sarotti** in der Teilestraße 13–16 (Tempelhof) entstand in 2 Bauabschnitten. 1911–12 erbauten Hermann Dernburg und Oscar O. Müller die fünfgesch. Vierflügelanlage (den Fabrikflügeln ist ein zurückspringendes Dachgeschoß aufgesetzt) in Stahlbetonskelettbauweise mit bemerkenswert moderner Rasterfassade. Die Stahlbetonstützen dienen als vertikale Gliederungselemente. Durch die aus der Fassadenfront in die Hofecken gerückten Treppentürme entstehen geschoßgroße, zwei- und dreischiffige Produktionssäle. Nach einem Brand wurde die Fabrik 1922–24 nach Plänen von Bruno Buch wiederhergestellt und erweitert. Das von ihm errichtete Verwaltungsgebäude mußte 1937 nach erneutem Brand neu aufgebaut werden.

**Gewerbehöfe, Etagenfabriken.** Verstreut über große Teile der Innenstadt entstanden seit den 1870er Jahren auf den Blockinnenflächen der Wohnquartiere Gewerbehöfe. Sie wurden von Firmen arbeitsintensiver Branchen genutzt oder dienten Handwerkern als Werkstätten oder Verkaufslager. Häufig wurden diese Etagenfabriken nicht für bestimmte Firmen oder Branchen gebaut, sondern waren zur Vermietung bestimmt. Sie mußten daher über weitgehend universell nutzbare Raumstrukturen verfügen. Von gravierender Bedeutung für die Organisation der Fertigungsprozesse war die Mechanisierung des vertikalen Gütertransports durch elektrisch betriebene Aufzüge. Für das äußere Erscheinungsbild typisch wurden die aufgrund der ungünstigen Belichtungs- und Belüftungsverhältnisse in den engen Innenhöfen hell gehaltenen, häufig mit glasierten Verblendziegeln verkleideten Hoffassaden und großen Fensteröffnungen. Während die 1869–70 nach Plänen von Paray und Tondeur auf dem weitläufigen Hof in der **Waldemarstraße** 37 (Kreuzberg) als fünfgesch. Quergebäude errichtete Etagenfabrik mit zwei weiteren zweigesch. Werkstattgebäuden noch nach dem Vorbild des zeitgenössischen Fabrikbaus (mit roten Ziegeln verblendete, einfach gegliederte Fassaden, kleinere Fensteröffnungen und turmartig überhöhtes, zentrales Treppenhaus, Holzbalkendecke auf gußeisernen Mittelstützen) errichtet wurde, ist der 1894–95 vom Maurermeister A. Kösel gebaute, dreiflügelige und fünfgesch. Fabrikbau in der **Urbanstraße** 116 (Kreuzberg) eine typische Gewerbehofanlage. Hinter einer dreiflügeligen Wohnhofanlage, ebenfalls dreiflügelig, mit roten Ziegeln verblendet und mit großen Fensteröffnungen, im Hauptflügel die Etagen dreischiffig (Eisenstützen) mit massiven Decken (Eisenbetonkappen), umschließt die Etagenfabrik einen kleinen Innenhof. Der 1897–98 nach Plänen von Kurt Berndt am Erkelenzdamm 59–61 (Kreuzberg) gebaute **Elisabethhof** besteht neben der vierflügeligen Wohnhofanlage aus fünfgesch. Gewerbebauten, die mit Seiten-, Quer- und Mittelflügeln 3 Höfe umschließen. Durch 8 Treppenhäuser und 5 Aufzüge sind die ein- und zweischiffigen (Stahlstützen mit Preußischen Kappen) Etagen erschlossen. Die mit weiß glasierten Verblendsteinen verkleideten bzw. weiß verputzten Fassaden sind durch kräftige Vertikalpfeiler, Brüstungsbänder und breite Fenster rasterartig aufgelöst. Eine ähnliche, nunmehr für Berlin typische Gewerbehoffassade entwarf Paul Überholz 1902 für den Pianoforte-Fabrikanten Carl Laurenat in der **Zeughofstraße** (Nr. 20, Kreuzberg). Die mit gelben Ziegeln verblendete und mit Putzreliefs geschmückte Jugendstilfassade wird im Querflügel durch breite Fensterbänder geöffnet, die nur ein flacher Mittelpfeiler unterbricht. Für den aus einem fünfgesch. Haupt- und 3 kammartigen Querflügeln bestehenden **Hermannshof** in der Hermannstraße 48 (Neukölln) baute die Lolat-Eisenbeton GmbH 1904 (auf einer Stahlbetonstützenreihe ruhende) Stahlbetondecken ein. Die geschoßgroßen Produktionsräume werden von großen jochbreiten Fenstern belichtet, die Fassade ist auf ein Raster von schmalen Vertikalpfeilern und Brüstungsbändern reduziert. Nach dem gleichen Muster errichtete Gewerbehöfe sind der von Paul Überholz entworfene **Oranienhof** (Oranienstraße 183, Kreuzberg) und der **Erdmannshof** (Paul-Linke-Ufer 39–40, Kreuzberg, 1909 von Ernst Schneckenberg und Karl Bernhard). Bauherren und Architekten nutzten die in Zuschnitt und Größe sehr verschiedenen Grundstücke optimal aus. Mit insgesamt neun Wohn- und Gewerbehöfen mit z.T. unterkellerten Hofflächen sind die **Hackeschen Höfe** in der Rosenthaler Straße 40–41 (Mitte, 1906 von Kurt Berndt) ein einmaliges Zeugnis. Besonders der nach Entwürfen von August Endell aufwendig in Jugendstilformen gestaltete erste

*Berlin. Hackescher Hof 1*

Hof mit Restaurants und Festsälen weist auch auf neue Nutzungsformen hin. Nicht mehr Wohngebäude riegeln die Gewerbehöfe vom Straßenraum ab, sondern zunehmend Verwaltungs- und Geschäftshäuser.

Von den ehemals um die Kreuzberger Ritterstraße konzentrierten zahlreichen Gewerbehöfen, in denen hochspezialisierte und exportorientierte Unternehmen produzierten, blieben nur ganz wenige erhalten. In der Ritterstraße 9–10 erbaute Kurt Bernd für die Gebr. Salomonsohn 1901–03 das einen großen Innenhof umschließende **Pelikan-Haus**. Das an der Straße stehende Geschäftshaus wirkt mit seiner in große Fensterflächen aufgelösten Fassade sehr modern. Das im Krieg zerstörte hohe Walmdach wurde durch ein Flachdach ersetzt.

Für den benachbarten **Ritterhof** entwarfen Schilbach & Schweitzer 1906 in der Ritterstraße 11 ein fünfgesch. Geschäftshaus. Die mit bunt glasierten Ziegeln und Terrakottaformen verblendete Rasterfassade erinnert mit der Ladenzone im EG und den ebenfalls schaufensterartig breiten Fenstern im 1. OG an die zeitgenössische Kaufhausarchitektur. Die 3 Höfe umschließenden und über 8 Aufgänge und 5 Aufzüge erschlossenen Gewerbeflügel erhielten Stahlbetondecken. Auch der 1909–10 nach Entwurf von Kurt Berndt errichtete **Viktoriahof** (Köpenicker Straße 126, Mitte) bekam als »Visitenkarte« an der Köpenikker Straße ein in Formen des Jugendstils und des Neoklassizismus gestaltetes, repräsentatives Geschäftshaus vorgesetzt. Von der ursprünglich 3 Höfe umfassenden Gewerbeanlage ist nur noch ein Gewerbehof komplett erhalten. 1910–11 ließ sich die Maggi GmbH Singen nach Plänen von R. Schubring in der Lützowstraße 102–104 (Tiergarten) eine drei Gewerbehöfe umfassende Geschäfts- und Vertriebszentrale **(Maggi-Haus)** bauen. Während die Hoffassaden der in Skelettbauweise errichteten Gebäude die für Gewerbehöfe übliche Struktur und Verblendung aufweisen, erhielt die sandsteinverkleidete, streng symmetrisch gegliederte Hauptfassade der Geschäftszentrale eine ungewöhnlich imposante Gestaltung. Über einem rustizierten Sockelgeschoß sind die sieben breiten, als »bay windows« ausgebildeten Fensterachsen der 3 folgenden Obergeschosse unter weitgespannten Korbbögen zusammengefaßt. Den Abschluß bildet das durch ein Gurtgesims abgesetzte 4. OG mit in Gruppen zusammengefaßten Rundbogenfenstern. – Zahlreiche Berliner Fabriken wurden nach dem Vorbild der Gewerbehöfe als Hofanlagen konzipiert. Dieser Fabriktyp ist nicht nur in der Innenstadt anzutreffen. Eine solche, noch Blockstrukturen aufnehmende, jedoch dreiseitig freistehende Fabrikanlage ließ die **Argus Motoren GmbH** 1911–1913 auf einem großen und tiefen Grundstück zwischen Spree, Landwehrkanal und Schlesischer Straße (Nr. 26, Kreuzberg) errichten. Die von Wilhelm Peters unter Mitarbeit von Alfred Grenander entworfenen drei- bis fünfgesch. Fabrikgebäude gruppieren sich um 3 Innenhöfe und einen Be- und Entladehof an der Spree. Die großflächigen Fertigungsetagen (stählerne Mittelstützen, Stahlsteindecken) werden über 6 Aufgänge und 5 Aufzüge erschlossen. Die Rasterfassaden sind hofseitig mit weiß glasierten Verblendern verkleidet, die Schauseiten mit roten Ziegeln verblendet. Die Fassade des langgestreckten Fabrikflügels am Landwehrkanal wird durch 2, je 3 schmalere Fensterachsen zusammenfassende und von halbkreisförmigen Frontispizen abgeschlossene Risalite gegliedert. *HS*

Lit.: 100 Jahre Strom für Berlin; AR 1897; BA 1908/09; Baudenkmale in Berlin; BB 12, 1949; Behrendt/Malbranc; Berger; Berlin – Die Stadt der Wasserstraßen und Häfen; Berlin und seine Bauten; Berlin/Brandenburg; Bernhard; BGi 1925/1930/1936; BgwZ 1913; BIng 1930; Blankenstein; BM 1931; BM 1974; Boberg; Bohle-Heintzenberg; Bousset; Buddensieg; BW 1925–31; BW 1974; BW 1996; DA 1965; DA 1968–73; DB 1875/1882/1914/1925/1928/1929/1931/1937/1941; Dehio-Handbuch; Denkmalschutz und Denkmalpflege in Berlin; Deutsche Flughäfen 3, 1935; Die Bau- und Kunstdenkmale in der DDR; Die Bauwerke und Kunstdenkmäler von Berlin; Die Kunst in Industrie und Handel; Die Straßen-Brücken der Stadt Berlin; Ehlert; Engel; Flughafen Berlin-Tegel; Föhl/Shayt; Föhl; Führer durch den städtischen Vieh- und Schlachthof von Berlin; Fuhrmann; Günschel; Herrmann; Hildebrandt; Huse; Hüter; IB 1911/1914/1925/1931; Ingenieurwerke in und bei Berlin; Kahlfeld; Karner/Wichniarz; Keil; Kley; Krause, 1913; Krause, 1920; Krohne; Laube; MBf. 1936; Mitteilungen der Berliner Elektrizitätswerke; Möbius; Natzschka; Paape; Posener; Ribbe; Schäche/Strelinsky/Worbs; Schmidt/Eilhardt; Schulze-Besse; Schwarz; St 1928/1932/1934; Technische Denkmale der Luftfahrtforschung; VDI 1903; Verkehrstechnische Woche 1916; Wiebe; WMBS 1919–21/1927/1937; Woll; Wt 1926; ZBV 1910/1913/1927/1930/1931/1937; ZBW 1884/1904/1911/1928; ZdB 1931 Zittlau; ZÖIAV 1923; ZVdE 1913/1929.

## Bernau (Barnim/D 5) BG

**Gaswerk mit BAMAG-Kolbengasbehälter** (Heinersdorfer Straße 2–6). Kernstück des 1867 in Betrieb genommenen Städtischen Gaswerkes in Bernau ist der 1931 von der BAMAG-Meguin-AG errichtete Kolbengasbehälter. Der ohne den üblichen Wasserabschluß funktionierende, 21 m hohe genietete, zylindrische Gasbehälter mit einem nutzbaren Inhalt von 2000 m³ ermöglichte es, Gas trocken zu speichern. Das Neue war die Art der Abdichtung des Kolbens gegen die Zylinderwand, die hier erstmals in Deutschland verwirklicht wurde. *WT*

## Bernburg (Bernburg/F 3) SA

Landschaftsprägend überspannt die aus Bruchsteinen errichtete **Waldauer Flutbrücke** mit sechs bis fast zum Spitzbogen gestelzten Öffnungen (Spannweite etwa 9 m, Länge 82 m, Gesamtlänge einschl. der Rampen etwa 160 m) die Saaleniederung zwischen Alt- und Neustadt. Vorgängerbauten des 16. und 18. Jh.s (um 1709, 1741) lieferten einen Teil des Materials für den Neubau von 1786–87, in dem auch Wappensteine des aus dem 16. Jh. stammenden Neustädter Tores eingebaut wurden. 1972–73 instand gesetzt, seit Ende der 1970er Jahre Fußgängerbrücke. – Das Ensemble der **»Saalemühlen«**, erstmals 1219 am gleichen Standort als Wassermühle erwähnt, zeigt beispielhaft Industriebaugeschichte im Zeitraum zweier Generationen. 1846–47 ersetzte ein viergesch., für industrielle Produktion konzipierter Neubau im Stil des romantischen Spätklassizismus die handwerklich betriebene Wassermühle; mit der Umwandlung zur Aktiengesellschaft 1887 entstand gleichzeitig eine erste Erweiterung in Formen der Neurenaissance. Den Reformstil nach der Jahrhundertwende vertritt der nüchterne Eisenbeton-Skelett-Geschoßbau von 1912, akzentuiert durch die den vierachsigen Haupttrakt überragenden Eckrisalite. Die 5 Francis-Turbinen wurden 1965 durch einen elektrischen Antrieb ersetzt, die technische Einrichtung stammt aus etwa der gleichen Zeit. *VR*

Lit.: Schmidt/Theile II, 26; Mühlen, 226.

*Bielatal. Hochofen Brausenstein*

## Bielatal (Sächsische Schweiz/G 5) FS

Die in der Umgebung geförderten Eisenerze (→ Berggießhübel) wurden im **Hochofen Brausenstein** (Bielatalstraße 13) in den Jahren 1693–1734 verhüttet (Ersterwähnung eines Vorgängers 1410). Die Stillegung erfolgte mit der Holzverordnung von 1734 zur Schonung der sächsischen Wälder. Der ruinierte Ofen ist 1980 in einer Höhe von 8 m rekonstruiert worden. Noch erkennbar sind Beschickungsrampe, Hammergraben und Wasserradgefälle. *KD*

Lit.: Schmidt/Theile; Wirth, 1990, 90.

## Billroda-Tauhardt (Burgenlandkreis/G 2) SA

1703 erbaut, gehört die Konstruktion der **Bockwindmühle** zu den ältesten erhaltenen dieser Bauart. Bis zur Stillegung in den 1970er Jahren arbeitete die Mühle mit Windkraft (2 Jalousieflügel, 2 Flügel mit Türzeug), die vom Flügelkreuz über 2 der Flügelwelle aufsitzende Kammräder direkt auf den Schrot- und Mahlgang übertragen wurde. Außer dem um 1800 installierten Getriebe ist ein Fliehkraftregler für den Mahlgang mit hölzernen Fliehgewichten, Beutelkasten (Frühform mech. Sichteranlagen) und Lichtwerk erhalten. 1986 restauriert. *VR*

Lit.: Mühlen, 226; Schmidt/Theile I, 207; Wirth, 1990, 91.

## Binz, Ostseebad (Rügen/A 5)MV

Im letzten Drittel des 19. Jh.s änderte sich der Charakter der Ortschaften an der Ostküste Rügens von B. bis Göhren grundlegend durch stetig zunehmenden Tourismus; aus bis dahin sich selbst genügenden Fischerdörfern entstanden beliebte Seebäder für Sommerfrischler aus dem Binnenland. Gefördert wurde diese Entwicklung durch den Bau der im Volksmund »Rasender Roland« genannten **Schmalspurbahn** (750 mm, Rügensche Kleinbahnen) von Altefähr über Putbus bis Göhren, urspr. konzipiert als Rübenlieferantin für die Stralsunder Zuckerfabriken, bald aber hauptsächlich dem Badeverkehr dienend (bis heute mit Heißdampf-Lokomotiven betrieben). – Am 21. 7. 1895 wurde die Strecke bis Putbus freigegeben (nach 1960 abgebaut), dessen östl. parallel zu der bereits am 15. 8. 1889 eröffneten normalspurigen Strecke von Bergen gelegener Bahnhof mit der Weiterführung der Bahn bis Göhren (4. 7. 1896) zentrale Betriebsaufgaben der Kleinbahn mit entsprechender Infrastruktur (Empfangsgebäude, Stückgutschuppen, Lokschuppen, Wasserkran, Kohlebansen, Werkstätten) übernahm. – Binz erhielt ein *Empfangsgebäude* im Bäderstil gleichzeitig mit der Streckeneröffnung 1896: Dominierend die beidseitig von eingesch. einachsigen Betriebsgebäuden flankierte, zu Straße und Gleis giebelständige Eingangshalle mit beidseitig über sechs im EG offene Joche der Vorhallen gespannten, kleinteilig verglasten Segmentbogen. Die Holzkonstruktion einschl. des Dachstuhls ist im Innenraum sichtbar. *VR*

Lit.: Kirsche/Müller, 104 ff.; Die Bau- und Kunstdenkmale in der mecklenburgischen Küstenregion, 480.

## Bitterfeld (Bitterfeld/F 3) SA

*Der aus fünf für das 6./7. Jh. nachweisbaren Siedlungen zusammengewachsene Ort wurde 1244 erstmals erwähnt, wirtschaftliche Bedeutung erhielt er jedoch erst mit der 1848 beginnenden Erschließung der umfangreichen Braunkohle- und Tonlagerstätten der Umgebung. Ton-*

*röhrenfabriken, Braunkohlegruben und Brikettfabriken zogen bis zum Ende des 19. Jh.s Maschinen- und Apparatebauindustrie nach sich. Zum industriellen Zentrum zwischen Dessau und Leipzig entwickelte sich die Stadt zu Beginn der 1890er Jahre mit der Niederlassung elektrochemischer Fabriken.*

Nachdem es Ignatz Stroof, Leiter der Chemischen Fabrik Griesheim (heute zu Frankfurt a. M. gehörig), 1890 gelungen war, die seit Anfang der 1880er Jahre in der Duisburger Kupferhütte laufenden Versuche von Carl Hoepfner und August Breuer zur Darstellung von Chlor und Natronlauge (NaOH) durch Zersetzen von Kochsalzlösung mittels elektr. Stroms (Chloralkali-Elektrolyse) zu industrieller Fertigungsreife zu entwickeln, ergab sich zwangsläufig die Suche nach einem Standort mit hohem verwertbarem Energiepotential. 1892 gründete die Chemische Fabrik Griesheim die Chemische Fabrik Elektron AG und begann mit der Errichtung einer **Elektrolyse-Normalanlage** (Werk Süd) neben der Braunkohlegrube Luise in Bitterfeld, die 1894 den Betrieb aufnahm. Fast gleichzeitig begannen 1894–95 die Elektrochemischen Werke GmbH (EW; mit Geschäftssitz in Berlin), eine Gründung der von Emil Rathenau geleiteten AEG, ein Elektrolyse-Werk (Werk Nord) in unmittelbarer Nähe der Bitterfelder Grube Hermine aufzubauen, das nach einem von Walter Rathenau, dem Sohn, entwickelten Verfahren arbeiten sollte. Bereits 1898 übernahm die Chemische Fabrik Elektron AG die Elektrolyse-Werke der EW in Bitterfeld und Rheinfelden, da Rathenaus Verfahren mit dem von Stroof nicht konkurrieren konnte. Auf dem mehrere Quadratkilometer großen Gelände sind nach umfangreichen Abbruchmaßnahmen nur wenige **Backsteinrohbauten** in ruinösem Zustand erhalten: Im Werk Nord die bauliche Hülle des Kraftwerkes mit an die Glasarchitektur der 1920er Jahre erinnernden Fassaden. Im Werk Süd der langgestreckte Kraftwerkskomplex mit Turbinen-, Maschinen- und Kesselhaus ab 1915 mit Innenraumdetails zwischen Jugendstil und Art déco; 1995 noch ein Turbinen-Generator-Satz von 1928 (funktionslos; Escher, Wyss & Co., Zürich) am urspr. Ort. Im Krafthaus erhaltenswertes Wandbild aus DDR-Zeiten. Zwischen desolatem Kraftwerk und Trafohaus die sog. Torbogenstraße, benannt nach den die beiden Bauteile verbindenden, über Bögen abgetragenen zweigesch. Übergängen. Zum Ensemble gehörig noch ein Industriewasserturm mit polygonalem, leicht pyramidalem Schaft und relativ weit auskragendem Kopf, gegliedert durch die vor die Mauerwerksflächen lisenenartig vortretende Betonkonstruktion.
Zwischen der Chemie und der Stadt vermittelt der 1952–54 in der Tradition der neuklassizistisch beeinflußten Repräsentationsarchitektur der 1920–40er Jahre erbaute Kulturpalast. – An der Brehnaer-/Bismarckstraße der monumentale, heute einen Großmarkt beherbergende Bau der um 1905 errichteten **Tonwarenfabrik**: An den Ekken durch turmartige Risalite betont, erhält das mit gelben Vormauerziegeln verblendete Bauwerk architektonische Qualität durch stadtseitig halbrunde, im Industrie-Jugendstil übergiebelte Risalite. *VR*

LIT.: Landesamt für Denkmalpflege Sachsen-Anhalt.

## Blankenberg (Parchim/B 3) MV

Der nördl. des Ortes im Gleisdreieck zweier Strecken (Kleinen–Rostock, 13. 5. 1850, Mecklenburgische Eisenbahn, und Horntorf–Karow, 14. 11. 1887, Wismar-Karower Eisenbahn) gelegene **Bahnhof**, ebenerdig erschlossen von der B 192 nach Wismar, dokumentiert mit seinen Hochbauten die Architekturauffassung der beiden Streckeneröffnungszeiten. Am älteren, nördl. Gleis nach Rostock ein Empfangsgebäude des Spätklassizismus mit einer für 1850 atypischen Grundrißlösung und Baumassendifferenzierung. Das eingesch. winkelförmige *Dienst-* und *Empfangsgebäude* begrenzt mit den Außenseiten seiner Schenkel Bahnsteig wie Bahnhofsvorplatz, am Eck markiert durch einen im Belvedergeschoß zu Platz und Bahn geöffneten Turm. Den Abschluß des bahnparallelen Traktes im W bildet zweigesch. ein Bedienstetenwohnhaus gleicher Bauzeit; ein weiteres trennt Platz und Straße. Im Süden schließt sich der Platz mit dem Empfangsgebäude der Wismar-Karower Eisenbahn von 1887, dessen Backsteinfassaden spätklassizistische Gestaltungselemente tradieren. Im Gleisdreieck zahlreiche Nebengebäude, z. T. in Fachwerk, sowie ein Wasserturm von etwa 1910. *VR*

Lit.: Berger, 214.

## Blankenburg (Wernigerode/F 2) SA

**Rübelandbahn.** Seit dem frühen 12. Jh. urkundlich nachgewiesen, erhielt B. erst im ausgehenden 19. Jh. gewisse Bedeutung durch den den Harz erobernden Sommerfrischeverkehr und die kurzzeitige Blüte des Eisenerzbergbaues um Hüttenrode/Braunesumpf, die nach der Übernahme der staatl. braunschweigischen Gruben und Hütten 1865 durch das Bankhaus Eltzbacher in Köln und Gründung der »Aktiengesellschaft Harzer Werke zu Rübeland und Zorge« (1870) ab 1872 begann. Für die Verhüttung der Erze wurde bis 1875 ein Koks-Hochofenwerk in B. aufgebaut, das mit der Grube ab 1872 über die den Höhenunterschied mittels dreier Rutschen bzw. Sturzschächten für das Erz überwindenden »Hüttenbahn« verbunden war. Das Profil des kurz vor der späteren Station Braunesumpf bergmännisch aufgefahrenen *Bielsteintunnels* (465,7 m) entsprach den Abmessungen der Grubenbahn. Mit der Eröffnung der Strecke nach Halberstadt (Halberstadt-Blankenburger Eisenbahn, 31. 3. 1873) erfolgte die Verknüpfung mit dem überregionalen Eisenbahnnetz. Die Weiterführung als »Rübelandbahn« über Hüttenrode, Rübeland (1. 5. 1886), Elbingerode, Rothehütte (1. 6. 1886) nach Tanne (15. 10. 1886) löste zu Anfang der 1880er Jahre ähnliche Diskussionen in Fachkreisen über die Bauweise – Adhäsions- oder Zahnradbahn – wie bei der Planung der → Harzquerbahn aus, mußten doch ähnliche Höhenunterschiede (B. 199 ü. NN, Kleiner Hornberg 505 ü. NN, Königshütte 433 ü. NN) bei beengtem Raum bewältigt werden. Auf Vorschlag von Bahndirektor Albert Schneider (Halberstadt-Blankenburger Eisenbahn) und unter seiner Leitung entstand eine normalspurige Bahn mit teilweisem Zahnradbetrieb unter Einsatz einer von Roman Abt gegenüber dem System Riggenbach (s. *Reclams Führer zu den Denkmalen der Industrie und Technik in Deutschland*, Bd. 1, S. 180) verbesserten Zahnstange und gegeneinander versetzter dreifacher Zahnstangen-Einfahrt am Übergang von der Adhäsionsstrecke. Zu der neuen Trasse mit 11 Zahnstangenabschnitten (bei Steigungen von etwa 40–60 Prozent) gehörten eine Spitzkehre bei Michaelstein, der Bismarcktunnel (187 m) und der auf Regelprofil erweiterte Bielsteintunnel. Ab 1920 speziell für die Rübelandbahn entwickelte leistungsfähigere Lokomotiven ermöglichten 1926 die Umstellung auf reinen Adhäsionsbetrieb. Notwendige Leistungssteigerung des Transportvolumens erzwang 1930–31 eine veränderte Streckenführung zwischen Hüttenrode und Rübeland mit günstigeren Steigungsverhältnissen, verbunden mit dem Bau des Krumme-Grube- (307 m) und des Nebelholztunnels (90 m), zwischen denen der Kreuztalviadukt als 99 m lange Vollwandblechträger-Konstruktion auf 2 rund 30 m hohen Stahlgitterstützen (24. 3.–26. 6. 1930 montiert) die B 27 überquert. Der gleichzeitig aufgegebene Bismarcktunnel ist, wie der Bielsteintunnel, erhalten. Die Elektrifizierung der 1960er Jahre, Folge des intensivierten Kalksteinabbaus bei Rübeland, veränderte die Trassierung erneut. – Mit der Streckenmodernisierung 1931 erhielt Rübeland einen Ersatz für das schlichte, in Fachwerk, im OG harzentsprechend verbretterte Empfangsgebäude von 1885 (Rübeland-Tropfsteinhöhlen, danach Güterbahnhof) durch Umwidmung eines um 1846 erbauten Gebäudes der ehem. Rübeländer Hütte. Diesen monumentalen, zweigesch., in Naturstein aufgeführten Baukörper mit insgesamt 18 Fensterachsen über hoher, das Ufer der Bode festigender Substruktion zentriert beidseitig ein palladiodesker Risalit. In einigen Schlußsteinen der Braunschweigische Löwe als Hinweis auf den urspr. Betreiber. – Von der ehem. Bedeutung der **Eisengießerei Königshütte-Rothehütte** (Gießerei und Ofenbau Königshütte) in der 1. Hälfte des 19. Jh.s zeugen die klassizistisch-dorischen Säulen aus Gußeisen vor dem Werktor. Auf dem Werksgelände 4 Kupolöfen verm. aus den 1930er Jahren. *VR*

Lit.: DB 1883, 519; Kirsche/Müller; Philipp.

## Blankenhain (Zwickauer Land/G 3) FS

**Bockwindmühle.** Vom Blankenhainer Agrarmuseum wurde eine 1740–67 bei Großenstein (nordöstl. von Gera) erbaute Bockwindmühle (»Kreuzsteinmühle«) übernommen und 1983–1988 nahe dem Standort einer 1920 abgebrannten Bockwindmühle wiedererrichtet. Sie hatte früher einen Mahlgang, seit 1809 zwei. *OW*

## Bleicherode (Nordhausen/F 1) TH

**Kaliwerk.** Stattliche Industrieanlage vor der gewaltigen, landschaftsprägenden Abraumhalde östlich der Stadt; architekturgeschichtlich bedeu-

*Bleicherode. Kaliwerk*

tendste Hinterlassenschaft des Kalibergbaus – der in → Straßfurt 1861 seinen Ursprung hatte – aus der Zeit seiner industriellen Entfaltung 1880–1920. Sie ist das Ergebnis der erstmals 1888 bei Kehmstedt durch Tiefbohrungen nachgewiesenen und der daraufhin erfolgten Erschließung der Kalilagerstätten im Südharz und Saale-Unstrut-Gebiet nach der ersten hiesigen Anlage bei → Sondershausen und entstand ab 1899 auf preußischem Gebiet als königliches Kalisalzbergwerk. Betriebsaufnahme 1902 nach Abteufung des ersten Schachtes (Schacht I, östlich, 616,5 m tief mit südlich vorgetriebener Förderstrecke) und der Kaliumchlorid-Fabrik. Schacht II 30 m westlich neben dem ersten 1902/03 ebenfalls auf 616,5 m Teufe, zum ersten durchschlägig, als nunmehriger Hauptförderschacht niedergebracht; Schacht I wurde Wetter- bzw. »Polizeischacht« (→ Sondershausen). Förderung unter Tage anfangs mit Grubenpferden, seit 1906 mit Benzollokomotiven, seit 1928 mit Seilbahn, ab 1952 mit Akku-Lokomotiven, über Tage von Anfang an bis zur Stillegung mit Dampfmaschinen, zuletzt aus Schachtteufen von etwa 630 bzw. 665 m. Bauliche Erweiterungen unter- und übertägig vornehmlich seit den 30er Jahren (u. a. mit dem stattlichen Hängebankgebäude zwischen den Schächten) sowie seit den 80er Jahren für die beabsichtigte Umstellung des Förderbetriebes auf »solende Gewinnung« (Förderung nur noch von künstlich erzeugter, mit Kalisalz gesättigter Flüssigkeit) mit Großbehältern nordwestlich des urspr. Werksgeländes. Die Produktion wurde 1989 gänzlich eingestellt. Die Betriebsanlagen werden für Wartungszwecke unterhalten, partiell denkmalpflegerisch für eine museale Nachnutzung konserviert bzw. restauriert. Die Grubenbaue sind allerdings mit Sondermüll versetzt. – Größte industrie- und technikhistorische Beachtung verdienen unter architektonischem Gesichtspunkt die übertägigen Baulichkeiten aus der Entstehungszeit des Kaliwerkes, unter maschinengeschichtlichem Aspekt die funktionsfähig verbliebenen, z. T. noch betriebenen Dampfförderanlagen, bestehend aus einer symmetrisch zum Eingangstor angeordneten Baugruppe: rechts (westlich) das Verwaltungsgebäude (»Zechenhaus«) mit Uhrenturm (1903), links das im Grundriß ebenso winkelförmig gestaltete Belegschaftsgebäude mit später »stilgleich« nach Osten verlängerter Waschkaue; dahinter (südlich) liegen die beiden Dampfmaschinenhäuser (das des Schachtes II 1990 durch Havarie – Riß des Förderseiles – schwer beschädigt) und dahinter die beiden stählernen Fördergerüste, das rechte von 1936, das linke von 1975. Die *Gebäude der Kernanlage*, nach Entwürfen des preußischen Oberbergrates Feund, sind einheitlich in den Formvorstellungen des Historismus gestaltet: barockisierend die Gesamtanlage, romanisierend der Turm und der rundbogige, Öffnungen und Friese an Ortgängen und Traufen bevorzugende Dekor, gotisierend die das Werksgelände umschließende Mauer mit ihren filialartig bekrönten Pfeilerköpfen. Die Maschinenhäuser bestehen aus Steinfachwerk mit roten und gelben Klinkern, die übrigen Gebäude sind gelb verputzt mit roten Ziegelrahmungen.

● Techn. Ausstattung. **Schachtanlage 1:** urspr. mit Dampffördermaschine der Isselburger Hütte (1902, ähnl. Schacht 1) ersetzt 1935 durch das jetzige, von der DEMAG (Duisburg) gelieferte, zu einem einheitlichen Maschinenblock (5 × 4 m Grundfläche) zusammengeschlossene, seit 1990 ruhende, aber noch unter Dampf stehende Antriebsaggregat einer *Drillings-Dampffördermaschine* (4000 PS, Dampfdruck 34 bar, Dampftemp. 400 °C, Kolbendurchmesser 408 mm, Hub 500 mm, max. Drehzahl 470 U/min, Treibscheibendurchmesser 6,5 m, max. Geschw. 20 m/s). Die Dampfmaschine dokumentiert in ihrer wahrscheinlich nur dreimalig ausgeführten Bauart zugleich den Höhe- und Endpunkt einer technikgeschichtlichen Entfaltung, die auf andere Weise mit der Dampfturbine fortgesetzt wurde.

● **Schachtanlage 2:** *Zwillings-Tandem-Dampffördermaschine* der Friedrich-Wilhelms-Hütte (Mülheim an der Ruhr) von 1909, seitdem (außer wartungsbedingtem Stillstand) ununterbrochen in Betrieb (1200 PS, Dampfdruck 10 bar, Dampftemp. 300 °C, Kolbendurchmesser Hochdruck 650 mm – Niederdruck 1100 mm, Hub 1400 mm, max. Drehzahl 57,4 U/min, Treibscheibendurchmesser 6 m, max. Geschw. 18 m/s). – Die Betriebsanlagen hat man seit 1907 ergänzt mit östlich anschließenden *Werkswohnungsbauten* in offener traufständiger Zeilenbebauung, anfangs nach den bei »Zechenhaus« und Belegschaftsgebäude befolgten Gestaltungsprinzipien. – In B. der 1903–14 entstandene, in gleicher Weise wie die Werksanlagen gestaltete, von der neugotischen Ziegelmauer umfaßte *Baukomplex der einstigen Betriebszentrale* mit »Fabrikantenvilla« des Werkleiters, Technikum (Fortbildungsanstalt für die Belegschaft) sowie je einem Wohnblock für das mittlere und gehobene Personal. *HW*

Lit.: Hauske/Fulda, 76, 77, 218; Wagenbreth/Wächtler, 1986, 243, 259; Wirth, 1986, 10, 16; Wirth, 1990, 94f.

## Boiensdorf-Stove MV
(Nordwestmecklenburg/B 3)

Als Ersatz einer Bockwindmühle von 1750 durch die Mühlenbaufirma Hofwolt, Rostock, 1889 über achtseitigem Backsteinsockelgeschoß erbauter **Holländer** mit funktionsfähiger Windkraftanlage. 1976 stillgelegt, 1978 zur Schauanlage restauriert. Techn. Ausstattung: Profilstahl-Flügel mit hölzernen Jalousieklappen, eiserne Flügelwelle, eisernes Kammrad mit Holzzähnen, ein Schrotgang aus der Bauzeit, Walzenstuhl, Plansichter, Magnetscheider, Aspirateur, Trieur, Schälmaschine, Elevatoren und Schneckenförderer sowie Fahrstuhl mit Friktionswinde. *VR*

Lit.: Mühlen, 189; Schmidt/Theile I, 208; Wirth, 1990, 95.

## Boitzenburg (Uckermark/C 5) BG

**Klostermühle** (in unmittelbarer Nähe der Klosterruine Marienpforte). 1269 erstmals in der Gründungsurkunde des Zisterzienserklosters Marienpforte als bestehende Einrichtung erwähnt. Im Dreißigjährigen Krieg wurden 1637 Kloster und Mühle vollständig zerstört. Der Wiederaufbau des Mühlengebäudes war schon 1640 abgeschlossen. Ihre Einrichtung hat sich über die Jahrhunderte kaum verändert. Anfang des 20. Jh.s wurde das oberschlächtige Wasserrad durch eine Francisturbine ersetzt. Mit einer Leistung von etwa 40 PS trieb sie u. a. Mahlgänge und Walzenstühle sowie Reinigungs- und Siebeinrichtungen an. Wie bei den meisten Wassermühlen sind Mühle und Wohnteil des Müllers in einem Gebäude vereint. Der eingesch. Sichtfachwerkbau unter hohem Mansarddach ist über einem sehr hohen Kellergeschoß aus Feldsteinmauerwerk errichtet. Zu den beiden Eingängen, zur Mühle und zum Wohnhaus, führt eine gemeinsame überdachte Holztreppe. Seit Ende der 70er Jahre stillgelegt, 1978 als technisches Denkmal und Museum der Öffentlichkeit erschlossen. *WT*

Lit.: Schmidt/Theile I, 224; Wirth, 1990, 95 f.

**Brandenburg an der Havel** BG
(Brandenburg/D 4)

Am Übergang eines traditionellen west-östl. Handelsweges (Magdeburg–Polen) über die weite, wasserreiche Havelniederung entstanden auf 3 hochwassergeschützten Sandinseln sehr früh Ansiedlungen, aus denen sich nach Abwandern der germanischen Semnonen und Landnahme durch slawische Stämme seit dem 6. Jh. mit Dominsel, Neustadt und Altstadt (südöstl. bzw. westl. der Dominsel) die Keimzellen der heutigen Stadt formten. Nach ottonischem Intermezzo (929–983) blieb B. bis zu der von den Hevellern ererbten Herrschaft der Askanier (1150, Albrecht der Bär) slawisches Gebiet im Reichsverband. Nach der askanischen Landesteilung 1258–60 existieren Dominsel, Alt- und Neustadt als voneinander unabhängige Kommunen im heutigen Stadtgebiet, wenn auch durch Dämme (Mühlen- und Grillendamm) miteinander verbunden. Mit der Einsetzung des Nürnberger Burggrafen, späteren Kurfürsten Friedrich I., übernahmen 1412 die Hohenzollern das Regiment über Stadt und Mark. Die aus der Partizipation am Fernhandel erwachsene Blüte der Stadt begann im 16. Jh. zu welken durch die neue Bedeutung Berlins als Residenz und den Status von Frankfurt/Oder als Universitäts- und Messestadt. Erst seit der Mitte des 19. Jh.s – gefördert durch die am 7. 8. 1846 eröffnete, Berlin und Magdeburg verbindende Bahnstrecke (Berlin-Potsdam-Magdeburger Eisenbahn) – begann die Stadt sich erneut zum wirtschaftlichen Zentrum der Provinz Brandenburg, nun durch intensive Industrialisierung, zu entwickeln. Die traditionellen Gewerbe, Mühlenbetriebe und Textilfabriken, traten seit den 1880er Jahren durch Gründung metallverarbeitender Fabriken in den Hintergrund. Der von der Industrie initiierten Stadterweiterung folgte zwangsläufig der Ausbau der Infrastruktur: zwischen 1889 und 1901 entstanden Schlachthof, Wasser- und Elektrizitätswerk sowie das Kanalisationssystem. Ende des 19. Jh.s erschloß die expandierende Industrie neue Ansiedlungsflächen an der Unterhavel entlang der Neuendorfer Straße. Kurz vor dem 1. Weltkrieg entstand ein zunehmend von Rüstungsbetrieben geprägter Industriegürtel westlich der Stadt, so bereits 1912 am Silokanal ein Stahl- und Walzwerk. Die **Königliche Pulverfabrik Kirchmöser** legte den Grundstein für Industriegebiet und ausgedehnte Wohnansiedlungen. Wiederum kriegsbedingt erfolgte der Ausbau Brandenburgs ab 1934 zu einem Zentrum der deutschen Rüstungsindustrie mit den **Arado-Flugzeugwerken** (1934), dem **Opel-Lastkraftwagenwerk** (1935–36), dem **Havelwerk** als Teilbetrieb der Reichswerke »Hermann Göring« sowie der überregionalen Verkehrsanbindung durch Anschluß an das Reichsautobahnnetz (1936) und den Mittellandkanal (1938). Nach der Demontage der Großbetriebe nach dem verlorenen Krieg entstand ab 1949 auf dem Gelände des **Stahl- und Walzwerkes** (seit 1926 »Mitteldeutsche Stahlwerke«, Friedrich Flick) das erste Stahlwerk der DDR. 1952 erfolgte die Arrondierung des Stadtgebietes durch die Eingemeindung von Plaue und Kirchmöser.

## B.-Dominsel

An dem die Havel im Norden der Dominsel querenden Damm (Krakauer Straße 1–7) reihen sich stadtbildprägend auf dem Areal der seit dem Mittelalter bezeugten Burg-, Mittel- und Krakauer Mühle – seit 1898 und 1911 in den Händen der Gebr. Tiede unternehmerisch als **»Vereinigte Brandenburger Mühlenwerke«** zusammengefaßt – die durch Lisenen und putzgefüllte Blendarkaturen gegliederten Backsteinrohbauten der sog. **Burgmühle**. Im Süden steht der sechsgesch., durch Eckturm akzentuierte *Hauptbau* (1909); der kaum sichtbare Mittelrisalit durch geschweiften Bogengiebel abgeschlossen. Zum *Mehl-* und *Kleiespeicher* (1912–13) auf dem Grundstück der ehem. Mittelmühle überbrückt ein geschlossener Übergang für die Fördereinrichtungen den beide Gebäude trennenden Havelarm. Nördl. des Grillendamms anstelle der 1913 abgebrannten Krakauer Mühle ein viergesch. *Speicher* (1914) in retardierenden Formen des Industrie-Jugendstils um 1900. An preußisch-neoromanischer Kasernenarchitektur orientiert sich der Backsteinrohbau des Lagergebäudes von 1877 (Domlinden 23). 1991 stillgelegt, jedoch Teile der techn. Einrichtung erhalten: Saugpumpe (um 1915) einschl. 40-kW-Motor, 2 Walzenstühle (MIAG Braunschweig, 1936), Magnetabscheider, Fördereinrichtungen, 2 Putzmaschinen (MIAG Typ Nr. 40), Kleieschleuder (1973), 2 Plansichter (1953, 1956). – **Große- oder Havelmühle** (Heidrichsche Mühle, Mühlendamm 16–18). Der Mühlendamm als Verbindung der Neustadt mit der Dominsel in der Fernhandelsstraße nach Berlin

*Brandenburg. Stahl- und Walzwerk*

wurde verm. im frühen 13. Jh. aufgeschüttet und bot seit seiner Errichtung kontinuierlich Platz für Getreidemühlen, deren gesamtes Areal 1898 von Franz Alexander Heidrich aufgekauft und modernisiert wurde. Auf den Brand vom 2. 9. 1900 folgten Wiederherstellung und Neubauten bis zum Beginn der 1920er Jahre (westl. des Dammes). 1988 Einstellung des Mühlenbetriebes. Im Süden der Anlage der funktional gestaltete Backsteinrohbau des Mühlengebäudes (1900–01), dessen straßenseitiger Mittelrisalit Mischformen der Neoromanik und Neugotik zeigt. Nördl. anschließend das viergesch. Speichergebäude unter hohem Mansarddach von 1917. Eine um 1900 bereits veraltete Antriebstechnik dokumentiert das eine erhaltene von ehem. 2 Wasserrädern der Bauart Zuppinger (Dm. 4,5 m) von 1901; die von beiden Wasserrädern ehem. erbrachte Leistung von bis zu 150 PS übersetzte ein Zahnradgetriebe der Mühlenbaufirma Kapler AG in Berlin. An der Ostseite des Mühlendammes das Wohnhaus des Mühlenbesitzers von 1907, davor das auf annähernd quadratischem Grundriß 1904 in historischen Formen errichtete Gehäuse für den Hauptpegel.

## B.-Altstadt

Die 1881 gegr. **Blechspielwarenfabrik** Ernst Paul Lehmann gewann Weltgeltung durch die ab 1888 hergestellten, mittels Federantrieb aufziehbaren beweglichen Spielzeuge. Das Büro- und Wohnhaus (Plauer Straße 6), 1901–02 nach Entwurf von Bruno Möhring unter Mitwirkung von Adolf Hartung und Ernst Spindler errichtet, gehört einschl. der Inneneinrichtung zu den herausragenden Bauten des Jugendstils in Brandenburg. Aus dem Jahr 1895 stammt der sich bis zur Klosterstraße erstreckende Backsteinrohbau des Fabrikgebäudes im historisierenden, romanisch-gotischen Gestaltungsgemenge.

## B.-Bahnhofsvorstadt, Potsdamer Vorstadt, Vor dem Steintor

Das etwa gleichzeitig mit der Eröffnung der Strecke Potsdam–Magdeburg (7. 8. 1846, Berlin-Potsdam-Magdeburger Eisenbahn) fertiggestellte Empfangsgebäude läßt nach mehrfachen Umbaumaßnahmen nur noch die Grundstruktur der urspr. Bauabsicht erkennen. Dagegen zeigt der neungesch., mit roten Klinkern verkleidete **Wasserturm** (Am Hauptbahnhof, um 1935–40) auf dem Gelände des Güterbahnhofs originale, die

Architekturauffassung der 1920er Jahre tradierende Gestaltungsmerkmale. – Von der 1885 von Berlin nach Brandenburg verlegten **Ersten Deutschen Fein-Jute-Garn-Spinnerei** hat sich allein eine Lagerhalle (Bauhofstraße 1) aus der Neugründungszeit als ein eine Holzkonstruktion umgebender Backsteinrohbau erhalten. Nur wenige Meter entfernt das um 1910 im Reformstil mit sechs Gleisen, linksseitiger Verwaltung und rechtsseitig dominierendem Turm errichtete **Straßenbahndepot** (Bauhofstraße 4). Auf dem gleichen Grundstück bauliche Reste des 1900–01 gegründeten, 1912 von der AEG übernommenen **Elektrizitätswerkes**. – Die von den Gebr. Reichstein 1871 am Neustädtischen Markt gegr. Werkstatt für handgeflochtene Korbwagen entwickelte sich nach Umzug 1874 auf ein Gelände im Trapez zwischen Geschwister-Scholl-, Kirchhofstraße und Neustädtischem Friedhof (Geschwister-Scholl-Straße 3–5/10–13, Kirchhofstraße 4–7/39–42) und Umbenennung in **»Brennabor-Werke«** 1892 zu einem der bedeutendsten Kinderwagen- und Fahrradproduzenten Europas. Die in rotem Backstein ausgeführten Bauten dokumentieren die Entwicklung des modernen Industriebaus von 1888 bis in die 1920er Jahre. Bemerkenswert das *Verwaltungsgebäude* (Kirchhofstraße 17) mit repräsentativem Jugendstiltreppenhaus. – Ebenfalls in der Kirchhofstraße zwei um 1865 entstandene **Speicher** des königlichen Proviantamtes.

## B.-Wilhelmsdorfer Vorstadt

Norddeutsche Backsteingotik lieferte das Vorbild für die durch zinnenbekrönten Risalit akzentuierte Fassade des 1907 erbauten *Verwaltungsgebäudes* (Wilhelmsdorfer Landstraße 43) der 1896 gegr. **Excelsior-Fahrradwerke**.

## B.-Neuendorfer Vorstadt

Die von Emil Kummerle in Berlin gegründete **Kammgarnspinnerei** produzierte nach Betriebsverlagerung ab 1879 vor den Toren der Kernstadt vor allem Wollstrick- und Handarbeitsgarne. Von der einstigen Bedeutung für B. zeugen nach großflächiger Kriegszerstörung und Nutzung als Zweigwerk des VEB Altenburger Wollspinnerei (ab 1948) lediglich noch das 1884 für Alfred Kummerle in bescheidenen Dimensionen errichtete Wohnhaus (Neuendorfer Straße 72), dessen Verblendsteinfassaden Eckquaderung, Fensterwände und Portalrisalit aus Werkstein in renaissancistischen Formen gliedern. In unmittelbarer Nähe ein langgestrecktes, durch 2 Ziergiebel in der Backsteinfassade betontes Produktionsgebäude in dezenten Formen des Historismus ab 1890; anschließend das 1905 begonnene, 1915–1920 auf 3 Geschosse mit Mansarddach erhöhte Verwaltungsgebäude als Backsteinrohbau mit viergesch. turmartiger Eckbetonung (Neuendorfer Straße 73–75). – Brandenburgs größter Industriebetrieb entstand westl. der Städtebahn und des 1910 eröffneten Silokanals mit dem ab 1912 errichteten Stahl- und Walzwerk, nachdem bereits der Neubau des städt. Gaswerkes (1907–1908) den Industriestandort vorbereitet hatte. Unter den wenigen erhaltenen Bauten des **Gaswerkes** (Caasmannstraße) bemerkenswert das in seinen roten Backsteinfassaden vom Jugendstil geprägte Verwaltungsgebäude. – Das **Stahl- und Walzwerk** (Magdeburger Landstraße), 1912 von Rudolf Weber gegründet (Produktionsbeginn 1914), ging 1917 in den Besitz der »Deutsch-Luxemburgischen Bergwerks- und Hütten AG« über, wurde 1926 Teil der »Mitteldeutschen Stahlwerke AG« der Friedrich Flick Unternehmensgruppe. Nach Sprengung der Produktionshallen wurde 1950 am gleichen Standort das VEB Stahl- und Walzwerk errichtet. Mit 10 S-M-Öfen auf eine Kapazität von 500000 t Rohstahl jährlich ausgelegt, produzierte das Werk 5 Jahre später bereits 100000 t zusätzlich. Nach der Modernisierung von 1958 erzeugten 12 Öfen täglich je 150 t Rohstahl, von diesen blieb nach der Stilllegung des Werkes 1992 als letzter europäischer Zeuge eines 1856 von Friedrich von Siemens mit Regenerativfeuerung entwickelten Schmelzverfahrens der Siemens-Martin-Ofen XII einschließlich der technischen Ausrüstung der Ofen-, Gieß- und Kokillenhalle zur Demonstration des technischen Prozesses erhalten. Den Zugang zum Werk markiert der dreigesch., im Mittelrisalit zurückhaltend expressionistisch gestaltete Klinkerbau der Verwaltung, 1925–26 nach Entwurf von Regierungsbaumeister Wilhelm Rave errichtet. Innerhalb des strengen Äußeren ein repräsentatives travertinverkleidetes Foyer mit Deckenstuck des Brandenburger Bildhauers Albert Caasmann. Im original erhaltenen Sitzungssaal des 1. OG bemerkenswert die Supraporten mit Darstellungen der Arbeit im Walzwerk von Ernst Vollbehr, München. Aus gleicher Zeit 2 Wohnhäuser und die Umspannstation; der sog.

»Rundbau« aus den 1930er Jahren bildete halbkreisförmig mit von Pfeilern getragener Durchfahrtsöffnung den Zugang zu den Produktionsanlagen. Südl. des Werkes im Trapez zwischen Magdeburger Land- und Einsteinstraße die 1938–39 erbaute Werkssiedlung in der Tradition von bereits vor dem 1. Weltkrieg für Arbeitersiedlungen in Fortführung der Gartenstadtbewegung entwickelten Konzeptionen. – Das **Umspannwerk** (Klingenbergstraße), um 1925 im Zusammenhang mit dem Bau der Fernleitung vom Braunkohle-Kraftwerk Zschornewitz errichtet, erinnert mit zurückhaltend neuklassizistischen Backsteinfassaden an den Reformstil um 1910 und die ersten Kraftwerksbauten von Klingenberg & Issel. Erhalten und teilweise noch in Betrieb die techn. Ausstattung der Bauzeit und des folgenden Jahrzehnts.

### B.-Krakauer Vorstadt

In der Nähe der Krakauer Schleuse (Krakauer Weg 11) liegt ein 1903 bei Menck & Hambrock ● in Hamburg-Altona gebauter **Schwimmdampfbagger**, der 1912 einen für Zweiseil-Stangengreifer-Betrieb geeigneten Ausleger und zusätzlich ein Dreh- und Windwerk erhielt. Spätere Aufrüstung mit Rammbär und Ziehrute ermöglichten den Einsatz als Dampframme, angetrieben von einer 20-PS-Dampfmaschine.

### B.-Kirchmöser

Für die **Pulverfabrik** entstand 1916 ein durch Mittelrisalit akzentuiertes, nobel neuklassizistisches Bahnhofsempfangsgebäude. Der Bau der Pulverfabrik zwischen Möser und Plaue wurde bereits 1914 von der Reichsregierung beschlossen, noch im Jahr des Baubeginns 1915 konnte mit der Produktion begonnen werden. Nach der Kapitulation 1918 begann die Demontage der maschinellen Anlagen bei Erhaltung der etwa 400 Fabrikgebäude und 172 Arbeiterwohnungen, die 1920 von der Reichseisenbahnverwaltung übernommen wurden und ab 1921 den Grundstock für das **»Eisenbahnwerk Brandenburg-West«** bildeten. Geplant von Friedrich Neesen, entstand 1922–24 das modernste Lokomotivuntersuchungswerk Deutschlands. 1942 wurde das Reichsbahn-Ausbesserungswerk als Panzerwerk für die Kriegsproduktion zweckentfremdet, nach Übernahme durch die Sowjetische Militäradministration teilweise demontiert, aber auch als Panzerwerk bis 1992 weiter genutzt. Einen Teil des Geländes nutzte seit 1965 das der Reichsbahnbaudirektion Berlin unterstellte »Werk für Gleisbaumechanik«. Hervorstechend unter den insgesamt qualitätvollen neoklassizistischen Klinkerbauten des Werkes die Hauptverwaltung (1916, heute Krankenhaus) durch einen in kolossaler dorischer Säulenordnung gestalteten Portikus. Aus dem gleichen Jahr der zylindrische *Wasserturm* (750 m$^3$), dessen nur gering auskragender Behältermantel eine im Durchmesser verringerte polygonale Laterne trägt.

### B.-Plaue

Seit 1918 verbindet die 180 m lange, auf 2 betonierten Strompfeilern und ebensolchen Widerlagern sich stützende Stahlfachwerkkonstruktion (Gerberträger, Öffnungsweiten 50, 80, 50 m) der **Seegartenbrücke** Kirchmöser und Plaue. Nach der Sprengung Ende des 2. Weltkrieges von Beuchelt & Co., Brücken- und Stahlhochbau, Könnern, restauriert; 1953 als Rosa-Luxemburg-Brücke für den Verkehr erneut freigegeben. – Ebenfalls über 3 Öffnungen (Stützweite je 42,4 m) spannt sich die 1903–04 nach Planung der kgl. Wasserinspektion Rathenow erbaute, 130 m lange **Plauer Brücke** mit genieteten Halbparabel-Fachwerkträgern über die Havel. Die Geländer im Dekor des Jugendstils. Nach kriegsbedingter Sprengung von Beuchelt & Co. restauriert.

*VR/WT*

Lit.: Cante; Buchinger.

## Bräunsdorf (Freiberg/G 4) FS

**Grube Neue Hoffnung Gottes.** Im Striegistal, 10 km westlich von Freiberg, etwas abseits vom engeren Freiberger Revier, lag die Silbererzgrube Neue Hoffnung Gottes, die von etwa 1670 bis 1863 betrieben wurde. Zeitweise waren in ihr bis 560 Mann beschäftigt. 3 in verschiedenem Niveau am rechten Talhang herangeführte, im Gelände teilweise noch erkennbare Kunstgräben lieferten Aufschlagwasser für das Kehrrad, 2 Kunsträder und die Wasserräder der Erz-Aufbereitung. Erhalten ist von diesen technischen Anlagen nichts, wohl aber das zweigesch. *Huthaus*, um 1750, mit massivem EG, Fachwerk-OG, Satteldach, Dachreiter mit geschweifter Haube und Bergglocke. – Unterhalb der Straßenbrücke im

Striegistal ist am Rand der Talaue noch der 1790/1791 angelegte **Schiffahrtskanal** zu erkennen, auf dem bis 1863 das Erz per Kahn zu dem 1,3 km weiter talab gelegenen Pochwerk transportiert wurde. *OW*

Lit.: Wagenbreth/Wächtler, 1986, 156; Wirth, 1990, 97.

## Brehna (Bitterfeld/F 3) SA

Von den ehem. die Stadt umgebenden 7 Windmühlen existieren heute nur noch 2. **»Hädickemühle«** (1. Abzweig links von der Straße nach Glebitzsch). Die 1846 von Franz Thormann erbaute Bockwindmühle zeigt sich seit 1947, als der Bock durch einen gemauerten Sockel mit Rollenkranz zum Drehen des Mühlenkorpus ersetzt wurde, in der Kontur einer Paltrockmühle. Von der Technik erhalten das Jalousie-Flügelkreuz (L 8,50 m), Kammräder, Stockgetriebe, Schrot- und Mahlgang, Flachsichter, 2 Walzenstühle, Sackaufzug und Elektrohilfsmotor mit Transmission von 1947. – **»Schmidtmühle«** (B 100-Bitterfelder Straße/Am Schützenplatz). 1818 erbaut, verm. 1879 modernisiert (dat. in der Wetterfahne), dient die Bockwindmühle seit der Restaurierung 1987 als Schauanlage. Techn. Ausstattung erhalten. *VR*

Lit.: Schmidt/Theile I, 208; Wirth, 1990, 97; Mühlen, 227.

*Brehna. »Hädickemühle«*

## Bröbberow (Bad Doberan/B 3) MV

Im Ort eines der wenigen erhaltenen Windräder aus dem 1. Viertel des 20. Jh.s. Auf simplem eisernem Mast eine Konstruktion mit 21 Schaufeln auf 3, von 7 Fachwerkgitterträgern stabilisierten Spannringen und 2 Fahnen, die das selbständige Drehen in den Wind ermöglichen. *VR*

Lit.: Wirth, 1990, 99.

## Brück (Potsdam-Mittelmark/E 4) BG

Die Deutsche Post der DDR errichtete 1962 nach Planung des Zentralen Konstruktions- und Entwicklungsbüros der VVB Holzbau (heute HFB Engineering GmbH) auf dem Antennenmeßplatz westl. von Brück (B 246, zwischen Beelitz und Belzig) 4 etwa 54 m hohe **Meßtürme**, in reiner Holzbauweise ausgeführt durch die Firma Holzbau Klingenthal, von denen noch Türme II (mit reduzierter Höhe) und III erhalten sind. Der konstruktiv interessantere Turm III besteht aus 2 rund 50 m hohen Stützpylonen (Achsabstand 22,6 m) auf quadr. Grundriß, die aus je 4 sich nach oben verjüngenden, aus Streben, Diagonalstreben und horizontalen Zangen zusammengesetzten Strebefachwerken bestehen. Die Eckstiele sind konstruktiv bedingt vierteilig ausgeführt mit Längsstößen etwa alle 10 m. Beide Türme verbindet eine hölzerne Brücke (Systembreite 5,1 m) aus 2 horizontalen und vertikalen Trägern, die ebenfalls als doppelte Strebenfachwerke ausgebildet sind. Da aus funkmeßtechnischen Gründen auf Metall verzichtet werden mußte, bestehen alle konstruktiv notwendigen Verbindungen aus dem Kunstharz-Preßschichtholz »Plastefol« des Dübel- und Holzwerkes Loitz. *VR*

Lit.: bausubstanz 11–12, 1996.

## Brumby (Schönebeck/E 3) SA

Aus der Ferne einer basilikalen Kirche ähnlich, prägt der durch schwarzgestrichene Verbretterung im Volumen gesteigerte Mühlenkorpus den

Ortsrand (Nienburger Weg). Die 1828 erbaute **Bockwindmühle** erhielt 1950 neue Gestalt als fünfgesch. Paltrockmühle mit symmetrisch angeordneten zweigesch. Flügelbauten. Die Ventikantenflügel sind verloren, die techn. Einrichtung partiell erhalten. *VR*

Lit.: Mühlen, 220.

## Buchfart (Weimarer Land/G 2) TH

**Holzkastenbrücke**. Überquerung der B 87 über die Ilm von 1816–18. Trotz eingeschränkter Durchfahrtshöhe von 3,05 m (stählerne Profilrahmen an den Brückenköpfen) und beschränkter Breite (3,8 m) ist das bemerkenswerte Bauwerk benutzbar geblieben durch den 1968 erfolgten Ersatz des hölzernen Fahrbahnträgers mit einer Stahlbetonkonstruktion auf Stahlrost mit zusätzlichem Brückenpfeiler. Seitdem trägt der auf seine Seitenwände und seine Dachkonstruktion reduzierte, 1997 abgebaute und großenteils kopierte »Holzkasten« nur noch sich selbst. – Insges. 39 m lange, auf einem Mittelpfeiler (auf der Mühleninsel) gestützte Zweifeldkonstruktionen, seitlich mit doppelten Hängesprengwerken, deren Holzverschalungen lediglich zwei Öffnungen für den Lichteinfall enthalten.

**Wassermühle.** Älteste verbliebene archivalische Nachrichten aus dem 16. Jh. über die Buchfarter Fluren bezeugen den Siedlungskern am linken Ilm-Ufer (Sackgassendorf) mit Kirche nördlich der Furt und den südlich von ihr separierten Mühlenstandort. Alle auf ihm befindlichen Baulichkeiten wurden durch die »Thüringische Sintflut« (Katastrophenhochwasser von 1613) weitgehend zerstört. Ein »Dingebriett« von 1616 gebietet die Freilegung von drei Gerinnen, woraus zu erschließen ist, daß die Mühle um 1600 drei Wasserräder hatte. Die älteste Bausubstanz des verbliebenen winkelförmigen Produktions- und Wohngebäudes mit anschließendem zweistöckigen Speicher mit Oberlaube, mit Stallfragmenten und dem innerhalb des Hofverbandes separierten Altenwohnhaus weist auf das 17. Jh. Die Mühle wurde bis 1964 gewerblich betrieben, bis 1968 lediglich zum gelegentlichen Schroten von Futtermitteln nur mit elektrischem Antrieb. Seit 1982 schrittweise Restaurierung: Erneuerung des am Befund einzigen exakt nachweisbaren Wasserrades unter Verwendung von Resten des 1935 installierten (4,5 m Durchmesser, 1,5 m breit, gänzlich aus Metall), Neueinbau der beiden Schützenwehre. Bemerkenswert die komplette technische Ausstattung, z. T. als Schauanlage betriebsfähig: 2 Steingänge, 2 Walzenstühle (darunter einer der ältesten mit Porzellan-Walzen von etwa 1880), Haferquetsche, Schälmaschine, Mischmaschine, Sechskantsichter, Plansichter, Elevatoren; im Speichergebäude an die Transmissionswelle angeschlossene Dreschmaschine; im Altenwohnhaus Backofen. – Das betriebsfähige Wasserrad dient neben Schauzwecken der Erzeugung von elektrischem Strom mit einem Generator, der als Neuinstallation mit Schaltschrank auf dem Steinboden angeordnet ist. *HW*

Lit.: Erler/Schmiedel, 165; Wirth, 1990, 100.

## Bückwitz-Metzelthin BG (Ostprignitz-Ruppin/D 4)

**Bockwindmühle** (Dorfstraße 41). Die um 1760 errichtete Windmühle, unmittelbar an der Bundesstraße 167 nahe dem Bückwitzer See, besteht aus dem auf Fundamenten stehenden Bock, den um den Hausbaum drehbaren Mühlenkasten mit abgewalmtem Dach, der Windkraftanlage ohne Rutenkreuz, dem Sterz, mit dessen Hilfe die Mühle in den Wind gedreht wird, und der maschinellen Ausstattung zum Mahlen. Das fest mit der Flügelwelle verbundene große Kammrad treibt über ein Kegelrad den Mahlgang als Hauptmaschine an. Alle anderen Maschinen werden über Transmissionen angetrieben. Bis etwa 1930 wurde mit Wind gemahlen. Bei der Umstellung auf elektrischen Betrieb demontierte man die Flügel und modernisierte teilweise die maschinelle Ausstattung. Gewerblich wurde bis 1953 gemahlen. Das Schroten für den Eigenbedarf wurde 1967 eingestellt, die Mühle stillgelegt. *WT*

## Bützow (Güstrow/B 3) MV

**Bahnhof.** Im Zusammenhang mit den Streckeneröffnungen der Mecklenburgischen Eisenbahn am 13. 5. 1850, die Bützow per Schiene mit Rostock und Kleinen sowie mit Güstrow verbanden, erhielt die Stadt ein erstes Stationsgebäude in spätklassizistischen Formen (→ Blankenberg), das bereits 1881–82 wieder abgebrochen wurde. Seine Aufgaben übernahm ab 1879 ein Neubau in – für die Region erstaunlich noblen – Neurenaissanceformen unter Beibehaltung traditioneller Baukörperanordnung. Die eingesch. *Schalterhalle* in Form eines griechischen Kreuzes – am deutlichsten ablesbar in der Kassettierung der Decke – flankieren zweigesch., in der Sokkelzone und an den Ecken kräftig rustizierte Eckpavillons. Die renaissancistischen Giebel des Mitteltraktes durch Schleppgaupen modern ersetzt; der Südgiebel betont durch polygonalen Anbau. Beiderseits des *Empfangsgebäudes* Stellwerk und Betriebsgebäude, auf der Ostseite der Gleise vierständiger Lokschuppen mit Wasserturm, nördlich davon 2 Backsteinrohbauten des Bahnbetriebswerkes aus den 1880er Jahren. – Auf städtische Infrastruktur verweist am westlichen Ortsrand (Kreisstraße von Neukloster) ein **Wasserturm**, dessen 8 im Schaft hervortretende Pfeiler den Zylinder zum Polygon verändern. Der Kopf, fast bündig mit den Pfeilern ausgefacht, verweist ebenso wie das Glockendach auf eine Bauzeit um 1910. – Die Warnow überführt eine 1928–34 aus Vollwandträgern errichtete **Drehbrücke**. Daneben die im Winkel von 160° abgeknickten, durch die Radstube verbundenen fünfgesch. Backsteinrohbauten der 1894 mit romanisierenden Fassaden erbauten **Industriemühle** (»Großherzogliche Mühle«). Das stadtseitige Mühlengebäude akzentuiert durch Mittelrisalit, der Speicher ist gekennzeichnet durch einen Turm. Wasserrad und Teile der techn. Einrichtung erhalten. Vom Mühlenkomplex durch die Straße getrennt die Unternehmervilla. *VR*

Lit.: Mühlen, 189.

## Burg bei Magdeburg

SA (Jerichower Land/E 3)

Ausgelöst durch den Bahnanschluß (7. 8. 1846, Potsdam–Brandenburg–B.–Magdeburg, Berlin-Potsdam-Magdeburger Eisenbahn) entwickelte sich B. in der 2. Hälfte des 19. Jh.s zu einer lebhaften Industriestadt mit Fabriken vornehmlich der Nahrungsmittelherstellung – noch zu erkennen an den erhaltenen Bauten der ehem. Knäkke-Werke und der Roland-Mühle – und des Maschinenbaus. – **Bahnhof.** Als Ausgangspunkt mehrerer Schmalspurbahnen (Spurweite 785 mm; 4. 4. 1896, B.–Magdeburgerforth; 18. 7. 1896, B.–Steglitz; 8. 10. 1896, B.–Ihlekanal; Kreis Jerichower Kleinbahnen) erhielt die Stadt

*Burg bei Magdeburg. Wasserturm*

an altem Standort in den ersten Jahren des 20. Jh.s ein erweitertes *Empfangsgebäude* unter Einbeziehung älterer Bauteile. So zeigt sich die Stadtfront, aufgelöst in drei jeweils durch Risalit akzentuierte Baukörper, stilistisch schwankend zwischen Neugotik norddeutscher Prägung mit Staffelgiebel im Mitteltrakt und Industriejugendstil in den Flankenbauten. Im linken Wohnhaus durch Fachwerkgiebel eher heimatverbunden, im rechten durch Lisenen dreigeteilten Baukörper fragwürdige Verbindung barocker und klassizistischer Elemente in der Giebelkontur. – Auf dem Bahnhofsvorplatz ein nach 1982 restaurierter eiserner Eisenbahndrehkran aus den Gründungsjahren des Bahnhofes. Mit einer zulässigen Tragkraft von 2800 kg, einer Hubhöhe von 3,75 m und einem Schwenkradius von 4,5 m wurde der handkurbelbetriebene Kran erst in den 1950er Jahren außer Dienst gestellt. – Der **Bahn-**

**wasserturm** entspricht mit gemauertem, unter dem Gesims mit Blendgalerie verziertem Schaft und eisernem Stützboden-Kugelbehälter dem Standard der Preußisch-Hessischen Staatseisenbahnen um 1910. – Einer mittelalterlichen Warte ähnlich, erhebt sich der städtische **Wasserturm** (dat. 1902) am Rande des historischen Stadtkerns (Turmstraße 7). Der schlanke zylindrische Schaft, durchbrochen vom Staffelgiebel des Portals, endet in kräftig profiliertem Bogenfries, der das Sichtfachwerk der Behälterummantelung trägt. Zum steilen oktogonalen Pyramidendach vermittelt einseitig ein Treppenerker.

LANDKREIS: Das oberschlächtige Rad (Dm. 4 m, 1987 erneuert) der seit 1889 ausschließlich als Sägemühle tätigen **»Schads Mühle«** nordwestl. von Drewitz bewegt eine Gattersäge von 1897. *VR*

Lit.: Schmidt/Theile II, 150; Mühlen, 221.

## Burgstädt (Mittweida/G 4) FS

*Die städtische Ansiedlung entstand auf dem Grund und Boden von sieben Gütern des Dorfes Burkersdorf wohl im 14. Jh. Unter den hiesigen Gewerken nahmen die zur Herstellung textiler Erzeugnisse den führenden Platz ein. So spielte auch nach der Industrialisierung die Textilindustrie die führende Rolle.*

Ehem. **Wagnersche Fabrik** mit Herrenhaus (heute Rathaus). In der 2. Hälfte des 18. Jh.s ließ der Kaufmann Wagner den Fabrikbau errichten. 1763 entstand im rechten Winkel dazu das repräsentative Herrenhaus mit hohem Mansarddach und der Portal-Inschrift: »Je größer die Gewalt, je schöner die Gestalt«. Ab 1810 richtete Joh. Jos. Esche eine Baumwollspinnerei mittels Pferdegöpelantrieb ein. 1848 wurde das Unternehmen an die Stadt B. verkauft. Das Herrenhaus mit 2 Flügelbauten dient heute noch der Stadtverwaltung. – **Textilfabrik** (Chemnitzer Straße 89/91). Der rote, mit gelben Klinkerlisenen und Fensterbögen verzierte Klinkerbau wurde 1896 im Auftrag des Fabrikanten Fiedler errichtet. Später entstand daneben ein Wohn- und Verwaltungsgebäude. Die denkmalgeschützte Anlage beherbergte bis um 1990 eine Baumwollspinnerei. *ST*

Lit.: Beil; Forberger.

## Burkersroda (Burgenlandkreis/G 3) SA

**Wasserturm.** 8 dünne, etwa auf halber Höhe durch einen Gurt zum Oktogon vereinigte Betonpfeiler tragen einen zylindrischen, gegenüber der Tragkonstruktion überdimensionierten Beton-Flachbodenbehälter, den eine frei zwischen den Pfeilern geführte Wendeltreppe erschließt. Verm. 1920er Jahre. *VR*

## Camburg (Saale-Holzland-Kreis/G 3) TH

**Holzkastenbrücke.** Nie von verkehrsgeographischer Bedeutung, lediglich die Mühllache, den von der Saale abgezweigten Mühlgraben einer Getreidemühle zur Mühlinsel überspannendes Bauwerk; bedeutsam als eines der wenigen erhalten gebliebenen Exemplare seiner Art: Um 1800 errichtete, mehrfach reparierte doppelte Hängesprengewerk-Konstruktion mit unter der Fahrbahn liegenden Widerlagern der Sprengstreben, diese 14 m weit gespannt im Abstand von 3 m, darüber der 18 m lange holzverschalte Brückenkasten unter steilem, ziegelbedecktem Satteldach mit Walm über weit auskragender Traufe an der Mühlinsel-(Wetter-)Seite. Brückenportale durch Scheunentore mit »Wendesäulen« verschließbar (→ Großheringen). – Bemerkenswert, daß das Brückentragwerk nicht in die Kastenwände eingebunden wurde. *HW*

Lit.: Wirth, 1990, 101 f.; Erler/Schmiedel, 165.

## Chemnitz (Chemnitz/G 4) FS

*Verm. 1136 stiftete Kaiser Lothar das Benediktiner-Kloster Chemnitz am Schnittpunkt der Fernstraße von der mittleren Saale nach Böhmen mit dem Chemnitzfluß. Die Keimzelle der wohl von Beginn an reichsunmittelbaren Stadt entstand, etwa 1000 m südl. vom Kloster entfernt, eine Generation später im Zusammenhang mit der planmäßigen bäuerl. Besiedlung des Erzgebirges unter dem Staufer Friedrich I. (Barbarossa). Fernhandel sowie seit dem Hochmittelalter Tuchmacherei und Leinenweberei bildeten die wirtsch. Basis der Stadt, in der seit 1357 eine Unternehmervereinigung auch ein landesherrl. Bleichmonopol besaß (1478 von der Stadt übernommen), das jedoch mit der Gründung einer 2. Landesbleiche (um 1390) in Rochlitz gebrochen wurde.*

*Gegen Ende des 15. Jh.s blühte das Leinwandgeschäft mit Unterstützung von Leipziger und Nürnberger Handelshäusern, im 16. Jh. auch mit Augsburger Kapital. Infolge des prosperierenden Bergbaus im Erzgebirge gründete der Nürnberger Ulrich Schütz 1470 in Ch. eine Saigerhütte mit 2 weiterverarbeitenden Kupferhämmern, die beide bis zum Niedergang des Bergbaus im Erzgebirge ab der Mitte des 16. Jh.s betrieben wurden. Zur gleichen Zeit entstand mit* De re metallica *des Georgius Agricola, der 1531–1555 als Stadtarzt und zeitweise als Bürgermeister in Ch. lebte, das Standardwerk über das spätmittelalterl. und frühneuzeitl. Montanwesen. Im bedeutendsten Ort der westsächs. Textilproduktion vor dem Dreißigjährigen Krieg gelangte nach dessen Ende allein die Leinenweberei erneut zur Blüte und bildete die Basis für die sich Ende des 18. Jh.s mächtig entwickelnde Textilindustrie mit Kattundruckereien, Strumpfwirkereien und Aufstellung einer ersten Spinnmaschine 1782. Nach Einführung der Dampfmaschine (1822) und des Jacquard-Webstuhls (1827), unterstützt von der Aufschließung des Lugau-Oelsnitzer Steinkohlenreviers, begann eine stürmische industrielle Entwicklung im »Sächsischen Manchester«. Der steigende Bedarf an Textilmaschinen förderte die Gründung von Maschinenbaufirmen, die seit den 1870er Jahren die Textilindustrie als wirtschaftl. Grundlage der Stadt auf den 2. Platz verwies. Trotz schwerer Kriegszerstörungen blieb Ch. (1953–90 Karl-Marx-Stadt) das Zentrum der westsächs. Industrieregion, dessen Fabriken sich entlang der Zwickauer und Annaberger Straße konzentrieren.*

● **Bahnhof.** Für die bereits im Jahr 1835 angedachte Niedererzgebirgische Eisenbahn zwischen Zwickau über Ch. nach Riesa brauchte es ein Jahrzehnt zur Lösung der Finanzierung. Erst 1845 begann der Bau der Strecke bei Riesa, die am 29. 8. 1847 bis Döbeln, am 22. 9. 1847 bis Limmritz eröffnet wurde. Die Verbindung nach Ch. dauerte wegen der Bewältigung schwieriger Geländeverhältnisse noch bis zum 1. 9. 1852 (Sächsische Staatsbahn). Danach entwickelte sich jedoch die Station zu einem wichtigen Bahnhof vor allem im Güterverkehr. Am 15. 11. 1858 wurde die Strecke bis Zwickau eröffnet, es folgten die Verbindungen nach Annaberg (1. 2. 1866) und über Zweige der Hauptstrecke nach Freiberg und Hainichen (1869), nach Leipzig und Limbach (1872). Das erste *Empfangsgebäude* im Stil des romantischen Spätklassizismus ersetzte 1869–72 ein nobler Bau des Dresdner Architekten Richard Eck in Formen der italienischen Hochrenaissance.

Zur Versorgung der mit der Industrialisierung rapide zunehmenden Einwohnerzahl mit Frischfleisch entstand 1882–83 ein neuer **Schlacht- und Viehhof** (Thomas-Mann-Platz) nach der Planung von Stadtbaurat Eduard Hechler nach französischem Vorbild mit traufständig parallelen Bauten in rotem, gelb verziertem Verblendmauerwerk beiderseits einer alleeartig konzipierten Erschließungsstraße (durch Erweiterungsbauten verfälscht). Im Norden des Grundstücks städtebaulich markant die am 1. 2. 1928 eingeweihte Großverkaufshalle, ein Eisenbetonrahmenbau mit roter Ziegelausfachung, an den Ecken betont durch Treppenhaustürme. Entwurf und Bauleitung beim städt. Hochbauamt unter Leitung von Stadtbaurat Fred Otto. – Die bei dem Wachstum der Stadt erforderliche **Markthalle** (An der Markthalle) wurde 1890–91 am Ufer der Chemnitz auf trapezförmigem Grundstück ebenfalls unter Stadtbaurat Hechler realisiert. Die eiserne Konstruktion des Inneren (4500 $m^2$) umhüllen prächtige, wie beim Bahnhofsempfangsgebäude von der italienischen Hochrenaissance abgeleitete Fassaden mit rotem Verblendmauerwerk für die Wandflächen und Werkstein bzw. gelben Verblendern für deren Gliederung. Über dem Schnittpunkt des sich aus dem Trapez ergebenden Längs- und Querschiffes erhebt sich, analog dem mittelalterlichen Kirchenbau, eine oktogonale Vierungskuppel (li. H. etwa 26 m). – Stadtbaurat Fred Otto zeichnete verantwortlich für den der Theresenstraße durch sanfte Krümmung der Fassade angepaßten sechsgesch., sehr rational gestalteten Klinkerbau der **Wasserwerksverwaltung**.

**Textilindustrie.** An die **Kattundruckerei** des Kaufmanns Schiffner erinnert ein 1851 errichteter respektabler, spätklassizistischer Bau (Müllerstraße 31), dessen Produktionsräume bereits in den 1890er Jahren zu Wohnungen umgebaut wurden. – Nach Erwerb der ehem. Gehrenbeckschen **Färberei** (Rochlitzer Straße 19) 1910 durch Theodor Haase wurde die seit 1801 bestehende Fabrikanlage (ab 1972 VEB Faserveredlung, Karl-Marx-Stadt) konsequent modernisiert. Auffallend im umfänglichen Fabrikensemble das spätestens 1915 bezogene dreigesch. *Verwaltungs-* und

*Wohnhaus,* dessen vom Grundkonzept her neoklassizistische Fassaden durch üppig ornamentierte brüstungshohe Friese an Klarheit verlieren. Die Schlußsteine der Fenster des rustizierten EG geschmückt mit den Konterfeis der Chemnitzer Industriepioniere: Th. Haase, E.O. Clauss, Hermann Wilhelm Vogel, Becker, C.H. Haubold, J. P. Gehrenbeck und nochmals Th. Haase. Im Hof verm. der Gründungsbau der Gehrenbeckschen Färberei von 1820, am Ufer der Chemnitz ein Backsteinhaus im Reformstil um 1910, dem sich der aufwendiger mit 2 Geschosse umgreifenden Lisenen gestaltete, durch massigen oktogonalen Wasserturm akzentuierte Erweiterungsbau von 1915 anschließt. – Mit monumentaler, zwischen Neuromanik und früher Moderne schwankender Backsteinfassade beherrscht das 1904 für die **Mech. Weberei Gebr. Goeritz AG** (Beckerstraße 11) errichtete Fabrikgebäude das Ufer der Chemnitz südl. des Stadtparks. – Unvollendet blieb der von Hans Poelzig entworfene ● monumentale Fabrikneubau für die **Textilfirma Sigmund Goeritz** (Ulmenstraße 1, Zwickauer Straße), von dessen aus der Auffassung der französischen Revolutionsarchitekten entwickelter Fassade nur fünf Achsen, verkleidet mit einheimischem Chloritschiefer, 1926 realisiert wurden. – Den grundsätzlichen Wandel in der Auffassung von Architektur innerhalb einer Generation dokumentieren beispielhaft die Bauten der ehem. Strumpffabrik Moritz Samuel Esche (Zwickauer-, Goethestraße): Dreiachsig, mit unauffälligem, in viergiebligem Turm unter steilem Pyramidendach endenden Mittelrisalit, wendet sich das der niederländischen Renaissance (s. Gronau, in: *Reclams Führer zu den Denkmalen der Industrie und Technik in Deutschland,* Bd. 1, S. 121) verpflichtete, um 1890 erbaute Fabrikgebäude der Zwickauer Straße zu. Die benachbarte Erweiterung, 1923 nach Entwurf von Emil Ebert und Paul Kranz errichtet, zeigt dagegen die ein wenig von prismatischen Pfeilervorlagen gemilderte Nüchternheit der frühen Moderne. – Mit Möbelstoffen erlangte die 1886 von Paul Cammann, Richard Krüger und August Heuberger gegründete **Weberei Cammann & Co.** sehr schnell Bedeutung über die Grenzen des Deutschen Reiches hinaus. 1924 entwarf der Chemnitzer Architekt Willy Schönefeld für das Unternehmen ein Verwaltungsgebäude (Blankenauer Straße 74), das, bis 1926 realisiert, wegen seiner bis zur Fassadenspitze 40 m messenden Fassade als »Hochhaus«

*Chemnitz. Strumpffabrik Esche*

heftige Diskussionen in der Stadt auslöste. Der gestaffelte, über dem 5., 7. und 8. Geschoß durch trapezoide Traufgesimse horizontal akzentuierte Baukörper ist ebenso expressionistisch erdacht wie die vielfach gefalteten Fassaden, deren vertikal gerillte Putzflächen Textilstruktur suggerieren. – Das um 1928 für die **Strumpffabrik Siegfried Peretz A.G.** als Eisenbetonkonstruktion mit Klinkerverkleidung entstandene *Verwaltungs-* und *Produktionsgebäude* (Adorfer Straße) erinnert mit seiner die Konstruktion durch Pilaster betonenden Fassadengliederung, den zweifach auftretenden Giebeln und dem die Längsfront um ein Geschoß überragenden Eckbau an die Entwürfe von Zapp & Basarke für die Maschinenfabriken Schubert & Salzer A.G. (1915) und Gebr. Unger A.G. (1915) in Ch. sowie an den Neubau der Buntweberei A. Louis Wetzel in Niederzwönitz (ab 1912). – **Baumwollspinnerei Gebr. Bernhard** (Ch.-Harthau, Klaffenbacher Straße 47). Nach Erlangung eines kurfürstlichen Privilegs 1798 ließ der Kaufmann Carl Friedrich

Bernhard, der in Manchester bereits Erfahrungen in der Maschinenspinnerei erworben hatte, am Ufer der Würschnitz eine Spinnmühle errichten, die jedoch erst mit der Hilfe des englischen Spinnereitechnikers Evan Evans (1765–1844) 1802 mit der geregelten Produktion beginnen konnte. 1804 entstanden ein zweites Spinnerei-, 1807 ein Kontor- und Verwaltungsgebäude, ab 1810 schließlich eine zweite Fabrik in Harthaus Mitte, durch die sich die Kapazität von 620 Spindeln bei Produktionsbeginn auf 18592 Spindeln 1812 erhöhte. Unter dem Druck der englischen Konkurrenz nach Aufhebung der Kontinentalsperre mußte das Unternehmen 1819 Konkurs anmelden. Zwischen 1821 und 1832 betrieb Friedrich Ludwig Bernhard, ein Neffe, in einem Teil der Gebäude eine **Flachs- und Wergspinnerei**, 1830–38 Friedrich Georg Wieck eine **Tüllweberei**. Danach Textilmaschinenfabrik unter Carl Gottlob Haubold, erneut Kammgarnspinnerei unter Carl Friedrich Solbrig, aus der 1871 die Sächsische Kammgarnspinnerei AG entstand. Um die Jahrhundertwende wurde das Unternehmen baulich modernisiert, die Ursprungsbauten einer neuen Nutzung zugeführt oder durch Neubauten (so die erste Spinnmühle von 1799 durch das Verwaltungsgebäude von 1916) ersetzt. An der Klaffenbacher Straße das ganz englischen Vorbildern folgende dreigesch. Spinnereigebäude mit ausgebautem Krüppelwalmdach von 1804, dessen schlichte Putzfassaden lediglich ein halbrunder Giebel sowie das noch barock geprägte Portal an der Schmalseite schmücken. Auf der anderen Straßenseite, westl. versetzt, ein kurz nach 1800 errichtetes *Arbeiter-Doppelwohnhaus*, das der Wieckschen Weberei als Fabrikschule diente. Südl. der Spinnerei das repräsentative Kontor- und Wohngebäude, geprägt von zentrierendem dreigesch., dreiachsigem übergiebeltem Risalit, dessen klassische Fassade durch 4 über alle Geschosse reichende Kolossalsäulen toskanischer Ordnung auf der Südseite monumental übersteigert wird. Östl. der Fabrikbauten der Jahrhundertwende das sog. *Meisterhaus*, ein zweigesch. verputzter Bruchsteinbau von 1820. – Bedingt durch die immer schwerer werdenden Maschinen begann nach 1850 der Flach- den Geschoßbau in der Textilindustrie abzulösen. Zu den frühen sächs. Vertretern dieser Konstruktionsart gehört die 1874 für die **Kammgarnspinnerei Schäfer & Co.** errichtete 16schiff.

*Chemnitz. Kammgarnspinnerei Schäfer & Co.*

*Chemnitz. Eisengießerei C. A. Richter*

*Shedhalle* (Ch.-Harthau, Annaberger Straße 348–350), deren Gußstützen und hölzernes Dachtragwerk Backsteinmauerwerk schützend umschließt. An der Hofseite eingebunden das ehem. Personalbüro in renaissancistischen Formen, betont durch jeweils von Pyramidendächern abgeschlossene Risalite im Zentrum und an den Gebäudeecken. Der straßenseitige Verwaltungstrakt in repräsentativen Formen französisch geprägter Neorenaissance aus Backstein mit Werksteingliederung.

**Maschinenbau.** Nach dem illegalen Kauf zweier Strickmaschinen in der Schweiz eröffnete der Ingenieur und Maschinenbauer Fürchtegott Moritz Albert Voigt 1860 eine eigene **Maschinenbauwerkstatt**, die 1867 in einen neuen Fabrikbau in Ch.-Kappel (Zwickauer Straße 125) umzog. 1872 in »Sächsische Strickmaschinenfabrik AG vorm. Albert Voigt« umfirmiert, produzierte das 1888 als »Maschinenfabrik Kappel AG vorm. Albert Voigt« in das Handelsregister eingetragene Unternehmen erfolgreich Werkzeug-, Textil- und Holzbearbeitungsmaschinen, seit 1913 auch Schreibmaschinen. Der fast vollständigen Demontage des Werkes nach 1945 entging eine in Deutschland wohl einmalige in 3 Bauabschnitten 1866–67, 1872 und 1883 errichtete dreigesch. fünfschiffige *Montagehalle* als selbsttragende Holzständerkonstruktion (12 Joche im Achsmaß von 4,5 m, B des Mittelschiffs 7 m, der Seitenschiffe 4,5 m, Gesamtlänge 53,78 m, Gesamtbreite 26,25 m) innerhalb massiver Außenmauern. Über dem 2. Geschoß eine Kranbahn. – Von der gestalterischen Auffassung her gehört die 1865 erbaute *Gießereihalle* (Galeriehalle) der 1852 von E. Th. Höhne und J. G. Hustler gegr. **Eisengießerei**, 1860 von Eduard Kertscher, der sich 1865 mit William Benndorf liierte, übernommen, noch in das 18. Jh. Die Straßenfassade der im Inneren als Holzkonstruktion ausgeführten dreischiffigen Halle erinnert mit Lisenengliederung und einem den Giebel des Mittelrisalits abschließenden offenen Glockenstuhl an spätromanische Kirchenbauten Oberitaliens. – Die zwischen 1882 und 1888 auf winkelförmigem Grundriß mit markantem Eckturm errichteten Gebäude der 1875 von Carl August Richter gegründeten Eisengießerei (Annaberger Straße 114) dienen als Interimslösung für das Industriemuseum bis zum Umzug auf das Gelände der ehem. »H. & A. Escher AG«. – Als Familienunternehmen von Bernhard und Hermann Escher 1874 gegründet, entwickelte sich die von H. Escher ab 1880 allein geleitete Firma nach der Fusion (1905) mit der 1899 von seinem Sohn Alfred gegründeten **Werkzeugmaschinenfabrik** als »Hermann & Alfred Escher AG« zu einer der bedeutendsten Maschinenbaufirmen in Ch., die jedoch wegen rückläufiger Auftragslage bereits 1925 die Gießerei schließen mußte. Während der Weltwirtschaftskrise 1929–30 folgte der Verkauf des Unternehmens an den 1833 gegründeten NILES-Konzern (Stammsitz: Cincinnati, Ohio). In die Rüstungsproduktion ab 1939 eingebunden, entwickelte sich das Unternehmen nach 1945, nun als **»VEB Großdrehmaschinenbau 8. Mai«**, zu einem der wichtigsten Werkzeugmaschinenhersteller innerhalb des COMECON-Wirtschaftsverbundes. 1992 Rückführung an den Mutterkonzern NILES-Simmons. Nach unterschiedlicher Zwischennutzung stand die ● *Gießereihalle* (1907) mit ihren 4 beeindruckenden Rundbogengiebeln (Zwickauer Straße 125) in zweifarbigem Backsteinrohbau, hinter denen sich *Shedhallen* (14 x 52 m) in genieteter Stahlkonstruktion verbergen, seit Beginn der 1980er Jahre abrißbedroht leer. An die Gießereihalle angelehnt *Putzereihalle* und *Verwaltungstrakt*, benachbart Werkstattbau im Industrie-Jugendstil und der Backsteinrohbau der ehem. Dampf- und Kraftzentrale, die an der Innenseite der Südwand zwei verm. von der Chemnitzer Malerin Martha Schrag ausgeführte Wandbilder aus dem Alltag einer Gießerei zeigt. Mit dem Zusammenschluß der Betriebe von Vater und Sohn 1905 begann auf dem weitläufigen Areal der ehem. »Alfred Escher AG« (Lassallestraße 11) eine rege Bautätigkeit. Etwa gleichzeitig mit der Gießereihalle an der Zwickauer Straße entstand nach fast identischem Entwurf eine *Montagehalle*, deren 3 Rundbogengiebel beidseitig gefaßt werden durch schmalere Seitenschiffe mit Dreiecksgiebelfassaden, an dessen nördl. sich eine weitere, durch die größere Breite bedingt, höhere Shedhalle anschließt. Dem Abbruch entgangen sind bisher auch die nach Entwurf der Chemnitzer Architekten Konfeld & Benirschke zwischen 1911 und 1914 im Reformstil errichtete Montagehalle, die Kraftstation und die Erweiterungen der Shedbauten. Signifikantestes Gebäude auf dem Grundstück ist der im N die Montagehalle begrenzende, um 4 Geschosse höhere Treppenturm, das sog. *Brunnenhaus*, mit einem Behälter ● für die Betriebswasserversorgung. – Die 1885 in angemieteten Werkstatträumen in der Innenstadt gegründete **»Chemnitzer Velocipedfabrik Winklhofer & Jaenicke«** begann ab 1895 an der Ausfallstraße nach Westsachsen (Zwickauer Straße 221) auf eigenem Areal mit dem Neubau einer Fabrik. 1896 in »Wanderer-Fahrradwerke, vorm. Winklhofer & Jaenicke AG« umfirmiert, produzierte das Unternehmen neben Fahrrädern nun auch Schreibmaschinen (»Continental«), ab 1903 Addier- und Buchungsmaschinen, Motorräder und schließlich ab 1912 Automobile. Nach 1945 wurden die Wanderer-Werke (bis 1990) Teil des Kombinats »VEB Fritz Heckert«. Die Ausweitung der Produktion erzwang einen Fabrikneubau, der nach Entwurf des Chemnitzer Büros Zapp & Erich Basarke östl. der seit 1895 entstandenen *Fabrikbauten* (Verwaltung 1895, Ferti- ● gungshallen 1893–1909, Lager- und Bürogebäude 1898) zwischen 1912 und 1918 als nach S offene Dreiflügelanlage realisiert wurde, deren Längstrakte zweifach Zwischenbauten mit Treppenhäusern, Aufzügen, Umkleiden usw. verbinden. Monumental den Straßenabschnitt bestimmend das fünfgesch., durch Ecktürme akzentuierte Büromaschinenwerk mit Fassadengestaltung zwischen klassizistisch geprägtem Reformstil und Hinweisen auf die frühe Moderne (nicht in allen Teilen original erhalten), die Hoffront betont durch sechsgesch., im Abschluß abgetreppten Uhrturm. Im SO anschließend das Maschinen- und Kesselhaus in ebenfalls neoklassizistischer Fassadengestaltung. Dem Backsteinrohbau der Fabrikhallen von 1898 nördl. vorgelagert der vom Dresdner Architekten Wilhelm Kreis entworfene Stahlskelettbau des Fertigungsgebäudes von 1938–39, der sich äußerlich nur wenig von der eine Generation älteren Auffassung von Architektur des Büros Zapp & Basarke unterscheidet. – Traditioneller als die Wanderer-Werke, aber durchaus dem Reformstil verpflichtet, gibt sich der ebenfalls von Zapp & Basarke entworfene, 1913 bezogene Neubau der 1859 gegründeten **Werkzeugfabrik J. E. Reinecker** (Bernsdorfer Straße) mit kolossaler Lisenengliederung innerhalb der die Gleichförmigkeit der Fassaden unterbrechenden Risalite. – Bereits 1914 hatte die **Maschinenfabrik Schubert & Salzer A.G.** das Büro von Zapp & Basarke mit dem Entwurf für einen Erweiterungsbau beauftragt.

1927 konnte das Unternehmen den nach Entwurf von Erich Basarke errichteten Neubau der Schmiede (Annaberger Straße 73) beziehen, dessen an spätmittelalterlichen Geschlechtertürmen der Toskana orientierter, in der Gestaltung aber dem deutschen Expressionismus verpflichteter *Uhrturm* auch zu DDR-Zeiten als werbewirksames Symbol galt. – Etwa gleichzeitig entstand, vom selben Architekten entworfen, das *Verwaltungs-* und *Produktionsgebäude* der **Maschinenfabrik Pfauter** (Einsiedler Straße 3) in einer der Bauhausauffassung folgenden Verknüpfung rein kubischer Elemente, jedoch unterschieden durch den Ersatz der vom Bauhaus propagierten Putzflächen durch eine Klinkerfassade. – 1919 gründete der in Hamburg geborene John E. Greve nach Tätigkeit in den USA und bei den Wanderer-Werken einen eigenen Betrieb, der, 1921 in **»Astra-Werke A. G.«** umfirmiert, ab 1925 mit den von Greve selbst entwickelten Rechenmaschinen mit leicht verständlicher logischer Zehnertastatur weltmarktführend auf dem Sektor der Addiermaschinen wurde. Nach Planung des Werkbund-Architekten Willy Schönefeld entstand 1928–29 ein neues Fabrikgebäude (Altchemnitzer Straße 41), das in seiner ausschließlich auf »Sachlichkeit« ausgerichteten Konzeption vor allem eingefleischte Bauhausbewunderer überzeugen kann.

### Ch.-Rabenstein

Die Kalkbrüche bei Niederrabenstein werden erstmals 1375 urkundlich faßbar, ein weiter zurückreichender Abbau des Kalzitmarmors kann jedoch angenommen werden. Nach Erwerb des Gutes Niederrabenstein 1831 durch Traugott R. Esche erhielt die **Kalkgrube** neue Bedeutung als Lieferantin von Baumaterial für die sich erweiternde Industrie in Ch. Esche ging zum Tiefbau über, für den bis 1874 ein zentraler Förderschacht abgeteuft wurde. 1908 wurde der Abbau eingestellt, die »Felsendome« unter dem Nachbesitzer Reinhardt als Naturbühne und Schaubergwerk genutzt. Daneben ein museal erhaltener *Kalkbrennofen* und das *Brennmeisterhaus*, Fachwerkbauten über Bruchsteinsockelgeschoß, das Ofengebäude vertikal verbrettert. *VR*

### Ch.-Altenhain

**Baumwollspinnerei von Hößler** (Amselgrund 4). Vom ortsansässigen Baumeister Christian Friedrich Uhlig wurde 1834 das massive fünfgesch. Spinnereigebäude errichtet. 1895–1990 diente der Bau einem Möbelproduktionsbetrieb. Das Gebäude ist heute in einem weitgehend originalen Zustand. Am freistehenden klassizistischen Baukörper befindet sich das ehemalige *Maschinenhaus* mit quadratischem Schornstein. – **Geburtshaus von Christian Friedrich Uhlig** (Dorfstraße 51). Das ehemals mit einer Balkeninschrift »1776« versehene Wohnstallhaus in der regional typischen Fachwerkbauweise, Geburtsort C. F. Uhligs (1774–1848), ist Bestandteil eines Dreiseithofes. Nach seiner Ausbildung im Tischler- und Zimmererhandwerk und dem Selbststudium der klassizistischen Baukunst war der Bau- und Zimmermeister Uhlig am Bau von rund 20 erzgebirgischen Kirchen sowie bei der Errichtung erster sächsischer Fabrikbauten beteiligt. *ST*

Lit.: Dannat; Misterek; Wieck; Kirsche/Müller, 240; Berger, 87 f.; Richter; ZA + IVH 1885; Bauten der Technik und Industrie, 72, 121, 128, 144, 214, 226, 229, 236, 241; IB 7/4, 1916, 65–70, 72–73; IB 7/5, 1916, 77–92; Der Anschnitt 2–3, 1996, 57.

## Chorin (Barnim/D 5) BG

**Bahnhof Chorin Kloster.** Nach der Inbetriebnahme der Eisenbahnteilstrecke Berlin–Eberswalde–Angermünde 1842 wurde am 1. 7. 1857 der Bahnhof Chorin eingeweiht. Seine für die Reisenden ungünstige Lage, 3 km vom Ortskern entfernt, führte 1902 zur Errichtung des Haltepunktes Chorinchen (später: Bahnhof Chorin Kloster). Das *Bahnhofsempfangsgebäude* von 1913 ist ein verputzter Ziegelbau aus 2 versetzt angeordneten Gebäudeteilen, einem zweigesch. mit vorgesetztem Schaugiebel und einem eingesch., an den die sog. *Sommerhalle* anschließt. Das Walmdach trägt eine überdimensionierte Gaupe, deren Form vom abgewalmten Dachvorsprung aufgenommen wird. Bahnsteigseitig wird der Vorbau von 4 Pilastern mit einem abschließenden Frontispiz geschmückt. Sein dreieckiges Feld ziert ein Segmentbogenfenster. Die Sommerhalle ist eine bahnsteigseitig offene, nur von Stützen getragene Holzkonstruktion mit Walmdach. Unverkennbar ist der Einfluß des Zisterzienserklosters Chorin, der Schöpferbauten märkischer Backsteingotik, auf Form und Größe des Bahnhofs. – **Ragöser Kanaldamm** (in der Hochebene des Choriner Forstes). Der Kanaldamm entstand im Zuge der Anlegung des Hohenzollern-Kanals zwischen 1907 und 1911. Mit seiner Höhe von 28 m ist er der höchste Kanaldamm der Welt. Seine Länge beträgt 650 m und seine Wassertiefe 4 m. Der Durchlaß für das Ragöser Fließ, eine Betonrohrausführung, beträgt 4,3 m. Um den Schiffahrtsbetrieb zu vereinfachen, sollte der Hohenzollern-Kanal zwischen dem Havelabstieg bei Lehnitz und dem Oderabstieg bei Niederfinow in der Scheitelhaltung ohne Schleuse angelegt werden. Das zwang zu einer Trassenführung durch die Hochebene des Choriner Forstes und damit zur Überquerung des tiefeingeschnittenen Ragöser Fließes. 2 Varianten standen zur Wahl: Brückenbauwerk oder Dammschüttung. Aus wirtschaftlichen Erwägungen wurde der Kanaldamm bevorzugt. *WT*

## Colmnitz (Weißeritzkreis/G 5) FS

Ehem. **Stuhl- und Möbelfabrik Hoffmann & Kittel** (Lindenweg). 1899 am Colmnitzbach auf dem Gelände einer Brett- und Schneidemühle gegründet, erforderte das gutgehende Geschäft 1913 eine erste bauliche Erweiterung mit Wohn- und Verwaltungsgebäude, das sich mit seiner repräsentativen barockisierenden Fassaden- und Dachgestaltung von dem direkt anschließenden Fabrikgebäude in schlichten Formen des Neuklassizismus deutlich absetzt. Die östl. Verlängerung des Produktionstraktes von 1923–26 zeigt mit breiten Segmentbogenfenstern im EG, zentralem Segmentbogengiebel im Walmdach und beiderseits den Baukörper begrenzenden, risalitartig wirkenden Giebeln, ein stärker ausgeprägtes, aber für die Bauzeit unpassendes neuklassizistisches Äußeres. *VR*

Lit.: Bauten der Technik und Industrie, 272 f.

## Cossebaude (Meißen-Radebeul/G 5) FS

### C.-Gohlis

**Windmühle** (Grüner Weg). Der als Ersatz für eine seit 1570 nachweisbare Schiffsmühle 1867–70 aus deren Ablösesumme am Ufer der Elbe massiv viergesch. in Sandstein erbaute Turmholländer wurde bereits 1914 stillgelegt. 1945 ausgebrannt, beherbergte die Mühle nach der Restaurierung (1953–55) ein bald verwahrlosendes Mühlenmuseum. Mit der Erneuerung 1984 erhielt der Kopf ein neues Flügelkreuz. Von der Technik erhalten die Flügelwelle mit Kammrad, die Königswelle, der Mahlgang und als Besonderheit der als Ersatz der Windrose von Hand betriebene Innenmechanismus zum Drehen der Haube (Innenkrühwerk). *VR*

### C.-Niederwartha

Das **Pumpspeicherwerk** (VEAG AG Berlin, am Fährhaus 4) wurde 1928–31 in der Nähe Dresdens am linken Elbhang errichtet. Rekonstruktion und Wiederaufbau nach teilweiser Reparationsdemontage sowie gleichzeitige Verlängerung des Krafthauses um 3 Achsen erfolgten 1951–60. Einlaufbauwerk und Wasserschlösser am oberen Stausee entwarf Architekt Friedrich Rötschke. Die Bauwerke am unteren Stausee, meist Stahlbetonkonstruktionen mit Klinkerverblendungen, stammen von Hans Poelzig und Emil Högg. Wichtigster Teil ist eine zwei- und dreigesch. Gebäudegruppe mit Flachdächern und kubischem Turm. Horizontale Geschoß- und Fensterbänke gliedern die Bauten, das oberste Band ist attikaähnlich über das Dach gezogen und zinnenartig ausgebildet. Technische Daten: Fassungsvermögen oberer/unterer Stausee: 2,8/2 Mio. m$^3$. Fallhöhe: 132 m. 3 Rohre befördern je 16 m$^3$ Wasser pro Sekunde. Leistung 1930: 80 MW, ab 1960: 126 MW. *KD*

Lit.: Krüger; Mühlen, 288; Schmidt/Theile I, 209.

## Coswig (Meißen-Radebeul/G 5) FS

**Lederfabrik** (Industriestraße 25). 1835 als Gerberei von Christoph Heinrich Bierling im Zentrum von Dresden gegründet, entwickelte sich der Familienbetrieb in den zwei folgenden Generationen zu einem florierenden Unternehmen, das z. B. als eines der ersten im Deutschen Reich das Chromgerbverfahren zur Herstellung von Boxcalfleder nutzte. Nach mehrfachem Standortwechsel in Dresden entschloß sich die »Heinrich Bierling GmbH« 1906 für einen Fabrikneubau in C., in dem bis 1912 mit Lagerhaus für Rohfelle und Probegerberei, Gerbereihalle, Trocken- und Maschinenhaus und Verwaltungsgebäude kontinuierliche Produktion möglich wurde. Erweiterungen von 1921 und aus den Nachkriegsjahren. Das mit 36 Achsen für Produktion und Verwaltung 1912 fertiggestellte Hauptgebäude entlang der Industriestraße spiegelt in Konstruktion und Fassaden den zeitgemäßen, aus klassizistischen Vorbildern abgeleiteten Reformstil der Zeit um 1910, wobei die Lisenen an den Treppentürmen eher an spätbarocke Vorbilder erinnern. Im Zentrum ein dreifach unterteilter Risalit, den vierungsartig eine mächtige Kuppelkonstruktion zusätzlich betont. Im Norden des Fabrikkomplexes (Am Baggerteich) das mit 3 im Industrie-Jugendstil gestalteten segmentbogenartigen Giebeln auf T-förmigem Grundriß 1908 errichtete Gebäude der *Kraftzentrale* (heute »Fernwärme Sörnewitz«). *VR*

Lit.: Bauten der Technik und Industrie, 426 f.

## Cottbus (Cottbus/F 6) BG

*Aus dem wichtigsten Erwerbszweig der Niederlausitzer Spreemetropole in der 1. Hälfte des 19. Jh.s, der Tuchfabrikation, entwickelte sich mit dem Anschluß an das Eisenbahnnetz in der 2. Hälfte des Jh.s eine blühende Textilindustrie, deren Energiebedarf durch den seit 1843 in der Lausitz nachgewiesenen Braunkohlenbergbau gedeckt wurde.*

**Eisenbahn.** Eine normalspurig betriebene Pferdebahn (Schwielochseebahn; Cottbus-Goyatzer Eisenbahn) verband seit dem 24. 6. 1846 (eingestellt am 1. 4. 1879) C. mit dem etwa 32 km nördl. gelegenen, auf dem Wasserweg von Nord- und Ostseeküste erreichbaren Goyatz an der Südspitze des Schwielochsees. Als letzte Erinnerung an die Pferdebahn die heute als Café genutzte *Remise* an der Kaimauer. – Nach der Eröffnung der Hauptstrecke Berlin–C. (13. 9. 1866) – Görlitz (31. 12. 1867, Berlin-Görlitzer Eisenbahn) entwickelte sich die Stadt innerhalb eines Jahrzehnts zu einem der bedeutendsten Eisenbahnknotenpunkte Ostdeutschlands: 1. 9. 1871 Guben–C., 1. 12. 1871 C.–Finsterwalde–Falkenberg, 1. 3. 1872 C.–Forst (Halle-Sorau-Gubener Eisenbahn); 20. 4. 1870 C.–Senftenberg–Großenhain, 31. 12. 1876 C.–Frankfurt a. d. O. (Cottbus-Großenhainer Eisenbahn), der unter den Preußisch-Hessischen Staatsbahnen und der Reichsbahn zentrale Funktion als Ausbesserungswerk erhielt. Die Kriegszerstörung überstand allein unbeschadet der *Typen-Wasserturm* mit leicht konischem, durch Lisenen gegliederten Schaft aus Backstein und einem Kugel-Stützbodenbehälter (500 m³) der Bauart Klönne von 1914. – Ersatz für die C.-Goyatzer Eisenbahn schuf, wenn auch mit anderer Trassierung, die vom Landrat Freiherr von Wackerbarth geförderte Lübben-Cottbuser **Kreisbahn** (Ausführung durch die Berliner Eisenbahngesellschaft J. Bekker & Co.) mit den Streckeneröffnungen der Spreewaldbahn (1000 mm) Lübben–Straupitz–Bylen–Burg–Werben–C. (29. 5. 1898), Straupitz–Goyatz (29. 5. 1898) und Bylen–Lieberose Bf. (17. 5. 1904). Zwischen 1958 und 1970 abschnittsweise stillgelegt, teilweise auch abgebaut, bezeugen nur noch einige ehem. *Empfangsgebäude* – Briesen (Gaststätte), Werben (Spedition), Straupitz mit Empfangsgebäude (Wohnhaus), ehem. Verwaltungsgebäude und dem als Werkstatt genutzten dreiständigen Lokschuppen, Goyatz (rest., Heimatmuseum und Fremdenverkehrsverein), Burg (rest., Gasthof), Lieberose (rest., Gaststätte) und als einziger Backsteinrohbau der Endbahnhof in Cottbus (Verwaltung der Eisenbahner-Gewerkschaft) – von der ehem. wirtschaftlichen Bedeutung der Bahn für den Spreewald.

**Versorgung.** Seit dem 15. Jh. sind für die (Mühlen-)Insel im Amtsteich etliche Mühlen erwähnt. Nachdem ein Teil der Insel 1897–98 in eine städt. Parkanlage umgewandelt wurde, entschloß sich die Stadt, an der Stelle der ehem. Walkmühle und damaligen Textilfabrik ein **Elektrizitätswerk** zu errichten, das 1903 mit einer Leistung von 500 000 kWh in Betrieb ging. Der mehrfach durch Treppengiebel gegliederte Backsteinbau steht ganz in der Tradition der norddeutschen Backsteingotik. In unmittelbarer Nähe das 1927–28 nach Entwurf von Werner Issel errichtete Dieselkraftwerk. In den Fassadendetails mit schmalen, geschoßübergreifenden Fenstern an die Entwürfe für die AEG anknüpfend, übersetzt Issel bei der Großgliederung der Baumassen Vorgaben oberitalienischer Klosterbaukunst der Romanik in zeitgemäße expressionistische Formensprache, besonders ausgeprägt bei der kreuzgangähnlichen *Trafo-Vorhalle* und dem als Campanile vorgesetzten *Schalthausturm*. – Am Großen Spreewehr das kleine Fachwerkgebäude der **Spreewehrmühle**: 1792 als Schneidemühle errichtet, im 19. Jh. zur Mahl- und Stampfmühle ausgebaut mit kontinuierlichem Betrieb bis 1959, danach nur noch Weiterbetrieb der seit 1874 lizenzierten Gaststätte; seit der Restaurierung 1977–88 besteht die Möglichkeit zu Schauvorführungen.

**Industrie.** Von der Mitte des 19. Jh.s bis zum 2. Weltkrieg lebte die Stadt von der Textilindustrie (1930: 53 Tuchfabriken, 5 Färbereien, 3 Leinewebereien), deren Bauten in den Parallelstraßen zur Spree noch heute präsent sind: Am Mühlgraben die mächtige, durch drei Risalite gegliederte neoklassizistische Fassade der **Tuchfabrik Wilhelm Müller** von 1915, die eine Eisen-Beton-Konstruktion verdeckt. An der Franz-Mehring-Straße die Gebäude der 1885 gegr. **Tuchfabrik Jürss & Elger** mit teilweise erhaltener Einrichtung im Kesselhaus. In romanisierendem Backsteinrohbau entstanden 1889 für Textor & Prochatscheck die 1914 von der **Tuchfabrik Rudolph Kerl** übernommenen Fabrikgebäude an der Parzellenstraße; für den neuen Eigentümer entstand 1914–15 ein kolossaler Rundbau des Neoklassizismus mit horizontalem Fugenschnitt im EG und Pilastergliederung der OG unter kuppelartigem Walmdach. Südl. des Stadtrings am Spreeufer das für die **Tuchfabrik Wilhelm Westerkamp jr.** um 1915 errichtete Fabrikgebäude mit einer für den Neoklassizismus typischen, rustizierten Pfeilergliederung unter Segmentbogengiebel an der Schaufassade, die sich einseitig an einen Turm anlehnt; das *Produktionsgebäude* ist eine Eisen-Beton-Konstruktion, die sich in den gerasterten Fassaden widerspiegelt. – Aus den 1890er Jahren stammt der neoromanische, von Treppen- und Wasserturm akzentuierte Backsteinrohbau der 1748 gegr. **Kornbrennerei Melde** (August-Bebel-Straße 22–24). Ähnliche Gestaltungsauffassung zeigt das 1889 für die **Druckerei A. Heine** errichtete Gebäude (Bahnhofstraße 52). Beachtenswert das Sudhaus der **Merkur-Brauerei** (gegr. 1863 als Vereinsbrauerei AG; Bautzener Straße) von 1908, dessen Pilaster rundbogige Blendarkaden, geschmückt mit Reliefs über das Biertrinken, fassen. *VR*

Lit.: Bayerl; Hübener.

## Creuzburg (Wartburgkreis/G 1) TH

**Werrabrücke mit Liboriuskapelle.** Muschelkalkbrücke, seit 1223 als Teil der (später so genannten) Hohen oder Königsstraße (via regia), einem der bedeutendsten mittelalterlichen Handels- und Heerwege, nachweisbar; damals wohl schon mit sieben Rundbögen. Im heutigen, 95 m langen Bauwerk, das eine stichbogige Gradiente über den Bögen zwischen sechs polygonalen Strompfeilern aufweist, ist mittelalterliche Bausubstanz enthalten. Über den vier mittleren Pfeilern sieht man im Grundriß halbkreisförmige Austritte mit steinernen Brüstungen. Es gilt als älteste Brücke Mitteldeutschlands. Nachweisbare Erneuerungen 1797, 1907 und – infolge erheblicher Kriegsschäden – 1950; 1992 denkmalpflegerisch restauriert nach Verlegung des Kraftverkehrs auf das 1985/86 südlich (stromaufwärts) von ihr errichtete Begleitbauwerk. – Am westlichen, stadtwärts gelegenen Brückenkopf stand bis 1717 ein Wehrturm, am östlichen – ohne bauliche Verbindung mit der Brücke – eine Wallfahrtskapelle, die 1499 (Baubeginn) durch die heute noch vorhandene Liboriuskapelle ersetzt wurde, einen zweijochigen netzgewölbten Rechteckbau unter steilem Satteldach, mit 5/8-Chorschluß, im Inneren mit reichhaltigen, unter Übertünchungen 1838 wiederentdeckten Ausmalungen um 1520, u.a. Szenen aus dem Leben der hl. Elisabeth von Thüringen, 1950 und 1979/80 konserviert. *HW*

Lit.: Erler/Schmiedel, 155, 156; Wirth, 1990, 105–106.

## Crimmitschau (Zwickauer Land/G 3) FS

*Um 1200 wurde Crimmitschau gegründet. Das Tuchmachergewerbe war in der Stadt stark vertreten. Ausschlaggebend für die weitere Entwicklung Crimmitschaus zu einem Zentrum der westsächsischen Textilindustrie waren die Gründung einer Tuchmanufaktur und -färberei 1748 sowie einer mechanischen Wollspinnerei 1811. Zahlreiche im 19. Jh. errichtete Fabrikbauten prägen noch heute das Stadtbild.*

**Volltuchwerk** (Leipziger Straße 125). 1885 verlegte der Unternehmer Friedrich Pfau seine 1859 in C. gegründete Tuchweberei an den heutigen Standort, wo er gemeinsam mit anderen Firmen ein neues Fabrikgebäude errichten ließ. Wiederaufbau nach einem Brand 1899 durch die Söhne des Firmengründers. 1911 kam es zum Bau eines Verwaltungsgebäudes an der Leipziger Straße, in der für die Zeit um 1910 typischen Architektur (vgl. die Bauten von Ph. J. Manz in Württemberg), welches auch die Webereivorbereitung beherbergte. 1916 übernahm die Firma Pfau die

Produktionsgebäude und die Villa (mit Park) der benachbarten **Textilfabrik Zeiner & Schumann**. Das gesamte Betriebsgelände mit den Maschinen, welche dem Stand der Technik zu Beginn des 20. Jh.s entsprechen und die alle textiltechnologischen Prozesse der Stoffherstellung vom rohen Fasermaterial bis zum versandfertigen Stoffballen verdeutlichen, steht unter Denkmalschutz. Eine Betreibung der Anlage als westsächsisches Textilmuseum ist vorgesehen. *ST*

## Dabel (Parchim/B 3) MV

Durch fast gleiche Höhe von massivem zweigesch. Backsteinsockel und ebenfalls zweigesch. Rumpf gedrungen wirkender **Galerieholländer** von 1892 (nordwestl. Ortsrand, B 192). Bis zum Ende der 1950er Jahre allein mit Windkraft betrieben, danach Elektroantrieb; 1982 erneut durch Restaurierung von Segelgatterflügeln und Windrose auf Windkraftnutzung (zum zeitweiligen Betrieb) umgestellt. Die urspr. technische Ausstattung mit modernisierenden Ergänzungen von 1921 und 1950 ist komplett erhalten. *VR*

Lit.: Mühlen, 191; Schmidt/Theile I, 210; Wirth, 1990, 106.

## Demitz-Thumitz (Bautzen/G 6) FS

**Eisenbahnviadukt** mit 11 Rundbögen, 230 m lang und 17 m hoch. 1845/46 für die Sächsisch-Schlesische Eisenbahn an der Strecke von Dresden-Neustadt bis Bautzen aus dem in den nahegelegenen Steinbrüchen anstehenden Lausitzer Granit gebaut. *OW*

Lit.: Wirth, 1990, 107.

## Demmin (Demmin/B 4) MV

*Im Schnittpunkt dreier schiffbarer Flußläufe (Peene, Tollense und Trebel) und an der Kreuzung von zwei großen Handelsstraßen (aus slawischem Gebiet nach Hamburg und von Magdeburg nach der Ostseeküste) gelegen, nahm D. als befestigte Siedlung im pommerschen Grenzland und als Handelsplatz seit dem 12. Jh. bis zum Dreißigjährigen Krieg eine bedeutende Stellung ein. Ein erneuter wirtschaftlicher Aufschwung begann mit der Eingliederung nach Preußen ab 1815, begünstigt durch eine bereits im 18. Jh. ausgeführte Regulierung der Peene.*

**Hafen.** Ältestes Relikt der Blütezeit der Schiffahrt auf der Peene ist der »*Lübecker Speicher*« des späten 18. Jh.s unmittelbar westlich der Straßenüberführung (heute B 110) über den Fluß, gebaut

Demmin. Hafenspeicher und Klappbrücke

als dreigesch. Fachwerkständerkonstruktion mit füllendem Backsteinmauerwerk unter steilem Mansarddach, an dem hafenseitigen Giebel mit überdachter Kranluke und Beschickungsöffnungen für die Lagerböden. Im EG mit ihm verbunden, schließt sich nach W ein zweiter, zur Peene traufständiger Lagerbodenspeicher in Backsteinrohbau an (um 1890), dessen fünfachsige, fünfgesch. Fassade durch den Aufzugsrisalit zentriert wird. Unmittelbar im Westen anschließend der nach dem Demminer Großkaufmann Otto Klänhammer benannte Speicherbau von 1940. Die Massenverteilung wie auch die Dachform – Kombination von zentrierendem Walm- und längsgerichtetem Satteldach – des in Sichtmauerwerk ausgeführten Gebäudes lassen die Doppelfunktion als Schachtsilo- und Lagerbodenspeicher bereits im Äußeren erkennen. Östlich der Brücke ein Speicher um 1910, durch Neunutzung stark verfremdet. – Vor der Silhouette der Speicher die einseitige **Klappbrücke** (Kahldenbrücke) über die Peene, 1925–26 in Stahl mit manuellem Öffnungsmechanismus erbaut, verm. als Ersatz einer hölzernen Konstruktion; 1952 Grundinstandsetzung, 1978–79 Einbau eines hydraulischen Hebewerkes.

**Bahnhof.** Die Hoffnungen der Stadt auf weiteres wirtschaftliches Wachstum durch den Bahnanschluß (1. 12. 1877 Neubrandenburg–D., Berliner Nordbahn; 1. 1. 1878 D.–Stralsund, Preußische Staatsbahn) spiegelt das voluminöse *Empfangsgebäude* (Bahnhofstraße), dreiteilig im traditionellen Schema der Baukörpergliederung, doch den Mitteltrakt gleich hoch geführt wie die giebelständigen Eckbauten. Die Fassaden sind stilistisch dem Klassizismus entlehnt, ohne jedoch zwischen EG und OG Prioritäten zu setzen: Neuromanische Fenster- und Lisenenanordnung überlagert flächenfüllend eine bis unter das Mezzaningeschoß (in den Giebeln als Zwerchgalerie fortgeführt) reichende Rustizierung, die üblicherweise dem EG vorbehalten ist. Auf der Gleisseite hölzernes Vordach. – **Wasserturm.** Zwischen Stadion und Friedhof (Bernhard-Kellermann-Straße) erhebt sich der gedrungene, romanisch inspirierte Backsteinschaft des Hochbehälters der städtischen Wasserversorgung aus dem letzten Jahrzehnt des 19. Jh.s, strukturiert durch Pfeilervorlagen und getrepptes Konsolgesims. 1978 zur Volkssternwarte umgebaut. *VR*

Lit.: Schmidt/Theile I, 190; Schmidt/Theile II, 31; Kahl/Schlösser.

## Dermbach (Wartburgkreis/G 1) TH

**Feldabrücke.** Zweibogige, 1722 aus Sandstein errichtete, 6 m hohe Straßenüberquerung der Felda, eines linken (südlichen) Nebenflusses der Werra; 23 m lang. Die Stichbögen 6 m weit gespannt, über dem mittleren Wasserspiegel 4 m hoch. *HW*

Lit.: Erler/Schmiedel, 158.

## Dessau (Dessau/E 3) SA

*Auf einer von Elbe und Mulde gefaßten Landzunge gegründet, besaß die Stadt wegen des hier möglichen Elbübergänges bereits seit dem Mittelalter wirtschaftliche Bedeutung. Sehr früh in das entstehende Eisenbahnnetz durch die Berlin-Anhaltische Eisenbahn mit der Verbindung nach Köthen (1. 9. 1840) und nach Berlin (Berlin–Jüterbog 1. 7. 1841, Coswig–D. 18. 8. 1841, Wittenberg–Coswig 28. 8. 1841, Jüterbog–Wittenberg 10. 9. 1841) einbezogen, entwickelte sich D. erst infolge der ab der Jahrhundertmitte beginnenden Erschließung des Bitterfelder Braunkohlenreviers im letzten Viertel des 19. Jh.s zu einem Industriestandort.*

1857 wurde die Bahnstrecke nach Bitterfeld eröffnet, über die D. seit dem 1. 2. 1859 auch direkten Anschluß nach Halle und Leipzig erhielt; 1874 folgte die Verbindung nach Magdeburg (Anhaltische Leopoldsbahn, Roßlau–Zerbst 1. 11. 1863; Berlin-Anhaltische Eisenbahn, Zerbst–preuß. Grenze bei Güterglück 1. 7. 1874; Berlin-Potsdam-Magdeburger Eisenbahn, Biederitz–Güterglück–Grenze gegen Zerbst 1. 7. 1874). Wenig später entstand mit gelben Klinkerfassaden ab 1877 im nördl. Gleisfeld des Hauptbahnhofs (Georgenallee) ein **Bahnbetriebswerk** mit zweiständigem Lokschuppen (1877) und zugehöriger genieteter Drehscheibe (Dm. 16 m; 1908, Eisenwerk Friedrich Schimpf & Söhne in Schafstedt), einem in zwei Bauabschnitten bis zu Anfang der 1890er Jahre fertiggestellten 13ständigem *Ringlokschuppen* mit 16,4-m-Drehscheibe (ebenfalls von Schimpf & Söhne), benachbart ein funktionsfähiger *Wasserkran.* Mit Verbindung zum Ringlokschuppen der Komplex von Verwaltungsgebäude, Werkstätten und Wasserstation (bis etwa 1890 erbaut; dreistöckiger Turm mit vier genieteten rechteckigen

Flachbodenbehältern), daneben zwei Sozialgebäude und ein Magazin (1890er Jahre). – Nach Zerstörung des Hbf.-Empfangsgebäudes im 2. Weltkrieg dokumentiert allein das heute funktionslose *Empfangsgebäude* (Humperdinckstraße) der am 22. 9. 1894 eröffneten normalspurigen Nebenstrecke nach Wörlitz (D.-Wörlitzer Eisenbahn) repräsentative historische Bahnarchitektur in der Stadt. Das pittoreske Empfangsgebäude aus rotem Backstein zeigt in seiner doppelgiebeligen Stadtfassade die am Ende des Jahrhunderts sichtbar werdende Dekadenz des Historismus wie auch die Suche der Architekten nach einer neuen Formensprache: Links des dreijochigen, im EG durch Korbbogen zusammengefaßten Haupteinganges ein als Risalit wirkender Turm unter steilem Pyramidendach in romanisierendem Stil, wenngleich die Stufung des vorgesetzten Giebels bereits auf die norddeutsch-gotische Abstammung des Treppengiebels des rechten, durch verputzte Blendfelder gegliederten Risaliten verweist, der eher zögerliche Ansätze zum Industriejugendstil zeigt. Die dem winkelförmigen Grundriß des Empfangsgebäudes folgende hölzerne Perronüberdachung entspricht eher ländlichen Empfangsstationen. Benachbart die Verwaltung des ehem. Güterbahnhofs in schlichter Backsteinbauweise. Südöstl. des Dessau-Wörlitzer Bahnhofs (Unruhstraße) das sog. Gasviertel mit roten Backsteinrohbauten um 1890. Ebenfalls aus dem letzten Jahrzehnt des 19. Jh.s stammt die inzwischen ruinöse rot-gelbe Backsteinhülle des **Waggonhubwerkes** im ehem. Wallwitzhafen (Am Fährsee/Bf. Wallwitzhafen, B 184), wenige Meter vor der Mündung der Mulde in die Elbe. – Steigende Einwohnerzahlen erfordern eine Modernisierung der Infrastruktur. So erhielt D. nach Beginn der Industrialisierungsphase ein der technischen Ausstattung der Zeit entsprechendes **Wasserwerk** (Wasserwerkstraße 20; datiert: »Wasserwerk der Stadt Dessau 1885–1886«) in einem mittelalterlichen, vorrangig romanisch geprägten Mischstil des Historismus. Den aus der mit Rundbogen geöffneten eingesch. Front der Betriebsgebäude heraustretenden Staffelgiebel des Pumpenhauses akzentuiert ein triforisches Rundbogenfenster innerhalb eines Blendbogens, beiderseits gefaßt von Fenstern gleichartig schmaler Laibung. Schlichter die

*Dessau. Wörlitzer Bahnhof*

ebenfalls in Backsteinrohbau ausgeführten Gebäude der Wasseraufbereitung, die jedoch mit ihren Segmentbogendächern – eine von den Junkers-Werken entwickelte materialsparende, selbsttragende Blechkonstruktion – durchaus Vorbild für die Architektur der 1990er Jahre sein könnten. Ein Haus für Jugend und Kultur nimmt heute der einige hundert Meter entfernte, zum Pumpwerk gehörige Wasserturm (Turmstraße/Heidestraße) auf, ein neuromanischer Backsteinrohbau auf dem Grundriß eines Oktogons, gegliedert bis zur Hälfte des Schaftes durch Eckpilaster, die Wandflächen auf 4 Seiten durchbrochen durch bi- bzw. triforische Fenster, der Kopf gestaltet mit Konsolgesims, Blendbögen und Attika und der Konstruktion nach mit innerem Mauerkreuz zur Aufnahme eines eisernen Flachbodenbehälters (600 $m^3$) eingerichtet. Ein Jahrzehnt später mußte die Speicherkapazität des Wasserwerkes bereits erweitert werden: Der **Neue Wasserturm** (dat.: 1896, Lutherplatz; Fassungsvermögen des Intze-Behälters rund 1000 $m^3$) besaß zur Bauzeit ähnliche städtebauliche Dominanz wie sein 1890 fertiggestelltes mögliches Vorbild in Worms (s. *Reclams Führer zu den Denkmalen der Industrie und Technik in Deutschland*, Bd. 1, S. 323). Beide bei fast identischem Grund- und Aufriß von der Neoromanik geprägt, doch der Dessauer Turm etwas zurückhaltender in der Materialwahl und den architektonischen Details. Ein kaum als Kegelstumpf erkennbarer, durch 3 Gesimse horizontal gegliederter Schaft trägt über Konsolgesims den von 4 Rundtürmchen, verbunden mit rundbogigen Blendarkaden, akzentuierten Kopf; darüber ein in der Kontur durch eine Laterne gebrochenes steiles Kegeldach. – Die roten Backsteinbauten des ehem. **Schlachthofes** am östl. Stadtrand (Am Schlachthof) negieren in ihrer zufällig wirkenden räumlichen Ordnung alle seit dem Anfang des Jh.s entwickelten Regeln. Am Pförtnerhäuschen unter einem auf die Tätigkeit des Schlachthofes bezogenen Relief die Datierung 1892. *VR*

Lit.: Landesamt für Denkmalpflege Sachsen-Anhalt.

*Dessau. Neuer Wasserturm*

## Deuben (Burgenlandkreis/G 3) SA

Ausgedehnte landschaftsprägende Bruchfelder dokumentieren eindrücklich mehr als ein Jahrhundert Braunkohlentiefbau im Zeitz-Weißenfelser Revier. An der Gemarkungsgrenze, etwa auf halber Strecke nach Theißen (westl. B 91), erheben sich aus dem Straßenniveau, doch hoch über der Bruchfeldebene, mit Maschinenhaus und Förderturm die Reste der ehem. **Schachtanlage »Paul II«**. Ursprünglich als Fahr- und Wetterschacht (Schacht V, 1911 umbenannt in »Paul II«) für die unter dem Eigentümer Carl Adolf Riebeck 1883 fertiggestellte **Grubenanlage »Louise«** (der Antrag zum Abbau der Braunkohle in den Grubenfeldern Louise und Paul II wurde bereits 1875 gestellt) 1897 bis auf 58 m abgeteuft, gewann der Schacht nach einem Brand auf der Grube »Louise« 1899 auch für die Förderung an Bedeutung. Mit der Fertigstellung des Schachtes 1900 begann der erste Streckenvortrieb; ab 1903, gleichzeitig mit der Fertigstellung der Tagesanlagen, verband den neuen Fahr- und Förderschacht eine Seilbahn zum Transport der Kohle mit der Grubenanlage »Paul I« bei Luckenau. 1914 erhielt der Förderturm nach Abbruch des hölzernen und Einzug eines eisernen Fördergerüstes im wesentlichen seine heutige Gestalt als zweigesch. Backsteinrohbau mit aufgesetzter, ausgemauerter Eisenfachwerk-Konstruktion. Vom Fördergerüst nach außen sichtbar der Seilscheibenstuhl und das Eisenfachwerk der Streben. Fördermaschinen- und Kesselhaus sind schlichte Backsteinrohbauten. Von der techn. Ausstattung blieben Seiltrommel, Bremsmechanismus und Maschinistenstand sowie Hängebank und Förderkorb erhalten. Nach Einstellung des Seilbahnbetriebs 1919 erfolgte die Beschikkung der Brikettfabrik auf »Paul I« ab 1925 mittels untertägiger Kettenbahn. Einstellung des Mannschafts- und Materialfahrbetriebs 1949, der Nutzung als Wasserhaltungsschacht 1959/60. Heute Museumsprojekt der MUT (Mitteldeutscher Umwelt- und Technikpark e.V.). *VR*

Lit.: Boué; Wagenbreth, 1991.

## Deutscheinsiedel-Brüderwiese FS

(Mittlerer Erzgebirgskreis/H 5)

**Hammerherrenhaus.** Das 1707 von Christian Mäder errichtete Eisenwerk bestand – zuletzt nur als Schmiede – bis 1878. Die Gebäude waren als Dreiseithof angeordnet. Das Herrenhaus ist zweigesch., früher mit Umgebinde am EG mit Fachwerkobergeschoß und hohem Walmdach. *OW*

## Deutschneudorf-Deutschkatharinenberg

(Mittlerer Erzgebirgskreis/H 5) FS

**Dampfmaschine** in der Zico-GmbH, früher Holzwarenfabrik Zimmermann & Co. Die 1893 gegründete Firma betrieb die Maschinen ursprünglich über Transmissionen, installierte aber 1922 eine neue liegende 250-PS-Einzylinder-Dampfmaschine von der Zwickauer Maschinenfabrik mit Ventilsteuerung, stehendem Fliehkraftregler und Schwungradgenerator, der den Strom für die nun mit Einzelantrieb versehenen Holzbearbeitungsmaschinen erzeugte. *OW*

## Diemitz-Fleeth MV

(Mecklenburg-Strelitz/C 4)

**»Fleether Mühle«.** Klassizistisches Ensemble einer 1802 nach Planung von Landbaumeister Friedrich Wilhelm Dunkelberg errichteten Getreide- und Sägemühle am künstlichen, zwischen Vilz- und Rätzsee ausgehobenen Mühlgraben. Die architektonische Gestaltung in Anlehnung an das 1797/98 in zwei Teilen von David Gilly veröffentlichte *Handbuch der Land-Bau-Kunst*: Das zweigesch. verputzte, allseitig dreiachsige Mühlengebäude unter mächtigem zeltförmigen Bohlenbinderdach gliedert ein doppeltes Gurtgesims; den dreigeteilten liegenden Rechtecken der Fenster im leicht geböschten EG entsprechen die auf dem oberen Gurtgesims aufsitzenden Thermenfenster des OG. Vom Ende des 19. Jh.s stammt das anschl. Radhaus mit Fachwerkobergeschoß auf massivem EG für ehem. 2 Wasserräder (Dm. 4 m, B 2,8 m); aus gleicher Zeit das zum Radhaus querstehende Fachwerkgebäude der Sägemühle. Ebenfalls zweigesch. und mit gleicher Fensterordnung wie das Mühlengebäude der Speicher, dessen Bohlenbinderdach sich zum Hof hin abwalmt. Ab 1955 Mischfutterwerk, Technik erneuert. *VR*

Lit.: Bez. Neubrandenburg, 220; Mühlen, 194.

## Dienstedt-Hettstedt (Ilmkreis/G 2) TH

**Wassermühle** in Kleinhettstedt. Der Standort einer Getreidemühle ist hier seit dem 16. Jh. bezeugt. 1732 mit 4 Wasserrädern, eins unterschlächtig für den Schrotgang, 3 oberschlächtig für Mahlgänge und Ölmühle ausgestattet. Ab 1870 Umbau zur Industriemühle, zunächst noch mit eisernen mittelschlächtigen Wasserrädern, seit 1900 mit Francis-Turbine (80 PS) sowie Lanz-Lokomobile, diese 1914 durch Dieselmotor (110 PS) ersetzt. – Monumentale, mehrfach gestaffelte Baugruppe, viergesch., obere Geschosse in Sichtfachwerk. Im Hof stattliche Fabrikantenvilla im Jugendstil. – Die Anlage mit komplettem technischen Inventar – Walzenstühlen, Elevatoren, Plansichtern, pneumatische Förderung von 1989 – seit 1991 stillgelegt. *HW*

Lit.: Mühlen, 246, 374.

## Dingelstädt (Eichsfeld/F 1) TH

**»Große Mühle«.** Getreide-Wassermühle mit stattlichem innerstädtischen Hof; Teile des Wohnhauses und das rechtwinklig zu diesem angeordnete Torhaus noch aus dem 16. Jh. (prächtiges Renaissanceportal, inschriftlich datiert: 1591); das sich in Strecklage an das Wohnhaus anschließende Mühlengebäude 1714 durch den heutigen, mehrfach veränderten Bau mit einst mittelschlächtigem Wasserrad an der Traufseite ersetzt, statt dessen jetzt eine Francis-Turbine. Das Innere der Mühle entspricht dem technischen Standard einer Handwerkermühle der Mitte des 20. Jh.s mit Walzenstühlen und Plansichtern. Noch betriebsfähig. *HW*

Lit.: Mühlen, 245.

## Dittmannsdorf FS
(Mittlerer Erzgebirgskreis/G 4)

**Dittmannsdorfer Teich, Kunstgräben und Röschen.** Bei der Verlängerung des Kunstgrabensystems (→ Großhartmannsdorf) von Freiberg gebirgswärts bis zur Flöha bei Neuhausen (→ Neuhausen) hatte man um 1825 den Raum von Dittmannsdorf bei Sayda erreicht. In den Jahren 1824–26 wurde dort in 570 m Höhe der Dittmannsdorfer Teich mit 503 000 m³ Speicherraum angelegt, 1786–1826 von Dörnthal bis D. 1,1 km Kunstgraben und 3,6 km Rösche und 1827–53 die 3 km lange Martelbacher Rösche Richtung Neuhausen vorgetrieben, um schließlich Wasser der Flöha in den Dittmannsdorfer Teich und damit in das Freiberger Bergrevier fließen zu lassen. *OW*

Lit.: Wagenbreth/Wächtler, 1986, 248; Wirth, 1990, 109.

## Bad Doberan (Bad Doberan/A 3) MV

**Bahnhof.** Mit der Eröffnung der Strecke Wismar–Rostock (22. 12. 1883, Wismar-Rostocker Eisenbahn) erhielt die Stadt Anschluß an den Schienenverkehr und ein *Bahnhofsempfangsgebäude* (Landstraße von Schwaan) in einer für die Zeit längst nicht mehr gebräuchlichen, trotz späterer Umbauten noch gut ablesbaren Fassadengestaltung. Die Baumassengliederung entspricht der traditionellen Dreigliederung mit gleisparallelem Mitteltrakt, flankiert von Eckbauten, hier als Pavillons auf quadratischem Grundriß variiert; die Fassaden präsentieren einen noblen Klassizismus aus dem Anfang des 19. Jh.s, wie er vor dem Auftauchen der Eisenbahn für öffentliche Bauten üblich war. Der westl. Pavillon betont durch dreisäulige Propyläen, die auf der Gleisseite als Fassadenapplikation erhalten sind. – **Bäderbahn**

*Bad Doberan. Bahnhof, Empfangsgebäude*

**»Molli«.** Die Zweigbahn mit der ungewöhnlichen Spurweite 900 mm (bedingt durch die innerhalb B. D. straßenbahnähnliche Trassenführung) nach Heiligendamm, dem ältesten, 1793 gegründeten Ostseebad Deutschlands, wurde eröffnet am 9. 7. 1886, fertiggestellt bis Bad Arendsee (heute Kühlungsborn) am 12. 5. 1910. In B. D. selbst nur eine einfache hölzerne Unterstellhalle auf der Nordseite des Bahnhofs, in Heiligendamm ein etwas aufwendigeres *Empfangsgebäude* im sog. »Bäderstil«. Das Empfangsgebäude Kühlungsborn West stammt von 1927 (Erweiterung 1934), der vierständige Lokschuppen aus der Eröffnungszeit der Bahnlinie. *VR*

Lit.: Berger, 223; Wirth, 1990, 111.

## Doberlug-Kirchhain (Elbe-Elster/F 5) BG

**Weißgerber-Werkstatt** (Museum). Das mineralarme Wasser der Elster ließ in Kirchhain ab Mitte des 18. Jh.s eine Vielzahl von Weißgerbereien entstehen. Die 1788 errichtete Weißgerber-Werkstatt ist die älteste des Ortes, sie wurde 1947 stillgelegt und ist z. T. Museum. Bei der Weiß- oder Alaungerberei vollzieht sich der Gerbprozeß durch die Wirkung basischer Chromsalze oder Salze des Aluminiums. Im EG des Gerbereigebäudes befindet sich die *Wasserwerkstatt* mit den Gerbgruben, dem Rupfbaum und speziellem Werkzeug. Die mechanisch bewegten Walktrommeln und -fässer verbesserten Anfang des 19. Jh.s das Walken der Häute. Im OG die *Trockenwerkstatt*. Ein vielzugiger Ofen erzeugt die im Zurichtprozeß notwendige konstante Raumtemperatur bei gleichbleibender Luftfeuchtigkeit. Hier auch eine vollständig eingerichtete Schusterstube des 19. Jh.s. Die um einen Hof gruppierten schmalen zweigesch. Gebäude wurden Anfang der 1960er Jahre umfassend restauriert. Damals unsachgemäß ausgeführte Arbeiten machten eine durchgreifende Bauwerksanierung Ende der 1980er Jahre erforderlich. *WT*

Lit.: Schmidt/Theile I, 249 ff.; Wirth, 1990, 112 f.

## Döbeln (Döbeln/G 4) FS

Von den ehem. sechs tätigen Mühlen der Stadt existieren allein noch die Gebäude der **Staupitzmühle** (Ritterstraße 1), die als Standort ab 1420 urkundlich erscheint. 1800 wurde die sog. **Alte Mühle**, ein zweigesch. verputzter Bruchsteinbau unter steilem Mansarddach, neu errichtet. 1892 entstand auf der künstlich angelegten Mühleninsel eine Industriemühle, mit dem Altbau verbunden durch das den Mühlgraben überspannende *Turbinenhaus* (die Girard-Turbine von 1892 noch in Betrieb zur Stromerzeugung). Den fünfgesch. verputzten Neubau mit Anklängen an Renaissance-Formen gliedern über dem durch Eckrustizierung betonten EG und einem umlaufenden Gurtgesims viergesch. Lisenen unter Konsolgesims, die Ecken durch akroterartige Aufsätze markiert. Betriebseinstellung 1976. – 1869 begann der Chemnitzer Kaufmann Johann Großfuß in D. mit der Herstellung von Haushaltswaren aller Art aus Metall, später auch von Rundfunkgeräteteilen und schließlich im 2. Weltkrieg von Maschinengewehren (MG 42). Nur für die Produktion der MG 42 entstand auf dem Grundstücksdreieck des Fabrikgeländes (Grimmaische Straße 14, Eichbergstraße) 1941 ein viergesch., vierachs. **Fabrikgebäude** mit ausgebautem Mansardgeschoß, an der Spitze des Dreiecks betont durch einen über dem EG erkerartig aufsteigenden zylindrischen Turm, in der Tradition des von der Bauzeitschrift *Der Industriebau* seit 1910 propagierten Reformstils. Daran anschließend, die beiden Straßen als Winkel verbindend, das Fabrikgebäude in zurückhaltend neoklassizistischen Formen von 1918, in der Innenecke akzentuiert durch einen runden Treppenturm. – 1879 gründete Wilhelm Robert Tümmler eine **Beschlagfabrik** für Möbel, die sich bis 1914 zum größten Arbeitgeber der Stadt, schließlich ab den 1920er Jahren zum erfolgreichsten Lieferanten von Automobilbeschlagen in Deutschland (auch noch in DDR-Zeiten) entwickelte. Die Gebäude auf dem ausgedehnten Fabrikareal (Schillerstraße 4–6) wurden bis auf 3 nach der Wiedervereinigung abgebrochen. Das Versandgebäude mit klinkerverkleideter Eisenbetonkonstruktion (im OG innen eiserne Rundstützen), trennendem Gurtgesims über dem EG und ornamentierten verputzten Brüstungsfeldern zwischen 1. und 2. OG entspricht ganz dem modernen Industriebau um 1910. Von ähnlicher Großgliederung, aber in zurückhaltend renaissancistischen Formen der verputzte, von Backsteinlisenen akzentuierte Werkstattbau (»Küche«) um 1900 mit einem von biforischen Fenstern geprägten (3.) Mezzaningeschoß über umlaufendem Gesims, die Ecken risalitartig betont. In der Bauplastik – vertikale Friese aus Maskerons unterhalb der dreigeteilten Rundbogenfenster und Heroenskulpturen über den Pilasterkapitellen – noch ganz dem Jugendstil verhaftet der dreiachsige Maschinenhausanbau von 1910. *VR*

Lit.: Bauten der Technik und Industrie, 251, 255, 377.

## Döberitz (Havelland/D 3) BG

**Schwefelsäurefabrik.** Für die kontinuierliche und preisgünstige Versorgung der Premnitzer Pulverfabrik errichtete die Chemische Fabrik Griesheim Elektron im nahen D. 1916 eine Schwefelsäurefabrik. Man gewann die Säure durch das Rösten von Schwefelkalk in Etagenöfen, später stellte man sie im Kontaktverfahren her. Ab 1920 war Schwefelsäure eine wichtige Komponente bei der industriellen Herstellung der Zellwolle genannten Viskosespinnfaser. Nach dem 2. Weltkrieg erheblich vergrößert, wurde die Fabrik in den 50er Jahren Betriebsteil des größten Faserherstellers der DDR, VEB Chemiefaserwerk Premnitz. Am 31. 12. 1989 stillgelegt. Die meist in Backstein errichteten, schmucklos-klar gegliederten Verwaltungs-, Versorgungs- und Werkstattgebäude sind nahezu unverändert überkommen. In ihrer Geschlossenheit und Funktionalität sind sie ein wichtiges Industriezeugnis. Die städtebauliche Leistung liegt in der Einordnung der Fabrikbauten in die westhavelländische Landschaft und der funktionellen Einbindung in die Infrastruktur. *WT*

## Dömitz (Ludwigslust/C 2) MV

Die erstmals 1237 erwähnte Elbzollstätte ließ Herzog Johann Albrecht I. 1554–65 unter Leitung von Francesca a Borna aus Brescia durch italienische Maurer zur stärksten **Festung** Mecklenburgs ausbauen. Wenige Jahre später folgte 1568–72 der **Kanalbau** für die in Eldena beginnende »Neue Elde«, die nun im Schutze der Festung etwa 15 km westl. der natürlichen Mündung mit einem letzten Abstiegsbauwerk, dem noch erhaltenen *Schleusenbecken* in Naturstein-Quadermauerwerk, die Elbe erreichte. (Es ist verm. das älteste in Deutschland, vor Fredericiussiel-Addingastersiel in Norden von 1598.) Gleichzeitig mit der »Neuen Elde« entstanden im »Störkanal« eine schiffbare Verbindung zwischen Schweriner See und Elde und ein weiterer Kanal zur Ostsee bei Wismar, den Albrecht von Wallenstein (»Wallensteingraben«), der 1627–1631 sein Hauptquartier in D. aufgeschlagen hatte, sanieren ließ. Mit der im 19. Jh. ausgebauten Müritz-Elde-Wasserstraße ist die Elbe von D. aus auch mit der Mecklenburger Seenplatte verbunden. *VR*

Lit.: Wirth, 1990, 114.

## Dörnthal (Mittlerer Erzgebirgskreis/G 5) FS

**Dörnthaler Teich, Kunstgräben und Röschen.** Bei der Verlängerung des Kunstgrabensystems (→ Großhartmannsdorf) gebirgswärts wurde bei D. in 565 m Höhe 1787–90 der Dörnthaler Kunstteich angelegt und 1842–44 durch den Bau eines neuen, jetzt noch erhaltenen Dammes weiter unterhalb auf 1,2 Mio. $m^3$ Speicherraum vergrößert. Der Teich erhält seinen Zufluß von Dittmannsdorf her durch die zusammen 3,4 km langen, 1787–1826 vorgetriebenen Röschen »Neuer Friedrich-Benno-Stolln« und »Friedrich-Benno-Stolln«. Dessen unteres Mundloch befindet sich unweit des Teiches. Vom Dörnthaler Teich aus fließt das Wasser durch den 1606–1790 gebauten Dörnthaler Kunstgraben nach Obersaida. Durch den Bau der »Haselbacher Rösche« 1857–62 wurde ein Bogen des Grabens durch einen geradlinigen Wasserlauf untertage ersetzt. *OW*

## Domsdorf (Elbe-Elster/F 5) BG

**Brikettfabrik »Luise«.** Im September 1882 in Betrieb genommen. Die Gestaltung der Fabrikgebäude und ihre auf Vergrößerung der Kapazität ausgelegte Raumkonzeption ließen ein Industriebauwerk von landschaftsprägender Wirkung erstehen. Die baukünstlerische Bedeutung liegt vor allem in der Geschlossenheit der Anlage. Sie ist die einzig erhaltene der seinerzeit in Mitteldeutschland und der Lausitz in Betrieb genommenen Brikettfabriken. Alle wesentlichen Etappen der technischen Entwicklung der Brikettierung sind hier dank eines einmaligen historischen Maschinenparks erlebbar. Im Pressenhaus befinden sich – neben ähnlichen Pressen in → Meuselwitz-Mumsdorf einmalig in Westeuropa –

*Domsdorf. Brikettpresse*

5 funktionsfähig erhaltene dampfbetriebene Einstrang-Brikettpressen der Baujahre 1883, 1885, 1893, 1908 und 1914 von der Firma ZEMAG Zeitz. Gleiche Bedeutung haben die ebenfalls funktionsfähigen Tellertrockner. Im fast vollständig erhaltenen Kraftwerk eine Gegendruckturbine der AEG (1938), eine Dampfkolbenpumpe, Baujahr 1925, und die historische Schalttafel. Die Jahresproduktion stieg von 50000 t (1920) über 126000 t (1929) bis zur Höchstleistung von 158000 t im Kriegsjahr 1943. Als Brikettfabrik 62 der BraunkohleveredlungsGmbH Lauchhammer nach 109 Jahren Brikettherstellung am 18. 11. 1991 stillgelegt. *WT*

## Dorfchemnitz (Stollberg/H 4) FS

**Knochenstampfe** (Am Anger 1, beim Bahnhof). 1542 urkundlich als Mühle an der Zwönitz genannt, die Knochenstampfe vermutlich 1744 erbaut. In Betrieb bis 1953, ab 1963 zum Museum ausgebaut. Das Gebäude ist zweigesch., das EG massiv, das OG Fachwerk, mit Satteldach. Ein oberschlächtiges hölzernes Wasserrad von 3,4 m Durchmesser dreht über ein hölzernes Zahnradgetriebe eine Daumenwelle, deren Nocken alternierend 4 Paar Stampfen zum Zerkleinern von Tierknochen zu Düngemehl anheben und fallen lassen. Seit 1968 ist im Stampfenraum auch eine alte Lohstampfe zur Zerkleinerung von Baumrinden aus einer Gerberei in Stollberg museal aufgestellt. *OW*

Lit.: Wirth, 1990, 115 f.

## Dorfchemnitz b. Sayda (Freiberg/G 5) FS

**Eisenhammer.** Seit dem 16. Jh. ist dieser Eisenhammer und mit ihm der Eisenerzabbau in der Region bekannt. Nach einem Brand im 19. Jh. wurde der Hammer, Lieferant für den Freiberger Bergbau, so wieder aufgebaut, wie er sich heute dem Besucher zeigt. 1933 stillgelegt. 1939 von der Gemeinde für die Öffentlichkeit erworben, wird er seit 1969 als Schauanlage betrieben. Zu besichtigen sind das Hammerherrenhaus und das Hammerwerk mit 2 oberschlächtigen Wasserrädern als Antrieb, 2 Schwanzhämmern, Blasebalg, Schmiedeherd und Werkzeugen. *ST*

Die **Wenzelmühle** (Unterer Seitenweg 5) wurde 1896 nach Brandzerstörung der seit 1848 erwähnten Schloßmühle an deren Standort als Dreiflügelanlage von typisch ländlichem Charakter erbaut. Durch die kontinuierliche Nutzung – als Mahlmühle bis 1968, zur Futtermittelherstellung bis 1992 – haben sich Teile der mühlentechn. Einrichtung von 1896 bis etwa 1930 erhalten. Hervorzuheben sind Schaltschrank und -tafel für die 1903 installierte Generatoranlage. *VR*

Lit.: Bauten der Technik und Industrie, 385 ff.

## Dreitzsch (Saale-Orla-Kreis/G 3) TH

**Orlabrücke.** Aus Buntsandstein und Schiefer errichtetes, aus dem 17. Jh. stammendes zweibogiges, 14 m langes, 5 m breites und 5 m hohes Bauwerk zur Überführung der Dorfstraße über die Orla, einen rechten (östlichen) Nebenfluß der Saale. Die Rundbögen 4 m hoch über dem mittleren Wasserspiegel und ebenso weit gespannt. *HW*

Lit.: Erler/Schmiedel, 158.

**Dresden** (Dresden/G 5) FS

*Das Elbtalbecken um das heutige Dresden, als slawischer Wohngau Nisani erstmals 1004 urkundlich benannt, gelangte, nach kurzer Zugehörigkeit zum Herzogtum Böhmen, 1144 in den Besitz der Wettiner als Bestandteil der Mark Meißen. Aus einer von den Markgrafen von Meißen bereits vor 1200 neben einer slawischen Siedlung errichteten Burg entstand am Übergang der aus dem Reich nach Osten führenden Straße eine in regelmäßiger Anlage gegründete Siedlung, die 1216 bereits als civitas beurkundet wurde. Bis zum Ende des 15. Jh.s bildete der Fernhandel, in Konkurrenz zu dem benachbarten, schon seit 1292 durch Stapelrecht privilegierten Pirna, die wesentliche wirtschaftliche Grundlage für die Existenz der Stadt. Mit dem Status einer Residenzstadt – für die albertinische Linie der Wettiner – ab 1485 und als Hauptstadt des Kurfürstentums Sachsen seit 1547 begann für D. eine erste Blütezeit. Altendresden (auf dem Areal der heutigen Neustadt) wurde 1550 in die Neustadt (heute Altstadt) eingemeindet. Mit dem unter Kurfürst August (1553–86) begonnenen, von der Bürgerschaft kolportierten Bauprogramm entstand eine in der Ansicht geschlossene Stadt der Renaissance, die sich ein Jahrhundert später mit dem Regierungsantritt des Kurfürsten Friedrich August I. (August der Starke, 1694–1733) mit großartigen Bauten zur europäischen Metropole des Barock (»Elbflorenz«) und Förderin der bildenden Künste verwandelte. Das Gewerbe, vorrangig auf die Herstellung von qualitativ hochwertigen Produkten für den Hof spezialisiert, erhielt Auftrieb mit der Neuerfindung des Porzellans 1709 durch Walter von Tschirnhaus und Johann Friedrich Böttger. Noch in der 1. Hälfte des 19. Jh.s ein geistiges Zentrum der Romantik, lebte D. in der Mitte des Jh.s hauptsächlich von seinem Ruf als Stadt der Künste. Gleichzeitig begann aber auch mit Einführung der Dampfschiffahrt auf der Elbe (1837) und der Eröffnung der ersten deutschen Fernbahnstrecke zwischen D. und Leipzig (1839) die Entwicklung zu einer der bedeutendsten Industriestädte Deutschlands. Weltruf erlangten C. Müller (1855) und Seidel & Naumann (1868) als Näh-, Schreibmaschinen- und Fahrradfabriken; die Steingutfabrik Villeroy & Boch (1856); die Schokoladenfabriken Jordan & Timäus und Hartwig & Vogel; die der ersten deutschen, 1862 in D. gegründeten Zigarettenfabrik folgenden Firmen Jasmatzi und Yenidze; die Kamerafirma von Heinrich Ernemann (1889), die ab 1926 mit der Zeiß-Ikon Gesellschaft bis nach Ende des 2. Weltkriegs die Maßstäbe im Kamerabau setzte; die pharmazeutische Fabrik von Gehe & Co. (1835) und die Lingner-Werke (1888, »Odol«). In Wechselwirkung mit der zunehmenden Industrialisierung erfolgte der Ausbau der Infrastruktur mit Hafen- und Bahnhofsneubauten, Wasser- und Gaswerken, Straßenbahnlinien, Markthalle und Schlachthof. Im Dreißig- wie im Siebenjährigen Krieg noch glimpflich davongekommen, bildete die Stadt nach den anglo-amerikanischen Bombenangriffen vom 13. und 14. 2. 1945 einen Trümmerhaufen, der das ehem. »Elbflorenz« nur noch erahnen ließ. Der sozialistische, weitgehend an Le Corbusiers Ideen orientierte Wiederaufbau zerstörte die Stadtstruktur vollends.*

**Verkehr.** Nach Eröffnung der ersten deutschen Eisenbahnversuchsstrecke am 7. 12. 1835 zwischen Nürnberg und dem 6 km entfernten Fürth gehörte Dresden zu den Städten, die sich sehr früh finanziell an dem Bau eines Fernstreckennetzes beteiligten. Die Leipzig-Dresdener Eisenbahn kann mit dem am 8. 4. 1839 auf 117,2 Streckenkilometern zwischen Leipzig und D. (mit einem noch im bergmännischen Vortrieb erstellten Tunnel bei Oberau – heute Einschnitt – und Holzbrücke bei Riesa – ersetzt durch moderne Stahlkonstruktion) eröffneten Bahnverkehr als die älteste Fernstrecke Deutschlands gelten. In den folgenden 4 Jahrzehnten entstanden beiderseits der Elbe neben dem **Leipziger Bahnhof** in der Neustadt 3 weitere Kopfbahnhöfe als Endstationen der Verbindungen nach Görlitz mit dem benachbarten **Schlesischen Bahnhof** (Sächs.-Schles. Eisenbahn, 17. 11. 1845 bis Radeberg, durchgängig bis Görlitz ab 1. 9. 1847), dem **Böhmischen Bahnhof** am Rande der Altstadt, in den die Strecken von Wien über Prag (Sächs.-Böhm. Eisenbahn, 1. 8. 1848 bis Pirna, ab 6. 4. 1851 bis Bodenbach) und nach Chemnitz (Albertbahn, 1. 7. 1868 bis Tharandt) mündeten, und dem **Berliner Bahnhof** in der ab 1670 entstandenen, 1835 eingemeindeten Friedrichstadt für die Direktverbindung nach Berlin (17. 7. 1875, Berlin-Dresdener Eisenbahn). Eine Querverbindung zwischen den Bahnhöfen der Alt- und Neustadt existierte zweigleisig seit dem 19. 4. 1852 über die auch dem Straßen- und Fußgängerverkehr dienende Marienbrücke (Baubeginn 26. 8. 1846, die Bauleitung hatte der kgl. Wasserbaudirektor Johann Gottlieb Lohse). Die ständig wachsende Zunahme des Personen- und Güterverkehrs, dem die vorhandenen Bahnhöfe kaum noch gewachsen waren, führte 1891 zu einem Beschluß der sächsischen Landesvertretung zum grundsätzlichen Umbau aller Bahnhofsanlagen (der nach Abschluß der Arbeiten mit etwa 54 Mio. Reichsmark zu Buche stand) mit Einrichtung eines Hauptpersonenbahnhofs – als Durchgangsbahnhof für die Verbindung Berlin–Wien, als Kopfbahnhof für die Strecke nach Chemnitz und den Vorortverkehr – unter Nutzung des Geländes des Böhmischen Bahnhofs in der Altstadt, nach Westen erweitert durch einen Betriebsbahnhof. Den seit 1875 teilweise neuerbauten Leipziger und den Schlesischen Bahnhof sollten auf dem historischen Gelände die Neustädter Personen- und Güterbahnhöfe ersetzen. Der neue, nach Entwürfen von Ernst Giese und Paul Weidner (Dresden) sowie Arwed Roßbach (Leipzig) 1892 begonnene, 1895 mit der südl. Perronhalle und den Gütergleisen (Konstruktion Jakobiwerke Meißen), 1898 mit Mittel- und nördl. Seitenschiff (August Klönne, Dortmund) fertiggestellte ● **Hauptbahnhof** begrenzt mit seiner 240,5 m langen, von nur wenigen Zugängen durchbrochenen Fassade – im EG aus Elbsandstein, im OG mit den die Binderkonstruktion verkleidenden renaissancistisch profilierten Vorhangblechen gestaltet – die Altstadt im Süden. Die von zwei Türmen flankierte Hauptfassade in Formen der italienischen Hochrenaissance, bekrönt zentral durch die von Friedrich Rentsch entworfene Figurengruppe *Saxonia, begleitet von Wissenschaft und Technik,* öffnet den Zugang zur Empfangshalle unter gußeisernem Vordach im Schnittpunkt von Prager und Petersburger Straße von Osten, jedoch versteckt zwischen den 4,5 m höhergelegenen, nach der Wiedervereinigung einschließlich Haltepunkt qualitätvoll modernisierten Durchgangsgleisen der Fernbahnstrecken. Im Rücken des Empfangsgebäudes, charakterisiert durch die sich im Grundriß T-förmig schneidenden, im Schnittpunkt der Arme überkuppelten Vorhallen, beidseitig flankiert von den Eisenkonstruktionen der 3 dem Durchgangsverkehr vorbehaltenen Perrons (die südlichen zweigleisig ausschließlich für den Güterverkehr) dehnt sich über 174 m beeindruckend eine der größten Bahnhofshallen Deutschlands. Durch den Höhenunterschied bedingt, übernehmen die

*Dresden. Hauptbahnhof, Vordachdetail*

Doppelbinder der Dreigelenkkonstruktion des Hauptschiffes (Spannweite 59 m, Stichhöhe 30 m) über ein in Kämpferhöhe angeordnetes Gelenk auch den Großteil der Lasten der parallelen südl. (Spannweite 30,75 m) und nördl. Seitenhalle (Spannweite 32 m, beide li. H. 16,5 m). Die dem Güterdurchgangsverkehr vorbehaltene, nach Süden mit Bogengalerie offene Gleishalle überspannen über 9,2 m gebogene Vollwandträger mit Zugstange. Die 3 Haupthallen schließen stirnseitig verglaste Schurzen, deren Tragkonstruktion nicht wie sonst üblich aus senkr. Haupt- und waager. Nebensystem besteht, sondern aus einer Schar von unter 45° geneigten Diagonalen gebildet wird. – Der 1891–94 auf dem Areal des Berliner Bahnhofs in Friedrichstadt angelegte **Rangierbahnhof** mit 17 m hohem Ablaufberg, aus dem Aushub für den benachbarten König-Albert-Hafen (1891–95) aufgeschüttet, gilt, sofern man das bereits in den 1870er Jahren im Leipziger Bahnhof eingeführte Rangieren mittels Schwerkraft negiert, als erster Gefällebahnhof Deutschlands. – Mit zeitlicher Verzögerung zum Hauptbahnhof entstanden zwischen 1897–1901 an der Stelle des Schlesischen Bahnhofs der **Neustädter Bahnhof** (Schlesischer Platz) – mit *Empfangsgebäude* aus Elbsandstein in Formen der Neurenaissance (Interieur im Bereich der Eingangshalle teilweise erhalten) und einer dreisch. basilikalen Perronhalle, die noch die originalen Personalpavillons schützt – und auf dem Gelände des Leipziger Bahnhofs 1899–1901 der **Orts-Güterbahnhof** (Eisenbahnstraße), in dem ein Teil des Empfangsgebäudes der Leipzig-Dresdener Eisenbahn von 1857 überlebte. – Gleichzeitig mit der Fertigstellung des Neustädter Bahnhofs verband die viergleisig ausgelegte, ausschließlich dem Bahnverkehr dienende neue **Marienbrücke** – eine Mischkonstruktion aus steinernen Gewölben in der Flutaue und zwischen massiven Pfeilern gespannter Eisenkonstruktion über dem Fluß – die Bahnanlagen beiderseits der Elbe. Die alte Brücke dient seitdem nur noch dem Fußgänger- und Fahrverkehr.

Die seit 1872 innerstädt. verkehrende **Pferdestraßenbahn** (Continental-Pferdeeisenbahn-Actiengesellschaft zu Berlin, Blasewitz-Böhmischer Bf.-Plauen, Spurweite 1440 mm) wurde langfristig mit der durch die Deutsche Straßenbahngesellschaft am 8. 7. 1893 zwischen Schloß- und Schillerplatz als erste in Sachsen eröffnete elektrifizierte Straßenbahnstrecke abgelöst; ein erster **Betriebsbahnhof** wurde als Folge konsequenter Ausweitung des Netzes 1897 in dem damals noch nicht eingemeindeten Mickten (Leipziger Straße 133) westl. der Neustadt in Betrieb genommen: Im Eck von Stern- und Leipziger Straße das dreigesch. *Verwaltungs- und Beamtenwohngebäude* in zurückhaltenden Formen der Neorenaissance, im turmartigen Eckrisalit akzentuiert durch Wappenschild, Sonnenuhr und Flügelrad. Mit Front zur Leipziger Straße die basilikale, in der Fassade durch Werksteinpilaster gegliederte, von Holzbindern überspannte Wagenunterstellhalle von 1897 in Anlehnung an Bauten der Frührenaissance Italiens. Im Anschluß drei weitere, auf gußeisernen Stützen shedähnlich überdachte Hallen aus dem 1. Jahrzehnt des 20. Jh.s. An der Lommatscher/Franz-Lehmann Straße die 1899 für die Lößnitzbahn ohne gestalterischen Anspruch erbauten *Wagenhallen.* Nach der Fusion der beiden konkurrierenden Straßenbahngesellschaften – am 19. 11. 1893 hatte die Tramways Company of German Ltd. Alfred Parish, London, den elektrifizierten Betrieb zwischen Blasewitz und Laubegast aufgenommen – zur Städt. Straßenbahn Dresden besaß diese ab 1906 mit dem **Betriebsbahnhof Tolkewitz** einen zweiten Standort im Osten der Stadt. Das die städtebauliche Ecksituation in Mickten kopierende *Verwaltungsgebäude* (Schlömilch-, Wehlener Straße) ergänzen ein ehem. *Werkstattgebäude* mit reichem Jugendstildekor (Maskerons, Hand mit Blitzbündel, Flügelrad) an den Pfeilervorlagen und die um 1929–30 errichteten Wagenunterstellhallen. – Auf ursprünglich private Initiative geht auch der Bau der beiden **Bergbahnen** zurück, die das Elbtal mit den fast 100 m höher gelegenen Vororten Weißer Hirsch und Oberloschwitz verbinden. Die **Standseilbahn**, 1894–95 ● westlich des Loschwitzgrundes zwischen Körnerplatz und Luisenhof als eine der ersten Bergbahnen ihrer Art erbaut, überwindet mit 544 m Streckenlänge einen Höhenunterschied von etwa 95 m, wobei die auf 1000 mm Spurweite geführten Wagen tal- wie bergseitig je einen Tunnel (80 und 50 m) passieren müssen. Die einzige Ausweichstelle der an gleichem Seil sich gegenläufig bewegenden Wagen befindet sich auf einer 12 m hohen, 102 m langen stählernen Brückenkonstruktion. Urspr. für den Frachtverkehr – Baustofftransporte für den Weißen Hirsch und Bühlau – eingerichtet, diente die Bahn ab 1905 ausschließlich dem Personenverkehr. Die 120-PS-Dampfmaschine ersetzte im gleichen Jahr ein Gleichstrommotor mit rund 80 kW, erneuert 1934 (160 PS) und 1963 (230 PS). Von der elektr. Erstausstattung in der Bergstation noch vorhanden sind Schalttafeln, Gaskolben-Quecksilberdampfgleichrichter, Umformer und Akkumulatoren. – Östl. der Grundstraße befördert die als erste ihrer Art in der Welt geltende **Schwebeseilbahn** ● auf einer Länge von 273,8 m bei Überwindung eines Höhenunterschiedes von 84,2 m seit dem 6. Mai 1901 (konstruiert nach den Patenten des Kölner Ingenieurs Eugen Langen, Baubeginn 1899) ausschließlich Personen (im Eröffnungsjahr 385 000) von der Pillnitzer Landstraße auf die Loschwitzhöhe. Die komplizierte Konstruktion aus 33 genieteten Stahlfachwerkstützen (eine fest eingespannt, die anderen als Pendelstützen ausgebildet, 1981–91 komplett ersetzt), von Kastenträgern (50 x 30 cm) getragene 14 cm hohen Laufschienen (Schienenabstand 5,7 m) und den an Fahrschemeln hängenden seilbewegten Kabinen stammt von der Vereinigten Maschinen-

*Dresden. Schwebebahn mit »Blauem Wunder«*

bau AG Augsburg-Nürnberg (MAN), Werk Nürnberg. Der originale Antrieb mit 2 Dampfmaschinen (je 80 PS) wurde 1909 erstmals und 1934 sowie 1965 wiederholt durch Elektromotoren ersetzt. Während sich die Talstation mit Anleihen an die Renaissance (Entwurf Fritz Reuter) der umgebenden Bebauung anpaßte, setzte die in progressivem Neoklassizismus gestaltete Bergstation Maßstäbe für das Neubaugebiet in Oberloschwitz. – **»Blaues Wunder«.** Für die genietete Eisenfachwerk-Konstruktion (Siemens-Martin-Flußeisen der Königin-Marien-Hütte Cainsdorf bei Zwickau) der 1893 (Baubeginn 1891) als »König-Albert-Brücke« eingeweihten, bald wegen des blauen Anstrichs von der Bevölkerung umgetauften Straßenverbindung über die Elbe zwischen Blasewitz und Loschwitz (Schiller-/Körnerplatz) wählte der planende Baurat Claus Köpcke (→ Weida, Oschütztalviadukt) die Umrißlinie einer Hängebrücke (ähnlich dem Eisernen Steg in Frankfurt am Main, s. *Reclams Führer zu den Denkmalen der Industrie und Technik*, Bd. 1) bei einem von Gelenkträgern über drei Felder (rund 62, 146, 62 m) geprägten statischen System. Die beiden vierteiligen Hauptträger, durch die Wahl der diagonalen Ausfachung statisch unbestimmt und anfällig gegen Schwingungen (deshalb auch das Verbot für die Soldaten in Dresden, die Brücke im Gleichschritt zu passieren), verbinden in Hauptfeldmitte sowie an den auf 2 sandsteinverkleideten Uferpfeilern mit Granitkern errichteten Pylonen Gelenke; die Horizontalkräfte übertragen auf halber Höhe der Binderkonstruktion angeordnete Zugbänder in die schwergewichtigen Widerlager. 1935 Verbreiterung der Fahrbahn durch Verlegung der Fußgängerwege auf eine außenseitige, je 3 m breite Kragkonstruktion. Die Kriegsschäden an der Fahrbahn – eine geplante Sprengung verhinderten Paul Zickler, Erich Stöckel und Brückenkommandant Wirth – wurden 1956–59 durch den Einbau einer Stahlverbundplatte repariert. *VR*

Zu den Attraktionen Dresdens zählen die zwischen Riesa und Tschechien verkehrenden **Raddampfer der »Weißen Flotte«**, deren erster, von Johann Andreas Schubert (ab 1832 Prof. an der Kgl. Techn. Bildungsanstalt, Konstrukteur der ersten deutschen Dampflokomotive »Saxonia«, Planer der Göltzschtalbrücke) als »Königin Maria« 1836 auf der Übigauer Werft vom Stapel lief. Zu den ältesten noch tätigen Seitenraddampfern gehört die 1883–84 gebaute »Diesbar«, angetrieben von der entweder für die »Stadt Dresden« (1857) oder die »Meißen« (1873) – zur Datierung und auch zur Namensgebung der Dampfer existieren widersprüchliche Angaben – konstruierten oszillierenden Zweizylinder-Dampfmaschine mit Einspritzkondensation. (Der Flammrohrkofferkessel betreibt die Maschine mit Niederdruck seit 1958 mit 175 PS – urspr. 60 PS; Dampfsteuermaschine und zwei Patentschaufelräder – Dm. 3,8 m – mit je zehn beweglichen Schaufeln ergänzen seit 1928/29 die techn. Anlage; L 52,75 m, B 11,34 m; 1978 außer Betrieb gesetzt, 1985–89 restauriert.) Der Winterliegeplatz der Elbflotte befindet sich heute in dem auf neustädt. Seite westl. der Marienbrücke im Zusammenhang mit den umfangreichen Bahnumbaumaßnahmen 1870–77 angelegten Winterhafen. *KD*

**Ver- und Entsorgung.** – **Gaswerk D.-Reick** (Gasanstaltstraße 10). Wie Frankfurt am Main verzichtete D. am Beginn der Gasherstellung zu Beleuchtungszwecken auf engl. Hilfe. Angebote der »Imperial Continental Gas Association« (I.C.G.A.) 1824 animierten die kgl. Regierung nach Planung von Rudolf Blochmann zum Eigenbau, aus dessen Retorten erstmals am 23. 4. 1828 die Gaslaternen in den Straßen um das

Schloß zum Glühen gebracht wurden. 1839 ersetzte eine größere Laterne in der Stiftstraße die alte am Zwinger, 1865 ging eine weitere in der Neustadt (Lösnitzstraße) in Betrieb. Steigender Gasbedarf, neben Haushalts- auch für industrielle Zwecke, führte ab 1877 zum Bau der dritten Gasanstalt nach Planung von Stadtbaurat Theodor Friedrich und Gaswerksdirektor Hasse auf einem neben der Sächsisch-böhmischen Eisenbahn gelegenen Gelände auf Reicker Gemarkung, die 1881, größtenteils mit zwei umhausten Teleskopbehältern und den notwendigen Betriebsgebäuden fertiggestellt, ans Netz angeschlossen werden konnte. Nach Verzicht auf eine vierte Gasfabrik im Westen der Stadt wurde Reick nach der Jahrhundertwende ausgebaut, u.a. mit einem in Eisenbeton ummantelten *Gasbehälter* (110000 m³ Fassungsvermögen, Dm. 64,5 m, li. H. 67,8 m), fertiggestellt 1909 nach Planung von Stadtbaurat Hans Jakob Erlwein. An den umfangreichen Neubauten ab 1912 (Vertikalofenhaus, Koksaufbereitungsanlage u.a.) war auch Hans Poelzig maßgeblich beteiligt. 1925 drittgrößter Gasproduzent im Reich, erlitt Reick nach der Umstellung auf Erdgas in den 1970er Jahren das gleiche Schicksal wie fast alle deutschen Gasanstalten, der Großteil der Betriebsanlagen wurde 1974 abgebrochen. Überlebt haben das aufwendig mit Putzquaderung im EG, dreigesch., von zweigesch. schmalen Rundbogenfenstern durchbrochener Blendarkatur unter abschließendem Kranzgesims gestaltete Mantelbauwerk eines Teleskopbehälters von 1879 (der andere gesprengt) und der monumentale, von 5 Treppentürmen akzentuierte Betonzylinder des Erlweinbaus sowie ein spätklassizistisches Pförtnerhäuschen und geringfügige techn. Details am Behälter von 1909. Der Bauzustand allgemein desolat.

**Wasserversorgung.** Ein erstes **Grundwasserpumpwerk**, das weitgehend die Quellfassungen am Anstieg zur Dresdner Heide ersetzte, entstand 1871–75 als qualitätvoller Bau der Neurenaissance auf dem städt. Grundstück »Saloppe« (Brockhausstraße) westl. von Schloß Albrechtsberg am Nordufer der Elbe. Einer Festungsbastion gleich schiebt sich der eingesch. über hohem rustizierten Werksteinsockel aufsitzende Baukörper aus einem Hangausläufer in die Weite der Elbaue. Die Flußfassade gliedern geböschte, die Fenster umfassende Blendrahmen mit Segmentbogen, zwischen Maschinen- und Kesselhaus unterbrochen durch den in steilem Pyramiden-

*Dresden. Wasserwerk Loschwitz (»Saloppe«)*

dach endenden Turm der Erschließungszone. Östl. des Zugangs zum Kohleaufzugsturm sechsjochig mit gekuppelten Fenstern der Kohleschuppen. Die der Sakralbaukunst nachempfundene Westfassade gibt, über der einen Brunnen umschließenden Freitreppe, mit ihren Ecktürmen 3 zweigesch. Blendbögen Halt, innerhalb derer sich im EG die Vorhalle mit Segmentbögen, das OG mit Thermenfenstern öffnen. Die Turmköpfe mit ihren steilen Walmdächern und der Kohleaufzugsturm sind nicht mehr vorhanden. Über die Baugeschichte geben 3 Gedenktafeln Auskunft: »Dies Wasserwerk wurde nach dem Entwurfe und unter der Oberleitung des Ingenieurs Bernhard Salbach aus Königsberg ausgeführt →« (ergänzt durch bronzenes Porträt-Medaillon Salbachs nach Entwurf des Bildhauers Oskar Rassau) und »Diese der Hebung des Wassers nach den auf der Bergeshöhe gelegenen Behältern dienenden Gebäude sind nach den Plänen und unter der Leitung des Stadtbaudirectors Theodor Friedrich erbaut worden« sowie »Nachdem das Wasserwerk 50 Jahre mit Dampfkraft betrieben worden war, wurde es nach den Richtlinien des Stadtbaurat Wahl und nach den Plänen des Direktor Vollmar in den Jahren 1923–1925 mit elektrischem Antrieb und Einrichtungen zur Wasseraufbereitung ausgestattet«. Das von der »Saloppe« aus dem Grund gepumpte Wasser wurde über einen 1,2 km entfernten, aus 14 Kammern bestehenden Hochbehälter bei der Oberförsterei »Fischhaus« (Fischhausstraße) über die Hauptröhrenleitung auf der Trasse der heutigen Radeberger Straße in das Netz eingespeist. – Der »Saloppe« folgte 1898 die Einweihung des von Salbach konzipierten, von Oberingenieur Wacheroth umgeplanten **Grundwasserpumpwerks Tolkewitz** (Wehlener Straße 37) mit historistischen Fassaden zwischen Romanik und Gotik an dem durch Aufschüttung verlängerten südl. Hang der Elbniederung. Das basilikale Maschinenhaus mit übergiebeltem Zugang an der Längsseite akzentuieren an den Stirnseiten Treppengiebel mit bizarren Türmchen. Das Verwaltungsgebäude in der der Straße zugewandten Fassade ist geprägt durch einen sich im Giebel filigran in Türmchen und Spitzen auflösenden Mittelrisalit. Die techn. Ausstattung wurde zu DDR-Zeiten komplett erneuert. Der zum Pumpwerk gehörige Hochbehälter (Stampfbeton, 3000 m² Grundfläche, 12000 m³ Fassungsvermögen) in Räcknitz (Räcknitzhöhe) bildet mit einem in der Fassadengestaltung den Tolkewitzer Hochbauten gleichenden Eingangsbauwerk den Kern des um ihn herum angelegten Volksparks (vgl. Frankfurt a.M., Boehlepark, in *Reclams Führer zu den Denkmalen der Industrie und Technik*, Bd. 1). – In unmittelbarer Nähe der Saloppe-Hauptwasserleitung (Radeberger Straße) entstand 1902 das **Wasserwerk Albertstadt** (Charlottenstraße) mit 2 Maschinenhäusern, Werkstatt und Wohnhaus; das zylindrische Pumpenhaus von 1915. – 1898 mit 26 Jahren Stadtbaurat in Bamberg geworden, bestimmte Hans Jakob Erlwein nach seinem Wechsel nach D. als Leiter des Hochbauamtes unter Stadtbaurat Hasse 1905 bis zu seinem Unfalltod 1914 mit über 50 realisierten Entwürfen das öffentliche und private Baugeschehen in der Stadt mit einer funktionsorientierten, in den Fassaden nur spärlich mit barocken und klassizistischen Zitaten aufgelockerten Architektur. Zu den ersten Großprojekten gehörte das 1907 begonnene, 1908 als Komplex aus Brunnenanlage, Maschinen- und Kesselhaus, Kohleschuppen und Verwaltungs- und Beamtenwohngebäude in Betrieb genommene **Grundwasserpumpwerk Hosterwitz** (Pillnitzer Landstraße, Wasserwerksstraße), dessen von der Zeitschrift *Der Industriebau* gelobte reformatorische Baugesinnung nach der grundlegenden Modernisierung der 1980er Jahre annäherungsweise noch am Maschinen- und Kesselhaus erkennbar ist. – **Abwasser.** 1911 begannen in der dem Wasserwerk sehr ähnlich angeordneten, von Erlwein noch einfacher gestalteten, sich nur in der Dachlandschaft unterscheidenden Gebäudegruppe des Klärwerkes Kaditz im Osten des Stadtgebietes Grobrechenanlage, Siebscheiben und Pumpwerk mit ihrer von üblen Gerüchen begleiteten Arbeit. 1936 Bau eines ersten, wenig später zur Doppelanlage ergänzten Faulturms. 1950–54 Umbau und Erweiterung (unter Einbeziehung der historischen Bausubstanz) zu einer mech. Kläranlage; 1991–93 Ausbau für die biologische Klärung.

Nur ein Jahr nach der Fertigstellung der von Stadtbaumeister W. Rettig in Anlehnung an den Dresdner Barock entworfenen und mit üppigem Figurenschmuck ausgestatteten **Markthalle** (157 x 29 m Grundfläche) am Antonsplatz begannen 1893 die Bauarbeiten für eine weitere, ähnlich dimensionierte Markthalle (eröffnet 1895) westl. angelehnt an den Haupt- und Neustädter Bahn-

*Dresden-Friedrichstadt. Markthalle*

hof verbindenden Damm nach Entwurf von Edmund Bräter, der auch schon den Bau am Antonsplatz betreut hatte und Nachfolger von Rettig im Amt. Noble Renaissance bestimmt die durch Rundbogenfenster zwischen rustizierten Pilastern geöffnete, durch 3 übergiebelte Risalite stabilisierte Natursteinfassade der Längsseite (Weißeritzstraße). An der Ostecke der ebenfalls durch Giebel zentrierten Südfassade (Schweriner Straße), bekrönend der Balustrade aufgesetzt, sitzend der Stadt zugewandt der sächsische Löwe mit Wappenschild. – **Vieh- und Schlachthof.** Die Edikte Napoleons I. zur Einrichtung öffentlicher Schlachthäuser, 1807 für Paris, 1810 für ganz Frankreich geltend, bildeten europaweit die Grundlage für die Neuorganisation des Schlachtwesens, die von den deutschen Staaten jedoch erst mit dem Bau des richtungweisenden Schlachtviehmarktes von La Vilette bei Paris (1864–67) übernommen wurde. Fast alle der danach gebauten deutschen Schlachthöfe (200 bis 1890) orientierten sich an dem französischen Schema der Gebäudezuordnung, so auch der späte zentrale Dresdner Vieh- und Schlachthof, der 1906–10 nach Entwurf von Erlwein auf 36,1 ha mit 68 Gebäuden auf dem von der Elbe dreiseitig umflossenen Großen Ostragehege (Schlachthofring) ausgeführt wurde (ergänzt 1913 durch Beseitigungsanstalt und Talgschmelze). Erlwein gelang es, die enorme Baumasse, an deren durch den Schlachthofbetrieb bedingten funktionalen Zuordnung er nichts ändern konnte, trotz insgesamt spartanischer Fassadengestaltung durch wechselnde Dachformen, auflokkernde Risalite, abgetreppte Baukörper und einer Farbgebung mit weißen, von grünen Fensterläden akzentuierten Putzflächen unter roten Dächern so zu differenzieren, daß auch die barockverwöhnten Dresdener sich des Lobes nicht enthalten konnten. Den platzartigen Hauptzugang, zentriert durch das Pförtnerhäuschen mit Kartusche des Dresdner Bildhauers Georg Wrba – von dem auch der stierbekrönte Brunnen (Inschrift: »Der Gesundheit unserer schönen Stadt Dresden 1906–10«) auf dem Vorplatz stammt –, flankieren im Westen *Gastwirtschaft* (die Betondecken urspr. renaissancistisch ausgemalt, Entwurf Paul Perks, Dresden) und im Osten *Verwaltungsgebäude* (mit Bildkartusche im Giebel des Zwerchhauses und Türmchen im Schnittpunkt der Dachfirste), städt. *Schauamt* (mit Reliefs der Bildhauer Fritz Kern und August Strohriegl) und die von Rundbögen (EG) bestimmten *Ladengebäude.* Direkt hinter dem Haupteingang das Kühlhaus (B 50 m, L 185,8 m), dem sich nach W hin über die Verbindungshalle die vier Schlachthäuser (Groß- und Kleinvieh, Schweine) angliedern. Im O des Kühlhauses das Kessel- und Maschinenhaus mit dominantem Turm, um dessen zentralen Schornstein sich über quadr. Grundriß in 6 Geschossen Betriebsräume und der vierteilige

Warmwasserbehälter (400 $m^3$), im darüberliegenden Oktogon unter steilem, in einer Laterne endendem Zeltdach der Kaltwasserbehälter gruppierten. Westl. der Schlachthäuser die Markthallen für Schweine und Kälber, Schafe sowie Rinder mit anschließenden, direkt an der Bahn gelegenen Futterställen. Sämtliche Hochbauten in Eisenbeton. Die Gebäude des Schlachthofs heute, nach Teilabbruch, zumeist in desolatem Zustand.

**Industrie.** Die Ansicht des 1891–95 ausgehobenen König-Albert-Hafens, durch den das Ostragehege gleichsam Inselcharakter erhielt, bestimmt heute ausschließlich die für das Plauensche Mühlenunternehmen Th. u. E. Bienert nach Planung der Architekten Lossow & Kühne 1912–1914 errichtete **Hafenmühle** (Hafenweg). Die der Zeit gemäße Fassadengestaltung – geschoßübergreifende, die Betonkonstruktion kaschierende, die hier dreigeteilte Fensterordnung rahmende Lisenen – in nüchternem Neoklassizismus; das Mansarddach durch Gaupen in den Fensterachsen aufgelockert. Im rechten Winkel zur Mühle das Lagergebäude unter dreifach gebrochenem Satteldach. Im Gebäudewinkel der zweifach gestufte Wasserturm auf quadratischem Grundriß, geschützt durch ein Glockendach. – Nördl. der Mühle (ebenfalls Hafenweg) das zweigesch., allseitig durch Risalite bestimmte Gebäude der *Hafenverwaltung* mit zweifarbigen Verblendsteinfassaden. – Dem Druck der von den tabakverarbeitenden Unternehmen angeführten Industrie – die großzügig bemessenen und preiswerten Lagerraum begehrten – nachgebend, beschloß die Stadt den Bau eines Lagergebäudes am nordwestl. Rande der Altstadt (Devrientstraße), das, 1913 begonnen, am 19. 6. 1914 seiner Bestimmung übergeben werden konnte. Auf 76 x 36 m Grundfläche versuchte Erlwein das Unmögliche, die geforderte Nutzfläche in einen Baukörper umzusetzen, der die Stadtsilhouette nicht allzusehr störte. Anders als bei seinem Vorbild, dem sog. Danziger Lagerhaus (1909–10) von Hans Verbeeck in Köln, das unter gestaffelten Dächern und mehrfacher Trennung durch Risalite Stadtproportionen wahrte, gelang es Erlwein trotz Abtreppung der Gebäudeecken, die Fassade unterbrechende fünfgesch. Zwerchhäuser und Risaliten an den Giebelseiten nicht, dem elfgesch. Gebäude den Eindruck des Monströsen zu nehmen. – Die 1889 von Heinrich Ernemann gegründete **Kamerafabrik** erlangte im 1. Viertel des 20. Jh.s Weltruhm, ihre Produkte nutzten nach dem 2. Weltkrieg japanische Firmen als Vorlage für Neuentwicklungen. In Weiterentwicklung des Neuklassizismus entwarfen Emil Högg und Richard Müller für Ernemann ein in 2 Bauabschnitten (1915–18, 1922–23) ausgeführtes, klar durch die Eisenbetonkonstruktion gerastertes Fabrikgebäude (Schandauer-, Junghansstraße) auf winkelförmigem Grundriß, aus dessen im siebenten Geschoß, zwischen Traufe und First der Produktionsbauten vermittelnden, eingezogenen Nordecke in neuer, einer Ellipse angenäherten Grundrißform ein dreigesch., von hoher überkuppelter Laterne abgeschlossener Turm aufsteigt, der nach

*Dresden-Friedrichstadt. Schlachthof, Vorplatz*

*Dresden. Ernemannturm*

Fertigstellung das Vorbild für das Signet der Firma abgab. Im EG das Museum der Dresden Elektrizität und Fernwärme GmbH (DEF), das neben historischen Fotos auch Geräte aus der Anfangszeit der Elektrifizierung zeigt. – Gerade begannen sich die Dresdner an die sachliche Bauweise Erlweins zu gewöhnen, als ihnen der junge einheimische Architekt Martin Hammitzsch mit der im Auftrag des Tabakfabrikanten Hugo Zietz
● 1907–09 errichteten **Zigarettenfabrik »Yenidze«** (Weißeritzstraße) einen lange nachwirkenden Schock versetzte (zur Strafe wurde Hammitzsch aus der Architektenkammer ausgeschlossen und erhielt erst 1920 mit der Berufung zum Direktor der Sächs. Staatsbauschule Rehabilitierung). Da Zietz hauptsächlich orientalische Tabake verarbeitete, entwarf Hammitzsch phantasievoll ein Fabrikgebäude im Rückgriff auf Vorbilder aus islamischer Architektur, über das die »Sachsen-Post« 1910 schrieb, das Gebäude lasse zweifeln, »ob man sich an den Fluten der Elbe oder an denen des Bosporus befinde«. Das Eisenbetonskelett der Fabrik kaschieren Fassaden, die trotz orientalischer Details die moderne Bauauffassung nicht verleugnen. Den asymmetrischen Baukörper beherrscht eine verglaste Kuppel (Dm. etwa 18 m, H etwa 18 m), die bei der Restaurierung 1994–96 ihre originale, rot-grün bestimmte Farbigkeit zurückerhielt. Daneben der 63 m hoch als Minarett verkleidete Schornstein. Die im Krieg teilweise zerstörte Fabrik wird seit der 1996 abgeschlossenen Sanierung als Büro- und Kommunikationszentrum genutzt. – Zu den ältesten und weltweit bekannten Großunternehmen der Stadt zählt die 1854–56 mit ersten Bauten ohne künstlerischen Anspruch errichtete **Keramikfabrik Villeroy & Boch** (Leipziger Straße), deren Gesamtkonzept jedoch bemerkenswert von Anfang an auf systematische Erweiterung zielte: Im Kern das langgestreckte Hauptgebäude mit davon kammartig abzweigenden Nebenbauten, die wiederum durch eingesch. Hallen verbunden sind. – Auf dem Gelände der ehem. Luftschiffhalle in D.-Kaditz entstand 1922–23 für die **Transformatorenfabrik Koch & Sterzel** ein heute von Siemens genutztes Gebäude, das die ab 1910 durch die Zeitschrift *Der Industriebau* geförderte neue Auffassung von Architektur nach dem Weltkrieg mit funktionaler Fassadengliederung erneut aufleben ließ.

Der Dresden und Freital verbindende Plauensche Grund besaß seit jeher durch die nutzbare Kraft der Weißeritz Attraktivität für gewerbliche Ansiedlungen, belegt über Jahrhunderte durch die Nachricht von hier arbeitenden Wassermühlen. Auf dem Platz der 1739 von dem kgl. Mühlenvogt George Wehnerten errichteten **»Königsmühle«** (Tharandter Straße 105) entstand 1878, nach Brandzerstörung 1858 und 1872, durch die 1871 gegr. Dresdner-Aktienmühlgesellschaft eine moderne, die Dampfkraft nutzende Mühle in qualitätvoller Architektur. Parallel der Tharandter Straße der viergesch. (mit 3 bzw. 22 Achsen an Schmal- und Längsseiten) Backsteinrohbau (Verwaltung, Putzerei, Mühle, Mehllager) von 1878 mit an der italienischen Hochrenaissance orientierten Fassaden: Aus den pseudorustizierten Wandvorlagen des EG wachsen über trennendem, kräftig profiliertem Brüstungsband Lisenen, welche optisch die Last der über erneutem Gurtgesims aufsteigenden 2 Geschosse mit paarig gekoppelten Fenstern bindende Kolossalpilaster abtragen; die vertikale Struktur schließt ein weitausladendes Konsolgesims horizontal ab. In geringem Abstand, der Weißeritz zugewandt, sechsgesch. das um 1890 ohne gestalterische Ambitionen errichtete Lagergebäude; ebenfalls bachparallel das 13achsige, dreigesch. Wohn-, Verwaltungs- und Mühlengebäude von 1858 als einfacher Putzbau. Der Mühlenbetrieb, 1899 von dem Plauenschen Unternehmen Bienert (s. Hafenmühle) erworben, diente nach Aufgabe der Müllerei in den 1930er Jahren verschiedenen Firmen als Domizil. – Nicht weit von der Königsmühle entfernt begannen Ende der 1850er Jahre durch die 1857/58 gegründete **Brauerei »Zum Felsenkeller«**, an der auch das Mühlenunternehmen Bienert beteiligt war, erste Arbeiten zur Anlage von Lagerkellern in den Hängen des Plauenschen Grundes. Das Ausbruchmaterial aus den bis zu 66 m tief in den Berg getriebenen Stollen diente als Baumaterial für die Uferbefestigung an der Weißeritz und die bis zu 1,5 m starken Außenmauern der im Äußeren französischen Landschlössern des Barock nachempfundenen Brauereigebäude. Die Erstanlage später ergänzt durch *Kontor und Malztenne* (1866), *Lagerkeller* an der Restauration (1868–69), *Gär- und Eiskeller* (1872–74), *Wasserwerke* (1885 und 1889), zweites *Sudhaus* und *Kesselhaus* für die Umstellung auf Dampfbetrieb (1892) und ausgedehnte *Stallgebäude* (1889) für etwa 150 Pferde. 1990 stillgelegt. – Der zwischen 1898 und 1902 zur Versorgung der Garnison am Westrand der Dresdener Heide in der Albertstadt errichtete Komplex des **Arsenals** (Königsbrücker Straße) bildete mit seinen stilistisch von Romanik, Gotik und Industriejugendstil geprägten Hochbauten nach Auflösung der Garnison die Keimzelle für ein modernes, durch Fabrikhallen des Neoklassizismus und der frühen Moderne erweitertes Industriegebiet. Heute Gewerbepark Meschwitzstraße. *VR*

Lit.: Die Bauten von Dresden; BlngZ 1, 1900/01, 24–27, 33–35; WBindZ 6 (11. 11. 1904) 39ff.; F. B.; Bauten der Technik und Industrie, 322, 335, 363, 381; Schmidt/Theile I, 107, 251; Schmidt/Theile II, 30, 65 ff., 187; Dreßler; Wirth, 1990, 117ff.; Die erste Bergschwebebahn der Welt; IB 10, 1914; SBZ 8, 1898; IB 3, 1910, 49f.; MBf. 10, 1911, 113–136; IB 1, 1911, 5–21; 2, 1911, 32–41; IB 11, 1914, 234–36; bausubstanz 6, 1996.

## Bad Dürrenberg SA
(Merseburg-Querfurt/F 3)

● **Saline.** Auf dem Gelände des 1488 erstmals erwähnten Gutshofes «uff dem dürren Berge« leitete 1741 der sächs. Bergrat Johann Gottfried Borlach, der seit 1723 im Auftrag des Kurfürsten Friedrich August II. die Solequellen Sachsens erschließen sollte, Probebohrungen ein. 1744 begannen die Teufarbeiten an dem später nach ihm benannten Schacht, der am 15. 9. 1763 nach dem Durchbruch des Gipsgebirges in 223 m Teufe die Solequelle erreichte. Das nach Borlachs Plänen 1764 am Steilhang zur Saale in Bruchstein errichtete, im Grundriß quadr. Schachtgebäude nahm in den unteren 3, nur von der Saale aus sichtbaren Geschossen die Solehebeanlage aus Kolbenpumpen und Kunstgestängen auf (ebenso wie das Paar der Wasserräder und das Feldgestänge nicht erhalten). Vom Stadtniveau (Borlachplatz) aus erreichbar das 4. OG, das seit 1958 ein Salinenmuseum beherbergt. Vor dem Eingang ein Brunnen mit dem Porträtmedaillon J.G. Borlachs, 1913 installiert nach Entwurf von Paul Juckoff-Skopau. Im markanten schiefergedeckten Turmhelm, einer Addition von Pyramidenstumpf und Obelisk, die Werksuhr und ehem. Pumpengetriebe. Etwa 10 m nördlich erhebt sich massig (viergesch. auf Stadtniveau, siebengesch. am Saaleufer, Grundfläche 18 x 15 m) in Bruchstein, gegliedert durch Lisenen und breite Gurte aus Werkstein, der Kunstturm (1811–16) über dem 1802 nach Planung des Salinendirektors von Witzleben und des Maschinendirektors (seit 1817) Christian Friedrich Brendel abgeteuften Beischacht. Nach Einstellung der Salzgewinnung und des 1845 eröffneten Solebades 1963 diente die im Witzlebenschacht geförderte Sole den Leuna-Werken zur Filterreinigung. Seit dem Ankauf des Gutes (1753) nahm dessen Herrenhaus des 16. Jh.s südl. der Schachtanlage die Salinenverwaltung auf. Östl. der Schachtbauten beeindruckt die dreifach geknickte, 15 m hohe Wand der Gradieranlage, mit rund 850 m eine der längsten in Europa erhaltenen. Der älteste ihrer 3 Bauabschnitte (Gradierwerk I, Apothekerweg bis etwa Kirchplatz) entstand noch nach einem Projekt von Borlach 1763; seine Nachfolger, der Bruder Johann Hermann Borlach und Johann Christian Schroeter ließen die Anschlußbauten im Norden (II, 1769–70, Hauptstraße zwischen Apotheker- und Witzlebenweg) und Süden (III, 1775) errichten. Mit der Direktverbindung der Gradierwerke I und II erhielt der Apothekerweg 1805–08 eine Durchfahrt, beidseitig betont durch klassizistische Portale aus Holz. Die Windkunst auf Gradierwerk I ist eine funktionslose Nachbildung des im 2. Weltkrieg zerstörten

*Bad Dürrenberg. Saline, Borlach- und Von-Witzleben-Schacht*

Originals; alle Gradierwerke wurden in der 1. Hälfte des 19. Jh.s modernisiert, das 1140 m lange Gradierwerk V 1967 abgebrochen. Das Ensemble von Siedehäusern, Pfannenschmieden, Kohleschuppen und Arbeiterwohnhäusern (Salinestraße, Hauptstraße, Apothekerweg) in meist ruinösem Zustand. – **Wassertürme.** Um 1900 errichtet, zeigt der ältere Turm der städtischen Wasserversorgung (D.-Goddula, Wasserturmstraße) mit schlankem, quadr. Schaft, kräftigen Konsolen als Auflager für den kubischen Kopf unter einem in der Kontur gebrochenen Pyramidendach alle äußeren Merkmale einer im Inneren betonierten Stützkonstruktion zur Aufnahme eines Beton-Flachbodenbehälters. Die martialische Architekturauffassung der späten 1920er Jahre tradiert das Vierkantprisma des Wasserturms von 1942 (Sterlingsweg), dessen nur spärlich durchfensterte Fassaden Gurtgesimse in scheinbar 8 Geschosse unterteilen. In Höhe des Beton-Flachbodenbehälters sind reliefierte Stadtwappen appliziert. *VR*

Lit.: Schmidt/Theile I, 51; Wagenbreth/Wächtler, 1989, 85; Wirth, 1990, 132 f.

## Ebersbach (Muldentalkreis/G 4) FS

**Bockwindmühle.** Auf dem Platz einer bereits vorhandenen Windmühle 1859 von Müllermeister Johann Wilhelm Prautzsch erbaut. Sie erhielt vor dem 1. Weltkrieg zum Antrieb einen Elektromotor und wurde 1951 stillgelegt. Die denkmalgeschützte Mühle besitzt heute noch ihre komplette technische Ausstattung. Umfangreiche Reparaturmaßnahmen (Erneuerung der Ruten, des Sterzes u. a.) erfolgten in den 1990er Jahren. *ST*

## Ebersroda (Burgenlandkreis/F 3) SA

Nach Verlust der technischen Einrichtung ohne Funktion, sichtbar am desolaten Zustand der Flügel, dienen die beiden aus Muschelkalk-Bruchsteinen gemauerten **Turmwindmühlen** lediglich noch als Landmarken am Ortsrand. Erbaut um 1850 bzw. um 1870, mit Windkraft betrieben bis 1955 bzw. 1946, mit Elektromotor bis zur Stilllegung 1962 bzw. 1952. *VR*

Lit.: Mühlen, 228.

## Eberswalde (Barnim/D 5) BG

### E.-Finow

**Laboratoriumsgebäude der Station für drahtlose Telegraphie** (Schleusenstraße 61). Das Gebäude der bis Ende der 1930er Jahre tätigen Sendestation liegt auf dem Gelände der städtischen Bullenwiesen beim Finowkanal am Nordrand der Stadt. Das in Fachwerkkonstruktion errichtete schlichte Holzhaus, einem Gartenhaus ähnlich, ist der einzige nahezu unverändert überkommene Teil der 1909 in Eberswalde errichteten Versuchsfunkstelle für Telegraphenbau der Carl Lorenz AG Berlin. Es enthielt einen Aufnahmeraum zur Übertragung von Konzerten, dazu Werkstatt- und Aufenthaltsräume für Techniker. 1906 erwarb die Carl Lorenz AG die Lizenzrechte für den Bau von Lichtbogensendern zur Erzeugung ungedämpfter Schwingungen, Voraussetzung für die drahtlose Übertragung von Musik und Sprache. 1909 nahm die Entwicklungs- und Versuchsabteilung in Eberswalde ihre Tätigkeit auf. Wahrzeichen war ein 70 m hoher hölzerner Gittermast. Im Jahre 1910 gelang die erste gut verständliche Übertragung einer Wortsendung. Nahezu zeitgleich mit der Hauptfunkstelle der Deutschen Reichspost in → Königs Wusterhausen liefen Versuche zur Verbesserung der Übertragungsleistungen. Die erste Musik-live-Übertragung des Senders Eberswalde fand am 24. 1. 1923 statt.

**Papierfabrik Wolfswinkel** (Heegermühlerstraße). Bis zu ihrer Stillegung 1990 war dies die einzige Papierfabrik der DDR, in der Büttenpapier im historischen Handschöpfverfahren hergestellt wurde. Sie geht auf die 1726 in Heegermühle als Papiermühle in Betrieb genommene Manufaktur zurück. Schwierigkeiten bei der gemeinsamen Wassernutzung mit den mächtigeren Messingwerken führten 1765 zur Verlegung des Standortes der Papiermühle nach Wolfswinkel. Bei der Stillegung der Papierfabrik Spechthausen überführte man deren komplette Handschöpferei nach Wolfswinkel. So wurde hier seit 1. 8. 1957 die Produktion von handgeschöpftem Büttenpapier mit dem bekannten Wasserzeichen »Spechtshausen 1781« fortgeführt. Der Arbeitsprozeß war folgender: Der Rohstoff Fichtenholz wurde zerkleinert und aufgeschwemmt. Vom Holländer gelangte der Faserbrei auf den Schöpfrahmen, dann wurde dem Papier durch Gautschen, d. h. Pressen zwischen zwei Walzen, das Wasser entzogen, schließlich wurde es im Kalander satiniert, d. h. geglättet.

### E.-Nordende

**Kanalbrücke des Oder-Havel-Kanals** (westl. der Kreuzung der B 2 mit dem Kanal). Die Kanalbrücke nördlich der Stadt Eberswalde, 1906–14 gebaut, ist Teil der Hauptwasserstraße des Oder-Havel-Kanals (Finowkanal) und überführt die erste Fernstrecke Berlin–Stettin im Abschnitt Eberswalde–Angermünde. Das in armiertem Beton ausgeführte Brückenbauwerk, dessen Brükkenträger aus genieteten, mit Beton ausgegossenen Doppel-T-Stahlträgern besteht, nimmt den mit Bleiplatten abgedichteten Schiffahrtskanal auf. Dieser Kanal hat eine Breite von 27,5 m bei einer Wassertiefe von max. 2,85 m. *WT*

## Eckartsberga (Burgenlandkreis/G 2) SA

Die 1831 dreigesch. in Bruchstein mit holzgedecktem Mansardkegeldach erbaute **Turmholländerwindmühle** unterhalb der Burgruine erhielt um 1875 als Windkraftanlage anstelle des Flügelkreuzes ein sog. amerikanisches Windrad (einziges Exemplar in Ostdeutschland) mit 10 durch 2 Reifen und Spanndrähte fixierte Speichen und verstellbaren Jalousiebrettern. Jalousien und techn. Einrichtung fehlen; Mühlenbetrieb in den 1930er Jahren eingestellt. 1993 restauriert. *VR*

Lit.: Schmidt/Theile I, 211; Mühlen, 228.

## Ehrenfriedersdorf (Annaberg/H 4) FS

**Zinnbergwerk** am Sauberg. Der Sauberg östlich von E. enthielt zahlreiche Zinnerzgänge, die vermutlich von etwa 1250 an abgebaut wurden. Im 19. Jh. war der Berg von zahlreichen Halden tauben Gesteins überzogen. Beim Abtragen von Haldenmassen 1992/93 traten die ältesten, tagebauähnlichen Grubenbaue des Zinnbergbaus wieder zutage. 1857 wurde die Grube »Ehrenfriedersdorfer Vereinigt Feld« gegründet und ein neuer Schacht abgeteuft. Dessen Schachthaus – zweigesch. massiv mit Satteldach und Lüftungshaube, im 20. Jh. »Schacht 1« genannt – dient heute einem Schaubergwerk. Nachdem 1936 im

Zuge der deutschen Autarkiebestrebungen der Bergbau auf Zinn und Wolfram wiederaufgenommen worden war, teufte man 1962/66 den »Schacht 2« ab, dessen Stahl-Fördergerüst auf der Höhe des Sauberges eine städtebauliche Dominante darstellt.

**Raithalden** im Greifenbachtal. Vor dem Bergbau im festen Gestein fand auch bei E. Zinngewinnung durch Auswaschen der zinnsteinführenden Bachsande statt. So haben die von der natürlichen Abtragung angeschnittenen Zinngranite des Greifensteingebietes westlich von E. Zinn in die Ablagerungen des Greifenbaches gelangen lassen. Der Seifenbergbau bei E. begann vermutlich 1240 oder vorher und dauerte wohl bis ins 16. Jh. an. Sichtbare Überreste davon sind die »Raithalden«, etwa 1 bis 5 m hohe, heute wieder bewachsene Haufen groben, zinnfreien Gerölls, die man aufwerfen mußte, um den zinnführenden Sand zu gewinnen. Wo seit langem Wald besteht, wie zum Beispiel im Greifenbachtal südlich der Greifensteine, sind die Raithalden erhalten geblieben.

**Röhrgraben.** Der 6 km lange Röhrgraben beginnt im Greifenbachtal unterhalb der Geyerschen Teiche, führt am linken Talhang des Greifenbachtales entlang, überschreitet die Wasserscheide zur Wilisch und endet an deren östlichem Talhang unterhalb des Sauberges. Der vermutlich ab 1380 bis ins 15. Jh. gebaute Graben mag anfangs dem Seifenbergbau das zum Auswaschen des Zinnsteins erforderliche Wasser zugeführt haben. Vom 15. Jh. an lieferte er das Aufschlagwasser für die Pochwerke und ab 1540 das Aufschlagwasser für die von Agricola (*De re metallica*, 1556) beschriebene, damals neu erfundene »Ehrenfriedersdorfer Radpumpe«, die als Kunstgezeug bis um 1900 die am weitesten verbreitete Wasserhaltungsmaschine des Bergbaus war. *OW*

Lit.: Wagenbreth/Wächtler, 1990, 137, 382.

## Eibenstock-Blauenthal FS (Aue-Schwarzenberg/H 4)

**Hammerherrenhaus** (Hauptstraße 1–4). Das Eisenwerk Blauenthal wurde 1537 von dem aus Nürnberg stammenden Andreas Blau gegründet, der hier die Weißblechherstellung nach Sachsen einführte. In dem Eisenwerk – mit Hochofen, Frisch-, Stab- und Blechfeuern – wurden bis 1848 Weißbleche hergestellt. Erhalten ist nur das nach Inschrift im Schlußstein des Portals wohl 1677 erbaute zweigesch. Herrenhaus mit hohem Krüppelwalmdach und Uhrturm mit geschweifter Haube. *OW*

## Einsiedel (Stollberg/G 4) FS

**Trinkwassertalsperre.** Etwa gleichzeitig mit der von Otto Intze geplanten Staumauer der Eschbach-Talsperre (vgl. Remscheid in *Reclams Führer zu den Denkmalen der Industrie und Technik*, Bd. 1) wurde im November 1890 der Grundstein für die erste Trinkwassertalsperre Sachsens (Fassungsvermögen 360 000 $m^3$) zur Versorgung der Stadt Chemnitz in E. gelegt. Nach Fertigstellung 1893 unter Leitung des Oberbaurats Hechler und des Wasserbauinspektors Rau fand am 14. 6. 1894 die Einweihung statt. Die im Bogen gesetzte, 180 m lange, 20 m hohe und bis zu 8 m tief gegründete, in Zyklopenmauerwerk aus einheimischem Material (Ton- und Hornblendenschiefer, Dittersdorfer Quarzit) aufgeführte Staumauer akzentuierten urspr. neuromanisch gestaltete Türme. Der Stausee gehört heute zum Talsperrensystem »Mittleres Erzgebirge«. *ST*

## Eisenach (Wartburgkreis/G 1) TH

**Bahnhof.** Eisenach erhielt 1847 Anschluß von → Weimar und → Gotha her an die Thüringische Eisenbahn, die 1849 bis → Gerstungen verlängert worden war. Der Bahnhof mit seinem *Empfangsgebäude* in spätklassizistischen Formen wurde sogleich als Durchgangsstation an der Stelle – damals weit östlich außerhalb der Stadt – angelegt, wo seine Nachfolgebauten sich heute befinden. Von diesen verdient das im Zusammenhang mit der Neutrassierung der stadtnahen Strecke über den bisherigen niveaugleichen Kreuzungen mit dem Straßenverkehr von 1902 bis 1904, nach Entwürfen von H. C. Cuny neu errichtete Direktions-, Empfangs- und Postgebäude größtes technik- und architekturgeschichtliches Interesse. Wie vorher schon in Seitenlage, entstand eine fünffach gegliederte Baugruppe in baukörperlich symmetrisch ausgewogener, bei der Detailgestaltung von der Symmetrie abweichender Komposition mit einem baukünstlerischen Anspruch, der einem Eingangsbauwerk der »Wartburgstadt« gerecht zu werden trachtete: Mitteltrakt für die tonnengewölbte, neuromanisierend gestaltete Empfangshalle in Giebelstellung zum Bahnhofsvorplatz mit seitlichen Vorbauten, dazwischen die vorgestreckten Zugänge unter weit auskragendem (Beton-)Flachdach; in der Giebelbekrönung die Bahnhofsuhr. Beidseitig je ein traufständiger eingesch. Zwischenbau, ursprünglich für die Wartesäle 1. bis 4. Klasse, der westliche mit romanisierender Fensterarkatur, zusätzlich einst für den Speisesaal, der östliche, etwas niedriger, auch für Fahrkartenschalter und Gepäckabfertigung. Seitlich dreigesch. Kopfbauten für Post und Direktion unter krüppel- bzw. vollgewalmten Satteldächern. Die Fassaden von Mitteltrakt und Erdgeschossen der übrigen Gebäudeteile sowie Ecklisenen, Ortgänge und Fensterrahmungen kräftig rustiziert in deutlicher Anlehnung an den »Burgenstil« als einer Variante des Historismus des 19. und frühen 20. Jh.s. – Das Innere wurde weitgehend, zuerst 1927 (Fahrkartenschalter), verändert, die Empfangshalle ausgenommen.

**Kaffeerösterei.** Östlich weit außerhalb der Kernstadt, im »Palmtal« der Nesse, 1873 angelegte Manufaktur zur Aufbereitung von Kaffeebohnen sowie – für den Fall des Ausbleibens von überseeischen Importen – von einheimischen »Kaffeewurzeln« (Zichorie, Wegwarte). Dreifach gegliederte Kernanlage mit eingesch. massiven Anlieferungs-, Lager- und Auslieferungsgebäude; im EG massives, im OG mit Schiefer verkleidetes, aus Fachwerk gefügtes Kontor-, Kommunikations- und Wohngebäude unter steilem, ebenfalls mit Schiefer gedecktem Satteldach mit Zwerchhaus; dahinter angebaute turmartige Rösterei, im engen Hof ergänzt mit Gebäuden für eine bescheidene Landwirtschaft. Nach Einstellung des Betriebes blieb die Anlage bewohnt, die Rösterei nahezu unangetastet, das Lagergebäude durch schonende Fremdnutzung erhalten. 1988 von der Stadt erworben, dient sie als partielle Spielstätte des Theaters, sozusagen vor der Kulisse des nahezu komplett erhaltenen technischen Inventars der Rösterei.

**Solbad.** Von den Absichten, E. zu einem Sole-Kurort zu machen, zeugt noch das 1906 auf dem Gelände eines ehemaligen Karthäuserklosters, eines späteren fürstlichen Küchengartens und jetzigen Parkes errichtete Kurmittelhaus mit Wandelhallen: dreiflügelig, symmetrisch barokkisierend mit Rundbogenarkaden und pavillonartigen Risalitbauten. Die Salzsole kam durch eine im selben Jahre angelegte 12 km lange Rohrfahrt aus den Mineralquellen der einstigen, seit 1426 bekannten, ab 1726 unter dem Namen »Wilhelmsglücksbrunn« neu begründeten, 1843 aufgegebenen und bis auf wenige Reste aus dem Landschaftsbild verschwundenen Saline bei Creuzburg. Der Badebetrieb wurde 1938 eingestellt. Das Badehaus blieb als Konzerthalle erhalten. *HW*

Lit.: Architekturführer DDR (Erfurt), 121; Berger, 240–241; Wirth, 1990, 136.

## Elbingerode (Wernigerode/F 2) SA

**Schaubergwerk »Büchenberg«** (B 244 Richt. Wernigerode, Abzweig Heimburg, Hinweisschilder). Pingen im »Elbingeröder Komplex« zwischen Hüttenrode, Neuwerk, E. und Königshütte belegen den intensiven Abbau des Hämatitlagers (Blutstein, Roteisenstein: Eisenoxyd mit bis zu 70 % Eisenanteil) im Tagebau seit dem frühen Mittelalter bis zum Dreißigjährigen Krieg. Technischer Fortschritt durchbrach in der 1. Hälfte des 19. Jh.s noch einmal kurzfristig die durch die billigeren Siegerländer Erze verursachte Stagnation des Eisenerzbergbaues im Mittelharz. Eine letzte Blüte erlebte dieser mit der Abteufung des Büchenbergschachtes im Zusammenhang mit dem Autarkiebestreben des Deutschen Reiches 1936 und der Ausbeutung des Bergwerkes bis 1970 der nach ähnlichen Grundsätzen handelnden DDR. Seit den 1980er Jahren vermittelt die zum Schaubergwerk »Büchenberg« umgestaltete Grubenanlage die Abbautechnik der 1930er–1960er Jahre. *VR*

## Elgersburg (Ilmkreis/G 2) TH

**Porzellanfabrik.** Architektonisch recht anspruchsloses dreigesch. Gebäude, innerhalb des Ortes; EG mit Blendarkatur, Geschoßtrennung durch Gurtgesimse; relativ flaches Satteldach, hinter dem 2 Schornsteine hervorragen, unter denen sich die beiden Rundöfen befinden. Das Vordergebäude diente der Vor- und Endfertigung sowie Verwaltungszwecken, die Ofengruppe dem Brennen des Gebrauchs- und Zierporzellans. Technische Ausstattung noch vorhanden. Entstanden ist die Fabrik aus einer 1808 gegründeten Steingut-Manufaktur mit den, indessen allerdings mehrfach erneuerten, um 1800 erfundenen und ab 1850 typisch für die gesamte Porzellanindustrie gewordenen Öfen, jetzt bedeutsame Sachzeugen der zur sächsischen, ab 1758 zeitlich parallelen Entfaltung des thüringischen Porzellangewerbes (→ Königstein, Meißen/FS). *HW*

Lit.: Wirth, 1990, 136–137.

## Eliasbrunn (Saale-Orla-Kreis/H 3) TH

**Turmholländermühle.** Mit 652 m ü. NN höchstgelegene Windmühle Deutschlands; zur Getreideverarbeitung 1878 mit Wirtschaftshof abseits der Ortslage errichtet. Das Turmbauwerk aus Bruchstein mit sich erheblich nach oben verjüngendem Querschnitt steht über kreisförmigem Grundriß. Aus der kegelförmigen Haube ragen die Kragbalken für die Windrose. Das 1880, nach nur zweijähriger Betriebsfähigkeit vom Sturm zerstörte, 1896 mit eisernen Bruststücken und Jalousien neu installierte (und mit Windrose) ausgerüstete Flügelkreuz wurde 1932 erneut Opfer eines Sturmschadens. Seit 1905 zusätzlich mit Gasmotor, 1920 mit Elektromotor, 1930 mit Dieselmotor betrieben. Getreidemüllerei 1958 eingestellt. – 1928 Anbau einer *Schneidemühle,* 1932 baulich an den nicht mehr erforderlichen zweiten Eingang des Mühlenturmes angebunden. Dieser seit 1958 verfallen bei Verbleib kostbarer Inventarstücke (Reste eines Innenkrühwerkes, Steinkran, Steingang, Elevator, Sichter, Mischmaschine). – Die Schneidemühle mit Dieselmotor und Einblatt-Horizontalgatter ist noch betriebsfähig. *HW*

Lit.: Schäbitz.

## Elstal (Havelland/D 4) BG

**Rangierbahnhof Wustermark.** Am 1. 5. 1909 wurde der Verschiebebahnhof Wustermark als Flachbahnhof in zweiseitiger Anlage dem Verkehr übergeben. Zum Bahnhof gehörten vor allem Dienstgebäude, Güterabfertigung und Bahnmeisterei. Hinzu kamen Funktionsgebäude wie Lokschuppen, Kraftwerk und Wasserturm. Die besondere Aufgabe dieses Bahnhofes bestand in seiner Verteilfunktion des Güterverkehrs zwischen dem Ruhrgebiet, den Überseehäfen und den westlichen Teilen Pommerns und – über die Berliner Bahnhöfe – nach Süd- und Ostdeutschland. Der Verschiebebahnhof gehörte nach Erreichen der Endausbaustufe 1938 zu den 10 größten Güterbahnhöfen Deutschlands. Der kreisringförmige *Lokschuppen* hatte eine Kapazität von 21 Ständen. Seine Architektur wird vor allem von der Reihung der oben gerundeten Stahldrehtore mit Schlupftür bestimmt. Eine hölzerne Tragwerkkonstruktion trägt das flache Satteldach. 5 Dachreiter ermöglichen die Rauchabführung während der Anlaßphase der Lokomotiven. Einige Stände sind zur Aufnahme von Funktionsräumen über den geschlossenen Grundriß des Schuppens hinaus verlängert. Das *Kraftwerk* diente der Licht- und Kraftstromversorgung des gesamten Bahnhofs. Dazu dienten 2 baugleiche Zweizylinder-Dieselaggregate der Maschinenbauanstalt Breslau von 1908 mit mechanisch verstellbarer Fliehkraftregelung. Ein Aggregat wurde Anfang der 60er Jahre verschrottet, das andere 1978 stillgelegt. Das gegossene einteilige Schwungrad hat einen Durchmesser von etwa 3,4 m. Ein Lederflachriemen führt zum Generator von Siemens-Schuckert mit der Typbezeichnung WJA 100 und den Leistungsdaten 230 V, 100 kVA, 750 U/min. Zum Anlassen diente ein aus 2 miteinander verbundenen Stahlflaschen bestehender Luftanlasser (60 at). Zur Einstellung der optimalen Drehzahl der Schwungradwelle diente ein Hochgenauigkeits-Tachometer der Firma Dr. Theo Horn Leipzig-Großzschocher. Die vor 85 Jahren in Betrieb genommene Energieerzeugungsanlage ist einmalig im Land Brandenburg. Auf dem weiträumigen Bahnhofsgelände dominiert der 56 m hohe *Wasserturm* für Trink- und Brauchwasser. Die genieteten Stahlblechbehälter im Turmkopf haben ein Fassungsvermögen von 400 m³. 7 Tiefbrunnen speisten den Turm. Der weit ausladende Turmkopf über dem schlanken zylindrischen Schaft hat einen Durchmesser von 12 m. Auf den hohen, spitz zulaufenden Turmhelm 4 Fledermausgaupen. Unter dem Turmkopf läuft eine romanisierende Blendarkadenreihe. Die darunter liegenden Fenster erhalten durch die Zusammenfassung dreier Lichtschlitze schlüssellochartiges Aussehen. Ein Schmuckportal im Sockelgeschoß stellt Bezüge zu sakraler Architektur her. Mit der Umbenennung in »Wustermark Rangierbahnhof« 1963 wurde die Hauptaufgabe des Bahnhofs neu bestimmt. Sie bestand nun im Bilden und Auflösen von Güterzügen. *WT*

## Elster (Wittenberg/E 4) SA

Eine der wenigen ansehnlichen Windmühlen Sachsen-Anhalts steht vor dem westl. Ortsrand (B 187). Die restaurierte **Bockwindmühle** läßt mit Flügelkreuz und Sterz die ehem. Funktion schon von weitem erkennen. *VR*

## Elsterberg-Hohndorf FS (Vogtlandkreis/H 3)

**Wassermühle.** »Steinermühle«, am Triebitzbach, urkundlich erstmals 1580 als grundherrschaftliche Mühle der Herren von Reuß, ältere Linie, genannt. Das Mühlengebäude besteht im UG aus Bruchsteinmauerwerk, im OG aus Fachwerk. Das 4 m lange Wehr lenkt Wasser auf das 1975 neu erbaute, 4 m hohe und 1,2 m breite Holz-Wasserrad mit Stahlschaufeln. Im Gebäude ist die Mühlentechnik erhalten. *OW*

## Elxleben (Sömmerda/G 2) TH

**Gipsofen.** Letzte von einst fünf bis zur ersten Hälfte des 20. Jh.s nördlich von Erfurt vorhandenen Produktionsstätten von Gips und Sparkalk für das Baugewerbe, bis 1978 in Betrieb. Zu dem 1825 gegründeten, bis 1829 betriebsfähig ausgebauten Werk gehörten der 1,5 km westlich gelegene Gips- und Kalksteinbruch sowie eine Tongrube und, an der Ausfallstraße nach Nordhausen (von Nord nach Süd) aneinandergereiht, eine

*Elxleben. Gipsofen*

Ziegelei, die Gips- und Kalkbrennöfen mit Produktionsgebäude, der Fabrikanten-Wohn- und Belegschaftstrakt, dahinter ein Landwirtschaftshof mit Stall und Scheune. Der südliche Teil des Belegschaftstraktes wurde zugunsten der 1909 errichteten stattlichen Jugendstil-Villa abgebrochen, der Rest 1987 niedergerissen, um einem gestaltlosen Wirtschaftsgebäude Platz zu schaffen, das zumindest durch seine Lage andeutet, wo sich der Vorgängerbau befunden hatte; die Ziegelei wurde 1968 abgerissen. – Das Produktionsgebäude und die architektonisch prägnanten, in zwei engen Reihen zur Batterie gruppierten Brennöfen mit je 3 über den beiden Ofenblökken, unten quadr., oben achteckig sich verjüngenden Schornsteinen entstanden als gestalterisches Pendant zur Fabrikantenvilla in den 1930er Jahren des 20. Jh.s: die Brennöfen nach Umbauten bis 1936, das Produktionsgebäude als traditioneller, würfelförmiger Baukörper in Sichtfachwerk unter ziegelgedecktem Zeltdach mit flacher Laternenbekrönung nach Feuerschaden von 1937; hinter ihm ein Anbau mit Auffahrtsrampe für den Transport des Brenngutes in Loren einer Kleinbahn, die – wohl nahezu einmalig in der Geschichte des Schienenverkehrs – eine Regelspurstrecke der Eisenbahn niveaugleich gekreuzt hatte. Im Inneren das technische Inventar weitgehend komplett erhalten: Aufzugswinde am oberen Teil der Rampe, Schrapper und Elevatoren für den Transport, Kugelmühlen für die Weiterverarbeitung der gebrannten Rohstoffe, Silos für die Bevorratung, Verladeraum mit Rampe für den Abtransport von Bau-, Stuckgips und Sparkalk. *HW*

Lit.: Wirth, 1990, 137–138.

## Engnitzthal-Hüttengrund TH (Sonneberg/H 2)

**Hammerwelle.** Bei Schachtarbeiten im Ortsteil Blechhammer der nach zahlreichen, hier seit dem 16. Jh. nachweisbaren metallurgischen Produktionsstätten benannten Gemeinde im Tal der energiespendenden Steinach 1929 aufgefundene, 3 m lange schmiedeeiserne Welle, am Straßenrand senkrecht aufgestellt als Erinnerungsmal an die 1838/40 unterhalb des älteren Blechhammerwerkes gegründete, bis 1864 tätig gewesene Bernhardshütte, in der diese Welle, Bleche, Stabeisen und Eisenbahnschienen nach dem Puddelverfahren gefertigt worden waren. *HW*

Lit.: Wirth, 1990, 203.

## Erdeborn (Mansfelder Land/F 3) SA

Nahe der Bahnstrecke nach Halle steht eine um 1850 in Wellen bei Magdeburg abgezimmerte, 1913 translozierte **Bockwindmühle** (Bock ummauert), die bis 1958 (seit 1922 unterstützt von einem Elektrohilfsmotor) mit Windkraft betrieben wurde. Stillgelegt 1977, Technik jedoch erhalten. *VR*

Lit.: Mühlen, 228.

## Erdmannsdorf (Freiberg/G 4) FS

**Mühlgrabenbrücke.** Betonbrücke über den Zschopau-Mühlgraben, 1910 als erste Balkenbrücke aus Stahlbetonfertigteilen (Visintini-Träger) erbaut. Die 28 m lange und 3,2 m breite Brücke hat einen einzigen Bruchstein-Mittelpfeiler, von dem aus nach beiden Seiten je zwei 13 m lange Beton-Träger den Mühlgraben überspannen. *OW*

Lit.: Erler/Schmiedel, 171, 220; Wirth, 1990, 138.

## Erfurt (Erfurt/G 2) TH

*Eine der ältesten deutschen Städte, die nicht auf eine römisch-antike Gründung zurückgeht. Aus dem frühen 9. Jh. stammen die ersten Hinweise auf einen bedeutsamen, durch seine geographische Lage in der Mitte des europäischen Kontinents, am Rande des Thüringer Beckens sowie in Grenznähe des fränkischen Reiches zum slawischen Siedlungsgebiet ausgezeichneten Handelsort (805 Verbot des Waffenhandels mit den Slawen). Vorausgegangen war 742 die Gründung des Bistums »Erphesfurt« durch Bonifatius, mit der Marien-Kathedrale (Vorgänger des jetzigen Domes von 1154/1372/1455) auf dem bereits von einem Paulskloster (Nachfolgebau ist die heutige Severus-Kirche von 1278/1495) besetzten Domhügel gegenüber dem Petersberg, wo sich damals schon ein gleichnamiges Kloster und mögli-*

*cherweise eine 802 erwähnte Pfalz befunden hatten. Am Fuße dieser von Zentren geistlich- und weltlich-feudaler Macht besetzten Hügel, jedoch etwas abseits, in der Gera-Aue, wo das damals »Erpha« (die heutige Apfelstädt, wasserreichster Nebenfluß der Gera) genannte Gewässer als Energiespender für Mühlen sowie mit seinen Furten und späteren Brücken bleibende Existenz verhießen, hat sich eine städtische Bürgerschaft entfaltet, der offenbar schon im 10. Jh., jedenfalls vor 1066 Befestigungs- und Stadtrecht vom zuständigen Grundherrn erteilt wurde. Dieser war – nach nicht erfolgter Neubesetzung des Erfurter Bischofsstuhls – von 746/47 bis 1802 der Bischof bzw. Erzbischof und Kurfürst von Mainz; E. blieb Weihbistum. Vom Mainzer Bischof erhielt die Erfurter Bürgerschaft das (Wagen-)Rad als Stadtwappen. – Zur Stadterweiterung kam es im 12. Jh. mit der Anlage des Angers, dem größten Waidmarkt Deutschlands; 1168 zweite Umwehrung mit Einschluß von Domhügel und Petersberg. Dem städtischen Begehren nach Reichsunmittelbarkeit begegnete der Kurfürst mit dem Bau der Zitadelle auf dem Petersberg als Zwingburg ab 1664, erweitert mit der dritten Umwehrung der Stadt. Festungsstadt blieb Erfurt, ab 1815 unter preußischer Herrschaft, bis 1873. Die industrielle Entfaltung außerhalb des Glacis-Gürtels war erst danach, die Wahrnehmung einer behördlichen Zentralfunktion erst ab 1944 (Lösung aus der preußischen Zuständigkeit) möglich. Erste Eisenbahnanschlüsse mußten sich durch Festungstore zwängen. Den Status einer Landeshauptstadt, den seit 1920 Weimar hatte, erlangte Erfurt als natürlicher Zentralort Thüringens erst 1990, nach vergeblichen Bemühungen seit 1949, was 1952 immerhin den Rang der Hauptstadt eines der Verwaltungsbezirke der DDR einbrachten. Von Zerstörungen des 2. Weltkrieges und im Inneren von Nachkriegsverwüstungen weitgehend verschont, ist ein höchst attraktives, weitgehend noch mittelalterlich geprägtes Stadtbild erhalten geblieben; technikgeschichtliche Sachzeugen dokumentieren Erfurt vornehmlich als überregional historisch bedeutsamen Ort des Handels und Verkehrs, land- und gartenwirtschaftlicher Intensivkulturen (Waid, Tabak, Blumen), des militärischen Fortifikationswesens.*

**Krämerbrücke** (zwischen Fischmarkt und Wenigenmarkt). Anstelle einer Furt anfangs als Holz-, wohl Ende des 13. Jh.s, nachweislich vor 1325 als 125 m lange Steinbrücke mit sechs 6,5 bis 8 m weit gespannten Rundbögen über einst vier Verzweigungen der Gera – der natürlichen Grenze der Kernstadt – errichtet, stadtseitig mit der Torkirche St. Benedikt (1810 partiell, 1896 gänzlich abgebrochen), feldseitig mit der 1110 erwähnten, 1324 in jetziger Gestalt mit markantem, im Grundriß quadr. spitzbehelmten Turm und spitzbogiger Durchfahrt unter dem Chor entstandene Torkirche St. Ägidius ausgestattet (→ Creuzburg); im Schutze dazwischen Niederlassungen, rechts und links der Fahrbahn, anfangs von Handelsbuden oder Krämerhütten, Ende des 15. Jh.s abgebrannt. Danach, 1472, erhebliche Verlängerung der Pfeiler in Stromrichtung auf 19 m; zwischen ihren Enden wurden hölzerne Sprengwerkkonstruktionen gespannt, um – im Durchschnitt 7 m über dem mittleren Wasserspiegel – Platz nicht wieder nur für Buden, sondern für insges. 62 dreistöckige Wohn- und Handelshäuser zu schaffen, Vorgänger der heutigen 32, nach wie vor beidseitig der (einstigen) Fahrbahn eng unter steilen Satteldächern aneinandergereihten Fachwerkhäuser des 16. bis 18. Jh.s bzw. ihrer Kopien aus dem 20. Jh., z.T. mit Laubengängen zur Wasserseite. Zwangsläufig ohne Kellergeschoß, haben die Gebäude ihre Abwässer anfangs unmittelbar, später versprüht in die Gera abgegeben. – Durch Bau der etwa parallelen Rathausbrücke (1898) vom Fahrverkehr befreit, ist die Brücke als eine der wenigen ihrer Art in Deutschland erhalten geblieben und zu einem der hauptsächlichen Gegenstände denkmalpflegerischer Bemühungen geworden, zuletzt 1985 durch Ersatz von 3 Bogen mit Beton hinter Werksteinverkleidungen.

**Flutgrabenbrücke** (Alfred-Hess-Straße). Einbogige, mit Muschelkalk verkleidete Stahlbeton-Straßenbrücke über dem gleichnamigen Gewässer, das, künstlich ausgebaut, einst Fortifikationsgraben der (dritten) Umwehrung der Festungsstadt war. 35 m ist das Bauwerk lang und 12,7 m breit, der den Graben überspannende Korbbogen 25 m weit gespannt und über mittlerem Wasserspiegel 4,3 m hoch. Es entstand 1912 nach Entwurf von Karl Melville, der ihm über der Fahrbahn eine künstlerisch anspruchsvolle Gestalt gab: Die massiven Brüstungen schwingen, gleichsam zum Betreten der Brücke einladend, an den Köpfen nach auswärts, sind hier durch Pfeiler und Figurensockel unterbrochen sowie durch ovale Öffnungen geziert und enden in Voluten; Figuren auf den Sockeln symbolisieren die Arbeit (Knieender mit Hammer und Steinplatte), die Ernte (Sitzende mit Fruchtschale), die Schönheit (Liegende mit Spiegel), den Genuß (Liegender mit Weinschale).

**Hauptbahnhof.** Die innerstädtische Trasse des ersten, 1847 erfolgten Eisenbahnanschlusses Erfurts (an die Thüringische Eisenbahn) befand sich auf der Rasen- bzw. Pflastersohle, niveaugleich mit dem Straßenverkehr, hatte je ein eigenes Festungstor für ein- bzw. ausfahrende Züge und mußte sich zwischen der Innenseite des Festungswalles und dem 1847/48 von August Mons errichteten *Empfangs-, Direktions-* und *Postgebäude* ihres Bahnhofes hindurchzwängen. Dieses Bahnhofsgebäude ist ein langrechteckiger dreieinhalbgesch. Baukörper mit im EG stichbogenförmig, in den übrigen Hauptgeschossen scheitrecht geschlossenen und gerahmten Öffnungen, mit gurtenden Brüstungsgesimsen und ursprünglich einem bekrönendem Maschikuli-Gesims unter Zinnenkranz vor dem gewalmten flachen Satteldach. An der Längsseite ein viergesch. Mittelrisalit, an der Stirnseite ein siebengesch., im Grundriß quadr. Uhrenturm, einst mit Bekrönung im »Burgenstil« (Ecktürmchen auf Konsolen, Maschikuli, Zinnen). 1869/70 und nochmals 1896 zur Vierflügelanlage erweitert, allerdings nur noch als Bürogebäude der Eisenbahndirektion dienend, da seit 1887 ein gänzlich neuer Bahnhof mit emporgehobenen Gleistrassen anstelle des hier abgetragenen Festungswalles und partiell verfüllten äußeren Grabens im Bau war. Dieser wurde wie sein (in bezug auf das Gleisniveau) 4,5 m tiefer gelegener Vorgänger, als Durchgangsstation (Halle–Eisenach) mit zwei Kopfstationen der 1869 bzw. 1879 eröffneten Strecken E.–Wolkramshausen (Anschluß an die Strecke nach Nordhausen von 1867) und E.–Sangerhausen konzipiert, ausgeführt jedoch – nach Entwürfen von Eduard Keil und Otto Erlandsen – mit *Empfangsgebäude* teils in Insel-, teils in Randlage (schräg gegenüber dem Vorgängerbau), einer erstmals in Düsseldorf und Köln verwirklichten Kombination. Vollendet 1893. 1926 geringfügig verändert, bei Anlage neuer, gegen den Flutgraben vorgestreckter Bahnsteige und der Erweiterung der Schalterhalle, erst neuerdings durch Vorstellungen von einem »zeitgemäßen« Bahnhof einer deutschen Landeshauptstadt existentiell in Frage gestellt. Das Vorgebäude hat eine fünffach gegliederte Fassade mit bogenförmig geschlossenem Mittelrisalit, der den vorgestreckten Windfangbereich und die tonnengewölbte Empfangshalle enthält, seitlich akzentuiert durch zweigesch. riegelartige Eckbauten. Das Inselgebäude ist ein langrechteckiger Bau, urspr. mit 3 in den Formen der italienischen Neurenaissance gestalteten Sälen (Empfangssaal, Speisesäle; ersterer teilweise, einer der letzteren gänzlich, jedoch ohne Ausstattung erhalten), mit 21 m weitgespannten genieteten Stahlfachwerkbindern, die das polygonal gebrochene Dach mit Oberlicht tragen und an denen die stukkierten Decken hängen. Das äußere Erscheinungsbild beider Gebäude wirkt einheitlich durch gelbe Klinker und Werksteingliederungen im »Rundbogenstil«. Aus der Entstehungszeit stammen die

*Erfurt. Hauptbahnhof*

Bahnsteigüberdachungen neben dem Inselgebäude. – **Bahnhof Erfurt West** (Binderslebener Straße 31). Im Zusammenhang mit der Verlängerung des 1916 vom Bahnhof Erfurt Nord (Strecke E.–Nordhausen) zur damaligen preußischen Gewehrfabrik 1925/26 angelegten eingleisigen Abzweiges nach Nottleben (zwischen E. und Gotha) entstanden. Empfangsgebäude im Stil eines repräsentativen Landhauses, zweigesch. mit steilem Walmdach und angefügtem Güterschuppen, einst mit 2 Warteräumen (2. und 3. Klasse), Gastwirtschaft, Wohnungen für Betriebsleiter, Bahnhofsvorsteher und Bahnhofswirt. Zweiständiger Lokschuppen aus Stahlbeton, mit Betriebswerkstatt und hochliegendem Wasserbehälter. Von den Gleisanlagen (Ladegleise zu Schuppen und Rampe, Umfahrgleis, Erschließungsgleise zum Lokschuppen) bemerkenswert die wohl als einzige noch betriebsfähige Kreuzungsweiche der ehemaligen Länderbauart aus der Zeit der Preußischen Eisenbahnverwaltung (1906 ff). – Auflassung und größtenteils Abbau der Strecke 1967; das Empfangsgebäude wurde Berufsschulinternat. Wiederinbetriebnahme partiell 1976 (bis Haltepunkt Berliner Straße), 1982 (bis Erfurt West, allerdings nur noch für Traditionsfahrten). Seitdem Herrichtung des Empfangsgebäudes für museale Zwecke und Ergänzung der Anlagen mit Kohlebansen, »Schaffnerwanne«, Bahnhofsuhr im gußeisernen Gehäuse und Signalstraße sowie Ausstattung mit Dampflokomotiven und Waggons älterer Bauzeiten (u. a. Loks der Baureihe 89 und 91, Personenwagen von 1896 und 1907).

**Flughafen.** Der erste im zivilen Luftverkehr regelmäßig angeflogene Flughafen Thüringens befand sich in Weimar (1919 erste Luftverkehrslinie Deutschlands: Berlin–Weimar). Der Erfurter Flughafen – anfangs im Norden der Stadt – war militärischen Ursprungs. 1934/35 Neuanlage an jetziger Stelle für die Luftwaffe, im Zusammenhang mit dem Ausbau Erfurts zur »Bezirkshauptstadt« Umgestaltung und Anschluß an den internationalen Luftverkehr. Empfangs- und Towergebäude 1961 nach Entwurf von Hans-Joachim Kramm errichtet: Zweigesch. Flachbau mit Abfertigungshalle im unteren, Restaurant im oberen Geschoß; der Tower sechsgesch. mit umlaufender Galerie unter dem verglasten, schräg ausladenden Dachgeschoß. Stahlbetonskelettbauten, der Tower mit Stahlvorhangfassade.

**Straßenbahndepot** (Magdeburger Allee). Für die Erfurter Pferdebahn 1882/83 errichteter Gebäudekomplex aus Verwaltungsgebäude, Remise und Ställen, anfangs für 50 Pferde. Die Erweiterung an der Nebenstraße erfolgte im Zusammenhang mit der Elektrifizierung kurz drauf; sie schloß ein Kraftwerk und Wagenhallen bei Bewahrung der Kernanlage ein und ist durch ihre aufwendige historistische Gestaltung bemerkenswert: Das zweigesch., zur Hauptstraße fünfachsige Verwaltungsgebäude gliedern Eck- und 2 mittlere Lisenen in roten Klinkern als Kolossalordnung; in der Mitte war einst das Eingangstor (jetzt Fenster) mit gestaffeltem Blendgiebel und den schmiedeeisernen Initialen »MB« (Marcks & Balke, Betreiber der Pferdebahn). Bekrönung mit Zahnfries- und Konsolgesims, mittig mit Giebel akzentuiert. Fensterrahmungen ebenfalls in roten Klinkern. Ähnlich aufwendig die rechte (südliche), dreiachsige Stirnseite mit dem heutigen Eingang. Versetzt angebaut das eingesch. einstige Remisen- und Stallgebäude, mit Ecklisenen und jeweils dreifach gekoppelten, gerahmten Fenstern; den Giebel des flachen Satteldaches kaschiert eine Stirnmauer.

**Neumühle** (Schlösserstraße 25). Dieses bedeutendste Gebäude der traditionellen Wassertriebewerke an der Gera (Erpha) und den zahlreichen Mühlgräben in Erfurt ist ein Neubau nach einem Feuerschaden 1736. 1949/50 nach schweren Kriegsschäden erneut instand gesetzt und bis 1984 betrieben, ist die Getreidemühle seit 1992 Museum. Das Vordergebäude zur Straße war einst Repräsentations- und jetzt anderweitig genutztes Wohn- und Geschäftshaus. Seitlich schließt die Maschinenstube mit 5 m messendem unterschlächtigen Wasserrad und Francis-Turbine an. Dahinter liegen der einstige Anlieferungstrakt für das Mahlgut (jetzt Museumseingang und Mühlencafé) sowie das Produktionsgebäude mit komplettem Inventar: steinerner Schrotgang, drei Walzenstühle, Haferquetsche, Sechskant- und Plansichter, Elevator und Silo. – **Heiligenmühle** (Mittelhäuser Straße 16). Weit nördlich außerhalb der mittelalterlichen Kernstadt, an der Schmalen Gera gelegen, erscheint dieses beachtliche Wassertriebwerk in den überlieferten Urkunden erstmals 1332, merkwürdigerweise als »Weithmühle« (vielleicht eine wasserbetriebene Waidmühle), später als Papiermühle, danach unter ihrem heutigen Namen. Als Papiermühle spätestens bis 1813, dem Jahr einer Brandkatastrophe, tätig, danach Wiederaufbau etwa in heutiger Gestalt: vierseitig bebauter stattlicher Müllerhof mit zur Straße giebelständigem Wohn- und Produktionsgebäude, traufseitig an der Wasserseite mit angebauter Radstube für drei unterschlächtige, im Durchmesser 3,5 m messende Wasserräder sowie einem Steg zu einem verwahrlosten (Neben-)Produktionsgebäude am jenseitigen Ufer. Das Triebwerk diente bis 1956 zur Verarbeitung von Getreide zu Graupen. Im Produktionsbereich des Hauptgebäudes ist die technische Ausstattung weitestgehend komplett vorhanden, namentlich der Graupengang selbst, in dem zwischen rotierendem Stein und Stahlmantel Getreidekörner geschliffen, gerollt und poliert wurden. – Nach produktiver Fremdnutzung (Metall-Kleingewerbe) seit 1988 schrittweise Restaurierung vornehmlich für Schauzwecke. – **Tabakmühle** (Marktstraße 50). Fachwerkgebäude im Hof des stattlichen Wohn- und Gewerbehauses »Güldenes Rad« oder »Roter Hirsch«, wo im Schlußstein eines älteren Kontor-Fensters links neben der Durchfahrt die Jahreszahl 1767 auf die Gründung eines tabakverarbeitenden Betriebes auf diesem Grundstück hinweist. Vom technischen Inventar verblieben sind der Kollergang mit den beiden um ihre Achse und um die gemeinsame senkrechte Welle drehbaren Läufersteinen auf der bemerkenswerterweise auf einem liegenden Waidmühlenstein gefertigten Wanne mit Auskehröffnung für das Mahlgut, ferner das waagerechte Kammrad auf dem Wellbaum und von dem einstigen Eselgöpel der Lagerblock (Göpelstock) der senkrechten Antriebswelle. – Zermahlen wurden hier getrocknete, auch gegorene Tabakblätter vor allem für die Erzeugung von Schnupftabak. Restaurierung der Inventarfragmente 1965 für Anschauungszwecke.

**Malzfabrik** (Iderhoffstraße 3). Zulieferungsbetrieb für zahlreiche Brauereien seit dem 19. Jh. Von den Erweiterungsbauten 1930 nach Entwürfen von Georg Bierbaum ist das Speichergebäude am bemerkenswertesten. Ein im Grundriß rechteckiger Baukörper unter steilem Satteldach in traufseitiger Stellung zur Straße, mit Aufzugs- und Lüftungsturm in einem mit Ziegeln ausgefachtem Stahlskelett. In Ziegeln ebenfalls die Umfassungswände. Die Straßenfassade ist mit Klinkerbändern und -lisenen gerastert, im EG durch kräftigen Fugenschnitt; ebenso im rechteckigen Teil der Stirnseiten, über denen sich mit Klinkerbändern gegliederte Treppengiebel erheben.

**Speicher** (Waagegasse). Neben den hohen Steildächern von Bürger- und Gewerbehäusern bestimmen zahlreiche stattliche Speichergebäude das noch weitgehend mittelalterlich geprägte Bild der Innenstadt und künden von der einstigen Bedeutung Erfurts als Handels- und Stapelort vornehmlich von landwirtschaftlichen Erzeugnissen, darunter namentlich von Waid. In der Waagegasse eine Reihe traufständig aneinandergereihter dreigesch. Speicher aus dem 15. bis 17. Jh.; ihre EG sind massiv, mit Torfahrten, darüber liegen Geschosse in Sichtfachwerk, mit Andreaskreuzen in den Brüstungsfeldern; die Schwellzone des zweiten Obergeschosses hat profilierte Balkenköpfe, gelegentlich über Knaggen, die Schwelle ist mit Schiffskehlen geziert.

**Steinsalz-Bergbauschacht Ilversgehofen** (Salinenstraße). Von dem im Johannisfeld nordöstlich von E. nahe dem jetzt eingemeindeten Ort Ilversgehofen, 1856 angelegten, von 1865 bis 1916 betriebenen königlich-preußischen Salzbergwerk (mit seit 1869 angeschlossener Saline) erhalten gebliebenes Gebäude des Nordschachtes: im Grundriß ein quadr. Baukörper mit angebautem Maschinenhaus, im Kern mit Lisenen an den Fassaden jeweils dreizonig im Sinne einer Monumentalordnung gegliedert und mit rundbogigen Öffnungen im »Burgenstil« gestaltet, statt von einem Zinnenkranz aber mit dem Gesims eines Zeltdaches bekrönt. Einziger verbliebener Malakowturm der Steinsalzindustrie Deutschlands. *HW*

Lit.: Berger, 236–238; Erler/Schmiedel, 172; Meixner IV, 22–29; Schmidt/Theile II, 73; Wirth, 1990, 138–144; Wirth, 1986, 8, 11, 15; Architekturführer der DDR (Erfurt), 21, 34, 40, 54, 57, 60.

## Erkner (Oder-Spree/D 5) BG

**Bakelite GmbH Erkner** (Flakenstraße 28–31). Die 1921 in Betrieb genommenen Produktions- und Verwaltungsgebäude der ehem. Bakelite GmbH liegen in exponierter Lage am Flakenfließ direkt gegenüber Rütgers Teerwerk, einem der ersten Teerwerke in Deutschland. Die im sachlich-funktionellen Stil errichteten Backsteinbauten sind durch betont vertikale Gliederung gekennzeichnet. Unter kleinteiligen Sprossenfenstern verstärken kassettenartige Vertiefungen die vertikale Betonung. An das dreigesch. *Hauptgebäude* schließt ein zweigesch. *Anbau* mit einem dreigesch. Mittelrisalit an. Die breite Fabrikeinfahrt wird von einem *Torhäuschen* mit rundbogigem Durchgang einerseits und einem *Pförtnergebäude* an der anderen Seite begrenzt. Die *Produktionsgebäude* stehen direkt am Flakenfließ. Zwei große pavillonartige Gebäude sind mit einem niedrigeren Fabriktrakt verbunden. Diese Bauten nehmen die Gliederung des Hauptgebäudes auf. Das eine Gebäude hat noch sein urspr. Mansarddach mit Laterne, das durch Kriegseinwirkungen zerstörte Dach des zweiten wurde stark vereinfacht wiederhergestellt. In der Geschichte der chemischen Industrie Deutschlands nimmt Erkner einen besonderen Platz ein. Hier wurden weltweit die ersten marktfähigen Produkte aus Phenolharzen hergestellt. Dem belgischen Chemiker Leo Hendrik Bakeland (1863–1944) gelang die Herstellung alkalisch kondensierter Phenolharze und deren reproduzierbare kontrollierte Aushärtung unter Anwendung von Hitze und Druck. Er gilt als der Begründer der Phenoplast-Industrie. 1909 begann der Probebetrieb der Herstellung härtbarer Phenolharze in einem kleinen Gebäude auf dem Gelände der Rütgerswerke. Grundstoff war das bei der Teeproduktion (Destillationsphase) reichlich anfallende Abprodukt Phenol. Für die Großproduktion gründete ein Konsortium unter Beteiligung Bakelands in Erkner die erste Phenolharzfabrik der Welt, deren Erzeugnisse die Markenbezeichnung »Bakelit« trugen. *WT*

## Erla (Aue-Schwarzenberg/H 4) FS

**Hammerherrenhof** (Karlsbader Straße 19). Vermutlich bereits im 13. Jh. mit Beginn des Eisensteinabbaus am Rothenberg (beendet um 1865) gegründet, wurde der Eisenhammer als »hamer an der erel« in einem Lehnsbrief des Burggrafen Albrecht von Leisnig 1380 erwähnt. Er ist somit die älteste urkundlich belegte Hütte des Erzgebirges. War bereits 1525 mit einem Hochofen ausgestattet (der, mehrfach ersetzt, 1879 als letzter Holzkohle-Hochofen des Gebirges ausgeblasen wurde). Im 19. Jh. von innovativen Unternehmern geführt, konnte das ehem. Hammerwerk mit Erweiterung des Produktionsspektrums in dieser Tradition als »Eisenwerk Erla Spezialzylinder« bis heute überleben. Das zweigesch. Herrenhaus mit z. T. erhaltener Ausstattung des frühen 19. Jh.s, das die dreiflügelige Anlage der im EG massiv, darüber in Fachwerk aufgeführten Wirtschaftsgebäude zur Hälfte schließt, entstand verm. nach der das Hammerwerk 1661 zerstörenden Hochwasserkatastrophe. *VR/OW*

Lit.: Bauten der Technik und Industrie, 52 ff.

## Ernstthal (Sonneberg/H 2) TH

**Eisenbahnviadukt.** Brücke der 1913 eröffneten einspurigen Eisenbahnstrecke Probstzella–Sonneberg, wie die Überführungen bei → Lichte und → Lauscha aus Naturstein bzw. Stampfbeton gefügt. Rundbögen auf kräftigen Pfeilern; in den Zwickeln kleinere Bögen, auf denen die Fahrbahn aufgeständert ist. *HW*

## Fahrland (Potsdam-Mittelmark/D 4) BG

**Bockwindmühle** (Ketziner Straße 37). Die am 31. 5. 1758 in Betrieb genommene Mühle war die erste privat erbaute Windmühle in dieser Gegend. Alle vorherigen gehörten dem Landesherrn bzw. dem Amt Potsdam. Mit ihrer Höhe (bis zum First 16 m) und einer Flügelspannweite von 20 m ist sie ein markantes Wahrzeichen des Havellandes. Der vordem frei stehende Bock wurde zur Gewinnung von Lagerraum Anfang des 20. Jh.s massiv umbaut, der Mühlenkasten ist nicht mehr drehbar. Bis 1969 wurde in der Mühle gemahlen, zuletzt nur noch Futter geschrotet. Die Windkraftanlage erzeugte eine Leistung von etwa 15 PS. *WT*

Lit.: Schmidt/Theile I, 211; Wirth, 1990, 144.

## Falkenau (Freiberg/G 4) FS

**Hetzdorfer Viadukt.** Ästhetisch ansprechendes, 1866–68 nach Entwurf des Oberingenieurs Sorge unter Leitung von Sektionsingenieur Clauß ausgeführtes Brückenbauwerk in der Hauptstrekke Dresden–Chemnitz, eröffnet am 1. 3. 1869 mit der Inbetriebnahme des Streckenabschnitts Freiberg–Flöha. Der im 1. Viertel geradlinige, dann mit einem Radius von 572 m gekrümmte, 328 m lange, aus Granit, Pirnaer Sandstein und blaurotem Gneis gemauerte Viadukt überwindet mit 17 arhythmisch durch Gruppenpfeiler getrennten Bögen (li. W. 22,66, 16,99 und 5,66 m) das tiefe Tal der Flöha. Mit max. 42,6 m höchste einstöckige Steinbrücke im deutschen Streckennetz. Nach Sanierung in den 1960er Jahren mit der Eröffnung eines Parallelbauwerks 1992 außer Betrieb genommen. *VR*

Lit.: Bauten der Technik und Industrie, 316; Erler/Schmiedel, 166, 211.

## Falkensee-Finkenkrug (Havelland/D 4) BG

**Bahnhof.** Fünfzig Jahre nach der Eröffnung der Fernbahnstrecke Berlin–Hamburg (Berlin-Hamburger Eisenbahn, Berlin–Boitzenburg 15. 10. 1846, Boitzenburg–Bergedorf 15. 12. 1846) erhielten die Gemeinden des osthavelländischen Kreises Nauen durch Einrichtung eines Vorortverkehrs die Anbindung an das Hauptnetz. Die 1896–97 als genietete zweischiffige Eisenkonstruktion erbaute Bahnhofshalle markiert mit anspruchsvoller Gestaltung das Zentrum des sich rasant entwickelnden Ortes. Die baugleichen Zu- und Abgänge zu den Bahnsteigen nehmen die Gliederung der Halle in filigraner Form auf. *WT*

Lit.: Gottwaldt, 42 ff.

## Falkenstein (Vogtlandkreis/H 3) FS

Seit Einführung der Jacquard-Weberei (1835) entwickelte sich die 1463 erstmals bezeugte Stadt südl. von Auerbach mit Gardinenweberei und Maschinenstickerei (1880er Jahre) zu einem bedeutenden Standort der Textilindustrie (1893: 12 größere Stickerei- u. 8 Gardinenfabriken; 1907: 38 bzw. 10) im Vogtland. Zur Befriedigung der Nachfrage nach engl. Gardinen begann der Textilkaufmann Georg Thorey ab 1883 in eigener **Tüll- und Gardinenweberei** (Dorfstädter Straße, Bahnhofstraße) mit aus England bezogenen Bobinetwebstühlen die begehrten Stoffe herzustellen. Guter Geschäftsgang führte bereits 6 Jahre später zur Kapitalaufstockung für den Ausbau der Firma durch Umwandlung in die Aktiengesellschaft »Falkensteiner Gardinenweberei und Bleicherei«. Nach der Enteignung 1946 wurden dem Unternehmen zwischen 1949 und 1952 die wesentlichen Falkensteiner Betriebe (Dresdner Gardinen- und Spitzenmanufaktur, vorm. Oertel & Co.; Rud. Enders, Zwirnerei; C.H. Lange; Friedr. Bleyer, Gardinenweberei; Pohland & Co. GmbH) angegliedert. Der so entstandene »VEB Falkensteiner Gardinen- und Spitzenwebereien« (Falgard) mit einem nun stadtteilgroßen Betriebsgelände ging nach 1972 im Kombinatsverband »Plauener Spitze« auf. Der *Gründungsbau* (der sog. Alte Betrieb) von 1883 ist ein spärlich durch Lisenen gegliederter, durch gelbe Klinkerstürze akzentuierter Backsteinrohbau. Repräsentativ das *Verwaltungsgebäude* von 1908 mit aufwendiger Sandsteinfassade in Formen zwischen Jugendstil und Neoklassizismus. Quer zur Dorfstädter Straße gestellt der verputzte *Fabrikbau* von 1909–11 mit reduziert neoklassizistischer Fassadengestaltung: Über dem Gurtgesims des EG zweigesch. biforische Rundbogenfenster unterschiedlicher Höhe rahmende Lisenen, darüber eine sich erneut aus einem Gurtgesims entwickelnde Pilastergliederung als Trennung der gekoppelten Rechteckfenster, abgeschlossen durch eine das flachgeneigte Dach verbergende Attika; die straßenseitige Schmalseite mit barokken Elementen (Fruchtgehänge und geschwungene Blendgiebel) angereichert; die Westfassade asymmetrisch von halbrundem Treppenturm unterbrochen. Der im Äußeren vielfach gestaffelte, in der Gesamtauffassung renaissancistische Backsteinrohbau der *Thorey'schen Villa* (Bahnhofstraße/Rathenaustraße), 1894 nach Planung des Leipziger Architekten August Leonhardt erbaut, besticht im Inneren durch eine in weiten Teilen erhaltene Ausstattung (Böden, Farbverglasung, Treppenhaus). Dem Thorey-Gründungsgebäude ähnlich ist der durch Ecklisenen gefaßte Backsteinrohbau der **Zwirnerei Rud. Enders** (Heinrich-Heine Straße), deren Erweiterungsbauten um 1900 und 1910 zeitgemäßen Fabrikbau ebenso wie die Produktionsgebäude von Pohland & Co. GmbH und F. Bleyer AG dokumentieren. – Zwei Jahre eher als Thorey begann Carl Heinrich Lange 1881 mit der Herstellung engl. Tüllgardinen; mit einer zweiten **Gardinenweberei** und einem Zweigbetrieb in Oberitalien gehörte C.H. Lange um 1900 zu den größten Gardinenproduzenten im Vogtland. Nach dem 2. Weltkrieg verstaatlicht. An der Dorfstädter Straße der qualitätvoll in Formen der ital. Hochrenaissance gestaltete, von brüstungshohen zweifarbigen Backsteinfriesen horizontal betonte, in der Längsfassade durch Risalit zentrierte Backsteinrohbau des *Verwaltungsgebäudes*. Entlang der Bahn das urspr. basilikale, in der Nachkriegszeit durch Aufstockung unter ein einheitliches Dach geratene *Webereigebäude* in retardierenden Formen des romantischen Spätklassizismus als

Backsteinrohbau. Aus gleichem Material die nördl. anschließende, neugotische *Fabrikantenvilla* mit Stufengiebeln und akzentuierendem Mittelrisalit an der Hauptfront. *VR*

Lit.: Bauten der Technik und Industrie, 179, 183 ff.

## Finsterwalde (Elbe-Elster/F 5) BG

**Bahnbetriebswerk** (Zirkusplatz). Mit der Inbetriebnahme der Nebenstrecke F.–Luckau (2. 10. 1911, Preuß.-Hess. Staatseisenbahnen) entstand nahe dem schlichten *Empfangsgebäude* eine bis in die 1980er Jahre genutzte *Lokstation.* Den Backsteinrohbau des vierständigen Lokschuppens gliedern zwischen den bis fast zur Traufe reichenden, von Stichbögen überspannten Einfahrtsöffnungen schmale Pfeilervorlagen; das flache Dach wird von einer Holzbinderkonstruktion getragen. Die Gleise der Lokstände münden im Kreissegment einer Drehscheibe. Neben dem Lokbehandlungsgleis befinden sich Wasserkran, Entschlackungsgrube und Kohlebunker. Von dem in den 1960er Jahren abgebrochenen Schornstein für den Rauchabzug beim Probelauf der Loks blieb nur der sechseckige Sockel erhalten. Der dreigesch., von schmalen Fenstern durchbrochene Schaft des Wasserturms trägt einen durch kassettenartige Putzflächen mit stehenden Fenstern und abschließendem Putzband mit kleinen Rundfenstern gegliederten Kopf unter hohem Kegeldach. – **Handelshaus »Koch- und Viehsalz-Niederlage«** (Wilhelm-Külz-Straße 8). Mit der Einrichtung der kgl. Sällerei (Salzlager) 1859 erhielt der Kaufmann Gottfried Wittke für das 1850 gegr. »Material-, Tabak-, Cigarren- und Destillationsgeschäft mit Caffee-Vertrieb« zusätzlich Salzverkaufsrechte. Das bis 1975 weitergeführte Ladengeschäft bewahrt mit seiner vollständig erhaltenen Einrichtung den Charakter eines Kaufladens aus der Mitte des 19. Jh.s.
**Tuchfabrik Carl Schaefer** (Leipziger Straße 57). 1845 zunächst als Hausbetrieb gegründet, unter dem Tuchmachermeister Gottlob Carl Schaefer ab 1853 als Fabrik betrieben, wuchs das Unternehmen in der nächsten Generation. 1889 wurde das große Spinnereigebäude als eingesch. Shedhalle errichtet, die Weberei zog in die Obergeschosse des nach Brand wiederaufgebauten ehem. Wollagers von 1890. 1930 zweitgrößtes Unternehmen der Stadt, nach Gründung des VEB Tuchfabriken Finsterwalde 1952 größter Arbeitgeber. Stillegung 1990. Die etwa 75 Jahre Textilmaschinenbau repräsentierende, funktionsfähige techn. Ausstattung ermöglicht eine den Betriebsbedingungen vergleichbare Demonstration des Fabrikationsprozesses. *WT/VR*

## Flöha (Freiberg/G 4) FS

**Baumwoll- und Viskosespinnerei Heymann** (F.-Gückelsberg, Fabrikweg 4). Ein auf dem Grundstück einer Walkmühle durch den Chemnitzer Spinnereibesitzer Gottlob Ferdinand Heymann 1829–30 errichtete Spinnmühle bildete den Anfang eines florierenden Unternehmens, das sich noch in den 1920er Jahren als »Baumwollspinnerei Gückelsberg William Schulz A. G.« (1919) baulich erweiterte. Den spätklassizistischen fünfgesch. *Spinnereialtbau* von 1829–30 zentriert vierachsig ein nur gering vorspringender, flach übergiebelter Risalit; im Schnittpunkt der Dachfirste ein Belvedere. 1847 folgte ein dreigesch. Spinnereigebäude von 10 x 5 Achsen ohne jeden architektonischen Anspruch. Der Eisenbetonskelettbau des Leipziger Architekten Bischoff von 1925 noch dem Reformstil der Vorkriegszeit verpflichtet. Noch erwähnenswert die urspr. eingesch., von Maurermeister Otto Liebig aus Flöha 1870 erbaute, 1884 von L. Mehner aus Chemnitz mit historistischen Fassaden aufgestockte *Villa,* der dazugehörige *Park* und *Arbeiterwohnhäuser.*

### F.-Plaue

**Baumwollspinnerei Clauß** (Erdmannsdorfer Straße/Zur Baumwolle 32). Auf dem Gelände einer ehem. Schneidemühle ließ Kommerzienrat Seeber aus Chemnitz 1807–09 durch den Chemnitzer Baumeister Lohse eine Spinnmühle errichten, deren techn. Ausstattung der engl. Maschinenkonstrukteur Evan Evans plante. Ab 1815 durch die Fam. Clauß verwaltet, überdauerte das Unternehmen alle Krisen der regionalen Baumwollindustrie und entwickelte sich zu einem Großunternehmen, wovon die Bauten auf dem Fabrikgelände Zeugnis ablegen. Den barock geprägten Ursprungsbau mit vier Normalgeschossen und vierfach genutztem steilen Mansarddach flankieren Erweiterungsbauten der folgenden zwei Jahrzehnte. Die Silhouette der heutigen – aber auch ältesten sächsischen – Baumwollspinnerei Flöha prägen entlang des Flusses und zu

*Flöha. Baumwollspinnerei Clauß*

ihm abgewinkelt die dreigesch. backsteinverblendeten Betonskelettbauten von 1903–04 mit einer der Konstruktion konsequent folgenden Rasterung der Fassaden im Bereich der Maschinensäle. Als Schmuckelemente dienen in den Brüstungen und unter der Traufe, die vertikale Ordnung der Lisenen horizontal bindend, Konsolgesimse. Turmartige, aufwendiger mit Friesen und barockisierender Attika verzierte Risalite betonen Knick- und Eckpunkte der flächigen Fassaden. Zur Fabrik gehören das urspr. *Herrenhaus*, die *Villa* im historistischen Stil mit großzügiger Parkanlage, Arbeiterwohnhäuser und Reste der wasserbautechnischen Anlagen. *ST/VR*

Lit.: Bauten der Technik und Industrie, 90; Clauß; Schmidt/Theile II, 191.

## Forst (Spree-Neiße/F 6) BG

Während zu Anfang des 20. Jh.s die Schornsteine der Textilfabriken das Stadtbild prägten, dominiert heute der 72 m bis zur Spitze messende **Wasserturm**, der 1902–03 als Backsteinrohbau in historisierenden Formen zwischen Romanik und Gotik für das neue städt. Wasserwerk errichtet wurde. Typisch für eine Konstruktion mit Intze-Behälter, entfalten sich über dem auf einem Bogenfries als Druckring aufgelagerten Wulstgesims konkave Konsolen, auf denen sich das Eisenfachwerk des Behältermantels abstützt. Die Außenschale wie der Schaft in Verblendsteinen gemauert, deren unteres Viertel durch eine Galerie gotisierender biforischer Fenster, deren oberes durch kräftiges, durchfenstertes Konsolgesims geprägt wird. Darüber Kegeldach mit oktogonaler Laterne, die eine ebenso polygonal gefaltete steile Dachspitze schützt. Die Schäden des 2. Weltkrieges wurden mit der Grundsanierung 1990–94 beseitigt. – Als ehem. Zentrum der Lausitzer Textilindustrie im 1. Drittel des 20. Jh.s (nach der Anzahl der Tuchfabriken und der laufenden Spindeln bei der Garnherstellung weit vor Cottbus liegend) wurde Forst Standort des in einer früheren Tuchfabrik 1995 eröffneten **Brandenburgischen Textilmuseums** (Sorauer Straße). *VR*

Lit.: Bayerl.

## Frankenberg (Mittweida/G 4) FS

**Paradiesbettenfabrik M. Steiner Sohn A. G.** (Äußere Chemnitzer Straße 6). 1875 begann Ottomar Steiner in dem von seinem Vater 1847 als Strumpfladen gegr. Geschäft mit der Herstellung handgenähter Steppdecken. Durch geschickte

Vermarktung steigende Umsätze der Firma zogen kontinuierlich bauliche Erweiterungen nach sich, in denen außer Steppdecken, Bezugs- und Füllstoffen auch metallene Bettgestelle und Schlafzimmermöbel hergestellt wurden. Nach dem Krieg als Matratzen- und Möbelfabrik weitergeführt, mußte das nach der Wiedervereinigung in die Lisema Polstermöbel GmbH umgegründete Unternehmen 1995 Konkurs anmelden. Das Fabrikgelände bestimmt der 1893 auf winkelförmigem Grundriß urspr. als Backsteinrohbau aufgeführte, bei der Erweiterung zu Anfang des 20. Jh.s durch Verputz optisch dem Zeitgeschmack angeglichene, durch neuklassizistischen Rundturm akzentuierte Fabrik- und Verwaltungsbau. Ältestes Gebäude auf dem Fabrikgelände die 1818 als Färberei erbaute »Alte Rothfabrik«, die nach Ankauf durch Steiner ab 1875 als Wohnhaus genutzt wurde. *VR*

Lit.: Bauten der Technik und Industrie, 130, 275.

## Frankenförde-Gottsdorf BG
(Teltow-Fläming/E 4)

Die Wassermühle, genannt **Obermühle**, wurde 1879 errichtet. Im zweigesch. Putzbau befinden sich neben der großen Mühle auch die Wohnräume des Müllers. Bis Ende der 1950er Jahre trieb das Pfefferfließ ein oberschlächtiges Wasserrad an. Über ein Kammrad wurden die Räder eines Getriebes und über zahlreiche Transmissionen die Mühlenmaschinen angetrieben. Ein damals bereits angelieferter Wasserturbinenantrieb kam nicht mehr zum Einsatz, weil die auf Grund meliorativer Maßnahmen erheblich reduzierte Wassermenge nicht mehr ausgereicht hätte. Der Antrieb wurde deshalb auf elektrische Energie umgestellt. Die Annahme des Getreides erfolgt in 4 Unterflur-Silozellen. Pneumatische Fördereinrichtungen transportieren es zur Vermahlungstechnik. Zur Erhöhung der Kapazität und Verbesserung der Qualität erfolgten um 1914 und 1952 umfangreiche Modernisierungen, wobei einige der Maschinen von 1914–16 erhalten blieben. *WT*

## Frankenhain (Ilmkreis/G 2) TH

**Lütscheflößgraben.** In Resten erhaltener künstlicher Wasserlauf, einst 23 km lang und aus Quellen im Kehltal bei Ohrdruf gespeist; 1691 bis 1706 von dort an Frankenhain und Crawinkel vorbei, etwa den Höhenlinien folgend, bis nach Luisenthal geführt, um einen Transportweg für Flößholz zu den metallurgischen Hütten im Vorland des Thüringer Waldes zu schaffen (→ Ohrdruf). Teile des Oberlaufes sind im Rückstau der Lütschetalsperre verschwunden. – **Lütschetalsperre.** Für die Versorgung des Erfurter Bahnbetriebswerkes 1935/37 angelegtes Speicherbekken. Die Talsperre ist eine Beton-Schwergewichtsmauer, von der Talsohle bis zur Krone 22 m hoch, darauf ein öffentlicher Fußweg; an der südlichen Talflanke der Zutritt zum Wartungsgang. Bei Vollstau faßt das Becken 1,3 Mio. $m^3$. – **Eisenbahnbrücke.** Überführung der eingleisigen Eisenbahnstrecke Gotha–Gräfenroda über Feldweg und Gißelbach, 1891/92 errichtet: einbogige Brücke aus rotem Sandstein, 14,7 m weit gespannt; Fahrbahn in den beiden Zwickeln über den Widerlagern auf je zwei 2,75 m weiten Stichbogengewölben aufgeständert. Geländer in Flachstahl aus der Entstehungszeit des insgesamt 29,7 m langen, 10,4 m bzw. 12,4 m (von der Bachsohle) hohen und 4,5 m breiten Bauwerkes. *HW*

Lit.: Schmidt/Theile II, 73 f.; Wirth, 1990, 146.

## Bad Frankenhausen TH
(Kyffhäuserkreis/F 2)

**Ehemalige Saline.** Den Status als Bad verdankt Frankenhausen den anfangs natürlich schüttenden, später durch Nachstollungen und Schachtteufen erschlossenen, seit frühgeschichtlichen Zeiten – zufolge sogenannter Briquetage-Funde – produktiv genutzten Solequellen, der älteste urkundliche Beleg für eine Saline stammt aus dem Jahre 998. Nutzung der Sole für balneologische Zwecke seit 1808, für die Kochsalzgewinnung bis 1944. Standort des Salzwerkes waren der Erdfall unterhalb der zum militärischen Schutz der Saline am Südhang des Kyffhäusergebirges errichteten Burg (»Hausmannsturm«), die Gegend östlich davon (für zwei Gradierwerke ab 1793) und das sich südlich anschließende Gelände (»Nappe«) des jetzigen Kurparkes (für Siedestätten und ein weiteres Gradierwerk). Im Erdfall befanden sich die Anlagen zur Förderung der Sole aus ehemals 7 Schächten und dem »Bergquell«. Dessen Stollenmund wurde im 19. Jh. mit einem zweisäuligen Portikus vor stelenartiger Mauer geziert; über dem Architrav die Inschrift »Elisabethquelle«. Umbenennung und architektonische Dekorierung erfolgten im Zusammenhang mit der attraktiven Ausgestaltung der auch für Badezwecke genutzten Produktionsstätte (»Unteres Bad«). Der Abfluß des Antriebswassers und der Soleverluste erfolgte aus dem Erdfall nach Süden durch den jetzt gänzlich verrohrten »Gelgen«. Der Zulauf des Energiespenders für die Wasserkraft-Solehebekünste kam aus der Kleinen Wipper. *HW*

Lit.: Wirth, 1972.

**Frankfurt/Oder** BG

(Frankfurt an der Oder/D 6)

**Verschiebebahnhof.** Den zwischen 1917 und 1920 am Oberen Klingental errichteten Gebäudekomplex überragt ein für die Preuß.-Hess. Staatseisenbahnen typischer Wasserturm mit leicht konischem, durch Lisenen gegliederten ziegelsichtigen Schaft, der einen genieteten halbkugelförmigen Behälter mit rund 400 $m^3$ Fassungsvermögen trägt. Nach Kriegsschäden bis 1950 dem Original entsprechend wiederhergestellt. *WT*

**Freiberg** (Freiberg/G 5) FS

*Zweihundert Jahre nach dem spätestens 968 am Rammelsberg bei Goslar begonnenen Erzabbau wurde silberhaltiges Gestein 1168 namengebend für das Erzgebirge, auf einem von Markgraf Otto (dem Reichen) von Meißen für die Gründung des Klosters Altzelle gestifteten Gelände entdeckt. Nach Rückgabe des silberfündigen Areals an den das Bergregal besitzenden Markgrafen entstand in der Nähe des 1170 durch ihn gegr. Herrenhofes (später ausgebaut zur landesfürstlichen Burg »Freudenstein«) auf der Christiansdorfer Flur – nach Zuzug zahlreicher sächs. Bergleute aus dem Harz zum »freien Berg« – eine Bergmannssiedlung, die spätere Sächsstadt (als »civitas Saxonum« 1241 urkundlich erwähnt), innerhalb kurzer Zeit erweitert nach W, mit der Nikolaikirche als Zentrum. Stadtrecht erhielt F. verm. um 1215 mit der Gründung der planmäßig angelegten, in der Hauptachse auf die Burg ausgerichteten Oberstadt. Die von Otto zugesicherte Bergfreiheit – Freiheit der Person, Schürffreiheit und Lösung von grundherrlichen Lasten bei der Pflicht zur Abgabe des Funddrittels – bildete das Vorbild für andere Bergstädte seit dem frühen 13. Jh., kodifiziert wurde es jedoch endgültig erst 1346 bzw. 1375. Mit fortschrittlicherer Verfassung als das ältere Goslar bildete die erste freie Bergstadt Deutschlands ab dem hohen MA mit ergiebigen Erzgruben, Schmelzhütten, Fern- und Geldhandel das wirtschaftliche Zentrum der Markgrafschaft Meißen. Der Reichtum der Stadt spiegelt sich in Meisterwerken der Kunst: noch spätromanisch geprägt die Triumphkreuzgruppe über dem Lettner der Marienkirche (seit 1480 als Dom bezeichnet), deren Goldene Pforte als das älteste Statuenportal Deutschlands gilt (beide um 1230); die Tulpenkanzel des Meisters Hans Witten gehört in die Zeit des durch den Stadtbrand von 1484 ausgelösten Umbaues des Doms zu einer dreischiffigen gotischen Hallenkirche (1490–1501). Ab dem Ende des 14. Jh.s stagnierte der Bergbau durch Erschöpfung der obertägigen Lagerstätten. Eine zweite Blüte begann mit dem Tiefbau wenig nach 1500, die, durch den Dreißigjährigen Krieg unterbrochen, zu Beginn des 18. Jh.s erneut aufbrach, 1871 mit Einführung der Goldwährung aber vollständig verwelkte, bis zur letzten Schicht von 1913. 1937 noch einmal aufgenommen, wurde der Freiberger Bergbau 1969 endgültig eingestellt; seine Zeugnisse prägen jedoch noch immer die Landschaft um die Stadt. Als Ersatz für den materiellen Verlust aus dem nicht mehr rentierlichen Bergbau entstand 1765 aus einer für montanwissenschaftlichen Unterricht gegründeten staatl. Stipendienkasse nach den Vorschlägen der Bergbeamten v. Oppel und v. Heynitz mit der Bergakademie die weltweit erste Hochschule ihrer Art, theoretisch vorbereitet von Ulrich Rülein von Calw, Stadtphysikus und später Bürgermeister, mit dem 1500 in deutscher Sprache erschienenen Traktat* Ein nützlich Bergbüchlein. *VR*

**Abrahamschacht** (Schachtweg). Die seit dem 16. Jh. bekannte »Abraham Fundgrube« förderte ab 1716 mit geringem Erfolg silberhaltiges Erz. Seit 1796 der »Himmelfahrt Fundgrube« zugeschlagen, entwickelte er sich zu deren Hauptförderschacht mit Neubau der Tagesanlagen, nachdem man in seinem Grubenfeld 1828 reiche Erze anschlug. Die großenteils auf der zugehörigen Halde stehende Gebäudegruppe des Abrahamschachtes ist heute eine gut erhaltene Anlage einer großen Erzgrube des 19. Jh.s mit *Mannschaftshaus* (um 1790) in Fachwerk, massivem *Huthaus* (1813), *Bergschmiede* (1833–34) mit giebelprägenden Hosenschornsteinen, *Setzwäsche* (1834) zur naßmechanischen Erzaufbereitung, dreigesch. massiven *Schachthaus* (1839; das 1887 bei der Umstellung auf Dampfmaschinenförderung eingezogene eiserne Fördergerüst 1955 abgebrochen), zweigesch. *Scheidebank* (1840–42) zur Trennung von Erz und taubem Gestein, *Verwaltung* unter laternenbekröntem Zeltdach und *Tunnel* (1841–42) mit elliptischen Bruchstein-Mundlöchern für die Pferdeeisenbahn, welche die Abrahamer Setzwäsche und den Davidschacht durch die Abrahamhalde verbindet. – **Grube Alte Elisabeth** (Fuchsmühlenweg). Die 1511 erstmals urkundlich genannte Grube kam ebenfalls 1796 zur Himmelfahrt Fundgrube. Im Grubenfeld Alte Elisabeth wurde 1808 ein neuer (der jetzige) Schacht mit etwa 45° Neigung abgeteuft und mit Pferdegöpel und Kunstgezeug ausgestattet. 1843 legte man den Schacht still und brach die Gebäude ab. Aber schon 1847 nahm man den Betrieb wieder auf, vor allem, um von diesem Schacht aus den Rothschönberger Stolln durch das Himmelfahrter Grubenfeld vorzutreiben (→ Tanneberg-Rothschönberg). Über dem Schacht baute man 1848/1849 die jetzt noch erhaltene *Dampfförderanlage*, bestehend aus dem Schachthaus mit Hängebank, dem Maschinenhaus mit der damals von Constantin Pfaff, Chemnitz, gelieferten, noch erhaltenen 12-PS-Balancier-Dampfmaschine und dem Kesselhaus, wo die Flammrohrkessel allerdings nicht mehr erhalten sind. Der Anbau einer Scheidebank am Giebel des Schachthauses 1856 (seit 1864 Betstube) und einer Steigerstube 1856 an die Traufseite des Schachthauses, beides eingesch. in Holzfachwerk, führte zum heutigen Aussehen der Gebäudegruppe. Die Betstube mit erhaltener Orgel dient heute der TU Bergakademie Freiberg zu Konzerten und Feiern. Der gedrungene quadr. Schornstein von 1848 dürfte einer der ältesten erhaltenen Industrieschornsteine sein. Auf der Halde der Grube Alte Elisabeth wurde 1936 das **»Schwarzenberggebläse«** museal aufgestellt, ein 1829/31 im Eisenwerk → Morgenröthe geschaffenes, neugotisch gestaltetes dreizylindriges Hüttengebläse, das von 1831 bis

*Freiberg. Grube Alte Elisabeth, Dampffördermaschine*

*Freiberg. Grube Alte Elisabeth, Hängebank*

1857 in der Antonshütte bei Schwarzenberg, 1862 bis 1926 im Hüttenwerk Halsbrücke bei F. in Betrieb war. Es ist eines der bedeutendsten Beispiele dieses Architekturstils im Maschinenbau. – **Grube Reiche Zeche** (nördl. der Alten Elisabeth). Die Himmelfahrt Fundgrube begann im Feld der seit 1384 bekannten Reichen Zeche 1841 mit dem Abteufen eines neuen Schachtes. Nachdem er einer der tiefsten Schächte der Himmelfahrt Fundgrube geworden war, erhielt er 1898 eine Dampfförderanlage mit eisernem Fördergerüst. Aus jener Zeit sind u.a. das *Schachthaus*, das *Maschinenhaus* (ohne Maschine) mit Glockentürmchen und Glocke und der *Schornstein* erhalten. 1953 erhielt die Schachtanlage ein neues, dem alten aber weitgehend entsprechendes Fördergerüst. – Alte Elisabeth und Reiche Zeche sind heute Lehr- und Besucherbergwerk der Bergakademie. Untertage sind dort die geologischen Verhältnisse der Freiberger Erzgänge, die Gewinnungs- und Abbautechniken verschiedener historischer Perioden, Stollen für die Wasserableitung, Radstuben für Kunst- und Kehrräder sowie verschiedene Ausbauarten für Schächte und Strecken zu besichtigen.

**Huthäuser** verschiedener Gruben – meist in der Kombination von Versammlungsraum, Gerätekammer und Wohnung des Hutmannes errichtet – sind im Stadtgebiet von F. erhalten: *Kuhschacht* (Wernerplatz 15), erbaut im 17./18. Jh. Die Grube war von 1516 bis 1838 in Betrieb bei größter Ausbeute zwischen 1693 und 1765. – *Löfflerschacht* (Unterhofstraße 2a), erbaut im 17./18. Jh. Die Grube ist seit 1384 bekannt und kam 1772 zur Grube »Neubeschert Glück« vor der Stadt. Das Huthaus ist seit etwa 1840 Wohnhaus. – Zwischen der Grube Reiche Zeche und Tuttendorf markiert ein Haldenzug den Verlauf des Haupterzganges mit mittelalterlichen, bis zu 10 m tiefen, 20–50 m auseinanderliegenden Grubenbauten.

**Bahnhof**, erbaut 1862, als F. Bahnanschluß nach Dresden bekam, in der für den Freiberger Architekten Eduard Heuchler typischen Neugotik. Die gestaffelten Giebel der Seitenteile und der Glokkenturm auf dem Giebel des Mittelteils sind um 1965 beseitigt worden. – **Kursächsische Distanzsäulen.** Gemäß der Anordnung Augusts des Starken wurden um 1725 auch vor den Freiberger Stadttoren Distanzsäulen als Obelisken mit Wappen und Entfernungsangaben, auf quadr. Sockel mit profilierter Deckplatte aufgestellt. Die Distanzsäulen an den Poststraßen vor den ehemaligen Stadttoren Peterstor, Erbisches Tor und Meißner Tor sind erhalten. Damit ist F. die Stadt mit den meisten erhaltenen kursächsischen Distanzsäulen. – **Freibergsdorfer Hammer.** In dem bis 1907 selbständigen Vorort Freibergsdorf steht ein seit 1607 urkundlich nachgewiesener Eisenhammer, der bis 1974 produzierte und 1979/89 restauriert wurde. Das unterhalb des Hammerteiches am Teichdamm gelegene Hammergebäude enthält drei von Wasserrad und Nockenwelle angetriebene Schwanzhämmer (davon einer ein Kugelhammer), das Schmiedefeuer und 2 ebenfalls von einem Wasserrad angetriebene Kastengebläse.

## F.-Halsbach

**Steinbogenbrücke** über die Freiberger Mulde, erbaut 1550–76 für die alte Straße nach Dresden, die durch die Silbertransporte von den Freiberger Hütten zur Münzstätte in Dresden besondere wirtschaftsgeschichtliche Bedeutung hatte. Ein 13 m weiter und im Lichten 10 m hoher Spitzbogen überspannt den Fluß und trägt einen im

19. Jh. neu gestalteten Brüstungsbereich. Die 7 m breite Brücke hat einschließlich der Rampen über 100 m Länge. Heute verläuft die Straße Freiberg–Dresden über die etwa 200 m stromauf gelegene, um 1930 gebaute neue Brücke. *OW*

LIT.: Erler/Schmiedel, 156, 190.

## Freienorla (Saale-Holzland-Kreis/G 2) TH

**Untermühle.** Der Mühlenstandort an einer (ehemaligen) Furt durch die Orla kurz vor der Mündung in die Saale ist seit 1176 nachweisbar. Die bestehenden Gebäude errichtete man nach Brandkatastrophe (1895) in den Jahren 1896 (Wohnhaus) und 1897 (Produktionsgebäude der Getreidemühle, mit massiven Geschossen für Maschinenkeller und Steinboden, Fachwerk für den Sichterboden). Getreideverarbeitung bis 1980 mit Elektro- und Wasserenergie. Das 5,5 m große, 2 m breite mittelschlächtige Wasserrad wurde 1986 für Anschauungszwecke und zur Gewinnung elektrischen Stromes restauriert. Im Inneren des Produktionsgebäudes das komplette Getriebe, ein steinerner Schrotgang mit Steinkran, 2 Walzenstühle, Mischmaschine, 2 Plansichter, Aufzug und Elevator. *HW*

Lit.: Schäbitz.

## Bad Freienwalde BG
(Märkisch-Oderland/D 5)

**Unterkietzmühle** (Hammerthal 6). Die um 1800 angelegte Wassermühle liegt am westlichen Rand der Stadt, nahe der B 176 (Eberswalde–Seelow). Das Mühlengebäude ist ein zweigesch. Putzbau mit hohem Walmdach. Eine Gaupe mit Kranbalken diente dem Transport der Säcke auf den oberen Boden. Im straßenseitigen Giebel sind Teile des Fachwerks sichtbar. An diesen Giebel ist ein ebenfalls zweigesch. Backsteinbau, die nach Brand (1823) erneuerte ehemalige Schneidemühle, angebaut. Vor dem südlichen Giebel liegt das kleine Müllerwohnhaus, ein Putzbau mit 2 niedrigen Geschossen und steilem Satteldach. In den 1930er Jahren wurde die Wasserkraftanlage vom Wasserrad auf Turbinenbetrieb umgestellt. Sämtliche Mühlenmaschinen werden von einer zentralen Antriebswelle über Riemenscheiben bzw. Kegelräder einzeln angetrieben. Um 1960 stillgelegt. Mit ihrem Standort, dem ältesten Standort einer Wassermühle im Oberbarnim, hat die Mühle im landschaftlich reizvollen Hammertal auch landschaftsprägende Wirkung. *WT*

## Freital (Weißeritzkreis/G 5) FS

**Windbergbahn** (F.-Birkigt–Obergittersee–Possendorf). Die aus dem Weißeritztal im Plauenschen Grund über die Windberghöhen nach den Hänichener Steinkohlegruben führende, 1853–1854 durch den Eisenbahningenieur Guido Brescius aus Dresden – einen Schüler von Andreas Schubert – projektierte und 1856 durch die Albertsbahn AG fertiggestellte normalspurige Kohlebahn mit Dampftraktion ohne zusätzliche Hilfsmittel (Zahnstange, Seilzug) gehört zu den interessantesten frühen Gebirgsbahnen Deutschlands. Zwischen Tal- und Höhenstation überwindet die nach Einstellung der Steinkohleförderung als »Windbergbahn« ab 1907 (mit Verlängerung nach Possendorf am Käferberg am 1. 10. 1908) für den Personenverkehr wiedereröffnete ehem. »Hänichener Kohlenzweigbahn« auf 12,478 km einen Höhenunterschied von 157 m (bei Steigungen bis zu max. 1:40) mittels 21 Brücken, Durchlässen und 41 Gleisbögen. Auf Teilstreckenstillegungen 1951 folgte die teilweise Demontage. Ab 1991 nutzte der Sächs. Museumseisenbahn-Verein Windbergbahn e.V. bis zur endgültigen Betriebseinstellung 1993 die Reststrecke für Sonderfahrten mit dem historischen rollenden Gut. Unter den Hoch- und Kunstbauten beachtenswert sind das *Stationsgebäude* F.-Birkigt (1912), der *Kohlenschuppen* auf Bf. Niedergittersee (1870), der Bf. Obergittersee (1916), das Stationsgebäude (1907) und das Ensemble der *Kohlebahnwechselstelle* (1855–94), die *Wartehalle Cunnersdorf* (1923), der *Bf. Hänichen* (1894, 1907), das *Empfangsgebäude Possendorf* (1908) sowie Gewölbedurchlässe und Brücken (1855). *VR*

Lit.: Bauten der Technik und Industrie, 310 ff.

## Friedeburgerhütte SA
(Mansfelder Land/F 3)

In dem den Spielplatz (Ortsmitte) nordöstlich begrenzenden Hang sind 3 sog. **Kornflaschen**, Getreidespeicher (Dm. etwa 5 m, H etwa 9 m),

*Friedeburgerhütte. »Kornflasche«*

sichtbar, deren Quadermauerwerk auf eine Entstehung im 18. Jh. verweist. *VR*

## Friedersdorf (Märkisch-Oderland/E 5) BG

**Großspeicher.** Das 1920/21 für den Gutsherrn Bodo von der Marwitz errichtete Bauwerk diente mit kurzer Unterbrechung bis 1990 als Zentralspeicher für Getreide. In dem achtachsigen, viergesch. Speichergebäude in Sichtmauerwerk befinden sich bis unter das steile Satteldach 6 Lagerböden. Im farblich betonten Sockelgeschoß 3 hofseitige Zugänge. Mit einer Kapazität von etwa 600 t zählt der Bodenspeicher zu den größten erhaltenen Speichern im Land Brandenburg. Seine Förderanlagen befinden sich im Kellergeschoß. Das Getreide wurde mit Hilfe von Elevatoren auf den höchsten Boden gefördert. Über Verteileinrichtungen mit manueller Verstellung gelangte das Getreide in hölzernen Rohrbahnen auf die tiefer gelegenen Lagerböden. Die beiden Böden im Dachraum sind mit rührend einfachen, aber sehr wirksamen Vorrichtungen zum Belüften des Getreides versehen. Mit seiner exponierten Lage am Ortseingang der Gemeinde, direkt an der B 167, hat der Speicher deutlich ortsbildprägende Wirkung. *WT*

## Friedrichroda (Gotha/G 1) TH

**Marienglashöhle.** Beim untertägigen Abbau von Gips 1784 entdeckter natürlicher Hohlraum, Technik- und Naturdenkmal gleichermaßen. Die Gipsaufschlüsse mit bis zu 8 cm dicken und 80 cm langen Kristallen (Marienglas) waren schon im 19. Jh. und bis um 1940 touristische Attraktion. Seit 1968 sind Teile des einstigen Bergwerkes mit Stollen erneut für den Besucherverkehr erschlossen, u. a. mit 70 m langem Steg über 90 m weitem Höhlensee der abgesoffenen unteren Abbausohle. – Station der *Thüringerwaldbahn* (→ Gotha). *HW*

Lit.: Wirth 1990, 162.

## Fürstenberg (Oberhavel/C 4) BG

**Fähre** für Eisenbahnwaggons über die Havel in Fürstenberg. Die Fähre quert östlich des Schwedtsees die Havel und verbindet über ein Anschlußgleis ein südlich des Havelverlaufs liegendes Sägewerk mit der Eisenbahn-Hauptstrekke Neustrelitz–Fürstenberg–Lychen–Templin. Das 1934 auf der Schiffswerft in Elbing gebaute *Fährschiff* ist eine Stahlkonstruktion mit flachem Boden, eckiger Kimm und festem Deck. Seine Länge über alles beträgt 34,18 m, die Breite 5,12 m. Ein Zweizylinder-Viertakt-Dieselmotor mit einer Leistung von 28 PS treibt es über 2 Schrauben an. Die Tragfähigkeit lag urspr. bei 170 t. Das Auf- und Herunterfahren der Waggons erfolgte über *Klappbrücken* am Ufer, die mittels Handwinden gehoben bzw. gesenkt wurden. Eine der beiden Anlegebrücken, eine Nietkonstruktion, ist im Original erhalten. 10 Waggons werden von einer Diesellok auf das Fährschiff gebracht. Die Fähre wurde zuerst für Rohstoff- und Fertigprodukttransporte eines Faserstoffwerkes eingesetzt. Nach 1945 diente sie vorwiegend dem Transport militärischer Güter. Nach 1989 wurde sie für den Transport von Schnittholz des unmittelbar am Havelbogen gelegenen Sägewerkes genutzt. *WT*

## Fürstenwalde (Oder-Spree/D 5) BG

**Tankstelle** (BAB 12, Ausfahrt Fürstenwalde). In Deutschland führte der Gedanke, wirtsch. Ballungszentren durch Schnellstraßen – nach dem Vorbild der ausschließlich dem Autoverkehr gewidmeten Fernstraße zwischen Mailand und Varese – zu verbinden, 1924 zu dem Projekt einer Autobahn Hamburg–Frankfurt a. M.–Basel (Hafraba). Zu dessen Realisierung konstituierte sich 1926 der »Verein zur Vorbereitung der Autostraße Hamburg–Frankfurt–Basel«, dessen weitergehendes Konzept einzelner Städteverbindungen nach 1933 durch eine auf die Reichshauptstadt konzentrierte Planung – Berlin im Zentrum eines die radial aus dem Reich kommenden Straßen aufnehmenden Ringes – ersetzt wurde. Die Planung oblag regionalen »Obersten Bauleitungen Kraftfahrbahnen« (OBK), deren Vertrauensarchitekten Typenentwürfe für Hoch- und Kunstbauten sowie Versorgungseinrichtungen entwickelten, die der Genehmigung durch den leitenden Architekten Paul Bonatz bedurften. Die Aufgabe des Vertrauensarchitekten für Brandenburg übernahm Friedrich Tamms, der bereits 1935 zusammen mit Bonatz ein Konzept vom »Brückenbau in geordneten Formen« vorstellte. Standen anfangs die für den Straßenbau notwendigen Kunstbauten – Brücken, Tunnel – im Vordergrund, so begann ab 1937 die Ergänzung der Autobahn durch Tank- und Raststellen. – Die erste Reichsautobahn-Tankstelle in Brandenburg nach dem Typenentwurf von Tamms wurde 1937 im Abschnitt Berliner Ring–Frankfurt an der Oder bei Ketschendorf (in den 1950er Jahren nach F. eingemeindet) eröffnet. Dem Dreieck von durchgehender Fahrspur, Zu- und Abfahrt angeglichen, überdeckt ein betoniertes, von Pilzkopfstützen getragenes bumerangähnliches Flachdach (darunter symmetrisch angeordnet die Zapfsäulen) mit an Spitze und Enden gerundeten Schenkeln das im Schnittpunkt stehende, auf dem Grundriß eines gleichseitigen, an den Ecken der Rundung des Daches angepaßten Dreiecks errichtete Betriebsgebäude mit gelben Klinkerfassaden. Einzige noch betriebene Tankstelle dieser Bauart in Deutschland. *VR*

Lit.: Risse, 100; Hirte, 29ff.

## Gardelegen (Altmarkkreis/D 2) SA

**Bahnstation** an der Strecke Spandau–Lehrte der Magdeburg-Halberstädter Eisenbahn (Spandau–G. am 1. 2. 1871, G.–Lehrte am 1. 11. 1871 eröffnet) mit schlichtem Empfangsgebäude neoromanischer Prägung in Backsteinrohbau (B 71,

*Fürstenwalde. Autobahntankstelle*

südl. Ortsrand). Die ursprünglich symmetrische, durch dreiachsigen Risalit zentrierte Platzfront wurde einseitig erweitert; beiderseits flankierende Nebengebäude. Auf der Gleisseite hölzerne Perronhalle mit aufwendiger Dachkonstruktion. Im östlichen Gleisfeld viergesch. Wasserturm auf quadr. Grundriß für einen Flachbodenbehälter, die Backsteinfassaden gegliedert durch Ecklisenen, Blendbögen und bi- und triforische Fensteröffnungen.

**Walzenmühle** (Isenschnibber Straße 33). Eine Wassermühle an diesem Standort wird erstmals 1668 erwähnt, existierte aber vermutlich schon länger als Mahlmühle. 1719 zur Walkmühle umgebaut, wurde sie um 1900 Ausgangspunkt für den ausgedehnten Neubaukomplex der Magdeburger Mühlenwerke. Dominierend in der Front der »Walzenmühle« entlang der Milde ist ein mehrgesch., großzügig durchfensterter Fachwerk-Ständerbau. Nach Norden anschließend das langgestreckte Produktionsgebäude mit akzentuierenden Giebeln, die Putzfassaden gliedern Blendarkaden in Backstein; die Giebelkonturen barockisierend gebrochen in typischen Formen des Industriebaus um 1905. Im Zentrum des Geländes steht der in der Fassade ebenfalls durch Blendbögen aufgelockerte Backsteinturm des Speichers. Bahnanschluß hat außerhalb des ummauerten Areals eine sechsteilige Silobatterie aus Eisenzylindern (Fassungsvermögen je rund 150 t) unter neoklassizistischen Giebeln (→ Möckern) von 1915. Aus standardisierten, vorgefertigten Elementen ausgeführt, besitzt diese Anlage Seltenheitswert unter den deutschen Silobauten. Aus gleicher Bauzeit 2 parallele, dreigesch. Industrie-Fachwerkständerbauten, die durch einen zweigesch. Quertrakt und einen Übergang (bez. Magdeburger Mühlenwerke) an den Gebäudeenden zur Vierflügelanlage verbunden sind.

LANDKREIS: Die im ausgehenden 17. Jh. erbaute, im 18. Jh. veränderte Wassermühle zwischen Gardelegen und Wiepke besitzt ein seltenes steinernes Zulaufgerinne (dat. 1693 und 1732) und die komplette techn. Ausstattung. 1985 restauriert. *VR*

Lit.: Schmidt/Theile I, 229, 240; Mühlen, 224.

*Gardelegen. Magdeburger Mühlenwerke*

## Gebra (Nordhausen/F 1) TH

**Apostel- (oder Poßel-)Brücke.** Straßenüberführung über die Wipper, 1803 gebaut als zweibogige Kalksteinbrücke anstelle eines Vorgängerbaus von 1683; 1850 restauriert. Die 3,8 m weit gespannten Bögen ruhen auf 70 cm breitem, mit Schollenbrecher versehenem Strompfeiler. Scheitelhöhen 2,2 m, Höhe bis zu den steinernen Brüstungen über mittlerem Wasserspiegel 3,7 m. Das Bauwerk ist 5,6 m breit und hat eine Gesamtlänge von 14,4 m. *HW*

Lit.: Erler/Schmiedel, 163.

## Geisenhain (Saale-Holzland-Kreis/G 3) TH

**Teerofen.** Letztverbliebenes altertümliches Exemplar der thüringischen Holzteer- und Kienölproduktion aus unbekannter Entstehungszeit, bis 1890 regelmäßig zweimal wöchentlich, danach bis 1927 nur noch gelegentlich und 1934 zum letzten Mal für Experimentalzwecke betrieben, 1957 restauriert und mit hölzerner offener Schutzdach-Konstruktion versehen. Kegelstumpfartiger zweischaliger Baukörper aus Naturstein, auch Ziegeln und Lehm mit unterer Kriech-, Feuerungs- und Schüröffnung sowie Abzugsöffnung für die Produktionsgüter (Öl, Teer, Pech), mit oberer Ausstiegs- und Beschickungsöffnung. Die Beschickung mit bis 1 m langen harzigen Kiefernscheiten erfolgte von oben, das etwa lotrechte Einstapeln derselben von unten her; danach Verschließen der Öffnungen (mit Ausnahme des Bodenauslaufes) mit lehmverschmierten Sandsteinplatten und Holzfeuer, dessen Rauchgase, durch verschiebbare Ziegel reguliert, im 10 cm weiten Raum zwischen den beiden Schalen ihre Energie (etwa 400° C) durch die dünne Innenschale dem Füllgut zuführten und es dadurch, trocken fraktioniert, destillierten (→ Schleifreisen). *HW*

Lit.:Schmidt/Theile I, 182–183.

## Geithain-Wickershain FS (Leipziger Land/G 4)

**Ziegelbrennofen.** Um 1860 als Komplex von 3 Einkammerbrennöfen in Betrieb genommen, um die Jahrhundertwende durch 2 Kammern erweitert und gleichzeitig auf halbkontinuierlichen Betrieb, ähnlich dem Kasseler Ofen, mit Vorheizung der neu beschickten Kammern durch die Nutzung der Abwärme der befeuerten umgestellt. Inzwischen ruinös. *VR*

Lit.: Wagenbreth/Wächtler, 1989, 120 f.; Wirth, 1990, 166.

## Gelenau (Annaberg/G 4) FS

**Schüllermühle** (Venusberger Straße). Die sog. Niedere Mühle war anfangs des 19. Jh.s eine Mahl-, Öl- und Schneidemühle. 1819 erwarb sie Johann David Schüller. Einem allgemeinen Trend in Sachsen folgend, richtete er ab 1838 eine mechanische Baumwollspinnerei ein. Das war der Ausgangspunkt für die Entwicklung eines bedeutenden Spinnereiunternehmens im Erzgebirge, mit verschiedenen Produktionsstätten in Venusberg und Umgebung sowie einem Betrieb in Kunnersdorf auf dem Eigen bei Bernstadt i. Sa. Die ehem. Schüllermühle, ein stattlicher Fachwerkbau auf L-förmigem Grundriß, diente später als Wohngebäude. *ST*

## Geltow (Potsdam-Mittelmark/D 4) BG

**Handweberei** (Am Wasser 19). Arbeits- und Ausstellungsräume der in Brandenburg einmaligen Weberei befinden sich in einem Gasthaus, einem Ziegelbau des frühen 19. Jh.s mit Saalanbau vom Ende des 19. Jh.s. Die aus verschiedenen, zum Teil osteuropäischen Ländern stammenden 11 Handwebstühle dokumentieren die Entwicklungsgeschichte des europäischen Webstuhlbaus über einen Zeitraum von etwa 350 Jahren. Ihre teilweise »archaischen« Konstruktionen, z. B. ein Rollengegenzug-Flachwebstuhl aus dem 16. Jh., und die mit modernen Webmaschinen nicht nachvollziehbaren Wirkprinzipien dieser Handwebstühle lassen unikate kunsthandwerkliche Gewebe entstehen. *WT*

## Genthin (Jerichower Land/D 3) SA

Auch nach dem Bau des Plauer Kanals (von Plaue bei Brandenburg zur Elbe bei Bittkau, 1743–45; heute Elbe-Havel-Kanal) dauerte es in der Ackerbürgerstadt noch mehr als ein halbes Jahrhundert bis zur Gründung eines ersten Fabrikbetriebes durch den Magdeburger Kaufmann Carl Pieschel: 1808 Zichorienfabrik, 1809

*Schrotgießerei*, 1813–14 Öl- und *Getreidemühle*, 1817–19 *Schrotturm*, 1819 Anschluß an den Kanal. Von den um 1885 stillgelegten Produktionsanlagen hat sich allein der *Backsteinschaft* des **Turmholländers** (Fabrikstraße 8) – gegliedert durch klassizistisches Portal, gotisierende biforische Fenster und Bogenfries – erhalten. – Die Eröffnung der Strecke Potsdam–Brandenburg–Magdeburg (7. 8. 1846, Berlin-Potsdam-Magdeburger Eisenbahn) machte G. zur **Bahnstation**, die durch die Genthiner Kleinbahn (25. 10. 1899, G.–Jerichow–Schönhausen) ein massiges *Empfangsgebäude* erhielt. Von der Entwurfsplanung wohl ursprünglich mit geschoßweiser Abtreppung vom gestuften viergesch. Hauptgiebel aus symmetrisch gedacht, erscheint der ausgeführte Backsteinrohbau – das Hauptgebäude einseitig an der Flanke durch Blendarkaden statisch stabilisiert – ungestalt. Auf der gegenüberliegenden Gleisseite ein *Bahnwasserturm* von 1912; dessen mit Ausnahme des Portals in der Tradition der 1890er Jahre gestalteter konischer Backsteinschaft trägt einen eisernen Kugelbehälter mit Stützboden der 500-$m^3$-Typenbauart (s. Bebra in: *Reclams Führer zu den Denkmalen der Industrie und Technik*, Bd. 1). – In der Tradition der in den späten 1920er Jahren entwickelten Architekturformen steht der 1935 errichtete **Turm** der kommunalen Wasserversorgung (Bergzower Straße). 8 Betonpfeiler tragen einen Beton-Flachbodenbehälter, das statische Gerüst ist ausgefacht in rotem, durch kräftige Diagonalfugen rustiziertem Ziegelmauerwerk. Über jedem zweiten, oberhalb der Sockelzone konsolartig aufkragenden Pfeiler monumentale Betonskulpturen der nach damaliger Auffassung staatstragenden Berufe: Nährstand (Sämann), Arbeiterstand (Schmied oder Hüttenarbeiter), Lehrer und Familie (Mutter mit Kind). – Aus der Mitte der 1890er Jahre stammt das Backsteingebäude der ehem. **Hanfspinnerei** (Geschwister-Scholl-Straße 7), der straßenseitige Giebel durch Ecktürmchen betont, auf der Gegenseite ein quadr. Treppenturm mit Wasserbehälter.

LANDKREIS: Die 1837 in Parchen aufgeschlagene, nach 1960 stillgelegte **Bockwindmühle** zeigt die komplett erhaltene technische Ausstattung einschl. der Flügel (seit 1987) in museal konserviertem Zustand. – Die Technik der 1. Hälfte des 20. Jh.s (Francis-Turbine von 1907, seit 1987 außer Betrieb; Schrotgang mit Rüttelschuh um 1900; Walzenstuhl von 1922; Mischmaschinen von 1900 und 1937) ist in der 1795 urkundlich erwähnten **»Obermühle«** an der Gloine in Tuchheim zu besichtigen. *VR*

Lit.: Mühlen, 223.

## Gera (Gera/G 3) TH

*Der Marktort am Kreuzungspunkt der Fernhandelsstraße Nürnberg–Leipzig, nahe zahlreicher Nahverkehrswege unweit einer Furt durch die Weiße Elster und im Schutze einer Burg (Osterstein) gelegen, stand seit etwa 1240 unter der Herrschaft der Vögte von → Weida, Vorfahren der späteren Grafen Reuß, die hier bis 1918 residierten. Als Stadt 1237 genannt, hat sich G. seit dem ausgehenden Mittelalter zu einem vornehmlich auf das Textilgewerbe bzw. die Textilindustrie spezialisierten beachtlichen Wirtschaftsfaktor Ostthüringens profiliert. Tuchmacher und Wollhändler bestimmten seit Mitte des 15. Jh.s gegen die feudale Stadtherrschaft das Geschehen im Stadtrat wesentlich mit. Emigranten aus den Niederlanden führten im 16. Jh. hier das Verlagswesen ein; als Initiator gilt Nikolaus de Smit (Grabstein in der Trinitatiskirche). Von der damaligen wirtschaftlichen Blüte der Stadt künden heute noch u. a. das Rathaus (ab 1573) und die Marktapotheke (1606), stattliche Wohnbauten der Kaufleute und Verleger (Schreibersches Haus, 1687, jetzt Museum für Naturkunde; Ferbersches Haus, 18. Jh.). Zunächst mehr symbolisch als wirtschaftlich durchgreifend, zog 1833 mit der Dampfmaschine die Industrielle Revolution in Geras Textilindustrie ein. Gefördert durch den Eisenbahnanschluß der Stadt 1859 (Zweigstrecke Weißenfels–Gera der Thüringischen Eisenbahn), blieb diese Industrie bis zum ausgehenden 20. Jh. wirtschaftlich bestimmend. So sind es vornehmlich Denkmale der Verkehrsgeschichte und der Textilindustrie, die Geras kulturhistorische Attraktivität charakterisieren.*

**Dampfmaschine.** Älteste Dampfmaschinen sind nur noch in Museen oder als museale Nachbildung (→ Hettstedt) zu besichtigen. Nicht im Museum, sondern in einem ehemaligen Schulhof in der Talstraße, allerdings museal präsentiert, nämlich 1937 gleichsam als Denkmal vor eine Hauswand gesetzt, steht eine der ältesten Dampfmaschinen Deutschlands: über stehendem Zylinder

*Gera. Dampfmaschine*

die Kurbelstange, das Schwungrad mit 3,3 m Durchmesser, der Fliehkraftregler und das Gestänge für Schiebersteuerung auf ästhetisch anspruchsvoll gestaltetem Bock. Die Führung der Kolbenstange am Gelenkpunkt übernahm noch nicht der Kreuzkopf, sondern die Geradführung nach dem von James Watt erdachten Schwingprinzip anstelle des später nach ihm benannten Parallelogramms. – 1833 in der Spinnerei von Morand zum Antrieb von 5 bis 6 Spinnmaschinen mit je 200 Spindeln installiert, versah sie bis 1885 ihren Dienst. – **Textilfabrik in der Friedricistraße.** In Ecklage zu Platz und Straße 1924/27 mit betont städtebaulichem und architektonischem Anspruch nach einem Entwurf von J. Koppe für die Firma Halpert & Co. errichteter geschlossener Baukomplex mit Innenhof. Aus dem durchgehend dreigesch. Flügelbau mit mäßig geneigten Verdachungen ragen drei, eine monumentalisierende Symmetrie vermeidende turm- bzw. risalitartige Baukörper heraus, einer mit großer Tordurchfahrt. Die unteren beiden Geschosse mit Lisenen-Kolossalordnung zusammengefaßt, das oberste, teils in voller, größtenteils in reduzierter Höhe mit gereihten spitzbogigen Fenstern – eine bemerkenswerte Nachwirkung der neugotischen Variante des Historismus. Obwohl der monotone Geschoßbau der Textilindustrie kaum Anlaß für eine interessante baukünstlerische Gestalt gab, hat sich hier dennoch eine ästhetische Absicht artikuliert, deren Verwirklichung hohe Wertschätzung verdient. – Zuletzt wurden hier Teppiche produziert. – **Textilfabrik in Gera-Zwötzen.** Von den Werksanlagen der ehemaligen Seidenweberei Schulenburg & Bessler ist der nach Entwurf von Tilo Schoder 1925/27 entstandene Erweiterungsbau der bemerkenswerteste. Viergesch. erstreckt er sich vor Produktionshallen, die mit Sheddächern versehen sind. Stahlbeton ermöglichte die über die Ecken gezogenen Fensterbänder und weit auskragenden Gesimse, Klinker die Pfeilerstrukturen im EG und die Brüstungsbänder in den oberen Etagen. Gebäudeecken im EG und die Fassade des Treppenhauses sind mit auskragenden Platten dekoriert. Insgesamt ein beachtlicher Beitrag zur (hier in ihrer anonymen Drastik gemilderten) Industriearchitektur des 20. Jh.s.

**Maschinenfabrik in Gera-Debschwitz.** Entstanden 1875 aus einer Geraer Wagenschmiede, firmierte das Unternehmen unter »Traugott Golde AG Gera-Reuß und New York« als Bauherr für den jetzigen, 1919/20 nach Entwürfen von Tilo Schoder errichteten Baukomplex zur Fertigung von Fahrzeugzubehörteilen, Feuerlöschern, medizinischen Apparaturen sowie Beschlägen von Fenstern und Türen. Im Grundriß U-förmig symmetrisch gestaltet, akzentuieren ihn zwei achteckige Turmbauten für die Treppenanlagen zwischen dem zweigesch. fünfachsigen Mitteltrakt, jedoch mit unterschiedlicher Höhe; der rechte ragt mit 2, der linke mit 3 Etagen über die jeweils anschließenden dreigesch. Flügel empor. Die (erstmals in G.) gewählte Beton-Monolithbauweise bestimmt die mit Kolossal-Lisenen strukturierten Fassaden, der damalige Zeitgeschmack des Jugendstils die im Grundriß gerundeten Baukörper-Endigung der Seitenflügel, die kräftigen Karnies-Gesimse der Traufen und die geschweiften Mansarddächer aller Gebäudeteile. Verunstaltende Gaupen auf ihnen sind jüngere Zutaten, auch die Rampe und deren Verdachung im Mitteltrakt.

Geras **Hauptbahnhof**, 1859 angelegt, 1880/81 baulich ersetzt mit stählerner Bahnsteigüberdachung und architektonisch anspruchsvollem

Empfangsgebäude in (italienischen) Neurenaissanceformen ist 1911/12 bereits umgestaltet worden. Das *Empfangsgebäude* erhielt 1958/63 seine jetzige, seit Entfernung seines baukünstlerischen Dekors an die Architektur der 1930er/40er Jahre erinnernde Gestalt. Größeres Interesse verdient der **Südbahnhof** an der 1865 nach Gößnitz, nach Sachsen verlängerten Strecke; »Sächsischer Bahnhof« hieß er anfangs. Empfangsgebäude von 1911 in akkurat symmetrischer Komposition: mansarddachbekrönter Mitteltrakt (Empfangshalle) mit akzenturierenden pavillonartigen Vorbauten, rechts und links anschließend fünfachsige Zwischenbauten zu den Seitenflügeln (Wartesäle 1. und 2. Klasse), diese unter Sattel- bzw. Walmdach mit Kolossal-Lisenen-Ordnung in 2 Geschossen und dritter Etage, gestalterisch getrennt durch kräftiges Gurtgesims.

**Stahlbrücke Gera-Untermhaus.** 60 m lange Straßenüberführung über die Weiße Elster. Zwei Strompfeiler aus Sandstein und die Widerlager an den Ufern tragen drei Fachwerkträgerkonstruktionen von je 20 m Länge aus eng vernieteten Winkel- und Flachstahlprofilen; darüber befindet sich die 6,1 m breite Fahrbahn, 5,5 m über dem mittleren Wasserspiegel. 1863 gebaut, gehört die Brücke zu den frühen und selten gewordenen Stahltragwerken. – **Autobahnbrücke Gera-Thieschitz.** Stählerne Balkenbrücke auf ebenfalls stählernen kastenförmigen, zu je vier portalartig zueinander gruppierten Stützen über dem mit 161 m Länge überspannten Tal der Weißen Elster. 61,8 m mißt die größte Spannweite, 27 m die größte Höhe von der Fahrbahn, deren Gradiente geneigt ist, bis zur Talsohle. Das Bauwerk entstand von 1938 bis 1941 im Rahmen des von den Nationalsozialisten militärstrategisch forcierten Ausbaus des Deutschen Reiches mit dem ausschließlich dem Kraftverkehr dienenden Straßennetz (»Straße des Führers«) und ist – nach Erneuerung der Fahrbahn – uneingeschränkt betriebsfähig. *HW*

Lit.: Wächtler/Wagenbreth 1986; Architekturführer DDR (Gera) 21, 23, 34, 36, 46, 53; Erler/Schmiedel, 168, 173.

## Gernrode (Quedlinburg/F 2) SA

Als Haltepunkt 1885 an der Regelspurstrecke Quedlinburg–Frose (Magdeburg-Halberstädter Eisenbahn) eingerichtet, erhielt der **Bahnhof** neue Bedeutung ab 1887 als logistische Basis der sog. Selketalbahn, die seit der Mitte des 19. Jh.s zur Anbindung des Bergbaus, des Hüttenwesens und der Holzindustrie des NO-Harzes an das Eisenbahnhauptverkehrsnetz im Gespräch war. Mit der Eröffnung des ersten Streckenabschnittes G.–Mägdesprung (1. 8. 1887, Gernrode-Harzgeroder Eisenbahn) der bis Hasselfelde – mit einer Anbindung von Stiege (15. 7. 1905) über Eisfelder Talmühle zur Harzquerbahn – geplanten Schmalspurbahn (1000 mm Spurweite), entstand die Infrastruktur für den Betrieb mit dem Backsteinrohbau des zweigleisigen, frontseitig durch turmartige Eckrisalite betonten Lokschuppens, der Wasserstation und des Kohlenbansens gegenüber dem gleichzeitig 1887–89 ebenfalls in Backsteinrohbau errichteten *Empfangsgebäude*. Die landschaftlich interessante Gesamtstrekke (1. 7. 1888, Mägdesprung–Harzgerode; 1. 6. 1890, Alexisbad–Güntersberge; 1. 12. 1891, Güntersberge–Stiege; 1. 5. 1892, Stiege–Hasselfelde; 1946 zwischen Straßberg und Hasselfelde demontiert, bis 1983 reaktiviert) wird heute noch mit Dampflokomotiven befahren. *VR*

Lit.: ZBW 1893, 109.

## Gersdorf (Mittweida/G 4) FS

**Grube Segen Gottes.** Abseits des engeren Freiberger Reviers, 20 km nordwestlich von Freiberg, haben bei Gersdorf Silbererzgänge schon im 13. Jh. Bergbau veranlaßt. Im 17. Jh. bestanden zahlreiche kleinere Gruben. Im 19. Jh. erreichte die seit 1679 ergiebige Grube Segen Gottes bei etwa 400 Mann Belegschaft eine Teufe von etwa 300 m und war bis 1885 in Betrieb. Von der Grube, die einst mit Pferdegöpel, Feldgestängen, Wassersäulenmaschinen, Dampfförderanlage und Erzwäschen ausgerüstet war, existieren u. a. noch Schachthalden, Pingen, das Mundloch des Adamstollns und – im Gelände erkennbar – der anschließende kurze Schiffahrtskanal. Die Grube besaß einen eigenen Kunstteich, den 1743 angelegten und noch erhaltenen Krebsteich. *OW*

## Geyer (Annaberg/H 4) FS

**Pinge.** Am Südostrand der Stadt Geyer trat ein zinnsteinführender Granit bis an die Erdoberfläche, so daß Zinnstein auch in die Verwitterungs-

*Geyer. Pinge*

produkte und so in die Sedimente benachbarter Täler gelangte. Um 1400 begann bei Geyer die Gewinnung von Zinnstein, zunächst wohl durch Waschen in den Bachablagerungen (den »Zinnseifen«), verm. spätestens um 1450 auch durch Abbau des zinnsteinführenden Granits. In diesem Gestein, dessen Vorkommen einen Durchmesser von etwa 250 m besaß, bestanden zahlreiche (um 1760 etwa 50) Gruben, die mit ihrem untertägigen Abbau die tragenden Pfeiler so schwächten, daß sie 1703, 1764, 1791, 1795, 1799/1800, 1810 und 1812 einbrachen. Dies und die Förderung der zusammengebrochenen Gesteinsmassen ließen den heutigen großen Trichter von rund 250 x 200 m Weite mit den felsigen Seitenwänden in der Landschaft entstehen. Die in der Mitte stehengebliebene Felspartie enthielt kaum Zinn, blieb deshalb vom Bergbau fast unberührt. Doch sieht man an ihren Seiten höhlenartige Vertiefungen, die von alten, mit Feuersetzen vorgetriebenen untertägigen Grubenbauen herrühren. – Die letzten, ergebnislosen Bergbauversuche an der Geyerschen Pinge fanden 1906/1907 statt. *OW*

Lit.: Wagenbreth/Wächtler, 1990, 137, 384; Wirth, 1990, 169.

## Gielow (Malchin-Land/B 4) MV

**Industriemühle**, mit Turbinenantrieb an einem Peenearm, am Standort einer 1228 urkundl. belegten Wassermühle 1872 erbaut. Das Mühlengebäude dreigesch. Backsteinrohbau mit abschließendem Fachwerkgeschoß. Bis 1971 als Mehlmühle, weitere 20 Jahre als Schrotmühle für Mischfutter genutzt. Die technische Ausstattung, mit Modernisierungen ab 1872, komplett erhalten. *VR*

Lit.: Mühlen, 194; Vergessene Mühlen, 36.

## Gleina (Burgenlandkreis/G 3) SA

Der stämmige, durch Gurtgesims geteilte Backsteinschaft des um 1905 errichteten **Wasserturms** (Ortsmitte an B 180) trägt auf weit auskragenden, konkaven Eisenkonsolen einen Kopf in ausgefachter Eisenständerkonstruktion unter flachem Kegeldach als Umhüllung eines Intze-Behälters. *VR*

*Glindow. Ziegelei, Aufseherturm*

## Glindow (Potsdam-Mittelmark/D 4) BG

● **Ziegelei Glindow.** Umfangreiche Tonvorkommen führten im 19. Jh. zur Gründung von 48 Ziegeleien rund um den Glindower See. Zusammen mit dem Kalk aus Rüdersdorf lieferten sie das wichtigste Baumaterial für die wachsende Großstadt Berlin. Doch schon nach der Jahrhundertwende waren die Tonlagerstätten nahezu erschöpft, und bis auf eine stellten alle Ziegeleien ihren Betrieb wieder ein. 1870 nahm diese Ziegelei mit einem Ringofen die Produktion handgestrichener Ziegel auf. 1876 kam ein zweiter größerer Ringofen von rund 35 m Durchmesser hinzu. 1959 wurde der kleinere stillgelegt. Um zumindest den anderen Ofen funktionstüchtig zu erhalten, brannte man Blumentöpfe. Seit 1990 werden im großen Ofen wieder Ziegel – handgestrichen und maschinengeformt – gebrannt. Beide Ziegelöfen sind Ringöfen Hoffmannscher Bauart. Ihr kreisförmiger Brennkanal ermöglicht einen kontinuierlichen Brennverlauf. Neben dem 35 m hohen Schornstein der Öfen bestimmt ein schlanker achteckiger, mit Ziegelornamenten reich dekorierter Turm die Silhouette des Unternehmens. Große Fenster im oberen Geschoß bieten einen Rundblick über die Ziegelei und die Seenlandschaft. *WT*

Lit.: Wirth, 1990, 169 f.

## Glöwen (Prignitz/D 3) BG

Am Südrand (B 107) der unscheinbaren Ortschaft überrascht das voluminöse, winkelförmige **Empfangsgebäude** der am 15. 10. 1846 eröffneten Strecke Berlin–Boitzenburg (Berlin-Hamburger Eisenbahn) mit qualitätvoller klassizistischer Fassadendekoration ähnlich Wittenberge, die eine Planung aus dem Büro von Friedrich Neuhaus nahelegt. Beide durch Gurtgesims getrennten Geschosse des Putzbaus durch Scheinquaderung strukturiert. Über den von feinprofilierten Gewänden gefaßten Fenstern floral stuckierter Sturz unter horizontaler Verdachung; ein endlos mäandernder Fries unterstützt das flache geneigte Dach. Im Innenwinkel, wiederum dem Empfangsgebäude in Wittenberge entsprechend, stilnachahmende An- und Umbauten der 1920er Jahre. *VR* ●

## Gnoien (Güstrow/B 4) MV

Eine erste schriftliche Nachricht über eine **Wassermühle** am Ort stammt von 1289. Die Backsteinrohbauten der »Stadtmühle« an der Warbel (Demminer Straße) entstanden unter Einbeziehung der Reste der durch Brand zerstörten Wassermühle von 1855 neu 1892–95 als Industriemühle. Das Mühlengebäude in simpler Neuromanik, daneben der obeliskartige, auf den Dampfbetrieb hinweisende Schornstein. Als separate Gebäudegruppe ein Speicher der 1920er Jahre mit geschwungenem Treppengiebel, überragt von einem architektonisch ungestalteten Silo von 1937. *VR*

Lit.: Mühlen, 194.

## Göhren, Ostseebad (Rügen/A 5) MV

**Bahnhof.** Mit der Weiterführung der Schmalspurbahn (750 mm) von Putbus bis G. (4. 7. 1896; Rügensche Kleinbahnen; →Binz) erhielt der Endbahnhof ein eingesch. Empfangsgebäude in Fachwerkkonstruktion mit Pultdach und hölzerner Perronhalle. 1912 ergänzt um ein verputztes Abfertigungsgebäude unter Mansarddach und ein zweigesch. Wohnhaus. Ebenfalls in Fachwerkkonstruktion ein zweiständiger Lokschuppen. – Der Backsteinrohbau des **Wasserturms** (Nordperdstraße) entspricht mit leicht konischem Schaft, getrennt durch Kaffgesims vom zylindrischen Sockel und über einen Bogenfries zum Kopf überleitend, ganz den Gestaltungsvorstellungen für einfache Nutzbauten der 1890er Jahre. Konkave eiserne Konsolen leiten über in das massiv ausgefachte Eisenskelett des Behältermantels, den ein flaches Kegeldach mit Lüfterlaterne schützt. Die Gesamtform ist typisch für einen Turm mit Stützbodenbehälter des Systems Intze. – In Middelhagen-Lobbe südl. von Göhren der eiserne Gittermast eines **Wind-Schöpfwerkes** aus dem Anfang des 20. Jh.s, dessen von 2 hölzernen Steuerflügeln in den Wind gedrehtes Rad eine Schneckenpumpe (Archimedische Schraube) antreibt. *VR*

Lit.: Bau- und Kunstdenkmale der mecklenburgischen Küstenregion, 510 ff., 541; Schmidt/Theile II, 95.

## Göhren-Döhlen (Greiz/H 3) TH

**Holzkastenbrücke.** Gänzlich eingehauste einfeldrige Hängesprengwerk-Konstruktion zur Überführung der Zufahrt zum Pfarrhof über die Weida von 1799. Das 18 m weit gespannte, von Schiefern bedeckte Bauwerk mit einer Fahrbahnhöhe von 2,5 m über dem mittleren Wasserspiegel ist 2,4 m breit und insgesamt, zwischen den beiden Toren in den Giebelseiten, 20 m lang. *HW*

Lit.: Erler/Schmiedel, 165.

## Görzke (Potsdam-Mittelmark/E 3) BG

**Einzylinder-Gegendruck-Dampfmaschine** (Am Markt). Das Kessel- und Maschinenhaus liegt im Zentrum des Betriebsgeländes der ehemaligen Genossenschaftlichen Stärkefabrik, die ihren Betrieb 1976 einstellte. Die Dampfmaschine, hergestellt zwischen 1905 und 1915 bei Neumann & Esser, Aachen, ist eine Einzylinder-Gegendruck-Maschine liegender Bauart mit einer Leistung von etwa 160 PS bei 120 Umdrehungen pro Minute. Ihr überschweres Schwungrad hat einen Durchmesser von 2900 mm und ist 360 mm breit. Sie fällt durch eine Reihe von Besonderheiten aus dem Rahmen der üblichen Konstruktion. Das betrifft insbesondere die konstruktive und funktionelle Gestaltung der Dampfverteilung und die Verstellung der Einlaßexzenter. Die Dampfmaschine trieb über Transmissionen sämtliche Verarbeitungsmaschinen der Stärkefabrik und einen Generator zur Erzeugung von Gleichstrom für die Beleuchtung der Fabrikationsräume an. *WT*

## Goßmar-Pießig (Elbe-Elster/E 5) BG

**Wassermühle** und **Sägewerk** (Hauptstraße 29). Nach Brandzerstörung 1820 wurde die erstmals 1687 urkundlich erwähnte Mühle bis 1823 neu errichtet. Das Mühlengebäude ist ein langer zweigesch. Putzbau mit außermittigem Eingang, der durch einen schmalen Vorbau, der im OG zu einem mit Ziergittern versehenen balkonartigen Austritt ausgebildet ist, betont wird. Der linke kleinere Teil des Gebäudes enthält die Mühle, im rechten befinden sich die Wohnräume des Müllers. Der Antrieb sämtlicher Maschinen erfolgt von dem mit der Welle des unterschlächtigen Wasserrades fest verbundenen Kammrad über ein Vorgelege zur Haupttransmissionswelle mit zahlreichen Riemenscheiben. Die umfangreiche Mühlentechnik repräsentiert einen Entwicklungszeitraum von etwa 100 Jahren. Um 1840 wurde ein Sägewerk angebaut. Da der Antrieb des Sägegatters auch über das Wasserrad erfolgte, konnte auf Grund der geringen Leistung der Wasserkraft entweder gemahlen oder Holz geschnitten werden. Mühlen- und Sägewerksbetrieb wurden Ende der 1950er Jahre eingestellt. In der Kombination von Mahl- und Sägemühle ist die Mühle in Pießig einzigartig in der westlichen Niederlausitz. *WT*

## Gotha (Gotha/G 2) TH

**Leinakanal mit Schloßberg-Wasserkunst und Aquädukt.** Wassergraben mit 18 km Länge zur Verbesserung der im 14. Jh. sich katastrophal auswirkenden, bis dahin lediglich auf Tiefbrunnen basierenden Wasserversorgung der Stadt Gotha, angelegt unter der Regentschaft des sächsischen Herzogs und thüringischen Landgrafen Balthasar und 1349 vollendet nach dem Anstich der Leina oberhalb von Schönau v. d. Walde (11 km südsüdwestlich von G.) und der Trassenführung östlich um Wipperoda, durch Emleben, an den Dörfern Leina und Sundhausen vorbei zum Gelände des späteren Schloßparkes, der höchstgelegenen Stelle des mittelalterlichen Weichbildes. Vergrößerung des alsbald erneut unzureichenden Wasserdargebotes 1648/53 durch Anlage eines zweiten, 9 km langen, in Georgenthal (13 km südlich von Gotha) von der Apfelstädt abgezweigten, durch Petriroda nach Emleben geführten Kunstgrabens, wobei die Wasserscheide zwischen Werra und Saale durchstochen wurde (→ Bad Frankenhausen, Mühlhausen, Weißensee). 1660 Verzweigung des derartig angereicherten Wasserlaufes durch alle wichtigen Straßen Gothas, 1697/98 Ausbau des Gewässers von Georgenthal bis G. für Flößerei. Seitdem die Benennungen ab Schönau bis Emleben mit Kleinem Leinakanal, von Georgenthal bis Emleben mit Floßgraben, von hier bis G. mit Leinakanal und bis zur Mündung in die Nesse mit Wilder Leina. – Das künstliche Gewässernetz betrieb einst 15 Mühlen, an der Stelle, wo das Wasser den Gotharer Schloßberg zur Kernstadt hinabstürzte, die Bergmühle, die im Zusammenhang mit dem Bau der **Schloßberg-Wasserkunst** (1892/95 nach Entwürfen von Hugo Mairich) abgebrochen wurde. – Die Fontäne der gestalteten Wasserkunst nach dem Vorbild barocker Wasserspiele mit Kaskaden und Grotten erhält ihr Druckwasser aus einer vom Leinakanal gespeisten, 1894 im Kellergeschoß des östlich benachbarten Lucas-Cranach-Hauses installierten, ab 1987 restaurierten Turbinen- und Pumpenanlage. Die Turbine ist mit einem Generator verbunden, der einst Rathaus und Hauptmarkt mit Lichtstrom versorgte. – Beim Bau der Thüringischen Eisenbahn, die bei Sundhausen die Kanaltrasse kreuzt, wurde 1846 ● der **Aquädukt** als insges. 50 m lange Steinbrücke errichtet. Die drei Stichbögen auf zwei Pfeilern, die für die zweigleisige Eisenbahnführung im Mittelfeld im Querschnitt nachträglich hatten reduziert werden müssen, haben ein offenes Gerinne, seitliche Laufstege und ein anspruchsvoll gestaltetes Eisengeländer. Anläßlich der Elektrifizierung der Eisenbahnstrecke, für deren Installation sich das Lichtraumprofil als zu eng erwies, erfolgten eine Neutrassierung 1992/93 nördlich am Aquädukt vorbei und der Bau eines Dükers, der die Wasserführung von Schönau nach Gotha über das Kanalbauwerk hinweg gewährleistet, allerdings nur noch für die Speisung der Schloßteiche und der Wasserkunst.

**Thüringerwaldbahn.** Erste Überlegungen zu einer Schienen-(Pferde-)Bahn von G. zum Thüringer Wald gab es bereits 1873, als eine derartige Strecke zwischen Fröttstädt und Waltershausen (westsüdwestlich von G.) bereits existierte. 1914 erfolgten erste Trassierungsarbeiten, nachdem die Stadt 1894 – als siebenter Ort in Deutschland, nach Lichterfelde b. Berlin (1881), Offenbach (1884), Halle (1891), Gera (1892), Frankfurt a. M.-Bockenheim (1892), Dresden (1893), Chemnitz (1893) – E-Werk bzw. elektrische Straßenbahn erhalten hatte. 1928 fortgesetzt, wurde die Bahn 1929 als »Straßenbahn im Walde« mit 1000 mm Spurweite und, bis zur Endstation Tabarz, einer Gesamtlänge von 21,7 km eingeweiht. Streckenbetrieb mit stets erneuerten Straßenbahnwagen, seit 1979 auch mit Traditionszügen, so mit dem ältesten hiesigen Triebwagen von 1928/29, gelegentlich mit einem Fahrzeug aus Gera von 1904. – *Betriebshof* in der Waltershäuser Straße mit oberbelichteten Stahlbetonhallen aus der Entstehungszeit.

**Schlachthof.** Einer der ersten städtischen Großschlachthöfe Deutschlands, angeregt u. a. durch den ersten »Deutschen Fleischerkongreß«, der 1875 in G. stattfand. Nach Entwürfen von Conrad Schaller »vom Stadtrat unter Bürgermeister O. Liebetrau« (Inschr.) 1890/91 auf sechseckigem Baugrundstück errichtet: mannigfach gegliederte, durch strenge Axialsymmetrie in bezug auf die beiden einzigen parallelen Seiten des Sechsecks disziplinierte, aus Ziegeln auf Sandsteinsockeln errichtete Baugruppe mit stadtseitiger, durch turmartige Akzentuierungen von Verwaltungs-, Kontor- und Wohngebäuden monumentalisierter, mit eisernen Ziergittern verschließbarer Toranlage; dahinter der das Sechseck reflektierende Empfangshof mit Zugängen zu Lagerhallen, Schlachtstätten, Kühlhäusern, in der Achse betont mit dem pavillonartigen Uhrenturm und dem Schornstein des Maschinenhauses. Sehr anspruchsvoll in der städtebaulichen Prägnanz am Rande des Schloßparkes, aufwendig in der baukünstlerischen Ausformung in einem synthetischen Historismus aus Renaissance-Elementen bei Bevorzugung backsteingotischer Vorbilder mit gestuften Giebeln, Fialen und Zinnen, fanden hier Bürgerstolz und Selbstbewußtsein des Fleischerhandwerks (Wappen am linken »Torturm«) beredten Ausdruck. – Als Schlachthof bis 1989 betrieben; 1994/95 bei Ausräumung des verbliebenen technischen Inventars und Bereinigung von verunstaltenden Ein- und Ausbauten um- und neugestaltet zu einem, irritierend »Schloßpark-Center« benannten Einkaufs-, Gaststätten-, Büro- und Wohnkomplex; im »Uhrenturm-Pavillon« mit der Plastik »Stierbändiger« aus der Entstehungszeit und Steinintarsium im Fußboden ein Lageplan der Kernanlage mit Beischrift »1890–1891 Schlachthof der Residenzstadt Gotha«.

**Sternwarten.** Mit der Wahl für den Standort einer Sternwarte auf dem Seeberg bei G. erlangte die Stadt im Bereich astronomischer Forschung europaweite Bedeutung: Die Wahl traf der in Preßburg geborene Mathematiker, Astronom und Militäringenieur Franz Xaver v. Zach (1754–1832), begünstigt von Herzog Ernst II. v. Sachsen-G.-Altenburg. 1788/91 Errichtung eines Observatoriums nach Entwürfen des Gothaer Architekten Christoph Besser; Ort des 1798 veranstalteten ersten internationalen Astronomischen Kongresses, der 1803/05 von Zach durchgeführten ersten Gradmessung in Deutschland und Vermessung Thüringens, ferner Vorbild u.a. für die von Karl Friedrich Gauß in Göttingen initiierte Sternwarte. Die Astronomischen Beobachtungen wurden wegen baulicher Mängel 1839 eingestellt; Ersatz schuf das neue Observatorium in Gotha selbst. Auf dem Seeberg verblieb nichts als ein *Gedenkstein* (»Meridianstein«). – 1857/59 entstand am Schloßpark (Jägerstraße) der *Neubau*: 2 rechtwinklig aneinandergefügte Flügel in gotisierenden Formen mit dem Turmbau für die Beobachtungskuppel, bis 1934 entsprechend der ursprünglichen Zweckbestimmung genutzt, danach nur noch Wohngebäude. – Carl Rohrbach, 1896 bis 1906 Leiter der Sternwarte, baute 1904/05 auf dem Galberg sein Wohnhaus mit privater *Sternwarte* in Stahlbeton, einem extrem schlanken sechsgesch. Baukörper mit 32 m hohem Turmbauwerk, das eine Galerie auf Konsolen trägt und darüber die 4 m weite, von Rohrbach konstruierte, daraufhin von den Zeiss-Werken in → Jena als Serie nachgebaute drehbare Kuppel.

**Bühnentechnik im Ekhoftheater.** Im Westflügel des 1643/57 errichteten Schlosses Friedenstein wurde 1682/83 ein Schloßtheater eingebaut, die spätere Wirkungsstätte des Schauspielers Conrad Ekhof (1720–78). Unter dessen Theaterleitung erfolgte 1774/75 die Umgestaltung des Zuschauerraumes, wie er sich nach mehrfachen Restaurierungen bis heute erhalten hat. Die technische Ausstattung der etwa 9 m tiefen und 11 m breiten Kulissenbühne wurde 1686/88 nach italienischen Vorbildern installiert, 1736 erneuert, 1765/1775 umgebaut, 1964/68 z.T. betriebsfähig restauriert. Die sechsfach gruppierten, im Bühnenboden versenkbaren Kulissen auf Karren in der Unterbühne waren einst mit Handgöpel bei Szenenwechsel gleichzeitig bewegbar; oberhalb der Bühne Wellen mit Gegengewichten zum Heben und Senken von Vorhang und Prospekten. *HW*

Lit.: Architekturführer DDR (Erfurt), 112; Schmidt/Theile, 169–171; Wirth, 1990, 173–178.

## Gräfenroda (Ilmkreis/G 2) TH

**Wassermühlen.** Im Ort selbst die *»Schellhorn-Mühle«*, ein Wassertriebwerk mit 2 desolaten Rädern, einst für Mahlwerk und Schneidemühle; das technische Inventar ist weitgehend erhalten. Im Ortsteil Dörrberg die *»Schwarzburger Mühle«*, eine Getreidemühle mit aufgeständertem hölzernen Gerinne für das 3 m messende oberschlächtige Wasserrad aus Stahl; im Inneren des kombinierten Wohn- und Produktionsgebäudes u.a. ein steinerner Schrotgang und Walzenstuhl von 1904 mit Elektromotor. Beide Mühlen bezogen urspr. ihre Energie aus dem Aufschlagwasser von den der Wilden Gera abgezweigten Mühlgräben. *HW*

Lit.: Mühlen, 245.

## Grammendorf-Nehringen MV (Nordvorpommern/B 4)

Mit dem Westufer der Trebel verbindet den Ort eine für Meckl.-Vorpommern typische, hier zweiteilige **Klappbrücke**. Die um 1900 erstmals gezimmerte, 1984–86 erneuerte Holzkonstruktion trägt auf Portalen beiderseits des Schiffsdurchlasses Waagebalken, an denen die Fahrbahnteile abgehängt sind. *VR*

Lit.: Vorpommersche Küstenregion, 70.

## Greifswald (Greifswald/A 4) MV

Wenige Jahre nach der Gründung (erste urkundliche Erwähnung 1248) entwickelte sich das am Südufer des Ryck gelegene »oppidum Gripheswald« zu einer bedeutenden Hansestadt in Pommern, deren Blüte erst der Dreißigjährige Krieg beendete. Nach einem Jahrhundert Stagnation begann Ende des 18. Jh.s ein bescheidener wirtschaftlicher Aufschwung, der nach Unterbrechung in den napoleonischen Kriegen unter preuß. Herrschaft ab 1815, gefördert durch den Ausbau der beiden Häfen in G. und Wieck sowie dem Eisenbahnanschluß am 1. 11. 1863, seine Fortsetzung fand. Fabrikgründungen des 19. Jh.s (Eisenwalzwerk, Schlämmkreidefabrik, Maschinen- und Waggonfabrik, Dampfmahl- und Dampfschneidemühle) hatten nur kurzen Bestand, die Basis der Wirtschaft bildete bis zum 1. Weltkrieg der Fernhandel mit Getreide, vor allem nach England, Belgien und den Niederlanden. So finden sich innerhalb der Stadt zahlreiche, meist auch Wohnzwecken dienende **Speicherbauten**, deren älteste im Kern noch aus dem 14. Jh. stammen: Knopfstraße 18, schlichter zweigesch. Putzbau, verm. 17. Jh., verändert in der 2. Hälfte des 19. Jh.s; Knopfstraße 20, dreigesch. Putzbau mit viergesch. Volutengiebel, der Giebel mit drei Speicherböden in Formen der flandrischen Spätrenaissance, im Kern 17. Jh., die Fassaden der Hauptgeschosse 2. Hälfte des 19. Jh.s; Kuhstraße 25, zweigesch. Fachwerkkonstruktion auf massivem Sockel, um 1680, Giebel 19. Jh.; Markt 4, mit Fugenschnittdekor verputztes Backsteingebäude mit Treppengiebel, im Kern 14. Jh., Umbau 1742; Markt 10, zweigesch. Putzbau von 1661, mit verschieden gestalteten Giebeln des Barock, im Kern zwei ma. Häuser, Fassade der unteren Geschosse von 1912–14; Markt 11, über massivem EG aufwendig dekorierter Treppengiebel der Gotik (Anfang 15. Jh.) und Neogotik (1855–56), 1924–30 Umbau des Inneren; Markt 13, Giebelhaus des 14./15. Jh.s, der mächtige Treppengiebel mit Spitzbogenfenstern und Blendgalerien eine Rekonstruktion von 1957; Markt 14, traufständ. Putzbau nach Umbau eines ma. Giebelhauses 1772.

### G.-Schönwalde

Städt. **Wasserwerk** von 1913–14 mit Bedienstetenwohnhaus, Kohleschuppen, Pumpwerk und Filterhalle sowie Trafostation. Die Backsteinfassaden sind lediglich im Giebel der Filterhalle durch Rundbogenblenden akzentuiert.

### G.-Wieck

Die beiderseits des Rycks an der Küste des Dänischen Wiecks gelegenen Dörfer Eldena und Wieck erhielten erst 1886–87 eine direkte Straßenverbindung, die bei der Überführung über den Fluß von einer zweiseitigen **Klappbrücke** in traditioneller Holzkonstruktion unterbrochen wird. Gesamtlänge etwa 30 m, li. Durchfahrtsöffnung 10,7 m. 1994 rekonstruiert.
Am nordöstl. Stadtrand (Stralsunder Landstraße) ein **Erdholländer** mit geschweifter Haube von 1870. Mit Windkraft betrieben bis Mitte der 1940er Jahre, danach bis zur Stillegung 1976 mit Elektromotor. 1978 Restaurierung und Umbau zu einem Museum mit maschineller Ausstattung (Mahlgang, Vorquetsche, Schälmaschine, Trieur, Mehl- und Mischbehälter, Förderschnecke, Vor- und Plansichter, Grützmaschine, Aspirateur), die ein Jahrhundert Mühlentechnik dokumentiert. Die Segelgatterflügel rekonstruiert. *VR*

Lit.: Mühlen, 186; Wirth, 1990, 179; Vorpommersche Küstenregion, 387 ff.

## Greifswalder Oie MV (Ostvorpommern/A 5)

**Leuchtturm.** Auf dem kleinen, am Zugang zum Greifswalder Bodden 15 m aus der Ostsee ragenden Eiland wurde bereits 1832 eine Bake mit 2 übereinanderliegenden Feuern installiert, die 1855 ein 39 m hoher konischer Backsteinturm ersetzte. Anläßlich der 1890 durchgeführten Grundsanierung erhielt der nun aus einem quadr. Sockel aufsteigende Schaft eine oktogonale Ummantelung, die in verputztem Rauten- und auskragendem Bogenfries aus gelben Verblendern endet. Auf der Turmplattform zurückgesetzt der Backsteinsockel für die ebenfalls von einer Galerie umfaßte Laterne. Die urspr. Befeuerung mit 12 auf einem Drehgestell montierten Parabolspiegeln für abwechselnd weißes und rotes Licht wurde 1914 durch einen Linsenapparat ersetzt. Das Wohnhaus stammt aus der Zeit der Sanierung von 1890. *VR*

Lit.: Zemke, 164.

## Greiz (Greiz/H 3) TH

**Bahnhof.** Eisenbahnanschluß erhielt Greiz 1865 mit einer Stichbahn von Neumark (Strecke Leipzig–Hof). Der einstige Kopfbahnhof ist die heutige Station Greiz-Aubachtal. 1872/75 Bau der Verbindung Gera–Plauen, genauer Wolfsgefährt–Weischlitz (Sächsisch-Thüringische Eisenbahn) nach Plänen des Greizer Landbaumeisters Oberländer und der Dresdner Eisenbahningenieure Sorge und Stabenow, im Greizer Stadtgebiet mit *Tunnel* durch den Schloßberg, um Parkanlagen der Reußischen Fürsten nicht zu beeinträchtigen, und neuem Bahnhof. Dessen *Empfangsgebäude* im »Rundbogenstil« ist eine in Grund- und Aufriß dreifach gestaffelte, mit flachen Satteldächern versehene Baugruppe; die seitlichen Baukörper sind ungleich niedriger und zwei- bzw. eineinhalbgesch. (Restauration). Der mittlere Teil ist, fünfachsig und zweigesch. mit Mezzaningeschoß, in Ziegeln gefügt mit aufgeputzter Rustika und Gurtgesimsen, die an den kräftig rustizierten Ecken verkröpft sind. Die Verbindung des Bahnhofes mit der Kopfstation (Greiz-Auerbach) erfolgte nach Bau des etwa 200 m langen *Tunnels* durch den Ausläufer des Hainberges 1879. *HW*

Lit.: Berger, 103–104.

## Grevesmühlen MV (Nordwestmecklenburg/B 2)

Den Handel entlang der seit dem Spätmittelalter bedeutenden Straße von Lübeck nach Wismar dokumentiert, wenn auch erst um 1860 erbaut, das in den Fassaden mittelalterliche Gestaltungselemente aufgreifende **Speichergebäude** (Kirchstraße 1). Den siebenachsigen, dreigesch. Backsteinrohbau zentriert ein gestufter Frontispiz; die Segmentbogenfenster der beiden unteren Geschosse überhöhen gekuppelte Fenster des letzten Geschosses. – Der oktogonale Betonschaft des **Wasserturms** (Ernst-Thälmann-Straße) von 1911–12 trägt auf Konsolen die Hülle des Betonflachbodenbehälters. – Typische Industriebauweise des ausgehenden 19. Jh.s vertritt der Komplex der in 2 Bauabschnitten 1875 und 1895–1900 in zweifarbigem Verblendmauerwerk errichteten **Malzfabrik** (Börzower Weg). – An ehemals notwendige Aufgaben zur Nahrungsmittelversorgung erinnert der nach der Stilllegung 1970 zur Gaststätte umgewidmete **Galerieholländer** von 1878. – Ebenfalls zur Gaststätte umgebaut (1985) wurde der 1902–04 über breitlagerndem EG auf dem Mühlberg in Klütz errichtete Galerieholländer, betrieben ab 1940 mit Dampfmaschine, ab 1954 mit Elektromotor und stillgelegt 1972. Die Technik ist nicht erhalten, die Flügel Attrappen. *VR*

Lit.: Mühlen, 186, 187; Bau- und Kunstdenkmale in der mecklenburgischen Küstenregion, 34 ff., 53.

## Grießen (Spree-Neiße/E 6) BG

**Wasserkraftwerk.** Das Wasserkraftwerk wurde 1926–30 errichtet. Im 2. Weltkrieg teilweise zerstört, konnten die Anlagen schon im November 1945 wieder Elektroenergie erzeugen. Die Energiepolitik der DDR, die ihren Schwerpunkt auf Kohleverstromung setzte, führte 1967 zur Stillegung der Anlagen, die wenig später demontiert wurden. Das Kraftwerk besteht aus der hohen Maschinenhalle mit 2 kleinen funktionsbedingten Anbauten und einem schlanken, im oberen Teil abgestuften Turm mit Laterne. Der moderne großzügig gegliederte Klinkerbau trägt durch markante Details in der Gestaltung und typische Schmuckelemente deutliche Züge des Art déco. Diese qualitätvolle Architektur und die exponierte Lage des auffalligen Gebäudes in der Neißeaue stehen sowohl für hervorragende baukünstlerische Bedeutung als auch landschaftsprägende Wirkung. Seit Juli 1993 wird die im Wasserkraftwerk nun mit moderner Technik erzeugte elektrische Energie in das Netz eingespeist. *WT*

## Grimma (Muldentalkreis/G 4) FS

**Bahnhof.** Etwa gleichzeitig mit der Eröffnung der in Borsdorf von der Verbindung Leipzig–Dresden (1837–39) abzweigenden Strecke nach G. (in Betrieb genommen am 14. 5. 1866, bis 1868 weitergeführt über Leisnig, Döbeln, Nossen, Meißen mit Anschluß bei Coswig an die älteste deutsche Fernbahn, Leipzig-Dresdener Eisenbahn) konnte der Obere Bahnhof seinen Dienst erfüllen. Das von Eduard Heuchler, Freiberg, in Formen des romantischen Spätklassizismus entworfene Empfangsgebäude erinnert in der Baukörperanordnung sehr an das drei Jahre ältere Bauwerk in Konstanz (s. *Reclams Führer zu den*

*Denkmalen der Industrie und Technik in Deutschland*, Bd. 1). Die eingesch. und neunachsige Empfangshalle, zentriert durch dreiachsigen Risalit mit Uhr und Glockentürmchen, flankieren die zweigesch., durch Mittelrisalit und polygonale Ecktürmchen betonten eigentlichen Betriebsgebäude mit Warte- und Speisesälen, Abfertigungs- und Diensträumen. Die Fassadenstruktur mit einer alle Geschosse umfassenden Rustizierung, Eck- und Rundbogenquaderung erinnert an den von Giuliano da Sangallo entworfenen Palazzo Gondi (um 1485) in Florenz. Von den Betriebsanlagen sind Wasserstation und Güterschuppen im Original erhalten (Drehscheibe abgebaut). – **Großmühle** (Großmühle 2). Der Mühlenstandort fand erstmals als Obermühle 1194 in der Erwerbsliste des Klosters Altzella Erwähnung. Nach mehrfachem Eigentümerwechsel 1723 abgebrochen, wurde die Mühle unter dem neuen Pächter Samuel Fleischer, Kaufmann aus Leipzig, 1724 zweigesch. mit 7 x 4 Achsen in zeitgemäßen barocken Formen neu errichtet (dat. im Portal 1725). Die von Kolossalpilastern rhythmisierte Fassade erweiterte 1867 Johann Heinrich Krätzner (dat. im 2. Portal: »J. H. K. 1867«) um vier Achsen und zentrierte das Gebäude durch einen fünfachsigen, in einem Treppengiebel endenden Risalit. Unter Hermann Gleisberg entstand 1893 der neoromanisch geprägte, zweifarbige Backsteinrohbau des Getreidespeichers auf der Mühleninsel sowie eine Weizenmühle, die nach dem Brand von 1925 ein Jahr später in historisierenden Formen wiederaufgebaut wurde. *VR*

**Steinbogenbrücke** (Friedrich-Oettler-Straße) über die Freiberger Mulde, nach Vorgängerbau von 1292 von Matthäus Daniel Pöppelmann 1716–1719 erbaut, umgebaut bzw. repariert 1894, 1945–1948, 1972. Der Mittelteil war bis 1894 eine hölzerne Hausbrücke (Hängesprengwerk mit Fachwerkwänden und Satteldach), dann eine Stahlfachwerk-Konstruktion. Die Seitenteile der Brücken sind je 3 aus Rochlitzer Porphyrtuff gemauerte, 16 m weite, 6,5 m breite und im Lichten 2,5 m hohe Korbbögen. Die Pfeiler haben stromauf starke Eisbrecher-Vorlagen. Auf der Brüstung der Brücke steht eine barocke Plastik des kursächsischen Wappens (1724), ebenfalls aus Rochlitzer Porphyrtuff. – **Stahlseil-Hängebrücke** über die Mulde an der »Gattersburg«. Die 1924 von der Firma A. Bleichert, Leipzig, erbaute, 1949 und 1988 reparierte, insges. 135 m lange und 1,8 m breite Fußgängerbrücke hat als Stahlfachwerkportale gestaltete, 9 m hohe und mit Bandeisenvoluten verzierte Pylone, über die die 52 mm starken Stahlseile gespannt sind. Mit 80 m Spannweite ist diese Hängebrücke die größte Ostdeutschlands.

### G.-Höfgen

**Wassermühle** im Dorf am Tannickenbach, erbaut im 18. Jh., 1954 stillgelegt, seit 1976 Mühlenmuseum. Das oberschlächtige, 3,8 m hohe Wasserrad wurde 1980 neu gebaut. Die Kraftübertragung erfolgt mit »stehendem Zeug« auf 2 Mahlgänge des 18. Jh.s und jüngere Maschinen wie Walzenstuhl, Achtkantsichter, Schälmaschine und Elevator. Zu besichtigen sind ferner ein Backofen von 1721 und eine Müllerwohnung mit Einrichtung der Zeit um 1800. *OW*

Lit.: Bauten der Technik und Industrie, 373; Berger, 97; Erler/Schmiedel, 158, 169, 194.

## Groitzsch (Leipziger Land/G 3) FS

**Wasserturm** (Friedrich-Ebert-/Martin-Kuhn-Straße). 4 in der Außenkontur hyperbelförmig gekrümmte, genietete eiserne Fachwerkgitterstützen tragen einen quadr. Flachbodenbehälter, umfaßt von einer Galerie und geschützt von einem weitauskragenden Zeltdach. Erbaut 1904, 1981–82 saniert. *VR*

Lit.: Wirth, 1990, 181 f.

## Großfahner (Gotha/G 2) TH

**Bockwindmühle** neben dem (jetzt ruinösen) Müllerhof, um 1840 errichtet. Regeltyp mit Stein- und Sichterboden. Flügelkreuz zuletzt mit Jalousien. Für Anschauungszwecke 1984/86 mit großen Kopieanteilen restauriert, das Flügelkreuz ist gänzlich neu. Im Inneren wurden die ursprünglichen Getriebe- und Mahleinrichtungen weitgehend wieder eingebaut. *HW*

Lit.: Mühlen, 245.

## Großhartmannsdorf (Freiberg/G 4) FS

**Kunstteiche, Kunstgräben und Röschen.** Als ab etwa 1550 im Freiberger Revier verstärkt mit

Wasserrädern angetriebene Förderanlagen und Kunstgezeuge (Pumpensysteme) installiert wurden, mußte man den Wasserrädern auch hinreichende Mengen von Aufschlagwasser zuführen. Die auch hoch gelegenen Schächte erforderten den Bau von Kunstgräben und Röschen (Wasserleitungstunneln) oberhalb des Reviers. Zwischengeschaltete Teiche waren Energiespeicher, um insbesondere die Pumpen auch in Trockenzeiten betreiben zu können und damit die Gruben nicht ersaufen zu lassen. Wurden anfangs Kunstgräben und Teiche nur für einzelne Gruben angelegt, so entwickelte sich bald ein wasserwirtschaftliches System für das gesamte Revier. Dieses System wurde von 1550 bis 1885 planmäßig erweitert, so daß schließlich vom Flöhatal bei Neuhausen ausgehend oberhalb des Freiberger Reviers und innerhalb von diesem ein wasserwirtschaftliches System von insges. über 135 km Kunstgräben, 30 km Röschen und über 20 Teichen mit 5,7 Mio. $m^3$ Speicherraum bestand. Fast die ältesten, die größten und wichtigsten Anlagen der bergmännischen Wasserwirtschaft im Freiberger Revier liegen bei G. *Unterer oder Großer Großhartmannsdorfer Teich:* Erbaut 1562–72, später vergrößert, in etwa 490 m Höhe 1,7 Mio. $m^3$ Speicherraum, von ihm ausgehend der 7 km lange Müdisdorfer Kunstgraben. – *Oberer Großhartmannsdorfer Teich:* Erbaut 1590–1592, später vergrößert, in etwa 530 m Höhe 660000 $m^3$ Speicherraum, von ihm ausgehend der 13 km lange, heute mit Betonplatten abgedeckte Kohlbachgraben. – *Mittlerer Großhartmannsdorfer Teich:* Erbaut 1725–32 in etwa 500 m Höhe, dient mit seinem Speicherraum von 316000 $m^3$ dem Ausgleich zwischen dem Kohlbachgraben und dem Unteren Großhartmannsdorfer Teich. *OW*

Lit: Wagenbreth/Wächtler, 1986, 143, 301.

## Großheringen (Weimarer Land/G 3) TH

**Holzkastenbrücke.** Einst Teil der einzigen nördlichen Zufahrt zum Dorf über die Ilm. Um 1800 errichtete, zuletzt 1975 und 1995 erneuerte, 13,7 m weit gespannte Hängesprengewerk-Konstruktion; der 4,6 m breite holzverschalte, lediglich je eine Öffnung in seinen Seitenwänden enthaltende Brückenkasten, 3,5 m über dem mittleren Ilm-Wasserspiegel, hat ein ziegelgedecktes, an beiden Stirnseiten gewalmtes Satteldach. Heute Lagergebäude, an den Brückenportalen mit Lattentoren verschlossen, seit 1995 wieder eröffnet. *HW*

Lit.: Erler/Schmiedel, 165; Wirth, 1990, 183.

## Großkorbetha (Weißenfels/G 3) SA

**Bahnhof.** Verm. mit dem Abzweig der Strecke nach Deuben (25. 11. 1897, Preuß.-Hess. Staatseisenbahnen) von der Hauptstrecke Halle/Saale–Weißenfels (20. 6. 1846, Thüringische Eisenbahn) erhielt der Bahnhof einen *Wasserturm.* Der Backsteinschaft, lediglich durch Gurtgesimse über dem Sockel und unter dem Auflagerring gegliedert, trägt innerhalb der auskragenden Wartungsgalerie einen geschlossenen Barkhausen-Behälter. – Am Ort eine **Bockwindmühle** mit betriebsfähig erhaltener techn. Einrichtung. *VR*

## Groß Kordshagen MV (Nordvorpommern/A 4)

Aus den 1920er Jahren, der Renaissance der preiswert herzustellenden und effizient arbeitenden Windkraftmaschinen, stammt die mit sechsflügeligem Windrad bestückte Eisenkonstruktion der **Wasserschöpfanlage**. *VR*

Lit.: Vorpommersche Küstenregion, 51.

## Großröhrsdorf FS (Westlausitz-Dresdner Land/G 5)

**Band- und Gurtweberei E. G. Liebig** (Radeberger Straße 32). Die von Ernst Gotthold Liebig 1830 als handwerklicher Betrieb gegründete Band- und Gurtweberei entwickelte sich unter seinem Sohn Ernst Gustav zu einem prosperierenden industriellen Unternehmen, dokumentiert durch Hochbauten aus den Jahren 1866, 1893–96 und 1903. Appretur- und Webereigebäude dem spätklassizistischen Rundbogenstil verpflichtet, das Verwaltungsgebäude mit neobarocken Accessoires auf die Fassadengestaltung nach 1900 hinweisend. *VR*

**Dampfmaschine** der Mechanischen Klöppelei A. C. Boden (Maschinenstraße 13). In der 1846 gegründeten und bis etwa 1990 produzierenden Firma wurde 1896 eine liegende 50-PS-Einzylinder-Gegendruck-Dampfmaschine mit Exzenterbetriebener Expansionsschiebersteuerung der Maschinenfabrik F. Mattick, Pulsnitz, aufgestellt. Kolbendurchmesser 300 mm, Hub 500 mm, Schwungraddurchmesser 2,75 m. Die Maschine trieb früher über Transmissionen mehr als 300 Flechtmaschinen u. a. an und ist ein Denkmal sowohl der Lausitzer Textilindustrie als auch des heimischen Maschinenbaus. *OW*

Lit.: Bauten der Technik und Industrie, 166; Wagenbreth/Wächtler, 1986, 224, 311.

## Großschirma (Freiberg/G 4) FS

**Erzbergwerk »Churprinz Friedrich August Erbstolln«.** Die Grube trägt seit 1707, dem Jahr ihres Ankaufs durch August den Starken, den Namen seines Sohnes. Sie entwickelte sich zu einer der größten Gruben des Freiberger Reviers mit mehreren hundert Mann Belegschaft und war bis 1900, dann nochmals um 1960 in Betrieb. Vom Hauptschacht, dem »Schreiberschacht«, ist nur noch die Halde erhalten. Auf dem 1868–73 abgeteuften »Constantinschacht« steht noch das massive, zweistöckige, 1873 für eine 80-PS-Wasserhaltungsdampfmaschine errichtete Gebäude. – Der *»Untere Wächter«*, eine 1823 erbaute, mit Brettbeschlag und Spitzbogenfenstern versehene Stube auf hohem, aus Bruchsteinmauerwerk errichteten Unterbau, steht auf einem Kunstschacht und diente – mit den Kunstglocken in den Dachreitern – der Kontrolle des Ganges des Kunstgezeugs (Pumpensystems). Die Kunstglokken waren mit dem Gestänge des Kunstgezeugs gekoppelt und wurden in dessen Rhythmus angeschlagen. Das eiserne Wasserrad, das seit 1852 das Kunstgezeug antrieb, ist in etwa 10 m Tiefe untertage erhalten. – Das *Huthaus* ist eins der größten im Freiberger Revier und geht auf verschiedene Bauphasen zurück: Das massive EG stammt vielleicht aus der Gründungszeit der Grube um 1710, wahrscheinlich aber von einem Umbau 1747. Das Fachwerkobergeschoß und das Krüppelwalmdach sind verm. im späten 18. Jh. aufgesetzt worden. Der klassizistische Dachreiter mit Glocke und Uhr entstammt der Zeit um 1820. Schon zur Zeit des Grubenbetriebes war das Huthaus von einem Park umgeben. – Die an der Mulde gelegenen Pochwerke und Erzwäschen der Grube wurden ab 1900 nach der Stillegung der Grube abgebrochen und durch die

*Großschirma. Grube Churprinz, Unterer Wächter*

»Pappenfabrik Kurprinz« ersetzt. – Abseits des Grubengeländes liegt das eingesch., runde *Pulverhaus* mit Kegeldach (seit 1945 Grabstätte des bei Kriegsende ermordeten Fabrikbesitzers Georg Keil). – Die Grube Churprinz hatte 2 Grabensysteme für die Aufschlagwasserversorgung: Das untere war zugleich der »Churprinzer Bergwerkskanal«. Die »Obere Wasserversorgung« brachte in ziemlich komplizierter Weise in Kunstgräben und Röschen Wasser aus dem Münzbachtal bei Freiberg in das Waltersbachtal und von dort zur Grube. Das Wasser eines Nebentales des Waltersbachtales wurde in dem 1749 gebauten und noch erhaltenen »Zechenteich« gestaut und der Oberen Wasserversorgung zugeführt. Der Damm dieses Teiches wurde 1801–26 erhöht. Mit diesen Jahreszahlen ist ein Mundloch am Teichdamm datiert.

### G.-Großvoigtsberg

**Erzbergwerk »Christbescherung«.** Von der 1714 neu in Betrieb genommenen, 1908 stillgelegten und nochmals 1923–48 schwach betriebenen Grube sind nur wenige Anlagen sehenswert erhalten: *Erzwäsche:* An der Mündung des Großvoigtsberger Tales ins Muldental steht ein dreistöckiges massives Gebäude mit Satteldach, das seine bergbauliche Vorgeschichte durch die Inschrift im Türsturz verrät: »Christbescherung Erbstolln 1872«. Es war die Erzwäsche der Grube. – *Kunstgraben und Bergwerkskanal*: Die Wasserräder, die einst die Maschinen der Erzwäsche betrieben haben, bekamen ihr Aufschlagwasser durch einen unterhalb von Großschirma von der Mulde abgezweigten Kunstgraben, der 1790/91 zu dem 3 km langen »Christbescherunger Bergwerkskanal« ausgebaut wurde. Die noch erhaltene etwa 3 m hohe Bruchstein-Trockenmauerung an der Talseite des Kunstgrabens stammt wohl von dessen Ausbau zum Kanal. An seinem unteren Ende, einige Meter vor der Erzwäsche, stehen noch die durch drei Rundbogen auffallenden, auch aus Bruchstein aufgeführten Umfassungsmauern des »Christbescherunger Schiffshebewerkes«. Ob dieses je in Betrieb war, hat sich nicht nachweisen lassen. Der Kanal diente nur 1791–1805 dem Erztransport. Dann ging die Erzförderung der beteiligten Gruben so stark zurück, daß man die Schiffahrt aufgab. In der Folgezeit diente der Kanal nur noch als Aufschlaggraben für die Wasserkraftmaschinen der Grube. Historische Bedeutung haben Kanal und Kahnhebehaus insbesondere als Fortsetzung des Churprinzer Bergwerkskanals mit dem Rothenfurther Kahnhebehaus (→ G.-Rothenfurth). – *Aufschlagröschenmundloch:* Für neue Wasserkraftmaschinen in dem seit dem 18. Jh. bestehenden Hauptschacht der Grube trieb man von einer Verlängerung des Kunstgrabens ausgehend 1825–35 eine Aufschlagrösche vor, deren aus Bruchstein gemauertes, elliptisch gewölbtes Mundloch noch erhalten ist. Sein Schlußstein trägt die Inschrift: »Aufschlagsrösche Christbescherung, Quartal Reminiscere 1825«.

## G.-Kleinvoigtsberg

**Erzbergwerk** »Alte Hoffnung Gottes«. Diese Grube wurde im Gebiet älteren Bergbaus 1741 gegründet, war bis 1936 in Betrieb, gehörte zeitweise zu den größten und ertragreichsten Gruben des Freiberger Reviers und hat mehrere Gebäude hinterlassen. *Schachtgebäude:* Nachdem die Schachtförderung zunächst mit Pferdegöpel betrieben worden war, baute man 1789/90 das noch heute erhaltene zweistöckige massive Schachthaus mit Krüppelwalmdach, Fachwerkgiebel und Dachreiter für die Kunstglocke. Das Kehrrad für die Förderung lag untertage. Das ab 1771 nachgewiesene Kunstgezeug wurde bis 1789 durch ein Feldgestänge, ab da durch untertägige Kunsträder betrieben, die ihr Aufschlagwasser durch eine Aufschlagrösche erhielten. Diese wurde 1848 neu hergerichtet und erhielt damals das jetzt noch erhaltene Mundloch mit der Inschrift im Schlußstein »Alt Hoffnung Gotteser Aufschlag-Rösche 1848«. Das Kehrrad wurde 1879 durch eine 40-PS-Dampffördermaschine ersetzt. Von dieser Anlage ist der Schornstein erhalten, an dessen Sockel sich eine Tafel mit »AHG 1879« und Schlägel und Eisen befindet. Das damalige Kessel- und Maschinenhaus wurde um 1955 bei der Wiederinbetriebnahme des zuletzt 530 m tiefen Schachtes abgebrochen und durch einen Neubau ersetzt. Aus dieser Zeit stammt auch das den Dachfirst des Schachtgebäudes überragende Fördergerüst. – *Huthaus:* Erbaut 1769, zweigesch., EG massiv, OG teilweise Fachwerk. Satteldach mit dem 1834 aufgesetzten Dachreiter. In diesem die Bergglocke, mit der den Bergleuten im Dorf der Schichtbeginn angekündigt wurde. – Daneben die stark umgebaute *Bergschmiede* und das achteckige, massive *Pulverhaus* mit Zeltdach. – Im Muldetal die umgebaute Pochwäsche ohne Maschinerie.

## G.-Rothenfurth

**Steinbogenbrücke** »Altväterbrücke« des 16. Jh.s über die Freiberger Mulde, bestehend aus drei sichtbaren und einem verschütteten Rundbogen von maximal 10,8 m Weite und 4,4 m lichter Höhe jeweils. Die Brücke ist insgesamt 7,3 m hoch, 5,2 m breit und 65 m lang und wurde 1993/94 restauriert. Sie gehörte zu der alten Straße von Freiberg nach Meißen. 1686–1715 baute man teils neben, teils über der Brücke einen insges. 788,5 m langen, maximal 24 m hohen Aquädukt aus 12 Steinbogen von maximal 14 m Weite, der Aufschlagwasser aus dem Münzbachtal zu der auf der rechten Talseite der Mulde gelegenen Grube »St. Anna samt Altväter« leitete. Der bis 1795 benutzte Aquädukt wurde 1893 wegen Baufälligkeit gesprengt. Erhalten sind von ihm heute noch die auf der stromabwärtigen Seite an die Straßenbrücke angebauten Pfeilerstümpfe.

**»Churprinzer Bergwerkskanal«** und **Rothenfurther Schiffshebewerk**. 1788–90, also in einer

*Großschirma-Rothenfurth. Schiffshebewerk*

Zeit zahlreicher Kanalbauten in Europa, wurde auf Vorschlag des Freiberger Kunstmeisters und Maschinendirektors Johann Friedrich Mende der Transport der Erze von der staatlichen Grube Churprinz (Großschirma) in das Amalgamierwerk (→ Halsbrücke) von Pferdefuhrwerken auf Schiffstransport umgestellt. Mende baute den etwa 5 km langen Kanal unter Benutzung der Aufschlagwassergräben von zwei Mühlen, einem Eisenhammer, einer Erzwäsche und der Grube Churprinz. Die an diesen Werken bestehenden Gefällestufen wurden durch Schleusen, bei dem Eisenhammer durch das »Rothenfurther Kahnhebehaus« überwunden. Erhalten sind von dem Mendeschen Bergwerkskanal ein Teilstück oberhalb und unterhalb der Altväterbrücke, eine Schleusenkammer unterhalb der Altväterbrücke und das Mauerwerk des Rothenfurther Kahnhebehauses, das als das älteste Schiffshebewerk der Welt gilt. Seine aus Bruchstein errichteten Umfassungsmauern sind 17 m lang, 3,9 m breit, maximal 8 m hoch und haben an den Langseiten je 3, an den Stirnseiten je eine Öffnung mit Rundbogengewölbe. An der Südseite ist neben dem Oberwasser ein kleines Hafenbecken aus Bruchsteinmauerwerk erhalten, in dem beim Hebevorgang jeweils ein Erzkahn lag, da für die Bedienung der Hebemaschinerie zwei Kahnbesatzungen erforderlich waren. Auf der Mauerkrone sind noch die Auflager für die beiden Zahnstangen zu erkennen, auf denen die in dem aufgesetzten Halbgeschoß mit Krüppelwalmdach untergebrachte Hebemaschine lief. Diese bestand aus einem fünffachen Flaschenzug auf einer Laufkatze. Der zu hebende Erzkahn fuhr aus dem damals dort vorhandenen Wehrteich in die zum Unterwasser gelegene Stirnseite ein, wurde an den Flaschenzug gehängt, gehoben, in angehängtem Zustand über das 6,8 m höher liegende, die hintere Hebehaushälfte einnehmende Oberwasser gefahren und mittels Flaschenzug in dieses hinabgelassen. Das Schiffshebewerk war bis 1868 in Betrieb. – Als um 1820 die Grube Churprinz insbesondere für die Kunstgezeuge mehr Energie benötigte, baute der Maschinendirektor Christian Friedrich Brendel 1822–23 unterhalb der Altväterbrücke das dort noch erhaltene Wehr und von diesem aus bis zur Grube Churprinz einen neuen Kanal, der bei der Grube 3,28 m höher als der alte einkam und (bei gleicher Wassermenge) den Kunsträdern eine der größeren Fallhöhe entsprechende höhere Energie lieferte. Brendel führte den neuen, insges. 2,5 km langen Kanal mit einem 118 m langen Kanaltunnel aus dem Muldental in das Waltersbachtal und von dort zur Grube Churprinz, wo das Wasser in 93 m langem untertägigem Lauf die Kunsträder unter dem »Unteren Wächter« (Großschirma) erreichte. *OW*

Lit.: Wagenbreth/Wächtler, 1986, 167, 170, 172, 178, 318, 320f., 324.

## Großschönau (Löbau-Zittau/G 6) FS

**Damast- und Frottierweberei Richter & Goldberg** (Spitzkunnersdorferstraße 17). Als die Brüder Langer von ihrer Hollandreise 1666 die Kenntnis der Damastweberei in der Oberlausitz verbreitet hatten, entwickelte sich G. innerhalb weniger Jahrzehnte zum Zentrum der Damastherstellung in Deutschland und erhielt mit der Installation des ersten Jacquardwebstuhls 1834 neue Entwicklungsimpulse. Aus dem Verlagsgeschäft des Dresdener Kaufmanns Prößl entstand nach Übernahme 1880 durch Theodor Richter und Bernhard Goldberg ein industrielles Unternehmen. Aus den Anfangszeiten des Betriebes stammt das zweigesch., 1855–60 errichtete Hauptgebäude für Weberei und Verwaltung in einfachen spätklassizistischen Formen, ergänzt nach 1880 durch eine im Stil angepaßte neue Weberei. Das Fabrikareal bestimmt die Jacquard-Weberei von 1902–03 mit Fassaden im Industrie-Jugendstil. *VR*

Lit.: Bauten der Technik und Industrie, 169.

## Großschweidnitz (Löbau-Zittau/G 6) FS

**Eisenbahnbrücke** »Höllengrundbrücke« der Eisenbahnstrecke Löbau–Ebersbach. Die 1850 erbaute, 120 m lange und 20 m hohe Brücke besteht aus sieben, 10 m weit gespannten Rundbogen in Granitmauerwerk. *OW*

## Großtreben (Torgau-Oschatz/F 4) FS

Der **Ringziegelofen** von G. entspricht in seiner Kreisform (→ Parey) dem 1857/58 durch Friedrich Eduard Hoffmann vorgestellten Entwurf für einen Ziegelofen mit kontinuierlichem Betrieb. Inmitten des Ringofens ein quadr., von Gurtgesimsen unterbrochener Schornstein, der auf eine Bauzeit vor 1870 verweist; das als Befeuerungsebene dienende OG nachträglich horizontal verbrettert. *VR*

## Grünhainichen FS (Mittlerer Erzgebirgskreis/G 4)

Das Ziehen von 10–30 cm breiten, bis zu 1 m langen und 1–2 mm starken Holzspänen auf der Hobelbank als Grundmaterial zur Herstellung von Spanschachteln besitzt seit Beginn des 18. Jh.s in G. Tradition (erste urkundliche Erwähnung 1724). Die Schachteln dienten als Verpackungsmaterial u.a. für erzgeb. Spielzeug, Arzneimittel, Tabak oder als Zierdosen. Die einzige mit kompletter maschineller Ausstattung erhaltene **Spanziehmühle** des Erzgebirges wurde von der Mitte des 18. Jh.s bis in die 1920er Jahre gewerblich genutzt; Wasserkraft bewegte den Hobel. Bis zur endgültigen Stillegung 1976 hat man eher zu Demonstrationszwecken noch Späne gezogen. *VR*

Lit.: Schmidt/Theile I, 244.

## Güstrow (Güstrow/B 3) MV

**Bahnhof.** Gleichzeitig mit der Eröffnung der Zweigbahn von Bützow (13. 5. 1850, Mecklenburgische Eisenbahn) entstand das zweigesch. *Empfangsgebäude* mit gleisparallelem Wartehallentrakt und zu Gleis und Vorplatz giebelständigen Eckrisaliten für Verwaltung und Personal in Formen des romantischen Spätklassizismus (»Rundbogenstil«), heute auf der Stadtseite verfälscht durch spätere Anbauten und vereinfachende Renovierungen. An der Straßenüberführung ein Stellwerk und ein kleiner *Wasserturm*, dessen konischer Schaft und zylindrische Behältermantel in Leichtbauweise über konkaver Auskragung der üblichen Konstruktion zur Aufnahme eines Wasserbehälters des Systems Intze entsprechen. – Für die städtische Wasserversorgung entstand 1928 nach Plänen von M. Eggert ein expressionistischer Backsteinturm (Goldberger Straße), dessen oktogonale Grundrißform kräftige, bis zum getreppten Attikageschoß aufsteigende Pfeilervorlagen betonen; der ebenfalls achtseitige Turmkopf ist um 45° gegenüber dem Schaft verdreht; die achtarmige Laterne erinnert an Glockenspiel-Dachreiter norddeutscher Backsteingotik. *VR*

Lit.: Berger, 217; Wirth, 1990, 187.

## Hageböк-Nantrow MV (Nordwestmecklenburg/B 3)

Um 1890 erbaute **Holländer-Windmühle** mit achtseitigem Backsteinsockel. Korpus und Haube verschindelt. 1967 stillgelegt, Flügel bei sonst weitgehend erhaltener Technik 1987 rekonstruiert. *VR*

Lit.: Mühlen, 188; Die Bau- und Kunstdenkmale in der mecklenburgischen Küstenregion, 108.

## Hagenow (Ludwigslust/C 2) MV

Bei der Eröffnung der Berlin-Hamburger Eisenbahn bis Boitzenburg (15. 10. 1846) noch Zwischenstation, erhielt der **Bahnhof** (urspr. H.-Heide, dann H.-Land) mit dem Abzweig zur Ostsee über Schwerin nach Wismar (1. 5. 1847 bzw. 12. 7. 1848, Mecklenburgische Eisenbahn) Aufwertung als Ausgangsort für die Verkehrserschließung der mecklenburgischen Küstenregion; Aufgaben als Verkehrskreuzung übernahm er mit dem Bau der Strecke nach Lübeck über Wittenburg (1. 9. 1894) und Zarrentin (1. 5. 1896, Preuß. Staatseisenbahnen) ein knappes halbes Jahrhundert später. Das *Empfangsgebäude* – konzipiert in Seitenlage, seit Einführung der Mecklenburgischen Eisenbahn in Inselsituation – entspricht mit der symmetrischen Baumassenverteilung von 2 einen zweigesch. Mitteltrakt fassenden dreigesch. Kopfbauten dem vom Berliner Büro von Friedrich Neuhaus konzipierten Standard für die Hochbauten der Berlin-Hamburger Eisenbahn. Die Putzfassaden im spätklassizistischen Rundbogenstil durch geschoßtrennende Gurtgesimse und Fugenschnitt gegliedert. *VR*

Lit.: Berger, 185; Schmidt/Theile II, 77; Wirth, 1990, 188.

## Halberstadt (Halberstadt/E 2) SA

Anschluß an das Industriezeitalter fand die ehem. Hansestadt mit der Einführung der Bahn aus Magdeburg (15. 7. 1843, Magdeburg-Halberstädter Eisenbahn). Im letzten Jahrzehnt des 19. Jh.s entstand die teilweise noch erhaltene *Reparaturwerkstatt* des **Bahnhofes** mit Maschinen- und Kesselhaus für elektr. Beleuchtung (1892), fächerförmigem Lokschuppen (1894–95, Entwurf: Johann Wilhelm Schwedler, Ausführung: Vollrath und Schunck), Tender-Reparaturwerkstatt (1896) und Mischgasanstalt (1899–1900). Der *Wasserturm* (westl. Bf., B 81) gehört mit gemauertem, schwach konischem Schaft und eisernem Kugelbehälter der Bauart Klönne in die Zeit um 1910. – Der Druckerhöhung und dem Ausgleich der Bedarfsschwankungen im städtischen Wasserversorgungsnetz diente seit 1881 (dat. im Portal) ein **Turmbehälter** (Bergstraße, B 81, westl. Ortsrand). Der zylindrische, im Sockelgeschoß in Quadermauerwerk ausgeführte Schaft entspricht zeitlich der Datierung im nobel gestalteten Renaissanceportal; Schafterhöhung und die schlichte, lediglich von vertikalen Fensterbändern gegliederte Ausführung des Turmkopfes verweisen auf einen Umbau in den 1920er Jahren; das mit Laterne abschließende flache Kegeldach führt noch einmal zurück zu der Original-Fassung. – Als seltenes Relikt vergangener Hebetechnik kann der hölzerne **Wanddrehkran** von 1880 (Tragfähigkeit 3 t, Hubhöhe 3,5 m, Ausladung ca. 4 m, außer Betrieb seit 1980) auf dem Gelände der ehem. Firma H. J. Meyer und Söhne (Vogtei 6) gelten. Die Zangen des Auslegers, mit drehbarer Stütze und Druckstäben im Dreiecksverband statisch wirksam, dienen auch als Fahrbahn für die mit handbetriebenem Kettenzug bewegliche Laufkatze; das Getriebe am Fuß der Säule besitzt ein Stirnradvorgelege und Sperradvorrichtung zur Fixierung der Last in jeder Höhenlage.

LANDKREIS: 3 wegen der erhaltenen technischen Einrichtung sehenswerte **Bockwindmühlen** in Badersleben (1866), Danstedt und Sargstedt (1842). *VR*

Lit.: Schmidt/Theile II, 156; Mühlen, 220, 223.

## Haldensleben (Ohrekreis/E 2) SA

**Bahnhof** (Bahnhofstraße) der Magdeburg-Halberstädter Eisenbahn, eröffnet zwischen Magdeburg und Neuhaldensleben am 16. 12. 1872, bis Oebisfelde am 1. 11. 1874. Das *Empfangsgebäude* ein schlichter zweigesch. Backsteinrohbau mit einem den Haupteingang betonenden Risalit und beidseitig eingesch. Flügelbauten für den Güterverkehr. Richtung Neuhaldensleben der ebenfalls in Backstein ausgeführte Bahnwasserturm auf rechteckigem Grundriß mit Dienstwohnungen und einem Flachbodenbehälter im obersten Geschoß. – Vor dem Stendaler Tor das Verwaltungsgebäude des ehem. **Elektrizitätswerkes** (1891–92, in den 1970er Jahren stillgelegt) mit zweifarbiger Backsteinfassade in zurückhaltenden neuromanischen Formen. – Im Wald nahe der Straße nach Gardelegen der schmucklose **Wasserturm** auf dem Trendelberg, erbaut 1909.

**Keramikindustrie.** Als Initiator der am Ende des 19. Jh.s blühenden Keramikindustrie kann der Magdeburger Kaufmann Johann Gottlob Nathusius gelten, der nach erfolgloser Bewirtschaftung eines landwirtschaftlichen Musterbetriebes auf dem Areal des 1810 aufgelassenen Zisterzienserinnenklosters noch vor 1850 eine **Tonwarenfabrik** in Neuhaldensleben gründete, die sich bis zum Ende der wilhelminischen Ära zu einem ortsbestimmenden vielflügeligen Komplex erweiterte (Wedringer Straße 8); heute teilweise von einem Autohaus genutzt. Der Ursprungsbau zweigesch. in Bruchsteinmauerwerk, Aufstockungen und Erweiterungen als Backsteinbauten in schlichter Neurenaissance bzw. romanisierenden Formen um 1900. Der Fabrik gegenüber die *Fabrikantenvilla*. – In Althaldensleben produzierte die 1850 gegr. **Keramische Fabrik von Jakob Uffrecht** (Hagenstraße) Zierkeramik, ab 1880 Steingut-Gebrauchsgeschirr. Beiderseits der durch Toreinfahrt von der Hagenstraße abgetrennten Gasse zum Werkshof zweigesch. Arbeiterhäuser, die ruinösen Fabrikgebäude weitgehend aus dem letzten Viertel des 19. Jh.s; das 1881 in der Hohenzollernstraße erbaute Werk fast gänzlich durch Betriebsgebäude des 20. Jh.s überformt.

LANDKREIS: Die fruchtbare Magdeburger Börde gehört zu den am dichtesten mit **Windmühlen** (in meist desolatem Zustand) bestandenen Landschaften Deutschlands, wobei die im Vergleich zum Holländer ältere Bauart der Bockwindmühle dominiert. Sehenswerte Bockwindmühlen mit erhaltenem Flügelkreuz und Resten der technischen Ausstattung finden sich in Uhrsleben (1837; westl. der L 245 nördl. Ortsrand), Eimersleben (1848; westl. des Ortes, südl. B 1), Ostingersleben (rund 500 m südl. B 1 an der Straße nach O) und Etingen (1843; nördl. Landstraße Rätzlingen–Etingen westl. Ortsrand). *VR*

Lit.: Mühlen, 221, 223.

## Halle (Halle/F 3) SA

*Die Ausbeutung der Solequellen im Saaletal läßt sich bis in die frühe Hallstattzeit (um 700 v. Chr.) nachweisen, die Salzgewinnung bildete auch das Fundament für die Entstehung der ma. Stadt. Nach Otto I. (936–973) Schenkung (961) der »urbs« Giebichenstein mit ihrer Saline an das von ihm 937 in Magdeburg gestiftete Moritzkloster, aus dem 968 das Erzbistum hervorging, arbeiteten die Pfänner (genannt nach der in Pfannen versottenen Sole) »im Thale« unterhalb des erstmals im 12. Jh. bezeichneten »Halla« unter der Aufsicht eines erzbischöflichen Salzgrafen. Verbleibender Gewinn und die Organisation der Handwerker zu Innungen gegen Ende des 12. Jh.s führten zu Unabhängigkeitsbestrebungen der Stadt, deren Rat im 13. Jh. bereits von der Pfännerschaft – den salzsiedenden Patriziern – bestimmt wurde. Ab 1263 konnte das Erzbistum nicht mehr willkürlich über die Saline verfügen. Im Laufe des 14. Jh.s wurde schließlich das Amt des Salzgrafen von Magdeburg aus nicht mehr besetzt. Resultierte die seit dem MA überregionale wirtschaftliche Bedeutung der Stadt auch aus dem Salz, so spielte die Saline in der Stadt des Industriezeitalters lediglich noch eine Statistenrolle. Der Anschluß an das stetig wachsende Eisenbahnnetz (23. 7. 1840, Cöthen–H., 18. 8. 1840, H.–Leipzig, Magdeburg-Leipziger Eisenbahn; 20. 6. 1846, H.–Weißenfels, Thüringische Eisenbahn; 1. 2. 1859, Bitterfeld–H., Berlin-Anhaltische Eisenbahn; 1. 9. 1865, H.–Eisleben, am 13. 3. 1872 eröffnet bis Hann. Münden, H.-Kasseler/H.-Nordhausener Eisenbahn; 1. 10. 1872, H.–Könnern, Magdeburg-Halberstädter Eisenbahn; 26. 5. 1896, H.–Hettstedt, H.-Hettstedter Eisenbahn) förderte neue Industriezweige: Zuckerrübenverarbeitung, Braunkohlegewinnung (Tiefbau) und -verarbeitung (z. B. Brikettererzeugung) in der näheren Umgebung. Seit Mitte der 1850er Jahre entwickelte sich die Stadt mit 1872 bereits 20 Unternehmen zu einem Zentrum der Maschinenbauindustrie in Mitteldeutschland.*

**Bahnanlagen.** Bis zu Anfang der 1880er Jahre betrieb jede der bis dahin H. anfahrenden 5 Eisenbahngesellschaften eigene Infrastruktureinrichtungen dicht nebeneinander. Mit dem Aufgehen der einzelnen Bahngesellschaften in der Preußischen Staatsbahn ab 1870 ergab sich erstmals die Möglichkeit, mit dem Beginn der 1880er Jahre ein Gesamtkonzept für einen **»Centralbahnhof«** ● zu entwickeln, das ab 1885 mit Neubauten für Personen- und Güterverkehr realisiert wurde. Unter Berücksichtigung der historisch gewachsenen Anlage von Durchgangs- und Kopfbahnhöfen entstand nach abgeschlossener Planung 1884 zwischen 1886 und 1890 ein passagierfreundliches *Empfangsgebäude* der kreuzungsfreien kurzen Wege, ein »vollkommener Inselbahnhof mit Tunnelbetrieb« (ZBV 35, 1888, S. 389). Da die topographische Situation eine Hoherlegung der Durchgangsgleise der Strecken Magdeburg–Leipzig und Berlin–Eisenach beiderseits (östl. und westl.) der in H. endenden Strecken nicht zuließ, mußte die Delitzscher Straße zweimal unter insges. 13 Gleisen in Breiten von 20 bzw. 25 m unterführt werden, erweitert nach Süden zu einem von den durch Stützmauern und Gewölben gefaßten Dämmen der Durchgangsgleise begrenzten *Bahnhofsvorplatz* (120 × 44 m). Aus diesem erhebt sich hinter spätrenaissancistischer Fassade die platzbetonende Kuppel der quadr.

*Eingangshalle* (etwa 33 × 33 m), von der die Erschließungstunnel der Bahnsteige abzweigen, in Richtung des Durchgangsverkehrs sich Wartesäle und um einen Lichthof gruppiert weitere Serviceräume anschließen. Das Zentrum der Eingangsfassade beherrscht ein römischer Thermenarchitektur nachempfundener, rundbogig übergiebelter Risalit, beidseitig flankiert von ebenfalls vertikal dreigeteilter Fensterfront, deren Mitte statt von einer Uhr, wie im Zentrum der Fassade, von Dreiecksgiebeln betont wird. Urspr. überkuppelte quadr. Türme mit ausgeprägter Eckquaderung stützen seitlich das Gebäude. Partielle Umbauten in den 1920er, 30er und 60er Jahren, letztere 2 Jahrzehnte später im Fassadenbereich weitgehend auf den urspr. Zustand zurückgeführt. – Die größte Fläche der zwischen 1873 und 1890 zum Teil neu erschlossenen 102 ha für den Bahnbetrieb nehmen der **Güterbahnhof** und ● das **Bahnbetriebswerk** ein, auf die ein vom Personenbahnhofsvorplatz sichtbarer, wenn auch erst um 1914 entstandener **Wasserturm** mit bahntypischem Klönne-Kugelbehälter (500 $m^3$) hinweist. Seit den 1880er Jahren wurde konsequent das Bahnhofsgelände mit Güter-, Zoll- und Lokschuppen, Maschinenhaus, Übernachtungsgebäuden, Stellwerken, Brücken und Unterführungen sowie weiteren Betriebsgebäuden beiderseits der Berliner Brücke und entlang der Berliner Straße ausgebaut. Südl. des Wasserturms mit Klönnebehälter (um 1910, gegenüber der Sonnebergerstraße) ein Lokringschuppen der 1920er Jahre (straßenseitig verfremdet durch den Einbau eines Lokomotivvorderteiles; Halle G), im Gelände der Rumpf des Doppelwasserturms von 1888 und ein im Stil der Frühen Moderne zu Anfang der 1930er Jahre errichtete Reiter- (Brükken-) Stellwerk. Dominierend in dem 1944 in Halle G (nordöstl. der Berliner Brücke) und Halle P (südwestl. der Berliner Brücke) geteilten Bahnbetriebswerk die Lokschuppen: Der achtständige Ringlokschuppen von 1873 wurde 1885 beiderseits auf insges. 23 Stände erweitert (III); 1887 folgte rechteckig Schuppen V; entlang den Gleisen nach Halberstadt entstand durch die Preuß.-Hess. Staatsbahnen 1895 der anfangs neunständige, bald auf 17 Stände erweiterte Ringschuppen IV, dem 1929 eine genietete Drehscheibe (23 m) zum Umsetzen der schweren Schnellzugsdampfloks der Baureihen 01 und 03 vorgesetzt wurde. Alle Schuppen als Backsteinrohbauten in gelben Vormauersteinen ausgeführt, akzentuiert durch rote Ziegelornamente. – Den Wirtschaftsverkehr zwischen Thüringer Bahnhof und Sophienhafen (5,6 km) übernahm ab 1894 mit großem Erfolg die 1990 endgültig stillgelegte **Hafenbahn.** – **Berliner Brücke.** 1913 begonnen, überführt seit 1916 eine dreijochige (75 m, 125 m, 75 m), auf zwei 18 m breite, 4 m hohe Pfeiler zwischen den Widerlagern abgesetzte Stahlkonstruktion in der Kontur einer Hängebrücke, jedoch als Auslegerkonstruktion nach dem System Gerber von R. Jung und Th. Siemers konstruiert, die Berliner Straße über die Gleise des Güterbahnhofes. – **Straßenbahn.** Den innerstädtischen Nahverkehr seit der Jahrhundertwende dokumentiert das *Straßenbahndepot* (Seebener Straße 191) mit straßenseitigem Verwaltungs- und Beamtenwohnhaus mit zweifarbiger Klinkerfassade, die dahinterliegenden *Shedhallen* beherbergen eine Sammlung historischer Schienenfahrzeuge. – **Brücken**. Den zwischen Ziegelwiese und der aus Ausflugsziel beliebten Peißnitz-Insel pendelnden Fährverkehr ersetzte ab 1899 das Stahlfachwerk (Einsiedelsche Eisenwerke Lauchhammer) in der Kontur einer Hängekonstruktion der Peißnitzbrücke (Stützweite 70 m, Gesamtlänge 103 m), ausgeführt nach dem System Gerber mit rückwärtig fest verankerten Kragträgern (L 26,5 m) und gelenkig eingehängtem Zwischenträger (vgl. Frankfurt a. M., Eiserner Steg, in *Reclams Führer zu den Denkmalen der Industrie und Technik,* Bd. 1, S. 105). Mit Portalwirkung das Stahlfachwerk der Stützkonstruktion auf den massiven Pfeilern aus sich verjüngenden Pylonen (H ca. 12 m) und queraussteifendem Bogen. Nach Kriegszerstörung vereinfacht erneuert. Für die dringend notwendige Straßenverbindung zwischen Gas- und E-Werk (Holzplatz) und der Stadt über die Schiffssaale entstand nach Projekt von Ingenieur Selmer 1902–04 unter Leitung von Oberingenieur Bacher und Stadtbaurat Genzmer, ausgeführt von Reuter & Straube, Halle, die Genzmerbrücke, eine Eisenfachwerkkonstruktion als Zweigelenkbogen mit unterspanntem Zugband (Stützweite 62 m, westl. mass. Flutbrücke L 17,6 m, Queraussteifung durch Portale und Windverband in der Obergurtebene). Beiderseits auf Konsolen (L 3,2 m) gelagert die Fußwege. Bauplastik von Friedrich Guth. Bereits 1894, ein Jahr vor Eröffnung der Verbindung zum Sophienhafen, überspannte mit 2 Öffnungen (Fischbauchträger, Stützweite 45 m; Vollwand-Blechträger, Stützweite 13,5 m) die Hafenbahnbrücke die Schiffssaale an der Südspitze der Pulverweide. Wiederaufbau nach Kriegszerstörung. Um das Freibad auf dem Forst Werder (Trotha, nördl. Vorort von H.) leichter erreichen zu können, errichtete die Stadt (Ausführung: Dyckerhoff & Widmann) 1928 an der Schleuse Trotha mit der Forstwerderbrücke einen Fußgängerüberweg aus einem über 47 m weit gespannten, zwischen Auflager und Scheitel von 2,8 m auf 2,15 m verschmälerten Stahlbetonbogen (Stich ü. Kämpfer 6,7 m, lichte Durchfahrtshöhe 12 m ü. höchstem Wasserstand) von beeindruckend graziler Wirkung.

**Energieversorgung.** Auf der Insel zwischen Kanal und Saale (Holzplatz) konzentrierten sich südlich der Saline mit Gas- und Elektrizitätswerk die Anlagen der Energieversorgung der Stadt. Vom **Gaswerk** (Techn. Planung Schreyer, Direktor der städt. Gaswerke; Bauleitung Kgl. Regierungsbauführer Kühnemann, Magdeburg) künden noch die neuromanische Behälterhülle aus Backstein (ähnl. Dresden, Leipzig) von 1891 (Füllmenge 10 000 m$^3$), Reste des Reinigerhauses, des Verwaltungsgebäudes mit Beamtenwohnungen und der Vorbau des ehem. Ofenhauses aus der Entstehungszeit 1889–91. Der Anschluß der Stadt an die Ferngasversorgung führte 1972 zur Stillegung des Gaswerkes, zu Demontage, Teilabriß und zunehmendem Verfall der verbliebenen Bauten. Nach techn. Planung von Jung und arch. Entwurf von Karl Müller entstand 1900–01 auf dem Holzplatz ein gleichermaßen für die Produktion von Gleich- und Drehstrom ausgelegtes **E-Werk** mit funktionalen Grundrissen und entsprechender Zuordnung von Kesselhaus, Wasserreinigung, Kohlebunker, Pumpenhaus, Maschinenhalle und Umformerstation. Die der Stadt zugewendete Hauptansicht, mehrfach gegliedert durch Risalite und Treppenturm, zeigt Mischformen des Historismus zwischen Gotik und Renaissance. 1912–13 erweitert, diente das E-Werk ab 1929 als Reservekraftwerk, ab 1950 Heiz- bzw. ab 1961 als Fernheizkraftwerk mit moderner Technik in desolater Bausubstanz. – **Umspann- und Umformerstationen.** Gleichzeitig mit dem Bau des Braunkohlekraftwerks Trotha, das 1926 den ersten Strom lieferte, modernisierte die Stadt das ihrer Entwicklung nicht mehr gemäße Leitungsnetz bei gleichzeitiger Dezentralisierung der Transformation (von 15 000 V auf 3000 V für die Unterstationen bzw. 220/380 V als Gebrauchsspannung) und Umformung (Gleichstrom für die Straßenbahn). Nach der Gesamtplanung von Stadtbaurat Wilhelm Jost entstanden unter Berücksichtigung der städtebaulichen Situation in der architektonisch-künstlerischen Gestaltung völlig unterschiedliche Bauwerke. Die Hauptstation (Hallmarkt) plazierte Jost unterhalb der Westtürme der Marktkirche. Die gesamte Platzbreite einnehmend, bildet der zweigesch. (auf Kirchenniveau eingesch.), mit Kalkstein verblendete neoromanische Baukörper, zwischen dessen Eckpavillons sich abgestuft Treppen- und Terrassenanlagen entwickeln, seit 1926 die Basis für den gotischen Kirchenbau. Expressionistisch gestaltet mit rustizierten Eckrisaliten, die das mit Zickzackbändern ornamentierte, von dreieckigen Fensteröffnungen durchbrochene Sichtmauerwerk an den Ecken kraftvoll stabilisieren, das Umspannwerk an der Südspitze des Stadtparks (Dorotheenstraße). Die in den 1920er Jahren mögliche Eleganz der Gestaltung, unter Mißachtung des bereits üblich gewordenen nationalen Pathos in der Architektur, demonstriert die **Umspannstation** am nördl. Rand der Altstadt ● (Universitätsring, Geiststraße) aus dem Jahre 1929 (restauriert 1994), aus deren zweifarbig gebänderten Fassaden nach SW im Halbkreis ein großflächig verglaster Kiosk ausbricht, der an der Südflanke in einer Pfeilervorhalle ausläuft.

**Wasserversorgung.** Das 1868 südl. der Kernstadt in der Aue der Weißen Elster nach Planung von Bernhard Salbach (→ Dresden) in Betrieb genommene Grundwasserpumpwerk Beesen (Bergstraße) versorgte H. bis zur Stillegung 1993 mit Trinkwasser. 1873–74 und 1896–98 erweitert, 1913–15, 1926–27, 1930–31 und 1950 durch Filteranlagen und Rieselgebäude auf den neuesten Stand der Technik gebracht, zeigt die verbliebene Bausubstanz mit Maschinen- und Kesselhäusern, Schöpfpumpenhaus, Riesler- und Schnellfiltergebäuden das ganze Spektrum der Architekturauffassung innerhalb eines Jahrhunderts von Neoromanik, norddeutscher Backsteingotik, Expressionismus und angepaßter Nachkriegsarchitektur. Im Zentrum verknoteter innerstädtischer Schnellstraßen behauptet sich moderner Stadtplanung zum Trotz der 1897–99 nach Entwurf und unter Leitung von Ewald Genzmer und Heinrich Walbe errichtete **Wasserturm Nord** (Roßplatz). ● Der Kegelstumpf des Backsteinschaftes (H ca. 25 m), im oktogonalen Sockelgeschoß architektonisch aufgewertet durch ornamentierte Öffnungslaibungen, Kaffge-

Halle. Umspannstation

sims und Maskerons (Bildhauer Mänicke und Guth, Halle) aus Sandstein, trägt über Bogenfries und konkaven Konsolen einen den Intze-II-Behälter (1200 m³) mit Eisenfachwerk und zweifarbigem Mauerwerk umhüllenden Kopf, den ein steiles, von Laterne bekröntes Kegeldach schützt (Ges. H. 54 m). – Ohne Ansprüche an künstlerische Qualität zeigt sich der etwa zur gleichen Zeit erbaute **Wasserturm** im östl. des Güterbahnhofs gelegenen Industriegebiet (Reideburger Straße), dessen einziger Schmuck aus einem den Kopf (Intze-Behälter) abschließenden Zinnenkranz besteht. – Den für die auch nach der Jahrhundertwende stetig wachsende Industriestadt zu klein gewordenen Wasserturm von 1867–68 in der Südstadt (Lutherplatz) ersetzte 1927–28 ein imponierendes expressionistisches Bauwerk (*Reclams Führer zu den Denkmalen der Industrie und Technik*, Bd. 1: Essen-Frillendorf, Bremen-Blumenthal) nach Entwurf von Stadtbaumeister Wilhelm Jost und Ingenieur Oskar Muy (Dir. Wayß & Freytag, Halle). Das Polygon des tragenden Eisenbetonskeletts für einen Beton-Flachbodenbehälter (H 12,50 m, Dm 15,5 m, Fassungsvermögen 2000 m³) umhüllt ein dem Vieleck der Konstruktion folgender Klinkermantel. Die raffiniert durch Bögen strukturierten Prismenflächen, an den Ecken gefaßt von dreifach gestuften Pilastern, durchbrechen geschoßweise schmale hochrechteckige Fenster. Über dem Konsolgesims zurückgesetzt ein Aussichtsgeschoß mit äußerem Umgang, die Wandflächen gegliedert durch triforische Fenster. Noch in Funktion.

Trotz desolaten Zustands immer noch imponierend der **Schlachthof** zwischen Rangierbahnhof, Viehhofstraße und Freiimfelder Straße mit dem Ensemble seiner original erhaltenen Bauten aus zweifarbigem Mauerwerk, im Stil wechselnd zwischen Neoromanik (Nutzbauten) und Neurenaissance (Repräsentationsgebäude): In der Freiimfelder Straße (von S nach N) *Verwaltung, Kühlhaus* und *Wasserturm*, daran nach Westen angeschlossen die sog. *Verbindungshalle*, die die 3 Schlachthäuser für Groß-, Kleinvieh und Schweine (abgängig) verbindet. Als Pendant zum Verwaltungsgebäude im Westen des Viertelrondells des Haupteingangs (Freiimfelder Straße) die Restauration; parallel der Rangier- und Entladegleise für das mit der Bahn angelieferte Vieh 3 basilikale Markthallen. Auf dem grundsätzlichen Konzept von Stadtbaurat Otto Carl Lohausen basierte die Detailplanung von Stadtbaurat a.D. Georg Osthoff, Berlin. Die Bauleitung lag in den Händen von Stadtbaumeister a.D. Rimpler. Bauzeit: Febr. 1891 – Jan. 1893.

**Industrie.**

**Saline** (Mansfelder Straße 52). Im Westfälischen Frieden (1648) erwarb Friedrich Wilhelm von Hohenzollern, der Große Kurfürst (1640–88), neben anderen Gebieten auch die Anwartschaft auf das gleichzeitig gegründete, das Erzbistum ablösende Herzogtum Magdeburg einschließlich H., welches ihm 1680 zufiel. Die Kurfürsten von Brandenburg (seit 1701 Könige in, ab 1772 Könige von Preußen) erhielten nach gültigem Recht den vierten Teil der von der Pfännerschaft geförderten Sole. Zu deren effizienteren Nutzung ließ Friedrich Wilhelm I. (»Soldatenkönig«, 1713–40) gegen den massiven Protest der Pfännerschaft, die das Salzwerk im »Thale« betrieb, nach Planung von »seinem« Ingenieur Nuglisch auf dem der Stadt abgewandten Ufer der Saale (Jungfernwiese) eine nach dem neuesten Stand der Technik ausgerüstete Saline erbauen. Trotz Modernisierung durch den Abbruch der Siedehütten (Koten) zwischen 1790 und 1799 und des Baues zweier neuer Siedehäuser nach Planung von Bergrat Erdmann Friedrich Senff, konnte die pfännerschaftliche Saline kaum gegen die Kgl. Preuß. Saline und kursächs. Konkurrenz (→ Arten, Dürrenberg, Kösen) bestehen. Die Pfännerschaft blieb jedoch stark genug, um bei der Aufhebung des staatl. Salzmonopols 1868 die königliche Saline übernehmen zu können, die 1926 an die Mansfeld AG überging. Gleichzeitig wurde eine neue Solebohrung auf dem Holzplatz (T 565 m) niedergebracht. Als »VEB Hallesche Pfännerschaft« wurde die Saline 1964 wegen mangelnder Rentabilität stillgelegt. Von der urspr. Salinenorganisation hat sich durch permanente Neu- und Umbautätigkeit nichts erhalten. In einem Teil der in konstruktivem Fachwerk überkommenen historischen Bauten, so in dem sog. *Uhrenhaus* (1789 im »Thale« aufgeschlagen als eingesch. Siedehaus, 1869 transloziert, dann verkürzt als Solereservoir dienend und mit dem barocken Uhrtürmchen des im 19. Jh. abgebrochenen Tonnenhauses versehen), dem zweigesch. Magazin (18. Jh.) und einem der Saale parallelen ehem. eingesch. Siedehaus (18. Jh.), richtete die Mansfeld AG bereits 1937 ein Werksmuseum ein, das nach der Stillegung 1964 auch durch die Attraktion eines gelegentlichen Schausiedens erweitert wurde. Die Backsteinbauten der Erweiterungen von 1932–36 im Verfall begriffen. – Die 1872 als Nachfolgerin der seit 1866 bestehenden **Maschinenfabrik Riedel & Kemnitz** (Königsstraße) gegr. **Hallesche Maschinenfabrik & Eisengießerei AG** (Merseburger Straße/Pfännerhöhe/Turmstraße) entwickelte sich innerhalb weniger Jahre neben dem Gelände der bereits

*Halle. Salinenmuseum*

1870 aufgekauften Eisengießerei Jung & Must zu einem prosperierenden Großbetrieb, der hauptsächlich Maschinen für die Lebensmittelverarbeitung entwickelte und herstellte. Von den Fabrikbauten an Merseburger und Turmstraße blieben nach den auf die Stillegung ab 1994 folgenden Abbruchmaßnahmen nur das *Direktionsgebäude* von 1875 – ein fünfachsiger, zweigesch. Backsteinrohbau in rezipierten Formen der ital. Hochrenaissance – und die 3 dreischiffig basilikalen, durch Flachbauten verbundenen Hallen des Werkstattkomplexes von 1884/1896 (Entwurf verm. Oskar Stengel) – die Backsteinfassaden in den für Industriebauten der Zeit üblichen einfachen renaissancistischen Formen – erhalten. – 1869 gegr., verlagerte die auf Luftpumpen und Kompressoren, später auf den Bau von Filterpressen und Dampfmaschinen spezialisierte **Maschinen & Eisengießerei Wegelin & Hübner** 1871 ihre (weitgehend erhaltene) Produktionsstätte an die Merseburger Straße in unmittelbare Nähe der Halleschen Maschinenfabrik. Das *Kontorgebäude* (1871, Entwurf und Ausführung: Hermann Henning, Hermann Künzel) – ein zweifarbiger Backsteinrohbau mit tri- und biforischen Fenstern in der Giebelfassade – erhielt spätestens 1895 einen Treppenturm, für dessen mehrfarbige, kleingliedrige Backsteinornamentik die Vorbilder im Mudejarstil Spaniens zu suchen sind. Das Repräsentationsportal an der östl. Fabrikseite (1872) erhielt durch Hugo Wrede 1895 seine römisch-kaiserzeitlicher Triumphbogenarchitektur nachempfundene Gestalt. Die *Montagehalle* nach Entwurf von Schönemann & Schwarz (1897) mit einer von Hugo Wrede in Anlehnung an Bauten von Andrea Palladio gestalteten Fassade, flankiert von dem sog. *Zeichenturm* (1898–12), dessen ebenfalls renaissancistisch gegliedertes, mehrgesch. Oktogon einem attikabekrönten Kubus entwächst. – Von dem Stärkefabrikanten Christian Gottfried Rauchfuß 1816 im Stadtzentrum gegründet, begann sich die **Brauerei** ab 1866 an neuem Standort (Glauchaer Straße) und ab 1879 unter Hermann Freyberg mit neuem Namen (Dampf-Bier-Brauerei H. Freyberg) zum Großbetrieb zu entwickeln, der 1886 endgültig den Standort aus der Innenstadt an das Saaleufer verlagerte. Das Ensemble der Brauereibauten dokumentiert eine kontinuierliche Entwicklung vom Ende des 19. Jh.s bis in die 1930er Jahre: Der Backsteinrohbau des *Verwaltungsgebäudes* und des *Sudhauses* (um 1885, 1923–26 umgebaut) renaissancistisch geprägt, daneben das *Maschinenhaus* (1886/96), seit 1934 verstellt durch ein Kesselhaus im Stil der späten 1920er Jahre, akzentuiert durch oktogonalen, expressionistisch beeinflußten Eckturm. Der Saale zugewandt die imponierende, der Kaufhausarchitektur der Zeit verwandte, durch vertikale Fensterflächen großzügig geöffnete Fassade der *Schwankhalle* (1912), deren überkuppelte, unter der Traufe durch Bogen verbundene Türme des Risalits den zweiachsigen Flanken zentralen Halt geben. – Das Hauptgebäude mit *Lagerböden, Darre, Putzerei* und *Kesselhaus* der 1881 gegr. **Malzfabrik Reinicke & Co.** entstand 1882–84 mit ca. 150 m Länge (1889 durch neue Darren erweitert auf eine Länge von etwa 200 m) auf einem Grundstück parallel zum heute nicht mehr existierenden Thüringer Bahnhof (Merseburger Straße/Thüringer Straße). Den langgestreckten Backsteinrohbau gliedern über hohem Sockel 4 sparsam durchfensterte Geschosse umgreifende Lisenenrahmen, die ehem. die Gebäudekontur prägenden Darreschlote sind fast ausschließlich verschwunden. – Die **Böllberger Mühle** (Böllberger Weg) erscheint urkundlich 987 als Schiffs- und 1270 als Wassermühle, eine Mahl- und Ölmühle von 1700 ersetzte Louis Hildebrand (s. *Reclams Führer zu den Denkmalen der Industrie und Technik,* Bd. 1: Mannheim, Weinheim) 1863–64 durch eine Industriemühle. Der nach Brand von 1875 bereits ein Jahr später fertiggestellte Neubau (techn. Planung: Gebr. Seck, Dresden) dominiert das Saaleufer im südl. Vorort Böllberg mit imposanter neungesch. Backsteinfassade, gegliedert durch bauwerkshohe, mit Konsolfries unter späterer Attika verbundene Lisenen als Rahmen für die geschoßweise paarig angeordneten Fenster. Bis 1879 entstanden in formal gleicher Ausführung **Wasserturm** (H 38 m, 70000 Liter) und fünfgesch. **Speicher**. Techn. Modernisierung zwischen 1927 und 1932. Nach Stillegung der Mühle 1972 lediglich Nutzung von *Villa* (um 1877) und *Kontorgebäude* – beides renaissancistische Putzbauten – zu Wohnzwecken und als Kindergarten, später als Kinderheim. Ruinöser Zustand seit Großbränden 1992 und 1994. – **Steinmühle** (An der Steinmühle 1). Vermutlich bereits in das Stiftungsprivileg des Erzbischofs Rotgerus von Magdeburg (1121) einbezogen, im 16. Jh. Amtsmühle von Giebichenstein, erhielt die Wassermühle ihre endgültige Gestalt um 1720 als zweigesch. Massivbau. Die gleichzeitige Antriebstechnik von 4 Pansterrädern für 7 Mahlgänge ersetzte 1901 ein einziges mächtiges unterschlächtiges Zuppingerrad (B 4,75 m, Dm 8 m, ca. 60 PS) mit Kniepanster zur Anpassung des Rades an den Wasserstand der Saale. Ab 1972 bis zur Stilllegung der Mühle 1975 ersetzten Elektromotoren den Wasserradantrieb, der sich jedoch mit Panstertechnik einschließlich Ziehgang funktionsfähig erhalten hat. **Neumühle** (Mühlpforte, Schubertstraße). Am Ende des 13. Jh.s nach Hochwasserschäden im Eigentum des Klosters Neuwerk wiederhergestellt, ging die Neumühle 1529 an den Rat der Stadt über, der 1582 einen Neubau beschloß, 1854 privatisiert, 1908 übernommen von der Hildebrandschen Mühlenwerke AG, Böllberg, stillgelegt in den 1920er Jahren. In dem Renaissancebau mit risalitartig betontem Haupteingang noch Reste der maschinellen Ausstattung der 1920er Jahre. *VR*

Lit.: Mühlen, 229; Schmidt/Theile I, 62, 139, 230; Wirth, 1990, 189ff.; Berger, 231; ZBV 35, 1888, 389; Dolgner, 1996; Dolgner, 1997.

## Halsbrücke (Freiberg/G 5) FS

● **Hüttenwerk.** Nach dem Aufschwung des Bergbaus bei Halsbrücke wurde in der Ortslage 1612 ein Hüttenwerk gegründet, das 1663 vom Kurfürsten von Sachsen gekauft und seitdem bis um 1992 ein staatlicher Betrieb war. In ihm wurden bis 1913 und 1940–70 aus Freiberger Erzen Silber, Blei und andere Metalle erschmolzen, vom 19. Jh. an zunehmend und 1913–40 ausschließlich ausländische Erze verhüttet. Ab etwa 1960 erfolgte in der Hütte Halsbrücke insbesondere die Edelmetallverarbeitung, großenteils in damals neu errichteten Produktionsgebäuden. In den fast 400 Jahren ihrer Existenz sind in der Hütte Halsbrücke (wie meist in metallurgischen Betrieben) alte Produktionsgebäude umgebaut oder abgebrochen worden, so daß das gesamte Werk schließlich als Konglomerat verschiedenartiger Bauwerke erschien. Die größte Abbruch-Aktion erfolgte 1992/93, so daß nun nur noch wenige Gebäude die Hüttengeschichte repräsentieren. Solche sind: Die aus dem 18. Jh. stammende, im Dachbereich um 1980 veränderte Silbertreibehütte mit Kreuzgewölben. Das Laborgebäude mit 3 kleinen Schornsteinen der Probieröfen. Die »Alte Schmiede«, eingesch. mit hohem Satteldach, verm. als Röstliaus erbaut. Die Flammofenhütte aus der Zeit um 1860. Das Verwaltungsgebäude mit Wappenstein von 1678. Ein Denkmal von technikgeschichtlich überregionalem Wert ist das Amalgamierwerk. Es wurde 1787–91 als Dreiflügelanlage erbaut und nach einem Brand 1792–94 wiedererrichtet. Von den 3 massiven, zweigesch., mit Satteldächern versehenen Flügeln ist der nördliche vollständig, der südliche nur mit seiner nördlichen Umfassungsmauer und der östliche in Fragmenten erhalten. Das der Brandbekämpfung dienende Wasserdruckwerk ist nicht erhalten, wohl aber (südlich des Hüttengeländes) ein Teil der zu dem Druckwerk führenden Aquädukt-Brücke. Das Amalgamierwerk war bis 1857 in Betrieb und fand damals internationale Beachtung. – **Die Hohe Esse.** Als mit neuen leistungsfähigeren Schmelzöfen um 1865 die Produktion der Halsbrücker Hütte stark anstieg, erhöhten sich auch der Ausstoß der Schadstoffe $SO_2$ (Schwefeldioxyd) und $As_2O_3$ (Arsentrioxyd) und die daraus resultierenden Umweltschäden. Schadenersatzleistungen und Prozesse erzwangen eine technische Lösung zur Verringerung der Umweltschäden, und zwar in Form einer hohen Esse mit Flugstaubkanal. Dieser ermöglichte die Sublimation und damit die Rückgewinnung des $As_2O_3$. Die Hohe Esse trug die noch ausströmenden Schadstoffe in solche Höhe, daß sie auf eine weit größere Fläche verteilt wurden, die Belastung der Flächeneinheit also unter die Schädlichkeitsgrenze fiel. Der 250 m lange Flugstaubkanal führt von der in etwa 308 m Höhe gelegenen Hütte auf Pfeilern über die Mulde und am Talhang aufwärts bis in etwa 365 m Höhe und mündet dort in die 140 m hohe »Halsbrücker« Esse, die 1888/89 aus verschiedenfarbigen Ziegeln erbaut wurde. Seine Mauerstärke verjüngt sich von 8,25 m auf 3 m nach oben. Die Hohe Esse ist zugleich eine Landmarke der Gegend nördlich von Freiberg. – **Rothschönberger Stolln.** Der 1844–1877 vorgetriebene, von → Tanneberg-Rothschönberg bis H. etwa 14 km lange Rothschönberger Stolln besitzt in der Ortslage Halsbrücke zwei Hilfsschächte, das »7. Lichtloch« und das »8. Lichtloch«. – Das 7. Lichtloch (in dem großen Bogen des Muldentals gelegen) wurde 1844–49 123 m tief abgeteuft und erhielt ein zweistöckiges Schachtgebäude aus Holzfachwerk mit Brettbeschlag, Satteldach und Dachreiter. In diesem hing die Kunstglocke, die mit dem Kunstgezeug (Pumpensystem) gekoppelt war und durch regelmäßiges Anschlagen dessen Gang anzeigte. Kehrrad und Kunstrad (zum Antrieb der Förderanlage und des Kunstgezeugs) waren in einer an das Schachtgebäude angebauten Kaue untergebracht, die allerdings nicht mehr erhalten ist. Einige Meter vom Schachthaus entfernt sind noch das kleine viereckige massive Pulverhaus und das Huthaus als eingesch. Fachwerkbau erhalten. Das Schachthaus lag einst auf einer kleinen, eigenen Halde, die jetzt allerdings in den 1940–60 aufgeschütteten Aufbereitungsabgängen der Grube Beihilfe verschwunden ist. Das 8. Lichtloch (wenig westlich der Hohen Esse am rechten Muldentalhang) ist 1865–73 193 m tief abgeteuft worden und erhielt auf seiner Halde ein dreigesch. Schachtgebäude aus Holzfachwerk (schwarz) mit weißverputzten Ziegelfeldern. Das Schachtgebäude und insbesondere sein Fachwerk wurden 1992/93 wiederhergestellt. Etwas weiter östlich ist die Mannschaftskaue als Gebäude erhalten, das nur aus einem bis auf den Erdboden reichenden schindelgedeckten Satteldach besteht.

## H.-Conradsdorf

**Steinbogenbrücke** über die Freiberger Mulde, erbaut 1501, zur heutigen Form erneuert 1760, im 20. Jh. repariert. Die drei Rundbogen aus Bruchstein haben unterschiedliche, max. 7,7 m Weite und 3,6 m lichte Höhe. Stromauf haben die Pfeiler Vorlagen mit scharfer Kante als Eisbrecher. Die insges. 48 m lange und 5 m breite Brücke dient heute nur noch dem Fußgängerverkehr, nachdem 1968 wenig unterhalb eine moderne Betonbrücke gebaut worden ist.

## H.-Falkenberg

**Steinbogenbrücke** »Schafbrücke« über die Bobritzsch, erbaut wohl im 18. Jh. für die Landwirtschaft. Die Brücke besteht nur aus einem 10 m weiten und 2,9 m breiten Korbbogen mit 2,6 m lichter Höhe und 0,8 m starker Wölbung, die im Scheitel direkt die Fahrbahn bildet. Von den Seiten führen Rampen geringer Höhe zum Brückenscheitel hinauf.

## H.-Tuttendorf

**Alter Tiefer Fürstenstolln, Hauptstolln-Umbruch und Halden** (im Muldetal westl. Tuttendorf). 1169/70 nahm Markgraf Otto von Meißen wegen Silberfunden aus dem Land, das er dem Kloster Cella Sanctae Mariae (heute Altzella) geschenkt hatte, die Fluren Christiansdorf, Berthelsdorf und Tuttendorf zurück in seinen Besitz. Daraus ist auf Silberbergbau in Tuttendorfer Flur schon zu jener Zeit zu schließen. Im 12. bis 14. Jh. war der NNO–SSW streichende Hauptstollngang einer der wichtigsten Freiberger Erzgänge. Man förderte reiche Silbererze aus den obersten Dekametern der Erzgänge mit Handhaspeln und schöpfte aus den Gruben auch das Wasser nach übertage. Um dem Wasser in den Gruben Abfluß zu schaffen, ohne es weiter heben zu müssen, begann man im Muldetal östlich von Tuttendorf, dort wo der Hauptstollngang in das Tal tritt, in dem Gang einen Stolln vorzutreiben, der alle in dem Gang abgeteuften Schächte erreichen und deren Wasser in das Muldetal abfließen lassen sollte: Dieser dem Bergrecht gemäß private Stollnbau wurde durch Abgaben der vom Wasser befreiten Gruben finanziert. Der Niedergang des Bergbaus Mitte des 14. Jh.s ließ auch den Stollnvortrieb so stagnieren, daß die Meißner Markgrafen ihn 1384 kauften und ihn auf eigene Kosten weitertrieben. Als »Alter Tiefer Fürstenstolln« oder unter anderem Namen war er bis 1877 der wichtigste, im Haupttrakt etwa 10 km, mit allen Verzweigungen etwa 30 km lange Stolln im Freiberger Revier. Seine beiden etwa 300 m östlich von Tuttendorf im Muldetal am Roten Graben, einem Kunstgraben des 17. Jh.s, gelegenen Mundlöcher haben eine besondere Baugeschichte: Das ursprüngliche, etwa 5,1 m tiefer gelegene Mundloch ist durch den Bau des Roten Grabens um 1615 verschüttet worden. Deshalb legte man es damals um 5,1 m höher und versah es mit Bruchsteinmauerung und Korbbogen (das westliche der beiden Mundlöcher). In der Folgezeit baute man den Hauptstollngang auch unterhalb der Stollnsohle ab und mußte deshalb das Wasser, das aus dem Stolln hinausfließen sollte, in Holzgerinnen über die Abbauhohlräume leiten. Die Gerinne wurden schadhaft, ihre Reparatur immer teurer. Folglich trieb man etwa 40 m östlich des Stollns 1822–50 bis unter die Stadt Freiberg einen Parallelstolln, den »Hauptstolln-Umbruch«, vor, der 1822 das östliche repräsentative, ebenfalls mit Korbbogen gewölbte Mundloch erhielt, aus welchem noch heute das Stollnwasser austritt und dem Roten Graben zufließt. Das alte Mundloch liegt seitdem trocken. Einige Meter stollneinwärts enthält es den für die Ver-

messungsarbeiten im Freiberger Revier maßgeblichen Nullpunkt. Der Haldenzug von den Stollnmundlöchern in SSW-Richtung bis zur Reichen Zeche hin läßt den Verlauf des Hauptstollnganges an diesem Talhang der Mulde erkennen. Jede Halde markiert die Lage eines Schachtes aus dem 12./14. Jh. – **Erzbergwerk »Oberes Neues Geschrei«.** Im Feld einer uralten Grube dieses Namens, 1,5 km nordwestlich von Tuttendorf, wurde 1844–50 der Hoffnungschacht der Grube Oberes Neues Geschrei abgeteuft, um die hier erhofften Erzgänge zu erschließen und den Schacht zugleich als Hilfsschacht für den Vortrieb des Rothschönberger Stollns durch das eigene Grubenfeld zu nutzen. Erz fand sich nur wenig. Deshalb wurde die Grube 1854 an die damals größte Freiberger Grube, die Himmelfahrt-Fundgrube, verkauft. Diese trieb von hier den Rothschönberger Stolln nach Nord und Süd vor, da der Staat den Stolln nur bis Halsbrücke finanzierte, innerhalb des Reviers aber die einzelnen Gruben den Stolln auf eigene Kosten vortreiben mußten (→ Tanneberg-Rothschönberg). Das auf der hohen Halde stehende landschaftsbeherrschende Schachthaus der Grube Oberes Neues Geschrei wurde 1851 eingesch. in Bruchsteinmauerwerk mit Satteldach und Dachreiter für die Kunstglocke errichtet. Förderanlage und Kunstgezeug wurden nicht durch Wasserräder, sondern durch Schwamkrug-Turbinen angetrieben, die die Fallhöhe zwischen der Aufschlagrösche (Mundloch am Roten Graben erhalten) und dem Anna-Stolln nutzten. Als am 21. 3. 1877 zwischen dem Oberen Neuen Geschrei und dem 8. Lichtloch der Durchschlag der beiden Vortriebsörter des Rothschönberger Stollns erfolgte, war dieser vollendet. Der Betrieb des Schachtes wurde dann bald aufgegeben.
*OW*

Lit.: Erler/Schmiedel, 156, 159, 185, 190; Wagenbreth/Wächtler, 1986, 117, 181, 254, 299, 331, 333, 356; Wirth, 1990, 102 f., 194f., 354f.

## Hammerunterwiesenthal FS (Annaberg/H 4)

**Dampfmaschine** in der ehem. Holzwollefabrik von J. Langer, jun. Die 1895 gegründete Firma hatte zunächst eine Lanzlokomobile installiert, ersetzte diese aber 1919 durch eine von der Sächsischen Maschinenfabrik vormals Richard Hartmann, Chemnitz, gebaute, liegende 250-PS-Einzylinder-Dampfmaschine mit Kondensation, Ventilsteuerung, stehendem Fliehkraftregler, Kolbendurchmesser 350 mm, Hub 650 mm, Schwungraddurchmesser 3 m. *OW*

Lit.: Wagenbreth/Wächtler, 1986, 237, 323.

## Hanshagen (Ostvorpommern/B 5) MV

**Wassermühle** (östl. Ortsteil Fliederberg). 1524 genehmigte das Kloster Krummin auf Usedom den Bau einer Mahlmühle auf eigenem Grund am Ort. Zwischen 1634 und 1855 betrieb die Universität Greifswald hier eine Wassermühle zur Herstellung von Papier für den Eigenbedarf, jedoch ab 1798 in dem heute noch erhaltenen Mühlengebäude, das 1855 zur Mahlmühle umgerüstet wurde. Charakteristisch für die Papierherstellung sind die der permanenten Querlüftung der Trockenböden dienenden Hechtgaupen in den Dächern von Wohnhaus und Mühle, einfachen Gebäuden in Fachwerk bzw. Backstein. Die techn. Einrichtung der Mahlmühle ist teilweise erhalten, im Wohnhaus eine Gaststätte.
*VR*

Lit.: Schmidt/Theile I, 232; Mühlen, 186; Vorpommersche Küstenregion, 291.

## Hartha (Döbeln/G 4) FS

### H.-Diedenhain

**Eisenbahnbrücke** der 1846–52 erbauten, durch zahlreiche Tunnel, Einschnitte in Fels und Brükken sehr teuren Bahnstrecke Chemnitz–Döbeln (–Riesa–Berlin). Die 150 m lange, 55 m hohe, aus Naturstein erbaute Brücke besteht aus einer unteren Etage mit 2 großen, je 14 m weiten Spitzbogen-Gewölben und einer oberen Etage mit 14 hoch aufgeständerten Rundbogen.

### H.-Steina

**Eisenbahnbrücke** der 1846–52 erbauten Bahnstrecke Chemnitz–Döbeln (–Riesa–Berlin). Die 300 m lange, 40 m hohe, aus Naturstein errichtete Brücke besteht aus 15 je 10,5 m weiten Rundbogen auf hohen Pfeilern. *OW*

Lit.: Erler/Schmiedel, 166.

## Hartmannsdorf (Mittweida/G 4) FS

**Feinwäschefabrik** (Chemnitzer Straße). 1926 für den Recenia-Konzern von Luderer & Schröder, Chemnitz, geplant, tradiert das aus 3 gestaffelten Baukörpern – Fertigung, Verwaltung und Treppenhaus – kombinierte Eisenbetonskelett-Gebäude mit Klinkerverkleidung kompromißlos, doch ohne entsprechende Anmutung durch Detaillierung, den vor dem 1. Weltkrieg gängigen Reformstil im Industriebau. *VR*

Lit.: Schmidt/Theile II, 195.

## Harzgerode (Quedlinburg/F 2) SA

*Die Verleihung des Markt-, Münz- und Zollrechtes an das Kloster Nienburg für dessen Ort Hagenrode durch Otto III. im Jahre 993 läßt bereits für diese Zeit bergmännische Tätigkeit im Selketal vermuten. Die Einrichtung eines anhaltinischen Bergamtes 1694 kündete von einer Blüte des Bergbaus um H., deren Ende mit der Auflösung des Amtes 1854 augenscheinlich wurde. Am Ende des 19. Jh.s lösten bescheiden verarbeitende Industrie und intensiver Fremdenverkehr endgültig den Bergbau als wirtschaftliche Grundlage der Region ab.*

### H.-Alexisbad

Die überregionale Bedeutung des Ortes begann 1810 mit der Förderung eines Heilbades durch den namengebenden Herzog Alexius Christian von Anhalt-Bernburg, in dessen vielgerühmter Parklandschaft im Selketal auch Schinkel einen Pavillon plante. Von einem der Ausflüsse des heilbringenden Wassers zeugt das aus einheimischem Bruchstein aufgemauerte Mundloch des **Schwefelstollens**.

### H.-Mägdesprung

Herzogliche und private Initiative versuchte mit der Gründung einer ersten **Eisenhütte** 1646 im Selketal die hier anstehenden Eisenerze industriell zu verwerten, doch blieb der Erfolg bis zur Neugründung der Hütte durch Fürst Viktor Friedrich 1724 aus. 1754 entstand eine neue Gießerei, verm. mit Hochofen, die 1769 bereits erweitert wurde. Aufsehen erregte die Hütte 1812 durch den Eisenkunstguß eines 22 m hohen Obelisken als Wahrzeichen für den Ort. Aus der Blütezeit der Hütte um die Jahrhundertmitte hat sich ein einziges spätklassizistisches Gebäude (zwischen

*Harzgerode-Mägdesprung. Eisenhütte, historisches Gießereigebäude*

*Harzgerode-Mägdesprung. »Herzog-Alexis-Erbstollen«, Mundloch*

B 185 und Abzweig Selkemühle unterhalb des Bahnhofs) erhalten. 1872 privatisiert, entwickelte sich nach Ausblasen des Hochofens 1876 aus der Gießerei eine **Maschinenfabrik**. Zu ihr gehörte das zweigesch. neoromanische Gebäude in Backsteinrohbau um 1895 (unterhalb der Straße am Selkeufer), dessen Fassaden allseitig Risalite zentrieren; die großen Rundbogenöffnungen durch gußeiserne Säulen biforisch unterteilt. Technische Ausstattung erhalten. – Talabwärts (an der Zufahrt zum 4. Hammer) das einem griechischen Antentempel nachempfundene Mundloch des **Herzog-Alexis-Erbstollens** (Inschrift im Architrav: »Herzog-Alexis-Erbstollen MDCCCXXX«; im Tympanon das Wappen von Anhalt-Bernburg). Der Stollen, 1830 unter der Leitung von Bergrat J. L. C. Zinken begonnen, am 26. 5. 1862 mit einer Gesamtlänge von 2336 Metern im Gegenortbetrieb durchgeschlagen, diente als Wasserlösungsstollen für die Gruben auf der Harzgeröder Hochfläche. 1992 restauriert – **Bahnhof Mägdesprung.** Zweigesch. Empfangsgebäude an der Selketalbahn (→ Gernrode) von 1887 im harztypischen Heimatstil des Historismus als Kombination von Naturstein (EG) und konstruktivem Fachwerk (OG), akzentuiert durch westl. Risalit. *VR*

## Harzquerbahn SA/TH

(Wernigerode-Nordhausen/E/F 2)

Nachdem in den 1860er Jahren die Idee aufgekommen war, die den Harzrand im Norden und Süden begleitenden Eisenbahnlinien durch eine das Gebirge querende Strecke zu verbinden, stritten sich bis zu deren Realisierung die Fachleute etwa 30 Jahre über die wirtschaftlichste Ausführung (Adhäsions- oder Zahnstangenbahn, Normal- oder Schmalspur). 1895/96 fiel die Entscheidung für eine Adhäsionsschmalspurbahn (1000 mm), mit deren Bau von Wernigerode und Nordhausen aus gleichzeitig begonnen und innerhalb 18 Monaten (Nordhausen–Ilfeld 12. 7. 1897, Ilfeld–Netzkater 7. 2. 1898; Wernigerode–Drei Annen Hohne 20. 6. 1898, Drei Annen Hohne–Schierke 20. 6. 1898, Netzkater–Benneckenstein 15. 9. 1898, Drei Annen Hohne–Benneckenstein 27. 3. 1899 und sog. Brockenbahn Schierke–Brocken sowie Abzweigungen Tiefenbachmühle–Kälberbruch und Sorge–Allerbach 27. 3. 1899) durch die Nordhausen-Wernigeroder Eisenbahn (Harzquerbahn) dem Verkehr übergeben werden konnte. Heute noch mit Dampftraktion befahren, gehört sie neben der Kinzigtalbahn (*Reclams Führer zu den Denkmalen der Industrie und Technik*, Bd. 1, S. 172) für den, der bewußt mit der Bahn reist, zu den interessantesten in Deutschland: Auf etwa 60,5 km, die bei einer max. Geschwindigkeit von rund 30 km/h in durchschnittlich mehr als drei Stunden durchfahren werden, überwindet der Reisende im Zug fast 700 m Höhenunterschied hinauf und hinab zwischen Wernigerode und Nordhausen (Wernigerode 234 m ü. NN – Höchstpunkt 557 ü. NN – Nordhausen Nord 183 m ü. NN; max. Steigung 1:34), passiert dabei etwa 400 Brücken und Durchlässe und den einzigen Tunnel einer deutschen Schmalspurstrecke (58 m, Kleiner Thumkuhlenkopf, zwischen den Haltepunkten Steinerne Renne und Drei Annen Hohne). Die Hochbauten unterschiedlichen Baudatums lassen sich formal unter der Garten- und Heimatstilbewegung der Jahrhundertwende zusammenfassen: Wichtigster Bahnhof ist **Wernigerode-Westerntor**, in dem Bahnbetriebswerk und Bahnmeisterei angesiedelt sind; hier werden die

21 Lokomotiven der Baujahre zwischen 1898 und 1956 gewartet, hier stehen die Reisezug- und Gepäckwagen gleicher Bauzeit und das technische Gerät. Das *Empfangsgebäude* ein Fachwerkbau von 1936 in retardierender Auffassung der Jahrhundertwende. Stellvertretend für die Empfangsgebäude an der Strecke der **Bahnhof Elend**: Bruchsteinmauerwerk im EG, darüber vertikale Verbretterung im gleichmäßigen Wechsel der Farbigkeit zwischen hell und dunkel, darüber ein dem rauhen Klima angepaßtes steiles Walmdach; in gleicher Ausführung auch das benachbarte Wohngebäude. *VR*

Lit.: Kirsche/Müller, 172; Schmidt/Theile II, 99; Wirth, 1990, 371 f.

## Havelberg (Stendal/D 3) SA

Die an der unteren Havel gelegene Stadt besitzt neben einem bedeutenden mittelalterlichen Dom und der malerischen Altstadt auf der Havelinsel auch einige sehenswerte Industriedenkmale aus dem Anfang des 20. Jh.s. Der Druckerhöhung und dem Verbrauchsausgleich im städtischen Wasserleitungsnetz diente ab 1890 ein **Wasserturm** (Karl-Liebknecht-Straße/Cotheniusstraße) östlich vom Dom hoch über der Havel, den 1933 weitgehend ein Neubau ersetzte (Datum über dem Stadtwappen des Portals: 1890–1933). Den zylindrischen Schaft strukturieren in den unteren 4 Geschossen schmale rundbogige Blendarkaden zwischen im Verband gemauerten Pfeilern, in Anlehnung an den um 1910 gefertigten Entwurf von Otto Stiehl, Berlin-Steglitz, für den Wasserturm in Schkeuditz. Die Kompaktheit des ebenfalls viergesch. Kopfes durchbrechen vier schmale, hochrechteckige Fensterstreifen, in Sohlbank- und Sturzhöhe verbunden durch ein andersfarbiges Ziegelband. Über dem von wenigen Konsolen gestützten Traufgesims ruht ein durch Grate modifiziertes Kegeldach. Das ehemals den Turm speisende **Flußwasserpumpwerk** liegt unterhalb des Domhügels (Weinbergstraße) in unmittelbarer Nähe des Stadtgrabenufers. Das zweigesch. Backsteingebäude präsentiert sich in 2 Bauphasen: in schlichter Neoromanik der Ursprungsbau von 1900; mit Eckpilastern, Pyramidendach, Säulenvorhalle und den Altbau überfangender Attika in Formen des Neoklassizismus aufwendiger gestaltet die Erweiterung, westl. der Baunaht dat.: »Städtisches Wasserwerk 1912«. – Die heutige B 107 benutzt am Übergang über die Havel die Konstruktion der 1907 in Eisen erneuerten **Brücke**, deren Details einfache Formen des Jugendstils zeigen. Aus gleicher Zeit westl. der Brücke ein **Pegelhäuschen** in formaler Symbiose von Neoromanik und Jugendstil; im Osten ein zur Havel giebelständiges **Speichergebäude** der 1930er Jahre mit z. T. erhaltener technischer Ausstattung. *VR*

## Heiligenstadt, Heilbad (Eichsfeld/F 1) TH

**Wassermühlen.** An den von der Geislede bzw. von der Leine abgezweigten Mühlgräben befinden sich drei bemerkenswerte Wassertriebwerke der Getreidemüllerei. Von der **»Herrenmühle«**, in Urkunden 1318 erwähnt, stammt die älteste erhaltene Bausubstanz von 1733. Bis 1970 wurde sie mit oberschlächtigem Wasserrad (zusätzlich) betrieben, bis 1983 ausschließlich mit Elektromotor. Im Inneren des kombinierten Wohn- und Produktionsgebäudes ein steinerner Schrotgang und ein Mahlgang, 2 Walzenstühle. – Die 1759 erbaute und mit oberschlächtigem Wasserrad ausgestattete **»Klapsmühle«** bis 1983 mit Turbine betrieben. Erhalten blieb das immer wieder erneuerte Triebrad. – Die **»Klausmühle«** ist urkundlich 1434 genannt, aber erst von 1748 stammen die ältesten Reste der heutigen Bauanlage. Bis 1982 wurde sie mit der um 1930 installierten, in der Maschinenstube erhalten gebliebenen Francis-Turbine betrieben, danach nur noch mit Elektromotor. Im Inneren des mit dem Fachwerk-Wohnhaus verbundenen Produktionsgebäudes u. a. 4 Walzenstühle und 2 Plansichter. *HW*

Lit.: Mühlen, 246.

## Heilingen (Saalfeld-Rudolstadt/G 2) TH

**Wiedbachbrücke.** Einbogige Steinbrücke im Ortsteil Röbschütz, Straßenquerung über den Wiedbach. Das 5,5 m weit gespannte und über dem mittleren Wasserspiegel 2,7 m hohe Stichbogengewölbe, die Flügelmauern und Brüstungen sind aus Buntsandstein. Gesamtlänge: 9 m, Breite: 4 m. Über dem Bogenscheitel eine Inschriftentafel mit der Jahreszahl 1823, vielleicht das Datum der Reparatur des altertümlichen Bauwerkes. *HW*

Lit.: Erler/Schmiedel, 163, 196.

**Helbra** (Mansfelder Land/F 2) SA

**Schmid-Schacht** (südl. Ortsrand, westl. der Straße nach Wimmelburg). Der 1844–46 mit einem Querschnitt von 2,5 x 4,4 m abgeteufte, nach Carl Schmid (1. 5. 1790–1. 9. 1845) – Hüttenmeister der Mansfelder Hütten und Lehrer an der Bergschule in Eisleben – benannte Schacht erschloß mit einer Endteufe von 184 m erstmals das Niveau des Schlüsselstollns (→ Hettstedt) im Helbraer Gebiet. Anstelle einer Seilfahrt wurde erstmals im Mansfelder Revier eine Fahrkunst (St. Andreasberg) mit an Stahlseilen befestigten Leitern (37 Bühnen) im Schacht installiert. Nach Förderungsbeginn im Ernst-(Walter-Schneider-) Schacht 1875 wurde über den Schmid-Schacht bis heute ausschließlich Wasserhaltung betrieben. Über dem Schacht steht, angelehnt an das aus Bruchstein zweigesch. für die erste 1849 in Betrieb genommene Dampfmaschine errichtete Maschinenhaus, ein eisernes Bockgerüst. Die Fassaden des Fördermaschinenhauses geöffnet durch Rundbogen, die sich im OG verkleinert verdoppeln. Zur techn. Einrichtung gehören eine Flachseil- und eine Haspelfördermaschine. – **Ernst-Schacht** (östl. der Straße nach Wimmelburg gegenüber dem Schmid-Schacht). Die nach dem Oberberg- und Hüttendirektor des Mansfeld Konzerns Ernst Leuschner (1826–98) benannte Schachtanlage (seit 1951 Walter-Schneider-Schacht) vereinte insges. 4 Schächte, von denen Schacht I (3,5 x 4 m) als Förder- und Schacht II (Dm. 3,5 m) als Wasserhaltungsschacht ab 1864 abgeteuft wurden. Ein gleichzeitig vom Schmid-Schacht aufgefahrener Stollen sollte beide Schachtanlagen verbinden. Starke Wasserzuflüsse erschwerten die Arbeit an beiden Schächten, so daß erst 1875, mit Erreichen der 1. Sohle, die Förderung aufgenommen werden konnte. Zur Produktionserweiterung und Erhöhung der Wasserhaltungskapazität folgten 1881–82 Schacht III und 1884–85 Schacht IV mit einer derjenigen der beiden anderen Schächte angeglichenen Endteufe von etwa 365 m (3. Sohle), die denen der beiden Schächte angeglichen war. Stillegung aller 4 Schächte 1901, Wiederaufnahme des Betriebs in Schacht I zur Fäulegewinnung 1953 und endgültige Betriebseinstellung am 30. 4. 1966. Selbst in ruinösem Zustand noch eindrucksvoll das in neoromanischen Formen gestaltete Ensemble der Übertagebauten aus (urspr. verputztem) Bruchstein, über dem Portal des Fördermaschinengebäudes dat. »1886«. – Entlang der Straße nach Wimmelburg die für das Mansfelder Revier typische Haldenlandschaft. *VR*

Lit.: Jankowski.

**Hennersdorf** (Freiberg/G 4) FS

**Hausbrücke** über die Zschopau, erbaut 1834–1840, repariert 1971. Die Tragkonstruktion der 4,1 m breiten Brücke besteht auf jeder Seite aus 2 in Flußmitte auf einem Bruchstein-Pfeiler gelagerten, 16 m weit gespannten, hölzernen Hängesprengwerken mit je zwei Hängesäulen. Das seitliche Fachwerk ist mit Brettern beschlagen und trägt ein Walmdach. *OW*

Lit.: Erler/Schmiedel, 165, 204.

**Herbsleben** (Unstrut-Hainich-Kreis/G 2) TH

**»Obermühle«.** Eindrucksvolle, mannigfach gegliederte Baugruppe an der Unstrut auf möglicherweise schon im 13. Jh. besetztem Mühlenstandort, als »Obermühle« in urkundlicher Überlieferung erstmals 1589 genannt. Jetziges Wohn- und Produktionsgebäude, zweigesch., z.T. in Sichtfachwerk mit krüppelgewalmtem Mansarddach und zweigesch. Zwerchhaus im »Heimatstil« von 1927; stromab anstelle einer Ölmühle das in seiner Fassade mit Lisenen streng gegliederte, mit Satteldach bekrönte, mit gewalmtem Zwerchhaus gezierte Elektrizitätswerk von 1931. Zwischen diesem und der Getreidemühle befanden sich bis 1909 drei unterschlächtige Wasserräder, 2 für jene, eines für die Ölmühle; danach Installation von 2 Francis-Schachtturbinen (je 40 PS), Turbinenhaus von 1947. Heutige Schützenwehranlage mit eingehaustem Wartungssteg von 1870 bzw. 1896, erneuert 1927 und 1940. – Im Inneren der noch Futtermittel produzierenden Mühle u.a. 2 Steingänge und 2 Walzenstühle. *HW*

Lit.: Mühlen, 246, 322.

**Heringsdorf, Seebad** MV
(Ostvorpommern/B 5)

Aus der 1818 gegründeten Fischerkolonie, die 1825 die ersten Badegäste beherbergte, entwickelte sich in den folgenden Jahrzehnten der vornehmste Badeort der Insel Usedom. Gleichzeitig mit der Bahnverbindung nach Swinemünde (1. 7. 1894, Preuß. Staatseisenbahn) erhielt H. ein **Bahnhofs-Empfangsgebäude** ganz nach damaligem Standard der Preuß. Staatsbahn mit aufwendigerer Detailausbildung. Den zweigesch. Backsteinbau, verziert bis zum trennenden Gurtgesims mit Bändern aus glasierten Ziegeln von rustizierender Wirkung, akzentuieren einseitig Gleis und Vorplatz zugewandte Eckrisalite, deren Stirnseiten traufhohe Blendbögen, durchbrochen von zwei- und dreifach gekuppelten Fenstern sowie Okuli unter dem den Dachüberstand stützenden Sprengwerk, gliedern. Ein ergänzender Neubau, ebenfalls in Sichtmauerwerk, folgte mit der Weiterführung der Strecke zur Wolgaster Fähre (1. 6. 1911, Preuß.-Hess. Staatsbahnen) im neoklassizistisch geprägten Reformstil. Die Fassaden der giebelständigen *Eingangshalle* gefaßt von Eckpilastern, auf denen das steile Dach lastet; die Flächen gestaltet durch doppeltes Türpaar und 3 rechteckig durchfensterte Blendbögen. Gleisparallel in Richtung Altbau anschließend ein zweigesch. Trakt mit einer dem Platz zugewandten Ausweitung im EG, deren Lisenengliederung auch die Brüstung der Dachterrasse unterteilt. Die Konstruktion der Perronüberdachung aus Eisen. An der Risalitseite des Altbaus ein eingesch. Anbau auf T-förmigem Grundriß in ausgemauerter Fachwerkkonstruktion aus der Mitte der 1920er Jahre. *VR*

Lit.: Vorpommersche Küstenregion, 294.

## Hermsdorf (Weißeritzkreis/G 5) FS

**Kalkofen** (Nassauerstraße), sog. Rüdersdorfer Ofen, 1827 errichtet, mehrfach, letztmals 1922, im Innern umgebaut. Urspr. Holz- und Torffeuerung, ab 1870 Gasfeuerung mit 3 Feuerungen und 3 Abziehkanälen, zuletzt 6 Feuerungen und Aufbau einer Esse. Zur Zeit baut das Werk Kalk im Untertagebetrieb ab und verarbeitet ihn zu Calcit, Terrazzomaterial und Kalksteinmehl in verschiedenen Körnungen. *KD*

Lit.: Wagenbreth/Wächtler, 1989.

## Hettstedt (Mansfelder Land/F 2) SA

*Die erstmals in der Mitte des 11. Jh.s urkundlich faßbare Ortschaft am linken Wipperufer bildete ab 1200 das Herz des Kupferschieferbergbaus im Mansfelder Land, der bis in die 1970er Jahre im Trapez zwischen Sandersleben, H. und Helbra-Wolferode im Westen, Welfesholz und Friedeburger Hütte im Norden, Beesenstedt im Südosten und Eisleben im Südwesten umging. Der Sage nach entdeckten 1199 zwei verm. im Rammelsberg bei Goslar (Bergbau seit 968 urkundlich nachgewiesen) geschulte Hauer auf dem Weg ins Freiberger Revier zufällig den Metallgehalt des um H. anstehenden Schiefers. Nappian und Neucke, so die Namen der Bergleute, erhielten dauerhaft Bestand als Konsolfiguren in einer von Rudolf von Habsburg Ende des 13. Jh.s gestifteten Kapelle in Welfesholz, von wo sie nach deren Abbruch in das Heimatmuseum von Eisleben überführt wurden. Einer ersten großen Blüte des durch den Schiefhals der Treckjungen berüchtigten Mansfelder Bergbaus in der 2. Hälfte des 15. Jh.s mit Teufen bis zu 130 Metern – noch bis zum Ende des 16. Jh.s gehörte das Mansfelder Land zu den 3 größten Kupfer und Silber erzeugenden Revieren Europas – folgte der deutlich sichtbare Niedergang nach dem Dreißigjährigen Krieg: Die Zahl der Bergleute hatte sich von rund 2000 vor dem Krieg auf etwa 20 reduziert, von denen der jüngste auch bereits 50 Jahre alt gewesen sein soll. Der Verfall des Bergbaus begann jedoch bereits am Anfang des Jahrhunderts, als die Inhaber des Bergregals es versäumten, geeignete Maßnahmen zur Wasserlösung für den Tiefbau einzuleiten. Dies lag sicher auch an den nicht eindeutig definierten Zuständigkeitsverhältnissen in den Revieren: Im Norden des Mansfelder Landes übten die Grafen von Mansfeld nach Aufkauf auch der Arnsteinischen Besitzungen (1387, 1439–42) das Bergrecht bis 1570 de facto zum eigenen Vorteil aus, danach, wegen der hohen Schulden unter Zwangsverwaltung durch die Lehnsherren Kursachsen und Kurbrandenburg (seit 1701 Preußen) gestellt, nur noch de jure (eine Klärung der Zuständigkeiten erfolgte 1768 mit dem Übergang der Vereinigten Rothenberger-Friedeburger Gewerkschaft in preußischen Staatsbesitz und endgültig durch die Vereinbarungen des Wiener Kongresses, nach denen die Grafschaft Mansfeld Preußen zugeschlagen wurde). Den Südteil des Reviers verwalteten die Kurfürsten von Sachsen bis zum Reichsdeputationshauptschluß von 1803.*

Für die Wiederaufnahme des Bergbaus im Mansfelder Land nach dem Dreißigjährigen Krieg setzte sich Kurfürst Johann Georg I. von Sachsen auf dem Berggeneraltag 1651 ein, unter seinem Nachfolger Johann Georg II. begann 1666 unter Aussetzung aller Gläubigerrechte (Kurfürstliches Reskript vom 3. 8. 1666) der sog. Interimsbergbau: Das Auskläuben alter Halden und die Schiefergewinnung in noch befahrbaren Schächten sollte Reparatur und Modernisierung finanzieren. Das Provisorium endete mit dem Freilassungspatent vom 28. 4. 1671, das privaten Anlegern – meist in der Form von Gewerkschaften – den Betrieb von Bergwerken ermöglichte. Bis zu einer erneuten Blüte ab 1852, als aus der Vereinigung der 5 bedeutendsten Gewerkschaften die »Mansfeldsche Kupferschiefer bauende Gewerkschaft« hervorging, bestimmten technische Probleme, an erster Stelle die Wasserlösung im Tiefbau, die Entwicklung des Bergbaus im Mansfelder Land. Abhilfe versprach sich der preußische Staat durch den Einsatz einer **Niederdruck-Dampfmaschine** Wattscher Bauart auf dem König-Friedrich-Schacht bei H. im Burgörner Revier, die 1785 (mit Verbesserung der Steuerung 1786) als erste in Deutschland ohne englische Hilfe gebaute Dampfmaschine den Betrieb aufnahm. Da in der Kapazität für die Wasserhaltung in den Schächten König-Friedrich, Ernestine, Prinz Ludwig und Caroline nicht ausreichend, wurde sie 1794 durch eine stärkere mit 1255 mm Dampfzylinderdurchmesser am König-Friedrich-Schacht ersetzt und selbst an den Hoffnungsschacht bei Löbejün transloziert, wo sie 1796–1848 in Betrieb gehalten wurde.

Nach vorübergehender Einstellung des Bergbaues 1815 im Burgörner Revier begann 2 Jahrzehnte später eine zaghafte Rekultivierung, ab der Mitte des Jahrhunderts der moderne Tiefbau mit leistungsfähigen Großschachtanlagen. Mit den Gewinnen des **Walzwerkes** Hettstedt (gegr. 1909), in dem das gewonnene Kupfer zu Halbzeugen verarbeitet wurde, konnten die seit den 1890er Jahren steigenden Kosten des Bergbaus halbwegs ausgeglichen werden; seit den 1930er Jahren überlebten die Mansfelder Bergbau- und Hüttenbetriebe nur noch mit staatlichen Subventionen, erzielten aber nach dem 2. Weltkrieg im Zusammenhang mit dem rigorosen Autarkieprogramm der DDR mit Jahresleistungen von etwa 25 000 t Kupfer und 150 t Silber die absolut größten Produktionsmengen. Nach der Stillegung der letzten Schachtanlage des Mansfelder Kupferschieferbergbaus (1969) wurde 1990 auch die Förderung im südlich gelegenen Sangerhäuser Revier eingestellt.

Im Gegensatz zu den geringer werdenden Erträgen aus dem Kupferschieferbergbau entwickelte sich auf fast identischer Fläche zwischen Hettstedt, Wettin, Halle, Querfurt und Eisleben nach der Niederbringung des Georgischachtes 1898 durch den Mansfeld-Konzern ein gewinnbringender Bergbau auf Kalisalze, der ebenso wie der Kupferschieferbergbau bis Ende der 1980er Jahre Bestand hatte. – Vor allem der Bergbau auf Kupferschiefer hat die natürliche Topographie des Mansfelder Landes mit wohl mehr als 1000 noch sichtbaren Abraumhalden zu einer Kunstlandschaft ähnlich den Braunkohlenrevieren östlich von Halle und in der Lausitz verformt. – An die erste in Deutschland gebaute Dampfmaschine erinnert der als Denkmal in Löbejün aufgestellte, 1788 in der Fabrik von J. Homfray in Penydarran in Südwales gegossene und in Cyfarthyl gebohrte zweite **Zylinder**. – In der Nähe des ehem. König-Friedrich-Schachtes steht seit 1890 das fünf Jahre zuvor vom Verein Deutscher Ingenieure gestiftete **Dampfmaschinendenkmal**. – Eine Vorstellung von Größe und Technik früher Dampfmaschinenkonstruktionen vermittelt die vom Mansfeld-Kombinat »Wilhelm Pieck« in Erinnerung an 200 Jahre deutschen Dampfmaschinenbau 1985 gefertigte betriebsfähige Replik (Maßstab 1:1) im gleichzeitig gegründeten Mansfeld-Museum (Schloßstraße 7, Ortsteil Burgörner-Altdorf). Im barocken Herrenhaus (um 1715 erbaut) der Schwiegereltern von Wilhelm von Humboldt wird die Geschichte des Mansfelder Schieferbergbaus zweidimensional vermittelt; das ehem. Gutsgelände ist gefüllt mit Relikten der technischen Entwicklung des Bergbaus. – Etwa 250 m vom Museum entfernt beeindruckt der weitgehend in Bruchsteinmauerwerk aufgeführte Kubus über dem Lichtloch (LL) 24 des **»Tiefen Mansfeldschen Schlüsselstollns«**, dem wichtigsten Wasserlösungsstolln des Reviers. Nachdem bei Näherung des Schlüsselstollens die Burgörner Brunnen leerliefen, wurde die Wasserversorgung des Ortes über das 1852–54 abgeteufte LL 24 aus der Wasserführung des Schlüsselstollens sichergestellt, ab 1864 mit einer am Lichtloch installierten Dampfpumpe. – **Mansfelder Kupfer- und Messingwerke GmbH** (MKM; südl. Ortsrand von H., westl. B 86). Ermöglicht durch das Freilassungspatent von 1671 gründete 1675 zwischen Großörner und H. eine gleichnamige

Gewerkschaft auf älterem Hüttenstandort die »Gottes-Belohnungs-Hütte« zwecks Erschmelzung von Feinkupfer und Raffinierung von Edelmetallen (Silber). 1798 wegen Unwirtschaftlichkeit stillgelegt, begann nach der Entwicklung effizienterer Verfahren zur Silberdarstellung ab den frühen 1820er Jahren eine Reaktivierung der Hütte bei gleichzeitiger Modernisierung. Um 1830 entstand in klassizistischen Formen das in Bruchstein errichtete, in den Fassaden durch übergiebelte Risalite und urspr. durch Putzquaderung gegliederte *Amalgamierwerk* (sog. Schinkelbau), das nach 1845 mit der Einführung neuer Scheidungsverfahren zum Lager- und Magazingebäude umgenutzt wurde. Parallel zum »Schinkelbau« der *Materialschuppen*, dessen Fassaden noch weitgehend die klassizistische Putzquaderung zeigen. Noch aus dem 18. Jh. (teilweise Anfang des 19. Jh.s überformt) stammt die sog. **»Wasserburg«** mit *Verwaltung, Hütte* und *Radstube*, zu deren Wasserzufuhr (Rösche) auch ein *Stollenmundloch* (um 1800) gehört. Nördl. der alten Hüttenanlage begann ab 1906 ● die Errichtung eines **Buntmetall-Walzwerkes**, das heute noch mit der maschinellen Einrichtung von 1909 Gewinn abwirft. Zu ihm gehören eine *Warm-(Umkehr-)walzstraße* (Krupp-Gruson-Werk, Magdeburg) mit 4,2 m breitem Walzgerüst, angetrieben von einem Gleichstrommotor (1714 PS, Siemens & Halske, 1909), den 2 Umformersätze (1909, marmorgefaßte Schalttafeln erhalten) mit 630 V Gleichstrom beliefern. Ab 1923 ergänzte zum Auswalzen von Feinblechen ein dem Warmwalzwerk nachgeordnetes Kaltwalzwerk mit 7 Trio-Walzgerüsten den Produktionsablauf. Ältestes in Betrieb befindliches Buntmetallwalzwerk Europas. 1925 entstand östl. der Gebäude der ehem. »Gottes-Belohnungs-Hütte« eine neue **Kupfer-Silber-Hütte** mit Bessemerei (benannt nach dem engl. Ingenieur und Erfinder Henry Bessemer). In deren *Gebläsehalle* (nach Abbruch der Produktionsgebäude nach 1989) noch teilweise in Funktion erhalten die originale Maschinenausstattung: 3 Hauptgebläsesätze mit riemengetriebenen Zwillingskolbenverdichtern der Fa. Dingler, 3 Kolbenverdichter von Borsig, 2 Turbogebläse der Fa. Jäger.

LANDKREIS: Von den Mühlen im Kreis erwähnenswert sind das große Gehöft der **Wassermühle** an der Eine in Welbsleben mit 2 Turbinen und 2 Doppelwalzenstühlen sowie der Schaft der 1815 in Bruchstein erbauten Turmholländerwindmühle in Endorf-Neuplatendorf. *VR*

Lit.: Langelüttich; Jankowski; Mühlen, 236, 228.

## Heubisch (Sonneberg/H 2) TH

**Steinbogenbrücke.** Aus Sandstein gefügte Straßenüberquerung der Steinach, 1819. Mit drei 6 m weit gespannten, 2,3 m über dem mittleren Wasserspiegel hohen Rundbogen insges. 27 m langes und 5,7 m breites, bis zur Fahrbahn 2,8 m hohes Bauwerk. *HW*

Lit.: Erler/Schmiedel, 163.

## Heyerode (Unstrut-Hainich-Kreis/G 1) TH

**»Obermühle«.** Von Teichen speisenden Quellen im Tal des Lampersbaches – nicht von diesem selbst – energetisch versorgte, urkundlich seit dem 17. Jh. nachweisbare Getreidemühle. Die jetzige, im Tal romantisch eingebettete, in den ältesten Teilen aus dem 18. Jh. stammende Baugruppe besteht aus kombiniertem Wohn- und Produktionsgebäude, Stall und Scheune. Als Mühle bis 1958 betrieben, seit etwa 1900 zusätzlich zur Wasserkraft mit Gas-, seit 1935 mit Diesel-, zuletzt mit Elektromotor in der angebauten Maschinenstube. An der Giebelseite des im EG massiven (um 1950 unterfangenen), im OG aus Sichtfachwerk gefügten Produktions- und Wohngebäudes das 1986 erneuerte hölzerne oberschlächtige Wasserrad mit 5,8 m Durchmesser und 80 cm Breite. Die Wasserzuführung erfolgt mittels eines 22 m langen aufgeständerten hölzernen Gerinnes. Im Inneren komplettes technisches Inventar, u.a. steinerner Schrotgang, Walzenstuhl, Dieselmotor, Elektromotor, für Anschauungszwecke und zum Schroten gelegentlich betrieben. – Etwa 300 m talabwärts eine ähnliche Baugruppe, die der »Untermühle«, ohne technisches Inventar. *HW*

Lit.: Wirth, 1990, 198; Mühlen 246, 323, 373.

## Hilbersdorf (Freiberg/G 5) FS

**Hüttenwerk Muldenhütten.** Unterhalb des ● Bahnhofs Muldenhütten (Bahnstrecke Freiberg–Dresden) liegt nahe der Mulde in einem großen

Bogen des Flusses das Gelände des Hüttenwerkes Muldenhütten. Seit der ersten urkundlichen Nennung um 1340 bis heute sind dort ununterbrochen Schmelzhütten betrieben worden, bis 1913 und 1944–70 für Freiberger Blei- und Silbererze, ab 1868 fast ausschließlich für auswärtige Erze. Im Lauf der Jahrhunderte sind bei Änderung bestehender oder Einführung neuer Produktionsverfahren die alten Gebäude umgebaut oder durch neue ersetzt worden. Somit bestand bis 1992/93 das Hüttenwerk Muldenhütten aus einer Vielzahl verschieden alter Gebäude. Bei der Umstrukturierung der Wirtschaft sind danach auch in Muldenhütten historisch bedeutende Anlagen abgebrochen worden. Die wichtigsten der erhaltenen Denkmale sind: *Schachtofengebäude I*, erbaut um 1830, um 1940 teilweise erneuert und aufgestockt. Von 1830 Teile der massiven Umfassungsmauern und der alte Gichtaufzug, von 1940 Stahlfachwerkmauern, das flache Satteldach und der Schachtofen. – *Pattinsonhütte*, erbaut um 1860, typisches Hüttengebäude, eingesch. massiv, hohes Satteldach mit Lüftungshaube, zwei quadr. Schornsteine. – *Raffinierhütte*, erbaut um 1820/1850, ähnliche Baukörper mit mehreren historischen Schornsteinen. – *Münze*, erbaut 1887 zwecks Verlegung der sächsischen Münzstätte von Dresden nach Muldenhütten, zweigesch. massiv mit giebelbekröntem Mittelrisalit und Mansarddach. – Drei aus dem 17. bis 19. Jh. stammende zweigesch. *Verwaltungsgebäude* mit Satteldächern. – *Zylindergebläse*, 1827/28 mit 2 stehenden Zylindern vom Eisenwerk Lauchhammer erbaut, 1848 wurde ein dritter Zylinder angefügt. Bis 1848 trieb ein Wasserrad, ab 1848 eine (jetzt ausgebaut museal erhaltene) Fourneyron-Turbine eine Kurbelwelle an, die über drei Kurbelstangen, drei je 3,8 m lange Balanciers und drei Kolbenstangen die in den 766 mm weiten Zylindern mit 1220 mm Hub doppelt wirkenden Kolben antrieben. Das Gebläse war bis 1954 in Betrieb, diente urspr. dem Betrieb von Schmelzöfen und erhielt nach Abbruch des Schmelzofenhauses um 1930 ein neues Gebäude am originalen Standort.

**Eisenbahnbrücke** Muldenhütten der Bahnstrecke Zwickau–Chemnitz–Dresden über die Freiberger Mulde, 1862 aus Naturstein mit 8 je 25 m weiten Rundbogen erbaut, die historisch und konstruktiv in der Nachfolge der großen Mittelbogen der Göltzschtalbrücke (→ Netzschkau) stehen. Die Brücke ist 196 m lang und 43 m hoch. *OW*

Lit.: Wagenbreth/Wächtler, 1986, 258, 354, 357; Wirth, 1990, 198 f.

## Hildburghausen (Hildburghausen/H 2) TH

**Brücken** im Schloßpark. Über die Schloßpark-Kanäle führen 3 konstruktions- und formengeschichtlich bemerkenswerte Fußgängerbrücken vom Ausgang des 19. und ersten Drittel des 20. Jh.s. Die erste besteht aus einer stählernen, genieteten Strebenfachwerkkonstruktion – in den beiden Mittelfeldern mit Andreaskreuzen – in flacher Stichbogenform zwischen Widerlagern aus Bruchstein. Die Binder dienen zugleich als Geländer. Die zweite Brücke ist eine flache stichbogenförmige Vollwandkonstruktion aus Stahl, zwischen Betonwiderlagern. Ihre Binder unterhalb der Gehbahn haben ein L-Profil zur Befestigung der Geländer. Die Brückenköpfe sind blockhaft pylonartig akzentuiert, dazwischen liegen die Antrittsstufen zur Gehbahn sowie je 2 Sitzbänke. Inschriftlich 1928 datiert. Eine Parallelbinder-Rahmenkonstruktion aus Stahlbeton, ebenfalls in flacher Stichbogenform und mit schmiedeeisernem Geländer ist die dritte Brücke. Die Brückenköpfe in gestaffelter Pfeilerstruktur öffnen sich durch Ausbiegungen einladend. *HW*

## Hinternah (Hildburghausen/H 2) TH

**Wassermühle.** Stattlicher Müllerhof, den der von der Nahe abgezweigte Mühlgraben durchquert, mit zweigesch. mansarddachbekrönten, verschieferten Herrenhaus, ebensolchem Wohn- und Produktionsgebäude sowie Resten einer Schneidemühle (jenseits des Grabens). Der Standort ist seit 1575 urkundlich bekannt, aus dieser Zeit stammt auch die älteste Bausubstanz. Antrieb der produktionsfähigen Getreidemühle erfolgt mit einer Turbine von 1935. Im Wohn- und Produktionsgebäude der Getriebekeller sowie Steingänge, Walzenstühle, im OG Plansichter. *HW*

Lit.: Mühlen, 251, 376.

## Hirschfelde (Löbau-Zittau/G 6) FS

Aus einer früheren Flachsspinnerei ging die **Hirschfelder Leinen- und Textil GmbH** (Flachsspinnereistraße 22) hervor. An der Mündung des Kemmlitzbaches in die Neiße erstreckt sich ein sehr ausgedehntes Fabrikensemble mit Verwaltungsgebäuden, Produktionsstätten, Restaurant, Fleischerei, Besitzervilla, Park u.a. Dazu die Siedlung Rosenthal, vorwiegend aus kleinen und mittleren Umgebindehäusern bestehend. Die meisten Gebäude wurden 1846–47 errichtet in schloßartigem Stil, türmchen-, zinnen- und fassadengeschmückt, meist geputzt, teils in Sand- oder Backsteinen. Torhaus vor dem Hauptgebäude 1882 datiert. Maschinenantrieb durch mehrere aus einem Neißegraben getriebene Turbinen. Erste Mühle an dieser Stelle im 15. Jh. erwähnt.

● Im **Kraftwerk Hirschfelde** (Straße zum Kraftwerk 3), 1911–92, wurde das Werk II 1920 errichtet. Die Maschinenhalle und ihr Kopfbau (Verwaltungs- und Sozialräume) in Klinkerbauweise. 6 Stockwerke bilden mit ihren sparsamen, vertikal betonten Schmuckelementen und Mauerungen in verschiedenen Mustern ein schönes Ensemble. Die für Demonstrationszwecke geöffnete *Dampfturbine* und der *Generator*, von AEG im Jahre 1922 gebaut, bilden mit einer Kolbendampfmaschine (1907), einem Dampfmotor (1950) und vielen Geräten und Zubehör der Kraftwerkstechnik den Grundstock eines Kraftwerksmuseums. *KD*

Lit.: Wagenbreth/Wächtler, 1989; Historische Sachzeugen der Kraftwerks- und Energietechnik in Sachsen.

## Hohen Neuendorf (Oberhavel/D 4) BG

**Wasserturm** (Summter Straße). Der Wasserturm ist ein 40 m hoher Stahlbetonbau. Er wurde nach Entwürfen des Berliner Architekten Albert Gottheiner 1912–14 erbaut. Im zylindrischen, mit Blendbögen verzierten Schaft führt eine Betontreppe zu den 3 Geschossen. Der außen achteckige Turmkopf mit einem Ring stehender Fenster wird von einer geschweiften Stahlbetonkuppel, die urspr. eine Kupferblechdeckung hatte, mit Lüftungslaterne abgeschlossen. Der Turmsockel wird von einem auf kräftigen Pfeilern ruhenden kurzen Pultdach umzogen. Der nur 250 $m^3$ fassende Wasserbehälter sorgte als Hochbehälter (neben der Speicherfunktion) vor allem für den Druckausgleich. Mitte der 1970er Jahre stillgelegt. *WT*

## Hohenfichte (Freiberg/G 4) FS

**Baumwollspinnerei.** 1833 ließen Max Hauschild und Wilhelm Pansa ein erstes Spinnereigebäude für eine Baumwollmaschinenspinnerei errichten. Der anfänglich als Lohnspinnerei arbeitende Betrieb erhielt sein Antriebsmoment durch ein Wasserrad. Bis ins 20. Jh. setzte sich die kontinuierliche Bauerweiterung der Firma fort. Heute gehören zu dem Komplex klassizistische Fabrikbauten, die Unternehmervilla, Arbeiterwohnhäuser sowie vom Jugendstil beeinflußte Produktionsbauten des frühen 20. Jh.s. *ST*

**Hausbrücke** über die Flöha, nach Vorgängerbauten von 1602, 1680 und 1732 im Jahre 1832 erbaut und 1954 und 1976 restauriert. Die Tragkonstruktion der 4,6 m breiten Brücke besteht auf jeder Seite aus 2 in Flußmitte auf einem Bruchstein-Pfeiler gelagerten, je 21 m weit gespannten, hölzernen Hängesprengwerken mit je 2 Hängesäulen. Das seitliche Fachwerk ist mit Brettern beschlagen und trägt ein Satteldach. – **Dampfmaschine** der Parkettfabrik Herbert Schwarz, Metzdorf. Die 1878 gegründete Firma übernahm 1937 aus der Spinnerei C.F. Höffer, Tannenberg bei Annaberg, eine 1921 von der Maschinenfabrik Hermann Ulbricht, Chemnitz, gebaute liegende 80-PS-Einzylinder-Gegendruckdampfmaschine mit Ventilsteuerung und Proell-Achsregler. Kolbendurchmesser 350 mm, Hub 600 mm, Schwungraddurchmesser 3 m. *OW*

Lit.: Erler/Schmiedel, 165, 204.

## Hohenmölsen (Weißenfels/G 3) SA

Der schlanke, zylindrische Backsteinschaft des um 1900 errichteten **Wasserturms** (zwischen Goethe- und Ernst-Thälmann-Straße) trägt über mäßig auskragendem Konsolgesims einen Behältermantel aus Eisenfachwerk unter spitzem, von 4 Gaupen durchbrochenem Kegeldach.

Landkreis: Die 1879 in Halle-Trotha in Betrieb genommene, ein gutes Jahrzehnt später nach Gerstewitz umgesetzte **Bockwindmühle** (dat. im Steinbalken der Bockummauerung: »C-H Beyer

1890«) besitzt mit einem Steingang und einem Walzenstuhl noch Reste der urspr. techn. Einrichtung. Im benachbarten Müllerhof eine restaurierte Motormühle (Bauinschrift »Oskar Beyer, 1935«). – Am **Bahnhof Oberwerschen** ein kleiner *Wasserturm* auf oktogonalem Grundriß mit Schaft in Backsteinrohbau und mäßig auskragendem Kopf. – Im ehem. **Paraffinwerk** in Webau eine *Dampfmaschine* mit Vakuumpumpe von 1927. Reste der histor. techn. Einrichtung finden sich in der bis 1953 mit Wasserkraft betriebenen **»Geudenmühle«** an der Rippach.
Am Ortsausgang von Zembschen (Nödlitzer Straße) ein **Industriewasserturm** mit Kugelbehälter auf hohem schlanken Vierkant-Stahlfachwerkgerüst, montiert um 1920 für die 1897 zusammen mit der Grube Winterfeld eröffnete, 1935 stillgelegte Braunkohlenschwelerei. *VR*

Lit.: Mühlen, 228 ff.

## Hohenstein-Ernstthal FS
(Chemnitzer Land/G 4)

**Wassermühle** »Rote Mühle«. Der Mühlenstandort am Goldbach wurde urkundlich erstmals 1362 erwähnt. Um 1697 stand dort ein Pochwerk für den Hohensteiner Goldbergbau. Das jetzige Mühlengebäude wurde 1710 erbaut und besteht aus massivem EG, Fachwerk-OG und einem hohen Walmdach. Die Mühle wurde ab 1940 mit Elektromotor betrieben und 1983 stillgelegt. 1991 restauriert. *OW*

Lit.: Mühlen, 268, 382.

## Hohenwarte (Saalfeld-Rudolstadt/H 2) TH

**Pumpspeicherwerk.** Als Abschluß der 80 km langen, sechsstufigen »Saalekaskaden« 1956/63 mit erheblichem Einsatz von Strafgefangenen verwirklicht, nach einem seit 1903 erwogenen, seit 1919 (mit der Anlage des Turbinen-Kraftwerkes Wisenta unweit von → Ziegenrück) in die Praxis umgesetzten, sich immer mehr erweiternden Konzept, u.a. im Zusammenhang mit der Spiegelregulierung der Elbe (1928 war es zum Entwurf für ein Hochspeicherbecken auf der Amalienhöhe bei Hohenwarte gekommen, 1936/42 zum Bau der 412 m langen und 73 m hohen Stahlbeton-Mauer der *Talsperre Hohenwarte*, 1942/45 zum Bau der Sperrmauer Eichicht [→ Kaulsdorf]). Der untere Saalestau (»Hohenwarte I«) ist seit 1963 Unterbecken des Pumpspeicherwerkes; am südlichen Ufer steht das 125 m lange, in Stahlbeton-Rahmenkonstruktion gefügte *Talbauwerk* mit acht Francis-Turbinen, Generatoren, Pelton-Rädern als Anwurfturbinen, mit Kreiselpumpen zur Förderung des Speicherwassers in das Oberbecken. Aus sicherheitstechnischen Gründen neben dem »Krafthaus« die acht 672 m langen *Rohrfahrten* zum 300 m höher gelegenen Oberbecken, unten mit einem Durchmesser von je 1,9 m, oben von 2,6 m. Das *Oberbecken* ist ein künstlicher See mit 3,3 Mio. $m^3$ Fassungsvermögen, vom 675 m langen Erddamm und einer 1350 m langen, maximal 29 m hohen Stahlbetonmauer umschlossen. Das in ihm gespeicherte Wasser schießt durch die Rohrfahrten in das »Krafthaus« zurück und deckt in Spitzenzeiten den Energiebedarf mit 320 Megawatt. *HW*

Lit.: Wirth, 1990, 200–202.

## Hoyerswerda-Bröthen FS
(Hoyerswerda/F 6)

**Wassermühle** der Familie Metaschk. Die Wassermühle wurde an einem älteren Mühlenstandort 1874 erbaut und 1955 stillgelegt. Das massive, zweigesch. Mühlengebäude enthält im Keller das 4,7 m hohe oberschlächtige Wasserrad, das von einem von mehreren Quellen gespeisten Mühlteich beaufschlagt wurde. Allerdings reichte die Wasserkraft nur für den Mühlenbetrieb tagsüber, während die Quellen nachts den Mühlteich wieder füllen mußten. Die Kraftübertragung erfolgt über ein stehendes Zeug mit einem Stirnrad von 3 m Durchmesser und mit Transmissionen. Angeschlossen sind 2 Mahlgänge, ein Walzenstuhl, Windfegen, Schüttelsiebe, Plansichter, Sechskantsichter und weitere Müllereimaschinen. 1901–55 trieb das Wasserrad auch einen Generator an, ebenso ab 1901 über eine Seilscheibe an der Scheune eine Dreschmaschine. *OW*

Lit.: Mühlen, 286.

## Hundisburg (Ohrekreis/E 2) SA

**Ziegelei** (Süplinger Straße 2). Verm. seit 1846 wurden die Bändertone und Feinsande des Be-

bertales bei H. in einem Feldbrandofen zu Mauerziegeln verarbeitet. Um 1860 bzw. 1873 begann die industrielle Produktion mit der Gründung zweier Ziegeleien, die nach Fusion 1882 als Gebr. Möries, Heinrichs & Rademacher (seit der Installation einer Dampfmaschine 1903 als Dampfziegelei Hundisburg) die Börde zwischen Haldensleben, Wolmirstedt und Magdeburg jährlich mit etwa 1,2 Mio. Mauersteinen und Dachziegeln versorgten. Im Zentrum der von Trockenschuppen gebildeten Dreiflügelanlage stand ab 1882 ein runder, 16kammeriger Ringofen, der 1938 ersetzt wurde durch einen Zick-Zack-Ofen mit 12 Kammern (Fassungsvermögen je 8000–9000 Mauersteine). Künstliche Trocknung der Rohlinge durch Ausnutzung der Rauchgastemperatur und der Brennkammerabwärme ermöglichte seit 1937 den ganzjährigen Betrieb. Nach der Stillegung während des 2. Weltkriegs und teilweiser Brandzerstörung 1945 mühsamer Neubeginn, seit dem Übergang in Volkseigentum 1953 Modernisierung der maschinellen Ausstattung. 1990 Stillegung der Ziegelei, danach Ausbau zur technischen Schauanlage, in der die Herstellung eines Ziegels vom Abstich des Rohmaterials in der Tongrube bis zum gebrannten Produkt nachvollzogen werden kann. Mit Ausnahme eines Eimerkettenbaggers (1940, aus Parey bei Genthin) stammt die masch. Einrichtung aus den 1950er Jahren: im Aufbereitungsgebäude (1955) Kastenbeschicker, Naßkoller und Maukmischer; im Maschinenhaus (1903) Feinwalze, Strangpresse, Abschneider und Hub- und Senkgerüst einschließlich Transmissionsanlage (ab 1955 elektr. angetrieben). In das Museum integriert Besucherwerkstatt und Produktion von Ziegel-Sonderformaten für die Denkmalpflege. *VR*

Lit.: Ziegelei Hundisburg.

## Ilfeld (Nordhausen/F 2) TH

**»Rabensteiner Stollen«.** Rest eines ab 1750 in den Berghang getriebenen Grubenbaus des von 1737 (mit Unterbrechungen) bis 1866 hier tätigen Rabensteiner Steinkohlenwerkes, von dem keine Tagesanlagen verblieben sind. Der partiell ausgebaute Stollen wurde für Anschauungszwecke wieder aufgewältigt mit einer Besucherstrecke von etwa 150 m zur Dokumentation von Vortriebs- und Abbaumethoden; gut erkennbar sind die Lagerstättenverhältnisse des im Niveau des Zorgetales liegenden Steinkohlenflözes. Vor dem Mundloch Neuinstallationen von Gleisanlagen und Präsentation von Grubenbahnen, u. a. 3 Personenwaggons und 2 Lokomotiven von 1949, letztere aus der Schachtanlage Walsum der Ruhrkohle Niederrhein AG. Die museal betriebene Anlage befindet sich in unmittelbarer Nähe des Haltepunktes »Netzkater« der → *Harzquerbahn.*

**Aussichtsturm** auf dem Poppenberg. Etwa 40 m hohe offene, genietete Stahlkonstruktion in 12 Etagen mit mäßig gespreizten Eckstielen und Diagonal-Aussteifungen. Oben und auf halber Höhe je eine umlaufende Aussichtsgalerie, über der erstgenannten kuppelartige Bekrönung. 1991/92 restauriert. *HW*

Lit.: Wirth, 1990, 203.

## Ilmenau (Ilmkreis/H 2) TH

*Ehemals bedeutender Gewerbe- bzw. Industriestandort am Fuße des Thüringer Waldes, als Stadt in den überlieferten Urkunden erstmals 1341 genannt. Den frühesten Hinweis auf bergbauliches Interesse gibt die Verleihung des Bergregals an den Henneberger Grafen durch die kaiserliche Reichsgewalt im Jahre 1216. In den wahrscheinlich hier gewonnenen und verhütteten Edelmetallerzen fand eine 1273 erwähnte Ilmenauer Münzstätte ihren Grundstoff. Von 1478 bis 1480 ist die Existenz einer Kupferhütte urkundlich bezeugt, der Abbau von Silbererzen bis in das 2. Jahrzehnt des 18. Jh.s. Bergbauliche Wiederbelebungsbemühungen unter ministerieller Leitung von Johann Wolfgang v. Goethe und zuletzt 1824 haben nennenswerte Ausbeuten nicht mehr erbracht. – Ab 1675 ist glastechnisches Gewerbe, seit 1777 die Porzellanfertigung (»Ilmenauer Porzellan«) hier ansässig, das erstere im 19. Jh. mit überregionaler Bestimmung des Wirtschaftsprofils, der eine hiesige Fachschule für Glastechnik ihre Existenz verdankte, in gewisser Weise Vorgänger der 1953 gegründeten »Technischen Hochschule Ilmenau«, die beiden Industriezweigen sich verpflichtet fand (jetzt Technische Universität).*

**Bergbauanlagen.** Von den ab etwa 1590 erfolgten Baumaßnahmen zur Heranführung des Aufschlagwassers für die Kraftmaschinen der

Schmelzhütte und auf bzw. in den Schächten sind zwischen Manebach und Stützerbach die Reste von drei Sammelteichen, zwischen Manebach und Ilmenau Teile dreier Berggräben erkennbar geblieben: **Unterer Berggraben**, einst 4,5 km lang; **Oberer Berggraben** von 1688/91, einst 14 km lang (heute stellenweise vom Wanderweg begleitet); **Mittlerer Berggraben** von 1697/99, einst 8,3 km lang (heute Straßenname am westlichen Ilmenauer Stadtrand), zur Versorgung des damals wichtigsten Herzog-Wilhelm-Schachtes. Von diesem die *Halde* oberhalb des zweigesch. *Zechenhauses* von 1691; unterhalb desselben die *Halde* des sogenannten Erdmannschachtes sowie zwei Bergarbeiter-Wohnhäuser und das »Glockenhäuschen«. Von der 1776 erfolgten Wiederaufnahme des nach Dammbruch eines der Speicherteiche 1739 erloschenen Bergbaus zeugen die Reste des zur Abführung von Grubenwässern aus dem Neuen Johannesschacht (Gedenkstein von 1984) wieder aufgewältigten Martinrodaer Stollens (→ Martinroda), dessen Einsturz 1796 die hiesigen bergbaulichen Unternehmungen erneut zum Erliegen brachte. Die letzten vergeblichen Versuche, nutzbare Erze zu gewinnen, belegen der Carl-August-Schacht mit einem charakteristischen Malakowturm von 1857/59 und der Lotte-Schacht von 1924.

**Fischerhütte.** Einzige von einst 8, teils nacheinander, teils gleichzeitig in Ilmenau tätigen Produktionsstätten des handwerklichen Glasgewerbes mit (neben der Sophienhütte) weitgehend erhaltenen Baulichkeiten und technischem Inventar aus der Entstehungszeit. Benannt nach dem privaten Unternehmer, 1904 am Stadtrand angelegt und mit Hüttengebäude, Gasgenerator-Anlage, 2 Rohrziehgängen, »Lampenbläserei« sowie Wohn- und Kontorgebäude ausgestattet, wurde die Anlage nach erfolgter Zwangsenteignung (1946) schließlich in den »VEB Kombinat Technisches Glas Ilmenau« eingegliedert und bis 1976 betrieben, war danach nur noch Werbeabteilung des »Kombinates« bei teilweiser Erweiterung, teilweiser Reduzierung der Kernanlage (Abbruch der Generatoranlage zugunsten einer gestaltlosen Lager- und Montagehalle). Dabei verwahrlosten das Hüttengebäude, der lange Rohrziehgang und die »Lampenbläserei«, was den totalen Abbruch der letzteren und die partielle Beseitigung des aufgeständerten, »Lampenbläserei« und Hüttengebäude verbindenden Rohrziehganges zur Folge hatte. Die verbliebenen Reste, namentlich das Hüttengebäude mit seiner charakteristischen Gestalt als lisenengegliederter Backsteinrohbau unter monumentalem, mit Laternenband bekröntem Satteldach, mit Hafenofen, Arbeitsbühnen und Kühlöfen sowie den Entlüftungsröhren, auch der kurze und das Fragment des langen Rohrziehganges sind für eine museale Nachnutzung vorgesehen.

### I.-Manebach

**Schneidemühle.** Romantische Baugruppe am abschüssigen Straßenrand (B 4), 1840 mit einem von der Ilm für ein oberschlächtiges Wasserrad abgezweigten Mühlgraben entstanden. Um 1900 wurde das Rad ersetzt durch eine im jetzt desolaten Betonklotz installierte Ostberger-Turbine (doppeltwirkendes walzenförmiges Freistrahltriebwerk von 90 cm Länge und 30 cm Durchmesser unter Sturzgerinne mit 4,3 m Fallhöhe), damals auch mit der Umrüstung der inneren Ausstattung begonnen. Produktionsgebäude in Holzfachwerk über massivem Maschinenkeller, am Giebel das Kontorhäuschen, am anderen Giebel, abgewinkelt, der Lagerschuppen für das Schnittholz. Von dem bis 1980 betriebenen wertvollen Inventar blieben erhalten: Sägegatter von etwa 1900, mit Ausnahme der beiden vertikalen Sägeblätter und einiger hochbeanspruchter Maschinenteile aus Holz; Ganzmetallgatter von 1935, Transmissionen im Maschinenkeller, Turbine im zerbrochenen Hüllbauwerk. Denkmalpflegerische Restaurierung seit 1988 vorgesehen.

*HW*

Lit.: Wagenbreth, 1983; Wirth, 1990, 203–206, 252.

## Ilsenburg (Wernigerode/E 2) SA

Seit dem 16. Jh. bestimmten Hüttenindustrie und Messinghandel die Wirtschaft des Fleckens am Ausfluß der Ilse aus dem Harz. Das **Hüttenwerk** ● besaß einen solchen Ruf, daß selbst Zar Peter d. Gr. es 1697 studienhalber besuchte. Um 1546 Bau eines ersten Hochofens; um 1800 mit 2 Hochöfen, 3 Frischfeuern, 2 Zainhämmern, Blankschmiede und 3 Drahthütten ausgestattet; nach 1900 als »Fürst Stollberg-Hütte zu Ilsenburg« mit wechselndem Erfolg betrieben; die Werkhallen zu DDR-Zeiten genutzt durch die volkseigenen Betriebe (VEB) Holzbearbeitungswerke, Radsatzfabrik und Schwermaschinenbau-Kombinat. Über die Geschichte der Hütte, die Technik der Eisen- und Kupferverarbeitung sowie über Kunstgußerzeugnisse informiert das im Herrenhaus eingerichtete Museum und die noch in Gebäuden aus der Mitte des 19. Jh.s, teilweise überformt in den 1920er Jahren, in der Tradition des frühen 19. Jh.s tätige Kunstgießerei. – Die **»Vogelmühle«** (Vogelgesang 1), einzige mit ihrer technischen Ausstattung erhaltene wasserkraftgetriebene Getreidemühle des nördl. Harzrandes, erfuhr ihre erste Erwähnung 1547 auch als Messinghammer. Dem Umbau zur Getreidemühle 1614 folgte um 1700 der Neubau einer Ölmühle, die ab 1860 mit 2 Mahlgängen erneut Brotfrucht verarbeitete, seit den 1950er Jahren mit Unterstützung von Elektromotoren. Nach der Stillegung 1978 blieben das oberschlächtige Wasserrad (Dm. 3 m, B 1,4 m), Mahl- und Schrotgang, 2 Walzenstühle, Sichter, Quetsche und Elevator erhalten. *VR*

Lit.: Schmidt/Theile I, 235.

## Immenrode (Kyffhäuserkreis/F 2) TH

**Turmholländermühle.** Landschaftsbestimmendes Bauwerk am südlichen Ortsrand; einst gänzlich singulär, um 1850 als kombiniertes Wohn- und Betriebsgebäude errichtet, der Müllerhof später mit Stallgebäude für Kleinvieh erweitert. Das im Grundriß kreisförmige, leicht konische Mühlengebäude (unterer äußerer Durchmesser 9,6 m) enthielt im EG die Wohnung der Müllerfamilie mit Küche, deren Schornstein an der Innenseite des Baukörpers bis unter die mittels Innenkrühwerk drehbare Haube geführt wurde, mit Stube und Schlafraum sowie »Treppenhaus« mit den bei »Erdholländern« wegen der wechselnden Flügelstellung stets erforderlichen zwei Eingängen, mit dem Mehlboden über dem Wohngeschoß und darüber dem Steinboden. Bewohnt war die Mühle bis 1955, bis zur Errichtung des jetzigen Wohnhauses an der Straße. Betrieben wurde sie bis etwa 1920 mit segeltuch-, bis etwa 1935 mit jalousiebestückten (vier) Ruten, nach 1910 zusätzlich mit einem Benzolmotor, zuletzt und bis 1970 (nur noch als Schrotmühle) mit Elektromotor im »Treppenhaus«. Nach endgültiger Umstellung auf Motor-Antrieb erfolgten Demontage von Königswelle, Flügelwelle, Ruten und Haube, letzterer für die jetzige, der ursprünglichen Form entsprechenden kegelförmigen Verdachung. Danach Verfall und partieller Einsturz. Erhalten blieben im EG Wohnungsausstattungen, Elektro-Antrieb, Treppe; auf dem Mehlboden Kegelradgetriebe, Absackung; auf dem Steinboden 2 Steingänge und Reste der Mischmaschine; darüber das Krühwerk. Seit 1988 denkmalpflegerische Restaurierung mit beabsichtigter Wiederherstellung des Flügelkreuzes. *HW*

Lit.: Wirth, 1988.

## Ingersleben (Gotha/G 2) TH

**Marienthalbrücke.** Die zweibogige, 18 m lange, aber nur 6 m breite Straßenüberquerung aus Kalk- und Sandstein über die Apfelstedt ist mit dem aufwendigen Dekor weniger ein technischer Zweckbau als ein plastisches Kunstwerk. Als solches wurde die Brücke tatsächlich konzipiert und 1751/52 nach Entwürfen von Gottfried Heinrich Krohne im Auftrage des Reichsgrafen Gustav Adolph v. Gottern, dem Bauherrn des angrenzenden Park- und Schloßkomplexes Molsdorf, ausgeführt. Reiche Wappenzier an den Brüstungen mit den Gotternschen Insignien und der Reichsgrafenkrone. Zuletzt 1994 restauriert. *HW*

Lit.: Erler/Schmiedel, 159.

## Jena (Jena/G 3) TH

*Überregionale gewerbliche bzw. industrielle Bedeutung verdankt die von den Herren v. Lobdeburg (Ruine der Stammburg im Stadtteil Lobeda) planmäßig gegründete Stadt (Stadtrechte 1230) und gelegentliche Residenz einer sächsisch-wettinischen Zweiglinie in gewisser Weise einem Zufall: Carl Zeiss, in Weimar geboren, wich, nachdem ihm die Konzession zur Gründung einer Mechanikerwerkstatt u.a. für optische Geräte in seiner Vaterstadt versagt worden war, nach J. aus und betrieb hier ab 1846 ein alsbald florierendes Unternehmen, zunächst auf dem Grundstück Neugasse 7, danach in der Wagnergasse 32, schließlich (ab 1857) am Johannisplatz 10 (Gedenktafel). Seit 1866 arbeitete er zusammen mit dem Physiker und damaligen Dozenten an der Jenaer Universität Ernst Abbe (Gedenkpavil-*

*lon von 1909/10 nach Entwurf von Henry van de Velde mit Büste von Max Klinger), der den Glaschemiker Otto Schott veranlaßte, sich 1884 mit einem glastechnischen Labor in Jena niederzulassen, und als Teilhaber bzw. Alleinbesitzer von Zeiss- und Schottwerk 1889 die Carl-Zeiss-Stiftung gründete. Unter ihrem Namen errang J. als Standort optisch-technischer Wissenschaft sowie des mikroskopischen und astronomischen Gerätebaus Weltgeltung mit manchen denkmalwerten Hinterlassenschaften im Stadtbild.*

**Zeiss-Werke.** Großräumiger, mannigfach gegliederter Gebäudekomplex unmittelbar westlich vor der einstigen Stadtmauer (Schillerstraße), südlich vom Johannisplatz, dem Standort der (dritten) Werkstatt von Carl Zeiss, ab 1881 angelegt, 1910 ergänzt mit einem Kuppelbau für astronomische Prüfzwecke, 1915 mit dem ersten Hochhaus in Deutschland und 1922 mit dem repräsentativen (damaligen) Hauptgebäude, letzteres in Stahlbetonrahmenkonstruktion; 1993/95 weitgehend unter Mißachtung denkmalpflegerischer Rücksichten erneut überformt. – Mehr Authentisches ist im Optischen Museum dokumentiert. Im 1902/03 von der Carl-Zeiss-Stiftung errichteten Volkshaus befindet sich seit 1988 eine Nachbildung von Werkstatt, Kontor und Verkaufszimmer des Zeiss'schen Unternehmens von 1866. – **Zeiss-Planetarium.** Erstmals praktisch verwirklichter Versuch, im Inneren eines Kuppelgewölbes das (bekannte) Weltall zu projizieren, mit einer neuartigen Beton-Gewölbekonstruktion und einem ab 1919 in Jena konstruierten, für diesen Zweck geeigneten Projektionsinstrument. Im Auftrag der Zeiss-Stiftung von den Architekten Hans Schreiter und Johannes Schlag bei Anwendung der von der Baufirma Dyckerhoff & Widmann AG experimentell erprobten dünnwandigen Betonschalenkonstruktion (»Dywidag-Schale«) 1925/26 errichteter Kuppelbau mit 25 m weit gespannter, nur 6 cm dicken Außenschale (1958 mit Aluminiumblech bedeckt) und 23 m weiter Innenschale – Träger der Projektionsfläche für den optisch (seit 1958 mittels Computern) simulierten Sternenhimmel –, außen mit umlaufender Kolonnade, an der Eingangsseite mit Portikus aus acht Pfeilern, in der Baugestalt gleichsam ein nachrömisches Pantheon der Wissenschaft und Technik, das viertälteste Gebäude seiner Art (nach Vorgängern in Wuppertal, Leipzig und Düsseldorf), nach Kriegsverlusten das älteste erhaltene überhaupt und Vorbild für Bauwerke gleicher Bestimmung in allen Kontinenten. Die in den Zeiss-Werken konstruierten Projektoren werden immer wieder durch verbesserte ersetzt, zuletzt 1996 durch den Typ »Universarium«, der, begleitet von nahezu beliebig variierbarer »Sphärenmusik«, 9100 Himmelskörper auf die Kuppellaibung zu projizieren vermag. – **Sternwarten.** Westlich oberhalb der Stadt ließ Ernst Abbe für die Zeiss-Werke 1888/89 ein dem städtischen Dunst entzogenes, mit einer 6 m weit gespannten Kuppel auf kräftig rustiziertem Rundbau gestaltetes Observatorium errichten, dessen Nähe zur Forstgaststätte zur Benennung mit *Forst-Sternwarte* den Anlaß gab; 1902 den Arbeitnehmern der Zeiss-Werke, ihrem Begehren nach einem eigenen Observatorium entsprechend, als erste Volkssternwarte Thüringens zugewiesen, da für die betriebsinternen Zwecke indessen ohnehin nicht mehr nutzbar. Dennoch haben hier Amateur-Astronomen 1911 erstmals mit wissenschaftlicher Gründlichkeit den Halleyschen Kometen beobachtet. 1937 Zuweisung der Sternwarte an die Jenaer Universität, die ihr Observatorium in der Innenstadt infolge Dunst und Straßenbeleuchtung effektiv nicht mehr betreiben konnte, und der *Volkssternwarte* an diesen Standort: Neubau von 1947 mit im Grundriß achteckigem Kern, metallverkleideter Holzkuppel und Beobachtungsterrasse.

*Jena. Planetarium*

**Rathausuhr.** Anzeigegerät für Stunden, Minuten und Mondphasen mit Zeigern, Zifferblatt, Glokkenklang und – als drastisch-komische Zugabe –

durch Herausstrecken der Zunge des »Schnapphahns«; in Teilen noch aus der Zeit um 1500, in jetziger Gestalt 1755 in den im selben Jahr errichteten Turm zwischen den beiden Walmdächern des um 1380 anstelle eines Vorgängerbaus errichteten Rathauses installiert. Nach Beseitigung von Kriegsschäden und erfolgten Restaurierungen (u.a. 1968) nach wie vor betriebsfähig.

### J.-Göschwitz

**Autobahnbrücke.** Überführung der A4 über die Saale sowie über die Bundesstraße 88 und 2 Eisenbahntrassen (J.–Saalfeld, J.–Gera) mit einem 748 m langen, 20 m breiten, mit Muschelkalk verkleideten Betonbauwerk. 17 Rundbögen mit Spannweiten zwischen 25,7 m und 31,4 m reihen sich aneinander, ein Stichbogen überspannt die Straße. Errichtet wurde die Brücke 1937/39 (Inschriftentafel an der Unterführung der B88) nach einem Entwurf von Fritz Tamms.

### J.-Krippendorf

**Bockwindmühle.** Der Mühlenstandort mit Müllerhof abseits des Dorfes ist urkundlich seit 1742 nachgewiesen, die Mühle selbst war 1806 Orientierungspunkt in der Schlacht bei Jena. 1860 wurde die Mühle erneuert und – nach Erlöschen der gewerblichen Tätigkeit mit Windkraft, seit 1920 mit Dieselmotor – 1983 für Anschauungszwecke betriebsfähig restauriert (Inschrift in der Wetterfahne): Mühlenkasten mittels Sterz unter der schwebenden Treppe, Winde und Kettenzug drehbar, auf unverkleidetem Bock, mit auskragender Feise und steilem, an der Windseite krüppelgewalmtem Satteldach; Flügelkreuz mit Türen und Jalousien bestückt. Im Inneren 2 Kammräder von 4 bzw. 2,5 m Durchmesser für den Antrieb von steinernem Mahl- und Schrotgang, Transmissionen für Walzenstuhl, Haferquetsche und Sichter.

### J.-Maua

**Wassermühle.** Stattliche Hofanlage, vom Leutrabach durchquert und an der gekrümmten Dorfstraße von einer Mauer mit zwei rundbogigen Torfahrten eingefaßt, mit freistehendem zweigesch. Mühlen- und Wohngebäude unter krüppelgewalmtem Satteldach, Stall mit Wirtschaftsflügel und Scheune. Mühle mit ihrem Besitzer (Hanns Letsch) 1517 erstmals urkundlich genannt; das dorfseitige Tor mit Inschrift »Der Herr beware dis Haus / Alle die darein gehen ein und aus / Wolf Letz Anno 1592«. Nach schweren Schäden infolge Katastrophenhochwasser 1613 (»Thüringer Sintflut«) Wiedererrichtung, dabei Einbau der jetzigen zweiten Torfahrt (mit Nebenpforte, »Leutra-Tor«), die aus der 1613 zerstörten Mittelmühle im westlichen Nachbardorf Leutra nach hier versetzt wurde (inschriftlich datiert 1623). Im 18. Jh. prächtiger Ausbau des Wohnteiles des Mühlengebäudes mit Stuckdecke und geschnitztem Stiel durch Gottfried Letsch (1790 Goethe-Besuch). Erlöschen der Produktion 1972 unter dem letzten hiesigen Müller (Hermann Letzsch, gest. 1976); 1978 Besitzwechsel, danach umfangreiche Restaurierungen, u.a. Neubau des oberschlächtigen, 4,5 m großen, 90 cm breiten hölzernen Wasserrades mit aufgeständertem Gerinne (1983/84) zum Betrieb eines Steinganges (von ehemals zwei). *HW*

Lit.: Erler/Schmiedel, 159, 193; Mühlen, 256, 379, 381; Wirth, 1990, 208–211, 227, 253.

## Jersleben (Ohrekreis/E 2) SA

Als untypisch für Wassermühlen kann das im 19. Jh. mit gemauertem EG und 2 Fachwerketagen dreigesch. errichtete Gebäude der bereits im 13. Jh. erwähnten **»Mittelmühle«** gelten. Die Mühlentechnik ist einschl. des eisernen Zuppingerrades mit hölzernen Armen und Schaufeln erhalten. *VR*

Lit.: Mühlen, 222.

## Jocketa (Vogtlandkreis/H 3) FS

**Eisenbahnbrücke** »Elstertalbrücke« der Sächsisch-Bayerischen Eisenbahn Leipzig–Hof. Die wie die Göltzschtalbrücke (→ Netzschkau) von Johann Andreas Schubert projektierte und (in etwas geänderter Form) von R. Wilke und F. Dost 1846–51 erbaute Brücke ist 279 m lang und 68 m hoch, zweietagig mit 2 bzw. 6, max. 31,2 m weit gespannten Rundbogen und 4 kleinen Stichbogen in Ziegelmauerwerk mit Naturwerkstein. Eine Sprengung bei Kriegsende riß in die Brücke eine 80 m breite Lücke, die 1946 mit einem 85 m langen und 7 m hohen Stahlfachwerk überbrückt wurde. 1947–50 wurde die Brücke in alter Form wiederhergestellt. *OW*

Lit.: Erler/Schmiedel, 166, 208.

*Jocketa. Elstertalbrücke*

## Jöhstadt-Schmalzgrube (Annaberg/H 4) FS

**Eisenhammer Schmalzgrube.** Im Jahre 1430 erstmals erwähnt, besaß das Eisenwerk 1716 einen Holzkohle-Hochofen, eine Frisch- bzw. Stabhütte und ein Hammerwerk und war bis 1870 in Betrieb. Die Frisch- bzw. Stabhütte und das Hammerwerk sind völlig verschwunden. Von dem nach einem eingemauerten Inschriftstein wohl 1819 errichteten *Hochofen* steht noch das aus Bruchstein errichtete Rauhgemäuer mit den Gewölben der Abstichöffnung und der Winddüsen. Gut erhalten ist das 1766 vom Hammerherrn Carl August Pistorius erbaute *Herrenhaus.* Es ist zweigesch., massiv, mit streng symmetrischer Anordnung der 7 Fensterachsen, besitzt ein hohes, abgewalmtes Mansarddach und einen Dachreiter mit offener Laterne und geschweifter Haube. *OW*

## Johanngeorgenstadt FS (Aue-Schwarzenberg/H 4)

**Schaubergwerk »Frisch Glück«,** auch »Glöckl« genannt. Die seit 1671 bestehende Grube wird vom Besucher durch die »Aufschlagrösche« betreten. Dies ist ein im Anschluß an einen ehemaligen Kunstgraben angelegter untertägiger Wasserzufluß zu den Wasserrädern der Grube. Das elliptisch gewölbte Mundloch der Aufschlagrösche stammt wie diese selbst von 1839–43. Vor dem Mundloch wurde 1844 die Stollnkaue aus Holzfachwerk mit Krüppelwalmdach und Dachreiter errichtet, in welchem eine Bergmannsfigur die Kunstglocke anschlägt. Diese Stollnkaue wurde um 1947 vom Uranbergbau abgebrochen, nach 1958 aber nach dem Ende des Uranbergbaus als Kopie wiedererrichtet. Am Ende der Aufschlagrösche kann der Besucher 2 untereinander liegende Kunstradstuben und im Bereich der ehemaligen Kehrradstube einen museal gestalteten Maschinenraum aus der Zeit des Uranbergbaus besichtigen. – **Pulverturm** der Grube Neu Leipziger Glück auf der Gotthelf-Schaller-Schachthalde, zur Lagerung des Sprengpulvers erbaut 1798, eingesch. massiv, mit Kegeldach. – **Pferdegöpel** der Grube Neu Leipziger Glück, erbaut 1798. Die »Rennbahn« um die 45 cm starke und 8,4 m hohe Göpelwelle hatte 20,8 m Durchmesser und war mit einem achtkantigen, 13,5 m hohen Zeltdach überdeckt. Auf der Göpelwelle befand sich der Seilkorb, von dem aus die Seile zu den 2,27 m hohen Seilscheiben und von diesen in den Schacht geleitet wurden. So bewirkte die Drehung der Göpelwelle durch Pferde jeweils das Aufwärts- und das Abwärtsfördern je einer Fördertonne. Dieser Pferdegöpel wurde 1921 vom Landesverein Sächsischer Heimatschutz restauriert, 1948 aber durch den Uranbergbau abgebrochen. Noch vorhandene Aufmaßzeichnungen erlaubten 1992/93 den originalgetreuen Wiederaufbau, allerdings etwa 150 m entfernt auf dem »Hohneujahr« samt »Unverhofft Glück«-Treibeschacht, da dieser Schacht von 1722 bzw. 1788 auch einen Pferdegöpel (den ersten des Reviers) besessen hat und in den obersten 22 m meisterhaft aufgeführte Gewölbemauerung aufweist, die nun von den Besuchern des Pferdegöpels besichtigt werden kann. – **Hammerherrenhaus Wittigsthal.** Das Eisenwerk Wittigsthal wurde 1651 von Caspar Wittig im Schwarzwassertal bei Johanngeorgenstadt gegründet und war mit einem Holzkohlehochofen bis um 1870 in Betrieb. Im Jahre 1827 wurde dort das erste Blechwalzwerk des Erzgebirges installiert. Allein erhalten ist das 1836 erbaute Herrenhaus. *OW*

Lit.: Wagenbreth/Wächtler, 1990, 287, 444; Wirth, 1990, 212.

## Jonsdorf, Kurort (Löbau-Zittau/G 6) FS

In den **Mühlsteinbrüchen** wurde der für Mühlsteine (→ Stadt Wehlen) bestens geeignete, gefrittete Sandstein ab 1560 im »Bärloch« gebrochen. Bereits um 1800 waren vier Brüche angelegt. Außenwirtschaftliche Schwierigkeiten und Änderungen der Mühlentechnik führten 1918 zur Einstellung. Vier Brüche, Schmiede, Kittschuppen, Wohn- und Wirtschaftsgebäude sind gut erhalten. Rutsche, Transportanlagen, Rampen und Nebengebäude sind erkennbar. *KD*

Lit.: Mühlen, 141; Wagenbreth/Wächtler 1989.

## Kahla (Saale-Holzland-Kreis/G 3) TH

**Ratsziegelei.** Gestreckter Ringofen mit im Grundriß quadr. Schornstein auf einst stadteigenem Grundstück, gleichsam eingezwängt auf einer Parzelle am östlichen Rande der (mittelalterlichen) Kernstadt; eine der kleinsten Anlagen ihrer Art überhaupt. Die Entstehungszeit ist unbekannt, der Typus weist auf das späte 19. Jh. *HW*

Lit.: Wirth, 1990, 213.

## Kamsdorf (Saalfeld-Rudolstadt/H 2) TH

*Vom Bergbau geprägte Region, anfangs, schon in der Bronzezeit, durch das Erschürfen von Kupfererzen, dann, zwischen 1074 und 1640, durch den Abbau von Silber und Alaunschiefer (→ Saalfeld), schließlich durch die Gewinnung von Eisenerzen ab 1640, seit 1871 für die in diesem Jahr gegründete Maximilianhütte in → Unterwellenborn. Ab 1925 auch Erzförderung im Großtagebau, der untertägige Abbau wurde 1957 aufgegeben. Nach 1989 weitgehend erloschen.*

**Revierhaus und Himmelfahrt-Ersatzschacht.** 1822 als steinernes Gebäude entstanden, zeugt das über langrechteckigem Grundriß errichtete, neunachsige eingesch. Revierhaus mit seinem dreiachsigen, vom Zwerchhausgiebel bekrönten Mittelrisalit, mit seinem krüppelgewalmten Satteldach und seinem mittigen achteckigen Dachreiter unter geschweifter Haube sowohl von dem baukünstlerischen Anspruch sogenannter Zweckbauten als auch von der hiesigen Konzentration der Grubenbetriebe in der damaligen Zeit. – Östlich daneben das Schachtgebäude, im UG aus Ziegeln, in dem mit flachem Satteldach bekrönten OG aus hölzernem Fachwerk, am Giebel mit schrägen Abspreizungen des aus dem Dach herausragenden holzverkleideten Fördergerüstes von 1904. Dem Giebel gegenüber das einstige Fördermaschinenhaus. – **Tagebaugrube Sommerleite.** Erster großräumiger Tagebau des Kamsdorfer Reviers, 1925 angefahren und nach seinem Erlöschen zugunsten des letzten tägigen Aufschlusses in den 60er Jahren unverfüllt geblieben, nun ein sowohl technisches als auch geologisches Naturdenkmal: Angeschnitten wurden heute noch erkennbare Stollen aus der Zeit von 1872 bis 1925 und die Lagerstättenstratigraphie des Eisenkalksteins. – **Halden.** Hügel in der Landschaft geben Kunde vom hiesigen (untertägigen) Bergbau des 13. bis 18. Jh.s, so nördlich der Straße nach Könitz und beidseitig der Straße nach Goßwitz. Ihre übertägigen Reihungen dokumentieren den untertägigen Verlauf der Erzgänge. *HW*

Lit.: Wirth, 1990, 213–214.

## Karow (Parchim/B 3) MV

Ähnlich → Waren erhielt K. in den 1880er Jahren eine neue Funktion als Umsteigestation an der Schnittstelle dreier Bahnlinien: Güstrow–Krakow–Plau, 5. 12. 1882 (Güstrow-Plauer Eisenbahn); Parchim–Waren–Neubrandenburg, 20. 1. 1885 (Mecklenburgische Südbahn); Hornstorf–Warin–Blankenberg–Goldberg–K., 14. 11. 1887 (Wismar-Karower Eisenbahn). Aus dieser Zeit stammt der das Bahnhofsareal beherrschende **Wasserturm** in Backsteinrohbau, dessen abweisende, von nur wenigen Öffnungen durchbrochene Fassaden, gefaßt durch Lisenenrahmen unter abschließendem Konsolgesims, an Geschlechtertürme des mittelalterlichen Italiens erinnern. In der Nähe des Bahnhofs ein weiterer, zylindrischer Wasserturm unter spitzem Kegeldach aus der Zeit um 1915. *VR*

## Karstädt (Prignitz/C 3) BG

**Bahnhof.** Im Vergleich mit den meist repräsentativen Hochbauten der Berlin-Hamburger Eisenbahn (Berlin–Boitzenburg, 15. 10. 1846) bescheidenes *Empfangsgebäude* von 1853 mit zurückhaltend spätklassizistischem Fassadendekor und einer für Nebenstationen bis in die 1890er Jahre typischen Baumassenverteilung von gleisparallelem Haupttrakt, gefaßt durch doppelgiebelige Risalite (hier mit einseitiger Verlängerung des Hauptgebäudes). Daneben der ehem. Stall- und Lagerschuppen mit Fachwerkobergeschoß (1853) und ein pavillonartiger Freiabort (um 1885) in Backsteinrohbau mit neoromanischer Fassadengliederung. *VR*

## Kaulsdorf (Saalfeld-Rudolstadt/H 2) TH

**Talsperre Eichicht.** Schwergewichtsmauer aus Stahlbeton, 215 m lang, 20 m hoch, im Saaletal; 1942/45 für das Ausgleichsbecken der Hohenwarte-Talsperre errichtet. Nach dem Bau des Pumpspeicherwerkes → Hohenwarte in Funktion des Unterbeckens dieses untersten Teiles der »Saalekaskaden« (→ Ziegenrück). *HW*

Lit.: Wirth, 1990, 215.

## Ketzin-Paretz (Havelland/D 4) BG

**Schöpfwerk** (westl. des Ortes). Die um 1916 in Betrieb genommenen leistungsstarken Anlagen des für seine Zeit sehr modernen Schöpfwerkes entwässerten das große Gebiet um den Havelländischen Großen Hauptkanal – Paretz-Nauener-Kanal – Havelkanal. Nach dem Bau des Havelkanals (1951/52) hat sich das Einzugsgebiet erheblich verringert. Das Maschinenhaus des Schöpfwerkes ist ein schlichter Putzbau auf einem Betonfundament mit Toren in den Giebelseiten und großen Fenstern in den Längsseiten. An der benachbarten Trafostation steht in einem Bogenfeld über der Tür die Jahreszahl 1916. Das Schöpfwerk besteht aus 2 Maschinensätzen und jeder wiederum aus Pumpe, Antriebsmotor und einem Getriebe zum Drehzahlausgleich. Die Pumpe des großen Maschinensatzes hat eine Länge von 4,35 m und eine Bauhöhe von 2,3 m, die des kleinen hat 4,15 m Länge und 1,85 m Höhe. Die AEG-Motoren werden über einen getrennten Anlasser betätigt. Zur Entlüftung der Pumpen dient eine Vakuumpumpe Bauart Siemens, die über einen Saugwindkessel wahlweise auf eine der beiden großen Pumpen geschaltet werden kann. Der 80 Jahre alte, zum Teil originale Maschinenbestand steht für eine technisch interessante Entwicklungsetappe im Pumpenbau. Die Dimensionen der technischen Anlagen lassen den Schluß zu, daß empirischen Ermittlungen der Vorrang gegenüber Berechnungen gegeben wurde. Mit seiner Leistung von etwa 22000 $m^3$ in der Stunde hat das seit 1982 nur noch sporadisch betriebene Schöpfwerk technikhistorische Bedeutung. *WT*

## Klasdorf-Glashütte BG (Teltow-Fläming/E 5)

● **Alte Baruther Glashütte.** Die erste Glashütte auf dem Gelände der heutigen Hüttensiedlung wird im Jahr 1716 erwähnt. 1735 abgerissen, wurde sie zur Herstellung von Tafel- und Hohlglas neuerbaut. In der erweiterten Hütte hat man 1830–1835 das erste reine Milchglas produziert. Mit der Herstellung der damals stark gefragten Lampenschirme aus Milchglas expandierte das Unternehmen. 1861 entstand die Neue Hütte mit mehreren Glas- und Kühlöfen. Die hohe konstante Temperatur erzeugte ein von Werner von Siemens entwickelter Gasgenerator – der erste bekannte Fall der Anwendung regenerativ beheizter Glaswannen. Das *Hüttengebäude* ist ein einschiffiger rechteckiger Backsteinbau mit hohem steilen Ziegeldach. An beiden Längsseiten sind Kühlöfen angebaut. Ein 35 m hoher Schornstein zwischen Gasgenerator und Hütte bildet eine markante Landmarke. Zum Hüttenkomplex gehören weitere Funktions- und Lagergebäude sowie eine innerbetriebliche Gleisanlage. Die Gebäude der *Hüttensiedlung* gruppieren sich um einen Anger. Sie entstanden zwischen 1820 und 1880. Zur Siedlung gehören sämtliche zum Wohnen und Leben notwendigen Einrichtungen wie Schule, Schmiede, Backofenhaus, Schenke und die Wohnhäuser der Hüttenarbeiter. Die älteren Gebäude sind Fachwerkbauten mit Ziegelausfachung und Biberschwanzeindeckung. Hausgärten und Stallanlagen runden das Bild ab. 1951 wurde die Gasgeneratoranlage erneuert und mit der Produktion von Beleuchtungs- und Behälterglas begonnen. Irreparable Risse in den Gaskanälen führten im September 1980 zur Stillegung. Vorgesehen ist die Wiederherstellung der Anlage als Museum. *WT*

## Bad Kleinen MV (Nordwestmecklenburg/B 2)

**Bahnhof.** Von der Station Hagenow der Berlin-Hamburger Eisenbahn aus (eröffnet zwischen Berlin und Boitzenburg am 15. 10. 1846) erschloß die Mecklenburgische Eisenbahn die Ostseeküste mit dem Streckenbau über Schwerin (1. 5. 1847) und Kleinen nach Wismar (12. 7. 1848) sowie von Kleinen nach Rostock (13. 5. 1850) und Lübeck (1. 5. 1870). Mit dem Anschluß nach Lübeck wurde das 1848 in Formen des romantischen Spätklassizismus errichtete Bahnhofsgebäude modernisiert. Seitdem gliedern Backsteinpilaster die Putzfassaden des *Empfangsgebäudes* und der 1870 hinzugekommenen Nebenbauten; die Gebäudekonturen bestimmen nun die das Satteldach ersetzenden Walmkonstruktionen. Die gleisseitige Fassade des Empfangsgebäudes im Stil der frühen Moderne beim Umbau 1926 vereinfacht. *VR*

Lit.: Berger, 213.

## Klein Marzehns BG (Potsdam-Mittelmark/E 4)

**Autobahnbrücke** (A 9 Berlin–Nürnberg, westl. der Ortschaft). Die 1937 dem Verkehr übergebene Steinbogenbrücke überführt die Bundesautobahn über einen schluchtartigen Geländeeinschnitt in einem großflächigen Waldgebiet südlich der Burg Rabenstein. Die massive Wölbbrücke in Parabelform ist Teil der größten zusammenhängenden Autobahnstrecke Stettin–Salzburg mit 5212 Brücken und Durchlässen. Gesamtlänge: 77,2 m; Gewölbebreite: 24,5 m; lichte Höhe: 14,55 m. Sie ist als gemauertes Gewölbe auf hochgezogenen Kämpfern in Stampfbeton ausgeführt, die Gewölbefläche mit großformatigen gelben Klinkern verblendet. Die Flügelmauern sind baugleich ausgeführt, Sockel und Brüstung bestehen aus Granit. Der im Frühjahr 1945 gesprengte obere Gewölbeabschnitt wurde 1952 in Klinkermauerwerk mit Betonüberschüttung erneuert. Bei der Wiederherstellung wurde ein Teil der erhaltenen Klinker wiederverwendet. *WT*

## Klein Quenstedt (Halberstadt/E 2) SA

**Wassermühle.** Das Mühlengebäude in dem verm. 1751 erbauten Müllergehöft besteht aus massivem EG und Fachwerkobergeschoß. Das oberschlächtige, 4 m hohe Wasserrad wurde 1988 neu gebaut. Weiter sind in der 1985–88 restaurierten Mühle erhalten: eine Schälmaschine, Schrotgänge, ein Walzenstuhl mit Porzellanwalzen, Aspiration, Mischmaschine und Fahrstuhl. *OW*

## Klein Wanzleben (Bördekreis/E 2) SA

Von der einstigen Bedeutung der **Zuckerfabrik** vermitteln die erhaltenen Bauten nur wenig. Die 1838 von Landwirten der Umgebung gegründete Aktiengesellschaft veränderte sich 1864 als Zukkerfabrik Rabethge & Giesecke oHG zu einem Familienbetrieb, der 1885 in der »Zuckerfabrik Kleinwanzleben vorm. Rabethge & Giesecke Aktiengesellschaft« aufging (erneute Umbenennung 1937 in Rabethge & Giesecke A.-G., 1951–1990 VEB Zuckerkombinat Magdeburg). Aus der Mitte des 19. Jh.s stammen das nach Umbauten im Kern noch erhaltene Diffusionsgebäude, das Siedehaus und das Füll- und Zuckerhaus mit Kochapparaten von 1899. Die ehem. 4 Speichergebäude stammen aus den Jahren 1895–1904, das Laborgebäude von 1902 und die im Winkel errichtete zweigesch. Verwaltung von 1911. *VR*

Lit.: Schmidt/Theile I, 192.

## Kleineutersdorf TH (Saale-Holzland-Kreis/G 2)

**Hängebrücke.** Fußgängersteg über der Saale zwischen Klein- und Großeutersdorf, 1908 anstelle einer (100 m entfernten) Fährstation von der Firma Paul Moser/Kahla errichtet. Insgesamt 88,9 m langes und 1,5 m breites Stahlbauwerk. Zwischen den 56,5 m voneinander entfernten, auf T-förmigen Betonfundamenten sich 9,2 m in die Höhe streckenden Pylonen aus genieteten Winkelprofilen sind die beiden je 48 mm dicken, aus je sechs 14 mm dicken verdrillten Litzen bestehenden Spannseile gezogen, an denen – über Stahlstäben – der Brückensteg, ein Winkeleisen-Rahmen mit Holzbelag, hängt und die mit Zugstangen über Vorbrücken an den Ufern verankert sind. Als einzige zwischen Saalfeld und Jena 1945 nicht gesprengte Brücke (→ Jena-Burgau) 1972 und 1982 durch eine Parallelüberführung entlastet bzw. funktionslos geworden, danach

Verfall, dem denkmalpflegerische Behandlungen entgegenwirkten, so 1988, zuletzt 1993 mit hohem Kopienanteil. *HW*

Lit.: Erler/Schmiedel, 169, 170, 219.

## Klingenthal (Vogtlandkreis/H 4) FS

Die 1821 von Friedrich Ludwig Buschmann erfundene Mundharmonika bildete eine Generation später, aufbauend auf der Tradition der seit 1659 hier ansässigen Geigenmacher, die Grundlage für eine florierende Musikinstrumentenindustrie (1893: 41 Hersteller; 1907: 65 unterschiedlich große Fabriken). Aus dem 1850 von Carl Hermann Meinel gegr. Handwerksbetrieb entwickelte sich bis zum Ende des Jh.s eine profitable **Mundharmonika-Fabrik** (Bahnhofstraße 12; ab 1957 »C. H. Meinel-Schlossmeinel KG«). Von 1897 das Wohn- und Verwaltungsgebäude mit renaissancistischer Fassadengestaltung, die gefaste Ecke betont durch pilastergefaßte Erker. In retardierenden neoklassizistischen Formen der Vorkriegszeit das viergesch. Produktionsgebäude von 1924: horizontal betont durch kräftiges Gurtgesims in halber Fassadenhöhe, darüber durch Stuckrahmen gebundene und durch stuckierte Brüstungsfelder mit Darstellungen von Harmonikas und Mundharmonikas getrennte Fensteröffnungen. – Drei Jahre vor Meinel legte Christian August Seydel den Grundstein für ein nach 1900 weltweit wettbewerbsfähiges Unternehmen in K.-Untersachsenberg (Robert-Koch-Straße 2), das sich zwischen den 1880er und 1920er Jahren baulich erweiterte, nach der Enteignung 1951 zum VEB Vereinigte Mundharmonikawerke Vermona gehörte und 1991 als C. A. Seydel Söhne neu gegründet wurde. Für die industrielle Produktion entstand um 1880 ein schlichter Backsteinrohbau. Das etwa gleichzeitig in der Tradition des Spätklassizismus errichtete Büro- und Wohnhaus (um 1923 umgebaut) schmücken stuckierte Musikinstrumente in den Lünetten der die Fenster rahmenden Blendbögen des OG. Das nachfolgende Produktionsgebäude, 1910 begonnen und 1923 beendet, präsentiert sich im Neoklassizismus der Vorkriegszeit mit klar gerasterten Fassaden, akzentuiert durch polygonale risalitartige Vorbauten mittig und als Eckabschluß; letztere aufgewertet durch applizierte musizierende Putti aus grün glasierter Majolika aus, die als Motiv in der zehnachsigen Erweiterung von 1923 erneut auftauchen. *VR*

Lit.: Bauten der Technik und Industrie, 433, 436.

## Klostermansfeld (Mansfelder Land/F 2) SA

**Wasserturm** (Neue Straße). Der um 1902 für die städtische Wasserversorgung erbaute Turm zeigt in der Ausführung des Schaftes (zylindrischer Sockel, über dem Kaffgesims schlanker Konus) wie des Kopfes (Eisenfachwerk auf zwölfseitigem Grundriß) die typischen Gestaltungsmerkmale eines Reservoirs mit Intze-Behälter. *VR*

## Kloster Veßra (Hildburghausen/H 2) TH

**Agrarhistorisches Museum.** Auf dem Gelände des 1131 gegründeten, 1573 endgültig säkularisierten, danach nur noch landwirtschaftlich, seit 1975 museal nachgenutzten Prämonstratenserklosters befinden sich technikgeschichtlich hoch beachtenswerte Sachzeugen: in der überkommenen mittelalterlichen Substanz selbst, im Winkel zwischen westlichem und südlichem Klausurgebäude, der erhebliche Rest des *Steinofens* der einstigen Zentralheizung, im Freigelände eine 1847 in Wohlmuthausen (Kr. Schmalkalden-Meiningen) errichtete, 1987 nach hier translozierte *Wassermühle* sowie eine *Dorfschmiede* des 19. Jh.s aus Leutersdorf (Kr. Schmalkalden-Meiningen). Unter einem Schutzdach wertvolle agrartechnische Großgeräte, u. a. eine *Lanz-Lokomobile* von 1913, einst für den Antrieb von Kipppflügen auf den Äckern und von Dreschmaschinen im Gutshof verwendet. *HW*

Lit.: Wirth, 1990, 218–220.

## Königs Wusterhausen BG (Dahme-Spreewald/E 5)

**Hauptfunkstelle der Deutschen Reichspost** (Funkerberg). Die 1913 geplante drahtlose Großfunkstelle der Heeresleitung wurde im 1. Weltkrieg in Betrieb genommen. 1916 wurde das *Sendehaus I* fertiggestellt. Der monumentale Baukomplex setzt sich aus Verwaltungsgebäude, Sendehaus und Maschinensaal zusammen. Über dem Eingangsportal des Verwaltungsgebäudes sind zwei

Tritonen, die ein Blitzbündel halten, in Putzrelief dargestellt. Im später angebauten Maschinensaal ein 100-PS-Dieselmotor, 1937 von der Humboldt-Deutz-Motoren AG Köln gebaut. Er ist mit einem 740-KVA-Generator (AEG) verbunden. Beide Maschinen dienten der Stromversorgung aller Sendeanlagen im Netzersatzbetrieb. Das *Sendehaus 2*, ein schlichter eingesch. Baukörper, wurde bereits von der Deutschen Reichspost 1924 errichtet, die damit die Hauptfunkstelle in Betrieb nahm. Lediglich die Eingangsfront ist mit einer großen rundbogigen Blendnische, die das kräftige Kranzgesims durchbricht, und dem von dorischen Säulen gefaßten Portal aufwendiger gestaltet. Kernstück des Sendehauses ist der 1930 von Telefunken gebaute Mittelwellensender 21 mit Schaltpult, Hoch- und Niederfrequenz-Vorstufen, Wasserwiderständen, Überstromrelais, Schnellrelais, Kunstantenne mit Antennenwahlschalter sowie Antennenhaus. Das 1924/25 gebaute *Sendehaus 3* ist in seiner an eine Basilika erinnernden Form das architektonisch herausragende Gebäude. Die funktechnische Einrichtung wird durch die vorrangig betriebenen Langwellensender SL 2 und SL 36 repräsentiert. Während der SL 1 1946 von Telefunken hergestellt wurde, ist der SL 36 eine Eigenentwicklung der Deutschen Post von 1961. Mit diesem Sender gelang es erstmalig, Pressefunkbilder über einen Langwellensender zu übertragen. Beide Sender sind seit 1989 bzw. 1993 stillgelegt. Als Wahrzeichen von Königs Wusterhausen gilt der 243 m hohe *Antennenmast*, der letzte von vielen. In der Geschichte des Funkwesens von der ersten Löschfunkenstation bis hin zu modernen Maschinengroßsendeanlagen nimmt die Hauptfunkstelle in K.W. in Deutschland den ersten Platz ein. Alle Sendeanlagen stehen für wichtige Etappen der Rundfunktechnik. Die Netzersatzanlagen zählen mit ihren technischen Parametern zu den bedeutendsten historischen Anlagen in Deutschland. Die Geschichte des öffentlichen Rundfunks in Deutschland begann im September 1920 auf dem Funkerberg in K.W. *WT*

## Königstein (Sächsische Schweiz/G 5) FS

**Festung.** Eine böhmische Burg auf dem Sandsteintafelberg mit einer Plateaufläche von 9,5 ha wird erstmals 1241 anläßlich der Festlegung des Grenzverlaufes zwischen dem Bistum Meißen und dem Königreich Böhmen erwähnt. Seit dem 16. Jh. wurde sie zu einer der größten europäischen Bergfestungen ausgebaut. Als Sicherungsanlagen für den Zugang zur Festung dienten hintereinander: **Rothe Brücke**, zwischen 1792 und 1802 als Zugbrücke erbaut, 1886 durch eine Wippbrücke (Länge: 3,6 m; Breite: 4,6 m; Hebellänge: 2,4 m) ersetzt; **Brücke in der Grabenschere**, zwischen 1729 und 1736 als Zugbrücke erbaut, 1893 durch Wippbrücke (Länge: 4 m; Breite: 4,4 m; Hebellänge: 3,6 m) ersetzt; **Brücke in der dunklen Appareille** (frz., Aufgang, Rampe): ehem. eine Zugbrücke, 1892 durch Wippbrücke (Länge: 3,2 m, Breite: 4 m, Hebellänge: 3,2 m) ersetzt, *Steinschmeiße* und *Pechnase*. 1792 eingebaute *Fallpalisade* aus vierkantigen, mit Eisenspitzen versehenen, in der dunklen Appareille an Ketten hängenden Pfählen; Caponnierengang. Zwischen diesen Sicherungen liegen 3 eisenbeschlagene Holztore und 3 Eisentore. Der Überwindung der Steilrampe in der dunklen Appareille diente die urspr. hölzerne, seit 1877 eiserne *Wagenwinde* (Trommeldurchmesser 1,2 m; einfache Zahnradübersetzung, Handantrieb) von 1779. Zur schnellen Aufmunitionierung der Batterien V bis VII aus den unterirdischen bombensicheren Magazinen wurde ein **Aufzug** 1890 in Betrieb genommen (Volumen der beiden Körbe: je 0,5 x 0,5 x 0,5 m, hängend am Endlosseil über eine Förderhöhe von 4 m, von Hand bewegt). Der Versorgung der Festungsbesatzung dienten vor allem fünf **Zisternen** (Fassungsvermögen: 1500 $m^3$), ein 1563–69 bis auf 152,5 m geteufter **Brunnen** in einer gewölbten Brunnenstube (Wasserförderung mittels Göpelwerk, Tretrad, ab 1871 Dampfmaschine, 1912–67 Elektromotor), mindestens seit 1762 die *Bäckereikasematten*, die erstmals 1777 erwähnte *Fleischerei*, das 1621/22 als Renaissanceschlößchen erbaute *Proviantmagazin*, der Keller für das 1725–1819 existierende, 238000 Liter fassende Weinfaß Augusts des Starken, der 1818/19 zum bombenfesten Proviantmagazin umgebaut wurde. Im Boden des Neuen Zeughauses ein hölzerner **Handgöpel** mit senkrecht stehender, als Seiltrommel dienender Drehachse. – Für die 1842–50 erbaute sächsisch-böhmische Eisenbahn entstand wegen der beschränkten Raumverhältnisse und der Hochwassergefahr durch die Elbe ein **Viadukt** mit 32 Bögen und einer Länge von 463 m. 1989–93 wurden 9 dieser Bögen geschlossen. – 1901–1904 verkehrte in Königstein der erste **Oberlei-**

**tungsbus** der Welt. Auf einer Streckenlänge von 4 km beförderte er Personen und Fracht. An 15 Häusern in der Bielatalstraße sind die kunstvoll gestalteten Haken für die Aufhängung der Oberleitung noch erhalten. *KD*

Lit.: Dittmann; Taube; Wagenbreth/Wächtler, 1989; Werte unserer Heimat.

## Bad Kösen (Burgenlandkreis/G 3) SA

**Bahnhof.** Der seit Anfang des 19. Jh.s in Mode gekommene Badeort erhielt Bahnanschluß mit dem Bau der Fernverkehrsstrecke Berlin–Frankfurt a.M. (19. 12. 1846, Teilstrecke Weißenfels–Weimar, Thüringische Eisenbahn) und ein *Empfangsgebäude* im spätklassizistischen Rundbogenstil, das bei der Modernisierung um 1905 im Kern erhalten blieb. Typisch für den Jahrhundertanfang die große Rundbogenöffnung der Eingangshalle (vgl. *Reclams Führer zu den Denkmalen der Industrie und Technik* , Bd. 1: Lübeck-Travemünde) und im Inneren die hölzerne Sprengwerk-Konstruktion, die das von einem schlanken Uhrtürmchen unter Glockendach bekrönte Krüppelwalmdach trägt. An die großflächig verglaste hölzerne Fassade der Warteraumzone schließt sich nach Norden die mit Backsteinen ausgefachte Holzständerkonstruktion des Güterschuppens an. – **Saline.** Erste Suchgrabungen nach siedewürdiger Sole unternahm der aus der Saline Bad Sulza entlassene Salzschreiber Jacob Abraham Christner ab 1681, die, ohne fündig zu werden, bis 1720 fortgesetzt wurden. Erst Johann Gottfried Borlach (→ Bad Dürrenberg) gelang nach Sondierungen 1727–30 die Entdekkung einer ergiebigen Solequelle (Unterer Schacht, seit Mitte des 19. Jh.s verwahrt), die nach Niederbringung des Oberen Schachtes (Borlachschacht) 1731–36 aus einer Endteufe von 173,5 m gefördert werden konnte. Der Antrieb der urspr. im Schacht installierten, durch die holzverkleidete Fachwerkkonstruktion des Schachtgebäudes geschützten Kolbenpumpen (1947 durch elektr. Kreiselpumpen ersetzt) geschah mittels doppeltem Feldgestänge mit je 27 Schwingen (Pendelstützen), das die 180 m Distanz zwischen dem mittelschlächtigen Wasserrad (Dm. 7 m, B 2,4 m) im Oberen Radhaus in der Kleinen Saale (ein von den Zisterziensern des Klosters Pforte im 12. Jh. angelegter Mühlgraben) und dem Borlachschacht überbrückte. Das Wasserrad wurde 1968–72, das in einer Kunstkreuz-Attrappe vor dem Schachthaus endende Feldgestänge 1987 für Schauzwecke erneuert. Von Borlach konzipiert der Antrieb der Pumpen im Unteren Schacht mit rückschlächtigem Wasserrad (ersetzt durch Eisenkonstruktion, funktionslos) in dem Unteren Radhaus. Oberhalb des Borlachschachtes erhebt sich mächtig ein bis zu 20 m hohes Gradierwerk, das, in seinem ältesten, nördlichen Abschnitt nach Planung von Johann Christian Schroeter 1780 fertiggestellt, bereits 1808–16 für den Kurbetrieb auf 320 m verlängert wurde. Die Schnittstelle der beiden Bauteile markiert der Pumpenturm, den bis 1987 ein einfaches Feldgestänge mit dem Kunstkreuz der Solepumpen am Borlachschacht verband; heute erfolgt die Beschickung des Gradierwerkes durch Elektropumpen. Seit 1859, als nach Aufschluß der Steinsalzlager bei Staßfurt die Saline geschlossen und abgebrochen wurde, dient die Sole ausschließlich Kurzwecken. – Das linke durch das Streichwehr mit den Salinenanlagen verbundene Ufer der Saale beherrschen die imposanten Bauten der **»Kösener Mühlenwerke Ernst Roßner GmbH«** als Ergebnis einer langen Entwicklung: erste urkundliche Erwähnung einer Mühle 1170; erste Industriemühle von Christian Roßner errichtet (dat. »1816 C.R.«); die Fabrikantenvilla von 1827 mit inneren Umgestaltungen 1890. Der viergesch., durch Lisenen in fünf Joche gegliederte Backsteinrohbau der heutigen Mühle, mit Holzbalkendecken auf Gußeisenstützen, ist datiert »Gr. St. 1869«, die techn. Einrichtung stammt zumeist aus dem 20. Jh. (2 Turbinen von 1938 bzw. 1939, 16 Walzenstühle von 1958–59, dazu Transmissionen, 9 Plansichter). Im Norden an das Mühlengebäude anschließend ein Silo mit 9 Schächten im typischen Industrie-Jugendstil des Jahrhundertanfangs (datiert »E. R. 1903« – Ernst Roßner); auffallend die Fassadengestaltung, die aus dem Kontrast zwischen den sich bis zur abschließenden neoromanischen Blendarkade immer mehr verdichtenden Putz- und Backsteinflächen lebt.

### B. K.-Schulpforta

1140 gründeten Zisterzienser am Ort einer um 1000 begonnenen, doch unvollendet gebliebenen Kirche das Kloster Pforte, das 1540 aufgegeben wurde und ab 1543 als kurfürstl. Landesschule zur Ausbildung des Pfarrer- und Beamten-

*Bad Kösen. Industriemühle*

nachwuchses diente. Aus dieser Zeit stammt das zweistöckige, massiv in Werkstein gemauerte Gebäude der **»Klostermühle«** mit weitgehend erhaltener (1972–73 restaurierter) techn. Einrichtung verm. des 18. Jh.s (Besichtigung Mitte April–Mitte Sept. an Wochenenden). Hervorzuheben das Pansterzeug zur Anpassung des (seit der Stillegung 1906 abgängigen) Mühlrades an den Wasserstand des Mühlgrabens. *VR*

Lit.: Schmidt/Theile I, 55, 239; Wagenbreth/Wächtler, 1989, 84; Wirth, 1990, 223–225; Mühlen, 226.

## Köthen (Köthen/F 3) SA

Der Zusammenführung zweier wichtiger Bahnlinien (Magdeburg–Leipzig, 19. 6. 1840 von der Saale–Cöthen, 23. 7. 1840 Cöthen–Halle, Magdeburg-Cöthen-Halle-Leipziger Eisenbahn; 1. 9. 1840 Dessau–Cöthen, Berlin-Anhaltische Eisenbahn) folgte eine intensive Industrialisierung der (seit 1928 mit K geschriebenen) Stadt an der Ziethe. Mit dem Anschluß nach Bernburg (1. 9. 1846, Cöthen-Bernburger Eisenbahn, seit 1. 1. 1863 in Betrieb, ab November 1863 im Eigentum der Magdeburg-Halberstädter Eisenbahn) entstand hier ein bedeutender **Eisenbahnknotenpunkt**, der etwa 1869 als Ersatz für die im gleichen Jahr abgebrochenen Bahnhofsbauten der Magdeburg-Leipziger und Berlin-Anhaltischen Eisenbahnen ein neues *Empfangsgebäude* in Backsteinrohbau erhielt. Die durchgehend mit Bänderrustika gestalteten Fassadenflächen gliedern zweigesch. Lisenenrahmen zwischen jeder Fensterachse; über dem zentralen dreiachsigen, durch Rundbogenöffnungen von den Seitenflügeln unterschiedenen Hauptzugang ein gestuftes Attikageschoß; die Schmalseiten des seit dem 1. Weltkrieg als Wohnhaus für Bahnbedienstete genutzten Gebäudes enden in klassizistischen Tympana. Im Zusammenhang mit der umfassenden Modernisierung der Strecken der 1896 gegründeten Preußisch-Hessischen Staatseisenbahnen (ab 1. 4. 1920 Deutsche Reichsbahn) zwischen 1910 und 1914 verlagerte sich der Bahnbetrieb in einen 1913 begonnenen Neubau, der mit asymmetrischer Baumassenverteilung – überhöhte Eingangshalle mit stadtseitigem Thermenfenster, zweigesch. Nebentrakten, auflockernden balustradenbekrönten Flachbauten und überwalmtem Eckpavillon – und Verwendung barokker Gestaltungselemente ganz dem Reformstil der ersten 15 Jahre des 20. Jh.s entspricht (s. *Reclams Führer zu den Denkmalen der Industrie und Technik*, Bd. 1: Darmstadt, Frankfurt a.M.-Höchst und Friedberg, Sachsenhausen u.a.). Verm. ein Jahrzehnt früher erbaut wurde im Osten der Gleise (B 183) ein **Bahnwasserturm** mit konischem Backsteinschaft zur Aufnahme eines Kugelbehälters mit Stützboden der Bauart Klönne. Daneben ein kleines Bahnbetriebswerk mit achtständigem Lokomotivschuppen von 1893–94 nach Entwurf von Blunck, ausgeführt von Freye; südlich davon ein sich aus Kuben addierendes Umspannwerk mit Klinkerfassaden im

Stil der 1920er Jahre. – Gurtgesimse, wenige Rundbogenfenster, Konsolgesims am Übergang von Schaft zu Turm und flachgeneigtes Kegeldach charakterisieren den zur Aufnahme eines Flachbodenbehälters in romanisierendem Backsteinrohbau Ende des 19. Jh.s errichteten **Wasserturm** (Lohmannstraße/Am Wasserturm) der städt. Wasserversorgung. – Hauptsächlich aus den 1890er Jahren stammen die Hochbauten der **Malzfabrik** (Dr.-Krause-Straße), monumentale Backsteinrohbauten in Formen der Neurenaissance, die in Bahnhofsnähe ein ganzes Stadtviertel dominieren. *VR*

Lit.: Berger, 157.

## Kosilenzien (Elbe-Elster/F 5) BG

**Paltrockmühle.** Die Mühle wurde wie die meisten Paltrockmühlen als Bockwindmühle gebaut (1921 umgebaut). Der Mühlenkasten dreht sich nun auf einem Rollenkranz, dessen untere Schiene auf einem ringförmigen Backsteinfundament befestigt ist. Ihre Windkraftanlage bestand aus nach ihrem Erfinder benannten Hechtschen Federjalousien, ihre Verstellung erfolgte in einem selbst regulierenden System. Das Vordrehen in den Wind erfolgte im Gegensatz zu allen anderen Paltrockmühlen nicht über die Windrose, sondern per Handkurbel über ein unter der Ladeplattform liegendes Schneckengetriebe. Unter dem Mansarddach befinden sich drei Arbeitsböden: Der untere enthält die Zentraltransmission und die Kegelradgetriebe für die Mahlgänge, auf dem ersten befinden sich Schrot- und Mahlgang sowie ein Walzenstuhl, auf dem zweiten Boden die Reinigungs- und Sichteranlagen sowie eine sehr selten vorkommende Hirsestampfe. Mit Windkraft arbeitete die Mühle bis Anfang der 1940er Jahre, nach dem 2. Weltkrieg Umstellung auf elektrischen Antrieb. Als Ergebnis der Kollektivierung der Landwirtschaft wurde in dieser Mühle seit den 1960er Jahren nur noch zu Futterzwecken geschrotet. 1976 stillgelegt. *WT*

## Koßdorf (Elbe-Elster/F 4) BG

1912 an Stelle einer Bockwindmühle erbauter **Turmholländer** (Mühlberger Straße 18) mit fast komplett erhaltener technischer Ausstattung: 2 Doppelwalzstühle, ein vierzehnteiliger Plansichter, pneumatische Förderung, Elektromotor. Das in den 1970er Jahren rekonstruierte Flügelkreuz ohne Funktion. *VR*

Lit.: Mühlen, 211.

## Kottmarsdorf (Löbau-Zittau/G 6) FS

**Bockwindmühle »Burkmühle«.** Nach der Inschrift in der Wetterfahne (»1843 ABZ«) zu folgern, wurde die Mühle 1843 von August Benjamin Zimmermann erbaut. Bis 1943 in Betrieb, ist sie 1984 restauriert worden und seitdem – mit vollständig erhaltener technischer Einrichtung – Schauanlage. Sie zeigt eine für die Lausitzer Bockwindmühlen typische Besonderheit: einen bis fast auf den Erdboden herabgeführten Brettbeschlag des Mühlenkastens. Neben der Mühle liegt die Welle mit dem Kammrad von der »Hempelmühle« im benachbarten Schönbach. Am Rad die Inschrift: »Dieses Rad ist gebauet u. gefertigt worden v. Meister Christian Fröden. Müller allhier u. dessen Sohn Johann Christian Fröden als Arbeits Porsche 1752.« *OW*

Lit.: Mühlen, 290, 392.

## Kranichfeld (Weimarer Land/G 2) TH

**Holzkastenbrücke.** Fußgängersteg mit 1,5 m Breite und etwa 20 m Länge stützenfrei im 19. Jh. über die Ilm geschlagen. Gehsteig, Seitenwände – mit Schalbrettern verkleidete Hängesprengwerke – und Steildachwerk sind zum tragfähigen »Kasten« verzimmert. Die Restaurierung dieses einst weit verbreiteten, nun selten verbliebenen Brückentyps ist seit 1988 vorgesehen. *HW*

Lit.: Wirth, 1990, 226.

## Kretzschau-Groitzschen SA (Burgenlandkreis/G 3)

**Braunkohlenschwelerei.** Untrennbar mit dem Braunkohlebergbau verbunden und typisch für ihn sind Schwelereien für die chemische sowie Brikettfabriken (→ Zeitz) für die mechanische Veredelung der Rohkohle, während die Übertagebauten der Schachtanlagen im Stein- bzw. Braunkohlentiefbau prinzipiell austauschbar sind. Mit der Einführung der trockenen Destillation von Braunkohle, dem Schwelen, zur Gewinnung von Teer als Rohstoff für die Darstellung von Paraffin und Solaröl als Leuchtmittel begann der Aufschwung im Zeitz-Weißenfelser Revier. In Anlehnung an die Leuchtgasherstellung kamen seit der Mitte der 1850er Jahre horizontale, zu Batterien vereinigte Retorten mit chargenweisem Betrieb und indirekter Beheizung mit geringem Durchsatz zum Einsatz. Sie wurden seit 1870 abgelöst durch die von dem Apotheker und Direktor der Schwelerei und Mineralölfabrik Gerstewitz E. Rolle entwickelten und nach ihm benannten Schachtöfen mit kontinuierlichem Betrieb, deren höhere Leistung (Tagesdurchsatz ca. 6–7 t gegenüber 0,5–0,8 t in der Retorte) auch den sinkenden Teergehalt der Kohle auszugleichen vermochte. In den anfangs etwa 5 m, später 7–14 m hohen Zylindern aus Eisen bzw. Schamottsteinen der Rolle-Schwelöfen rutschte die Kohle zwischen den mit Abstand im Zentrum gestapelten konischen Eisenringen, den Schwelglocken (H ca. 25 cm), und der von außen befeuerten Zylinderwandung im Takt des Koksabzuges nach unten, wobei die Schwelung erfolgte. Die Schwelgase wurden über den von den Schwelglocken gebildeten Mittelschacht abgezogen. Mitte der 1930er Jahre verdrängten die um 1915 entwickelten Spülgas-Schweler endgültig die Rolle-Öfen mit Durchsatzleistungen von 300–500 t pro Tag, die durch die Kombination von kontinuierlichem Betrieb und direkter Beheizung der Kohle im Schwelraum durch heiße sauerstofffreie Gase erreicht werden konnten. Das 1890 als Backsteinrohbau für zwei Rolle-Ofenbatterien mit je 11 Schachtöfen (H 7 m, 1920 auf 12 m erhöht) erbaute Schwelhaus I in Groitzschen (nördl. des Gleiskörpers im Bahnhof Kretzschau) dokumentiert – wenn auch durch die Teilabbrüche (ab 1954 Dach und Beschickungsboden von 1920, 1975 nördl. Außenwand, Ostgiebel) in ruinösem Zustand – als verm. letzte historische Schwelerei überhaupt mit den erhaltenen Ofenbatterien die für die Braunkohlenschwelerei wichtigste Erfindung sowie die Blütezeit der Schwelerei im Zeitz-Weißenfelser Revier. *VR*

Lit.: Schmidt/Theile I, 49; Wagenbreth, 1991, 116 ff.; Wirth, 1990, 226.

## Kriebstein-Höfchen (Mittweida/G 4) FS

Im Tal der Zschopau wurde 1926–29 die **Talsperre Kriebstein** als Gewichtsstaumauer (L 235 m, H 22 m, größte Breite am Fuß 20 m, Kubatur 82000 m³) in erster Linie zur Energieerzeugung errichtet. Hochwasser kann über 4 Durchflußöffnungen abgeleitet werden. 3 Grundablässe mit Rohrleitungen führen direkt zu je einer Francis-Spiralturbine mit stehender Welle und direkt gekoppeltem Drehstrom-Generator. Die Leistungen betragen bei einer Nutzfallhöhe von 21 m und Rohrdurchmessern von 2,4 m bzw. 1,8 m zweimal 2300 kW und einmal 1300 kW. Alle Maschinen laufen seit 1929. Ab 1992 Instandsetzungsarbeiten an der Staumauer. *KD*

*Kriebstein-Höfchen. Talsperre, Generatoren im Krafthaus*

Lit.: Sieber.

## Krumhermersdorf FS
(Mittlerer Erzgebirgskreis/G 4)

**Aquädukt** über die Zschopau. Das aus dem Erzgebirge für die Wasserversorgung nach Chemnitz zu führende Wasser quert die Zschopau in einem 1905–07 erbauten Aquädukt, der etwa 80 m lang, 2 m breit und 10 m hoch ist. Er besteht aus 5 in Natursteinmauerwerk errichteten Gewölbebogen. *OW*

**Krummenhennersdorf** (Freiberg/G 4) FS

**Grabentour.** Die Hilfsschächte (»Lichtlöcher«) des Rothschönberger Stollns (→ Tanneberg-Rothschönberg, Reinsberg, Halsbrücke) benötigten für den Betrieb der Förder- und Pumpenanlagen für den Stollnvortrieb Energie. Wo Wasserkraft beschaffbar war, nutzte man diese mittels Wasserräder oder Turbinen, wo nicht, installierte man Kolbendampfmaschinen. Um das 4. Lichtloch in Reinsberg und das 5. Lichtloch im Bobritzschtal mit Wasserkraft zu versorgen, legte man 1844–46 im Bobritzschtal von Krummenhennersdorf bis kurz vor Reinsberg die »Grabentour« an, indem man unterhalb der Krummenhennersdorfer Mühle von der Bobritzsch einen Graben abzweigte und am rechten Talhang der Bobritzsch so entlangführte, daß er immer größere Höhe erlangte. So konnte man am 5. Lichtloch einen Teil des Wassers in der Fallhöhe zwischen Graben und Bobritzsch energetisch mittels Wasserkraftmaschinen nutzen. Der andere Teil des Wassers wurde vom Ende der Grabentour 900 m weit untertage zum 4. Lichtloch (→ Reinsberg) geführt, wo es zutage trat und die dortigen Wasserräder antrieb. Die insges. 3,6 km lange Grabentour besteht aus einem Wechsel von übertägigen Teilstrecken (»Kunstgräben«) und untertägigen Teilstrecken (»Röschen«). Diese sind die Felsenbachrösche, die Porzellanfelsenrösche (mit Inschrifttafel), die Rösche am 5. Lichtloch und die Buchenbornrösche. Alle Mundlöcher jeweils am Beginn und am Ende einer Rösche sind aus Bruchstein in elliptischer Gewölbemauerung aufgeführt. Die seitliche Mauerung des Kunstgrabens ist 1992/94 weitgehend instand gesetzt worden. – **6. Lichtloch.** Von dem 1845–51 abgeteuften, 155 m tiefen 6. Lichtloch des Rothschönberger Stollns ist südwestlich des Ortes die Schachthalde mit Fundamentresten der Dampfmaschinenanlage erhalten.
**Straßenbrücke** über die Bobritzsch am unteren Ortsende. Die 32 m lange und 4,5 m breite Brükke, 1806 für die Straße nach Reinsberg erbaut, besteht aus 2 je 9 m weiten Rundbogen in Sandsteinmauerwerk mit Mittelpfeiler und einer Inschrifttafel, an der die Initialen »FA« des damaligen sächsischen Königs Friedrich August zu erkennen sind. *OW*

Lit.: Wagenbreth/Wächtler, 1986, 187, 329; Erler/Schmiedel, 163.

**Laucha** (Burgenlandkreis/G 3) SA

Der aus einer Hersfelder Glockengießerfamilie stammende Georg Ulrich begründete mit dem Guß eines neuen Stadtgeläutes 1732 – das alte wurde durch den Stadtbrand von 1731 zerstört – einen bis zur Stillegung der **Gießereiwerkstatt** 1911 fast 200 Jahre blühenden Gewerbezweig in Familienbesitz. Anfangs direkt hinter der Marienkirche angesiedelt, erhielt die Gießwerkstatt 1790 vor dem Untertor einen neuen Standort. Das diagonal 2 sich spitzwinklig schneidende Straßen verbindende eingesch., mit wenigen Rundbogenfenstern geöffnete Bruchsteingebäude wird an der Längsseite durch ein risalitartig wirkendes Zwerchhaus akzentuiert. Als Geschenk der Apoldaer Glockengießerei Franz Schilling Söhne (→ Apolda) wurde die Werkstatt durch den Altertums- und Heimatverband des Kreises Querfurt restauriert und 1932 als Schauanlage und Glockenmuseum wiedereröffnet. Nach erneuter Restaurierung und Vervollständigung der techn. Einrichtung städtisches Glockenmuseum seit 1954. – **»Tittel-Mühle«.** Eine Mühle an der Unstrut wurde 1482 urkundlich erwähnt und 1847 durch eine Industriemühle ersetzt, die 1872 abbrannte. Als Ersatz entstand 1875 ein viergesch. Backsteinrohbau unter steilem Satteldach, ergänzt durch ein parallel angeordnetes dreigesch. Gebäude und einen den Mühlgraben überbrückenden Verbindungsbau. Giebelseitig am Streichwehr das Turbinenhaus mit zwei Francis-Turbinen (95 PS; urspr. mittelschlächtiges Wasserrad und Jonval-Turbine mit 70 PS). Die techn. Ausstattung von 1897 noch in Betrieb. *VR*

Lit.: Mühlen, 231; Schmidt/Theile I, 99.

**Lauchhammer** BG
(Oberspreewald-Lausitz/F 5)

**Gebläsemaschine** (vor dem Werktor des Lauchhammerwerkes). Die imposante gußeiserne Gebläsemaschine in Form einer dorischen Kolonnade wurde 1837 nach Plänen des Freiberger Maschinendirektors Christian Friedrich Brendel in Lauchhammer für die Staatlichen Hüttenwerke Halsbrücke hergestellt. Die dreizylindrige Gebläsemaschine diente der Verdichtung der Verbrennungsluft für die Bleischachtöfen: Ein 1,65 m breites Wasserrad (Dm. 5 m) brachte die

Kraft über ein doppeltes Zahnradvorgelege zu den 3 Zylindern. Gesteuert wurde der Verdichter über 3 Exzenter, Kuppelstangen und Wippen. Bei 10 Umläufen der Kurbelräder in der Minute und einem Druck von 50 mm Wassersäule erreichte die Maschine eine Leistung von 50 $m^3$ Luft. Die für diese Zeit mit hoher Präzision gegossenen Zahnräder – sie wurden maschinentechnisch nicht nachbearbeitet – und die Wahl der Verbindungselemente machten die Gebläsemaschine im hohen Maße verschleißarm. Die Maschine wurde in Halsbrücke 1925 stillgelegt und anläßlich der 200-Jahr-Feier des Lauchhammerwerkes 1929 vor der ehem. Hüttenschenke als Maschinendenkmal aufgestellt. Anfang der 90er Jahre hat man die Anlage restauriert. *WT*

## Lauscha (Sonneberg/H 2) TH

**Eisenbahnanlagen.** Anschluß an das Eisenbahnnetz erhielt Lauscha durch Abzweig von der Werrabahn (→ Sonneberg–Lauscha), eröffnet 1886 mit Kopfbahnhof. Weitere Verlängerung bis 1913 über Bock-Wallendorf nach → Ernstthal in fast schon alpinen Geländeverhältnissen (auf 6,4 km Länge 159 m Höhenunterschied), daher mit Spitzkehre, einem Tunnel und 2 **Viadukten,** wie bei → Ernstthal, beide in derselben Bauart: Rundbogen auf kräftigen Pfeilern, kleinere Bogen in den Zwickeln. Der Bahnhof Lauscha blieb Kopfstation, erhielt aber 1913 ein neues, weitgehend erhaltenes *Empfangsgebäude:* über T-förmigem Grundriß, teils ein-, teils zweigesch. unter gemeinsamem Haupt-Satteldach, bekrönt mit achteckigem Dachreiter unter geschweifter Haube. Erd- bzw. Hauptgeschoß und Freitreppe in rustiziertem Mauerwerk, teils mit rechteckigen, teils mit Rundbogenfenstern; OG in Fachwerk, schieferverkleidet. *HW*

Lit.: Berger, 246–247.

## Lebien (Wittenberg/F 4) SA

Die 1841 erbaute **Bockwindmühle** ist nach der Restaurierung 1975–79 in funktionsfähigem Zustand. Zur technischen Einrichtung gehören je ein Schrot- und ein Mahlgang. *VR*

Lit.: Mühlen, 231.

## Lebusa (Elbe-Elster/F 5) BG

**Bockwindmühle** (südlich des Ortes). Die Bockwindmühle wurde 1686 erbaut und 1879 in wesentlichen Teilen erneuert. Zugleich hat man die Mühlentechnik modernisiert. Das große Kammrad auf der Flügelwelle stammt mit großer Wahrscheinlichkeit aus der Zeit der Errichtung. Alle Radsegmente haben kunstvoll geschnitzte Verzierungen. Die Anfang der 1970er Jahre stillgelegte Mühle wurde 1978/79 von einem Mühlenbaubetrieb restauriert. Aus Sicherheitsgründen wurden keine neuen Jalousieflügel angebracht, sondern Flügel mit Eintürung. Ihre ungewöhnliche Konstruktion zur Kraftübertragung wurde zusammen mit der Reguliervorrichtung für die Jalousieflügel erhalten. *WT*

## Lehesten (Saalfeld-Rudolstadt/H 2) TH

**Schieferbergwerk.** Gewinnungs- und Produktionsstätte von Dachschiefer spätestens seit dem 15. Jh.; zwischen 1850 und 1950 erlangten hiesige Schreibtafeln weltweite Verbreitung. Schieferabbau ursprünglich im Tage-, heute nur noch im Tiefbau. Von den älteren Anlagen die bemerkenswertesten im 1845 eröffneten, 1964 stillgelegten Kießlichbruch: Großräumiger Tagebau mit bermenartigen Abbaustufen sowie Halde unbrauchbaren Schiefers, an lotrechter Stirnseite eingeschlitzter Förderschacht mit im Grundriß rechteckigem Schachtgebäude auf der Rasensohle und anschließendem einstigen **Ochsengöpel** von 1850, einer sechseckigen hölzernen Zeltdachkonstruktion, die seit 1865 – nach Ausbau von Göpelwelle und Seiltrommel – Standort einer 1920 durch Elektroantrieb ersetzten Dampfmaschine ist. Unweit ein bescheidenes Mannschaftshaus und zwei aneinandergebaute ehemalige **Spalthütten:** Langrechteckige eingesch., im Inneren saalartige Gebäude mit je einem, mittig mit einem Querdach verbundenen Satteldach, an den Giebeln Tore für den schienengebundenen Lorentransport des Roh- bzw. gespaltenen und geschnittenen Schiefers, darüber markante halbkreisförmige Fenster. An einer Traufseite ist die bandartige Fensterreihung erhalten, innen sind Bänke zum Spalten und zur Aufnahme der Schieferscheren – soweit sie nicht dem Einbau einer Garage hatten weichen müssen – verblieben sowie die Reste der Kammer des Aufsichtsführenden. Denkmalpflegerische Erhaltungsmaßnahmen seit den 1970er Jahren. – Im Gelände des ehemaligen »Staatsbruches« bemerkenswert die einstige **Wagnerei,** in gewisser Weise ein Denkmal des (werkseigenen) Schiefertransportes: eingesch. verwinkelter Bau mit krüppelgewalmtem Satteldach und aufwendig gestaltetem Dachreiter, verschiefert. *HW*

Lit.: Wagenbreth, ³1983, 117–119, 293–294.

## Leipzig (Leipzig/F 3) FS

*Die Stadt (erste urkundliche Erwähnung 1025, Stadtrecht um 1165), auf einer Anhöhe über den Auen der Elster, Pleiße und Parthe gegründet, wuchs als Fernhandelsplatz (»Jahrmarkt«) am Schnittpunkt der Ost-West-Handelsstraße Via Regia und der Nord-Süd-Route Via Imperia zu europäischer Bedeutung. Der Name Leipzig, damals* urbs lips, *leitet sich offenbar vom slawischen* lipa, *›Linde‹, her. Gründung der Universität 1409. Im Laufe des 15.–17. Jh.s erlangten Messen, Buchdruck und Buchhandel Geltung weit über Deutschland hinaus. L. überflügelte im Ost-West-Handel, insbesondere mit Metallen wie Kupfer, Zinn, Silber gegen Tuche, andere Städte, und nach dem Zerfall der Hanse lief auch der Fell- und Pelzhandel über die Stadt. Mit der Fabrikproduktion und ihren relativ gleichmäßig ausfallenden Erzeugnissen begann der Handel mit Warenmustern statt mit der Ware selbst, damit begann die Mustermesse. Ab 1839 verband die erste Fernbahnstrecke Deutschlands, zu der in rascher Folge weitere Bahnlinien kamen, die sächsischen Metropolen L. und Dresden. Durch Handel und Verkehr gefördert, entwickelte sich in der zweiten Hälfte des 19. Jh.s die Industrie, die ihre Standorte besonders in den Dörfern bei L. fand. Das stadtnahe Handwerker- und Gewerbegebiet Reudnitz wurde zum Geburtsort kleinster Fabriken; zum herausragenden Industriestandort entwickelte sich das westlich vor der Stadt gelegene Dorf Plagwitz, das Karl Heine mit der Schaffung einer Verkehrsinfrastruktur (Brükken, Straßen, eigenes Industriegleissystem mit Ladestellen, Kanalbau seit 1856) und Bereitstellung genügend großer Grundstücke auf aufgekauftem Bauernland für die Fabrikansiedlung vorbereitete. Etwa zeitgleich zum Plagwitzer Industriestandort wuchs östlich am Rande der Altstadt das bald weitbekannte Graphische Viertel – ein Gebiet, in dem sich Verlagshäuser und grafisches Gewerbe ballten und das L. mehr und mehr zu einer Metropole der grafischen Industrie werden ließ. 1871 überstieg die Einwohnerzahl Leipzigs die 100 000. Es folgte bis etwa 1914 die Blütezeit seiner Industrie, die Weltgeltung erlangt hatte, und zugleich die Zeit war, in der großzügige stadttechnische Ver- und Entsorgungsanlagen für Wasser, Gas, Elektroenergie, Lebensmittelversorgung (Schlachthof) u. a. geschaffen und ebenso das System der Straßenschleusen und der Abfallbeseitigung entwickelt wurde.*

*Die Industrie wuchs in einer vielfältigen Branchenstruktur – Maschinenbau, insbesondere landwirtschaftliche Maschinen, Holz- und Metallbearbeitungsmaschinen, Förderanlagen, Hebezeuge, polygrafische Maschinen, Armaturen, Blechverpackungen, Blechspielzeug, Elektromaschinen und -geräte, mechanische Musikinstrumente unterschiedlicher Art, Flügel und Klaviere, dann die weit gefächerten grafischen Gewerbe, ferner die Textilindustrie mit Wollkämmereien, Spinnereien, Spitzenfabriken sowie Hersteller von haushaltschemischen Erzeugnissen und zahlreiche andere Spezialitäten. Wegen des Fehlens von nahen Steinkohle- und Erzlagerstätten entwickelte sich in L. so gut wie kein Schwermaschinenbau. Die 1920er und frühen 1930er Jahre haben, wie auch die frühen 1950er Jahre, den Industriebauten Leipzigs einige konstruktiv und ästhetisch interessante Gebäude hinzugefügt.*

**Eisenbahn.** Als Messe- und Handelsstadt ist L. seit alters ein Schnittpunkt des Verkehrs. An die erste deutsche Fernbahn, die 1839 eröffnete **Leipzig-Dresdner Eisenbahn** (LDE), und an ihre Schöpfer erinnern der *Eisenbahnobelisk* aus Rochlitzer Porphyrtuff am Schwanenteich vor dem Hbf. sowie der Gedenkstein in Machern. Am Obelisk werden auf 4 Bronzetafeln Namen und Daten zur Geschichte der LDE mitgeteilt; Westseite: »Erste große Verkehrsbahn Deutschlands. Wurde angeregt 1833 durch Friedrich List, ins Leben gerufen durch Bürger Leipzigs Albert Dufour-Feronce, Gustav Harkort, Carl Lampe, Wilhelm Seyfferth«. Die weiteren Tafeln nennen die Mitglieder des ersten und des letzten Direktoriums der Leipzig-Dresdner Eisenbahn (LDE), den Leiter des gesamten Baues sowie wichtige Jahreszahlen: »Als Privatbahn erfolgreich betrieben bis 30. Juni 1876 [. . .] In das Netz der sächsi-

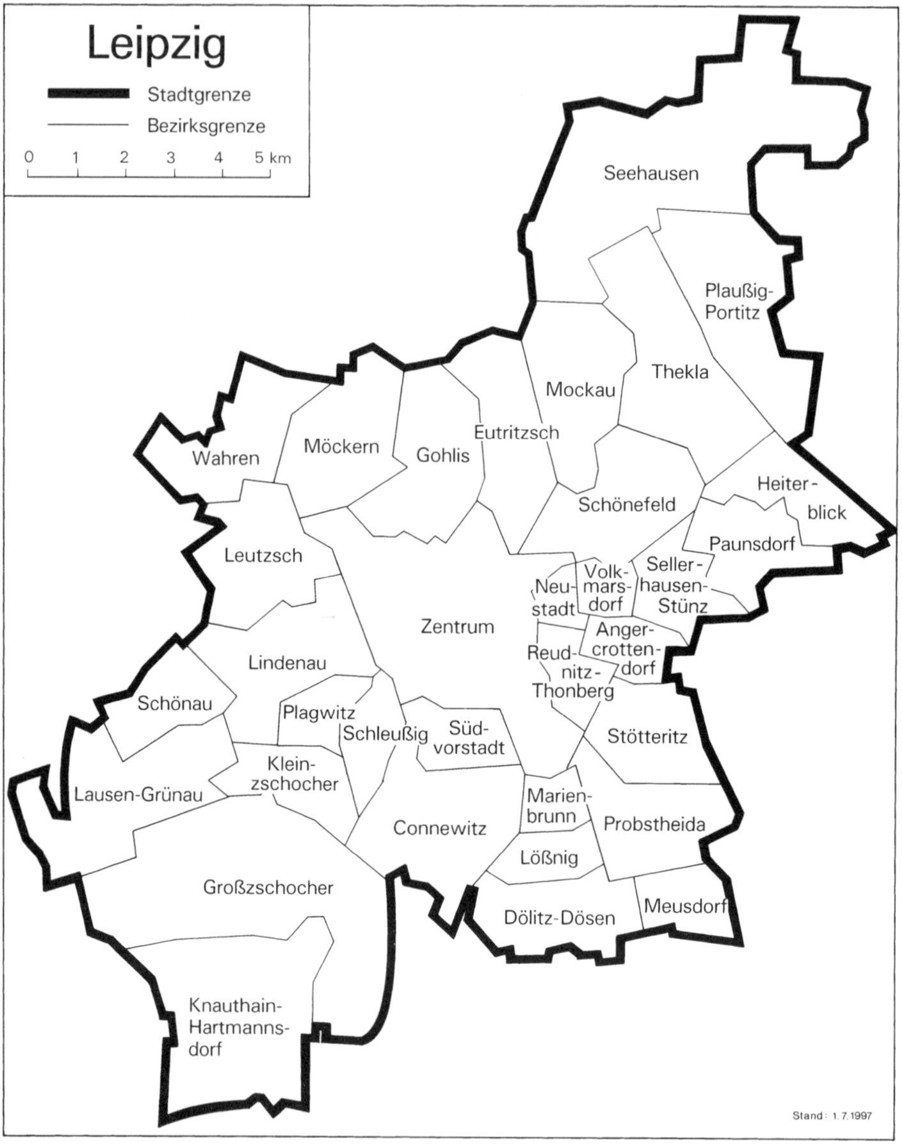


schen Staatsbahnen übergegangen 1. Juli 1876«. – Der Obelisk wurde anläßlich der Verstaatlichung der LDE von Wilhelm Seyfferth, dem Vorsitzenden des letzten LDE-Direktoriums, gestiftet, von dem Leipziger Architekten Aeckerlein geschaffen und 1880 gesetzt. – Am 1. 3. 1986 wurde nahe dem Eisenbahneinschnitt bei Machern (an der B 6 und der Bahnlinie L.–Dresden gelegen), wo 150 Jahre vorher mit den Erdarbeiten für die LDE begonnen worden war, ein Gedenkstein aus Granit mit einer Bronzetafel gestellt. Tafeltext: »1. März 1836 Beginn der Erdarbeiten bei Machern für die erste deutsche Fernbahn Leipzig–Dresden«. Tafelentwurf: Grafiker Georg E. Nawroth, Leipzig; Tafelguß: Bronzegießer G. Noack, Leipzig.

● Der **Hbf. Leipzig** (Willy-Brandt-Platz), ein Glanzstück der europäischen Bahnhofsarchitektur, gehört mit 1 560 000 m³ umbauten Raumes und 6 Längsbahnsteighallen mit 26 Bahnsteiggleisen und 5 Außenbahnsteigen zu den größten Personenbahnhöfen der Welt. Der 1915 eröffnete Kopfbahnhof ersetzte vier benachbarte Bahnhöfe verschiedener Eisenbahngesellschaften; das Wappen des ehem. Dresdner Bahnhofs ziert heute die Außenseite der Osthalle. Der Hbf. wurde auf der Grundlage eines 1902 zwischen den Direktionen der preußischen und der sächsischen Staatseisenbahnen geschlossenen Gemeinschaftsvertrages 1907–15 errichtet, weshalb die wichtigsten Anlagen (Eingangshallen, Freitreppen, Kartenschalter, Speise- und Wartesäle, sämtliche technischen Einrichtungen wie Heizungs- und Beleuchtungsanlagen usw., selbst unterschiedliche Bahnsteigschilder) einmal für die preußische Bahnverwaltung (Gleise 1–13) und zum anderen für die sächsische Bahnverwaltung (Gleise 14–26) geschaffen wurden. Das bedingt die Symmetrie des sandsteinverkleideten und mit vielgestaltiger Bauplastik geschmückten Hauptgebäudes von 298 m Frontlänge. Die Halle des 33 m breiten Querbahnsteiges ist 27 m hoch; die 26 Bahnsteige werden von einer Stahlbinderhalle aus einer Reihe von 6 Bogen (max. 45 m Spannweite) überdacht, konstruiert von den Ingenieuren Eilers und Karig. Architekten waren William Lossow und Max Hans Kühne, Dresden. 1995–97 wurde das Empfangsgebäude zu einem Einkaufszentrum mit 3 Promenadenetagen und Parkdecks auf 3 früheren Bahnsteiggleisen umgestaltet. – **Postbf.** (Rohrteichstraße 2/8). Die Reichspost ließ 1910/11 nahe dem Hbf. einen eigenen Postbf., damals der größte der Welt, als Kopfbahnhof mit 29 Gleisen, 16 Bahnsteigen und einem Querbahnsteig (L 180 m, B 8 m, Bahnhofsgelände 58 000 m², davon 16 000 m² überbaut) errichten. Der im wesentlichen erhaltene Bahnhof wird von der Post nicht mehr genutzt. – ● **Bayrischer Bf.** (Bayrischer Platz). Der für die Sächsisch-Bayerische Eisenbahn von L. nach Hof geschaffene Bf. wurde 1842 für ein Teilstück der Strecke eröffnet. Das Empfangsgebäude ist 1844 fertiggestellt, die gesamte Strecke (L 170,6 km) mit der großartigen Göltzschtalbrücke (L 575 m, H 78 m, Konstrukteur: Andreas Schubert, Dresden) und der etwas kleineren Elstertalbrücke jedoch erst 1851 in Betrieb genommen worden; sie stellte eine Nord-Süd-Verbindung über L., Plauen, Hof und weiter über Nürnberg in die Schweiz und nach Österreich und Italien her. Der Bayrische Bf. ist der älteste noch betriebene Kopfbahnhof und war mit einer Fläche von 150 × 600 m seinerzeit der größte und mit seiner Architektur der schönste Bahnhof Deutschlands. Die Anlage ist in ihrer urspr. Grundrißgestaltung mit Bahnsteigen und Gleisen sowie mit dem vierbogigen Portikus und dem westlichen Empfangsgebäude erhalten. Die hölzerne Hallenkonstruktion an der Rückseite des Portikus ist ebenso wie das östliche Empfangsgebäude im 2. Weltkrieg zerstört worden. Stilistisches Vorbild des Portikus waren die Propyläen der Akropolis; die *Empfangsgebäude* zeigen den Einfluß der italienischen Renaissance. Architekt: Eduard Pötzsch (1803–89). Der Portikus ist 1992/93 saniert worden. – **Bf. Plagwitz** (Engertstraße). Der 1873 eröffnete Bf. Plagwitz ist Ausgangs- und Endpunkt eines zu Anfang der 1870er Jahre begonnenen Systems von mehr als 130 urspr. privaten, später staatlichen Industriegleisen, die besondere Bebauungssituationen (Gleisschneisen, -schluchten, Kanalbrücken) und Fabrikgebäudegestaltungen (Laderampen, Ladeluken, Drehscheiben in Hallen und im Fabrikgelände usw.) bedingten. Neben den Fabrikanschlußgleisen gehörten 3 öffentliche Ladestellen dazu, von denen die älteste, die Ladestelle 1, 1880 an der Zschocherschen Straße 56 auf dem Kanalufer angelegt, erhalten ist, ebenso die 1882 für die Industriegleisanlagen geschaffene Unterführung der Zschocherschen Straße. **Eisenbahnviadukte.** Die Gleisanlagen des Hbf. werden von der mit dem 2. Bauabschnitt des Hbf. geschaffenen **Brandenburger Brücke,** einer Stahlfachwerk-Bogenbrücke (Spannweite 87 m) überquert, die am 1. 9. 1910 dem Verkehr übergeben wurde. Weitere Viadukte in Wahren (Georg-Schumann-Straße), und in Gohlis (Lützowstraße), zwei Gewölbebrücken in Klinkermauerwerk von 1905. Eine Gewölbebrücke aus Bruchsteinmauerwerk in Sellerhausen (Wurzener Straße) wurde zur Verbindung mit dem Bayrischen Bf. 1878/79 erbaut.

Der schienengebundene Stadtverkehr begann 1872 mit der Leipziger **Pferdeeisenbahn,** 1896 wurden die **elektrische Straßenbahn** eingerich-

*Leipzig. Gasbehälter*

tet. Seit 1919 ist die Straßenbahn kommunales Eigentum. Etwa 30 historische Straßenbahnwagen, von denen ein Teil im Originalzustand ihrer Baujahre betriebsfähig wiederhergestellt worden ist. Die Fahrzeuge sind auf dem Straßenbahnhof L.-Möckern untergebracht und werden für Sonderfahrten genutzt. Nach vollständiger Restaurierung wird Leipzig eine nahezu lückenlose Dokumentation der Entwicklung des Straßenbahnwagenparks von 1896 an besitzen.

**Versorgung.** Als eine der ersten Städte in Deutschland (Dresden 1824, Frankfurt a. M. 1828) errichtete Leipzig ein kommunales Gaswerk, das als **Städtische Gasanstalt** am 4. 9. 1838 ohne englische Hilfe den Betrieb aufnahm. Nahe dem ehemaligen Standort am Gebäude Eutritzscher Straße 14b eine Gedenktafel: »Auf diesem Gelände befand sich von 1838 bis 1892 das erste Gaswerk der Stadt Leipzig. Es wurde unter Leitung von Rudolf Blochmann errichtet und war ein wichtiger Schritt für den wirtschaftlichen Aufschwung der Messestadt«. Unmittelbar neben dem alten entstand 1890 das »neue erste Gaswerk« (Städt. Gaswerk I), von dem die Bauhülle des **Gasbehälters Nr. 10** (Eutritzscher/Ecke Roscherstraße) erhalten ist – ein stadtbildprägender massiver Rundbau mit Schwedler-Kuppel, datiert (»1904«) im Giebel des Wartungszugangs (Stadtbaurat Georg Wunder; Dm. 52 m, Traufhöhe 28 m einschließlich Laterne, maximales Speichervermögen 41 000 m$^3$ Stadtgas). Die großformatige Füllstandsanzeige ist ebenso wie der Gebäudezugang bauornamental geschmückt. Vom ehem. Städtischen Gaswerk II in Connewitz (Richard-Lehmann-Straße 114) sind neben anderen Gaswerksgebäuden die Bauhüllen zweier früherer **Teleskop-Gasbehälter** (→ Dresden, Halle) erhalten, stadtbildbestimmende eindrucksvolle Rundtürme mit flachen Kuppeldächern und hellen Klinkerfassaden auf hohen rotbraunen Mauerwerkssockeln. Der kleinere Behälter (Baurat Georg Wunder und Architekt Friedrich August Viehweger, Baujahr 1885; Dm. etwa 45 m, H etwa 18 m) besaß ein Speichervermögen von max. 22 800 m$^3$, der große Behälterturm (Baujahr 1909/10; Dm. etwa 50 m, H rund 30 m) faßte max. 56 400 m$^3$ Stadtgas.
Bauzeugen des Beginns der öffentlichen **Elektrizitätsversorgung** in Leipzig sind das ehem. **Di-**

**rektionsgebäude** (Eutritzscher Straße 14b) sowie das nördlich benachbarte **Büro- und Sozialgebäude** und das **Haus der Umform- und Verteilerstation** in der Innenstadt (Magazingasse 3), sämtlich nach Entwürfen des Architekturbüros Händel & Franke 1894/95 erbaut. Die Gebäude an der Eutritzscher Straße sind dreigesch. gelborangefarbene Klinkerbauten unter Walmdächern mit Treppentürmen. Das ursprüngliche Direktionsgebäude besitzt eine elegante Innenarchitektur, insbesondere ein großzügig angelegtes Treppenhaus mit kunstvollem schmiedeeisernen Treppengeländer. Das ehem. *Umform- und Verteilerwerk* (Magazingasse 3) wurde 1895 mit äußerst anspruchsvoller, im wesentlichen neoromanischen Fassadengestaltung nach Entwurf von Paul Möbius im Architekturbüro Händel & Franke erbaut. Im EG des Unterwerkes waren die Umform-, Schalt- und Verteileranlagen untergebracht, in den OG die umfänglichen Bleibatterien, Diensträume und eine Wohnung. Bis zur halben Gebäudehöhe wird die hellgelbe Klinkerfassade von vier Rundbogen auf hohen, kräftigen Pfeilern bestimmt. Die Zwickel der Bogen tragen schmückende dreieckige Werksteinteile. Über den Bogen liegt ein Gurtgesims, darüber 2 Reihen mit je 10 schmalen Rundbogenfenstern. Die Fassade zeigt unter dem Hauptgesims den plastischen Schriftzug »Leipziger Elektricitaetswerke«, flankiert von 2 in Sandstein gearbeiteten Löwenköpfen. – Eine weitere Entwicklungsstufe der städtischen Stromversorgung dokumentieren die 1910 errichteten Gebäude des **Städtischen Kraftwerks Süd** in Connewitz (Bornaische Straße 120) sowie dessen Unterwerke in verschiedenen Stadtteilen, von denen das *Unterwerk Plagwitz* (Lauchstädter Straße 51) sowie das *Unterwerk Naundörfchen 28* mit seinem Schaltwerks-Erweiterungsbau von 1927 hervorzuheben sind. Das städtische Kraftwerk Süd besitzt Maschinenhaus (L 103 m, B 28 m, H 17,5 m), Kesselhaus (L 102 m, B 50 m, H 11,5 m), zwei Schornsteine, Einlaufbauwerk für Kühl- und Speisewasser an der Mühlpleiße sowie Gebäude im Landhausstil für Büroräume und Dienstwohnungen. Da eine Hauptstrecke der Bahn das Kraftwerksgelände durchquert, erhält das Kesselhaus die Kohle mittels Bandanlagen über die Bahngleise hinweg. In der urspr. architektonischen Gestaltung als gelbe Ziegelrohbauten sind das Kesselhaus, vom Maschinenhaus die Stirnseite mit großem, von Steinrippen unterteiltem Fenster und geschwungenem Giebel sowie die Feldseite und ebenso Teile des Kohlelagers erhalten. Die Vorderseite des Maschinenhauses ist nach Brand 1963 verändert wiederaufgebaut worden. Das Kraftwerk entstand nach Vorarbeiten des Hochbauamtes der Stadt unter Leitung von Stadtbaurat Wilhelm Scharenberg gestalterisch nach Entwürfen des Architekturbüros Händel & Franke. Neue Schaltwerksgebäude wurden in den 1930er Jahren und weitere Gebäude im Kraftwerksgelände in späterer Zeit errichtet. Das Kraftwerk wird jetzt als Fernheizwerk betrieben. – In städtebaulich hervorgehobener Lage steht auf dem hohen Ufer des Karl-Heine-Kanals das Plagwitzer Unterwerk (Maschinenhalle, angeschlossenes höheres Akkumulatorenhaus mit Verwaltungsteil sowie Beamtenwohnhaus; Lauchstädter Straße 43/51) 1911 als gelbe Klinkerbauten in eigenartiger historisierender Gestaltung nach Entwürfen des Architekturbüros Händel & Franke errichtet. Nach Stillegung des Werkes werden seit 1993 Maschinenhalle und Verwaltungsteil anderweitig gewerblich genutzt. Vom Unterwerk Naundörfchen, am Rande einer bevorzugten Wohngegend und am Ufer der damals offen fließenden Pleiße ebenfalls 1910/11 angelegt, erhielt das *Akkumulatorenhaus* am damaligen Fleischerplatz das Aussehen eines geputzten mehrgesch. Wohnhauses mit interessanter Fassaden- und Dachgestaltung. An die Rückseite des Akkumulatorenhauses wurde die (nicht kaschierte) Maschinenhalle angeschlossen. 1927 entstand daneben ein Schaltwerksgebäude, bestehend aus einem schmalen, 15 m hohen Turm für Treppe und Aufzugsanlage sowie einem dreigesch. Gebäudeteil (27 m Frontlänge), der überraschenderweise in Art-déco-Manier gestaltet wurde. Dem zweigesch. massiven Unterbau ist als weiteres OG ein Glashaus aufgesetzt. 13 schlanke Pfeiler gliedern die Fassade rhythmisch, zwischen den Pfeilern stehen hochrechteckige Fenster, wie es der Jugendstil bevorzugte, mit schmiedeeisernen Gittern im Zick-Zack-Linien-Dekor. Architekt war Arthur Friedrich aus Leipzig. Das Gebäude ist z. Z. ungenutzt. – Eine technische Spitzenleistung stellte seinerzeit das 1926 zweigesch. unterirdisch angelegte **Unterwerk Mitte** (unter dem Leuschnerplatz) dar, dessen Sohle 17 m tief und damit 7 m unter dem dortigen Grundwasserspiegel liegt. Der im Grundwasser liegende Bauwerksteil ist als Betonwanne ausgebildet und bis heute dicht.

Leipzigs **Wasserversorgung** mit Quellwasser und vermittels wasserradgetriebener Pumpwerke, den Wasserkünsten, mit Holzröhrenleitungen und Laufbrunnen in der Stadt datiert schon aus dem 16. Jh. Die städtische Wasserversorgung des Industriezeitalters dokumentieren als Bauzeugen heute das **Wasserwerk Probstheida** (Prager Straße 177), dessen erster *Hochbehälter*, ein überwölbter Erdbehälter mit rechteckigem Grundriß und 4000 m³ Inhalt (Ziegelmauerwerk, Pfeiler mit Gurtbögen und Kappengewölbe), bereits 1866 gebaut wurde. Weitere Behälter von 1887 (8000 m³) und 1891 (8000 m³). Das Wasserwerk erhielt eine *Enteisenungsanlage* (1893), einen *Wasserturm* (1906; 1500 m³ Behälterraum) und weitere wassertechnische Anlagen, die z. T. heute noch in Betrieb sind. Der erste Wasserturm in L. entstand zugleich mit einem Tiefbrunnen 1897 am Kasernengelände in Möckern (Olbrichtstraße 9). Die städtische Anlage versorgte, seit 1904 mit einem weiteren Turm, seit 1907 und 1928 auch mit Hochbehältern (1200 m³ bzw. 12 050 m³ Speichervermögen) und Pumpanlagen leistungsgesteigert ausgerüstet, außer den Kasernen auch den Ort. Beide Wassertürme besitzen Behälter aus 5–9 mm starken Kesselblechen, mit Profileisen versteift und mit je 375 m³ Fassungsvermögen. Turm 1 war urspr. mit Gasmotor als Pumpenantrieb, Turm 2 hingegen mit einer Dampfmaschinenanlage ausgerüstet, deren Schornstein im Innern des Turmes hochgeführt und dessen Kopf über dem Turmdach sichtbar war. Die Türme (H etwa 43 m, größter Dm. 17,1 m) sind mit lederfarbenen und gelben Verblendsteinen bedeckt und besitzen Fenster und Portal mit Sandsteinumrahmungen. Zwischen den Türmen steht die Pumpstation (15,6 × 15,4 m Grundfläche, Walmdach, großer Giebel mit Rundbogenfenster zur Olbrichtstraße). Turm 1 ist 1997 rekonstruiert woden. Weitere Bauzeugen früherer Wasserversorgung sind auch die heute großenteils funktionslosen Wassertürme in Großzschocher (1903, 1928 erhöht), Wahren (1908) und Mockau (1908). Der Wasserturm der früheren Güntzschen Heilanstalt steht als Ruine in Stötteritz (Güntzstraße). Erhalten ist ferner der Wasserturm der ehem. Heilanstalt Dösen (Chemnitzer Straße 50, Parkkrankenhaus). Der Wasserturm wurde 1902 erbaut, Behältervolumen 150 m³, Behälterboden etwa 24 m über Turmfuß; Höhe des Turmes bis zur Spitze der Wetterfahne 45 m.

Um für die Bewohner der Stadt eine Fleischversorgung zu gewährleisten, die hinsichtlich Hygiene und veterinärmedizinischen Erkenntnissen, Tierhaltung und -behandlung einwandfrei war, schuf die Stadt 1886–88 den **Städtischen Vieh- und Schlachthof** (Kantstraße 71) in Connewitz zwischen Altenburger Straße und Bahngelände auf etwa 8 ha Fläche mit – einschließlich späterer Erweiterungen – etwa 30 Gebäuden für Funktionen als Markt- und Schlachthallen, Kessel- und Kühlhaus, veterinärmedizinischen Labors sowie für weitere technische und hygienische Einrichtungen und für kaufmännische und Verwaltungsaufgaben. Der Erstbebauung nach den damals modernsten Erkenntnissen lagen Entwürfe von Stadtbaurat Hugo Licht und Architekt Ewald Felix Erdmann Moritz zugrunde, die erklärterweise nicht nur auf Zweckmäßigkeit, sondern auch auf bauliche Schönheit zielten. Die Gebäude wurden als gelbe Backsteinbauten auf Natursteinsockeln, mit Sandsteinsolbänken und Formsteinen gestaltet und mit Tierplastiken geschmückt. Von den späteren Erweiterungsbauten verdient die Rinderschlachthalle (1935/36) längs der Altenburger Straße Hervorhebung. Nach Stillegung des Schlachthofbetriebes 1990 wird das Gelände nunmehr vom Mitteldeutschen Rundfunk genutzt und dafür ein Teil der Schlachthofgebäude restauriert. Die außen- wie innenarchitektonisch anspruchsvolle Schlachthofbörse von 1888 mit Wand- und Deckenmalereien ist bereits wiederhergestellt (1995); weitere Gebäude, insbesondere die Großvieh-Markthalle mit Gewölben auf gußeisernen Stützen, werden restauriert. – Für die Obst- und Gemüseversorgung Leipzigs schuf die Stadt 1928/29 die **Großmarkthalle** (Zwickauer Straße 40), einen Zweikuppelbau, umgeben von einem dreigesch. Verwaltungsgebäude. Die beiden Stahlbetonrippenkuppeln mit je 75 m freier Spannweite überdachen eine Fläche von etwa 12 000 m² und ruhen auf 8 Eckpfeilern mit dazwischengespannten Stahlbetonbögen von 30 m Breite und 13 m Höhe. Die Stahlbetonrippen münden in eine kreisförmige, dreifach abgestufte Oberlichtkonstruktion von 28 m Durchmesser. Die 9 cm starken Betonschalen zwischen den Rippen besitzen 4 Lagen Stahlbewehrung. Die Markthalle wurde von Hubert Ritter im Zusammenwirken mit dem Statiker Franz Dischinger geschaffen. Bei ihrer Fertigstellung waren es die größten Massivkuppeln der Welt, bautechnisch möglich geworden durch Dischingers Erfindung des Beton-Schalengewöl-

*Leipzig. Großmarkthalle*

bes, das zugleich außerordentlich kostengünstig herzustellen war. Die Großmarkthalle mit ihrem übersichtlich gegliederten Baukörper von architektonischer Geschlossenheit und der Ausgewogenheit ihrer Proportionen gehört zu den hervorragenden Architekturleistungen der 1920er Jahre. Die Nutzung als Großmarkthalle fand 1995 ihr Ende; das Bauwerk harrt einer neuen Zweckbestimmung, die im kulturellen Bereich gefunden werden soll.

**Das Graphische Viertel.** Obwohl einige bedeutende Verlage schon früher am östlichen Rand der Altstadt ansässig waren, entstand hier von den 1860er Jahren an eine Konzentration mehr und mehr industriell produzierender grafischer Unternehmen – das weltbekannt gewordene Graphische Viertel. 1907 arbeiteten hier 535 Druckereien mit insges. etwa 15 000 Beschäftigten, dazu 296 Buchbindereien, in denen etwa 7000 Menschen beschäftigt waren. In keiner anderen Stadt Europas fand sich eine solche Konzentration grafischer Betriebe; L. war die Metropole des Buchgewerbes: hier wurden die meisten deutschen Bücher gedruckt, dazu viele fremdsprachige, selbst in wenig gebräuchlichen Sprachen. Im 2. Weltkrieg wurde das Graphische Viertel zu 75% zerstört; schwergetroffen wurden dabei auch das Buchgewerbehaus und die Buchhändlerbörse. Dennoch besitzt das Graphische Viertel bedeutende Bauzeugen seiner großen Vergangenheit. Zu den schönsten und bedeutendsten gehört der frühere langjährige Sitz des **Verlages Philipp Reclam jun.,** das Verlagshaus Inselstraße 22/24 und Kreuzstraße 5/7 mit Geschäfts- und Lektoratsräumen, mit Druckerei, Binderei und grafischen Nebenbetrieben, mit Lagern und anderen Betriebsräumen sowie mit Kessel- und Maschinenhaus und hohem Fabrikschornstein. Das 1905 nach Entwürfen von Max Bösenberg und seinem Sohn erbaute mächtige und reich geschmückte *Geschäfts- und Fabrikhaus* an der Inselstraße ist das Hauptgebäude (L 65 m, H 22 m) des Ensembles und besitzt eine rötlichgelbe klinkerverblendete Fassade, die mit Bändern und Rechtecken aus rotbraunen Steinen und mit vielfältigem bauplastischem Schmuck in historisierender Manier gestaltet ist: Der Mittelrisalit mit einem Dreiecksgiebel trägt im Portalbogen ein Relief (Adolf Lehnert, datiert 1905), das das volksbildnerische Anliegen des Verlages charakterisiert. An der Kreuzstraße, rechtwinklig zum Hauptgebäude und die Stirnseite in dessen Gestaltung einbezogen, steht das dreigesch. frühere *Druckereigebäude* von 1887/88 (Stahlstützentragwerk, Maueranker, seit Bestehen mit Lastenaufzügen ausgerüstet), das 1895 auf die heute noch vorhandene 30-Fenster-Front verlängert worden ist. Die helle glatte Klinkerfassade ist sparsam mit dekorativen Bemalungen und am Torweg Kreuzstraße mit 2 Sandsteinmedaillons sowie einem Steindruckerwappen auf dem Portalbogen geschmückt. Die Gebäude 1993/95 restauriert, Zweigstelle des Reclam-Verlages. – **Spamers Hof** (Gellertstraße 7/9) ist das älteste erhaltene Gebäude eines graphischen Unternehmens. 1873–78 ließ Otto Spamer für seine 1847 gegr. »Verlagsbuchhandlung, Buchbinderei und Artistische Anstalt« von den Maurermeistern Johann Gottfried Siegel und Johann Friedrich Ullrich ein viergesch. Gebäudekarree (Straßen- sowie Hofbebauung) errichten, dessen etwa 40 m lange Straßenfassade ornamental geschmückt ist. Die Erkerbasis über der Hofeinfahrt trägt in erhabenen Buchstaben die Aufschrift »Spamers Hof«. – Das ehem. **Verlags- und Betriebsgebäude Bernhard Meyer** (Dresdner Straße 1, Salomonstraße 2/4) ist ein stadtbildbestimmendes Eckgebäude, siebengesch. mit hohem ziegelgedeckten Steildach. Der zweifach unterkellerte Stahlbetonbau, 1915–17 nach Plänen von Kurt Herrmann erbaut, wurde den Maschinenlasten entsprechend, nach dem technologischen Ablauf der Zeitschriften- und Buchherstellung im Gebäude von unten nach oben konzipiert. Die Putzfassade mit gerundeter Ecke besitzt ein säulenflankiertes Portal mit bauornamentalem Schmuck. Die Innenarchitektur ist repräsentativ, die Eingangshalle marmorgestaltet, das geräumige Treppenhaus mit breiter Treppe und Holzschnitzarbeiten im Geländer, deren Motive teils dem grafischen Gewerbe, teils der Fliegerei entnommen (Meyer war zugleich Besitzer der Deutschen Flugzeugwerke in Lindenthal), teils auch in freier Phantasie gestaltet wurden. – Das ehem. *Druckereigebäude* der **Buch- und Musikaliendruckerei Oscar Brandstetter** (Dresdner Straße 11/13) ist ein sechsgesch. Stahlbetonbau, zweigesch. unterkellert, 1906 nach Entwürfen des Leipziger Architekten Curt Nebel erbaut. Die werksteinverblendete Fassade trägt die ornamentale Aufschrift »Buchdruckerei« und »Musikaliendruckerei« sowie reichen plastischen Schmuck, insbesondere als großformatige Reliefs über den Industriefenstern im EG mit Motiven aus dem Druckgewerbe. Die zeitgenössische Architekturkritik nannte das Bauwerk 1908 »eines von überhaupt nur zwei architektonisch bemerkenswerten Stahlbetonbauten in Leipzig«. Hervorragend rekonstruiert, ist das Gebäude seit 1996 Sitz der Handwerkskammer Leipzig (»Haus des Handwerks«). – Für **Buchdruckerei und Verlag E. A. Seemann** wurde 1912 ein fünfgesch. Eckgebäude Prager Straße/Gerichtsweg (Grundfläche etwa 1100 m$^2$; Architekt Curt Nebel, Leipzig) errichtet. Stützen, Decken, Haupttreppen, Dachstuhl und Hofunterkellerung des Kesselhauses wurden als Stahlbetonkonstruktion geschaffen, die Umfassungswände und Treppenhäuser aus Tonklinkern gemauert. Die Pfeiler- und Fensterstellung, aus der sich die vertikale Gliederung der Fassade ergab, folgte aus dem Bestreben, tageslichthelle Räume zu schaffen. Aus dem gleichen Grund wurden die Hofseiten hell verkleidet. Die Schauseiten zur Straße wurden geschmackvoll und reich plastisch geschmückt. Eine zeitgenössische Kritik bewertete das Druckereigebäude als einen unverkennbaren Zweckbau, ohne falsche Maskerade, ehrlich in seiner Gestaltung. Das Gebäude wurde nach Kriegsschäden vereinfacht wiederaufgebaut und ist 1996/97 (mit einer tolerierbaren Veränderung im Dachbereich) umfassend rekonstruiert und in der früheren Schönheit wiederhergestellt worden (»Seemann-Karree«). Die Fassaden mit dem Weiß des Werksteins, dem Rot der Klinker und dem reichen plastischen Dekor zeigen es als eine Perle der Architektur grafischer Unternehmen. – Das Gebäude (Kreuzstraße 20) der **Drukkerei Jütte** besitzt eine hellgelbe Klinkerfassade, von acht Wandpfeilern gegliedert mit großen quadr. Industriefenstern, einer Toreinfahrt in Gebäudemitte. Die 1901 erbaute Druckerei entwarf Curt Nebel. Die Schauseite ist mit einem flächigen Fries aus mehreren Reihen über Eck gestellter Klinker in Höhe des 2. und 3. Geschosses geschmückt. Nach Luftkriegsschäden ist das Dach des Gebäudes an der Straße verändert wiederaufgebaut; von den Hofgebäuden ist nur der rechte Seitenflügel original erhalten. – Ehem. **Verlagsgebäude von J. J. Weber** (Reudnitzer Straße 1/7). Ein langgestrecktes, urspr. viergesch. und gestalterisch auffälliges Fabrikgebäude, 1896 erbaut. Johann Jakob Weber begründete 1843 die »Illustrirte Zeitung«, die erste bebilderte Zeitung in Deutschland überhaupt. Sein Verlagsgebäude zeigt eine gelborangefarbene, 60 m lange Klinkerfassade, mit grünglasierten Steinen in Bändern und Mustern geschmückt und belebt und mit drei kräftigen Risaliten, in denen die Gebäudezugänge liegen, gegliedert. Wandpfeiler mit Kapitellen und optisch auflagernden Bögen und Reihen flachbogiger Rechteckfenster prägen die Fassade vor dem 2. und 3. Geschoß. – Der **Verlagsbuchhandel Karl W. Hiersemann** (Goldschmidtstraße 29) ließ den viergesch. Ziegelbau mit Stahlbetondecken und steilem Satteldach 1908/09 nach Entwürfen von Max Pommer errichten. Die Putzfassade ist durch 5 breite Fensterachsen vertikal gegliedert und besitzt 2 Erker bis zum 2. OG Das 3. OG ist durch durchlaufendes Sohlbankgesims abgesetzt. Die Fassade ist jugendstilgemäß ornamental reich geschmückt, unter anderem mit einer Reihe von Bienenfiguren. – Das beträchtlich luftkriegsgeschädigte ehem. **Druckerei- und Verlagsgebäude von Velhagen und Klasing** (Johannisallee 20) entstand in 2 Bauabschnitten 1897 und 1913 (Architekt Hans Enger). 1995 ist der 1913 nach den Plänen von 1897 erbaute Gebäudeteil rekonstruiert worden und damit als ein repräsentatives Geschäftshaus wiedererstanden. Das viergesch. und unterkellerte Gebäude mit klinkerverblendeten Fassaden an 2 Straßen trägt prächtige Turmaufbauten an den Gebäudeecken zur Prager Straße und vor dem hohen Dach Schmuckgiebel und -gaupen. Die Fassaden sind durch Wandpfeiler und Rundbögen gegliedert und besitzen in Sandstein gearbeitete dekorative Kopfplastiken auf den Pfeilerkapitellen. Das Gebäude wird nunmehr von der Dresdner Bank genutzt. – **Schraders Haus** (Täubchenweg 26 / Charlottenstraße 28), ein fünfgesch. Stahlbetonbau auf hohem Souterrain mit ausgebautem Dachgeschoß und großen polygonen Schmuckgiebeln wurde 1912/13 als Fabrik- und Geschäftshaus für grafische Betriebe, insbesondere für die Briefumschlagfabrik der Brüder Schrader nach Planungen der Architekten Wetzold und Beyer erbaut (1993/94 rekonstruiert). Die Fassade zeigt starke Pfeiler im Souterrain und rötliche klinkerverblendete Wandpfeiler mit Basen und ornamentgeschmückten, farblich abgehobenen kapitellähnlichen Kopfstücken sowie eine helle Werksteinverblendung zwischen den Wandpfeilern unter großen liegenden Rechteckfenstern. Die ehem. **Buchdruckerei und -binderei Fischer und Wittig** (Teubnerstraße 12) ließ 1902 als neues Fabrik- und Geschäftshaus einen Stahlbetonbau (3 OG auf hohem Souterrain, hell geputzt, Satteldach mit Gaupen, über dem Mittelrisalit ein Segmentbogen mit ornamentalem Schmuck im Giebelfeld) errichten. Über den Toreinfahrten Ornamente mit einer Porträtdarstellung Gutenbergs und mit dem Kopf des Götterboten Merkur. – Vom Gebäudekomplex des ehem. **Bibliographischen Instituts von Josef Meyer** (Täubchenweg 17) besteht nur das Stahlbetongebäude von 1911 mit roter Klinkerverblendung. – Die ehem. **Großbuchbinderei und Gesangbuchfabrik H. Fikentscher** (Albert-Schweitzer-Straße 10), ein 1868 gegründetes kleines Unternehmen, ließ nach geschäftlichen Erfolgen 1912/13 ein sechsgesch. mächtiges Fabrikgebäude mit einer 115 m langen Front errichten, einen Stahlbetonbau mit einer vertikal strukturierten Fassade aus hellen Klinkersteinen. Der Torbogen trägt in erhabenen Buchstaben die Firmenaufschrift »Leipziger Großbuchbinderei«. Das Fabrikgebäude entstand nach Plänen und unter Leitung des Ingenieur- und Architekturbüros Arthur Dietrich, Leipzig. – Ehem. **Papierlager Sieler und Vogel** (Talstraße 6). Die 1825 gegr. Papierhandlung, seit 1869 mit dem Kontor und Lagerhaus in der Talstraße 6, entwickelte sich nach dem Erwerb einer Papierfabrik in Golzern a. d. Mulde zu einem Großunternehmen mit Filialen in Berlin, Hamburg und München. Ein neobarock geschmücktes Portal mit der Aufschrift »Papierlager Sieler & Vogel« an der Talstraße führt mit einem gedeckten Gang zum Kontorhaus, an das das siebengesch. Lagergebäude (1899/1900; Architekt Max Pommer) anschließt. Der Stahlbetonbau mit gelblichen Klinkerfassaden, belebt durch farbigglasierte Steine, erhält seine Charakteristik durch Wandpfeiler und Bogen, die schmale gekuppelte Fenster im 4. und 5. OG optisch zusammenfassen. Das Lagergebäude wurde 1996/97 restauriert.

Das **Altindustriegebiet Plagwitz** (Stadtbezirk SW). Auf den Plagwitzer Fluren, etwa 2 km südwestlich vom Stadtzentrum, entstand ab 1850 auf Initiative des Leipziger Rechtsanwalts Karl Heine ein planmäßig angelegtes Industriequartier, das heute den umfangreichsten originalen Bestand an Industriebauten des Historismus besitzt. Ein Raster großer straßen- und gleiserschlossener Fabrikblöcke mit nahegelegenen Arbeiterwohngebieten bildete sich aus. Die dritte Komponente des Heineschen Verkehrssystems, ein Kanal, der Plagwitz mit Hamburg, die Elster mit der Alster verbinden und billigen Schiffstransport ermöglichen sollte, wurde nur in der Ortslage Plagwitz mit etwa 2 km Länge fertiggestellt. Der Bau des weiter stadtauswärts gelegenen Hafens und des Kanalstücks zur Saale ist nicht abgeschlossen worden. Die Fabrikansiedlung auf Plagwitzer Fluren bezog schon in den 1880er Jahren benachbarte Areale von Kleinzschocher, Lindenau und Schleußig ein. Das sich ausdehnende Fabrikquartier erstreckte sich schließlich auf mehr als 150 ha und »Plagwitz« wurde zum Synonym für das westliche Altindustriegebiet Leipzigs, dessen bauliche und Branchenstruktur im wesentlichen bis 1990 erhalten blieb. Auf dem Plagwitzer Friedhof stehen Grabdenkmäler bedeutender Leipziger Industrieller der Gründerzeit. – Die ältesten erhaltenen Fabrikanlagen in Plagwitz stellen die 1857 gegrabenen und 1990 stillgelegten zweigesch. Bergkeller der ehem. **Brauerei Naumann,** (Zschochersche Straße 79) dar. Die ältesten erhaltenen Gebäude einer metallverarbeitenden Fabrik in Plagwitz, das schnell zu einem europäischen Zentrum des Maschinenbaus und der Metallverarbeitung aufwuchs, sind **Wohnhaus und Werkstattgebäude des Eisengießers Kaspar Dambacher** (Alte Straße 27/29) aus dem Jahre 1862. 1873 errichtete Kaspar Dambacher eine zweite Gießerei (Karl-Heine-Straße 93), deren langgestrecktes Gießerei- und Werkstattgebäude (65 m längs des Kanalufers bei 6,5 m Breite) und das an der Straße liegende Wohnhaus erhalten sind. Anfang der 1870er Jahre begann die Verlegung der Heineschen Privatgleise mit der Ladestelle 1 (1880–83; Zschochersche Straße 56). 1882 ließ Heine die Zschochersche Straße neben der Kanalbrücke für die Erweiterung der Gleisanlagen unterführen. – 1882 entstand auch die **Gießerei von Jahn und Weydemeyer** (Weißenfelser Straße 69), eine Graugießerei, deren dreischiffiges und zweigesch. Gießereigebäude mit seiner Giebelfront (B rund 30 m) zur Weißenfelser Straße steht und 1995 restauriert worden ist. Daneben ein dreigesch. Schlossereigebäude mit großen rechteckigen Fabrikfenstern zwischen Wandsäulen (1900; Architekten Hans Voigt und Rehork), ferner ein kleines zweigesch. Kontorhaus (1897; Architekt Bock) und ein Lagergebäude (1907; C. Brömme). 1883 wurde auch die **Mälzerei der Brauerei Naumann** (Zschochersche Straße 79) gebaut – ein massiger kubischer Baukörper auf einer Grundfläche von 23 × 29 m bei 17 m Höhe über Straßenniveau, viergesch., unterkellert, mit kleinen lukenartigen Fenstern, nach Plänen und von Maurermeister Bernhard Leuthier errichtet. 1888 wurde zur Verlegung des Unternehmenssitzes aus der Stadt im Plagwitzer Brauereigelände ein *Verwaltungsgebäude* nach Entwürfen der renommierten Architekten Schmidt und Johlige erbaut. – Die **Leipziger Baumwollspinnerei,** 1884 als Aktiengesellschaft gegründet, bebaute schrittweise ein ausgedehntes Gelände an der Spinnereistraße. Von der Erstbebauung 1885 ist Spinnereistraße 1 ein unscheinbares kleines Haus, das erste *Fabrikkontor,* erhalten, das über seinem Eingang in erhabenen Buchstaben die Aufschrift »Leipziger Baumwollspinnerei« trägt. Den früheren Eingang schützt ein Wetterdach auf gußeisernen Konsolen, und dem massiven EG ist als Etage ein Holz-Glas-Aufbau mit einem Teerpappdach aufgesetzt. Gegenüber dem Alten Kontor steht das Neue Kontorgebäude, 1906 erbaut, ein prächtiges jugendstilgeprägtes villenartig gestaltetes Gebäude, zweigesch. mit Schauseiten und Schmuckgiebeln, hellgeputzt mit dunkel abgesetzten Fensterumrahmungen sowie Erker. – Ein viergesch. Druckereigebäude ließ die **Druckerei Stephan** 1886 (Karl-Heine-Straße 42) errichten. Die großen Räume mit Stahlsäulen und Trägern konnten nach Bedarf mit leichten Zwischenwänden abgeteilt werden. Das Äußere des Bauwerks trug der Wohnlage Rechnung, in der es entstand: Die zweifarbige Klinkerfassade schmücken kunstvoll gestaltete Maueranker sowie Maurergesims und insbesondere bei den Fenstern im obersten Geschoß verwendete Formen der Frührenaissance. Schöpfer war Max Bösenberg, einer der profiliertesten Leipziger Architekten seiner Zeit. – Gegen Ende der 1880er Jahre wurden die Fabrikbauten voluminöser, doch blieb das äußere Bild meist sachlich-nüchtern. Die **Maschinenfabrik F. Kunad** baute 1890–95 auf dem Eckgrundstück Markranstädter-, Wachsmuthstraße mehrere Fabrikgebäude, von denen das wuchtige Hauptgebäude (Markranstädter Straße 1) von 1894/95 besonders eindrucksvoll ist – ein dreigesch. Backsteinrohbau auf 1200 m² Grundfläche, die 76 m lange Schauseite lediglich durch Wandpfeiler, sandsteinhelle flache Fensterbögen strukturiert und durch einen großen hellgeputzten Stufen-Schmuckgiebel in der Mitte der Fassade vor dem flachen Dach gekennzeichnet. Einen gleichgestalteten, jedoch etwas kleineren Stufengiebel trägt die Schmalseite des Gebäudes zur Markranstädter Straße. Heute »Gewerbepark Plagwitz«. Die **Kammgarnspinnerei Stöhr** ließ 1889–91 an ortsbildbestimmender Stelle (Zschochersche Straße 79e) ein hohes sechsgesch. Spinnereigebäude errichten, einen Ziegelbau mit hellen Fensterstürzen, vor allem durch seine Mächtigkeit wirkend. – Ehem. **Sächsische Wollgarnfabrik vorm. Tittel und Krüger** (Nonnenstraße 17/21). Der zwischen 1871 und 1923 gebaute Fabrikkomplex, dessen Gestalter anfangs Architekt Ottomar Jummel, später das Architekturbüro Händel & Franke war, nimmt ein Areal von etwa 5,5 ha Ausdehnung ein, das von der Weißen Elster durchflossen wird, so daß ein Teil der Fabrikgebäude zu beiden Seiten des Flusses Wasserfronten besitzt. Zur Wollgarnfabrik gehören ferner Fabrikgebäude beiderseits der kopfsteingepflasterten Nonnenstraße, denen eine frühere Fabrikantenvilla und Wohnhäuser benachbart sind, so daß heute noch der Eindruck einer Fabrik-Wohn-Straße um 1900 erlebt werden kann. Besonders eindrucksvoll ist die etwa 250 m lange Fabrikschloßfront an der Elsterseite der Nonnenstraße mit ihren fünfgesch. Spinnereigebäuden: rote Ziegelfassaden mit reichem ornamentalen Schmuck, langen Fensterreihen, horizontalen hellen Putzbändern, haubenbedeckten Dachaufbauten und vor allem mit einer prachtvollen neobarocken Kuppel. Die Einheitlichkeit der Fassade ist um so bemerkenswerter, als die Gebäude über einen Zeitraum von etwa 50 Jahren entstanden sind. Offenbar wurde die gestalterische Vorgabe des erstentstandenen Gebäudes von Jummel von den späteren Architekten im Prinzip aufgenommen und lediglich dem Zeitgeschmack entsprechend modifiziert. Der älteste Teil der Gebäude ist noch als Mauerwerksbau mit gußeisernen Deckenstützen konstruiert, besitzt Kanäle für Wellen und Transmissionen, die dem ursprünglichen Antrieb der Maschinen mittels Dampfmaschine dienten. – Zwischen den ersten Fabrikbauten an der Straße und dem Elsterufer sowie auf der gegenüberliegenden Flußseite stehen weitere Staffeln hoher Fabrikgebäude, als Stahlbetonbauten mit Klinkerverblendung errichtet. Das 1923 erbaute *Kesselhaus* (Holbeinstraße) entspricht stilistisch der Gesamtanlage.

*Leipzig. Ehem. Sächsische Wollgarnfabrik vorm. Tittel und Krüger*

Die Fabrikgebäude auf der Westseite der Nonnenstraße sind 1994 rekonstruiert worden; die Rekonstruktion der Ostseite ist im Gange. – Ehem. **Maschinenfabrik Ph. Swiderski** (Zschochersche Straße 78). Die Fabrikanlage entstand in den 1880er Jahren zum Bau von Dampfmaschinen sowie Zwei- und Viertaktgasmotoren nach eigenen Konstruktionen Philipp Swiderskis. Der urspr. Gebäudebestand der 1880er und 1890er Jahre ist mit der Fabrikhalle, Maschinen- und Kesselhaus einschließlich Schornstein sowie dem Pförtnergebäude nahezu original erhalten. An der Hofeinfahrt ein zweigesch. *Pförtnerhaus* (Flachdach, Ecktürmchen) als Würfel aus rotem unverputzten Backsteinmauerwerk. Dahinter liegt die basilikale *Maschinenhalle* (L 115,5 m; B 19 m) mit ihrem Kopfbau, der einen 20 m hohen zinnenbekrönten, mit Ecktürmchen und Mauerdekor geschmückten Turmbau quadr. Querschnitts (5,5 m Seitenlänge) besitzt – eine burgähnliche, festungsartige Anlage mit repräsentativem Fabrikeingang und gußeiserner Treppe im Inneren. Über dem Portal Steindruckerwappen der 1920er Jahre. – Ehem. **Maschinenfabrik Unruh und Liebig** (Naumburger Straße 28).

Das in Reudnitz gewachsene Unternehmen, das Förder- und Transportanlagen (Aufzüge, Kräne, Band- und Schneckenförderer, Kohleförderanlagen für Großkessel u.a.) herstellte, übersiedelte 1896 in seinen weitaus größeren Plagwitzer Fabrikneubau. Mit einer Straßenfront entstanden ein dreigesch. *Produktionsgebäude* als Kopfbau einer zweigesch. Fabrikhalle (L 90 m) und daneben ein zweigesch. *Verwaltungsgebäude* (später aufgestockt), im Hof wurden Kessel- und Maschinenhaus mit Industrieschornstein sowie ein kleines Sanitärgebäude errichtet. – Die ganz eigenartige Fassade des Produktionsgebäudes wird von Arkaden bestimmt. Unter 3 großen Rundbögen sitzen die Fenster mit starken Fensterpfosten; der mittlere und höhere Bogen faßt die Fenster vom Erd- bis zum 3. Geschoß optisch zusammen. Auf dem Flachdach steht ein hochragender runder Schmuckgiebel, dessen hellgeputztes Feld den Firmennamen zeigt. Das zweigesch. Verwaltungsgebäude trug ehemals einen Schmuckgiebel gleicher Gestalt, doch in etwas kleinerer Ausführung. Die Fabrikanlage wurde vermutlich vom Architekturbüro Robert Röthig, Leipzig, entworfen und in nur 6 Monaten fertiggestellt. Nach der Sanierung seit 1995 als Gewerbehof genutzt. – *Werkhalle* (Weißenfelser Straße 67) der ehem. **Fabrik für landwirtschaftliche Maschinen und Geräte Rud. Sack.** Die dreigesch. Fabrikhalle (L 92,7 m, B 16,15 m, H 12 m) für den Bau von Dampfpflügen und Drillmaschinen wurde 1899 errichtet. Sie enthält eine Montagehalle, die bis zur Decke des 1. OG reicht, und besaß im EG weiter Dreherei und Schleiferei sowie eine »Zeichnerstube« (Konstruktionsbüro). Die OG dienten als Lagerräume für fertige Maschinen und Geräte, im 2. OG befand sich auch ein Aufenthalts- und Eßraum für Speicherarbeiter. An der Rückseite waren Kessel- und Maschinenhaus für eine 120-PS-Dampfmaschine angebaut sowie Kokslager mit Koksmühle. Die Fassade der Halle ist von einer Pfeilerstruktur geprägt und zeigt mit den großen Fenstern das Bemühen, schon mit den Mitteln des Ziegelmauerwerkbaus tageslichterhellte Räume zu schaffen. Die kunstvoll gestalteten Maueranker auf hellgeputztem Untergrund zeigen Fabriksymbole: den Umriß bildet ein prall gefüllter Sack (= Firma Rud. Sack), in dem die verschlungenen Buchstaben RSLP (= Rudolf Sack Leipzig-Plagwitz) stehen, dazu Pflugschar und Speichenrad. – Ehem. **Maschinenfabrik Schelter und Giesecke** (Wachsmuthstraße 4). Die beidseitig einheitlich mit zweigesch. Fabrikgebäuden in solider Backsteinausführung bebaute Wachsmuthstraße zwischen Markranstädter- und Limburger Straße erhielt die ersten Gebäude in den 1890er Jahren nach Plänen des Architekturbüros Händel & Franke. Der mehr als 100 m lange Trakt an der westlichen Straßenseite ist von der Maschinenfabrik Schelter und Giesecke, die hier vor allem polygrafische Maschinen und Aufzüge herstellte, in zwei Abschnitten (1897/98 und 1921) geschaffen worden. Gebäude und Gelände sind heute Teil des Gewerbeparks Plagwitz. – Ehem. *Ausstellungsgebäude* der **Fa. H. Törpsch, Maschinenhandel und Hüttenprodukte** (Naumburger Straße 25). Das 1901/02 mit einer 50-m-Straßenfront für die Ausstellung von Maschinen errichtete Gebäude entwarf das Architekturbüro Händel & Franke, Leipzig. Um die gewünschte große Fensterfläche für helle Räume noch mit den Mitteln des Mauerwerkbaus zu erreichen, wurden starke Wandpfeiler gesetzt und die Fenster dazwischen gespannt. – Ehem. Fabrikgebäude der **Leipziger Spitzenfabrik Barth und Co.** (Naumburger Straße 22). Von dem dreigesch. Fabrikgebäude mit einer Straßenfront von mehr als 60 m entstand 1900 ein erster Teil (35 m) rechtwinklig vor einer im Hof 1898 errichteten Produktionshalle. Die Spitzenfabrik Barth konnte 1906 mit einem Erweiterungsbau in gleicher Ausführung die Nutzfläche des repräsentativen Gebäudes an der Straße nahezu verdoppeln. Dabei wurde im Mittelteil eine große Fabrikeinfahrt geschaffen. Die lebhafte Fassade ist durch rote Sichtziegelpfeiler gekennzeichnet, zwischen denen hellgelbe Backsteinfelder mit großen Industriefenstern stehen, bei denen die Schlußsteine in den Fensterbögen vorgezogen und farblich hervorgehoben sind. In die Felder zwischen den Etagenreihen der Fenster sind plastische Dekorationsstücke eingefügt. Die Fassade ist nach oben mit einer Art Dachbalustrade abgeschlossen, in deren Mittelteil ein Schmuckgiebel steht, unter dem sich ein großes hellgeputztes Feld für den Firmennamen befindet. – Ehem. **Papierwäschefabrik und Versandhaus Mey und Edlich** (Nonnenstraße 5). Zu den ersten Stahlbetonfabrikbauten in Leipzig gehört das fünfgesch. Bauwerk mit einer Wasserfront an der Weißen Elster, das die Firma 1906 aufführen ließ. Das Gebäude war funktionsgerecht gegliedert und wurde ohne historisierende Gestaltungselemente ausgeführt, lediglich die Figur eines weltkugeltragenden Herkules war einem Giebel aufgesetzt. Die glatte rötliche Klinkerverblendung des Gebäudes, vom Architekturbüro Händel & Franke entworfen, fügt es in die Umgebung von Wasser und Parklandschaft am Rande des Fabrikreviers harmonisch ein. Der Fabrikbau ist mit der angeschlossenen eingesch. Uferbebauung 1995 saniert und in eine Neubauanlage integriert worden. Um die Jahrhundertwende waren Mey und Edlich (nach eigenen Angaben) das größte Versandhaus der Welt. Zum Fabrikareal gehörte das 1887 fertiggestellte und erhaltene »Neue Fabrikgebäude zur Herstellung von Papierwäsche«, ebenfalls am Elsterufer (Ernst-Mey-Straße 1) gelegen. An der Wasserfront der glatten hellen Sichtziegelfassade ist der Firmenname »Mey und Edlich« angebracht. Das viergesch. Gebäude, dem 1896 eine Mansarde aufgesetzt wurde, besaß ursprünglich eine Dampfkesselanlage, für die der Schornstein in das Gebäude integriert wurde. – Zwischen den ehem. Fabrikgebäuden überspannt die Könneritz-Brücke im Zuge der Ernst-Mey-Straße die Weiße Elster. Die stählerne Dreigelenkbogenbrücke von 31 m Länge, 1896–99 erbaut, besitzt ausschließlich Nietverbindungen. – Ehem. **Metallwarenfabrik und Fabrik für dekorierte Bleche von Felix Lasse** (Markranstädter Straße 3). Der Stahlbetonbau aus zwei rechtwinklig zueinander stehenden dreigesch. Flügeln auf hohem UG und mit einem fünfgesch. Treppenturm wurde 1909 nach Entwürfen des Architekturbüros Händel & Franke erbaut. Die Fabrik von Felix Lasse stellt eine Leipziger Spezialität der damaligen Zeit her: buntbedruckte Bleche und Erzeugnisse daraus, wie z. B. Kaffee- und Teebüchsen, Blechspielzeug und viele Arten von Blechverpackungen. Das Gebäude ist mit hellorangefarbener glatter Klinkerverblendung ausgeführt; der Turm zeigt schmückendes Gesims und trägt ein Walmdach mit kleinen Eckaufsatzen. Bei der Sanierung des Gebäudes 1993/94, das jetzt neu genutzt wird, sind ruinöse ältere Fabrikgebäude entfernt und der im Krieg beschädigte Hofflügel des Gebäudes von 1909 verkürzt worden. – Ehem. **Maschinenfabrik E. Kiessling und Co.** (Weißenfelser Straße 69). Das Fabrikgebäude, für maschinelle Bearbeitung von Maschinenteilen 1910 in Ecklage Weißenfelser-/Gießerstraße erbaut, ein viergesch. roter Klinkerbau, läßt schon äußerlich erkennen, daß er für hohe Deckenbelastungen konstruiert wurde. Starke Mauerpfeiler auf kräftigen Fußteilen zeigen sich als das konstruktive Grundgerüst und gliedern die Fassade. Backsteingesims unter dem Dachansatz, farblich abgesetzt, sowie geometrische Backsteinornamente in den Brüstungsfeldern geben dem Fabrikbau mit einem dunklen Walmdach solide Eleganz (1995 saniert). Dem Gebäude wurde, vermutlich Anfang der 1920er Jahre, ein zweiter Teil gleicher Ausführung, jedoch mit etwas veränderter Fenster- und Dachgestaltung, angeschlossen. – Ehem. **Globus-Werke, Fritz Schulze AG, Chemische Fabriken** (Limburger Straße 30 / Gießerstraße 48). Das Unternehmen stellte Lederpflegemittel früher für Pferdegeschirre und Kutschwagenverdecke sowie Reinigungs- und Pflegemittel für Möbel und Fußböden, Schädlingsbekämpfungsmittel u. ä., schließlich Mittel zur Karosseriepflege- und -reinigung für Autos her. Das Fabrikgebäude Limburger-, Ecke Gießerstraße 48, 1907 nach Entwürfen von Hugo Schuhknecht erbaut, ist ein dreigesch. hellgelber Klinkerbau mit hohem Souterrain, 24 × 16 m Grundfläche, historisierend gestaltet mit abgeflachtem Walmdach, rundbogigen Giebeln und großen Fenstern sowie an der Limburger Straße einem weit vorspringenden Erker. Das 1910 entstandene Hauptgebäude mit einer 80-m-Front an der Limburger Straße 30 – auch hier war Hugo Schuhknecht der Architekt – besitzt eine Fassade (Traufhöhe 18 m) aus hellen unverputzten Backsteinen, strukturiert durch Mauerpfeiler. Eine breite Einfahrt und ein flachbogiger Giebel betonen den Mittelteil des Gebäudes. Vor der Einfahrt, die durch eine Säule in zwei Fahrbahnen getrennt ist, steht die etwa mannesgroße Steinfigur eines den Globus tragenden Atlas, wonach das Unternehmen bald »Globus-Werke« genannt wurde, ein Name, den das Unternehmen offiziell erst 1940 annahm. – Ehem. Fabrik für **Buchbindereimaschinen Gebr. Brehmer** (Karl-Heine-Straße 107/111). Aus der Front der Brehmerschen Fabrikgebäude tritt das 1912/13 für die Fertigung von Buchheftmaschinen nach Brehmerschen Patenten entstandene Gebäude wegen seiner gediegenen Gestaltung und seiner großen Fensterflächen hervor. Die Fa. Gebr. Brehmer entwickelte und baute Draht- und Fadenheftmaschinen, die es ermöglichten, hohe Buchauflagen schnell und wirtschaftlich herzustellen. Die ersten Erfindungen hierzu hatten die Brüder Brehmer noch in ihrem Unternehmen in den USA gemacht, doch verlegten sie 1882 den Fir-

*Leipzig-Plagwitz. Konsumzentrale*

mensitz aus Philadelphia (USA) nach L.-Plagwitz, um hier, im damaligen Weltzentrum der Buchherstellung, ihre Patente wirtschaftlich zu verwerten. Das erste Fabrikgebäude (Karl-Heine-Straße 111 in Hoflage, erhalten) ließ die Fa. 1883 errichten. Für das Fabrikgebäude an der Karl-Heine-Straße 109 war dem Architekturbüro Händel & Franke 1912 die Aufgabe gestellt, große und tageslichthelle Arbeitssäle zu schaffen. Der Raumgröße wegen wurde der Gebäudeeingang seitlich gelegt, und für helle Räume sorgten die großen, etwa quadr. Fenster. Das Gebäude wurde als Ziegelbau mit Stahlbetondecken ausgeführt. An der Fassade sind zwischen die unverputzten Klinkerpfeiler horizontale Dekorationsstücke aus Kunststein eingesetzt, die steinmetzmäßig bearbeitet wurden. Das Gebäude besitzt zur Straße hin ein Mansarddach mit vier Schmuckgiebeln; zum Hof ist das Dach als Pultdach ausgeführt. – Ansehnliche, wenn auch kleine Fabrikbauten der Vorweltkriegszeit stellen die dreischiffige *Montagehalle* in Backsteinrohbau für die ehem. **Firma C. F. Weithas Nachf.,** Blech- und Eisenwarenhandlung sowie Metallkonstruktionen (Gießerstraße 29), nach Entwurf von Gustav Franke, Leipzig, sowie das schmale Lagerhaus der Drahtstiftefabrik Max Billhardt von 1908 (Markranstädter Straße 4) nach Entwurf von Baumeister Georg Wommer dar. – **»Konsumzentrale«** (Industriestraße 85–95 sowie 86). Der Konsumverein Leipzig-Plagwitz, 1884 gegründet, schon 1908 mit mehr als 40000 Mitgliedern eine wirtschaftlich starke Verbraucherorganisation, ließ Ende der 1920er Jahre einen eigenen Gebäudekomplex für Warenlagerung und -umschlag, Betriebswerkstätten und Verwaltung entwerfen. Der Vorstand gab dem Entwurf des Hamburger Architekten Fritz Höger wegen seiner »Zweckmäßigkeit als auch was die einfache Schönheit in der Ausführung angeht« den Vorzug. Auf einem Grundstück von 185 m Länge an der Industriestraße (früher Jahnstraße), 200 m Länge an den etwa parallelen Bahngleisen bei 65 m Grundstückstiefe (etwa 12 000 m² Fläche) entstand 1930–33 ein fünfgesch. Lagerhaus in Hoflage mit Laderampen zum Anschlußgleis an der Rückseite sowie mit Rampen an der Hofseite für Be- und Entladen von Lastwagen und Fuhrwerken. Der Hof wurde für Garagen, Werkstätten und Betriebsräume dreifach unterkellert. An der Straße wurde ein viergesch. Stahlbetonskelettbau, 71 m lang, mit einer doppelspurigen Hofeinfahrt gebaut. Der Neubauteil erhält sein Gepräge durch die meisterhaft gestaltete Klinkerfassade mit langen Fensterbändern, die infolge der Verwendung von Schüsselscheiben besonders ausdrucksvoll wirken. Die an der Straße benachbarten Gebäude wurden der Gestaltung des Neubauteils mittels Klinkerverblendungen angeglichen, so daß eine lange, relativ einheitliche Straßenfront entstand. – Ehem. **Fabrik für eiserne Baukonstruktionen, Verzinkerei und Wellblechfabrik Grohmann und Frosch** (Weißenfelser Straße 65). Die Firma konnte in dem nahezu vollständig vergebenen Plagwitzer Fabrikrevier Ende der 1890er Jahre nur ein Grundstück mit einem Anschlußgleis, jedoch ohne Straßenzufahrt erwerben, lediglich ein schmaler Weg am Kanalufer führte dorhin. Das florierende Unternehmen kaufte in der Folgezeit stadtauswärts größere Grundstücksflächen, behielt aber auch das Fabrikgelände an der Weißenfelser Straße und ließ, um eine ausreichende Zufahrt zu schaffen, 1938 das Kanalufer übersetzen. Auf Stahlbetonstützen entstand über der Uferböschung eine Werkhalle, und der Zwischenraum zur benachbarten Fabrikhalle bildete die neue Einfahrt. Die Werkhalle über der Uferböschung (B 10,8 m; L 41,4 m) ist eingesch., in Gelborange klinkerverblendet, mit glatter Fassade, großen Industriefenstern und flachem Dach, entworfen von Hermann Böttcher. – Ehem. **Maschinenfabrik Eberspächer** (Markranstädter Straße 1). Zur Herstellung von Flugzeugzubehör wurde Ende der 1930er Jahre der Bau eines großen Fabrikkomplexes längs der Markranstädter Straße zwischen Wachsmuthstraße und Zschocherscher Straße geplant. Als erster Bauabschnitt entstand 1941/42, nach Entwürfen von C. Schiemichen, Leipzig, ein Stahlbetonbau auf etwa 2600 m² Fläche mit klinkerverblendeter Fassade und großen Industriefenstern zwischen stark vorspringenden Mauerpfeilern. Das UG liegt vertieft unter Straßenniveau; das viergesch. projektierte Gebäude wurde 1942 zur Aufnahme der Produktion mit einem Holzdach über dem dritten Geschoß betriebsfähig gemacht. Das Gebäude erhielt 1966/67 zur Zschocherschen Straße hin einen Anbau (Versandhalle), und daneben entstand eine mächtige Stahlbeton-Werkhalle, 1982 fertiggestellt. – **Werkhallen für Maschinenbau** (Gießerstraße 42). Die Sowjetische Aktiengesellschaft (SAG) für Maschinenbau, vorm. C. H. Jaeger und Co., ließ 1951/52 zur Schaffung neuer Produktionsflächen eine Werkhalle auf etwa 25 × 95 m Grundfläche mit einem Kopfbau an der Gießerstraße nach Entwürfen der Architekten H. Riedel und S. Wohlfahrt, Leipzig, errichten. Die Firma Jaeger und Co. war ein weltbekanntes, auf Hochleistungspumpen, -kompressoren und -gebläse spezialisiertes Unternehmen, und sein Produktionsprogramm wurde nach dem 2. Weltkrieg unter sowjetischer Verwaltung auf Reparationskonto weitergeführt. Der neue dreigesch. Stahlbeton-Kopfbau mit Verwaltungsräumen besitzt an der Fassade Gießerstraße in einem farblich herausgehobenen Feld, das optisch die gesamte Schauseite bestimmt, 3 Reihen relativ schmaler Fenster zwischen schlanken Pfeilern. Neben die Werkhalle wurde 1973/74 für den seit 1953 VEB Pumpen und Gebläse eine Stahlbetonhalle mit vollverglaster Stirnseite zur Gießerstraße erbaut, ebenfalls nach Entwürfen der Architekten Riedel und Wohlfahrt.

**L.-Mitte. Historische Dampfmaschine und Elektromotor** (Markt 1, im Durchgang des Alten Rathauses zum Naschmarkt). Die stehende Einzylinder-Dampfmaschine, eine sog. Bockmaschine vom Baujahr 1868, wurde von der Maschinenfabrik Gebr. Sachsenberg in Roßlau a.d. Elbe mit der Fabriknummer 238 hergestellt. Die Maschine besitzt Schiebersteuerung, Kurbelantrieb für das mächtige Schwungrad und hochliegende Abtriebswelle. Mit 1,5 t macht das Schwungrad nahezu die Hälfte des Gesamtgewichts der Dampfmaschine aus. Das Maschinengestell ist neugotisch gestaltet. Die Dampfmaschine war mehr als 90 Jahre lang auf dem Gut Klein-Wölkau in Betrieb und fand 1963 im Durchgang des Alten Rathauses Aufstellung; daneben ein Elektromotor vom Baujahr 1903, eine mehrpolige Gleichstrommaschine mit einer Leistung von 115 kW, hergestellt von Siemens & Schuckert und bis 1965 im Mörtelwerk der Westend-Baugesellschaft Leipzig zum Antrieb von Mischern in Betrieb. – Zum erhaltenen Gebäudebestand des **Straßenbahnkraftwerkes** (Floßplatz 3) der damaligen Großen Leipziger Straßenbahn gehören eine hohe einschiffige *Maschinenhalle* mit flacherem Anbau, daneben, durch die Hofeinfahrt getrennt, das *Beamtenwohnhaus* und im Hof der Stumpf des Kraftwerksschornsteins mit ornamentalem Schmuck aus farbigen Klinkern. Die Gebäude sind dunkelrote Klinkerbauten mit Stufengiebel, das Wohnhaus hat einen Erker zur Straße. Das Kraftwerk wurde 1916 stillgelegt und diente bis 1947 als städtisches Unterwerk für die Elektroenergieversorgung. Seitdem werden die Gebäude anderweitig gewerblich genutzt. – **Industriepalast** (Althener Straße 3). Der mächtige zweiflügelige und fünfgesch. Stahlbetonskelettbau wurde 1912/13 als Gewerbehof für eine Mehrzahl von Unternehmen in günstiger Verkehrslage nahe Hbf. und Stadtzentrum nach Plänen von Heinrich Rust erbaut. Das Gebäude steht auf einer spitzwinkligen Dreiecksfläche von etwa 3700 $m^2$ mit Flügeln an der Brandenburger- (L 138 m) und der Friedrich-List-Straße (L 118 m). Das Anschlußgleis vom Bf. lief bis in die 3 Innenhöfe (Drehscheibe). Für die Straßenanbindung der Innenhöfe sorgen Torwege und 4 Treppenaufgänge. Im Gebäude ermöglichen ein Pfeilerraster und leichte Zwischenwände das Anpassen der Raumgrößen an den jeweiligen Bedarf. Die Fassade besteht aus grauem Spezialbeton, der farblich durch Gesteinszuschläge belebt ist, und besitzt zahlreiche angegossene z. T. figürliche Ornamente. Das hohe und abwechslungsreich gestaltete Dach trägt eine Kuppel. Der Industriepalast stellt ein bedeutendes Zeugnis der Stilkunst der Jahrhundertwende dar. 1992–94 saniert. – **Kesselhaus im Klinikviertel** (Paul-List-Straße). Als Ersatz für 3 veraltete Heizanlagen wurde 1927 ein funktional und architektonisch herausragendes Kesselhaus für den städtischen Krankenhauskomplex St. Jakob fertiggestellt. Der Stahlbetonbau erhielt mit Rücksicht auf das Wohnumfeld ein feingliedriges Fassadenkleid aus Klinkern in Kreuz- und Radiallagen. Wie einen Strahlenkranz heben die Radiallagen die Rundbögen im EG hervor. Das Hauptgesims aus sechs abgetreppten Binderlagen und einer Rollschicht ist mit eindrucksvoller Maurerpräzision ausgeführt und markiert in reduzierter Form die Ebene des Transportbandes. Der zweifach zurückgestufte Blendrahmen mit dem senkrecht geführten Zinnenfries um die Fensterachsen sublimiert die Flächen der Baukörper. Der Fries fand urspr. in dem Kranzabschluß aus trapezförmigen Zinnen ein Pendant, das jedoch durch Nachkriegsveränderungen verlorengegangen ist. Die Ebene der Heizerstände wird durch den unverkleideten Stahlbeton in den Fensterbahnen als ein belebender Materialkontrast deutlich. Dieser wiederum korrespondiert mit der Reihe der Entlüftungsschächte, die der kubischen Bauverteilung ein markantes Gegenstück bieten. Die beträchtlichen Änderungen an den Entwürfen für Gestaltung und Ausrüstung des Kesselhauses, die nach dem Amtsantritt von Hubert Ritter als Stadtbaurat vorgenommen wurden, legen es nahe, das Gebäude Hubert Ritter zuzurechnen. – Ehem. **Autohaus Otto Kühn** (Johannisplatz 13/14). Die starke Zunahme des Autoverkehrs in den 1920er Jahren ließ vor allem in den Großstädten »Autohäuser« mit Garagen, Tankstellen, Reparatur- und Wartungswerkstätten sowie für den Autoverkauf entstehen. Auf »Zangenbergs Gut«, das nahe der Altstadt als Ausspanne für Pferdekutschen und -fuhrwerke gedient hatte, ließ die Fa. Otto Kühn, Fabrik für Kraftfahrzeuge in Halle a. d. S., 1928/29 einen dreischiffigen fünfstöckigen Stahlbeton-Stockwerksrahmenbau für eine Großgarage mit den zugehörigen Dienstleistungen errichten. Architekt C. Lohmer. – Ehem. **Wollsortiergebäude** (Pfaffendorfer Straße 31–33). Der hohe und langgestreckte Industriebau, ein Stahlbetonskelettbau, wurde 1935/1936 nach Plänen und unter Leitung des Architekturbüros Schilling & Gräbner, Dresden, errichtet. Das langgezogene, hohe und hochgelegene Bauwerk hat mit seiner abgestuften Dachgestaltung (höherer Flachdachteil mit filigranem Metallgitter, daran anschließend ein niedrigeres Sheddach) und den in den OG um die Gebäudeecken gezogenen Fensterreihen in einer sachlichen Fassade mit roten Verblendklinkern ein unverwechselbares Gesicht. – Oberes **Elsterwehr und Elsterbecken** (Am Elsterwehr). Leipzig, das von einem wasserreichen Auenstreifen durchzogen wird, benötigte besonders im Westen der Stadt Hochwasserschutzanlagen. Dazu gehören das 1914–17 erbaute obere Elsterwehr (Palmengartenwehr, nach dem früheren benachbarten Vergnügungslokal »Palmengarten«) als Staustufe und Einlaufbauwerk für das Elsterbekken. Die Wehrbrücke (L 50 m; B 5 m) überdeckt 2 je 17 m breite Wasserdurchlässe und besitzt Schutzhäuschenaufbauten für die Windewerke der Walzen und weitere Maschinerie. Als kombiniertes Walzen-Schützen-Wehr wird der Wasserdurchlauf mit Schützen und Walzen als Verschlußkörper (3,5 m hoch) geregelt. Architekt Georg Wünschmann, Leipzig, gelang mit der Gestaltung von Wehrbrücke und Schutzhäuschen, mit ihrer Form- ebenso wie mit ihrer Farbgebung (graue Granitverkleidung, rote Dächer) eine hervorragende Einfügung der technischen Anlage in die Parklandschaft. Das Elsterbecken (L 2400 m; B 115 m) dient der Wasserregulierung und Trockenlegung eines Sumpfgeländes.

**Glockenschlägeruhr** auf dem Krochhochhaus (Goethestraße 2). Das 1927/28 nach Entwürfen von German Bestelmeyer errichtete erste Leipziger Hochhaus, ein elfgesch. Bauwerk, das in Anlehnung an den Uhrturm in Venedig (Markusplatz) gestaltet ist, erhielt als Bekrönung von Josef Wackerle gestaltete Männerfiguren, die mit großen Hämmern viertelstündlich eine zwischen ihnen stehende Glocke anschlagen. Die Kupferfiguren sind 3,5 m hoch, das Oberteil mit den Armen und Händen, in denen die Stiele der Anschlaghämmer (je 50 kg) liegen, ist drehbar. Das feststehende Unterteil der Figuren enthält die Antriebsmechanismen. Die im 11. OG angebrachte Uhr zeigt auf dem Zifferblatt Stunden und Minuten sowie mit einer Kugel oberhalb des Zifferblattes die Mondphasen an. Die Kugel wird von 2 Löwenreliefs flankiert. Glockenschläger und Uhr sind 1986/87 von Kupferschmiedemeister Hochkeppeler, Leipzig, bzw. vom VEB Spezialuhren Leipzig generalüberholt worden.

**Zeppelin-Brücke,** im Zuge der Friedrich-Ludwig-Jahn-Allee über das Elster-Flutbecken, Brückenlänge 150 m, monolithische Bauweise mit 5 ungleichen Gewölben, max. Scheitelhöhe 3,8 m. Nach Entwurf von Prof. Licht errichtet, Baubeginn 1915. 1936 ist ein Fußgängerdurchgang am östlichen Widerlager geschaffen worden.

**L.-Nordost.** Hier liegt der frühere **Flughafen Leipzig-Mockau** (Dübener Landstraße 200), der am 23. Juli 1913 im Beisein des sächsischen Königs und des Grafen Ferdinand von Zeppelin als »Luftschiff- und Flughafen Leipzig-Mockau« mit der Einweihung der damals weltgrößten Luftschiffhalle (nicht erhalten) eröffnet wurde. Der Flughafen hat fast 80 Jahre lang dem Luftverkehr und der Pilotenausbildung gedient, war Messeflughafen und zuletzt Agrarflugplatz, bis er am 31. Mai 1991 endgültig geschlossen worden ist. Erhalten sind das *Flughafenhotel* von 1913, das erste in Deutschland, sowie das *Empfangsgebäude* von 1928. Das zweigesch. Flughafenhotel (geputzte Ansichtsflächen, Holzteile der Fenster und Türen weiß gestrichen, unter einem mit roten Biberschwänzen gedeckten Mansarddach, nach Plänen und unter Leitung des Hochbauamtes der Stadt gebaut) besaß im EG ein Restaurant mit großem Saal und über dem Saal zum Flugfeld hin eine offene Terrasse zur Beobachtung von Flugvorführungen. In den OG lagen Aufenthalts- und Übernachtungsräume, Spielzimmer und Bäder sowie eine Wohnung für den Wirt. Das Dach überragte ein Beobachtungsturm, der vom Dachboden aus zugängig war. Für den Ausbau zum Messeflughafen Mitte der 1920er Jahre entwarf der Leipziger Architekt Georg Wünschmann 5 große und moderne Flughafengebäude, von denen allerdings nur eins zur Ausführung kam – ein zweigesch. und relativ flacher Block (L 42,8 m; B 13,7 m; H 8,1 m) mit Glastürmen an den Schmalseiten für die Treppen zu dem als Aussichtsterrasse für Besucher gestalteten Dach. Das von Kriegsereignissen in Mitleidenschaft gezogene Gebäude ist 1951/52 zur Wiedereröffnung des zivilen Flugbetriebes umgebaut worden. Es erhielt für die Flugleitung einen doppelstöckigen Aufbau in Dachmitte (Tower), der das Gebäude um 6,3 m erhöhte sowie einen etwa 160 m$^2$ großen Vorbau zum Flugfeld als Aufenthaltsraum für die Fluggäste. Aussichtsterrasse und Glastürme sind nicht wiederhergestellt worden. Die Pläne für den Umbau lieferte der »VEB (Z) Projektierung Sachsen, Zweigbüro Leipzig, Brigade Hertel«.

Ehem. **Automobil- und Aviatik A.G.** (Heiterblick, Teslastraße). Die 1910 gegründete, mit ihren Flugzeugwerken zunächst im Elsaß, dann in Freiburg/Breisgau tätige Gesellschaft verlegte wegen der Nähe der französischen Grenze 1916 ihre Flugzeugherstellung in das neuerbaute Werk in L.-Heiterblick und ihre Fliegerschule nach L.-Mockau. Da nach dem Ende des 1. Weltkrieges eine Umstellung auf den Bau von Zivilflugzeugen nicht zulässig war, wurde 1920 die Flugzeugherstellung eingestellt. Die Werkanlagen, vorübergehend zur Reparatur von Reichsbahnwagen genutzt, gingen 1925 in das Eigentum der Großen Leipziger Straßenbahn über, die – nach entsprechendem Umbau der Hallen und ihrer Ausstattung sowie dem Bau einer Straßenbahnstrecke nach Heiterblick – dort 1927 ihren Werkstattbetrieb eröffnete. Seitdem arbeiten die Hauptwerkstätten der Leipziger Straßenbahn in Heiterblick, wenngleich 1937 einige Hallen an die ERLA-Flugzeugwerke abgegeben werden mußten und erneut der Flugzeugherstellung dienten. Die im 2. Weltkrieg zerstörten Teile der Hauptwerkstätten wurden bis 1950 wiederaufgebaut, in den Folgejahren baulich und technologisch erweitert und von der Leipziger Straßenbahn genutzt, die mit rund 163 km Streckenlänge das nach Berlin ausgedehnteste Straßenbahnnetz der Bundesrepublik besitzt.

**L.-Ost.** Um 1910 bot das Areal des heutigen Stadtbezirks Ost, in einigen Teilen schon von der Industrie in Anspruch genommen, vor allem in Paunsdorf und Heiterblick noch große Grundstücksflächen, auf denen expandierende Unternehmen den Platz fanden, den sie brauchten. In einem Großteil der Industriebetriebe, von denen einige bereits in den 1870er Jahren entstanden waren, ist nach Ausbesserung der Luftkriegsschäden und Ersatz für Anlagen, die der Demontage verfallen waren, sowie einigen baulichen Erweiterungen bis 1989/90 produziert worden. Nach Stillegung der meisten Betriebe 1990/91 ist ein Teil des erhaltenswerten Gebäudebestandes saniert und neuer Nutzung zugeführt, ein anderer Teil zugunsten einer Neubebauung beseitigt worden, ein großer Teil ist jedoch noch ungenutzt. Das langgestreckte Stahlbetongebäude (L 71,3 m; B 16,65 m) unter hohem Walmdach, das jetzt an seiner Längsseite zur Torgauer Straße die Aufschrift »Stadtarchiv Leipzig« trägt, war das größte Produktionsgebäude der ehem. **Getriebe- und Werkzeugfabrik Köllmann-Werke** auf dem Betriebsgelände (Torgauer Straße 74). Die Köllmann-Werke sind 1904 als Zahnradfabrik gegründet worden, nahmen bald danach die Herstellung von Getrieben für Fahrzeuge auf und erlebten einen schnellen geschäftlichen Aufstieg. Nach dem 1. Weltkrieg in geschäftliche Schwierigkeiten geraten, wurde das Unternehmen als Köllmann-Werkzeugfabrik GmbH neu gegründet, kräftigte sich jedoch in der zweiten Hälfte der 1930er Jahre. Dem Keller- und EG von 1918 wurden nun, nach mehr als 20 Jahren, drei OG und ein hohes Walmdach aufgesetzt. Das Gebäude erhielt zur Bahnstrecke eine hell geputzte Schauseite mit Wandpfeilern, hohen Rechteckfenstern und großem Dreiecksgiebel über dem leicht vorgezogenen Mittelteil der Fassade in klassizistischer Art. Im 2. Weltkrieg ausschließlich für die Kriegswirtschaft arbeitend, war das Werk dennoch von Luftkriegsschäden nicht betroffen. Nach Kriegsende wurden zunächst amerikanische, dann kurzzeitig sowjetische Militärfahrzeuge instand gesetzt. Als volkseigener Betrieb ist das Gebäude Teil des Fahrzeuggetriebewerkes »Joliot Curie« geworden. 1992 privatisiert, wurde das Gebäude für das Stadtarchiv rekonstruiert, das hier seit Anfang August 1994 untergebracht ist. Dagegen steht von der ehem. deutsch-amerikanischen **Holzbearbeitungsmaschinenfabrik Ernst Kirchner** (Torgauer Straße 43), gegr. 1878, nur noch ein kleiner Turmbau mit einer Kuppelbedachung, Baujahr 1890. Der Kuppelbau ist 1995 restauriert und eine Neubauhalle errichtet worden, die in Form und Größe einer der früheren Fabrikhallen nachempfunden wurde. Für die ehem. **Maschinenfabrik Karl Krause, Buchbindereimaschinen** (Zweinaundorfer Straße 59) entstand 1876/77 eine langgestreckte *Galeriehalle* als zweigesch. roter Backsteinbau auf Natursteinsockel mit hohen Rundbogenfenstern. Der Kopfbau der Halle, das *Kontorhaus*, überdachte die Einfahrt in das Werk, das schließlich eine Fläche von etwa 100 000 m² einnahm. Das Areal wurde 1993 als Produktionsstandort aufgegeben, und die Gebäude wurden bis auf das frühere Kontorhaus, die ehem. *Fabrikantenvilla*, das frühere *Kutscherhaus* sowie den mächtigen Hochbau (1914 fertiggestellt), an der Theodor-Neubauer-Straße beseitigt. Der fünfgesch. Stahlbetonbau (Architekturbüro Paul Ranft), der als Dominante für die gesamte Werkanlage geschaffen und daher mit der Schauseite zum Werkgelände und mit der Rückseite zur Theodor-Neubauer-Straße gestellt wurde, bot auf einer rechteckigen Grundfläche von 100 × 21 m bei einer Traufhöhe von 19 m etwa 10 000 m² Nutzfläche sowohl für Fertigungsräume als auch für die Präsentation der Erzeugnisse des Unternehmens. Der Hauptfassade (Gebäudesüdseite) mit großen quadratischen Industriefenstern sind 2 schlanke Treppen- bzw. Aufzugstürme mit Glockendächern vorgesetzt. Vor allem der kräftige Turmbau am westlichen Fassadenende mit einem weit über Firsthöhe aufsteigenden verjüngten Turmteil unter einem doppelten Glockendach gibt dem Bauwerk insgesamt ein repräsentatives Gepräge. Der klinkerverblendete Turm mit seinen schmalen und hohen Fenstern steht architektonisch sakralen Bauwerken nahe. – Die ehem. **Maschinenfabrik Chn. Mansfeld** (Riesaer Straße 64) in Paunsdorf entstand 1911/12 mit etwa 25 000 m² bebauter Fläche als neue und größere Produktionsstätte des weltweit erfolgreichen Unternehmens nach Planungen und Entwürfen des Ingenieur- und Architektenbüros Baurat Paul Ranft, Leipzig. Das Unternehmen war in Reudnitz, Mühlstraße 15/18, bereits auf einem großen Grundstück aufgewachsen und behielt diese Produktionsstätte (hier sind 2 Betriebsgebäude der alten Mansfeldschen Fabrik erhalten) auch nach der Übersiedlung nach Paunsdorf bei. Eine bedeutende Erweiterung des Grundstücks und der Bebauung an der Riesaer Straße auf nahezu 32 000 m² erfolgte 1925. Der Mechaniker C. Mansfeld baute 1853 handwerklich seine erste Nähmaschine und stieg zu einem der bedeutendsten Maschinenfabrikanten auf. In den 1850er Jahren nahm er die fabrikmäßige Herstellung von Nähmaschinen für gewerbliche Zwecke (Sattler, Mützenmacher, Schneider, Schuhmacher usw.) auf, woraus seine Maschinenkonstruktionen für die Ausrüstung von Schuhfabriken hervorgingen. Wegen des Bedarfs in Leipzig widmete sich Mansfeld schon in den 1860er Jahren auch der Herstellung von polygrafischen Maschinen und fertigte vor allem Maschinen für die Papier- und Kartonagenverarbeitung. Die in Luftangriffen während des 2. Weltkrieges beschädigten Fabrikanlagen wurden nach Demontage 1960 Teil des VEB Druckmaschinenwerke Leipzig. Gegenwärtig werden die Gebäude saniert, wobei das Kesselhaus, eine interessante Stahlbetonkonstruktion, wieder als Kesselhaus eingerichtet wird. – Das ehem. Werksgelände der **Fa. Karl E. Schiege, Eisenkonstruktionen** (Riesaer Straße 72/74) besitzt von den 1901/02 entstandenen Erstanlagen noch eine *Montagehalle* und einen früheren massiven *Pferdestall,* zweigesch. mit Kutscherwohnung und Futterboden, und von den Erweiterungsbauten der Jahre 1921/22 eine zweite Montagehalle und ein *Verwaltungsgebäude.* Die Gebäude der Jahre 1900 bis 1902 schufen die Architekten Franke und Wedekamp sowie Berger und Franke, die der 1920er Jahre Architekt und Baurat Walter Müller sowie Baurat Anton Käppler. Die Gebäude sind ansehnliche hellorangene, unverputzte Backsteinbauten. Das zweigesch. Verwaltungsgebäude mit einem erhöhten (dreigesch.) Mittelteil ist, obwohl in Hoflage, repräsentativ gestaltet. Die Fassaden mit großen quadr. Fenstern im EG und bogigen in der ersten Etage zeigen Lisenen und Maurergesims. Das Unternehmen Schiege hatte sich zunächst auf den Brückenbau spezialisiert, nahm dann den Rohrleitungsbau, den Bau von Hochspannungsmasten u.a. hinzu. 1938 ging das Unternehmen an die Mannesmanngruppe über und firmierte als »Mannesmann Rohrleitungsbau AG Werk Eisenbau Schiege«. Zerstörungen durch Luftangriff im April 1945 erzwangen die Einstellung der Arbeiten. Nach Kriegsende sind die Gebäude wiederhergestellt worden, wobei die große Montagehalle von 1901/02 eine neue Dachdeckung, jedoch auf der wiederhergestellten alten Tragwerkskonstruktion, erhalten hat. Der ab 1948 volkseigene Betrieb arbeitete als VEB Industriemontagen (IMO) später vornehmlich für die Chemieindustrie. 1992 sind Gelände und Gebäude privatisiert worden. Die ehem. Fa. **Homöopathische Fabrikationsstätte** mit biochemischer Abteilung und eigenem Verlag Willmar Schwabe ließ ihre Gebäude (Elisabeth-Schuhmacher-Straße 22–24) Mitte der 1920er Jahre errichten. Das als »Homöopathisches Centraloffice« 1866 gegründete Unternehmen widmete sich der Herstellung von Arzneien und der Verbreitung homöopathischer Kenntnisse. Die günstige Entwicklung des Unternehmens erforderte und ermöglichte mehrfachen Standortwechsel, bis es in Paunsdorf ein etwa 30 000 m² großes Gelände erwarb und dort einen Neubau von den Architekten Bloß und Moßdorf, Leipzig, schaffen ließ, der im Juni 1926 bezogen wurde. Das viergesch. Hauptgebäude auf rechteckiger Grundfläche von 60 × 78 m liegt von der Straße zurückgesetzt und hat 2 aus betrieblichen Gründen nur zweigesch. Flügelbauten, in denen Laboratorien, Druckerei und Binderei untergebracht wurden.

In **L.-Südost** sind vor allem die Ortsteile Reudnitz und Stötteritz Fabrikstandorte. Zu den ältesten gehört die 1878 gegr. **Buchdruckwalzenmasse- und Walzenfabrik Felix Böttcher** (Schönbachstraße 91), die mit technologischen Neuerungen Spitzenqualität bei der Druckwalzenherstellung erreichte. Die Fabrikgebäude – drei- und viergesch. Backsteinbauten mit hellen Putzflächen zwischen roten Wandpfeilern, z.T. noch aus der Anfangszeit des Unternehmens – liegen im Hof und sind zur Straße durch Wohnbebauung verdeckt. Im Treppenhaus des Fabrikgebäudes befinden sich 3 wertvolle Bleiglasfenster; das mittlere Fenster zeigt Gutenberg, die seitlichen stellen Arbeitsgänge des Betriebes dar. Der VEB Druckwalzen wurde 1992 privatisiert und ist in seinen angestammten Gebäuden weiterhin, auch international, erfolgreich. Fabrikgebäude anderer Unternehmen dagegen haben nur kurze Zeit den Produktionen gedient, für die sie errichtet wurden. Die ehem. **Schuhfabrik J. S. Burckhardt und Sohn** (Untere Eichstädtstraße 17), dessen außerordentlich solides mehrgesch. Fabrikgebäude, von Architekt Curt Nebel gestaltet, mit einer 60 m langen Hauptfassade an der Weißestraße 1898 gebaut wurde, ist schon seit 1915 für wechselnde andere Fabrikationen, darunter z.B. die Herstellung von Buchheftmaschinen, genutzt worden. Die lange Fassade mit ihren Fensterreihen zeigt am hohen UG rote, in den OG gelbe Klinker und ist mit grünglasierten Steinen belebt. Der Gebäudeeingang mit Portalbedachung und bauplastischem Schmuck liegt in der Unteren Eichstädtstraße an der Schmalseite des Gebäudes, die Sandsteinplatten mit Initialen und einen abgetreppten Schmuckgiebel trägt. Das Treppenhaus besitzt eine kunstvoll gestaltete Holztreppe. Maschinen- und Kesselhaus sind als Anbauten im Hof ausgeführt. Die ehem. **Kunstdruckanstalt Dr. Trenkler** (Untere Eichstädtstraße 11), »Kunstanstalt für Licht-, Buch- und Steindruck, Chemigraphie und Dreifarbendruck«, zunächst in Reudnitz ansässig, ließ in den Jahren 1901 (erste Planungen) bis 1904 (Fertigstellung) im damals noch weitgehend dörflichen Vorort Stötteritz von dem Leipziger Architektenbüro Franke & Wedekamp ein sechsgesch. Fabrikgebäude (60 m Fassade, mit zwei Hoftrakten, Kesselhaus und Fabrikschornstein) errichten. Baukünstlerisch darf man die Gestaltung als einen geglückten Versuch werten, das Material selbst in seiner Eigenart und gediegenen Verarbeitung als ästhetisches Mittel zu erproben. Die hellgelbe Klinkerfassade, mit rotbraunen schrägliegenden Fensterbänken und Gesims abgesetzt, zeigt die Schönheit der Steine und ihrer gekonnten Verwendung. Die Walzstahlträger der Fenster- und Torstürze sind sichtbar belassen, farblich hervorgehoben und mit Rosetten unter den Nietenköpfen geschmückt. Bombenschäden im Kriege haben dem Komplex einen Seitenflügel genommen und die Symmetrie der Fassade beeinträchtigt. Die Siemens AG, die das Gebäude heute nutzt, hat es 1990–93 sanieren und in früherer Schönheit wiederherstellen lassen. – Die ehem. **Kunstdruckanstalt Eschebach und Schäfer** (Melscherstraße 1), in der Innenstadt alteingesessen, ließ zur Vergrößerung ihrer Produktionsfläche in Stötteritz 1906 einen fünfgesch. Fabrikbau mit einer 60-m-Fassade in der Schönbach- und einer 20-m-Fassade in der Melscherstraße sowie daneben einen Souterrain-Bau errichten. Die Pläne dafür erarbeitete Ingenieur Franz Schnelle, Leipzig. Der Stahlbetonbau wurde an der Fassade bis 2 m Höhe mit Naturstein verblendet, darüber in kräftig rotem Ziegelmauerwerk ausgeführt. Die abgeschrägte Gebäudeekke Schönbach–Melscherstraße ist durch kräftige Pfeiler betont und von einem Aufsatz mit Dreiecksgiebel bekrönt. Das Treppengeländer und die Türen im Aufgang Melscherstraße sind dekorative Metallarbeiten mit Blüten- und Rankenmuster nach Jugendstilart. Die Restaurierung 1995/96 gab dem vor allem farblich auffälligen Gebäude seine frühere Schönheit wieder und führte die bereits 1939 vorgesehene Übersetzung des Souterrain-Baus mit mehreren Geschossen aus. Das Gebäude ist nunmehr als »Medienhof« für förderfähige Unternehmen der Medienbranche eingerichtet. – Das ehem. **Verlagsgebäude der Deutschen Buch- und Verlagshaus GmbH** (Oschatzerstraße 8), ein sechsgesch. Gebäude auf hohem Souterrain, etwa 50 m Gebäudefront an der Oschatzerstraße, wurde 1912/13 erbaut. Die architektonisch attraktive Straßenfront stellt jedoch die Rückseite des Gebäudes dar, das in ein Fabrikkarree einbezogen wurde und mit seiner Vorderseite zum Hof liegt. Die hellgelbe Straßenfassade besitzt große liegende Rechteckfenster in Klinkerfeldern zwischen Wandpfeilern, die mit Roll- und Rankenwerk plastisch bekrönt sind und die Schauseite gliedern. Fensterstürze und Sohlbänke sind sandsteinhell geputzt. Die Straßenfront des Gebäudes zeigt im mittleren Teil ein Satteldach, während die beiden höher gezogenen seitlichen Gebäudeteile glockenförmige Hauben tragen. Die Fassadenflächen dieser Seitenteile sind mit Reliefs geschmückt.

Im Ortsteil Reudnitz-Thonberg liegen 2 Brauereien mit alten Braurechten. Das **Brauereigebäude Mühlstraße** 13 aus den 1870er Jahren ist ein massiger viergesch. Bau unter einem hohen roten

Ziegeldach, die Ansichtsflächen zwischen roten Backsteinsäulen sind hell geputzt. Die beiden Gebäudeseiten sind als flachgedeckte Türme ausgeführt, die bis zur Firsthöhe reichen. Für Gebäude und Ausrüstung zeichneten die bekannten Leipziger Architekten und Brauereiingenieure Hanner und Hering verantwortlich. Das Brauhaus zu Reudnitz, seit 1990 privatisiert, technologisch neu ausgerüstet und in vollem Betrieb, hat Neubauten auf dem nördlich anschließenden Brauereigelände errichten lassen. – Der Gebäudekomplex der **Brauerei auf dem Thonberg** (Prager Straße 109/113), die stilliegende ehem. Brauerei Offenhauer, wird charakterisiert durch einen weit sichtbaren, stadtbildbestimmenden Wrasenturm. An dem fünfteiligen Gebäudeensemble ist der Übergang von handwerklichem zu fabrikmäßig betriebenem Brauen ablesbar. Das Brauereigebäude in Hoflage, ein geputzter Ziegelbau auf Natursteinfundament und Satteldach mit Dachreiter über dem gesamten First für ausreichenden Luftwechsel, ist bereits 1864 anstelle älterer Brauereigebäude als »Neue Brauerei« erbaut worden. Das Malz- und Darrhaus stammt von 1866, sein Turmaufbau mit Wrasenschlot von 1912 zeigt den Übergang zu neuer Technologie. Ein Mehrfunktions-Brauereigebäude in Straßenlage, unterkellert für Eis- und Lagerkeller, EG und 2 Etagen für Kontore, Unterkünfte und Produktionsräume, wurde 1872 erbaut. Das dreigesch. Wohnhaus mit dem Brauereiausschank, verm. von 1864, wurde 1926 umgebaut. Die Gebäude der 1880er Jahre bauten Maurermeister Karl Germann und Zimmerermeister A. Zickmantel, die Anlagen und Umbauten von 1912 entwarfen die Architekten und Brauereiingenieure Hanner und Hering, den Umbau 1926 Heinrich Moßdorf. Der Weiterbestand des Ensembles ist durch den desolaten Gebäudezustand gefährdet.

Zu den baukünstlerisch bedeutenden Industriebauten der 1920er Jahre in L. zählt das **Heizhaus der Kinderklinik** (Eilenburger Straße 15), entworfen von Stadtbaurat Hubert Ritter. Die städtische Kinderklinik erhielt 1927 als Ersatz für die überalterte Heizanlage ein Heizhaus mit einem 60-m-Schornstein. Das Heizhaus, ein klinkerverblendeter Stahlbetonbau, steht als ein imposanter Solitär aus 2 zusammengerückten Kuben gegenüber dem Freigelände des früheren Eilenburger Bahnhofs und riegelte mit seinem 20 m hohen und 26 m breiten Kohlebunker das Klinikgebäude gegen den Betrieb auf dem damaligen Bahnhofsgelände ab. Dem Funktionsschema des Heizhauses entsprechend, lag das Aschegeschoß ebenerdig, in ihm war eine Desinfektionsanlage installiert. In der darüberliegenden Halle des Heizhauses standen die Hochdruckkessel, und die Obergeschosse über der Halle nahmen Tischlerei und Schlosserei der Klinik auf. Die Kesselanlage ist 1952 stillgelegt und die Wärmeversorgung der Klinik durch Dampfbezug aus einer nahegelegenen Fabrik gesichert worden. 1991 wurde die alte Technik ausgebaut und eine ölbefeuerte Dampfkesselanlage installiert, so daß die Klinik wieder eine eigene Wärmeversorgung besitzt. »Eine einfühlsame Materialwahl und Gestaltung der Fassade vermeidet jeden Eindruck provozierender Monumentalität und ungebändigter Baumassen. Die Attika ist durch ihren plastisch hervortretenden Rautenverband aus dunklen Klinkern und den zur Belichtung des Transportbandes dreieckig eingeschnittenen Fenstern eine auf Untersicht angelegte Bekrönung, die den Kubus niedriger erscheinen läßt als er ist. Das ebenfalls mit dunklen Klinkern verblendete ›Aschengeschoß‹ bildet mit der Attika eine Klammer, die die hohe Wand der Kesselhalle optisch zusammenhält. Die Konzentration der Fensterbahnen im unteren Drittel dient der bestmöglichen Ausleuchtung des Kesselraumes und schafft zugleich eine wohltuend harmonische Unterteilung der Fassade. Der Wechsel von okkerfarbenen und kaminroten Klinkern zur Unterscheidung der Funktionsebenen sowie das Changieren des Klinkers der großflächigen Partien lassen eine reizvolle Binnengliederung entstehen.« (J. Rüter)

**L.-Süd.** Hier steht mit dem **Förderturm der ehem. Gewerkschaft Dölitzer Kohlenwerke** (Friederikenstraße 97) der einzige Sachzeuge des Braunkohlentiefbaus (Förderung aus etwa 80 m Tiefe) im Stadtgebiet. Die Arbeiten für die Schachtanlage begannen 1894, die Förderung 1902. Der steinerne Förderturm wurde 1925 bei einer umfassenden Modernisierung des Grubenbetriebes (u.a. Umstellung auf elektrischen Antrieb) mit einem Stahlgerüst um etwa 7 m erhöht. Die Grube hat zeitweise das etwa 1500 m entfernte Kraftwerk Süd versorgt, 1927/28 mittels Seilbahn. 1917 erwarb die Stadt Leipzig 90% der Kuxe und konnte die Fördermengen der Grube zur Minderung der Brennstoffknappheit in

Kriegs- und Nachkriegszeiten einsetzen, insbesondere als Heizmaterial für Schulen, Heime, Krankenhäuser und andere öffentliche Gebäude. Von 1953 bis 1957 wurde die Grube noch als Lehrschacht betrieben; am 13. 6. 1959 wurde die letzte Schicht verfahren und die Grube geschlossen. – Als eine der frühesten Fabriken war 1847 die ehem. **Gasmesserfabrik** (Kochstraße 132) entstanden, von der französischen Fa. A. Siry, Lizars und Cie. hier als »Fabrik für trockene und nasse Gasmesser und Apparate für die Gasfabrikation« eingerichtet und bis zur entsprechenden Ausbildung einheimischer Arbeiter ausschließlich mit englischen Fachkräften betrieben. Die heutige Bebauung entstammt den Jahren 1886 bis 1908, nachdem die langjährigen Leiter Wilhelm Schirmer und Karl Richter die Firma erworben hatten. Das Verwaltungsgebäude in Straßenlage wurde 1899 (Schlußstein über dem Portal) erbaut. 1892 betrug die Jahresproduktion etwa 10 000 Apparate. Die Gebäude dienten später dem VEB Werkstoffprüfmaschinen. Nach der Wiedervereinigung wurde die Produktion eingestellt; die Gebäude werden jetzt für kulturelle Veranstaltungen genutzt. Als »Kulturfabrik« und »Sozio-kulturelles Zentrum« sind sie zugleich Heimstatt für zahlreiche Vereine. – Die **Maschinenfabrik G. E. Reinhardt** (Arno-Nitzsche-Straße 19) ließ 1924/25 ein viergesch. Verwaltungsgebäude bauen, dessen geputzte Fassade auf Wandpfeilern vor dem 1. OG mit 3 etwa lebensgroßen Steinfiguren (Arbeiter mit Werkstücken, in der Mitte Gutenberg) geschmückt ist. Das 1890 gegründete Unternehmen stellte als Spezialität Liniermaschinen für den Druck von Schulheften und Geschäftsbüchern her, ging jedoch später zur Herstellung von Zahnrädern und Getrieben über und bebaute das gesamte Geviert zwischen Arno-Nitzsche-Straße / Arthur-Hoffmann-Straße / Frohburger- und Scheffelstraße vorwiegend mit dreigesch. Fabrikgebäuden (Flachdächer, mit hellgelben Klinkern verblendete Fassaden, große Industriefenster, kleinscheibig unterteilt). In dem Fabrikkomplex, der gegenwärtig saniert wird, ist die Fa. Zahnradwerk Leipzig GmbH (ZWL) tätig.

**L.-West.** Der 1938 begonnene, jedoch nie fertiggestellte **Kanalhafen** am Elster-Saale-Kanal bezeugt Leipzigs Bemühungen um einen Wasserweg zur Nordsee. Die Elster mit der Alster zu verbinden, dafür hatte Karl Heine mit dem 1856 begonnenen Kanalbau in Plagwitz einen praktischen Anfang gemacht, doch Pläne für einen Wasserweg zur Nordsee gab es schon Jahrhunderte früher. Der Bau des Elster-Saale-Kanals für 1000-t-Schiffe begann 1933, der des Leipziger Hafens, für den 42 ha Land vorwiegend auf Schönauer Flur vorgesehen waren, im Jahre 1938. 1939/40 wurden mehrere Getreidesilos (Stahlbetonbauten, steile Satteldächer) sowie ein dreigesch. Lagergebäude fertiggestellt und eine Kaimauer betoniert. Das Hafenbecken war großenteils 1940 ausgebaggert, der Bau einer Hafenbahn begonnen und ein eigener Hafenbahnhof geplant. Als wegen des Kriegsverlaufs im Frühjahr 1943 sämtliche Arbeiten an Hafen und Kanal eingestellt wurden, waren von den 19,2 km der Kanallänge 12,4 km fertiggestellt, allerdings fehlte die Schleusentreppe, die den Höhenunterschied zur Saale zu überwinden hatte. Die Speicher, das Hafenbecken und die Kaimauer sind die heute vorhandenen Bauzeugen des begonnenen Umschlaghafens.

Nachdem Straßen und Brücken den breiten Augürtel zwischen der Altstadt und den westlichen Vorstadtdörfern passierbar gemacht hatten, boten sie – heute teilweise zum Stadtbezirk Altwest gehörend – bevorzugte Standorte für die Fabrikansiedlung. Am Lauf der Luppe ließ sich neben anderen die ehem. **Rauchwarenfärberei Sieglitz und Co.** nieder. Deren Fabrikgebäude (Angerstraße 30) entstanden 1909/10. Adolf Sieglitz war der erste, dem es gelang, Felle, die mit ihrem natürlichen Aussehen nicht getragen werden konnten, durch Färbung zu veredeln, was die Materialbasis für die Kürschnerei beträchtlich erweiterte und den Handel mit Pelzwaren hob. Das Unternehmen war überaus erfolgreich, vereinigte sich mit dem Kürschnerei- und Pelzhandelsunternehmen F. Erler und Söhne, womit der Neubau auf dem Grundstück an der Luppe erforderlich wurde. Heute wird das Gebäude von anderen gewerblichen Unternehmen genutzt.

**Wasserturm** der ehem. Farben-, Lacke- und Tapetenfarbenfabrik Springer und Möller AG, zur Erweiterung der Produktion 1925 an der Franz-Flemming-Straße 16 errichtet. Der Turm auf quadr. Grundfläche mit einer Höhe von 32,5 m ist durch Wandpfeiler und zusätzlich durch auffallende verschiedenfarbige Längsstreifen vertikal betont, daher auch als »Turm der Farbe« bezeichnet.

Die von den gelernten Mechanikern Körting und Mathiesen 1889 in Reudnitz begonnene, anfänglich handwerkliche Herstellung von elektrischen Bogenlampen und Installationsmaterial konnte von ihnen sehr bald zur Fabrikproduktion erweitert werden, wofür in dem vor der Stadt gelegenen Dorf Leutzsch ein Grundstück erworben wurde. Die **Körting und Mathiesen AG,** KANDEM (Franz-Flemming-Straße 43/45) bebaute ab 1893 ein ausgedehntes Areal zwischen Franz-Flemming-Straße und Reichsbahnanlagen. Bis zur Jahrhundertwende hatte das Unternehmen die stadtauswärtige Seite der Franz-Flemming-Straße auf etwa 200 m viergesch. bebaut. Gestalterisch tritt das Gebäude in der Straßenbiegung hervor, dessen Portalzone zwischen 2 breiten Wandpfeilern genau im Straßenknick vom EG bis zum Schmuckgiebel als Blickfang historisierend repräsentativ gestaltet ist. Die Toreinfahrt, zugleich der Zugang zum Gebäude, besitzt eine hervorkragende Überdachung, von neubarocker Ornamentik flankiert. Die Fenster im 1. und 2. OG über der Toreinfahrt sind dreifach gekoppelt, zudem ist der Fassadenteil über dem Portal im Dachbereich um eine Etage höher gezogen und trägt einen Dreiecksschmuckgiebel mit 2 Türmchen. Als sich bei der elektrischen Beleuchtung die Metallfadenlampe gegenüber der Kohlefadenlampe durchsetzte, beabsichtigten Körting und Mathiesen, in L. eine Glühlampenfabrikation großen Stils zu begründen. Diesem Versuch verdankt die Stadt eines ihrer baukünstlerisch bedeutendsten Industriegebäude, die **Metallfaden-Glühlampenfabrik** (Georg-Schwarz-Straße 185). Die »Leipziger Metallfadenlampen GmbH« ließ 1910 an städtebaulich exponierter Stelle, erhöht neben der Straßenbrücke über das Leutzscher Bahnhofsgelände, ein fünfgesch. Produktionsgebäude für elektrische Glühlampen errichten, für das sie von den renommierten Leipziger Architekten Schmidt und Johlige große und helle Arbeitsräume, davon getrennte Garderoben und Büros forderte. Es entstand ein Gebäude auf rechteckiger Grundfläche mit einem angesetzten, auf halbkreisförmiger Fläche stehenden Treppenhaus. Hohe und relativ schmale Rechteckfenster geben dem Bauwerk zusammen mit dem hohen Walmdach baukünstlerische Anmut. Die zeitgenössische Architekturkritik bewertete das Gebäude als »ein hochragendes Denkmal fortschreitender Technik und wachsenden in sich gefestigten Unternehmungsgeistes« (Bernhard Riedel). Die Glühlampenproduktion ist bereits zu Beginn des 1. Weltkrieges eingestellt worden; das Gebäude diente dann bis 1990 der Herstellung fotografischer Apparate, insbesondere von Reproduktionsanlagen für polygrafische Aufgaben. Gegenwärtig nicht genutzt.

Einen bemerkenswerten Schmuck tragen die Torsäulen des Werkeinganges der ehem. **Eisengießerei Edmund Becker** (Junghanßstraße 7). Die 1883 gegründete Gießerei entwickelte sich auf einem weiten Areal zwischen Junghanßstraße, Rückmarsdorfer Straße und Georg-Schwarz-Straße. Sie schmückte die Einfahrt in das Gießereigelände neben der Fabrikantenvilla an der Junghanßstraße, indem sie auf die beiden Torpfeiler je eine etwa lebensgroße Arbeiterfigur in Zinkguß – einen Gießer und einen Schmelzer, jeden mit charakteristischen Werkzeugen und in Arbeitskleidung – stellen ließ. Schöpfer und Entstehungsjahr der Figuren sind noch nicht festgestellt; auf Abbildungen von 1902 sind sie schon vorhanden. Die korrodierten Figuren sind 1997 von den Sockeln genommen und eingelagert worden.

In der zweiten Hälfte des vergangenen Jahrhunderts wurde L. ein bedeutender Standort des Musikinstrumentenbaus, der Herstellung von Pianos und Flügeln ebenso wie von automatischen Musikinstrumenten. Die von Ludwig Hupfeld gegründete älteste Fabrik Europas für Klavierspielinstrumente, die **Pianofabrik Ludwig Hupfeld AG** (Hupfeldstraße 16), ließ 1910/11 in L.-Leutzsch einen fünfgesch. Stahlskelett-Fabrikblock mit 2 etwa 270 m langen Fronten errichten, der mit seiner grauweißen Klinkerfassade, vertikal betont durch Pfeiler, zwischen denen die Fenster stehen, und einem wuchtigen Walmdach als horizontalem Abschluß deutlichen Jugendstileinfluß zeigt. Das Einfahrtsportal in der Hupfeldstraße ist mit grob behauenen Sandsteinblöken gestaltet und trägt in einem umlaufenden steinernen Zierband den Firmennamen Ludwig Hupfeld AG. Die Wände des repräsentativen Treppenhauses mit einer tonnenförmigen kassetierten Stuckdecke haben eine Wandverkleidung aus schwarzem Granit. Die Fabrikanlage schuf der Ingenieur Paul Ranft, die baukünstlerische Gestaltung leistete der Architekt Emil Franz Hänsel, beide Schöpfer bedeutender Industrieanlagen und Geschäftshaus- bzw. Industriearchitektur aus Leipzig.

In schärfstem baukünstlerischen Kontrast zu den repräsentativen Industriebauten der Vorkriegszeit stand der erste Fabrikneubau in Leipzig nach dem Ende des 1. Weltkrieges, die 1920 errichteten **Industriewerke GmbH** (Groitzscher Straße 1–15, Lindenau), eine Autowerkstatt, wirtschaftlich wohl aussichtsreich wegen des damals stark anwachsenden Autoverkehrs, in schlichter Sachlichkeit und harmonischen Proportionen gestaltet. Das Gebäudeensemble nach Entwürfen von Architekt Johannes Koppe besteht aus einer breitlagernden und langgestreckten Werkhalle, einem Maschinen- und Kesselhaus mit hohem Industrieschornstein sowie zwei zweigesch. Verwaltungs- und Wohngebäuden unter Walmdächern. Stadtbaudirektor Max Reimann schrieb 1923 in einem Überblick über das Leipziger Baugeschehen, daß in Leipzigs Industriebau kaum mit erfreulichen Lösungen aufzuwarten sei, jedoch »anerkennend zu erwähnen sind die Industriewerke in der Groitzscher Straße von Koppe, die sachliche Beschränkung mit Schönheit verbinden«. Die Werkanlage ist heute ein Opel-Automobilzentrum (AMZ Lindenau). – Die Leipziger Rauchwarengewerbe, deren geschäftlicher Mittelpunkt Brühl und Nikolaistraße in der Innenstadt waren, errichteten ihre Betriebe für die Verarbeitung der Felle wegen des Wasserbedarfs und der starken Gerüche, die bei der Rohfellverarbeitung und -lagerung entstehen, an Flußläufen in den Orten vor der Stadt. Die gestalterisch eigenartigste Fabrik der Branche ist die ehem. **Rauchwaren-Dampffärberei und -zurichterei Richard Lindner** in Wahren (Claußbruchstraße 5/7, Stadtbezirk NW). Der historisierende Fabrikkomplex, um das Jahr 1890 entstanden, ist mit seinen ein- bis dreigesch. Gebäuden, Türmchen und Aufbauten vor und auf den flachen Fabrikdächern außerordentlich lebhaft, nahezu verspielt gestaltet. An der Claußbruchstraße steht das dreieinhalbgesch. repräsentative Hauptgebäude, ein Klinkerbau unter Flachdach, mit großen Rundbögen im kräftigen EG und Rundbogenfenstern in den OG. Die eigenwillige Fabrikstilistik wurde von Polster und Höhne, gemeinsam arbeitenden Architekten und Ingenieuren, geschaffen. – In Wahren steht auch ein Bauzeuge für den um die Jahrhundertwende unternommenen Versuch, in Leipzig den Automobilbau heimisch werden zu lassen – das ehem. **Automobilwerk** (Linkelstraße 59). Als die mechanischen Musikapparate mit Metallscheiben, Lochbändern usw., die von den Polyphon-Musikwerken in Wahren hergestellt wurden, durch Schallplatte und Radio mehr und mehr außer Gebrauch kamen, nahmen die Polyphon-Werke um 1904 die Herstellung von Autos auf, von denen die 3-t-Lastkraftwagen für das Militär Bedeutung gewannen. Die hohen Anforderungen der Heeresverwaltung im 1. Weltkrieg führten dazu, daß in Wahren auf einem Grundstück von 13 500 m² Fläche an der Ecke Stammer- und Bahnhofstraße ein Automobilwerk gebaut wurde, das 1917 die Produktion aufnahm. Die Gebäude, darunter das Direktionsgebäude, entwarf das Architekturbüro Max Fricke, Leipzig. – Nach dem Ende des 1. Weltkrieges verlor Leipzig als Standort der Automobilherstellung an Bedeutung, jedoch brachte der 2. Weltkrieg dem Wahrener Werk wieder Aufgaben. Dagegen besaß und besitzt die ebenfalls in Wahren liegende ehem. Leipziger **Werkzeugmaschinenfabrik AG vorm. W. v. Pittler** (Pittlerstraße 26) hohen industriehistorischen und technikgeschichtlichen Rang. Wilhelm v. Pittler gründete die Fabrik 1895 zur fabrikmäßigen Herstellung der von ihm 1888/89 entwickelten Revolverdrehbank. Damit erst wurde die rationelle Herstellung z. B. von Fahrrädern und Autos in großen Stückzahlen möglich. Das erste Fabrikgebäude, ein dreigesch. unverputzter Mauerwerksbau, 1899 bezogen, ist bei der schnellen Erweiterung der Fabrik umgebaut und Teil der langgestreckten Werkfront an der Straße nach Schkeuditz und Halle geworden. Das Werk dehnte sich zu einem großen Industriekomplex mit wachsender Produktion und zunehmendem Gebäudebestand; noch in den 1950er Jahren und danach erhielt es baulich Zuwachs. Nach 1990 wurde das Unternehmen privatisiert (Pittler Tornos Leipzig, Werkzeugmaschinen GmbH).

**L.-Nord.** Hier liegt die ehem. **Aktien-Brauerei Leipzig-Gohlis** (Breitenfelder Straße), deren 1871/72 entstandener fünfgesch. dunkelroter Backsteinklotz wegen seiner Mächtigkeit und seines erhöhten Standortes das Ortsbild an der Georg-Schumann-Straße, einer Hauptverkehrsstraße, bestimmt. Die Vorderfront des Gebäudes (mit Fabrikuhr im Schmuckgiebelaufsatz) steht zum Betriebsgelände, das das Geviert Breitenfelder-, Georg-Schumann-, Geschwister-Scholl-Straße und Eisenacher Straße einnimmt. Die Gebäuderückseite steht an der abfallenden Breitenfelderstraße, und hier entstand bis 1890 eine etwa 180 m lange Front mächtiger Feldsteinmauern mit Eingängen zu den Brauereikellern und

Laderampen. Die Schmalseite des hohen Brauereigebäudes zur Georg-Schumann-Straße ist durch Eck- und Wandpfeiler sowie durch hochrechteckige Fenster horizontal geprägt und wird nach oben durch einen Mauerstreifen mit Ecktürmchen vor dem Dach abgeschlossen. – Ein architektonisches Gegenstück zur ehem. Aktienbrauerei stellt, ebenfalls in L.-Nord gelegen, die ehem. **Brauerei-Niederlage** (Wittenberger Straße 25) dar, die 1901–05 entstand. Als erstes wurde ein Eiskeller im rückseitigen, höchstgelegenen Grundstücksteil angelegt, darüber das Kellergebäude mit einem Turm für Lagerräume sowie Spül- und Abfüllräume. An der Straße wurden Pferdestall und Kontorhaus gebaut. Die Gebäude sind in hellgelben Klinkern mit Bändern und Bögen aus farbig glasierten Ziegeln ausgeführt. Der nachträglich auf sechs Geschosse erhöhte und mit einem Wasserbassin versehene Turm am Kellergebäude trägt ein Walmdach. Die Straßenfront des Pferdestalls mit einer Arkadenstruktur und unter Walmdach erinnert an ein romanisches Burggebäude. Das funktional durchdachte Gebäudeensemble ist Zeugnis für einen »abgekühlten« Historismus. Von der urspr. Bebauung fehlt lediglich das bei einem Luftangriff zerstörte Kontorhaus. Die Kriegsschäden am Pferdestall sind nur provisorisch ausgebessert, im übrigen sind die Gebäude original. – Die ehem. **Maschinenfabrik Adolf Bleichert und Co.** (Lützowstraße 34 und 19) stellte Drahtseilbahnen her. Mit den Patenten des Firmengründers Adolf Bleichert ist die Fabrik zu einem weltbedeutenden Großbetrieb geworden. Die Bebauung des Geländes in Gohlis begann 1881 mit einem schmalen eingesch. Trakt längs der Trasse der Preußischen Staatsbahn, dessen würfelförmiger Kopfbau an der Lützowstraße neben der Eisenbahnüberführung (Bogenbrücke in Klinkerausführung) erhalten ist. Stadtauswärts daneben steht das zweigesch. »Alte Verwaltungsgebäude« von 1895/96 mit den Direktionsräumen (und der Telefonzentrale) im Parterre, Zeichensälen in der Etage und einem dreigesch. Eckturm, in dessen Kuppel die Lichtpausanstalt untergebracht war. Eine Drahtseilbahn besorgte von hier aus den Zeichnungstransport zum und vom Zentralarchiv. Die Erweiterung 1905–07 ließ die 100 m lange Montagehalle längs der Wilhelm-Sammet-Straße entstehen. Noch vor dem 1. Weltkrieg wurde in Hoflage der fünfgesch. König-Friedrich-August-Bau als neuer Verwaltungssitz für die kaufmännischen Abteilungen, mit Repräsentationsräumen und Zeichensälen errichtet. Die repräsentative *Fabrikantenvilla* (Lützowstraße 19) ist in historisierender Manier mit Freitreppen und Steinbrüstungen, säulengetragenen Balkonen und Balustraden, Fensterbedachungen und Dreiecksgiebeln und mit Bauornamentik nach griechisch-römischen Vorbildern reichstens gestaltet. – Die ehem. **Fruchtessenzenfabrik Oehme und Baier** (Virchowstraße 1) gehört zu den gestalterisch auffälligsten Altfabrikbauten in L. Hier stellte das 1882 gegr. Unternehmen Fruchtessenzen, Zuckerfarben, ätherische Öle, Gewürzextrakte sowie giftfreie Farben und Lacke für Lebensmittel her. Der Gebäudekomplex besitzt Straßenfronten zur Virchow- und zur Benedixstraße. Das ältere Gebäude an der Virchowstraße ist im Mittelteil drei-, sonst zweigesch., hat über dem Mittelteil ein Terrassendach und einen geschwungenen Schmuckgiebel, über den Seitenteilen Flachdächer mit Balustraden. Die dreigesch. gelbe Klinkerfassade des jüngeren Gebäudes in der Benedixstraße trägt den Firmennamen in rotbraunen Klinkern und ist von Jugendstilformen geprägt. Sie zeigt über dem Mittelteil einen geschwungenen Giebel mit einer Plastik als Aufsatz und an der Ecke Benedix-/Andrestraße einen Erker mit Turmaufbau und Spitzdach über dem Hauseingang. Der Fabrikschornsteinkopf trägt ein schmückendes Gesims.

Das **Heizhaus der Krochsiedlung** (Bremer Straße / Wangerooger Weg) wurde 1949 bis 1952 nach Plänen von Wilhelm-Hans Bolte errichtet. Die Siedlung (eigentlich »Neu-Gohlis«) war 1930/31 nach städtebaulichem Entwurf von Paul Mebes und Paul Emmerich entstanden und bietet in ihren durchgrünten Zeilen im Stil des »Neuen Bauens« in 1019 Wohnungen Raum für rund 5000 Menschen. Beheizung und Warmwasserversorgung erfolgten urspr., jeweils für Häusergruppen, über 7 Heizanlagen. Als im August 1945 klar wurde, daß der ausschließlich verwendbare Steinkohlenkoks nicht mehr verfügbar war, wurde der Bau eines zentralen Heizhauses für die hiesige Rohbraunkohle als Brennstoff begonnen. Obwohl das Baumaterial und die Ofentechnik aus dem Abbruch eines ehem. Rüstungsbetriebes gewonnen wurde, zog sich die Fertigstellung bis 1952 hin. Das Heizhaus wurde 1992, nach nahezu 40jährigem Betrieb, durch ein Ölheizwerk, dann durch einen Fernwärmeanschluß ersetzt.

**Paternoster** (Stand November 1997). Ab den 1960er Jahren rekonstruiert, sind die Anlagen aus der Vorkriegszeit nicht mehr original. Die Jahreszahlen geben die Bau- bzw. Rekonstruktionsjahre an: Versicherungshochhaus, 1929/1976 (Augustusplatz 7). – Universitätshauptgebäude, 1988 (Augustusplatz 9/11). – Geschäftshaus, 1968 (Prager Straße 16). – Verwaltungsgebäude, 4 Anlagen, je eine in den Jahren 1982, 1983, 1984 und 1985 erbaut (Prager Straße 24/30). – Geschäftshaus, 1963 (Katharinenstraße 17). – Neues Rathaus, 1986 (Martin-Luther-Ring 4/6). – Verwaltungsgebäude, 1984 (Große Fleischergasse 12). – Geschäftshaus, 2 Anlagen, 1970 (Gerberstraße 3). – Verwaltungsgebäude, 1972 (Peterssteinweg 19). – Verwaltungsgebäude, 1969 (Lützowstraße 34). – Geschäftshaus, 1970 (Grimmaische Straße 29).

Restaurierte historische **Personenaufzüge** (Auswahl – Stand November 1997)

| *Standort* | *Gebäudefunktion, Baujahr* | *Originale Teile* |
|---|---|---|
| Thomaskirchhof 20 | Bank- und Wohnhaus, 1905 | Drahtgitterschacht, Stahlteile goldfarben, Edelholzkabine mit Verglasung, Facettenschiff |
| Ferdinand-Rhode-Straße 16 und 20 | Wohnhaus, 1908 | Drahtgitterschacht mit schmiedeeiserner Dekoration im Jugendstil, Holzkabine mit Sitzbank |
| Stallbaumstraße 12/14 | Wohnhaus, 1910 | Schachtmantel in Holz-Glas-Gestaltung, Holzkabine mit Sitzbank |
| Springerstraße 16 | Wohnhaus, 1911 | Schachtmantel in Holz-Glas-Ausführung, Edelholzkabine |
| Gohliser Straße 20 | Wohnhaus, 1912 | Drahtgitterschacht, Holzkabine |
| Brühl 52 | Geschäftshaus, 1913 | Drahtgitterschacht, Kabine mit Lochblechwänden und Decke. Ehem. Lastenaufzug, 1996 zum Personenaufzug umgebaut |
| Nikolaistraße 55 | Geschäftshaus (Das schwarze Hufeisen), 1913 | Holzkabine, Schachttüren |
| Schillerstraße 5 | Sparkassengebäude, Aufzug von 1929 | Schachtwände als metallgefaßte 10 × 10 cm große Glasscheiben, Holzkabine mit Sitzbank |
| Schwägrichenstraße 9 | Wohnhaus von 1897/98, Aufzug von 1933 | Drahtgitterschacht mit Edelholzkabine |
| Burgstraße 1–5 | Kirchliches Verwaltungsgebäude | Drahtgitterschacht |
| Petersstraße 26 | Geschäftsgebäude (Concentrahaus) | Kabine, Schachttüren |

Noch nicht restauriert sind die prachtvoll mit schmiedeeiserner Ornamentik unter Jugendstileinfluß geschmückten Drahtgitterschächte und Schachttüren in den Geschäfts- und Wohnhäusern Markgrafenstraße 10, 1901 erbaut, und Härtelstraße 27, 1905 entstanden. *UK*

LIT.: Berger; Beyer/Sobek; DB 1924; Escher; Fiedler; Hocquél, 1990; Hocquél, 1992; Hohlfeld; Hoßfeld; Hubert Ritter und die Baukunst; Jäger; Krüger, 1993; Krüger, 1994; Krüger, 1995; Von der Pferdebahn zum Gelenkzug.

**Lengefeld** (Mittlerer Erzgebirgskreis/G 4) FS

**Kalkwerk** (südl. Stadtrand, B 101). 1551 erstmals urkundlich erwähnt, prägte der Kalksteinabbau bis zur Stillegung des Werkes 1975 das wirtschaftliche Leben der Stadt. Über der durch den Tagebau geschaffenen, von den Stollenmundlöchern des Tiefbaus durchlöcherten Steilwand erheben sich imposant vor der Kulisse des Waldes 4 Kalkbrennöfen zur Gewinnung von Brandkalk und ein Förderturm; sie dokumentieren umfassend Abbau- und Brenntechnik des 19. Jh.s. Den Förderschacht kennzeichnet ein massiver Turm, von dem aus über hölzerne, auf Bruchsteinpfeilern aufgelagerte Galerien die Öfen beschickt wurden. Zwischen Förderturm und dem ersten Kalkofen von 1818 ein sexagonaler, dreigesch. Pyramidenstumpf (Schornstein abgängig), nach Vorbild des ab 1802 in → Rüdersdorf betriebenen Rumfordofens (Alter Rüdersdorfer Ofen) errichtet, die rekonstruierte Kalkwerksschänke. Direkt anschließend, durch den Fachwerkbau der ehem. Kalkmühle verbunden, 2 aus Bruchsteinen gemauerte Rumfordöfen von 1835 auf oktogonalem Grundriß mit konischen, von der Beschickungsebene aufsteigenden Backsteinschornsteinen. An den quadr. umbauten Schachtofen (Bauart Neuer Rüdersdorfer Ofen) von 1873 schließen sich Verwaltungs- und Wohnhäuser an. Nach der Stillegung benachbart untertägige Förderung von Kalkstein zur Splittherstellung; die historische Anlage heute Museum. *VR/ST*

Lit.: Schmidt/Theile I, 157; Wagenbreth/Wächtler, 1989, 124; Wirth, 1990, 240f.

**Lengenfeld** (Vogtlandkreis/H 3) FS

Basis für die seit dem Beginn des 19. Jh.s im Vogtland, so auch in L., sich entwickelnde Textilindustrie bildete die schon lange ansässige Leinenweberei. – **Färberei, Bleicherei und Appreturanstalt Ernst Wentzel** (Eicher Weg 1). Um 1808 gründeten der Maschinenbaumeister Gottlob Friedrich Thomas, ein Schüler Evan Evans, und der Lengefelder Textilkaufmann Friedrich Gottlob Bonitz am Standort der ehem. »Oberen Mühle« an der Zwickauer Mulde eine englischen Vorbildern nachempfundene Spinnmühle mit zentraler Kraftstation (s. *Reclams Führer zu den Denkmalen der Industrie und Technik,* Bd. 1: Ratingen), in der sich 1810 etwa 2550 Spindeln drehten. 1842 aufgegeben, richtete Gottlob Richard Müller 1847 in dem Gebäude eine chem. Bleicherei ein, der 1848 Ernst Gottlob Wetzel als Teilhaber beitrat (ab 1859 »Chem. Bleiche und Appretur-Anstalt v. Ernst Wentzel«). Seit den 1950er Jahren Teilbetrieb der »Falgard« in Falkenstein, nach 1972 in dem »VEB Plauener Gardine« integriert. In den Umfassungsmauern des 1855 abgebrannten Ursprungsbaus entstand umgehend ein durch 2 Anbauten zur Dreiflügelanlage erweitertes Fabrikgebäude als schlichter Zweckbau der Zeit mit Ansätzen architektonischer Gestaltung lediglich in den dem Park zugewandten Giebelseiten. Im SO anschließend das dreigesch. Produktionsgebäude von 1883, daneben Bleicherei, Fabrikhalle von 1895 und Kraftzentrale von 1936. – **Mull- und Dekorationsstoffweberei L. O. Hartenstein** (Reichenbacher Straße 34). Unter wechselnden Unternehmern entstand zwischen 1896 und 1933 ein kompakter Fabrikkomplex mit einem der Straße zugewandten 17achsigen, durch Risalit zentrierten Backsteinrohbau in Anlehnung an niederl. Renaissance, im NO begrenzt durch das Verwaltungsgebäude mit anschließender Kraftzentrale. Den Innenwinkel füllen Shedhallen der Jahre 1896 (eiserne Binder auf Gußeisensäulen) und 1933 (Eisenbetonkonstruktion).

L.-Waldkirchen

**Tuchfabrik und Streichgarnspinnerei C. F. Lenk** (Polenzstraße 134). Auf dem Gelände der um 1800 von Ferdinand Petzold gegr. Walkerei errichtete dessen Sohn Franz 1847 einen Neubau, der an den Längsfronten zentriert ist durch übergiebelte Risalite, in Formen des romantischen Spätklassizismus, in dem nach Erwerb die Firma Carl Friedrich Lenk 1883 eine Streichgarnspinnerei einrichtete. Seitlich des *Produktionsgebäudes* stehen qualitätvoll mit rustiziertem EG und Eckrisaliten spätklassizistisch gestaltete *Beamtenwohnhäuser;* aus dem Anfang der 1890er Jahre stammen Toilettenhäuschen und Woll- und Rohwarenlager mit renaissancistischem Dekor. *VR*

Lit.: Bauten der Technik und Industrie, 118, 134, 202.

## Lengenfeld unterm Stein TH
(Unstrut-Hainich-Kreis/G 1)

**Eisenbahnviadukt.** Als Teil der Eisenbahnstrecke Dingelstädt–Geismar (sog. »Kanonenbahn«) – mit allein 5 Tunnels – 1880 errichtete monumentale Überquerung von Tal und Ortslage Lengenfeld, 23,5 m hoch über der Talsohle, 237 m lang mit gekrümmter Trasse. Auf schlanken, im Grundriß rechteckigen, nach oben mäßig sich verjüngenden Werksteinpfeilern mit interessanter Schichtenfolge (nach 11 bzw. 12 Lagen ein dickerer Durchschuß) und einer Breite für zweigleisige Fahrbahn 7 Stahltragwerke in genietetem Fachwerk, 6 als einfeldrige Fischbauch-, eines über 2 Felder als parallelgurtiger Träger, sämtlich die Pfeiler einseitig belastend, da nur für eingleisigen Bahnbetrieb ausgelegt. Die Strecke wird nur noch gelegentlich befahren. *HW*

## Leubnitz (Zwickauer Land/G 3) FS

**Eisenbahnbrücke** der Sächsisch-Bayerischen Eisenbahn Leipzig–Hof. Die 1845 erbaute, 150 m lange Brücke besteht aus zehn, 10,5 m weiten Rundbogen in Naturwerkstein- und Ziegelmauerwerk. *OW*

Lit.: Erler/Schmiedel, 166.

*Leuna. Ammoniakwerk*

## Leubsdorf-Hammerleubsdorf FS
(Freiberg/G 4)

Die 1837 von Benjamin Adolph Böhme, Bürgermeister von Leubsdorf, im Hammertal gegr. **Baumwollfeinspinnerei »Böhme & Oehme«** dokumentiert die Anfänge der Textilindustrie um Chemnitz. Der schlichte elfachsige, fünfgesch. Baukörper mit zentraler Kraftanlage (nach der Jahrhundertmitte auf Dampfbetrieb umgestellt) wurde vermutlich von dem Spinnmühlenmeister Uhlig aus Altenhain geplant; er entspricht ganz der Konzeption engl. »Textile mills« des ausgehenden 18. Jh.s. Rechtwinklig zum Hauptgebäude liegt die bereits vor 1900 zu Wohnzwecken umgebaute *Fabrikantenvilla* (um 1845) und ein *Nebengebäude,* wohl das ehem. Baumwolllager. *VR*

Lit.: Bauten der Technik und Industrie, 106.

## Leuna (Merseburg-Querfurt/F 3) SA

Auf die eng verzahnte Geschichte von Chemiewerk und Stadt verweist der für beide gültige Name, wobei die Stadt aus dem 1917 gegründeten Zweckverband von 5 Gemeinden zur Bewältigung der infrastrukturellen Bedürfnisse der Ammoniak Merseburg GmbH (einer Tochter der BASF Ludwigshafen) hervorging. Um den steigenden Stickstoffbedarf für die Sprengstoffproduktion im 1. Weltkrieg sicherzustellen, verhandelte die Reichsregierung bereits 1915 mit der BASF über den Bau eines **Ammoniakwerkes** auf ● Kosten des Reiches im luftkriegssicheren Hinterland. Die BASF schien dafür prädestiniert, verfügte sie doch mit dem im gleichen Jahr in Betrieb gegangenen Ammoniakwerk Oppau bei Ludwigshafen als einziges deutsches Unternehmen über Erfahrungen beim großtechnischen Einsatz der Ammoniaksynthese aus Luftstickstoff und Wasserstoff (Ammoniak $NH_3$) nach dem Haber-Bosch-Verfahren (entwickelt 1904–12 von Fritz Haber und Carl Bosch). Den Ausschlag für den Standort im Süden Merseburgs gaben die wenig früher erschlossenen Braunkohlelagerstätten im Geiseltal, die langfristig den hohen Energiebedarf sichern konnten. Ein Jahr nach Baubeginn (27. 4. 1916) konnte auf dem 620 ha großen Gelände erstmals Ammoniak hergestellt werden. Das Verfahren: Bei einer Temperatur um 550 °C und einem Druck von rund 250 bar verbindet sich das Stickstoff-Wasserstoff-Gemisch innerhalb eines geschlossenen Gefäßes, dem Reaktor, teilweise zu Ammoniak (knapp 20%), das mittels Kühler abgezogen wird. Zur Erhöhung des Wirkungsgrades wird das Gasgemisch, unter Zufuhr von Frischgas, durch Umlaufpumpen erneut dem Reaktor zugeführt. Bis zur Betriebseinstellung nach der Wiedervereinigung 1990 nutzten die »Leunawerke Walter Ulbricht« (nach der Verstaatlichung 1951) die Aggregate der Erstausstattung von 1917 (Ende 1992, wenn auch stillgelegt, noch vorhanden). Reaktor: doppelwandiger, aus 2 Teilen zusammengesetzter Stahlzylinder (H 12 m, li Dm. 0,8 m, etwa 80 t); Umlaufpumpe: einstufiger Kolbenkompressor (Kolben-Dm. 375 mm, Hub 600 mm, Saugdruck etwa 190 bar, Fördervolumen max. 100 000 $m^3$ Gas/h), Maschinenfabrik Eßlingen; Pumpenantrieb: Kolbendampfmaschine, MAN (Kolben-Dm. 800 mm, Hub 900 mm, 650 PS, Schwungrad-Dm. 5,2 m). – Ab 1918 begann das Werk sich immer stärker auf die Herstellung künstlicher Düngemittel zu konzentrieren, zu deren Lagerung zwischen Sept. 1918 und Nov. 1923 ein gewaltiges, dreischiffiges Eisenbetonsilo (Silo 140; L 344 m, B 55 m, H 37 m) durch die Fa. Carl Brandt, Berlin, entstand. Die bis zu einer Höhe von 25 m betonierten Längswände rhythmisieren kräftige Strebepfeiler, denen ein weit auskragendes, durch ein mittleres Fensterband gedritteltes, mächtiges Gesims aufliegt. Darüber eine verputzte Stahlfachwerk-Konstruktion, deren in der Vertikalen fünffach geteilte Thermenfenster den Pfeilerrhythmus übernehmen. Die Verladestation durchbricht – mit Betriebs- und Sozialräumen in den OG – die Länge des Bauwerks, wiederum zentriert durch einen das Silo überspannenden turmartigen Querriegel. – Mit Gründung der IG Farbenindustrie AG 1925 gingen 75% des Grundkapitals der **Leunawerke** in deren Besitz über, nur wenig später entstand das monumentale neoklassizistische Gebäude der *Hauptverwaltung* (Spergauer Straße / Am Haupttor). Als Point de vue erhebt sich am Ende der von Pförtnerhäuschen flankierten, von Grünanlagen gesäumten Hauptzufahrt der dreigesch. fünfjochige Mittelrisalit, dessen kolossale Säulenordnung Architrav und hohe Attika binden. Die Länge der Seitenflügel übersteigert durch die Horizontalen der doppelten Gurtgesimse und Mezzaningeschoß. Südl. versetzt gegenüber dem Betriebsgelände das *Gesellschaftshaus* in reduzierten Formen des Neoklassizismus von 1926–27. – Von den Anlagen der Braunkohlehydrierung (seit 1927) blieben 1992 nur Rudimente erhalten. *VR*

LIT.: Wagenbreth/Wächtler, 1983, 112; Schmidt/Theile II, 204.

## Libehna (Köthen/F 3) SA

**Bockwindmühlengruppe.** Die 1814 auf freiem Feld Richtung Repau errichtete Mühle (1963 stillgelegt, 1985 restauriert) besitzt einen Bock aus 3 Schwellen und 6 Streben, ein Flügelkreuz sowie 2 Kammräder. Mahlgang und Schrotgang restauriert. – Die Mühle im Ortsteil Repau ist bei teilweise erhaltener techn. Einrichtung in ruinösem Zustand. *VR*

Lit.: Mühlen, 231.

## Lichte (Saalfeld-Rudolstadt/H 2) TH

**Piesauviadukt.** Überführung der einspurigen Eisenbahnstrecke Probstzella–Sonneberg über die Piesau und die B 281; 278 m lang mit geneigter und partiell gekrümmter Gradiente, 35 m über dem mittleren Piesauspiegel; 1911–13 errichtet. Über den Konsol-Kämpfergesimsen der kräftigen, nach oben angezogenen Pfeiler ruhen 10 (wegen der Gradientenneigung) verzogene Rundbogen aus Bruchstein und Stampfbeton; sieben davon sind 22 m, drei 20 m weit gespannt. In den Bogenzwickeln je 5 kleinere Bögen, deren lichte Weiten von 2 m auf 1,5 m vom mittleren zu den äußeren abnehmen und auf denen die Fahrbahn ruht. Über jedem zweiten Pfeiler bzw. Bogenzwickel konsolartige Austritte für die Streckenwärter. Die Fahrbahn flankieren Eisengeländer. *HW*

Lit.: Erler/Schmiedel, 167, 214.

## Linda b. Neustadt TH (Saale-Orla-Kreis/G 3)

**Galerieholländermühle.** Ein Mühlenstandort ist an dieser Stelle, auf einer Anhöhe oberhalb des Dorfes, seit 1812 nachweisbar. Ob es sich bei dem jetzigen Bauwerk (in seinen unteren Teilen) noch um das 1812 errichtete handelt, läßt sich wohl nicht mehr nachweisen. Ein im Mauerwerk eingesetzter Stein nennt das Jahr 1837. Die hölzernen Teile sind von 1867, angeblich 1 m höher als ursprünglich. Die Mühle wurde bis um 1955 ausschließlich zur Getreideverarbeitung gewerblich betrieben, neben Windkraft mit Dieselmotor, zuletzt elektrisch; danach Verfall. Bei der Restaurierung für Anschauungszwecke ab 1983, hat man weitestgehend alles, was an Motoren-Antrieb erinnert, entfernt, u. a. den Elevator, auch einen Mahlgang. – Über zweigesch., im Grundriß achteckigen steinernen, verputzten Baukörper – mit 1992 wiederhergestellter Galerie in Höhe der ersten Etage – steht der zweigesch., nach oben sich verjüngende hölzerne, mit Schiefer beschlagene Mühlenkörper, darüber die drehbare, ebenfalls mit Schiefer gedeckte, pyramidale Haube mit dem vierrutigen Flügelkreuz. Dieses wurde 1993 völlig erneuert, aber nicht, wie sein letzter Vorgänger, mit Jalousien bestückt, sondern mit geleimten Ruten und lediglich mit Türen ausgestattet. Im Inneren nahezu komplette technische Ausstattung aus der Zeit des Windbetriebes, jedoch nur noch mit einem Mahlgang. Besonders bemerkenswert das innenliegende Krühwerk (an Stelle der offenbar nie vorhanden gewesenen Windrose), mit dessen Kurbel das Vordrehen der Haube vor den Wind erfolgt. – Müllerwohnhaus von 1823 unmittelbar neben der Mühle, ein langrechteckiger, eingesch. Baukörper unter steilem Satteldach, bis 1992 nahezu völlig erneuert und im Dachgeschoß mit Zugang zur Mühlengalerie versehen. *HW*

Lit.: Wirth, 1990, 244.

## Lindenberg (Oder-Spree/E 5) BG

Das am 16. 10. 1905 eingeweihte Königlich-preußische Aeronautische **Observatorium,** jetzt eine Anstalt des Deutschen Wetterdienstes Offenbach, diente der Erforschung der physikalischen Verhältnisse in den höheren Luftschichten, wozu auch aeronautische Hilfsmittel wie Drachen und Frei-, Fessel-, Registrier- sowie Sondierballons bis Ende der 1940er Jahre eingesetzt wurden. Auf der höchsten Erhebung des 28 ha großen Gebietes befindet sich das 5 m hohe Windenhaus, eine auf einer Drehscheibe (Dm. 8 m) oktogonale, allseitig verglaste Profilstahl-

*Lindenberg. Observatorium, Seilwinde*

konstruktion mit 2 m höherer Laterne. Am Windenhaus sind außen der Marvinsche Drachenmeteograph zur Einstellung des Registrierapparates auf die Lufttemperatur und ein Assmannsches Aspirationspsychrometer zur Registrierung von Luftdruck und Temperatur angebracht. Im Inneren befindet sich der Sprung-Fuessche Anemograph zur Messung der Windgeschwindigkeit. Der Draht der Drachen- und Ballonwinde ist auf einer Trommel in einer Länge von 18 000 m aufgewickelt, er läuft über eine die unterschiedlichen Zugkräfte kompensierende Rolle. Ein elektrisches Windwerk ermöglicht das schnelle Einholen der Drachen, um sie damit zum Steigen zu bringen. *WT*

## Linum (Ostprignitz-Ruppin/D 4) BG

**Stahlfachwerkbrücke.** Die um 1900 als genietete Konstruktion montierte Straßenbrücke (L etwa 42 m, Fahrbahnbreite etwa 4,5 m, Durchfahrthöhe rund 4 m) verbindet über den Alten Rhin die Gemeinden Flatow und Wustrau. Charakteristisch für den Überbau der Fachwerkbalkenbrükke sind 8 gleiche Felder mit je einer diagonalen Strebe und der Kopfverband. An den Brückenenden nehmen Kastenträger die Last auf. *WT*

**Löbau** (Löbau-Zittau/G 6) FS

Auf der Spitze des 447 m hohen Löbauer Berges erhebt sich landschaftsprägend seit 1854 – finanziert durch den Bäckermeister Friedrich August Brettschneider, gefertigt nach dem Modell des Bildhauers Marquart von der Eisengießerei Bernsdorf südl. Hoyerswerda – ein zierlicher gußeiserner **Aussichtsturm** auf oktogonalem Grundriß mit umlaufenden, durch eine zentrale Wendeltreppe erschlossenen Plattformen in 12, 18 und 24 m Höhe (Gesamthöhe 28 m). Die etwa 360 größeren, in Formen des romantischen Spätklassizismus gestalteten filigranen Montageteile (mit den Verbindungsstücken rund 70 t Gußeisen) werden an den Ecken stabilisiert durch Rundsäulen, die wiederum in den Fels des Untergrundes eingelassene Anker halten. Als konstruktives Vorbild kann der zur Weltausstellung 1851 in London von Joseph Paxton konzipierte »Kristallpalast« gelten. Der 1964–85 und 1992–1994 restaurierte Turm ist verm. der einzige seiner Art in Europa. – Die Bahnstrecke Dresden–Görlitz (23. 12. 1846 Bautzen–L., 1. 7. 1847 L.–Reichenbach, Sächsisch-Schlesische Eisenbahn) nähert sich von Norden kommend dem Bahnhof in 24 m Höhe über einen neunbogigen, 181 m langen, aus Bruchstein gemauerten *Viadukt.* Ein ähnlicher Kunstbau führt im Süden über das Löbauer Wasser am Fuß des Löbauer Berges. *VR*

Lit.: Schmidt/Theile I, 159; Wirth, 1990, 244; monumente 11/12, 1994.

**Luckenwalde** (Teltow-Fläming/E 4) BG

**Städtisches Elektrizitätswerk** (Rudolf-Breitscheid-Straße 73). Das 1912/13 errichtete Elektrizitätswerk gilt neben anderen Repräsentationsbauten der Stadt als Hauptwerk der Architektur des frühen 20. Jh.s in L. Besonders auffällig ist der im Risalit liegende Haupteingang mit aufwendiger Portalrahmung. Im Oberlicht ein Farbfenster mit einem Symbol der Elektrizität, in einer Faust gebändigte Blitze. Das Dampfkraftwerk wird beherrscht von bei Babcock & Wilcox gebauten und 1912/13 in Betrieb genommenen *Dampferzeugern.* Zwei Turbogeneratoren erzeugten zunächst die elektrische Energie für die Beleuchtung der Haushalte der Stadt. Noch im 1. Weltkrieg wurde die Kapazität durch die Installation weiterer Generatoren vervierfacht. 1923 war mit einer Leistung von 3,25 MW die Endstufe des Kraftwerkausbaus erreicht. 1964 wurde der Kraftwerkbetrieb eingestellt und die Anlage als Heizwerk betrieben. Mit der Stillegung aller mittleren und größeren Betriebe der Stadt 1989/90 ging der Wärmeabsatz so weit zurück, daß das Heizwerk 1992 stillgelegt werden mußte. Das Luckenwalder Elektritzitätswerk ist eines der wenigen im Kern urspr. erhaltenen Kraftwerke im Land Brandenburg. *WT*

**Ludwigslust** (Ludwigslust/C 2) MV

Etwa gleichzeitig mit der Eröffnung des Streckenabschnitts Berlin–Boitzenburg (15. 10. 1846, Berlin-Hamburger Eisenbahn) wurde das **Empfangsgebäude** in L. nach Entwurf des für die Hochbauten der Bahn zuständigen Büros von Friedrich Neuhaus in Berlin fertiggestellt. Den zweigesch. Kubus, spätklassizistisch durch Fugenschnitt und strenge Fensterordnung geprägt, umgreifen eckbetonende Risalite. – Zwischen 1756 und 1760 wurde der **Ludwigsluster Kanal** zwischen Rögnitz und Elde zur Bewässerung des Parks um das von Johann Friedrich Künnecke 1731–35 für Herzog Karl Leopold errichtete Jagdhaus angelegt. *VR*

Lit.: Berger, 183; Wirth, 1990, 246f.

**Lübbenau** (Oberspreewald-Lausitz/E 5) BG

Der **Bahnhof** an der neuen Eisenbahnstrecke Berlin–Cottbus–Görlitz wurde am 13. 9. 1866 in Betrieb genommen. Das *Empfangsgebäude* ist ein zweigesch. Bau im traditionellen Klinkermauerwerk. Es wird durch zwei giebelständige Bauten und einen, beide verbindenden traufständigen Bau gebildet. Der westliche Kopfbau kam zeitgleich mit dem Ausbau der Bahnhofsgaststätte zur Jahrhundertwende hinzu. Dadurch entstand ein repräsentatives Empfangsgebäude mit strenger symmetrischer Gliederung. Von den ehemals 18 Ständen des halbkreisförmigen *Lokomotivschuppens* werden mehrere bereits seit den 1970er Jahren umgenutzt. Die elektrische Drehscheibe davor wurde Anfang der 1980er Jahre, als der Bahnhof eine sehr viel größere verkehrstechnische Bedeutung erhalten sollte, erneuert. Über dem gedrungenen, leicht konischen Schaft des *Wasserturms* liegt in einem ausgemauerten

Profilstahlgerüst der Intze-Wasserbehälter. Sein weit auskragender Boden stützt sich über gebogene Profilträger und einen Metallring auf einem Mauerwerksims ab. Am Ende des Arbeitsgleises befindet sich über einer L-förmigen Achssenke ein verfahrbarer *Portalkran.* Mit dieser Anlage konnten Lokomotive bzw. Tender angehoben und Laufräder samt Achse gewechselt werden. Durch den neu entstandenen Eisenbahnknotenpunkt wurde L. zum »Tor des Spreewaldes«. Die verkehrs- und wirtschaftsgeschichtliche Bedeutung des Bahnhofs Lübbenau liegt in seiner Rolle als Drehscheibe in einer der frühen Fernbahnstrecken Deutschlands. Neben landwirtschaftlichen Erzeugnissen gelangte vor allen Dingen Lausitzer Braunkohle zu der sich vor allem im Berliner Raum sprunghaft entwickelnden Industrie. *WT*

## Lübz (Parchim/C 3) MV

Den östlichen Ortsrand (B 191) markiert ein freistehender **Wasserturm,** dessen schlanker, von wenigen Fenstern durchbrochener Backsteinzylinder einen über gestuftem Gesims nur gering auskragenden, ebenfalls zylindrischen Kopf unter spitzem Kegeldach trägt. Die Details verweisen auf eine Bauzeit um 1930. – Seit 1937 überquert die Hauptstraße die kanalisierte Elde an der Schleuse (westl. Ortsrand) mittels einer **Hubbrücke** aus Stahl, deren Fahrbahnträger (L 8,5 m) durch elektrisch bewegtes Schneckengetriebe um 0,8 m gehoben werden kann. – Bereits im 12. Jh. ist für L. eine **Wassermühle** an der Elde verbürgt. 1759 entstand der Kern der heutigen Anlage. Ihre Fachwerkbauten beiderseits des Mühlkanals, brückenartig verbunden durch einen stattlichen Fachwerkständerbau hinter dem Freiwehr, stammen im wesentlichen aus der 2. Hälfte des 19. Jh.s, nach der Übernahme der Mühle durch Carl Metelmann (1868). Metelmann ersetzte in den 1870er Jahren die Wasserräder durch 2 Francisturbinen, die ab 1884 für 80 Jahre das Stadtzentrum mit elektrischer Energie versorgten. Bis zur Stillegung 1989 verarbeitete die Mühle mit 6 doppelten Walzenstühlen pro Jahr etwa 900 t Roggen ausschließlich mit Wasserkraft. Die technische Einrichtung blieb nach Einstellung des Betriebes vollständig erhalten. *VR*

Lit.: Vergessene Mühlen, 32–35.

## Lüssow (Güstrow/B 3) MV

Etwa 4 km nordöstl. von Güstrow quert seit 1895 eine Straße mittels einer der für Mecklenburg charakteristischen, hier eisernen **Klappbrücken** die ehem. schiffbare Nebel. Eingelassen in ein gemauertes Fundament, trägt der durch gekrümmten Fachwerkträger als Tor wirkende Pylon die asymmetrische Waagebalkenkonstruktion (Gesamtlänge etwa 17 m) aus 2 Fachwerkträgern zum Heben des 6,6 m langen beweglichen Fahrbahnteils. *VR*

Lit.: Schmidt/Theile II, 40; Wirth, 1990, 248.

## Luga-Quoos (Bautzen/F 6) FS

**Bockwindmühle,** erbaut 1733 bei Saritsch, dort 1940 stillgelegt und 1945 durch Kriegseinwirkungen beschädigt, 1953 restauriert und 1977/78 nach Quoos umgesetzt, da der Standort von der Tongrube Wetro in Anspruch genommen wurde. Die technische Einrichtung stammt aus der Zeit 1733/1828. Auf der Flügelwelle sitzen zwei Kammräder, mit denen Mahl- bzw. Schrotgang und eine Hirsestampfe angetrieben werden. Erhalten ist auch ein Beutelkasten. Diese Windmühle ist die einzige erhaltene mit rechtsdrehenden Flügeln. *OW*

Lit.: Mühlen, 291; Wirth, 1990, 247.

## Lugau (Stollberg/G 4) FS

**Meinertsche Spinnmühle** (Untere Hauptstraße 95). 1812 von den Oelsnitzer Textilverlegern Christian August und Johann Carl Meinert mit Ankauf eines Mühlengeländes gegründet, ging die in der Nähe der Mündung der Lugau in die Oelsnitz verm. nach Entwurf von Johann Traugott Lohse erbaute Baumwollspinnerei 1814 mit 3072 Spindeln in Betrieb. Ende der 1860er Jahre Konkurs als Folge des amerikanischen Bürgerkrieges, danach Messingwerk, Maschinenfabrik, Haftlager ab 1933 und Wohnheim für Flüchtlinge nach 1945, seit 1974 ungenutzt. Den zweigesch. verputzten Massivbau unter dreigesch. Mansarddach – typisch für die vielen im Chemnitzer Raum von Lohse geplanten Spinnmühlen – verstärken an den Gebäudeecken Kolossalsäulen (3/4) mit Entasis. Alle 4 gleichmäßig durch Fensteröffnungen gerasterten Fassaden sind zentriert durch Risalite. Letzte im ehem. Textilgebiet um Chemnitz im Äußeren original erhaltene Spinnmühle. *VR*

Lit.: Bauten der Technik und Industrie, 80.

## Lunzenau (Mittweida/G 4) FS

**Möbelstoffweberei und Papierfabrik Wilhelm Vogel** (Altenburger Straße 1–3). 1837 als Kommissionsgeschäft in Textilien von mehreren Kaufleuten in Chemnitz gegründet, durch den Nachfolger Wilhelm Vogel nach 1850 ganz auf die Produktion von Möbelstoffen umgestellt, begann nach Kauf des Grundstücks der historischen Mahl-, Öl- und Schneidemühle 1857 in dem Gebäude der 1836 hier erbauten Baumwollspinnerei die industrielle Fertigung. Ab 1872 Verdichtung der Fabrikanlage durch den Neubau einer viergesch. Weberei und Einrichtung einer Holzschleiferei, 1880 erweitert um Flügelbauten an der Weberei, 1885 durch die Papierfabrik sowie 1890–95 durch ein weiteres Webereigebäude. Die Fassaden der Bauten spiegeln die Architekturauffassung ihrer Entstehungszeit zwischen Spätklassizismus und Neurenaissance wider. Ab 1872 Bau einer Arbeiter- und Beamtenkolonie mit 42 Häusern, 1879 des Kindergartens und 1904 des Mädchenheims. *VR*

Lit.: Bauten der Technik und Industrie, 114.

## Märkisch Buchholz BG (Dahme-Spreewald/E 5)

**Wehranlage »Überfallwehr«** (südwestlich des Ortskerns). Die Wehranlage liegt an der Landstraße von Halbe nach Märkisch-Buchholz unmittelbar vor einer Straßenbrücke, die in Beton ausgeführt ist. Der Höhenunterschied zwischen Ober- und Unterwasser beträgt 6 m. Die Wehranlage wurde im Zuge des Baus des Spree-Dahme-Umflutkanals zur Kanalisierung der Dahme und der schnellen Abführung der Hochwasser aus dem Gebiet des Spreewaldes zwischen 1908 und 1910 errichtet. Die dreistufige Anlage wurde als *Klappenwehr* ausgeführt. Die Bewegungen der Klappe – nach ihrer Bauform Fischbauchklappe genannt – werden von einem *Windwerk* gesteuert. Seine Maschinenanlage befindet sich in einer Einhausung auf einem Betonsockel neben dem Wasserbauwerk. Eine *Steuerstange* verbindet Getriebe und Klappe. Ihre Stellung wird auf einer Anzeigetafel markiert. Die Breite der Wehröffnung beträgt 12 m. Zusätzlich ist ein als Doppel-Schütz ausgebildetes Grundwehr von 2 m Breite an der linken Wehrseite installiert. *WT*

## Magdeburg (Magdeburg/E 3) SA

*Die um 805 erstmals als bedeutender Handelsplatz am günstigen Elbübergang genannte Siedlung wird 936 unter Otto I. neugegründet. 968 Errichtung des Erzbistums M. Ab der 2. Hälfte des 12. Jh.s Blüte des Fernhandels mit Getreide, Salz, Kupfer und Silber. 1631 nach Eroberung durch Tilly niedergebrannt. 1657 fand Otto von Guerickes (1602–86) sensationeller Schauversuch mit den zwei evakuierten »Magdeburger Halbkugeln« statt, ein Meilenstein der Technikgeschichte, dem die Entwicklung der Luftpumpe vorausgegangen war. Unter Brandenburg wird M. 1679–1740 zur Landesfestung ausgebaut. 1815 Hauptstadt der preußischen Provinz Sachsen. Entwicklung einer bedeutenden Maschinen- und Metallwarenproduktion auf der Grundlage der Rübenzuckerindustrie als Teil einer umfangreichen Nahrungsmittelverarbeitung, durch Bahnbau und Dampfschiffahrt begünstigt. Seit dem 1. Weltkrieg durch den Mittellandkanal zentrale Stellung in der europäischen Binnenschiffahrt. 1945 Zerstörung der Innenstadt zu 80%, seit 1951 Beginn eines die Abtragung von vier historischen Kirchen einschließenden Wiederaufbaus.*

**Bahnhöfe.** Seit dem 29. 6. 1839 ist M. mit der Streckeneröffnung nach Schönebeck Eisenbahnstadt. Seit 1846 ging die Strecke bis Potsdam durch, endete aber in M.-Friedrichstadt, bis sie am 19. 8. 1848 über die Elbbrücken in die Stadt geführt wurde. 1873–82 wurden in dem an der heutigen Stelle errichteten Zentralbahnhof alle Linien zusammengefaßt, die zwischen dem eigentlichen *Empfangsgebäude* im Osten (Stadtbaurat O. Peters für die Magdeburg-Leipziger Eisenbahn) in italienischer Neurenaissance und dem nicht mehr existierenden Inselbahnhof im Westen (Berlin-Potsdam-Magdeburger Eisenbahn) entlangführten. Nur der stadtseitige, östliche Bau wurde nach Kriegsbeschädigungen in urspr. Form wiederaufgebaut; der Ersatzbau für

*Magdeburg. Hauptbahnhof*

den Inselbahnhof ist von 1969, die Bahnsteigüberdachung von 1985/87. An der Maybachstraße noch ein *Lokschuppen* der letztgenannten Eisenbahn. Nördlich des Hbf. der 1870–1900 errichtete, gotisierende Backsteinbau des *Empfangsgebäudes der Station Neustadt* (Lüneburger Straße) mit qualitätvoller, gut erhaltener Innenausstattung. – Südlich des Hbf. folgt der sachliche Klinkerbau des Bahnhofs Buckau (Warschauer Straße) von 1928 mit Majolikaappliken im Inneren sowie Flügelrad- und Hermes-Emblemen an der Front über einem halbovalen Vordach.

Der **Handelshafen** (Binnenhafen Mittelelbe, Wittenberger Straße) entstand 1886–93 östlich der Alten Neustadt zum Massenumschlag von Getreide, Zucker und Baumwolle, er setzte 1906 rund 1,4 Mio. Tonnen um. In genieteter Stahlkonstruktion mit mehrfarbiger Mauerwerksverblendung baute man 1893–96 die *Speicherblökke* G, H und J mit 90 m Gesamtlänge und 21 m Höhe. Die sechs giebelüberkrönten *Windenanlagen* à la Hamburger Speicherstadt an der Wasserseite akzentuieren die gelb-rote, stichbogendurchfensterte Front. Am städtischen E-Werk noch der 1889 entstandene, scheddachgedeckte Zuckerspeicher B. Über die Einfahrt des Hafenbeckens führt die 1894 installierte, hydraulisch bewegte *Hubbrücke* von 32 m Stützweite für die Hafenbahn. In den 4 Ecktürmen in Stahlfachwerk sitzen die 30-t-Gewichte, die über 10 Stahlseile und Umlenkrollen den Gewichtsausgleich für den Brückentrog besorgen. 1932 elektrifiziert, wurde sie 1978 außer Betrieb gestellt und 1980 für den Fußgängerverkehr aufgebockt. – Im Norden der Stadt entstand 1938 nach patentierten Plänen von Rudolf Mussaeus zur Verbindung des Mittellandkanals mit der Elbe das bis zu 18,5 m überwindende **Schiffshebewerk** Rothensee (Birkenwäldchen) westlich des Flusses. Im stählernen Vollwand-Tragegerüst bewegt sich auf zwei Schwimmern der 85 m lange Trog nach dem Auftriebsverfahren, geführt und angetrieben von vier 27 m langen Stahlspindeln mit acht 44-kW-Elektromotoren. Zugehörig eine um einen angerartigen Platz angelegte Dienstsiedlung.

Am Industriehafen (über August-Bebel-Damm) liegen die 1925–27 errichteten, kubisch-strengen Blöcke der ehem. **Konsum-Mühlen** in Klinkerbauweise mit Betondecken. Sie beherbergen Getreidesilos, Mehl- und Kleiespeicher, Werkstatt-, Sozial-, Wohn-, Lager-, Büro- und Trafohaustrakte für eine Tagesleistung von fast 300 Tonnen Getreide, damals die größte in Mitteldeutschland. – Südlich der Innenstadt führt im Zuge der Verbindung Potsdam–Magdeburg seit 1846 eine bewegliche **Eisenbahnbrücke** über die Stromelbe (Hammersteinweg, Kleiner Stadtmarsch). Die Sieben-Pfeiler-Brücke erhielt 1890 einen drehbaren Brückenteil über der Fahrrinne, der 1912 zum Hubteil umgebaut wurde. Der jetzige, 90 m lange Hubteil zwischen den Stahlportalen entstand 1934. Vier 50-t-Gewichte gleichen 50% des Gewichts der Hubbrücke aus, die von 2 Elektromotoren max. 2,87 Meter gehoben werden kann. Heute ausschließlich Fußgängerbrücke. Westlich nahe der Brücke dekorativer Hydraulik-Akkumulator-Turm für den Drehbetrieb ab 1890.

Magdeburg. Hubbrücke im Hafen

Magdeburg. Schlachthof 1

Unweit der Hubbrücke, am Westufer des Kleinen Werder, ist als letzter von über 100 (1939) derartigen Elbschiffen der 1908/09 in Roßlau gebaute **Seitenrad-Schleppdampfer** »Württemberg« seit 1976 aufgebockt, der bis 1945 zwischen Hamburg und Aussig in Böhmen Dienst tat. 1946 in Dresden-Laubegast repariert, mit einem neuen Kessel von 1955, war er bis 1974 in Betrieb. Original die schrägliegende, 625-PS-Zweizylinder-Verbunddampfmaschine.

Durch seine 2 ausgeprägt sichtbaren Bauepochen beeindruckend ist der 1889–93 begonnene ● **Schlacht- und Viehhof** in Sudenburg (Schlachthofstraße). Nördlich der nach Westen führenden Bahnlinie entstand ein Großkomplex mit Stallungen, Markthallen, der Viehbörse, Kontor- und Verwaltungsgebäude, den Schlachthallen und Kühlhäusern. Der gemäßigt historisierenden Anlage des Stadtbaurates Otto Peters fügte mit ähnlicher Außenfarbigkeit Johannes Göderitz 1923–1926 hochqualitative Erweiterungsbauten der Neuen Sachlichkeit hinzu, so vor allem den Ostteil der auch in der älteren Hälfte bemerkenswerten Schweinemarkthalle mit seiner effektvollen Tiefenstaffelung und den markanten Komplex des Kohlebunkers von 1924. In unmittelbarer Nachbarschaft die als Viehmarkt- und Ausstellungshalle von Bruno Taut mit Göderitz gebaute Halle »Land und Stadt« von 1922 mit einer Dreigelenk-Bogenkonstruktion in Stahlbeton, seit 1954 ohne die urspr. Oberlichter.

*Magdeburg. Schrotturm*

**Industrie.** Ein verhältnismäßig spätes Beispiel seiner Gattung ist der 1912 für die Fa. G. C. Dornheim (Neue Neustadt, Karpenlake 1) errichtete, 42 Meter hohe **Schrotgießturm,** aus dessen wasserturmähnlichem Kopfteil mit 2 Schmelzöfen im Inneren durch ein Sieb flüssiges Blei portionsweise in ein ebenerdiges Wasserbecken fiel, wobei es kugelförmige Gestalt annahm. Bis 1955 war der am Industriehafen gelegene Fabrikkomplex in Funktion, heute renoviert. – An der Lübecker Straße 127/128 in der Neuen Neustadt erhebt sich der vielteilige, hochrepräsentative Komplex einer 1841 gegründeten **Brauerei,** die 1853 aus der Altstadt hierher zog und für die man von 1853 bis 1906 neue, für diese Branche typische, gotisierende Bauten mit Zinnen, Türmen und Ecktürmchen errichtete, die bis in die 1930er Jahre erweitert wurden, darunter die 1878 gebaute ehem. *Mälzerei.* *AF*

**Schäffer & Budenberg GmbH,** zuletzt Weinert-Werk (Buckau, nördlich der Schönebecker Straße). S & B, 1850 in der Altstadt gegründet, 1859 an die jetzige Stelle verlegt, war ein Unternehmen von Weltgeltung auf dem Gebiet des Armaturenbaus. Die das Stadtbild des Ortsteils Buckau prägende, fast vollständig erhaltene Gebäudegruppe umfaßt Metallgießerei und Schmiede, beide von 1884, sowie den Manometerbau von 1896, einen Hochbau, der 1940 nach W um einen Flügel zu T-förmigem Grundriß erweitert wurde; dabei hat man die Straßenfront des Altbaus im Zeitgeschmack geglättet und verputzt. – **Röhrig & König** (Sudenburg, im Winkel zwischen Salzmann- und Brenneckestraße). 1846 gegründet, seit 1906 Abt. Sudenburg der Maschinenfabrik Buckau, zuletzt Maschinenfabrik für Zucker-, Brikett- und Kalksandsteinfabrikation. Neubau ab 1894 bis etwa 1900 an der jetzigen Stelle auf der grünen Wiese. Der Fabrikkomplex ist fast vollständig erhalten, mit Montagehallen, Gießerei, Werkstättengebäude und einem der wenigen in Magdeburg erhaltenen Industriewassertürme. – **Vereinigte Ölfabriken Hubbe & Fa-**

*Magdeburg. Diamant-Brauerei*

**renholtz** (Friedrichstadt, Berliner Chaussee 66). Aufbau des Werkes an dieser Stelle ab 1891. Zunächst Verarbeitung überseeischer, ab 1935 vorwiegend einheimischer Ölfrüchte. Bautätigkeit in diesen Perioden und, ebenfalls qualitätvoll, in den 50er Jahren. Geschlossen erhaltener Werkskomplex mit nebeneinander stehenden Bauten aus den genannten Bauzeiten, dazwischen Extraktionsgebäude von 1925 (Paul Schaeffer, Heyrothsberge). Schornstein von 1936, Wahrzeichen der östlichen Stadtteile Magdeburgs, Verwaltungsgebäude von Heinrich Tessenow, 1936/1937. – **Kraftwerk Rothensee (Mikramag).** Einziger noch erhaltener Großbau aus der Vorkriegszeit in dem 1925–40 erschlossenen Industriegelände im N der Stadt und zugleich Wahrzeichen des Industriegebiets. Erbaut 1927 von der AEG. Die Original-Turbinensätze sind erhalten. Die 100 m hohen Schornsteine in Eisenbeton stammen aus der Erbauungszeit. – **Magdeburger Mühlenwerke AG** (Alte Neustadt, Schartaustraße). Großmühle, in Betrieb (Fa. Bördegold). Noch in der Verwahrlosung eindrucksvoll, Baujahr nicht genau faßbar, etwa 1910. – **Holzindustrie AG.** Industriestraße 7 (im Industriehafen-Bereich). Die Hobelhalle ist ein bedeutendes Beispiel des Ingenieur-Holzbaues, um 1925 errichtet. Abmessungen: rund 30 m Spannweite, über 100 m Länge. – **Rudolf Wolf. Maschinenfabrik** (Buckau, Karl-Schmidt-Straße, ehem. Feldstraße). Gegr. 1862. Als Spezialist im Lokomobilenbau genoß die Firma Weltruf. 1928 mit der Maschinenfabrik Buckau zur Maschinenfabrik Buckau R. Wolf AG fusioniert. Im Werk Feldstraße sind erhalten: Werkhalle, um 1885; Montagehalle, 1892; Schmiede, um 1890; Verwaltungsgebäude, 1900, alles gelbe Ziegelrohbauten. Ferner das Wohnhaus R. Wolf, 1867. – Das Neue Werk ließ R. Wolf ab 1905 im Zuge der Randwanderung der Magdeburger Industrie in der Gemarkung des Vorortes Salbke im SO errichten (Alt-Salbke 6–8). Nach großflächigen Abbrüchen erhalten blieben u. a. die Gießerei (1908), die noch in Betrieb ist und zur Erbauungszeit das Muster eines fortschrittlichen Eisengießereigebäudes darstellte, und die Kesselschmiede (1910), ein vierschiffiger, im W um 1940 qualitätvoll verlängerter Bau aus rotem Klinker, im Zeitstil wie die gegenüberliegende Produktionsstätte für Kleinmotoren. Prächtige Zeugnisse des Bauwillens in der frühen Aufbauphase nach 1945 sind der

Dampfmaschinenbau und die Kesselschmiede, eine Halle, die in Dimensionen und Qualität ihresgleichen sucht. – **Maschinenfabrik Mackensen** (Klosterkamp, am Industriehafen, Nähe Konsummühle). Die 1916 aus Schöningen nach Magdeburg übergesiedelte Firma begann im gleichen Jahr mit dem Bau des Verwaltungsgebäudes, das erst 1927 fertig wurde. Architekt Edmund Körner, Essen. Schräg hinter dem Gebäude sind die 4 Werkhallen angeordnet. Ein vergleichbarer Industriebau dieser Qualität findet sich in Magdeburg mit dem Verwaltungsgebäude des →Friedr. Krupp Grusonwerkes und bei den Bauten der →Fa. Polte. – **Maschinen-, Armaturen-, Metallwaren- und Patronenfabrik Polte** (Wilhelmstadt, Liebknechtstraße 65–91, ehem. Poltestraße, Stadtfeld). Letzte Firmenbezeichnung: MAW. Das Unternehmen pflegte eine bemerkenswerte Baukultur, nicht nur bei den 3 Blöcken an der Poltestraße, sondern auch in den Werkstätten-Bauten. Das auf dem Gelände der übernommenen Maschinenfabrik Bendel in der Fichtestraße von Polte erbaute Heizwerk ist ein verstecktes Kleinod, Details des Bauwerks lassen an Heinrich Tessenow als Architekten denken. – **Werkstätten der Magdeburg-Leipziger Bahn**, später Reichsbahnausbesserungswerk (RAW) Buckau (Karl-Schmidt-Straße und Coquistraße). Seit der Eröffnung der Bahn 1840 entwickelte sich ein großer Betrieb an dieser Stelle. Aus der Ausbauphase ab Mitte der 1880er Jahre stammen das *Magazin* mit Wasserturm, die *Schmiede* (teilzerstört) und 2 heute als Sporthallen genutzte *Waggon-/Lokreparaturhallen* (um 1900). – **RAW Magdeburg Südost** (Alt Salbke 11–13). Das vollständig erhaltene Ensemble, 1893–95 errichtet, mit Erweiterungen bis 1940, umfaßt Waggon-Richthalle, Schmiede, Kesselhaus mit aufwendig gestaltetem Schornstein und einem Wasserturm des Systems Intze (1894) mit 1000 $m^3$ Inhalt. – **Maschinenfabrik Buckau** (Schönebecker Straße 82–88). An der O-Seite der Schönebecker Straße reihen sich die Gebäude des 1838 gegr. Unternehmens, einer der bedeutendsten deutschen Maschinenfabriken: Wohnhaus des Direktors (1854), Verwaltungsgebäude mit Hallengiebel aus verschiedenen Bauzeiten bis 1940; den Abschluß bildet ein urspr. nicht zugehöriges Landhaus aus der Zeit um 1820. Mit den gegenüberliegenden Bauten der Fa. Otto Gruson (1883–1927) ergibt sich ein eindrucksvolles Straßenbild der Industriestadt Buckau. Im Hof die auf das Jahr 1838 zurückgehende Gießerei, in der jetzigen Gestalt das Resultat des letzten Umbaus von 1896; von da ab wurde sie als Montagehalle genutzt – ein wichtiges Denkmal des Magdeburger Maschinenbaus. – **Grusonwerk.** Von der auf einer Fläche von 25 ha zwischen 1869 und 1989 gewachsenen Industriestadt in Buckau zwischen Marienstraße im N, Freie Straße im O, Salbker Straße im S und Dodendorfer Straße im W konnten der Abbruchwut der TLG bis heute folgende Gebäude vorenthalten werden: Panzergießerei, Dodendorfer Straße; Verwaltungsgebäude von 1889, 1923–31 erweitert, in der NW-Ecke; die fast geschlossene N-Front des Werkes an der Marienstraße, die den Hobelsaal von 1869, die gut erhaltene älteste Werkstatt der Fabrik, enthält. Hinter dem Kruppschen Konsum (1900), der die SO-Ecke bildet, steht das 1871/72 großzügig, aber in zurückhaltenden Formen erbaute Wohnhaus Hermann Grusons. Die Stätte von Grusons 1896 in den Klosterbergegarten translozierten Gewächshäusern nimmt die Montage IV von 1897 ein, mit Fassade zur Marienstraße. Sie ist der letzte Großbau in dem von H. Gruson angewendeten System. An der Freien Straße schließlich die Montage III. Dem Mühlenbau (1907–18) an der SO-Ecke droht der Abbruch. Das Wahrzeichen des Werkes und der Stadt, der über 100 m hohe Schornstein »Langer Heinrich«, wurde vor der Sprengung bewahrt. – **Städt. Gaswerk** (Alte Neustadt, Rogätzer Straße 23–30). In Betrieb seit Febr. 1853. Das *Gasometerhaus* stammt aus dieser Zeit. Es bezeichnet eine Vorstufe der freistehenden Teleskop-Behälter mit Doppelgasbehälter. Dieser ummauerte Typ ist selbst in England nur noch selten erhalten, in Ostdeutschland noch in Görlitz und Stralsund. Daneben das Apparatehaus (Ruine) und zwei ehem. Retortenhäuser (um 1900) sowie ein markanter Schornstein, bezeichnet 1888. – **Städt. E.-Werk** (Alte Neustadt, Wittenberger Straße 17). Erbaut von der AEG 1896, nach 10 Jahren vertragsgemäß von der Stadt übernommen. Zur Erstausstattung gehörten 10 Kolbendampfmaschinen mit einer Gesamtleistung von 4820 kW. Das Maschinenhaus ist erhalten, ebenso die Turbinenhalle (für ehem. 4 Dampfturbinen von zus. 15 850 kW) und die Bunkeranlage, beide als gelbe Backsteinrohbauten der Erweiterung von 1909. – **Städt. Wasserwerk** (Buckau, Am Wolfswerder). Von dem 1857–59 erbauten, 1875–77 erweiterten Elbwasserpumpwerk zeugen die teilweise über-

*Magdeburg. Städtisches Gaswerk*

deckte Filteranlage von 1887 (9920 m²) sowie 2 überdeckte Stufenfilter (1907–08, 1913–14 je 2125 m²), angelegt im Zusammenhang mit dem Ausbau 1908. Die schon 1933 beginnende Heranführung von Grundwasser aus der Colbitz-Letzlinger Heide führte nach 1990 zur völligen Einstellung der Wassergewinnung aus der Elbe.

**Pfeiffer & Schmidt AG** (Neustadt, Schmidtstraße 27). Die Baumwollspinnerei ist das einzige erhaltene Denkmal der einst bedeutenden Textilindustrie M.s. Einen ersten Produktionsbetrieb errichtete 1830 das aus Wermelskirchen stammende, seit 1690 durch ein Handelshaus in Braunschweig, ab 1828 durch eine Filiale in M. vertretene Unternehmen. An Stelle einer Baumwollspinnerei, die 1846–48 nach englischen Plänen erbaut, jedoch bereits wenige Tage später durch einen Großbrand vernichtet wurde, entstand 1849 durch Maurermeister C. Flott eine neue Spinnerei mit Fassaden aus einheimischer Grauwacke, horizontal betont durch Ziegelbänder. Im Inneren ein System von Säulen und Fischbauchträgern für Decken und Dach aus Gußeisen. An den Ecken Treppentürme. Der Bau überstand einen Brand 1859, danach erfolgte eine Verlängerung in gleicher Ausführung nach W (Gesamtlänge rund 100 m). Der Mittelteil mit Maschinen- und Kesselhaus wurde 1944 zerstört. Zum Ensemble gehören weiterhin die Gasanstalt (1847), nördl. vorgelagert das »Local für Reinigungsmaschinen« (1860; teilzerstört und umgenutzt), die Niederlage (1856, Umfass. Mauern) und die Färberei (um 1890, teilzerstört). 1922 liquidiert. – Am Flüßchen Schrote (Wasserkunststraße 99) das leerstehende Gebäude aus Grauwacke der ehem. **Wasserkunst** der Zuckerfabrik Hennige von 1848. *HD*

## Markersbach (Aue-Schwarzenberg/H 4) FS

**Dampfmaschine in der Pappenfabrik H. Georgi** ● (Hammerstraße 17). Liegende 80-PS-Einzylinder-Dampfmaschine mit Ventilsteuerung und stehendem Fliehkraftregler, 1901 gebaut von der Crimmitschauer Maschinenfabrik, erst in der Färberei Hermann Kürzel, Crimmitschau, seit 1954 in der Pappenfabrik H. Georgi. Kolbendurchmesser 300 mm, Hub 600 mm, Schwungraddurchmesser 2,75 m. – **Dampfmaschine in der Spezialholzwarenfabrik A. Frenzel.** In der 1859 gegründeten Firma wurde eine 1904 von Hermann Ulbricht, Chemnitz, gebaute liegende 40-PS-Einzylinder-Dampfmaschine mit Flachschiebersteuerung und stehendem Fliehkraftregler aufgestellt. Kolbendurchmesser 242 mm, Hub 430 mm, Schwungraddurchmesser 2,25 m. *OW*

## Martinroda (Ilmkreis/G 2) TH

**Stollenmund.** Aus Aufschüttungen hinter einem Schachtdeckel ragt der Scheitelbogen der einstigen Tagesöffnung des Martinrodaer Stollens, der ehemals Grubenwasser aus dem Ilmenauer Bergbaurevier abführte (→ Ilmenau), inschriftlich mit »1592« bezeichnet, dem Jahr des beginnenden Vortriebs. Er ist damit der älteste datierte Stollenmund Mitteldeutschlands. Der Stollen selbst, 1626 und 1712–16 wieder aufgewältigt bzw. verlängert, 1796 partiell eingestürzt, ist heute Teil der Abwasserentsorgung. *HW*

Lit.: Wagenbreth, 1983.

## Marzahna (Potsdam-Mittelmark/E 4) BG

**Bockwindmühle.** Die Bockwindmühle steht am Rande der Gemeinde, gut sichtbar von der B 2 Treuenbrietzen–Lutherstadt Wittenberg. Die 1868 in Betrieb genommene Mühle stand urspr. im Norden der Mark Brandenburg. Sie besteht aus dem nicht im Boden verankerten Bock, dem um den Hausbaum drehbaren Mühlenkasten mit Feise und hat ein an der Rückseite weit überkragendes Mansarddach. Von der Windkraftanlage sind nur die im Wellkopf steckenden Bruststücke erhalten. Die Wiederherstellung der Ruten ist vorbereitet. Auf den 3 Arbeitsböden typische Maschinen wie Mahlgang, Walzenstuhl, Reinigung, Schälmaschine, Wurfsichter sowie Elevatoren. Der Mühlenbetrieb wurde Anfang der 1970er Jahre eingestellt. *WT*

*Maxen. Kalkofen Winterleithe*

## Maxen (Sächsische Schweiz/G 5) FS

Kalk- und Marmorabbau sind seit 1554 nachweisbar. Im 17. Jh. wurde Marmor für Barockbauten und Kirchen Dresdens sowie für den Export nach England gebrochen. 2 **Kalköfen,** Steinbrüche und ein Stollenmundloch sind noch erhalten. Ofen I (Winterleithe), ein etwa 10 m hoher Pyramidenstumpf aus Bruchstein (Kanten in Sandstein, Ausmauerungen und Gewölbe aus Ziegel) hat unregelmäßig fünfeckigen Grundriß und eine Seitenlänge von rund 10 m. Ofen II von 1856 (im Waldgebiet nördl. Maxen) ist sechseckig und rund 12 m hoch aus Mischmauerwerk (Bruch-, Sand- und Ziegelsteine). *KD*

Lit.: Lehmann.

## Meiningen TH
(Schmalkalden-Meiningen/H 1)

**Brücke im Schloßpark.** Stählerner Fußgängersteg vom Ende des 19. Jh.s über einen Arm der Werra. Die genietete, 36 m lange Fachwerkkonstruktion auf steinernen Widerlagern zeigt als Fachwerk ausgebildete Untergurte in Stichbogenform und mäßiger gebogene Obergurte in Winkelprofilen. Das infolge jahrzehntelanger Verwahrlosung verrottete Bauwerk wurde 1992 bis auf die Substruktionen und das schmiedeeiserne Geländer durch eine Kopie ersetzt. *HW*

## Merkers (Wartburgkreis/G 1) TH

**Kaliwerk.** Komplett erhaltene, 1993 gänzlich stillgelegte großindustrielle Förder- und Produktionsstätte von Kalidünger, Kaliumsulfat, Bittersalz, Glaubersalz und Brom. Der ausgedehnte Baukomplex neben der Abraumhalde umfaßt ein Stahlfördergerüst, Schornsteine, einen Kühlturm, Aufbereitungs- und Lagerhallen, chemische Fabriken und Verwaltungsgebäude, ist jedoch ohne ältere Substanz. Untertägig ein durch Abbau aufgeschlossenes Grubenfeld von mehr als 140 $km^2$, seit 1991 in 500 bis 750 m Tiefe mit 25 km Länge für Anschauungszwecke museal erschlossen bei unveränderter Einbeziehung von Kantine, Kaue, Lampenstube und Förderkorb. Die Eröffnung des Kalireviers Werra–Fulda fand 1901 statt mit diesem Werk, nach Erkundung von Kalisalz durch Tiefbohrungen unweit der Saline → Bad Salzun-

*Merkers. Kalischacht*

gen 1888 und Entdeckung der Flöze »Hessen« und »Thüringen« in 300 m Tiefe sowie nach Niederbringung von Schächten bei Tiefenort 1895 und 1896 und schließlich bei Kaiseroda, hier 1901 mit der Anlage des ersten Kaliwerkes der Region. 1922–25 Neubau einer Großfabrik bei M. als damals leistungsfähigsten Kaliwerkes der Welt (Verarbeitung von 5000 t Rohsalz pro Tag). Während der nationalsozialistischen Zeit arbeiteten hier Häftlinge des KZ Buchenwald bei Weimar. 1945 wurde in einer verborgenen Abbaukammer des Flözes »Hessen« die hier verwahrten Teile des nationalsozialistischen »Staatsschatzes« (Goldbarren, Goldmünzen) von der US-Armee beschlagnahmt. Nach Wiederinbetriebnahme des Kaliwerkes 1946 als »Kaiseroda Merkers« 1947 zwangsenteignet und seit 1952 zentralistisch dirigiert (»VVB Kali und Salze«, 1970 »VEB Kombinat Kali«). Als Folge des Raubbaus kam es 1989 zu einem schweren Gebirgsschlag, der allerdings weniger Schäden unter als über Tage anrichtete, jedoch nicht an den Werksanlagen. – Das »Erlebnisbergwerk Merkers« (so der offizielle Titel) vermittelt Einblicke in Abbau- und Transportprozesse – u.a. anhand eines einst hier eingesetzten Schaufelradbaggers –, in den Bunker des »Reichsschatzes« sowie in eine in den 1980er Jahren in 700 m Tiefe entdeckte Kristallgrotte mit Höhlensee, mit bis zu 1,5 m großen Halitkristallen. (→ Abteroda, → Bleicherode) *HW*

Lit.: Hauske/Fulda, 80, 82, 83, 104, 130, 131.

## Merseburg (Merseburg-Querfurt/F 3) SA

Der **Wasserturm** auf der Westseite des Hbf.-Gleisfeldes (Rosa-Luxemburg-Straße) entspricht in der Behälterkonstruktion dem 1906 auf dem Bf. Chemnitz errichteten Reservoir. Ein konischer Schaft in Backsteinrohbau trägt über dem Kranzgesims einen Kugelbehälter der Bauart Klönne (Fassungsvermögen rund 500 m³), dessen Last zur Vermeidung eines zusätzlichen Druckringes über einen tangential angeschlossenen, steifen, nach innen geneigten Kegelmantel abgeleitet wird. – Für die Wasserversorgung von Schloß und Domfreiheit entstand 1738 nach Entwurf von Johann Michael Hoppenhaupt d. Ä. die **Obere Wasserkunst** (Oberaltenburg), in der das in der Unteren (nicht mehr vorhandenen) Wasserkunst geschöpfte Saalewasser in einem eisernen Flachbodenbehälter gespeichert wurde. Das fast quadr., etwa 12 m hohe Bauwerk unter steilem Mansarddach gliedern an der Schauseite eckbetonende Doppelpilaster, die mit ihrer Scheinquaderung liegende Fenster rahmen. Die Mittelachse ist hervorgehoben durch ein zusammenhängend ornamental in Sandstein gestaltetes Portal, ein Inschriftenfeld und ein abschließendes Fenster. Inschrift: »So faßt die Kunst in Bley und Röhren / Des Waßers eingeschränckte Fluth / Ein Druckwerk muß das Steign mehren / Das doppelt treibt und niemahls ruht / Dies theurer Heinrich ist Dein eigen / Du baust es neu und nutzbar auf / Gott laße Deiner Jahre lauff wie die Kunst beständig steign / 1738.« – Wohl einmalig in Deutschland bleibt die Idee der Merseburger Stadtväter, den Turm der Mitte des 11. Jh.s erbauten, seit dem ausgehenden 16. Jh. verfallenen Kirche St. Sixti (Naumburger Straße / Weißenfelser Straße) als Basis für den **Behälter der städt. Wasserversorgung** zu benutzen. Nach Abtragung der oberen Geschosse erhielt der quadr. Turmstumpf 1888 einen mächtigen neoromanischen Kopf, dessen spitzbehelmte Eckerker zum steilen Kegeldach überleiten. – Mittelalterl. Formengut in der Nachempfindung oberitalienischer Geschlechtertürme überträgt der um 1910 erbaute Wasserturm der heutigen Fa. Alu-Folie (König-Heinrich-Straße).

LANDKREIS: In Bad Lauchstädt eine **Bockwindmühle** von 1837, die einschl. der Mühlentechnik 1982 restauriert, heute als Schauanlage betrieben wird. – Die um 1850 in Betrieb genommene, um 1975 stillgelegte **Wassermühle** an der Luppe zu Wallendorf zeigt ein Zuppingerrad mit komplettem Pansterzeug. *VR*

Lit.: Wirth, 1990, 255; Historische Wassertürme, 109; Mühlen, 226, 235.

## Meuselwitz-Mumsdorf TH

(Altenburger Land/G 3)

Briketts bestimmten vor Erdöl und Erdgas über mehr als ein halbes Jahrhundert die häusliche und industrielle Energiegewinnung. Die letzte thüringische **Brikettfabrik** produziert unter dem programmatischen Namen »Phönix« verm. nur bis zur Jahrtausendwende zu Steinen geformten Hausbrand aus Braunkohle. Phönix und Salamander schmücken als schmiedeeiserne, auf die Kraft des Feuers bezogene Applikationen die qualitätvollen Jugendstilfassaden der 1905–06 in Backsteinrohbau errichteten Betriebsgebäude. Im Inneren der Brikettfabrik fasziniert das Zu-

*Meuselwitz-Mumsdorf. Brikettfabrik »Phönix«*

sammenwirken von 30 Röhrentrocknern zur Entwässerung der gemahlenen Kohle und 21 dampfgetriebenen Pressen (z.T. noch aus der Bauzeit), aus denen die Briketts über lange Förderstrecken im Freien – notwendig für die Abkühlung – zur Verladestation geschoben werden. *VR*

Lit.: MIBRAG, 1996.

## Mildenberg (Oberhavel/C 4) BG

● **Museumspark der Ziegelindustrie.** Als man beim Bau der Zehdenick-Templiner-Bahn im Jahre 1887 auf bedeutende Tonvorkommen stieß, entstanden im Gebiet an der Oberen Havel die ersten Ziegeleien. Fast die gesamte Jahresproduktion um 1890, etwa 700 Mio. sog. Hintermauerziegel, wurde meist per Schiff zu den Baustellen der schnell wachsenden Hauptstadt Berlin transportiert. Das Kernstück des Museumsparkes sind die ehem. *Ziegeleien Stackebrandt und Herzberg.* Hier sind alle bis zum Ausbruch des 2. Weltkrieges erprobten technischen Entwicklungen der Ziegelindustrie mit den Verbesserungen der 2. Hälfte des 20. Jh.s anschaulich erlebbar. Die für ganzjährigen Betrieb ausgelegte Ziegelei Stackebrandt von 1927/28 war bis zur Enteignung 1946 die größte und einzig in ihrer Art in der ganzen Region. Der Kern der neuen, nach damals modernsten Gesichtspunkten errichteten Anlage ist ein *18-Kammer-Ringofen Hoffmannscher Bauart.* Neben den Brennöfen ist die größte *Freiluft-Trockenanlage* mit 24 Ständen von je 120 m Länge und eine in 4 Spurweiten ausgeführte *Werkbahn* mit Gleisen, Weichen, Drehscheiben, Kreuzungen sowie Loren und Diesellokomotiven erhalten. Eine parallel zum Netz arbeitende Dampfmaschine, Baujahr 1921, Leistung 325 PS, Schwungraddurchmesser 4,5 m, versorgte größere Verbraucher des Werkes im Inselbetrieb. Alle Bauten vom Anfang bis in die 60er Jahre sind in der anspruchslosen, für Brandenburger Ziegeleien typischen Architektur gehalten. Die Anlagen der Ziegelei waren zum Teil bis 1990 in Betrieb. *WT*

## Miltzow (Nordvorpommern/A 4) MV

Zwei Jahrzehnte nach Fertigstellung der Bahnverbindung von Berlin über Angermünde nach Stettin (15. 8. 1843, Berlin-Stettiner Eisenbahn) erhielt auch Stralsund direkten Schienenanschluß nach Berlin (16. 3. 1863, Angermünde–Anklam; 1. 11. 1863, Anklam–Stralsund), gebaut von der gleichen Eisenbahngesellschaft. Etwa gleichzeitig erhielt auch die Station Miltzow ein **Empfangs- und Abfertigungsgebäude** (Bahnhofsallee) als eingesch. Massivbau mit Mezzaningeschoß, einseitig betont durch zweigesch. Eckrisalite und hölzerne Veranda. Horizontale Gliederung durch Zahnschnittfries. – In der Nähe ein fünfgesch. **Speicher** (Am Bahndamm) in Sichtmauerwerk aus den späten 1920er Jahren. – Bei M.-Reinkenhagen eine **Erdölpumpe** und Separatorenstation von 1962. *VR*

Lit.: Vorpommersche Küstenregion, 68, 85.

## Mittelpöllnitz-Porstendorf TH (Saale-Orla-Kreis/G 3)

**Bockwindmühle.** Am Rande des abseits gelegenen Müllerhofes 1837 errichtetes Windtriebwerk (Inschrift auf Blechtafel am Steinbalken) mit – nicht mehr drehbarem – Kasten auf unverkleidetem Bock und mit einseitig krüppelgewalmtem Satteldach. Das Rutenkreuz besitzt nur noch reduzierte Jalousien (je 3 Klappen). Als Getreidemühle bis 1936 mit Wind, bis 1942 mit Dieselmotor, bis 1961 elektrisch betrieben. Im Inneren erhalten die Flügelwelle mit zwei Kammrädern, Aspirateur, Trieur, Sichter, Steingang, Walzenstuhl. Für Anschauungszwecke partiell restauriert. Bei Windstille dreht ein Elektromotor das Flügelkreuz. *HW*

Lit.: Schäbitz.

## Mittweida (Mittweida/G 4) FS

**Baumwollspinnerei** (Hainichener Straße 66). Die Errichtung einer Spinnmühle 1816 an der Zschopau bildete den Anfang zu der im weiteren Verlauf des Jahrhunderts die Stadt prägenden Textilindustrie. Der heute an diesem Standort ansässige Betrieb ist aber erst auf eine Firmengründung von 1884 zurückzuführen. Im gleichen Jahr entstanden das erste Spinnereigebäude und je ein weiteres 1889/90 und 1894/95. 1898 zählte die Fabrik rund 600 Beschäftigte. Der Industriekomplex läßt keinen einheitlichen Architekturwillen erkennen. Verputzte sowie rote und gelbe Klin-

*Mittweida-Neudörfchen. Wasserkraftwerk*

kerbauten sind zugleich anzutreffen. Dominant an der Hainichener Straße wirkt das vom Jugendstil beeinflußte Verwaltungsgebäude. Die Villa und eine massive Gartenlaube befinden sich in engster Nachbarschaft zu den Fabrikbauten.

### M.-Neudörfchen

**Wasserkraftwerk.** In einer ersten Bauphase entstand 1908/09 ein Inselkraftwerk zur Stromlieferung für die Stadt M. und angrenzende Gemeinden. Das Kraftwerk wurde mit 2 Tandem-Verbund-Dampfmaschinen in Betrieb gesetzt. In einer zweiten Bauphase 1919–23 kam es zur Erweiterung des Kraftwerkes durch eine das Wasser der Zschopau nutzende Laufwasseranlage. Zur Gewährleistung der Spitzenversorgung erweiterte man das Kraftwerk 1926–28 durch eine Pumpspeicheranlage. In den 1960er Jahren wurden 3 Schiffsdieselmotoren eingesetzt, die im ehem. Kesselhaus Platz fanden und in den 70er Jahren wieder außer Betrieb gingen. Anhand der heute noch vorhandenen Bausubstanz ist die Entwicklung des Kraftwerkes ablesbar. In Nutzung ist nur noch die Laufwasseranlage. *ST*

Lit.: Zur Geschichte der Stadt Mittweida.

## Möckern (Jerichower Land/E 3) SA

In der Kleinstadt im Niederungsgebiet der Ehle entstanden nach Fertigstellung der über M. geführten Strecke Biederitz–Loburg (1. 10. 1892, Preußische Staatsbahn) einige Fabriken zur Verarbeitung der Produkte des von der Landwirtschaft geprägten damaligen Kreises Jerichow I. In einer für die Gegend typischen Gutsanlage (nördl. Ortsrand, östl. der B 246 a) mit dreiseitig von Wirtschaftsgebäuden gefaßtem Platz in Dimensionen eines Kasernenhofes richtete sich in den 1890er Jahren eine **Kornbrennerei** ein, wobei Teile des Ensembles zeitgemäß modernisiert wurden. Die Straßenfront geprägt durch 2 romanisierende Staffelgiebel, die einer von 2 Rundtürmchen beherrschten burgenähnlichen Scheinfassade der Hofzufahrt seitlichen Halt geben. Die zur Brennerei gehörige Dampfmaschine von 1920 vor wenigen Jahren gestohlen. – Im Westen der Landstraße von Burg (B 246 a) parallel zur Bahn das Produktionsgebäude und die Silobatterie der ehem. **Landmühle AG Möckern.** Das Mühlengebäude entspricht in der Fassadengestaltung – Blendarkaden in der Sockelzone, vertikale Betonung durch zweigesch. Lisenenrahmung unter fast halbgesch. Gesimszone, über der ein viertes mezzaninähnliches Geschoß das mächtige Mansarddach trägt – dem Reformstil im Industriebau der Jahre zwischen 1910 und 1915. Westlich des Mühlengebäudes eine Silobatterie aus sechs genieteten Eisenzylindern unter verbindendem Satteldach, die Giebel in Eisenfachwerk, baugleich mit der Siloanlage der Magdeburger Mühlenwerke von 1915 in Gardelegen und dem von Max Fricke, Leipzig, geplanten Silo in Wurzen (1918). *VR*

## Mörsdorf (Saale-Holzland-Kreis/G 3) TH

**Teufelstalbrücke.** Als die zu ihrer Entstehungszeit weitestgespannte Stahlbetonbrücke Mitteleuropas wurde das Bauwerk zur Überführung der Autobahn (A 4) über das 280 m breite und 60 m tiefe Teufelstal nach Entwürfen des Architekten Paul Bonatz und des Ingenieurs Fritz Leonhardt 1936–38 errichtet und 1939 eingeweiht. 2 parallele, je 7 m breite, an ihren Kämpfern 2,8 m, an den Scheiteln 1,3 m dicke Bögen auf 138 m voneinander entfernten, in den Felsen bis zu 12 m tief verankerten Widerlagern tragen je 12, im Grundriß 6,75 × 0,6 m messende scheibenartige Stützglieder; im westlichen Talhang befinden sich je 4, im östlichen je 6 weitere, auf welchen die beiden insges. 271 m langen, 10,2 m breiten Richtungsfahrbahnen – durchlaufende Stahlbetonplattenbalken mit je zwei 1,2 m hohen und 80 cm breiten Balken – 56 m hoch über der Talsohle aufgeständert sind. Insges. vierspurig ausgelegt, wurde die Brücke dem gewachsenen Verkehrsaufkommen nicht mehr gerecht; 1995–97 erhielt sie ein paralleles Bauwerk zur Seite gestellt, ebenfalls aus Stahlbeton. *HW*

Lit.: Erler/Schmiedel, 171–173.

## Möschlitz (Saale-Orla-Kreis/H 3) TH

**Steinbogenbrücken.** 2 zweibogige Werksteinbrücken gleicher Entstehungszeit (18. Jh.) über der Straße nach Oschütz über die Wisenta. Die eine ist 17 m lang und 5,6 m breit; ihr größter Bogen hat 5,2 m Spannweite und eine Scheitelhöhe von 3,2 m. Die andere hat eine Länge von 19 m und eine Breite von 4,3 m; ihr größter Bogen ist 5,7 m weit gespannt und über den Kämpfern 2,4 m hoch. *HW*

Lit.: Erler/Schmiedel, 159.

M.-Grochwitz

**Steinbogenbrücken.** Bei der Stöckigtsmühle, einer Schneidemühle mit Francis-Turbinenantrieb steht eine *Brücke* mit 2 je 5,7 m weit gespannten, über dem mittleren Wasserspiegel 1,5 m hohen Stichbogen; die Gesamtlänge des um 1800 entstandenen Bauwerkes beträgt etwa 16 m, die Breite 3,7 m. Die 1 m über den Bogenscheiteln gelegene Fahrbahn hat ein jüngeres Eisengeländer. Die Brücke über die Wisenta ist etwa 12 m lang und 4,3 m breit, mit einem 8,2 m weit gespannten, 2 m hohen Korbbogen; sie stammt aus dem 18. Jh. *HW*

Lit.: Erler/Schmiedel, 159.

## Morgenröthe-Rautenkranz FS (Vogtlandkreis/H 4)

**Eisenwerk.** Das 1596 gegründete Werk war – zuletzt nur als Eisengießerei – bis um 1965 in Betrieb. Aus ihm ist u. a. das Schwarzenberggebläse (→ Freiberg) und die Themis-Statue auf dem Rathaus von Zeulenroda in Thüringen hervorgegangen. Der gesamte Ort Morgenröthe ist durch das Eisenwerk entstanden, das direkt und indirekt etwa 400 Arbeiter beschäftigte. *Hammerherrenhaus,* nach Gußeisentafel über der ehemaligen Tür wohl 1692 erbaut, zweigesch., massiv, mit hohem Krüppelwalmdach und dreigesch. Mittelrisalit mit Giebel. *Hochofen,* wohl um 1800, hohes Rauhgemäuer aus Bruchstein mit gewölbten Nischen für die Abstichöffnung und die Winddüsen. Der Hochofen (letzter Rest der technischen Anlagen) liegt in der Mittelachse des Herrenhauses auf der anderen Talseite. *OW*

## Moritzburg (Meißen-Radebeul/G 5) FS

Unter Herzog Moritz 1542–46 als bescheidenes Jagdschloß begründet, durch August den Starken 1722–30 in einen barocken Prachtbau verwandelt, erhielt das Schloß Moritzburg durch Kurfürst Friedrich August III. ab 1769 auch die gebaute Umrahmung mit hafenbegrenzender 250 m langer **Mole** und einen mit seiner chinoisen Laterne an Pillnitz erinnernden **Leuchtturm** für die auf dem Bärnsdorfer Großteich inszenierten Naumachien (spielerische Seeschlachten) nach röm. Vorbild. *VR*

Lit.: Wirth, 1990, 256 f.

## Morsleben (Ohrekreis/E 2) SA

**Kalisalzbergbau.** Als Folge einer 1907 erlassenen preußischen Bergpolizeiverordnung, nach der jedes Kalibergwerk 2 voneinander unabhängige Tagesausgänge nachweisen mußte, begannen am 8. 3. 1910 die Abteufarbeiten für den Zweitschacht der Beendorfer Schachtanlage »Marie« durch die Gewerkschaft Burbach am Rande von M., dessen Endteufe (536 m) zu Beginn des Jahres 1913 erreicht wurde. Der Durchschlag zum Schacht »Marie« erfolgte auf der 466-m-Sohle des neuen Schachtes der bereits am 10. 10. 1911 errichteten Gewerkschaft »Bartensleben«. Nach 56jähriger Steinsalzförderung (1913–69) begann 1970 der Ausbau des Bergwerkes als Endlager für radioaktive Abfälle. Von den historischen Tagesanlagen blieb bei den die Umnutzung begleitenden Abbrucharbeiten das von einem Uhrtürmchen bekrönte Pförtnergebäude (1911) in typischer Fachwerkbauweise der Jahrhundertwende mit zweifarbigen Gefachen erhalten. – Etwa 1600 m nordwestl. von Bartensleben befinden sich die seit den 1930er Jahren erneuerten Tagesanlagen des 1897–98 bis auf 360 m durch die Gewerkschaft »Burbach« abgeteuften Schachtes »Marie«, der bis 1927 in Förderung stand, danach als Fluchtschacht für Bartensleben diente. Von der urspr. technischen Einrichtung hat sich die in den 1920er Jahren elektrifizierte *Hauptfördermaschine* einschl. der Förderkörbe erhalten, umgebaut 1935 im Zusammenhang mit der Verpachtung der Schachtanlagen »Marie« und »Bartensleben« an Rüstungsbetriebe und Luftwaffe. 1937–45 Außenstelle des Konzentrationslagers Neuengamme. 1946–51 erneut Hartsalzförderung, 1951–59 Fluchtschacht für »Bartensleben«, 1959–84 Hähnchenmastanstalt, 1987–90 Lagerung von Härtesalzen, ab 1990 Einbringen von Versatz aus der Schachtabteufung von Gorleben. Das ehem. *Verwaltungsgebäude,* im Rückgriff auf barocke Architektur um 1910 gestaltet, dient seit dem Ende des 2. Weltkriegs als Schule für Beendorf. *VR*

Lit.: Muth.

## Müdisdorf (Freiberg/G 5) FS

**Müdisdorfer Kunstgraben und Müdisdorfer Rösche.** Der Müdisdorfer Kunstgraben, angelegt 1562–68 und 7 km lang, und die Müdisdorfer Rösche, vorgetrieben 1558–68 und 2,8 km lang, haben Wasser aus dem Unteren Großhartmannsdorfer Teich (→ Großhartmannsdorf) den Gruben auf dem Hohbirker Gangzug bei → Freiberg zugeleitet. An einem Lichtloch (Hilfsschacht) der Müdisdorfer Rösche im Freiwald steht das »Röschenhaus«, das Wohnhaus des Röschensteigers, ein Fachwerkhaus wohl aus dem 18. Jh. *OW*

## Mühlhausen (Unstrut-Hainich-Kreis/G 1) TH

*Der seit 967 urkundlich bezeugte Ortsname für die wahrscheinlich aus karolingischem Wirtschaftshof, ottonischer Pfalz und Marktorten an Wegegabelungen unweit der Furten durch die Unstrut bei der Kilianskirche (heutiger Bau um 1350 am östlichen Rand der Kernstadt) und bei der Blasiuskirche (ersterwähnt 1227, jetziges Gebäude ab 1270, am südlichen Rande der Kernstadt) entstandene, seit 1180 als Stadt (»Unterstadt« um St. Blasius, »Oberstadt«, nördlich um St. Marien, mit auf die Grenze gesetztem Rathaus) erkennbare Siedlung läßt auf ihren wirtschafts- und technikgeschichtlich bedeutsamen Ursprung schließen; das seit dem 15. Jh. nachgewiesene Stadtwappen zeigt im unteren Teil eine silberne Mühlhaue auf goldenem Grund, im oberen Teil den Reichsadler: Mühlhausen war bis in die jüngste Zeit ein von Wassermühlen und von dem bis 1806 bestehenden Status einer Freien Reichsstadt geprägter Wirtschafts- und politischer Faktor in Deutschlands Mitte. Der reichsfreie Status wurde durch ein früh selbstbewußt gewordenes Bürgertum gegen lokale und regionale feudale Bindungen erstritten (1256 völlige Zerstörung der Stadtburg), die Wirtschaftskraft vornehmlich aus dem Textilgewerbe, dem Handel mit textilen Erzeugnissen (Mitglied der Hanse seit 1418), später aus dem Verlagssystem in nördlichen Regionen ansässiger Heimwerker (Mühlhausen als »Tor des Eichsfeldes«) erworben. Der Verlust der Reichsfreiheit 1802 und die Einverleibung in den preußischen Staat als kommerzielles Nebenzentrum 1815 waren der industriellen Entfaltung dann wenig förderlich. Die historische und geographische Lagegunst wurde mißachtet, als die örtlichen Wirtschaftskräfte, namentlich die Inhaber des Fuhrgewerbes, sich gegen den Anschluß an das thüringische Eisenbahnnetz sperrten: Mühlhausen erhielt Eisenbahnanschluß – nachdem die Streckenführung*

*Halle–Kassel über diese Stadt erfolgreich abgewehrt worden war – erst 1870. (Nebenstrecke Gotha–Leinefelde; 1897 Abzweig nach Ebeleben, 1911 nach Treffurt). Die verkehrsgeographische Schattenlage aber hat wesentlich dazu beigetragen, daß hier ein höchst attraktives, stadtgestalterisch, aber auch technikgeschichtlich noch mittelalterlich geprägtes Stadtbild erhalten geblieben ist. – Wesentliche Voraussetzungen für die einstige wirtschaftliche Prosperität waren aufwendige wasserbautechnische Vorkehrungen.*

**Mühlgraben.** Wohl schon im 8. Jh. bei der »Fränkischen Kolonisation« für das Betreiben von Getreidemühlen angelegter Bachlauf, nördlich der jetzigen Kernstadt von der Unstrut abgezweigt, nach 1,2 km ihr wieder zugeführt; in Resten noch erkennbar. Auf der so entstandenen Mühleninsel bisher ältestes Siedlungsgebiet archäologisch nachgewiesen: »Altenmühlhausen«, älter als der Mühlgraben selbst (6. Jh.). An diesem im rezenten Bestand bzw. im Archivgut 4 Mühlenstandorte verblieben oder nachweisbar: *Feldmühle,* verfallene Industriemühle aus dem 19. Jh.; *Burgmühle,* nur noch Wohnhaus, *Kreuzmühle,* 1900 errichtetes fünfgesch. Ziegelgebäude mit Staffelgiebel, mit komplettem mühlentechnischen Inventar, betriebsfähig, jedoch nicht mehr mit Wasserkraft; *Klingenmühle,* ohne bauliche Reste. – **Popperöder Bach und Brunnenhaus Popperode.** Natürliches Gewässer, das technikgeschichtliches Interesse durch seine Quellfassung, 6 km westlich der Kernstadt, durch seine Mühlenstandorte und durch seine Fortsetzung als »Schwemmnotte« innerhalb des städtischen Weichbildes verdient. Die architektonisch anspruchsvoll gestaltete Überbauung der Karstquelle erfolgte in Form eines griechischen Theaters, dessen »Bühnenhaus« eine offene Bogenhalle, darüber ein Fachwerkgeschoß mit reich gegliederten steilen Verdachungen, bekrönt von oktogonalem Turm mit geschweifter Haube, darstellt. Gebäudekern noch aus dem 17. Jh. (inschriftlich 1614), überformt im 18. und 19. Jh., zuletzt für memoriale und museale Zwecke (Dokumentationen zum seit 1605 nachweisbaren Brunnenfest, zur Geologie der Erdfallquellen, zur Mühlhäuser Wasserwirtschaft). – Noch 5 Mühlenstandorte sind in ihren Überbauungen erkennbar geblieben: *Obermühle* (Müller-Wohnhaus und Gefällestufe), *Mittelmühle* (Müllerhof mit Scheune), *Rotlöwenmühle* (Müller-Wohnhaus), *Kettenmühle* und *Weidenmühle* (diese nur noch mit dem Namen der Folgebauten). – **Schwemmnotte.** Künstliche Fortsetzung des Popperöder Baches zum Mühlgraben innerhalb des mittelalterlichen städtischen Weichbildes bei Verfüllung des natürlichen Ablaufes zur Unstrut sowie eines Abzweiges südlich der Kernstadt im Zusammenhang mit der im 12./13. Jh. erfolgten Gründung der »Unterstadt« um die St.-Blasius-Kirche. Diese Grenzmarkierung zur »Oberstadt« wurde zur Verklammerung der Stadtteile im 13. Jh. mit dem gemeinsamen Rathaus überbaut. Triebwasserquelle für 5 Mühlen innerhalb der Stadtmauern und eine in der südwestlich gelegenen Nikolai-Vorstadt; heute noch ein weitgehend offenes, wasserführendes Gerinne (hinter der Kornmarktkirche, an der Linsenstraße, in der »Auf dem Damm« genannten Gasse). – **Breitsülze.** Künstlicher, weitgehend außerhalb der Kernstadt noch wasserführender Graben, gespeist von einer 3,5 km nordwestlich von ihr schüttenden Erdfallquelle; folgt in mäanderartigen Windungen den Taleinschnitten, unterquert mit bemerkenswertem Wasserbauwerk den Pfaffenröder Steingraben, unterquerte früher auch den Bach des Johannistales (in das sein Wasser heute in die Unstrut fließt), gelangte auf der durch Kopfweiden sichtbaren Trasse durch das Äußere Frauentor ins mittelalterliche Stadtgebiet, wo er 2 Mühlen trieb (Blobach- und Antoniusmühle, 1323 gen., in Nachfolgebauten erkennbar geblieben) und mündete nach Verzweigungen in der »Oberstadt« in den Mühlgraben. Deren Ausbau seit dem 12. Jh. gab den Anlaß für das aufwendige, 1282 (nach anderen Geschichtsquellen 1292) verwirklichte Grabenprojekt.

**Bahnhof.** Der relativ späte Anschluß Mühlhausens an das deutsche Eisenbahnnetz (1870) hat hier einen Bahnhof entstehen lassen, der so alt nicht war, daß er schon frühzeitig wieder hätte ersetzt werden müssen, andererseits so »modern« – mit strahlenförmig sich ausweitendem Vorplatz – angelegt worden ist, daß er gegenwärtigen Ansprüchen noch genügt. Am meisten bemerkenswert das *Empfangsgebäude* in Seitenlage: ein symmetrischer langrechteckiger, zweigesch. Baukörper mit dekorierenden Friesen und einer Öffnungsstruktur im sogenannten Rundbogenstil. *HW*

Lit.: Mühlen, 238, 244, 247; Wirth, 1990, 259f.

## Müncheberg (Märkisch-Oderland/D 5) BG

**Dampfmahlmühle** (Stadtzentrum). Die mit Dampfkraft arbeitende Mühle wurde um die Jahrhundertwende in Betrieb genommen. Von der Kraftzentrale ist nur noch ein Teil des Schornsteins erhalten. Im *Mühlengebäude,* einem viergesch. Putzbau mit flachem Satteldach, sind nur noch wenige Teile der ehedem umfangreichen Verarbeitungstechnik erhalten. Unmittelbar an das Mühlengebäude schließt ein zweieinhalbgesch. Lagergebäude an. Seine Förder-, Verteil- und Lagertechnik ist verloren. Nach Ende des 2. Weltkrieges wurde als Antriebsaggregat ein stehender *Vierzylinder-Dieselmotor* eingesetzt. Seiner Konstruktion nach ist er als Antriebsaggregat für ein Schiff gebaut worden. Nach teilweiser Behebung der im 2. Weltkrieg entstandenen Schäden wurde die Mühle bis in die 60er Jahre, zuletzt nur noch zum Schroten von Futtergetreide betrieben. *WT*

## Münchehofe (Dahme-Spreewald/D 5) BG

**Wehr und Schleuse »Hermsdorfer Mühle«.** Wehr und Schleuse sind Teil einer im Zusammenhang mit dem Bau des Dahme-Umflut-Kanals bei Königs Wusterhausen 1908–10 errichteten Staufstufe. Das betonierte Wehr mit 2 Durchflußöffnungen, verschlossen von eisernen Rollschützen (1965 elektrifiziert), besitzt als Grundablaß einen hölzernen Schütz, der über Zahnstange und Gewindeaufzugsvorrichtung gehoben bzw. gesenkt wird. Das als Kammerschleuse ausgeführte Bauwerk hat eine Länge von 36,5 m und eine Breite von 5,34 m und ist mit Ausnahme der linken als hölzerne Spundwand ausgeführten Kammerseite als Betonbauwerk errichtet. Die Häupter der Schleuse sind durch hölzerne Stemmtore verschlossen. Gleichzeitig mit der Wehranlage wurde auch die Schleuse mit elektr. Antrieben ausgerüstet, die Bedienung erfolgt von einem Schleusenwärterhäuschen aus. *WT*

## Mulda (Freiberg/G 5) FS

Das von Ernst Wilhelm Schönlebe aus Randeck 1880 gegründete, die Kraft der Freiberger Mulde nutzende **Sägewerk** (Hauptstraße 91) birgt hinter den Fassaden der ortsüblich ländlichen Bauweise einen interessanten maschinellen Bestand: Von der Erstausstattung 1880 erhalten sind ein Einfachsägegatter, das bereits 1913 in den Holzschuppen umgesetzt wurde, von 1900 die 1905 installierte, mit Heißdampf betriebene liegende Einzylinder-Dampfmaschine (25 PS) der Roßweiner Maschinenfabrik, 2 Sägegatter der Zeit zwischen 1910 und 1936 und diverse Holzbearbeitungsmaschinen. *VR*

Lit.: Bauten der Technik und Industrie, 262.

## Muldenstein (Bitterfeld/F 3) SA

Wohl inspiriert durch die auf der Internationalen Elektrotechnischen Ausstellung zu Frankfurt a. M. 1891 gesammelten Erkenntnisse begannen erste Überlegungen von Staats- und Privatbahngesellschaften zur Elektrifizierung der Eisenbahn, die erstmals 1894 durch die Preuß. Staatsbahnen im Rangierbetrieb der Hauptwerkstatt Potsdam realisiert, im folgenden Jahrzehnt in vielen Versuchsstrecken reichsweit ausprobiert wurde. Mit den gewonnenen Erfahrungen planten die Preuß.-Hess. Staatsbahnen den elektrischen Betrieb auf 287 Streckenkilometern zwischen Magdeburg und Halle mit Einbindung von Dessau, Bitterfeld und Leipzig. Nach Genehmigung durch den Landtag 1909 begannen am 18. 1. 1910 die Arbeiten am **Bahnkraftwerk** Muldenstein (Ortsteil von Friedersdorf) als Energielieferant vorerst für die Versuchsstrecke Bitterfeld–Dessau, auf der bereits auf den Tag genau ein Jahr später die erste E-Lok fahren konnte. Ab der 2. Jahreshälfte 1911 erhielt nach erfolgreichem Versuchsbetrieb das Kraftwerk mit Brücken für die Kohlengleise, Maschinen- und Schalthaus, Kesselhaus mit drei 103,6 m hohen Schornsteinen, Wohlfahrtsgebäude sowie Beamten- und Arbeiterwohnhäusern seine endgültige Gestalt. Ab Kriegsausbruch 1914 diente das Kraftwerk zur Stickstoffherstellung, 1921 wurde es als Stromerzeuger für den Bahnbetrieb reaktiviert, danach permanent mit der maschinellen Ausstattung dem Bedarf des sich erweiternden Elektrifizierungsprogramms der Reichsbahn angepaßt, ab 1946 demontiert. 1955 erneut als Kraftwerk mit zeitgemäßen Maschinensätzen in Betrieb gegangen; 1994 stillgelegt. Die Ursprungsbauten von 1911 mit imposanter Silhouette nordwestl. des Muldestausees. Die technische Ausstattung des

*Nauen. Maschinenhaus*

Braunkohlekraftwerks stammt hauptsächlich aus der Reaktivierung von 1952–55, wenige Aggregate von 1938–41. *VR*

Lit.: Graßmann.

## Nauen (Havelland/D 4) BG

● **Maschinenhaus** der Großstation Nauen (Graf-Arco-Straße). Das von Hermann Muthesius, dem Mitbegründer des Deutschen Werkbundes, projektierte und ausgeführte Bauwerk wurde am 29. 9. 1920 als Sendestelle für den Überseeverkehr in Betrieb genommen. Der hochragende Klinkerbau, Muster eines Baues für technische Großzwecke, ist bis auf eine Plastik im Giebeldreieck, welche die Raumüberwindung versinnbildlicht, schmucklos gestaltet. Über dem Hauptportal ist die Inschrift »Drahtloser Übersee-Verkehr« in großen Lettern angebracht. Ein mächtiges Fenster betont die Hauptfassade. Die intensive Farbigkeit des Klinkermauerwerks verleiht dem monumentalen Bauwerk einen eigenartigen Reiz. Das über kreuzförmigem Grundriß errichtete Gebäude bedeckt eine Fläche von 1450 m$^2$. Im Sendesaal des Hauptgebäudes standen Hochfrequenzmaschinen, im Hauptmaschinensaal Gleichstromgeneratoren und riesige Drosselspulen. In den Flügelbauten befanden sich Tonfunkenstation und Telegrafierbetrieb. Ein vor dem Hauptportal liegender großer Schmuckteich enthielt ehedem das Kühlwasser für die Sendeanlagen. *WT*

## Naumburg (Burgenlandkreis/G 3) SA

**Bahnhof.** Die Stadt erhielt mit Eröffnung der Strecke Weißenfels–Weimar (19. 12. 1846, Thüringische Eisenbahn) ein repräsentatives spätklassizistisches *Empfangsgebäude,* an das nach mehreren Umbauten lediglich noch die Baumassenverteilung erinnert. Auf dem Bahnhof Lokschuppen und Wasserturm mit Backsteinschaft für einen Flachbodenbehälter der Jahrhundertwende.

### N.-Almrich

**Wassermühle** von 1803; in der Mahlmühle Turbine und Walzenstuhl, in der Sägemühle Zuppingerrad und Horizontalsägegatter erhalten.

### N.-Flemmingen

Die 1879 erbaute **Turmholländerwindmühle** (Galerie abgängig) ist die einzige Windmühle

Ostdeutschlands mit 5 Flügeln (z. Z. Kunststoffattrappen).

N.-Schellsitz

1991–92 zur Schauanlage restaurierte **Bockwindmühle,** datiert »Joh. Fridr. Aug. Richter – 1801«, mit Triebwerk, Mahlgang und Walzenstuhl. *VR*

Lit.: Mühlen, 232; Schmidt/Theile I, 212.

## Naunhof (Muldentalkreis/F 4) FS

**Bahnhof.** Jahrzehnte nach der Eröffnung der 1. Fernbahnstrecke Deutschlands (8. 4. 1839) erschloß die Leipzig-Dresdener Eisenbahn zwischen 1866 und 1868 vom Abzweig der Hauptstrecke in Borsdorf über Grimma, Leisnig, Döbeln, Nossen und Meißen die Industrieansiedlungen in den Tälern der Mulde, der Freiberger Mulde und der Triebisch. Mehr als 20 Jahre mußte die Station N. nach der Aufnahme des Bahnverkehrs Borsdorf–Grimma (14. 5. 1866) mit einem provisorischen Gebäude auskommen. Erst die Kgl.-Sächsischen Staatsbahnen, Eigentümerin seit dem 1. 1. 1876, stattete in den 1880er Jahren die kleinen Stationen mit dauerhaften, meist noch erhaltenen dreiteiligen Typenbauten in spätklassizistischer Rundbogenarchitektur aus. Giebelständig zum Gleis in N., die großzügig verglaste eingesch. *Eingangshalle* beidseitig fassend, das eingesch. *Betriebsgebäude* mit Stationsvorstand, Billettverkauf und Telegraf sowie das zweigesch. *Restaurationsgebäude* mit Wartesaal und Beamtenwohnung im OG geplant 1885, fertiggestellt 1886–87; die ebenso qualitätvolle Wasserstation 1976 gesprengt. *VR*

Lit.: Berger, 96.

## Netzschkau (Vogtlandkreis/H 3) FS

**»Göltzschtalbrücke«** der Sächsisch-Bayrischen Eisenbahn Leipzig–Hof. Die von Johann Andreas Schubert projektierte und von Oberingenieur Robert Wilke und Ingenieur F. Dost 1846–51 (mit Unterbrechungen) erbaute Brücke war zusammen mit der Elstertalbrücke (→ Jocketa) das problematischste Teilstück beim Bau der Bahnstrecke. Die 574 m lange, 78 m hohe Brücke besteht aus 4 Etagen mit 10, 13, 22 und 28 Rund- bzw. Stichbogen in Naturwerkstein- und Ziegelmauerwerk. Das Mittelstück mit nur 2 viel größeren, je 30,9 m weiten Bogen übereinander war nicht so vorgesehen. Die urspr. geplante Ausführung in vier Etagen mit durchweg gleichen Bogen war nicht realisierbar, da für den vorgesehenen Pfeiler in Brückenmitte wegen alten Bergbaus auch in großer Tiefe kein fester Baugrund zu finden war. Man entschloß sich daher, den Mittelteil mit den weit gespannten Gewölbebögen zu

*Netzschkau. Göltzschtalbrücke*

überspannen, die heute das architektonische Bild der Brücke bestimmen. *OW*

Lit.: Beyer.

## Neubukow (Bad Doberan/B 3) MV

Auf dem Mühlberg (nördl. Ortsrand) ein **Galerieholländer** von 1910 mit oktogonalem Sockelgeschoß in Backstein; Mühlenkörper und Haube verschindelt. Die 1981 – einschl. der seit 1937 die Jalousieflügel ersetzenden Ventikanten – restaurierte Windkraftanlage (Flügel und Windrose) sowie die techn. Einrichtung in funktionsfähigem Zustand. *VR*

Lit.: Mühlen, 188; Die Bau- und Kunstdenkmale in der mecklenburgischen Küstenregion, 281; Schmidt/Theile I, 216; Wirth, 1990, 262 ff.

## Neuendorf-Plogshagen, Insel Hiddensee (Rügen/A 4) MV

Einen ersten **Leuchtturm** (H 28 m) erhielt die Insel Hiddensee 1888 auf ihrem 72 m den Meeresspiegel überragenden Nordende, dem »Dornbusch«. Der urspr. zweifarbig verblendete konische Schaft über polygonalem Sockelgeschoß in Formen der Neoromanik verschwand 1927 unter einem Stützkorsett aus Beton, das den Turm mit seinen durch Bodensenkung hervorgerufenen Rissen stabilisieren sollte. Ebenfalls nach Westen hin orientiert sich der 1906 auf dem Gellen südlich von Hiddensee-Neuendorf in gänzlich anderer Bauweise errichtete Leuchtturm: Ein geschoßhoher Feldsteinsockel trägt einen gedrungenen zylindrischen, in 3 Reihen aus konvexen Blechen genieteten Schaft mit über Konsolen auskragender Galerie als Umgang für die Laterne, deren sechsfach gefalztes Kegeldach wiederum von einer Galerie anstelle eines Traufgesimses umfaßt wird. *VR*

Lit.: Zemke, 164; Vorpommersche Küstenregion, 547.

## Neugersdorf (Löbau-Zittau/G 6) FS

Seit der Ortsgründung 1657 beschäftigten sich die Einwohner mit der Leinenweberei. Nach der Einführung der Baumwollverarbeitung entwikkelte sich das Dorf im ausgehenden 19. Jh. zum Zentrum der **mechan. Baumwollweberei** der Oberlausitz. – 1834 erweiterte Carl Gottlieb Hoffmann in einem bereits 1809 erworbenen Gebäude seine Faktorei um einige Handwebstühle, ersetzt 1855 durch mechan., von der ersten in der Lausitz installierten *Dampfmaschine* angetriebene Webstühle. 1922 umfirmiert in C. G. Hoffmann AG, nach dem 2. Weltkrieg Volkseigentum, ab 1957 Teil des VEB Textilkombinats Zittau, ab 1991 von der Lautex GmbH verwaltet. Die wesentlichen Gebäude aus den 1870–90er Jahren als renaissancistische Backsteinrohbauten (Thälmannstraße 38) errichtet. – Mit ähnlicher Geschichte die **Buntweberei und Färberei Johann Gottlieb Klippel** (Liebknechtstraße 1–3): Ausweitung des Verlagsgeschäftes 1849 durch Aufstellung von Handwebstühlen, 1870 Fabrikneubau für mech. Buntwebstühle, Expansion in den 1890er Jahren, 1972 Zwangsenteignung, Stillegung 1980. Am Bug des trapezförmigen Fabrikkomplexes der zweifarbige Backsteinrohbau des *Verwaltungsgebäudes* (1900) in Formen der deutschen Renaissance, daran anschließend zwei- bis dreigesch., die Grundstücksgrenzen markierende Fabrikbauten (um 1890), die hofseitig ein an mittelalterliche italienische Geschlechtertürme erinnernder Treppenturm mit diagonal verschobenen Rundbogenfenstern, rundbogigem Konsolgesims unter ausladendem Dach akzentuiert. Eingelagert interessante *Textilmaschinen.* – Einfacher gestaltet die Bauten der 1866 von Christian Gottlieb Rudolph als Verlagsgeschäft für Flanelltuche gegründeten, nach der Jahrhundertmitte zur Weberei und Färberei ausgebauten Firma (Seifhennersdorfer Straße 3): Verwaltungs- und Wohngebäude (1910) mit prägnanter Toreinfahrt, die ehem. Färberei, ein Backsteinbau der ehem. Färberei (um 1866), und verputzt die viergesch. Weberei (1890–91). *VR*

Lit.: Bauten der Technik und Industrie, 152, 155, 159.

## Neuhausen (Freiberg/G 5) FS

**Kunstgräben und Röschen.** Das um 1550 begonnene System der Kunstgräben und Röschen (→ Großhartmannsdorf) wurde im Lauf von etwa 330 Jahren immer weiter gebirgswärts verlängert. So hat man von 1826 bis 1859 Kunstgräben und Röschen am Nordhang des Flöhatales vom Mörtelgrund über Neuhausen bis Neuwernsdorf angelegt, und zwar so, daß in den zur Flöha gerichteten Nebentälern kurze Kunstgrabenstücke liegen und die Höhenrücken dazwischen mit Röschen durchörtert wurden. An beiden Enden der Röschen findet man Mundlöcher in elliptischer Bruchsteinmauerung. Die Flöha selbst erreichte man mit dem Kunstgraben 1859, doch dauerte es wegen Wasserrechtsprozessen mit den dortigen Gewerbebetrieben bis etwa 1885, bis der Bergbau der Flöha Wasser in bestimmtem Maße entnehmen durfte. Der dafür konstruierte »Neuwernsdorfer Wasserteiler« ist im Stauraum der 1968 erbauten Rauschenbachtalsperre verschwunden. Doch liefert diese auch heute noch über das Kunstgrabensystem Wasser nach Freiberg. *OW*

Lit.: Wagenbreth/Wächtler, 1986, 248, 352.

## Neu Kaliß (Ludwigslust/C 2) MV

Die Straßenverbindung zwischen den beiderseits der Müritz-Elde-Wasserstraße gelegenen Ortsteile unterbricht nahe der Schleuse nach Bedarf auf 5,3 m Breite eine der für den Norden typischen **Klappbrücken** mit einseitigem torartigen Pylon, auf dem der Waagebalken gelagert ist. Die Eisenfachwerkkonstruktion von 1930 ersetzte einen verm. hölzernen Vorgängerbau. – Neben der Klappbrücke der sechsgesch. Backsteinrohbau des gleichzeitig mit der Industriemühle 1854 mit Lagerböden errichteten, 1925 mit Holzsilos ausgestatteten **Speichers.** In der Nachbarschaft die Fabrikantenvilla und 2 Arbeiterwohnhäuser. *VR*

Lit.: Wirth, 1990, 264; Mühlen, 192.

## Neukirchen (Leipziger Land/G 4) FS

**Brikettfabrik,** erbaut 1911. Erhalten ist nicht die technische Einrichtung, wohl aber die typische Industriearchitektur, die außerdem eine landschaftliche Dominante am Südostrand des nordwestsächsischen Braunkohlenreviers und an der Fernverkehrsstraße Leipzig–Chemnitz bildet. Der Schornstein mit Wasserbehälter überragt den Naßdienst (Braunkohlenaufbereitung), das Ofenhaus mit den 5 Wrasenschloten (Trocknung der Braunkohle), das Pressenhaus und den Rest des Kesselhauses. Alle Bauwerke sind aus unverputztem Ziegelmauerwerk (bzw. Klinkern) aufgeführt. *OW*

*Neustadt/Dosse. Gaswerk*

## Neustadt/Dosse BG (Ostprignitz-Ruppin/D 3)

Das im spätklassizistischen Stil errichtete **Bahnhofsempfangsgebäude** entstand in seiner jetzigen Form erst nach der 1874 vorgenommenen Erweiterung des urspr. nur fünfachsigen Gebäudes. Architekt war Friedrich Neuhaus, der auch das Empfangsgebäude des Hamburger Bahnhofs in Berlin entwarf. Der zweigesch. rustizierte Putzbau wird von 2 symmetrisch angeordneten Risaliten betont. Breite Ziergesimse und Schmuckrosetten trennen die Geschosse. Ein Konsolgesims stützt das mäßig vorspringende Walmdach. Die Strecke Berlin–Hamburg wurde 1845 in Betrieb genommen, der Bahnhof am 15. 10. 1846 eröffnet. – **Gaswerk** (Havelberger Straße 44). Das 1903 in Betrieb genommene (1980 stillgelegte) Gaswerk ist mit seiner technischen Ausstattung eine der selten erhaltenen Gaserzeugungsanlagen der Jahrhundertwende. Zum Gaswerk gehören das Ofengebäude mit seinen 2 Horizontalretortenöfen, der Uhren- und Apparateraum, die Schwefelreinigungsanlage, der Teergrubenanbau und ein (1962 aufgestockter) Glockengasbehälter im Stahlfachwerk-Führungsgerüst. Zunächst wurde das aus Steinkohle erzeugte Gas zur Beleuchtung der umliegenden Wohn- und Geschäftshäuser verwendet, erst nach einer Netzerweiterung auch in den Haushalten zum Kochen verwendet. Die Produktionsgebäude und das Angestelltenwohnhaus sind zweigesch. aus Backstein errichtete Bauten mit einfachen Schmuckelementen an Giebel und Traufe sowie den Fenstereinfassungen. *WT*

## Neustadt/Harz (Nordhausen/F 2) TH

**Talsperre.** Im Langen Tal 1904/05 errichtete Schwergewichtsmauer für die Trinkwasserversorgung von Nordhausen (über eine 11 km lange Rohrfahrt), ein etwa 20 m hohes, an der Luftseite mit rustiziertem Natursteinmauerwerk verkleidetes Bauwerk, im Kern aus Stampfbeton. Wasserseitig 2 Kontroll- und Entnahme-Türme mit Zeltdachbekrönungen, dazwischen die Überlaufschlitze; am Talhang das Überlauf-Sturzgerinne. Älteste Trinkwassertalsperre Thüringens. *HW*

## Neustadt/Orla (Saale-Orla-Kreis/G 3) TH

**Seifensiederei.** Bis 1990, als letzte in Deutschland handwerklich betriebene Produktionsstätte von (»weißer«, im Gegensatz zur älteren »grünen«) Kern- und Schmierseife durch Verkochen von tierischen und pflanzlichen Fetten mit Natron- bzw. Kalilauge. Gegründet 1840 auf der technologischen Basis von erstmals in Deutschland seit jenem Jahre aus → Schönebeck geliefertem Soda, hat sich hier das technische Inventar weitgehend aus der Entstehungszeit erhalten, selbst ein gußeiserner *Schmelzkessel,* obwohl er durch einen holzumkleideten Stahlkessel von 1912 ersetzt wurde, ferner der Bügelschneider (zum Formatieren der Rohseife), die Spindelpresse zum Einprägen des Firmenzeichens in das Fertigprodukt sowie Gerätschaften für das im Nebengewerbe betriebene Kerzenziehen. Die Werkstatt ist seit ihrer Stillegung Privatmuseum der einstigen Betreiberfamilie. *HW*

Lit.: Wirth, 1990, 266.

## Niederau (Meißen-Radebeul/G 5) FS

Der an der am 7. 4. 1839 eröffneten Fernbahnstrecke Leipzig–Dresden am 15. 5. 1842 als Ersatz für die Station Oberau in Betrieb genommene **Bahnhof** gehört zu den ältesten erhaltenen in Deutschland (1840: Augsburg, Schladen, Vienenburg), jedoch hat die Funktion der Gebäude mehrfach gewechselt. Die Erstanlage bestand aus einem Restaurationsgebäude, dem »Personeneinsteigschuppen« und der zusammen mit einigen Nebengebäuden bereits 1860 wieder abgebrochenen Wasserstation. Das zu den Gleisen traufständige zweigesch., beidseitig durch Risalite zentrierte Restaurationsgebäude mit Wartesälen im EG und einem großen Saal im OG erhielt 1877 neue Aufgaben durch die Aufteilung des Saales in Wohnungen und Aufnahme der Abfertigung im EG (nach Einstellung der Bewirtschaftung 1950 nur noch Empfangs- und Wohngebäude). Eine Besonderheit stellte das zum Gleis hin

*Niederau. Bahnhof*

giebelständige *Empfangsgebäude* dar, nahm es doch urspr., an beiden Giebelseiten offen, die über eine Drehscheibe um 90° rechtwinklig zum Gleis gedrehten Wagen mit Reisenden aus dem Großraum Meißen auf. 1862 wurde das umständliche Verfahren aufgegeben, die Giebelwände geschlossen und durch Einzug einer Zwischendecke die Diensträume auf den Galerien über den Perrons durch Wohnungen im nun entstandenen Dachgeschoß ersetzt. Gleichzeitig erhielten die Fachwerkobergeschosse eine senkr. Verbretterung. 1910 wechselte die gesamte Abfertigung in das Restaurationsgebäude, das Empfangsgebäude nahm die Güterabfertigung auf (1964 geschlossen). Ein 1907 errichtetes Stellwerk verbindet seit der Erweiterung 1923 beide Bauteile. Nach Abschluß der 1984 begonnenen Restaurierungsarbeiten zeigt sich das Ensemble – mit verglaster ehem. Einfahrtsöffnung – im Erscheinungsbild der 1920er Jahre. *VR*

Lit.: Hesse, 575.

## Niederbobritzsch (Freiberg/G 5) FS

**Viadukt.** Seit der Eröffnung des 2. Teilstücks der Strecke Dresden–Freiberg am 11. 8. 1862 (Sächs. Staatsbahn; den 1. Bauabschnitt Dresden–Tharand gab die Albertbahn bereits am 28. 6. 1855 frei) überfährt die Eisenbahn das Bobritzschtal in 26 m Höhe auf einem neunbogigen, 1860–62 aus Naturstein gemauerten Viadukt. *VR*

Lit.: Wirth, 1990, 267.

## Niederfinow (Barnim/D 5) BG

**Schiffshebewerk** (östlich Eberswalde, zwischen Liepe und Niederfinow). Das Schiffshebewerk im Oder-Havel-Kanal wurde 1927–34 nach Entwürfen der Reichswasserstraßen-Verwaltung gebaut. Damals gehörte es zu den größten der Welt. Es ersetzte die ehem. → Schleusentreppe in unmittelbarer Nähe. Der Kanal war als Querverbindung von der Havel (ab Berlin) bis zur Oder bei Hohensaaten für Schiffe mit einer Tragfähigkeit bis zu 1000 t gebaut. Die gesamte Anlage besteht aus dem *Oberhafen* mit Abschluß- und Sicherheitstor, der *Kanalbrücke* vom Oberhafen zum Hebewerk, dem *Hebewerksgerüst* samt Trog und Fördervorrichtung sowie dem *Unterhafen.* Der 1200 m lange Oberhafen bietet Liegeplätze für vier nebeneinander liegende Schiffe und ermöglicht gleichzeitig die Durchfahrt. Der ungünstige Baugrund machte den Bau einer Verbindungsbrücke vom Oberhafen zum

*Niederfinow. Schiffshebewerk*

Hebewerk erforderlich. Diese Kanalbrücke in 36 m Höhe ist eine Stahlfachwerkkonstruktion von 156 m Länge und 34 m Breite. Das etwa 60 m hohe, 94 m lange und 27 m breite Hebewerksgerüst enthält den 85 m langen und 12 m breiten Trog, in dem die Schiffe schwimmend gehoben bzw. gesenkt werden. Sein Gewicht einschl. Wasser beträgt 4200 t. Er hängt an 256 Drahtseilen, an deren anderem Ende befestigte Gegengewichte den Gewichtsausgleich herstellen. Der Antrieb zur Trogbewegung erfolgt über nur 4 Elektromotoren mit geringer Leistung (je 54 kW). Durch die Wasserverdrängung verändert sich das Troggewicht nicht, und es müssen nur geringe Kräfte, wie Seilreibung und Trägheitskräfte, überwunden werden. Das Gewicht der wandernden Seillast, das bis auf 90 t ansteigt, wird durch Ketten ausgeglichen. Der ebenfalls vierschiffig ausgebaute Unterhafen liegt 36 m tiefer. Die Überwindung dieses Höhenunterschiedes erfolgt in 5 Minuten. Die Gesamtzeit von der Einfahrt bis zur Ausfahrt beträgt etwa 20 Minuten. – **Schleusentreppe** (südlich des Schiffshebewerkes). Die als Vier-Kammer-Schleuse ausgeführte Schleusentreppe wurde am 17. 6. 1914 in Betrieb genommen und nach 1934 nur noch in der Zeit der Wartungsarbeiten an der sehr anfälligen Kanalbrücke des Schiffshebewerkes genutzt. Stillgelegt wurde sie erst 1972. Die Schleusentreppe besteht aus 4 hintereinander liegenden Schleusenkammern von je 67 m Länge. In jeder Kammer wird ein Gefälle von 9 m überwunden. Die Schleusentreppe hat eine Gesamtlänge von 1400 m. Um beim ständigen Schleusen möglichst wenig Wasser abfließen zu lassen, verfügt jede Kammer über Sparbecken. Damit konnte die Zeit für jeden Füll- oder Schleusungsvorgang erheblich verringert werden. Jede Kammer hat 2 Paar stählerne Stemmtore, die elektrisch angetrieben wurden. Falls notwendig, zog eine am Ufer fahrende Treidellokomotive die Schiffe durch die Schleuse. Eine Kammer ist nahezu vollständig, die anderen drei sind ruinös erhalten. *WT*

## **Niedersachswerfen** (Nordhausen/F 2) TH

**Kohnstein.** Von Grubenbauen durchfurchte, etwa 100 m hohe und 2,5 km sich nordwestlich-südöstlich erstreckende, großenteils bewaldete Anhydrit- bzw. Gipsklippe im südlichen Vorharzgebiet; 1943–45 größte und technisch am weitesten gediehene Fertigungsstätte der Welt für bodengesteuerte Raketengeschosse, Initialort der Weltraum-Flugtechnik. Untertägige, bombensichere Einrichtung der Werksanlagen und Produktion bzw. Endmontage ferngelenkter Sprengkörper (»V1«, »Taifun«), für Düsenflugzeuge verwendeter Strahlbetriebswerke und 14,026 m langer Fernraketen (»A4«; »V2« – »A« bedeutet »Aggregat«, »V« »Vergeltungswaffe«, anfangs »Versuchsgerät«) weitestgehend durch Gefangene unter unmenschlichen Bedingungen (»Vernichtung durch Arbeit«) und strengster Geheimhaltung; für Strafarbeiter gab es ein weiträumiges Konzentrationslager unter dem Tarnnamen »Dora« am Südhang, das bis 1944 Außenstelle des KZ Buchenwald bei Weimar war, danach ein eigenständiges Stammlager (»KL Mittelbau«) für weitere hier unterhaltene Produktions- und Baustellen (u. a. der unvollendet gebliebenen Eisenbahnstrecke Nordhausen–Richtung Herzberg a. Harz). – Den Kohnstein durchquerte nordsüdlich ein 1,8 km langer Tunnel (Montagestollen »B«; südliches Mundloch zugesprengt) mit zwei gegenläufigen Krümmen, parallel begleitet in 50 m Entfernung westlich von einem zweiten, 500 m langen (Stollen »C«), in 200 m Entfernung östlich von einem dritten (Fahrstollen, »A«, auf 1,9 km Länge geplant, von Norden und Süden angefahren, jedoch nicht durchschlägig), von welchem »Notstollen« und »Grenzstollen« nach Nordosten abzweigen. Zwischen Fahr- und Montagestollen lagen 45 innerhalb der beiden Krümmen mit Blindstollen untereinander verbundene Produktionshallen (von 50 geplanten). Im Inneren spärliche, meist trümmerhafte Reste: Werkzeuge, ein Stück Außenhaut der »V2«, Teile der »V1«. Vom Konzentrationslager die Zufahrtsstraße, Appellplatz (Gedenkstätte), Krematorium (Museum) erhalten. – Produktive Tätigkeit größeren Ausmaßes begann nach 1870 durch Anlage einiger Gips-Tagebrüche (→ Nordhausen, Gipswerk), 1917 für eine hiesige Gipsfabrik des Ammoniakwerkes Merseburg zur Erzeugung von Düngemitteln, alsbald für Sprengstoffe sowie aus zwei Stollen für die Gewinnung von Anhydrit für das Werk in → Leuna. Nach Beschluß, im Kohnstein das zentrale Öllager des Deutschen Reiches unterzubringen, begann 1936 der Ausbau des Stollensystems: 1937 erster Stollen (»B«) durchschlägig, 18 Querschläge vollendet und Installierung des ersten Tanks, bis 1943 erweitert für Treibstoffe (und chemische Kampfmittel) des Bedarfs von zwei Kriegsjahren. Durch Bombardements waren indessen die Versuchsstationen und Zulieferbetriebe für die Raketenwaffen (Peenemünde, Friedrichshafen und Wiener Neustadt) gefährdet bzw. bereits zerstört, deshalb 1943 Aus- und Umlagerung in den Kohnstein unter dem Tarnnamen »Mittelwerk« (Tanks und deren Inhalt gingen ins »Protektorat Böhmen und Mähren«). Hier waren, zunächst in untertägigen »Schlafstollen« unter katastrophalen hygienischen Bedingungen, Gefangene des KZ Buchenwald untergebracht. Im selben Jahr legte man das »KL Dora« an (1944: 32 532 Insassen). Am 1. 1. 1944 verließen die ersten drei Raketen den Tunnel »B« zum einsatzfähigen Test nach Falkensee bei Berlin (der übrigens mißglückte). Im April 1945 Deportation der Lagerinsassen, Vernichtung für die Auslieferung vorgesehener Raketen, Auslagerung sämtlicher Konstruktionsdokumentationen in ein Bergwerk bei Goslar; die US-Armee beschlagnahmte hochwertige Maschinenteile, auch die Dokumentationen. Der gemäß des Alliiertenabkommens im Sommer 1945 erfolgte Zugriff der sowjetischen Armee erfaßte nur einen kümmerlichen Rest, der jedoch ausreichte, um die (nicht mehr untertägig) rekonstruierte »V 2« erfolgreich zu testen. 1946 Deportation beteiligter deutscher Wissenschaftler und Abtransport aller Fertigteile nach Rußland. 1948 mißglückte Sprengung des gesamten Kohnsteins und Zusprengung der Stollenmünder, von denen zwei nördliche 1965/66 wieder geöffnet wurden, um Lagerräume für Obst und Gemüse zu schaffen. Im Tagebau des 1953–89 als »VEB Leuna-Werke« betriebenen Unternehmens wurde der Stollen »A« angeschnitten, dadurch die gesamte »unterirdische Stadt« zugänglich, jedoch (noch) nicht öffentlich. Das ehem. Konzentrationslager hat seit 1964 ein Denkmal und ist seit 1973 gestaltete Gedenkstätte. *HW*

Lit.: Bornemann.

## Niederschmalkalden TH
(Schmalkalden-Meiningen/G 1)

**Wassermühle.** Langgestrecktes Mühlengebäude, im EG massiv, weitgehend aus Ziegeln, in den beiden OG aus Holzfachwerk, unmittelbar an der Schmalkalde, deren Wasser – nach Schützenwehr und Rechen – als Mühlgraben 2 unterschiedlich große eiserne unterschlächtige Räder verschiedener Konstruktion (das größere mit 4,3 m Durchmesser und 1 m breit) betreibt, während der Hauptarm rechtwinklig über ein Streichwehr gelenkt wird. Die Mühle wurde laut Inschriftenstein 1794 errichtet (»J. M. H. 1794« – Johann M. Heß), 1920 neugebaut und ist seit der Gründung in Familienbesitz, zwischenzeitlich von je einem Familienzweig betrieben (»Obere« und »Untere Mühle«, daher die beiden Räder). Seit 1990 dient sie nur noch zum Schroten. *HW*

Lit.: Mühlen, 252, 376.

## Niederwiesa-Braunsdorf (Freiberg/G 4) FS

**Möbelstoffweberei Kurt Tannenhauer** (Inselsteig 16). Bereits 1830 stand hier an der Zschopau die Baumwollspinnerei von C. G. Vogelsang; 1831 waren 6456 Spindeln in Betrieb und 126 Arbeiter, davon 40 Kinder, beschäftigt. Später ist der stattliche sechsgesch. Fabrikbau, dessen oberste 3 Geschosse im hohen Mansarddach untergebracht waren, anders genutzt worden. 1910/11 wurde eine umfassende bauliche Erweiterung nach Plänen des Architekten Erwin Schäller eingeleitet. Eine Möbelstoffweberei produzierte bis 1990. Hinter der Fabrik ein langgestrecktes Trokkengebäude in Fachwerk und Reste einer terrassenförmigen Mauerung, der ehemalige Rahmenberg. *ST*

Lit.: Forberger; Wieck.

## Nienburg (Bernburg/E 3) SA

**Wasserturm** (Straße nach Staßfurt). 1902 (dat. über dem Portal beiderseits des Stadtwappens: »Erbaut 1902«) für die Versorgung der Stadt errichtet, dokumentiert der Turm in seiner bunten Stilmischung zwischen Neoromanik, Neurenaissance und Jugendstilansätzen das Ende des Historismus. Den konischen Schaft in Backsteinrohbau, unterbrochen von Putzflächen, gliedern über dem Sockel und den Schaft halbierend getreppte Backsteingesimse. Ein zweistufiges Konsolgesims leitet mit Bogen über in den zylindrischen Kopf, dessen aus weit auskragendem Traufgesims aufstrebendes Kegeldach 4 von Konsolen gestützte Gaupen durchbrechen. – In N.-Altenburg eine 1873 erbaute, 1988 stillgelegte **Turmholländer-Windmühle.** Von der techn. Ein-

richtung erhalten das antreibende Flügelkreuz, Waage, Schrotgang und Doppelelevator. *VR*
Lit.: Mühlen, 224.

## Nohra-Kinderode (Nordhausen/F 2) TH

**Stahlbetonbrücke.** In ihren Abmessungen bescheidene Weg-Überführung über die Wipper von etwa 1920 (li. W. 18,8 m, li. H. 2,6 m bei normalem Wasserstand) von bemerkenswerter Konstruktion: Ein 19,3 m langer und 7,25 m breiter Balken in der für Betonkonstruktionen ungewöhnlichen Form des Fischbauchträgers (die untere Gurtbegrenzung krümmt sich nach unten, der Obergurt ist gerade); dieser ist in bogenförmige Widerlager eingeschnitten, am Einschnitt (1 m vor dem Brückenpfeiler) 0,55 m, in Feldmitte 1,3 m hoch. *HW*

## Nordhausen (Nordhausen/F 2) TH

*Verkehrsgeorgraphisch wichtiger Ort im südlichen Vorharzgebiet, im 10. Jh. (920 »civitas«) königliche Pfalz (ab 934), später Bischofssitz (Basisstiftung 961), Stadt seit etwa 1180, Reichsstadt von 1220/77 bis 1802. Besonderes, überregional bedeutendes Wirtschaftsprofil erlangte Nordhausen durch die hier ansässige Genußmittelindustrie, die Produktion von Spirituosen sowie von Rauch- und Kautabak. Die Branntweinherstellung ist hier seit 1507 urkundlich bezeugt, anfangs ausschließlich, später vornehmlich durch Getreide- (neben Kartoffel-)Vergärung, seit dem späten 17. Jh. bereits mit mitteleuropäischer Marktbeherrschung (»Nordhäuser«). Tabakveredelungen, teils auf die im Thüringer Becken angebaute Pflanze, alsbald ausschließlich auf überseeische Importe gegründet, erlangten ab 1900 überregionale Bedeutung: Seeleute und Bauarbeiter, die nicht rauchen durften, kauten Nordhäuser Kautabak. – Kriegszerstörung und widersinnige Aufbaubegehren während bzw. nach dem 2. Weltkrieg haben der Stadt weitgehend die kulturelle Identität geraubt, den Ruf Nordhausens als überregional bedeutenden Produktionsort von Spirituosen und Tabakwaren aber nicht brechen können.*

**Kornbranntweinbrauerei.** Neuanlage des 1857 gegründeten Unternehmens, seit 1907/08 auf jetzigem Standort (Grimelallee) mit repräsentativer Jugendstil-Villa (Inschrift in der schmiedeeisernen Vorgartentür: »Haus Seidel / Grimel-Allee 11«) und von einer Nebengasse zugänglichem Gewerbehof. Bis 1972 im Familienbesitz, danach zwangsenteignet, dennoch vom ehemaligen Eigentümer, nun als Zulieferer von Roh- bzw. Spezialprodukten für ein staatliches Großunternehmen, ab 1976 innerhalb des »VEB Chemotex«, weiter unterhalten; nach 1989 Reprivatisierung. Haus und Hof blieben 1945 vom Bombenteppich gänzlich verschont, von gestalterischen Veränderungen danach weitgehend unberührt, so daß architektonisches Erscheinungsbild und technische Ausstattung großenteils noch aus der Entstehungszeit stammen: Torhaus, Kontor (inschriftlich so bezeichnetes eingesch. Fachwerkgebäude unter steilem Mansarddach, giebelgeschmückt, im Jugendstil), zweigesch. Baukomplex, »Niederlage« und Brennhaus, in teils romanisierender, teils gotisierender Ziegelarchitektur, mit Fachwerk-Zwerchhaus im Stil des 16. Jh.s (Schwelle mit Inschrift »Dies Haus steht in Gottes Hand / Seidelkorn wird drinn gebrannt / erbaut 1908 von Joseph Seidel« [jun.]), Kesselhaus mit hohem Ziegelschornstein. Im Inneren Schrotmühle, einst zum Zerkleinern des Weizen- und Roggenkorns, Gärbottiche (im Keller des Brennhauses); hölzerner Großbehälter, Ton- und Kupferbehälter, einst zur Vorhaltung von Mutterkorn für medizinische Alkohole bzw. von Weizenkörnern, in der »Niederlage«, Brennblasen im Brennhaus. Jüngere, inzwischen auch schon denkmalwerte Ausstattungsstücke: im 1975 errichteten (hinteren) Anbau am Brennhaus die Gärtanks und ein stetig arbeitender Kolonnenapparat zum Destillieren und Rektifizieren.

**Tabakfabrik.** Ausgedehnter Baukomplex nördlich der weitgehend kriegszerstörten Kernstadt, in den zur Straße weisenden Fassaden von baukünstlerisch anspruchsvoller Gestalt; Klinkerbauten mit gereihten, segmentbogenförmig abgeschlossenen Öffnungen. Die Produktionsstätte für Zigarren, Zigaretten, Pfeifen- und Kautabak wurde im Rahmen der wirtschaftlichen Konzentrationsprozesse Ende des 19. Jh.s als Großbetrieb geschaffen, nach 1945 zwangsenteignet und bis 1989 als »VEB Nortak« betrieben, z. T. für die sog. »Gestattungsproduktion« namentlich von Kautabak unter strengster Geheimhaltung. – Technologische Informationen und Dokumentationen zur Tabakverarbeitung (auch zur Geschichte der Nordhäuser Spirituosenherstellung) finden sich im Kreis-(Meyenburg-)Museum, u.a. mit originalem »Spinntisch« für die Fertigung von »Tabakschnüren«, aus denen nach Tränken mit aromatischen Säften Kautabak entstand.

**Hauptbahnhof und Bahnhof Nordhausen Nord** (Harzquerbahn). Eisenbahnanschluß hat Nordhausen seit 1866 (Strecke Halle–Kassel). Das *Empfangsgebäude* aus jener Zeit, in gediegenem architektonischen Historismus, ist weitgehend erhalten; es bestimmt den Bahnhofsvorplatz städtebaulich – trotz gravierender Gestaltungssünden der Nachkriegszeit – zusammen mit dem *Empfangsgebäude* der Harzquerbahn von 1913 nach wie vor. Das letztere – zweigesch. mit außermittigem, giebelbekröntem vierachsigen Risalit, Mansarddach und Jugendstil-Dekor, mit Inschrift »Nordhausen Wernigeroder- und Brokken-Eisenbahn« – ist der repräsentative Teil der Endstation der von → Wernigerode nach N. 1866 als regelspurig geplante, schließlich ab 1896 als schmalspurige (1000-mm-Bahn) geführte und 1899 eröffnete Strecke. Bahnhof mit Wasserkran, Kohlebansen und Lokschuppen für die Versorgung von Dampflokomotiven (die bemerkenswerteste eine Mallet-Maschine von 1898), mit Kraftstoffversorgung für den Dieselbetrieb sowie mit Rollbock- bzw. Rollwagenanlage für den seit 1922 bzw. 1963 in Betrieb genommenen Transport von regelspurigen Güterwagen. (Das Bahnbetriebswerk befindet sich in → Wernigerode.) Im Nordhäuser Stadtgebiet liegen der Haltepunkt Altentor mit würfelförmigem, steildachbekröntem Empfangsgebäude in Fachwerk und der Haltepunkt Krimderode, nördlich außerhalb der Stadt der Haltepunkt Niedersachswerfen Ost, der Bahnhof Ilfeld und der Haltepunkt Netzkater, zwischen den letzteren die längste Brücke (von insgesamt 409 Überführungen und Durchlässen) aus dem Jahre 1949. Hinter dem Bahnhof Eisfelder Talmühle Abzweig zur Selketalbahn (→ Gernrode). Die als Privatunternehmen vornehmlich zur gewerblichen Erschließung des Harzes angelegte Strecke diente dann im Netz der Deutschen Reichsbahn zunehmend touristischen Zwecken; seit 1993 wird sie von einer GmbH betrieben.

### N.-Krimderode

**Gipswerk.** Gewerbehof mit Kontor-, Sozial- und Wohngebäude, frei stehender, ruinöser Ofenbatterie, Gipsmühle mit einbezogenem älteren Brennofen und etwas abseitigem Wohnhaus aus dem 18. Jh., das einst Wohn- und Produktionsgebäude einer Getreidemühle war. Am Mühlgraben wurden 1904 das Gipswerk mit Wassertriebwerk für Steingänge und Sichter sowie ein 3 m breiter Schachtofen angelegt. Die Ofenbatterie aus Stahlbeton mit Treppenhaus zwischen beiden Teilen ist von 1924 und 1936. Das Werk wurde 1981 zwangsenteignet, danach ohne Brennöfen bis 1987 betrieben; seither Verfall. *HW*

Lit.: Wirth, 1990, 269–271, 371–372.

## Nossen (Meißen-Radebeul/G 4) FS

**Steinbogenbrücke** über die Freiberger Mulde, 1717 vom Landbaumeister Matthäus Daniel Pöppelmann erbaut. Die insges. 50 m lange, 5 m breite, aus Elbsandstein errichtete Brücke überspannt den Fluß mit 3 Stichbogen von je 13 m Weite und 5,3 m lichter Höhe. Fahrbahn und Brüstung, beide schon verändert, wurden 1993 erneuert. *OW*

## Nünchritz-Grödel FS (Riesa-Großenhain/F 5)

Um die Versorgung Dresdens mit Bau- und Brennholz über den langen und deshalb teuren Wasserweg aus der Elsteraue, die Elbe aufwärts, zu erleichtern, erteilte August der Starke 1702 den Befehl zum Bau des **»Grödel-Elsterwerdaer Floßkanals«.** Nach der Fertigstellung 1748 unter Baumeister Johann Müller war der Wasserweg von 230 auf 70 km verkürzt. Der Kanal (L 20,5 km, B 4,5 m, T 1,5 m) überwindet in 4 Schleusen einen Höhenunterschied von 6 m und quert neben Straßen und Wegen auch 3 Wasserläufe. Erhalten sind große Teile der Kanalstrecke, 2 Bogenbrücken und 2 Schleusen. *KD*

**Wasserbauhof** (Elbstraße 53). Mit dem Beginn der Flußbettregulierung der sächs. Elbe nach Planung des Wasserbaudirektors J. G. Lohse 1858–1860 entstanden zum Unterhalt der Wasserbauanlagen 4 sog. »Wasserbauhöfe«, von denen sich der zwischen 1890–98 eingerichtete Grödeler mit kleinem Winterhafen (unmittelbar an der Mündung des Kanals) und das Ensemble von Wohn-, Wirtschafts-, dem Lager- und Werkstattgebäude sowie einem Geräteschuppen (Leinenschuppen) nahezu unverändert, einschließlich zahlreicher Werkzeuge und Geräte erhalten hat. *VR*

Lit.: Bauten der Technik und Industrie, 319; Dreßler.

## Obercunnersdorf (Löbau-Zittau/G 6) FS

Siebenbogiger, durch zwei Gruppenpfeiler rhythmisierter **Eisenbahnviadukt** (2–3–2, li. W. 11–17,5–11 m, H 12 m) aus Granit und Sandstein in der am 10. 6. 1848 durch die Löbau-Zittauer Eisenbahn eröffneten Strecke zwischen den der Gesellschaft den Namen gebenden Zielorten. *VR*

Lit.: Schmidt/Theile II, 91; Wirth, 1990, 272.

## Oberhof TH (Schmalkalden-Meiningen)/G 2)

**Brandleitetunnel.** Zweigleisige, 3038 m lange Eisenbahndurchquerung des Thüringer Waldes durch das Brandleite genannte Bergmassiv, 240 m unter dem Kamm (Rennsteig). Nach Erwägung einer Bahnverbindung Gotha–Suhl–Schleusingen seit 1864, nach Anlage der Strecke Erfurt–Plaue und Entscheidung für einen Abzweig von dort nach Suhl begann 1880 die Tunneltrassierung. 1881 Anlage von Stauteichen und Installation von Dampfmaschinen zur Energiegewinnung für druckluft- bzw. druckwasserbetriebene Bohrgeräte und Wetterführung sowie Abteufen von etwa 30 m tiefen Schächten an beiden geplanten Voreinschnitten (der westliche für den Bahnhof Oberhof) und Beginn des Vortriebs des Richtstollens von beiden Seiten, 1883 (mit 21 bzw. 30 cm Maßabweichung) durchschlägig. Tunnelausbau mit Porphyr-Gewölbe in Hufeisenform und kräftig rustizierten Portalen, das westliche mit pfeilerartigen Lisenen, Wappenzier, Rundbogenfries und Zinnenbekrönung 1884 abgeschlossen. Eingesetzt waren bis zu 1500 Arbeiter, großenteils Italiener (vom gerade vollendeten Gotthardtunnel); drei Explosionen sowie eine Epidemie hatten etwa 100 Menschenleben gefordert (Denkmal in Zella-Mehlis von 1884). – Infolge von Wassereinbrüchen ab 1903 Kanaleinbauten und schrittweiser Ersatz des Tunnelgewölbes durch Bruchstein, Beton, eine Dichtungsschicht und Klinker, dabei kam es 1926 zu einem schweren Unfall, als ein Zug in die Arbeitskolonne raste (6 Tote, 2 Schwerverletzte). Gleiskörpererneuerung 1973 bei voller Tunnelsperrung, seitdem gegenwärtigen Verkehrsansprüchen genügend. *HW*

Lit.: Wirth, 1990, 272–273.

## Oberlungwitz (Chemnitzer Land/G 4) FS

Mit der Herstellung von Textilien seit dem 16. Jh. vertraut, entwickelte sich der verkehrsgünstig zwischen Chemnitz und Zwickau an der ma. Reichsstraße gelegene Ort in der 2. Hälfte des 19. Jh.s mit Strumpfwirkerei, Handschuh- und Trikotagenherstellung, Strick- und Wirkmaschinenfabriken zu einem bedeutenden Standort der Textilindustrie, deren den Lungwitzbach im Süden säumende Bauten die Auffassung von Industriearchitektur ab etwa 1870 bis 1930 spiegeln: So das um 1910 entstandene monumentale neoklassizistische Gebäude an der Stollberger Straße; eine durch 2 Risalite geprägte Fabrik (Hofer Straße 10) in Formen des Spätklassizismus aus den 1870er Jahren, ergänzt etwa um 1910; das in dem Konglomerat älterer Bauten der 1886 von Carl Robert Götze gegr. **Strumpffabrik »Rogo«** (Hofer Straße 16) dominierende Gebäude aus den 1920er Jahren mit expressionistischen Anklängen. In der Architekturgeschichte bislang zuwenig beachtet wurden die von Friedrich Wagner-Poltrock, Chemnitz, entworfenen, mit geringer Zeitverschiebung 1929 nebeneinander fertiggestellten Neubauten für die am Ort konkurrierenden Unternehmen C. R. Götze und Friedrich & Kurt Tauscher, deren klinkerverkleidete Stahlbetonskelettbauten sich in der Fassadengestaltung grundsätzlich unterscheiden. ● **F. & K. Tauscher** (Hofer Straße 32). Während die Gesamtkonzeption des Fabrikgebäudes an den preuß. Kasernenbau der 1870er Jahre erinnert, wenn auch im Detail verändert durch expressive Formen, ähnelt die Straßenfassade einem Bild im geometrischen Stil: Ein schwerer Rahmen aus verklinkerten Wandflächen – strukturlos in den Vertikalen, von Fensterreihen durchbrochen in den Horizontalen, akzentuiert durch trennende stilisierte Hermenpilaster im EG, im abschließenden 6. OG spitzgieblig endend – umfaßt das 96mal durch Fenster geöffnete Zentrum, welches über 4 Geschosse aufsteigende Dreiecksprismen in 24 Achsen unterteilen. Einige der verklinkerten Brüstungsfelder geschmückt mit Halbreliefs.

Den Werkseingang flankieren die Arbeit idealisierende Skulpturen. – R. Götze »ROGO« (Hofer Straße 34). Rein von der Funktion bestimmt, präsentiert sich der Fabrikbau mit gerasterter Fassade, die lediglich durch fenstertrennende Dreikantpilaster Profil erhält. Die Berührung von Alt- und Neubau markiert ein zehngesch. durch Gurtgesimse unterteilter, von einem Flachdach abgeschlossener Turm, der, nach dem Entwurf von 1927 wesentlich höher gedacht, einer Kopie des Turmes des Palazzo Pubblico in Siena entsprochen hätte. *VR*

Lit.: Richter.

## Obermaßfeld-Grimmenthal TH
(Schmalkalden-Meiningen/H 1)

**»Salzbrücke« mit Brückenkapelle.** Fünfbogige Kalksteinbrücke über der Werra, 1531–36 mit einer Länge von 66 m, einer Breite von 5 m und beidseitig relativ steiler, in der Mitte fast geknickter Gradiente errichtet. Vom 16. bis 18. Jh. diente sie u. a. Salztransporten. Die runden Bogen sind unterschiedlich weit gespannt (von Osten: 5, 7, 11, 7 und 5 m) mit unterschiedlicher lichter Höhe über mittlerem Wasserspiegel (3, 4, 4, 3 m) bzw. nur vom Hochwasser bespülten Ufer (2 m), zwischen drei Strompfeilern, die flußaufwärts mit spitzen Wellenbrechern, flußabwärts mit bastionsartigen, im Grundriß halbkreisförmigen Vorlagen versehen sind; zwei von ihnen sind bis zur Fahrbahn hochgeführt als Austritt für Fußgänger, denen seit 1968 ein auskragender Steg auf Stahlträgern zur Verfügung steht. – Am östlichen Brückenkopf separat die Kapelle, ein rechteckiger giebelständiger Baukörper unter steilem Satteldach, samt Giebel mit Glockentürmchen und datierter Wappentafel (1534); zuletzt genutzt als Feuerwehrgerätehaus. – Als Denkmal bewahrt werden konnte die dem Kraftverkehr lediglich 4,3 m Fahrbahnbreite bietende, 1992/93 restaurierte Brücke durch ihr 1986 stromaufwärts errichtetes verkehrstechnisches Ersatzbauwerk (→ Creuzburg). *HW*

Lit.: Erler/Schmiedel, 187; Wirth, 1990, 273–274.

## Obermehler (Unstrut-Hainich-Kreis/F 1) TH

**Nottermühle.** Winkelförmige Hofanlage aus dem 18. Jh., mit datiertem Fachwerk-Wohngebäude (1778) und unmittelbar anschließendem Produktionsteil, dessen komplett hölzernes Inventar (Kammrad, Wellen, Bütte und Rüttelschuh eines Steinganges, Beutelkasten – jedoch ohne Beutelschlauch, statt dessen eingebauter Sechskantsichter – mit seinem Zierat in die gleiche Entstehungszeit weist. Die jüngere technische Ausstattung umfaßt einen zweiten Steingang, eine Schälmaschine sowie einen Benzolmotor von 1907, der einst das jetzt zerbrochene oberschlächtige Wasserrad entlastete. Mahlbetrieb bis 1945, danach Verwahrlosung.

### O.-Großmehlra

**Windmühlen.** Am nördlichen Ortsrand **Bockwindmühle** von 1729; 1806 vom östlichen Ortsrand nach hier versetzt, bis 1919 ausschließlich mit Windkraft (Flügelkreuz mit Türen), bis 1935 – bei Windstille – mit Gasmotor (Ersatz des ersten zwischen den Streben des unverkleideten Bockes erhalten), bis 1951 elektrisch betrieben (Motor befand sich im Holzverschlag neben der schwebenden Treppe und dem Sterz), danach durch die Motormühle im Vordergebäude des Grundstücks ersetzt. Mansarddach des Kastens mit Blech beschlagen, Ruten mit Lattenresten; im Inneren Flügelwelle, die zugleich als Haspelwelle zum Heben der Mahlsteine diente, Kammrad, Steingang, Sechskantsichter. – In Ortsmitte eine **Turmholländermühle,** im Grundriß ein zwölfeckiger Ziegelkörper mit flacher Zeltdachbekrönung, ohne Flügelkreuz; inschriftlich datiert auf 1911, das Jahr des baulichen Ersatzes einer hölzernen Holländermühle an dieser Stelle. 1947 Feuerschaden, danach Umrüstung auf Elektroantrieb, bis 1960 voll im Gewerbe, danach nur noch gelegentlich zum Schroten; Inventar bis auf Mischmaschine komplett erhalten: u. a. Porzellanwalzenstuhl, Plansichter von 1948; unter der Verdachung die Köpfe der 4 Elevatoren. *HW*

Lit.: Mühlen, 242, 243, 248.

## Oberoderwitz (Löbau-Zittau/G 6) FS

**Windmühlen-Gruppe.** Nördlich des Ortes stehen in 1 bis 1,5 km Abstand 3 **Bockwindmühlen:** Die 1867 erbaute, bis 1967 mit Wind betriebene und 1990 restaurierte »Neumannmühle«, die »Berndtmühle« oder »Hauckmühle« von 1847, mit Wind betrieben bis 1956 und 1990 restauriert, sowie die »Birkmühle« von 1817, die bis etwa 1965 mit Wind betrieben und 1991 restauriert wurde. Südlich des Ortes steht noch das massive Mauerwerk einer **Turmholländermühle,** der 1807 erbauten und 1905 zum Wohnhaus umgebauten »Adlersmühle«. Die »Bernhardt-Mühle« im Ort ist eine 1801/02 erbaute Wassermühle, die seit 1937 mit einer Oßberger-Turbine betrieben wird. *OW*

Lit.: Mühlen, 292.

## Oberweißbach TH (Saalfeld-Rudolstadt/H 2)

**Bergbahn.** Eisenbahnverbindung zwischen der 1900 eröffneten Normalspurstrecke Bad Blankenburg–Katzhütte (Station Obstfelderschmiede) im Schwarzatal, Lichtenhain, O. und Cursdorf, mit einer Spurweite von 1800 mm 1923 nach Plänen des aus Arnstadt stammenden Ingenieurs Wolfgang Bäseler zur Erschließung der Gewerbedörfer im Hochland angelegt, auf einer 1,4 km langen Steilstrecke mit einem Höhenunterschied von 323 m zwischen den Stationen Obstfelderschmiede und Lichtenhain, der steilsten der Welt, auf der mittels Rollwagen normalspurige Eisenbahnwaggons transportiert werden können. In der Bergstation Maschinenraum mit Schaltzentrale: 100-PS-Gleichstrommotor, bei Ausfall desselben betreibt ein Dreizylinder-Deutz-Gasmotor die Scheibe, an derem 39 mm dicken, 1470 m langen Stahlseil je ein gestaffelt schräg gebauter Personenwagen und ein Rollwagen (seit 1966 nur noch für Personenwagen der Flachstrecke) hängen, mit Ausweichstelle in Streckenmitte. Bei schwerer Talfahrt und leichter Bergfahrt dient der Gasmotor als Stromerzeuger. Die Flachstrecke wird elektrisch mit Oberleitung, die gesamte Bahn nach 1995 erfolgten Wartungsarbeiten vornehmlich als touristische Attraktion betrieben. *HW*

Lit.: Wirth, 1990, 243–244.

## Oderberg (Barnim/D 5) BG

**Seitenraddampfer »Riesa«** (An der Alten Oder). Der Dampfer wurde 1897 auf der Werft Dresden-Laubegast gebaut und unter dem Namen »Hamburg« von der Sächsisch-Böhmischen Dampfschiffahrtsgesellschaft in Dienst gestellt. Bis zu seiner Außerdienststellung 1978 war er nach 1945 als Passagierdampfer auf der Elbe im Einsatz. Seine luxuriöse Ausstattung ist auf eine Reise des österreichischen Kaisers Franz Joseph im Jahre 1901 mit diesem Schiff zurückzuführen. Das Schiff hat eine Länge von 55,65 m, eine Decksbreite von 5,2 m und eine Gesamtbreite – einschl. der Radkästen – von 10 m. Technikhistorisch besonders interessant ist die Antriebsmaschine. Die *Zweizylinder-Verbund-Dampfmaschine* mit oszillierenden Zylindern erzeugte eine Leistung von 140 PS. Damit erreichte der Raddampfer eine Höchstgeschwindigkeit von 19 km/Stunde. Der 1919 auf den Namen »Riesa« umgetaufte Dampfer steht seit 1980 als Teil des Museums für Binnenschiffahrt auf Land. *WT*

## Oelsnitz (Erzgebirge) (Stollberg/H 4) FS

Beim Anlegen eines Entwässerungsgrabens unter der Leitung des Fürstl.-Schönburgischen Forstbeamten Friedrich Heinrich Wey wurde 1831 der Ausbiß eines Steinkohlenflözes bei Niederwürschnitz durchstochen. Nachfolgende Schürfgrabungen ließen jedoch auf keinen wirtschaftlichen Abbau hoffen. Erst Karl Gottlieb Wolf, der 1843 eine Prospektionsgesellschaft gründete, erreichte 1844 im zweiten Versuch eine abbauwürdige Lagerstätte, deren Ergiebigkeit bald zahlreiche Kleinunternehmer zur Nachahmung animierte. Mit Beginn des Tiefbaus Mitte der 1850er Jahre durch kapitalkräftige Gesellschaften entwickelte sich das Gebiet Lugau-Oelsnitz neben Zwickau zum bedeutendsten sächsischen Steinkohlenrevier. Das dokumentieren auch nach Einstellung des Bergbaus 1971 die museal aufbereiteten Anlagen (Eröffnung 1986) des **Kaiserin-Augusta-** (nach 1945 **Karl-Liebknecht-) Schachtes.** ● Unter dem Fürsten von Schönburg-Waldenburg 1869–74 abgeteuft auf 313 m, nach Übernahme der fürstl. Grubenfelder 1895 durch den »Steinkohlenbauverein Gottes Segen« 1899 bis 416 m weitergeteuft (Erreichen der Endteufe von 595 m 1932–34), wurde der Kaiserin-Augusta-Schacht, nach dem Ankauf des Steinkohlenbauvereins (gleichzeitig mit anderen Gewerkschaften) 1919 durch den sächs. Staat ab 1922 zum Zentralförderschacht der neugegründeten Gewerkschaft »Gottes Segen« ausgebaut. Unter Nutzung des alten Schachtgebäudes entstand bis 1923 die mit roten Klinkern ausgefachte Stahlkonstruktion des

50,75 m hohen Förderturms (heute Signet des Bergbaumuseums) für eine elektrische Fördermaschine (Gleichstrom-Nebenschlußmotor, direkt gekoppelt mit der Treibscheibe, 1200 kW, Fördergeschwindigkeit max. 18 m/s; 1923 Siemens-Schuckert-Werke und Zwickauer Maschinenfabrik). Den Gleichstrom lieferte ein Leonhard-Umformer (Siemens-Schuckert, 1923, Schwungmasse 20 t, 750 U/min, Nachlaufzeit 8 Std.). Ebenfalls von 1923 stammt die für die Förderanlage II 1933 von dem Vereinigtfeld-Schacht I umgesetzte liegende Zwillings-Dampfmaschine (300° Heißdampf, 12 at, 1800 PS) der Gutehoffnungshütte Sterkrade in Oberhausen. In den weitgehend erhaltenen Tagesanlagen informiert das Museum von der Geologie über die Technik bis hin zu der Arbeit des Bergmanns untertage bzw. seines Lebens übertage ausführlich über die Geschichte des Reviers. *VR*

Lit.: Vogel.

## Ohrdruf (Gotha/G 2) TH

● **Hammerwerk, Technisches Museum »Tobiashammer«.** An der Ohra reihten sich von O. bis Luisenthal einst nicht weniger als 37 Wassertriebwerke aneinander, davon mindestens zehn allein für die Verarbeitung von hiesigen Eisen- und importierten Kupfererzen. Seit dem 18. Jh. erfolgte der Transport von Brennholz über einen 23 km langen Flößgraben (→ Frankenhain). Die Gründung des »Tobiashammers« (des 8. Werkes, von Luisenthal aus) wird mit dem 1615 genannten Hammerwerksbetreiber Tobias Albrecht, auch mit dem 1567 verstorbenen Hüttenmeister Albrecht in Verbindung gebracht; das 12. Werk von Luisenthal aus hieß »Albrechtshammer«. Die Anlage entstand möglicherweise Ende 15. Jh. im Zusammenhang mit der 1462 bei O. (in Hohenkirchen) eingerichteten Saigerhütte, eine örtliche legendäre Tradition nennt das Jahr 1482. Gefertigt wurden Kupferkessel, Kesselpauken und Kupferbleche für Dachdeckungen. 1968 liquidiert, wurden Reste vom »Volkseigenen Betrieb Stahlverformung Ohrdruf« übernommen und bis 1972 Metallbehälter bei radikalem Grundmittelverschleiß produziert. Seit 1980 Restaurierung, museale Erschließung und Erweiterungen, u.a. 1988 mit der zweitgrößten bisher für Anschauungszwecke präsentierten *Dampfmaschine.* Der malerische Baukomplex war nach erheblichen Kriegszerstörungen 1806 bei Bewahrung der betriebstechnologischen Struktur des 16./17. Jh. weitgehend neu entstanden: das *Hammer- und Walzwerksgebäude* mit insges. 4 Wasserrädern, 3 oberschlächtigen für den Antrieb eines Duo- und Trio-Hammergespannes in 2 Schwanzhammer-Gerüsten sowie eines *Pochwerkes* im separaten Fachwerkbau am jenseitigen Ufer des Mühlgrabens und mit einem vierten, mittelschächtigen Rad für das 1851/52 hierher translozierte, jetzt älteste *Walzwerk* in Thüringen; ein Wohnaus für Beschäftigte im Anschluß an Ställe und Scheune des einstigen nebengewerblich betriebenen Landwirtschaftshofes; das *Herrenhaus* mit parkartig gestaltetem Hausgarten; das Ende 19. Jh. entstandene Magazingebäude mit angefügtem Wohntrakt. Bei den Restaurierungen wurden das Hammergebäude und das Herrenhaus weitgehend als Baukörperkopie neu erstellt, das Magazingebäude im Inneren zur »Hammerschenke« umgestaltet. 1987/88 Translozierung einer 1876 errichteten Fachwerkscheune des ehem. Rittergutes von Hopfgarten in → Schlotheim als Hüllbauwerk für eine aus der Maximilianshütte Unterwellenborn (→ Kamsdorf) umgesetzte *Dampfmaschine,* eine Zwillings-Tandem-Reversiermaschine mit 12 000 PS Leistung, mit einem Gesamtgewicht von 305 t und Grundrißabmessungen von 15 m auf 8 m, um 1925 von der Fa. Gebr. Klein, Dahlbruch/Westf., für den Antrieb einer Trio-Walzstraße geliefert (bis 1985 tätig, nach Translozierung mit verstecktem Elektromotor Betriebssimulation). Die zweite, noch leistungsstärkere Dampfmaschine aus der Maximilianshütte wurde nach → Wurzbach umgesetzt. *HW*

Lit.: Wagenbreth/Wächtler, 1986; Wirth, 1990, 280f.

## Olbernhau (Mittlerer Erzgebirgskreis/H 5) FS

**Dampfmaschine.** 1861 gegr., bezog die Kisten- und Holzwarenfabrik Paul Fischer 1890 ein neues Fabrikgebäude (Blumenauer Straße 57), in dem 1905 eine liegende 50-PS-Einzylinder-Gegendruck-Dampfmaschine mit Expansions-Schiebersteuerung der Olbernhauer Maschinenfabrik O. Seifert installiert wurde. Kolbendurchmesser 300 mm, Hub 500 mm, Schwungraddurchmesser 2600 mm, Riemenscheibe Dm. 2000 mm, stehender Fliehkraftregler. *OW*

O.-Grünthal

**Saigerhütte** (An der Natzschung 5). 1537 gründete der Annaberger Bergmeister Hanns Lienhardt im waldreichen Gebiet am Einfluß der Natzschung in die Flöha eine Kupfer- und Silberhütte, die nach dem um 1430 im Fränkischen bei Nürnberg erfundenen Saigerverfahren arbeitete, bei dem durch Bleizugabe dem Kupfererz das Silber entzogen wurde. Unter kurfürstlicher Verwaltung ab 1567 (1873 an den Unternehmer F. A. Lange verkauft) entwickelte sich um die sog. »Lange Hütte« ein selbständiges Gemeinwesen mit eigener Gerichtsbarkeit, Brau- und Schankrecht sowie Zoll- und Geleitrecht innerhalb eines Berings (vgl. Nürnberg-Laufamholz, Messinghammer: Umwehrung seit 1552). Nach Abbruch der »Langen Hütte« (1953) und des Pochwerks (1970) zeugen beiderseits des zentralen Weges zwischen dem neugotischen West- (1890) und dem Osttor von 1694 noch etwa 15 Gebäude – zumeist massiv im EG und mit Fachwerkkonstruktion im OG ausgeführt – von der einstigen Blüte des Hütten- und Hammerwerkes: Zimmerei (1604) und Hüttenschule (1750), Hüttenschenke mit Glockentürmchen (1567/1700), Alte Faktorei (Verwaltung; 1604/1800), Haus des Richters (1611), Schichtmeisterhaus (1587/1900), 4 massive eingesch. Arbeiterwohnhäuser, von der »Langen Hütte« lediglich die Grundmauern erhalten, im Süden die Neue Faktorei (1567, heute Wohnhaus), benachbart das Brauhaus (1580/1900), im Norden die Hüttenschmiede (1567/1750) und das Garhaus (1650/1900); östl. außerhalb der Umwehrung der 1567 für 3 Schwanzhämmer erbaute Althammer, nach der Stillegung 1914 erstmals 1937, erneut 1958–61 originalgetreu zur Einrichtung eines Museums restauriert; an der Flöha die ehem. Hüttenmühle (Wohnhaus) und der Neuhammer (1586/1827, Erweiterungen 1900; Grünthaler Straße) unter wirkungsvollem steilen Satteldach. *VR/ST*

Lit.: Bauten der Technik und Industrie, 55; Bockemeyer; Kasper; Schmidt/Theile I, 76; Wagenbreth/Wächtler, 1986, 232, 318; Wirth, 1990, 281–283.

## Olbersdorf (Löbau-Zittau/G 6) FS

**Wagnersche Weberei** (August-Bebel-Straße 1). Die 1873 von Friedrich Wilhelm Wagner in der von seinem Vater geerbten Mahl- und Ölmühle mit 60 Webstühlen eingerichtete Maschinenweberei entwickelte sich in den folgenden Jahrzehnten zu einem florierenden Unternehmen, dokumentiert durch die *Shedhallen* (1885, 1895), die *Webereigebäude* (1895, 1900) und die *Kraftzentrale* von 1895. Im Straßenbild dominiert das um 1875 dreigesch. erbaute Direktions- und Verwaltungsgebäude mit nobler, durch Terrakottaapplikationen (Weinlaubfries, Büstenmedaillons) reich dekorierter spätklassizistischer Fassade, dreifach akzentuiert durch die in den Tympana nach klassisch griech. Vorbild reliefierten Risalite. Das Fertigwarenlager von 1907 als zehnachsige Verlängerung der Hauptfassade in zurückhaltenden Formen des Jugendstils. *VR*

Lit.: Bauten der Technik und Industrie, 173.

## Oldisleben (Kyffhäuserkreis/G 2) TH

**Zuckerfabrik.** Mannigfach gegliederter Gebäudekomplex in solitärer Lage, im Anschluß an eine 1836 angelegte Rübenzuckerfabrik (Hüllbauwerk noch vorhanden) 1872 von der Maschinenfabrik Röhrig & König, Magdeburg, errichtet, 1873 auf dampfenergetischer Basis in Betrieb genommen; bauliche und kapazitätsmäßige Erweiterungen 1889 und 1903 für die Verarbeitung von mehr als 600 t Zuckerrüben pro Tag in der Saison zur Produktion von Roh-, seit 1922 für Weißzucker, ab 1915 mit partiell elektrischem Antrieb der Maschinerie durch einen Generator. Betriebsunterbrechung am Ende des 2. Weltkrieges, Wiederaufnahme nach Zwangsenteignung, Betriebseinstellung 1990 zugunsten einer quasimusealen Nachnutzung. – Dreigesch. Kernanlage mit flach geneigten Satteldächern, in Ziegeln; Eckrustizierungen und Fenstergewände in rotem Sandstein bzw. weißem Kalkstein; akzentuiert vom Schornstein der zentralen Heizkesselanlage. Der Rübenkeller ist eine eingesch. monolithische Stahlbetonkonstruktion von 1923. Das Hauptgebäude der Kernanlage wurde durch Ersatz der bogigen Öffnungen mit Stahlbetonstürzen relativ geringfügig, das Schnitzelhaus durch Anheben des Daches erheblich verändert. – Neben der industriearchitektonischen Prägnanz verdient die verbliebene technische Ausstattung höchstes Interesse. Allein 6 *Dampfmaschinen* dokumentieren deren Maschinenbaugeschichte sowie ihren technologischen Einsatz: eine *Balancier-Maschine* von 1882 (mit stehendem Zylinder), deren Schwungrad 2,7 m Durchmesser hat und die urspr. mehrere Förderpumpen für Fabrikationssäfte, zuletzt eine Pumpe für die Kalkmilch betrieb; eine liegende *Einzylinder-Maschine* mit Schiebersteuerung von 1903 für den Antrieb der Vakuumpumpe des Kondensators der Endkristallisation des Zuckers; eine liegende Einzylinder-Maschine von 1915 mit Ventilsteuerung (mit 550 mm Zylinderdurchmesser, 850 mm Kolbenhub und 300 PS Leistung die größte), urspr. zum Antrieb von Rübenwäsche, Schnitzelpresse, Schneidmaschinen und Transporteinrichtungen sowie des im selben Jahr installierten, bis 1990 für Pumpenantrieb der zentralen Wasserversorgung und Beleuchtung tätig gewesenen Drehstromgenerators; eine liegende Einzylinder-Maschine mit Schiebersteuerung von 1918, mit an der Kolbenstange angeschlossenem Pumpenzylinder zur Komprimierung des Gichtgases vom Kalkofen für die Carbonation des Rübensaftes; eine liegende Einzylinder-Maschine mit Ventilsteuerung von 1921, urspr. für den Antrieb über Riemen und Schneckengetriebe u. a. von 8 Kühlungskristallisatoren; eine liegende Einzylinder-Maschine mit Schiebersteuerung von 1925, für den Antrieb der Vakuumpumpe des Kondensators der Verdampfungsanlage. 3 Dampfmaschinen sind nach 1945 bei der weiteren Elektrifizierung verschrottet worden. Bemerkenswert die Chronos-Kippwaage von 1909 im Dachgeschoß des Rübenkellers; die letzte in Europa erhaltene Diffussionsbatterie für die Rübensaftgewinnung mit 12 Diffuseuren von 1906 und 2 jüngeren; der Doppelkegel-Ofen zum Brennen des Rohkalkes von 1898 im Anbau am Filterhaus, dessen Beschickung (3 Loren Kalkstein, 1 Lore Koks; 11 m hoch) mittels Seilaufzug erfolgte; Lastenausgleich durch einen füll- bzw. entleerbaren Wasserkasten – hinsichtlich seiner Betriebsdauer (1898–1990) wohl einmalig in Europa. *HW*

Lit.: Bartels.

## Oppurg (Saale-Orla-Kreis/G 3) TH

**Orlabrücke.** Aus Naturstein 1610 gefertigte, 11 m lange und 10,3 m breite zweibogige Straßenüberführung über die Orla; Bogenweiten je 4 m, Stichhöhen 2 m, 2,7 m über dem mittleren Wasserspiegel. Bei Bewahrung der urspr. Baustruktur 1969 verbreitert. 1979 restauriert. *HW*

Lit.: Erler/Schmiedel, 158.

## Oranienburg (Oberhavel/D 4) BG

**Industrieschornstein** (Sachsenhausener Straße 22). Der Schornstein wurde 1905 für die Hüttenwerke Kaiser & Co. errichtet und war bis Juni 1991 in Betrieb. Die aus gelbbraunen Radialziegeln gebaute 84,5 m hohe, leicht konische Säule hat eine obere lichte Weite von 2,5 m. Der am Fußpunkt quadr. Sockel, Kantenlänge 6,25 m, geht bei 1,5 m Höhe in eine achteckige Form über. Der Anschluß wird durch reiche Mauerwerkverzierungen betont. Den Schornsteinkopf schmücken acht vorkragende Schichten und ein ringförmiger Sims mit einer Blendarkade. Eine technische Besonderheit ist der im Höhenabschnitt 25 m bis 29 m befindliche *Wasserbehälter* in Nietkonstruktion. *WT*

## Oschatz (Torgau-Oschatz/F 4) FS

**E-Werk** (Lichtstraße 1). In dem der Funktion nach dreiteiligen Komplex des 1909 erbauten, 1985 stillgelegten städt. E-Werkes dominiert dank ihrer Größe (26 × 12 m, H 7 m, Dachtragwerk mit Eisenfachwerkbinder) und architektonischer Ausformung die *Turbinenhalle* mit besonders im Giebel aufwendig gestalteter renaissancistischer Fassade. Die aus dem trotz Fensterreihung massig wirkenden Backsteinrohbau des Sockelgeschosses aufsteigenden, das Konsolgesims des Krüppelwalmdaches tragenden Lisenen durchschneiden im EG eine die Giebelbreite ausfüllende, durch stilisierte Hermenpilaster unterteilte Fenstergalerie, deren Sturzinschrift (»Städt. Elektrizitätswerk«) ebenso auf die Bestimmung des Gebäudes hinweist wie die im zentralen Thermenfenster beidseitig angeordneten, Elektrizität (Blitzbündel, Generator) und Dampfkraft (Zahnrad, Fliehkraftregler) symbolisierenden Reliefs. Den Winkel zwischen Turbinenhalle und dem an deren Ende seitlich versetzt errichteten Kesselhaus schließt das ins Eck der Gebäudefluchten gestellte eineinhalbgesch. Verwaltungsgebäude auf quadr. Grundriß unter laternenbekröntem Pyramidendach, zugänglich über eine zweiläufige, durch ein Vordach geschützte Außentreppe, in reduzierten Formen der Neurenaissance. – **Flugzeugwerft** (Wermsdorfer Straße). In die 2. Generation professioneller Luftfahrtbauten einzuordnen ist der nur wenige Monate nach Beschluß des Gesetzes zum

Aufbau der Wehrmacht 1935 ausgeführte Fliegerhorst in O. nach Planung von Reg.-Baumeister Geyh mit einem für die Zeit bemerkenswerten *Hangar* (L 40 m, B 20 m, H 9 m) in einer Mischkonstruktion aus EG und OG verbindendem Eisenbeton-Skelett und einem darauf aufgeständerten Dachtragwerk aus Eisenfachwerkbindern. Den Hangar fassen Werkstatt- und Montagehallen ein. – **Textilindustrie.** Seit dem MA belegt, nahm die ortsansässige Textilherstellung Ende des 19. Jh.s mit der Einführung maschineller Produktionsweisen am allgemeinen Aufschwung der sächs. Textilindustrie teil. 1899 entstand das renaissancistische, vor der Erweiterung durch Risalit zentrierte Gebäude der *Konfektions- und Trikotagenfabrik Arno Höpner* (Borngäßchen 2–3). 1833 als Verlagsgeschäft gegründet, begann die *Firma G. H. Nuster* (Badergasse 11–15, Strehlaer Straße 18–20) ab 1860 als Wollwaren- und Trikotagenfabrik mit der industriellen Produktion von Bekleidungsartikeln. Der Gründungsbau (Strehlaer Straße) von 1833 wurde in den 1890er Jahren neugotisch überfangen. Daneben das Kontorgebäude von 1901 mit nobler, in Naturstein ausgeführter, im Zentrum rundbogig übergiebelter Jugendstilfassade, deren Pilaster in Maskerons enden. Im Hof die seitlich durch Risalite stabilisierte Fabrik von 1907, ein mit gelben Ziegeln verblendeter Eisenbetonskelettbau mit neoklassizistischen Details, der jedoch insges. die ab 1910 durch die Zeitschrift *Der Industriebau* vertretenen Thesen über moderne Architektur vorwegnimmt. *VR*

Lit.: Bauten der Technik und Industrie, 218, 222, 326, 346.

## Oschersleben (Bördekreis/E 2) SA

Der Eisenbahnanschluß führte auch in der bis dahin unbedeutenden Landstadt mit der Ansiedlung einer Gießerei und Maschinen- und Zuckerfabriken zu einer bescheidenen Industrialisierung. Das *Empfangsgebäude* des **Inselbahnhofes** in Keillage zwischen den Gleisen der Strecke Wolfenbüttel–Jerxheim–O. (10. 7. 1843, Braunschweigische Staatseisenbahnen) und Magdeburg–Halberstadt (15. 7. 1843, Magdeburg-Halberstädter Eisenbahn) läßt mit gutem Willen noch die frühe Bauzeit erkennen. Der oktogonale gemauerte Wasserturm mit Flachbodenbehälter sowie Lokschuppen und Werkstatt stammen aus der Bauzeit der Strecke nach Schöningen (20. 12. 1899, O.-Schöninger Eisenbahn).

LANDKREIS: **Bockwindmühlen** in Ausleben-Ottleben. Funktionsfähige Mühlentechnik mit Jalousieflügeln, Schrotgang, Walzenstuhl, Vor- und Nachsichter, Mischmaschinen und Elevatoren zeigt die 1848 bei Sommereschenburg abgezimmerte, 1911 translozierte Mühle unmittelbar am Ortsrand. In Sichtweite eine zweite, 1848 am heutigen Standort aufgeschlagene und 1985–87 restaurierte Bockwindmühle, die noch weitgehend mit Wind (Flügelkreuz: Hausruten mit Hechtschen Jalousien, Feldruten mit Segelgattern, Elektrohilfsmotor) die Antriebsenergie für Schrot-, Mahl- und Spitzgang, Walzenstuhl (1888) mit Rüttelschuh, Hammermühle und Sechskantsichter erzeugt. *VR*

Lit.: Mühlen, 220.

## Ostrau (Döbeln/G 4) FS

**Kalkofen** (Dresdener Berg). In 7 Brennkammern des um die Mitte des 19. Jh.s begonnenen, mehrfach erweiterten Kalkofens (Grundfläche etwa 11 × 42 m, H rund 6 m, die Verdachung der Beschickungsebene abgängig) aus Bruchsteinmauerwerk gehören zum Typ des seit etwa 1740 gebräuchlichen Trichterofens (»Kalkschweller«), der einen kontinuierlichen Betrieb ermöglichte. 1947 stillgelegt. *VR*

Lit.: Bauten der Technik und Industrie, 307.

## Ottendorf (Sächsische Schweiz/G 6) FS

Im Kirnitzschtal wird für diese Stelle erstmals im 14. Jh. eine Mühle erwähnt. Der heutige Fachwerkbau, die **Neumannmühle,** entstand im 18. Jh. als Sägemühle. 1869–1945 wurde Holz nach dem 1845 entwickelten Verfahren Friedrich Gottlob Kellers aus Krippen (perfektioniert durch Voith, Heidenheim) als Rohstoff für die Papiermühle geschliffen. Erhalten sind das Mühl-, Wohn- und Nebengebäude, Mühlgraben, Wehr, Wasserrad (Dm. 4,6 m) in Resten, Einrichtungen der Holzflößerei und Maschinen für die Herstellung von Holzschliff (Holzschleifer, Raffineur, Sortierer, Entwässerungsmaschinen) im Entwicklungsstand von 1870 sowie ein Einblattsägegatter. Die Mühle wurde nach erster Instandsetzung

1969 bis zum erneuten Verfall als Schauanlage betrieben. *KD*

Lit.: Wagenbreth/Wächtler 1989; Werte der deutschen Heimat 2.

## Parchim (Parchim/C 3) MV

Mit der Fertigstellung des **Wasserwerkes I** (Meyenburger Straße, B 191) erhielt die Stadt an der Elde 1906 eine fast großstädtisch anmutende zentrale Wasserversorgung, die heute noch mit ihren bis in 35 m Tiefe reichenden Brunnen etwa 50% des täglichen Bedarfs deckt. Im Zentrum des Wasserwerksgeländes der *Wasserturm,* dessen Speicherfunktion heute frequenzgesteuerte Pumpen ersetzen. Den leicht konischen Schaft, von wenigen, geschoßweise versetzten Fenstern durchbrochen, scheidet ein getrepptes Kaffgesims vom ungegliederten Sockel. In den Schaft eingebunden die Stützkonstruktion für das Eisenriegelwerk mit Backsteinausfachung des Turmkopfes, darüber ein von der Traufe Abstand haltendes Kegeldach, vierseitig durchbrochen von spitzgiebeligen Gaupen. Den Turm flankieren Pumpenhaus und Werkmeisterwohnung, deren Backsteinfassaden geputzte Blendbögen gliedern; sie präsentieren sich in zeittypischem, wenn auch bescheidenem Industriejugendstildekor. – Zeitgemäß auch der als Ersatz vorheriger Produktionsanlagen 1896 fertiggestellte Backsteinrohbau der **Tuchfabrik** Parchim (Mühlenstraße, 1921 ergänzt durch den an der TH Dresden lehrenden Architekten Kortz-Parchim. *VR*

## Parey (Jerichower Land/D 3) SA

*Umfangreiche Tonlagerstätten und die Verkehrsverbindung nach Brandenburg und zur Elbe über den Plauer Kanal begünstigten seit dem ersten Drittel des 19. Jh.s die Entwicklung des Ortes zum Zentrum einer intensiven Ziegelindustrie im damaligen Kreis Jerichow II.*

Im Zusammenhang mit der Modernisierung des 1743–45 ausgehobenen Plauer Kanals zum Elbe-Havel-Kanal – bei gleichzeitiger Verlegung der Elbmündung des Kanals – entstand 1889–91 unter der Leitung von Baurat Schuke und Regierungsbaumeister Ottmann die **Kuppel- oder Koppelschleuse** nördlich der Ortschaft (Richtung Jerichow, Abzweig P.-Schleuse). Die Gesamtlänge der Schleuse zwischen Ober- und Unterhaupt von 143,8 m trennt das Mittelhaupt in 2 Kammern von 71,8 m (1975–76 durch betoniertes Außenhaupt auf 75 m verlängert) und 72 m. Die Nutzungsbreite der aus Ziegeln über Betonsohle gemauerten Kammern beträgt 8,2 m (Gesamtbreite 8,55 m), die Höhe des elbseitigen Oberhauptes 9 m, des Mittelhauptes 7,5 m und des Unterhauptes 5 m. Das urspr. Tor des Oberhauptes 1981 durch ein elektrisch betriebenes Stahl-Hubschwenktor ersetzt. – Letzter Zeuge der 13 im Jahre 1885 in P. registrierten Ziegeleien (im Kreis waren es 132) ist der 1880 in Betrieb genommene (stillgelegt 1977) runde **Ringziegelofen** (Güsener Straße 18 a–d) nach der 1858 erstmals von Friedrich Eduard Hoffmann vorgestellten Bauart. Über dem gemauerten Ringofen schützt ein niedriges Fachwerkgeschoß die Befeuerungsebene; im Zentrum des flachgeneigten, durch Lüfterlaterne gestuften Kegeldaches steht der Schornstein. – Eine hölzerne, einem frühen Fördergerüst ähnliche Konstruktion auf dem Platz des ehem. **Sägewerkes** (Hauptstraße, Ortsmitte) gehörte zu einem 1928 von der Leipziger Firma Adolf Bleichert & Co. gebauten *Kabelkran.*

*Parey. Ringziegelofen*

Diese in der 1. Hälfte des 20. Jh.s häufig eingesetzten Transporteinrichtungen unterscheiden sich von üblichen Kranbahnanlagen durch die Führung der Laufkatze an Tragseilen statt auf Schienen und einer horizontalen Bewegung mittels Fahrseilen, die ebenso wie das Hubseil von auf den Türmen fest installierten Winden angetrieben werden. – Außerhalb des Ortes (über Bittkauer Weg) eine nach dem Brand von 1983 ohne technische Ausstattung restaurierte **Paltrock-Windmühle.** *VR*

Lit.: Schmidt/Theile I, 160; Schmidt/Theile II, 118, 162.

## Peenemünde (Ostvorpommern/A 5) MV

An der NW-Spitze der Insel Usedom, seit dem Mittelalter wichtiger Ort zur Kontrolle und Beherrschung der Peenemündung, 1630 Landeplatz des schwedischen Heeres unter Gustav Adolf, entstand unter Leitung von Wernher v. Braun und W. Dornberger ab 1935 die **Heeresversuchsanstalt für Raketen und Fernlenkwaffen** mit Montagehallen, Prüfständen, Raketenstartplätzen, Flugplatz und Wohnbauten für Mitarbeiter, später auch mit Unterkünften für Zwangsarbeiter. Produkte u. a. die Fieseler Fi 103 (V 1 = »Vergeltungswaffe 1«) und die Flüssigkeitsrakete A 4 (später V 2), die am 3. 10. 1942 mit einer Höhe von 84,5 km die Grenze zum Weltraum erreichte. 1943–44 Bombardierung vornehmlich der Unterkünfte durch die Alliierten, 1945 Einnahme durch die Rote Armee und ab 1948 systematische Demontage, ab 1950 Standort der Seepolizei und ab 1956 der Volksmarine der DDR; den Flugplatz übernahmen 1960 die Luftstreitkräfte der NVA. Öffnung des militärischen Sperrgebietes am 2. 12. 1989, Einrichtung eines Hist.-Techn. Informationszentrums 1991 (ehem. Bunkerwarte). Weitgehend erhalten der in Höhe und Grundriß differenzierte, verklinkerte Stahlfachwerkbau des ehem. *30-MW-Kraftwerks* einschl. der Schaltanlage (18 Schaltzellen) von 1939–42; im Stil angepaßt sind die Erweiterungen der 1950er Jahre. Ruinös der dreieinhalbgesch., mit Klinkern verblendete Skelettbau des Sauerstoffwerkes von 1940, der den Starts der A 4 dienende Prüfstand VII sowie Startrampen der Fi 103. *VR*

Lit.: Vorpommersche Küstenregion, 344.

## Pegau (Leipziger Land/G 3) FS

**Ziegelei Erbs.** Die Ziegelei, in den Jahren 1908–1910 entstanden, nutzte den in der Elsteraue vorkommenden Lehm zur Herstellung normalformatiger Mauerziegel. 1978 stillgelegt. Der gestreckte Hoffmannsche Ringofen (1908–10) mit Schornstein, einer von ehemals 4 Trockenschuppen, ein Pressenhaus mit Schlickeisenpresse und ein Eimerkettenbagger, alle in gepflegtem Zustand, sind zu besichtigen. *ST*

Lit.: Wagenbreth/Wächtler, 1989.

## Peitz (Spree-Neiße/E 6) BG

**Eisenhütten- und Hammerwerk** (Hüttenwerk 1). Das Hüttenwerk ist eine gut erhaltene Produktionsanlage der Metallurgie des frühen 19. Jh.s, das erstmals im Zusammenhang mit dem Bau des Hammerkanals 1554 erwähnt wird. Im Dreißig- wie auch im Siebenjährigen Krieg zerstört, begann nach dem 1771 abgeschlossenen zweiten Wiederaufbau unter sächs. Verwaltung ab 1807 eine durchgreifende techn. Modernisierung, von der noch der Hochofen von 1810 (7,5 × 7,5 m Grundfläche, Schachthöhe 8 m) und 2

*Peitz. Hüttenwerk, Hochofengebäude*

Windöfen in der gleichzeitig erbauten Gießhalle erhalten sind. Seit 1813 unter preuß. Regie, erhielt das Hüttenwerk 1831 anstelle der Windöfen 2 Kupolöfen und 2 Frischfeuer, die zum Umschmelzen des Roheisens für die Feingießerei dienten. 1838 wurde der Hochofenbetrieb durch Röhrenwinderhitzer und Zylindergebläse verbessert (im Original erhalten). Die von den Gichtgasen im Winderhitzer vorgewärmte Luft wurde durch eine Windform in das Blasgewölbe des Hochofens gepreßt. Verhüttet wurde das in der Umgebung reichlich vorkommende Raseneisenerz. In dem baulichen Ensemble der Hütte – darunter Beamtenwohnhaus (1822), Hüttenamt (1839), Produktenmagazin (um 1820), Emaillierhütte (1821), Arbeiterwohnhaus (1816), Stabhammerhütte (1821, 1880 um 2. Geschoß erhöht) – dominiert die von Carl Gottlob Voigtmann (ab 1812 Hütteninspektor) geplante Gießhalle, ein monumentaler siebenachsiger Putzbau mit rundbogigen Fenstern und hohem, steilgewölbtem Bohlenbinderdach und Turmaufsatz mit Laterne. 1856 wurde der Hochofen niedergefahren, 2 Jahre später das kgl. Hüttenamt aufgelöst und die Hütte, die noch bis 1898 Gußteile produzierte, an einen privaten Unternehmer verpachtet. *WT*

Lit.: Hüttenwerk Peitz.

## Perleberg (Prignitz/C 3) BG

**Richthalle** im ehem. Reichsbahnausbesserungswerk Wittenberge (Lenzener Straße). Die Hauptwerkstatt der Ost- und Westprignitzer Kreiskleinbahnen wurde 1911 hier errichtet. Kernstück des Instandsetzungsbetriebes ist die in ihren urspr. Formen überkommene dreischiffige Richthalle mit Sheddach über genieteter Stahlfachwerkkonstruktion. Ihre großen Rundbogenfenster in Stahlsprossenausführung liegen vertieft paarweise gekoppelt zwischen Pfeilervorlagen. Große, dem Waggonprofil entsprechende Tordurchfahrten betonen die Giebelseiten. Architektonisch auffällig ist der dem linken Hallenschiff vorgelagerte Anbau. Sein axialsymmetrischer Backsteingiebel wird durch eine Attika mit herausgehobenem Mittelteil betont. Über stehenden Fenstern mit horizontaler Gliederung liegt ein großes flaches Segmentbogenfenster. Zwischen und neben den Fenstern zieren Pfeilervorlagen in Backsteinrustizierung und ein durchgehender Sims mit Zahnschnitt den Giebel. Die innere Gestaltung der Halle wird durch sieben Arbeitsstände im linken und vier im rechten Teil bestimmt. Der die mittlere Halle in ihrer ganzen Breite durchlaufende Schiebebühnenkanal teilt die Produktionsstätte. Markant sind die Arbeitsgleise, die die Benutzung aller Spurweiten, 750, 900, 1000 mm und Normalspur (1435 mm), jeweils durch Gleisverstellung, ermöglichen. Nach der Übernahme der Werkstatt durch die Deutsche Reichsbahn 1949 wurden einzig hier Schmalspur-Reisezug- und -Güterwagen instand gesetzt bzw. modernisiert. Am 30. Juni 1992 stellte die Werkabteilung Perleberg ihre Tätigkeit ein. *WT*

## Pferdingsleben (Gotha/G 2) TH

**Waidmühle.** Der gewerbliche Anbau von Waid zur Herstellung von Färbmitteln für Textilien ist in Thüringen seit 1248 nachgewiesen, im hohen und späten Mittelalter wurde daraus ein profilbestimmender Produktions- und Handelszweig, namentlich in den sog. Waidstädten (Erfurt, Gotha, Langensalza, Mühlhausen, Tennstedt, Großenehrich, Greußen, Kindelbrück, Weißensee, Naumburg, Weimar, Arnstadt). Der Niedergang setzte ein im 16. Jh., vor allem durch die Einfuhr von Indigo aus Übersee (trotz Importverbot 1577). Während der Napoleonischen Kontinentalsperre (1806–12) lebte das Gewerbe kurze Zeit auf, mit Nachwirkungen bis zum Beginn des 20. Jh.s. Aus dieser Zeit stammt die hiesige Mühle als einziges am urspr. Standort, wenn auch verstümmelt erhaltenes charakteristisches Göpelwerk. Bis 1912 wurde es zusammen mit 2 weiteren Waidmühlen betrieben; von der zweiten Mühle verblieb hier der Läuferstein, Reste der dritten Mühle wurden 1938 für einen Nachbau in Erfurt (→ Erfurt, Cyriaksburg) verwendet. – Im Schlitz des 2,67 m hohen Steinpfostens ruht der früher 10,2 m lange, anläßlich der Verbreiterung des tangierenden Dorfweges verkürzte, nun an seinem anderen Ende von einem Holzpfosten getragene hölzerne Jochbalken mit (ehemals mittiger) stehender Welle; an dieser die 3,4 m lange waagerechte Welle mit dem stehenden Läuferstein mit 1,67 m Durchmesser und 46 cm Breite, mit gekerbter und perforierter Peripherie, wobei die 31 Kerbungen den Eindruck eines steinernen Zahnrades erwecken. Dieses lief einst, von im Kreis laufenden Pferden bewegt, über die steinerne, ebenfalls gekerbte und perforierte Tenne. Dabei erfolgte das Zermahlen der geschnittenen und gewaschenen Waidpflanzen zu einem homogenen Brei, der nach Zwischenlagerung mit Gärungseffekt zu faustgroßen Ballen geformt, auf neben der Mühle stehenden Holzgestellen (Horden) getrocknet und, derart aufbereitet, zur Weitervergärung, Verpackung in Fässern und Versendung – urspr. bis an die deutschen Küsten – in die »Waidstädte« gebracht wurde. Als Steg über dem Wehr des hiesigen Mühlgrabens wurde einer der sechs steinernen Waidmühlenpfosten verwendet; 3,57 m ist er lang, 58 cm breit, 44 cm an seinem Kopfende eingeschnitten. – In mehr als 300 thüringischen Dörfern sind Waidmühlenreste verblieben, in den meisten Fällen die charakteristischen gekerbten Läufersteine (→ Vogelsberg); Nachgestaltungen mit Verwendung der Läufersteine finden sich in → Erfurt, → Bad Sulza, Kleinmölsen, Mittelsömmern, Rohrborn, Sömmerda, Tüttleben. *HW*

Lit.: Denkmale des Waidanbaus; Wirth, 1990, 288.

## Pirna (Sächsische Schweiz/G 5) FS

*Seit früher Zeit war die Gegend am Eingang zum Elbsandsteingebirge als Stromübergang und zur Überwachung des Schiffsverkehrs auf der Elbe bekannt. Die Burg Sonnenstein war Ursprung der Stadt. Mit dem Stadtrecht ab 1239 erhielt P. hohe Privilegien (z. B. Elbzoll) und konnte sich gut entwickeln.*

Am südlichen Ende des Postweges überspannt eine **Bogenbrücke** von etwa 1740 das Flüßchen Seidewitz. Der Bogen hat eine lichte Weite und Höhe von etwa 7 m bzw. 4 m. Die Brücke ist 4,7 m breit und hat in Bogenmitte eine Konstruktionshöhe von 36 cm. Die ehem. **Walkmühle** von 1811 (Walkmühlenweg 5) ist eine in der Bausubstanz nahezu vollständig erhaltene große, schmucklose Dreiseitanlage, alles Mauerwerk besteht aus Sandstein. Der Mühlgraben ist noch erkennbar. – Beim Bau der Sächsisch-Böhmischen Eisenbahn entstand 1848 der erste Pirnaer **Bahnhof** (Grohmannstraße 11) als spätklassizistisches Gebäude mit Elementen der römischen Renaissance in glattflächigem Sandstein. Es ist das älteste erhaltene *Empfangsgebäude* dieser Strecke und wird heute von der Bahnmeisterei genutzt. Räumliche Enge erzwang den Neubau eines Bahnhofes einen Kilometer weiter westlich. Der Neubau zeigt ähnliche Gestaltungselemente, jedoch von geringerer Qualität. – **Möbelfabrik** Fa. Hengst (Maxim-Gorki-Straße 22), 1900 vollendetes Jugendstilgebäude, 2 vierstöckige Wohngebäudeflügel mit großen Schaufenstern (1913) liegen an der Straße, in der Lücke dazwischen steht zurückgesetzt das dreistöckige Fabrikgebäude. – Der **Schleppdampfer »Sachsenwald«** wurde 1914 in der Brandenburger Schiffswerft »Gebrüder Wiemann« als »Ida Erna« gebaut. Er verkehrte auch als Eisbrecher vorwiegend auf der unteren Elbe und in brandenburgischen Gewässern. 1972 stillgelegt, wird er nach Restaurierung seit 1991 mit Liegeplatz in Potsdam für Ausflugsfahrten und gelegentliche Schlepp- und andere technische Arbeiten genutzt (L 25 m, B 5,5 m). Ein Zweikammerflammrohrkessel mit Kohlefeuerung erzeugt den Dampf, der über eine Drei-Zylinder-Dreifachexpansions-Kolbendampfmaschine mit Einspritzkondensation 175 PS an die Kortdüse abgibt. *KD*

Lit.: Lange.

## Plate (Parchim/B 2) MV

Über den 1568–72 ausgehobenen Störkanal verbindet eine für die Region typische, 1927 als Stahlkonstruktion (Ersatz für eine Brücke des ausgehenden 19. Jh.s) montierte Klappbrücke (Durchfahrtsbreite 6,2 m) Ort und Vorort Peckatel. *VR*

Lit.: Wirth, 1990, 289.

## Plau am See (Parchim/C 3) MV

Den Straßenverkehr über den Abfluß des Plauer Sees in die kanalisierte Elde (Müritz-Elde-Wasserstraße) ermöglicht eine 1912–14 montierte (1971 grundsanierte) **Hubbrücke** (Schleuse, südl. Ortsrand neben B 103). Die Stahlvollwandträger der beweglichen Fahrbahn (Länge 10,5 m, Hubhöhe rund 1,5 m) werden in 2 genieteten Stahlfachwerkportalen geführt, in deren Pylonen auch die hydraulische, elektrisch gesteuerte Hubvorrichtung untergebracht ist. Auf dem Brückenträger ein Häuschen für das Bedienungspersonal. – Als Endstation der von Güstrow kommenden Strecke besaß Plau verm. seit dem 5. 12. 1882

(Güstrow-Plauer Eisenbahn) ein Abfertigungsgebäude; ein ordentliches **Empfangsgebäude** erhielt die Stadt jedoch erst mit dem Anschluß an die über Mayenburg von Süden kommende Strecke der Preußischen Staatsbahn (Neustadt/Dosse–Pritzwalk–Mayenburg, 11. 12. 1887). Der Backsteinrohbau mit spätklassizistischen Gestaltungsdetails entspricht mit urspr. unsymmetrischer Baumassenverteilung nicht dem Standardentwurf der 1880er Jahre. Der siebenachsige gleisparallele Baukörper, zentriert durch übergiebelten Risalit, erhielt einseitig Übergewicht durch ein zweites Geschoß sowie eingesch. zweiachsige Verlängerung. Die heutige Symmetrie beruht auf späterer Erweiterung. *VR*

Lit.: Berger, 225; Schmidt/Theile II, 44.

## Plauen (Plauen/H 3) FS

*Die Wirtschaft der im 12. Jh. nachweisbaren Stadt am Übergang der Haupthandelsstraße von Süd- nach Ostdeutschland über die Elster wurde seit dem MA von der Textilherstellung bestimmt, wobei die Baumwollweberei zu Anfang des 17. Jh.s allmählich die Tuchmacherei ersetzte. Etwa um 1815 begann die Veredelung baumwollener Gewebe durch die von Hand ausgeführte Plattstich-Stickerei; seit der Einführung der Handstickmaschine 1857 und der Schiffchenstickmaschine 1883 entwickelte sich P. zum Zentrum der deutschen Spitzenindustrie mit 388 Herstellern (1907) von Stickerei- und Spitzenwaren sowie einer 1886 gegr. Fabrik für Strickmaschinen.*

**Stickerei- und Spitzenfabrik Wilhelm Surmann** (Friedenstraße 71). 1868 in Unterklingenthal gegr., produzierte die Firma ab 1901 in P. auf Großstrickmaschinen Spitzen und Stickereien. Der Stickerei, Konfektion und Verwaltung vereinende neoklassizistische Neubau von 1911 in markanter Ecksituation, eingebunden in die umgebende Wohnbebauung, kann als typisches Beispiel für die Spitzenfabriken in der Stadt gelten. Zwischen den aus rustizierten Pfeilern im EG dreigesch. aufsteigenden Kolossalpilastern öffnet sich die Fassade großzügig verglast. Die Fenster des 1. und 2. OG, getrennt durch kassettierte Brüstungen, schwingen konvex aus der Pilasterflucht; im 3. OG, wieder in die Wandfläche eingebunden, beenden dreigeteilte Stichbogenfenster den Höhendrang. *VR*

**Weisbachsches Haus** (Am Mühlgraben). Der Nürnberger Kattundrucker Johann August Neumeister ließ 1777/78 eine Kattundruckerei am Mühlgraben errichten. Das schloßähnliche ehem. *Produktionsgebäude,* welches auch zu Wohnzwecken diente, hat eine für hiesige Manufakturbauten ungewöhnlich reich verzierte, nach 1990 restaurierte Spätbarockfassade. Das Gebäude erhielt 1790 bauliche Erweiterungen (Baumwollspinnerei und Zwirnerei). *ST*

Das ehem. Schloß (Forststraße) wurde durch eine aus dem 13. Jh. stammende besondere Anlage mit Frischwasser versorgt. Mitten in der Stadt, 12 m unter der Straßenoberfläche, spendet eine Quelle in einen 2 m langen Querschlag das Wasser, welches in der **Schloßwasserleitung** abfließt. Ihr erster, etwa 200 m langer Teil ist eine bergmännisch aufgefahrene Strecke von durchschnittlich 2 m Höhe und 1 m Breite mit teilweiser Ziegelausmauerung. Danach führt eine 800 m lange Rohrleitung zum Endpunkt. Die Strecke ist in einem hervorragend guten Zustand erhalten, aber sehr schwer durch einen Straßengulli und einen 20-m-Querschlag zu erreichen. *KD*

**Steinbogenbrücke** (Wilhelm-Külz-Brücke) über die Weiße Elster, erbaut 1230–44, repariert 1630, 1840 und 1983. Sechs Rundbogen aus Bruchsteinen, je 9 m weit und von 6,5 m lichter Höhe, tragen die insg. 75 m lange Brücke. Sie ist 7 m breit und besaß früher auf beiden Seiten Brückentürme sowie hohe, mit Schießscharten versehene Brüstungsmauern. Aus jüngerer Zeit stammen die mächtigen gerundeten Pfeiler-Vorlagen. – **Steinbogenbrücke** (Friedrich-Ebert-Brücke) über die Syra, 1903–05 aus vogtländischem Schiefer erbaut. Mit 98 m Weite und 18 m Höhe ist der Korbbogen der am weitesten gespannte Steingewölbebogen Deutschlands. Das Bauwerk markiert historisch das Ende der Periode der Steinbogenbrücken, da zu ihrer Bauzeit große Brücken bereits vorwiegend aus Stahl, bald auch aus Beton errichtet wurden. Über dem Brückenbogen tragen Spargewölbe die aufgeständerte Fahrbahn. *OW*

Lit.: Bauten der Technik und Industrie, 176; Erler/Schmiedel, 156, 164, 189, 201; Wirth, 1990, 289–291.

*Plessa. Kraftwerk, Turbine*

**Plessa** (Elbe-Elster/F 5) BG

**Elstermühle** (südlich des Ortes und der Bundesstraße 169). Die Gründung des Mühlenstandortes »Elstermühle« datiert in das Jahr 1420. Seit Anfang des 16. Jh.s arbeiteten im großen Mühlengehöft eine *Mahl- und eine Sägemühle.* Die Mahlmühle brannte 1710 ab und wurde bereits 1711, wieder als Fachwerkgebäude, etwas vergrößert wiederaufgebaut. Mit der Elsterregulierung um 1890 mußte als Folge der Trockenlegung die Wasserradwand massiv untermauert werden. Zu dieser Zeit wurde die Mühlentechnik modernisiert. Die um 1580 auch auf Pfählen gegründete Sägemühle wurde mit Beginn der Stromversorgung der Gemeinde 1925 abgerissen und ein neues Sägewerk gebaut. Das Sägewerk konnte sowohl mit Wasserkraft, als auch über einen Elektromotor betrieben werden. Dazu wurde die Hauptwelle der Getreidemühle unter der Straße hindurch zum Sägewerk geführt. Getreidemühle und Sägewerk wurden 1991 stillgelegt, die funktionsfähige maschinelle Ausrüstung aus der Zeit der Modernisierung bzw. Errichtung blieb erhalten.

● **Kraftwerk Plessa.** Das im April 1927 in Betrieb genommene Kraftwerk zählte zu den modernsten und leistungsfähigsten Braunkohlekraftwerken Mitteldeutschlands. Im monumentalen Hauptgebäude des Kraftwerkes vereinigen sich Wand an Wand Maschinen- und, in Anlehnung an amerikanische Kraftwerksbauten, das Kesselhaus; die Kesselspeisepumpen waren im UG der Maschinenhalle untergebracht. Im Anschluß an die Bekohlungsanlagen stehen 4 Kühltürme. An den beiden Kopfseiten des Kesselhauses befinden sich die 115 bzw. 120 m hohen Schornsteine. Die Gebäude sind in Stahlfachwerk-Konstruktion mit Ziegelausfachung, die als Verblendung die Walzprofile umschließt, ausgeführt. Der Maschinenhalle vorgelagert ist das Verwaltungsgebäude. Die betont repräsentative Gestaltung des Hauptportals und des Treppenhauses des dreigesch., mit Klinkern verblendeten *Verwaltungsgebäudes* ist Ausdruck der energiewirtschaftlichen Bedeutung des Kraftwerkes. Die Kraftwerksarchitektur ist sowohl in Form als auch in Material ein herausragendes Beispiel für Industriebauten der 1920er/30er Jahre. Berücksichtigt man den Standort im ländlichen Raum und die vergleichsweise geringe Kapazität, so gibt es deutliche Parallelen zum zeitgleich entstandenen Kraftwerk Klingenberg in → Berlin. Kernstück der Kraftwerksausrüstungen sind seine Turbinenanlagen. Die Zoelly-Turbine, Leistung 8000 kW, wurde 1926 in der Waggon- und Maschinenbau AG Görlitz hergestellt. Diese zweigehäusig ausgeführte Turbine zählt zu den letzten erhaltenen dieser Bauart in Deutschland. Zum Turbosatz gehören eine Hilfsturbine, Kühlwasser- und Kondensatpumpen sowie Anzeigegeräte und der Turbinentisch. Das Kraftwerk wurde 1993 stillgelegt. *WT*

**Pobershau** (Mittlerer Erzgebirgskreis/H 4) FS

**Schaubergwerk** »Molchner Stolln« (Amtsseite Dorfstraße 67). Das Gebiet um Pobershau enthielt derart konzentriert Silber- und Zinnerzgänge, daß es innerhalb des Marienberger Reviers eine eigenständige Rolle spielte. Von einigen Pobershauer Gruben, z. B. dem »Krauthahn«, sind im Ort noch Huthäuser bzw. andere Grubengebäude erhalten. Der Bergbau begann dort im 16. Jh., erfuhr aber im 17./18. Jh. einen besonderen Aufschwung und endete um 1870. – Vom »Molchner Stolln« sind übertage neben dem neueren Gasthaus gleichen Namens das Huthaus und das Stollnmundloch erhalten. Das Huthaus ist zweistöckig mit massivem EG, Fachwerkobergeschoß und Satteldach, wohl im 18. Jh. gebaut. Das Mundloch des aus dem 16. Jh. stammenden Stollns erscheint heute in elliptischer Gewölbemauerung aus Bruchstein, die – auf dem Schlußstein mit dem königl.-sächsischen Wappen versehen –, aus dem Jahr 1822 stammt. Untertage sieht der Besucher des Schaubergwerkes Stolln, Schächte und Erzabbau aus dem 17. bis 19. Jh. – **Der Grüne Graben.** Um den Gruben bei Pobershau Aufschlagwasser zuzuführen, legte man 1678–80 ausgehend von Kühnhaide am Westhang des Tales der Schwarzen Pockau den Grünen Graben an und führte ihn bei P. über die Wasserscheide ins Tal der durch den Ort fließenden Roten Pockau und dort zu den Wasserrädern. Der 8,3 km lange Kunstgraben ist um 1970 wiederhergestellt worden. *OW*

Lit.: Wagenbreth/Wächtler, 1990, 265, 271, 438.

## Pockau (Mittlerer Erzgebirgskreis/G 4) FS

**Ölmühle,** von Johann Börner 1783 errichtet; einzige vollständige Ölmühle unter den wenigen erhaltenen im Erzgebirge. Mit ihrer urspr. technischen Ausstattung, dem halbmittelschlächtigen Wasserrad, Stampfwerk mit 5 Stampfpaaren zur Ölgewinnung aus Leinsamen, Raps, Mohn und Sonnenblumenkernen, Ofen und Keilpresse arbeitete sie bis 1945 als Familienbetrieb. Seit 1970 Museum. Ehrenamtliche Helfer veranlaßten die Umsetzung eines in seiner Existenz bedrohten Stampfwerkes aus der Region auf das Freigelände der Mühle und den Wiederaufbau der Maschinen, mit Transmission einer moderneren Ölproduktionsanlage aus Lauterbach. *ST*

**Dampfmaschine** in der Kistenfabrik L. Hunger. In der 1902 am Bahnhof P. erbauten Fabrik wurden 2 Kolbendampfmaschinen aufgestellt. Die kleinere ist erhalten. Es ist eine liegende 235-PS-Zweizylinder-Verbund-Dampfmaschine mit Einspritzkondensation und Kondensatpumpe. Der Hochdruckzylinder (380 mm Dm., 13 at Dampfdruck) und der Niederdruckzylinder (600 mm, 2–3 at Dampfdruck) arbeiten mit 700 mm Hub in Zwillingsanordnung auf die Kurbelwelle, in deren Mitte das Schwungrad (als Riemenscheibe von 3,6 m Dm.) angeordnet ist. Die 1902 von der Maschinenfabrik R. Raupach, Görlitz, gebaute Maschine besitzt Ventilsteuerung und einen stehenden Fliehkraftregler. *OW*

Lit.: Technisches Museum Ölmühle Pockau.

## Pöhla (Aue-Schwarzenberg/H 4) FS

**Hammerwerk Pfeilhammer** (Am Pfeilhammer). Der um 1505 im Tal des Pöhlwassers gegr. Hüttenbetrieb (Signet: ein bis 1900 nach unten, danach umgekehrt orientierter Pfeil) ist neben der Saigerhütte in → Olbernhau-Grünthal der umfänglichst erhaltene Hüttenkomplex Sachsens, dessen Bauten, nach mehrfachen Brandzerstörungen, bis in das 17. Jh. zurückreichen. 1996 als »Eisenwerk Pfeilhammer GmbH« noch Hersteller von Öl- und Kohleöfen, Ofenrohren und Öltanks. Immer noch dominant im Ensemble die, wenn auch in den Fenstern veränderte Gießhalle, akzentuiert durch Mittelrisalit mit offenem Dachreiter und geschmückt mit einer gußeisernen Heraldikplatte mit den Initialen »JHVE« (Johann Heinrich von Elterlein), datiert 1687. Benachbart das *Arbeiterwohnhaus* von 1678 und das *Gutspächterhaus* von 1687. Auf einer sanften Anhöhe über dem Hüttenbezirk das dreigesch. *Hammerherrenhaus* von 1805 in zurückhaltend klassizistischer Formgebung, betont allein auf 3 Seiten durch gering aus der Fläche hervortretende, das Mansarddach durchschneidende Risalite. Ihm rechtwinklig angegliedert und im Stil angepaßt das sog. *Damenhaus. VR*

**Hammerherrenhaus** des seit etwa 1500 bekannten sog. Biedermannschen Hammers, der bis 1856 in Betrieb war. Erhalten ist allein das um 1800 erbaute zweigesch. massive Hammerherrenhaus von 10 Fensterachsen, jetzt als Rathaus des Ortes genutzt, mit hohem, abgewalmtem Mansarddach und dreigesch., giebelbekröntem Mittelrisalit. *OW*

Lit.: Bauten der Technik und Industrie, 64; Schmidt/Theile I, 86.

## Pößneck (Saale-Orla-Kreis/H 3) TH

**»Viehmarktgelände«.** Technik-, architektur- und städtebaugeschichtlich bemerkenswerter, auf einstigem Viehmarkt und ehemaliger Ratswiese nach 1862 (Gewährung der Gewerbefreiheit) erschlossener Standort der Textilindustrie, nach 1871 ergänzt mit Lederfabrik und Unternehmervilla, 1920 mit Feuerwehrgebäude. Im Zentrum der etwa parallel (mit Ausnahme der Lacklederfabrik, des Garnlagers und der Feuerwehr) südwest-nordöstlich orientierten Gruppierung langrechteckiger Bauwerke steht die 1877/78 fünfgesch. errichtete, 1885 erweiterte *Spinnerei* und *Weberei* mit turmartigen Anbauten für Treppen und Aufzüge an der Südseite, eingesch. Anbau von 1894 als Wohnung des Portiers, und im Nordosten einem ebensolchen Anbau von 1886 für die Färberei. Südlich daneben freistehend der im Grundriß runde, etwa 70 m hohe Schornstein sowie das ruinöse *Maschinenhaus,* westlich die ein-, zwei- bzw. fünfgesch. Baugruppe von Spinnerei (1876) mit 23 m hohem Schornstein, Lager und Kontor (1889) sowie *Schlosserei* (1909). Peripher im Norden eine Shedhalle von etwa 1888 für Färberei und Appretur, eine 1882 entstandene, 1889 verlängerte zweigesch. Weberei und Spinnerei mit 25 Shed-Verdachungen, das viergesch., mit einem fünfgesch. Kopfbau versehene Garnlagergebäude von 1890; im Süden Färberei und Wollager mit ein und 2 Geschossen von 1888, eine fünfgesch. Weberei mit an der Westecke angefügtem Treppenturm sowie sechsgesch. Kontor- und Appreturgebäude von 1893/94 mit Treppenturm an der Ostseite. Die ganze Anlage zeigt eine nahezu »stilreine« Ziegelarchitektur, teils mit steilen, teils mit flachen Satteldächern, in zwei Fällen mit Sheds, in markanter Ausprägung baukünstlerischer Details: Eck- und Mittel-Lisenen, gestaffelte Rundbogenfriese an den Giebeln, Fialen an den Bekrönungen, Öffnungen mit Rund- und Stichbögen. Der 1920 durch Fusion dreier Textilfirmen auf dem Gelände in einer Hand vereinigte Komplex (C. G. Wölfel & Sohn) wurde nach 1945 zwangsenteignet, 1952 als »Volkseigener Betrieb« wieder eröffnet, die Textilproduktion 1956 eingestellt. Danach unterschiedliche Nachnutzungen bei Verlust des textiltechnischen Inventars. *HW*

Lit.: Höpner.

## Poggelow-Neu Vorwerk MV (Güstrow/B 4)

Einzig in ihrer Art ist die **»Zwillingsmühle«** mit einem Erdholländer von 1849 (1946 auf elektr. Betrieb umgestellt, 1949 stillgelegt, seit 1961 als Silo genutzt) und, nur wenige Meter entfernt, einem 1947 errichteten Galerieholländer (Galerie abgängig, 1991 noch als Mischfutterwerk betrieben). Beide Mühlen haben kein Flügelkreuz mehr, doch sind Teile der techn. Einrichtung erhalten. *VR*

Lit.: Vergessene Mühlen, 77.

## Polleben (Mansfelder Land/F 2) SA

Im Ortsbereich lassen sich seit der frühen Neuzeit mindestens 16 Wassermühlen nachweisen, von denen allein die **Steinmühle** (Straße nach Gerbstedt) noch an ihre urspr. Bestimmung erinnert. Erstmals 1593 urkundlich erwähnt, stammen die erhaltenen Gebäude der 1960 stillgelegten Mühle weitgehend aus der Zeit nach 1673 und der Modernisierung von 1834. Das oberschlächtige hölzerne *Wasserrad* (Dm. 5,65 m) wurde 1989 erneuert; von der technischen Einrichtung blieben Getriebe und Schrotgang erhalten sowie vor der Scheune ein Pferdegöpel als Antrieb der Dresch- und Häckselmaschine. – In der im Äußeren ruinösen **Bockwindmühle** (nördl. Ortsausgang) dokumentiert die Einrichtung den technischen Standard kleiner Mühlenbetriebe des späten 19. Jh.s bis in die 1. Hälfte des 20. Jh.s. *VR*

Lit.: Mühlen, 233; Wirth, 1990, 292.

## Potsdam (Potsdam/D 4) BG

*Inmitten eines ausgedehnten Seengebiets gelegen, 993 erstmals in einer Schenkungsurkunde Ottos III. für die Abtei Quedlinburg erwähnt, erhielt der unter den brandenburgischen Kurfürsten und preuß. Königen nach dem Dreißigjährigen Krieg zur Residenz geadelte Ort mit seinen Bauten den Ruf eines nationalen Denkmals. Kurfürst Friedrich Wilhelm belebte die Wirtschaft durch die Öffnung Preußens für hugenottische Einwanderer, unter König Friedrich Wilhelm I. wurde P. ab 1713 zur Garnisonsstadt mit »multikuturellen« Ansprüchen (Katholiken, Mohammedaner, orthodoxe Katholiken, Protestanten) ausgebaut. Unter Friedrich d. Gr. verschönte Georg Wenzeslaus von Knobelsdorff die Fassaden der Stadt und betreute den nach Skizzen des Königs entworfenen Bau des Schlosses Sanssouci (1745–47). In der 1. Hälfte des 19. Jh.s initiierte Friedrich Wilhelm IV. die künstlerische Überarbeitung des Ererbten und gewann Karl Friedrich Schinkel für die Hochbauten, Peter Joseph Lenné für die Gartengestaltung. Im 20. Jh. stellte P. (Garnisonkirche, 21. 3. 1933) die Kulisse u. a. für den »Tag von Potsdam«, der zu Hitlers Ermächtigungsgesetz führte, und für das »Potsdamer Abkommen« zwischen Churchill, Stalin und Truman (Schloß Cäcilienhof, 17. 7.–2. 8. 1945).*

● **Wasserwerk** (Breitestraße 27). Für den Betrieb der Fontänen im Park zu Sanssouci entstand 1841–42 – nach fehlgeschlagenem Versuch 1754 von Knobelsdorff, mittels Windkraft eine Fontäne zu speisen – nach Entwurf von Ludwig Persius, einem Schüler Schinkels, das Wasserwerk an der Neustädter Havelbucht in maurisch geprägtem romantischen Spätklassizismus. Dominierend in dem differenzierten, in der Fassade horizontal zweifarbig gegliederten, an eine Moschee erinnernden Baukörper die Kuppel des Maschinenhauses und der als Minarett verkleidete Schornstein. Die zur selben Zeit von Beuth und Brix konstruierte, bei Borsig gebaute *Zwillings-Dampfmaschine* Wattscher Bauart mit stehenden Zylindern (1986–88 restauriert) wurde 1895 durch Dampfpumpen, 1936–37 durch elektr. Kreiselpumpen abgelöst. *VR*

**Reichsbahnausbesserungswerk** (Friedrich-Engels-Straße 70). Das RAW Potsdam entstand im unmittelbaren Zusammenhang mit der Eröffnung der ersten Eisenbahn in Preußen, der Berlin-Potsdamer-Eisenbahn im Jahre 1838. Die durch den Ausbau der Eisenbahnstrecke in Richtung Magdeburg erfolgten Gleiserweiterungen und ständig wechselnde Nutzungsanforderungen sorgten für rege Bautätigkeit von den Anfangsjahren bis zum 1. Weltkrieg. Seine Blütezeit erlebte das RAW in den 1930er Jahren als damals größtes und modernstes Ausbesserungswerk für D-Zug-Wagen in Deutschland. Die Gestaltung ist geprägt von gotisierenden Details, Rundbogenarchitektur und Formen der frühen Moderne. Das RAW Potsdam ist die älteste erhaltene und noch funktionierende Eisenbahn-Reparaturwerkstatt in Deutschland. Es spiegelt in seiner Entwicklung mehr als 150 Jahre Eisenbahngeschichte in P. wider.

**Städt. E-Werk, Schaltwarte** (Zeppelinstraße 135). Die Schaltwarte von 1930–31 liegt zwischen der 1902 errichteten Turbinenhalle und dem 1931 errichteten Schalthaus im Zentrum des Baukomplexes des Elektrizitätswerkes. Die Symmetrie des ovalen glasüberdeckten Arbeitsraumes wird von der Anordnung der Anzeigetafeln und der von ornamentierten Kunststeinpaneelen gerahmten Türen bestimmt. Zwischen den beiden Türen befindet sich die Mutteruhr in schmalem raumhohen Metallgehäuse für die Schaltung der Stadtbeleuchtung. Die in Zick-Zack-Form ausgeführten Schmuckstreifen im hellen Fliesen-Fußboden vergrößern den Raum optisch. Von der technischen Ausstattung der Schaltwarte sind Anzeigetafeln mit originaler Instrumentierung und Schaltpulte mit Regeleinrichtungen überkommen. Mit Bau und Inbetriebnahme der neuen modernen Schaltwarte 1931 wurde die letzte Ausbaustufe des Elektrizitätswerkes abgeschlossen. Mit dem Neubau wurde eine Baugesinnung fortgesetzt, für die Georg Klingenberg mit seinem Entwurf von 1901 für das Elektrizitätswerk zu P. Maßstäbe gesetzt hatte. Sie ist ein herausragendes Zeugnis der Architekturauffassung der 1920er/30er Jahre. Das nur als Innenraum wirkende Bauwerk ist eine gelungene Synthese von Ästhetik, Funktionalität und Industriekultur.

**Speichergebäude** im ehem. Heeresproviantamt (Zeppelinstraße 136). Der Getreidespeicher am Schäfergraben, nach Entwürfen von Ludwig Persius 1841–42 errichtet, war urspr. Dampfmühle. 1862 wurde er Sitz des Königlichen Proviantamts. Die technische Ausrüstung des Speichers wurde in den 1920er Jahren modernisiert durch den Branchenführer MIAG. Die Annahme des Getreides erfolgte pneumatisch über einen kleinen Hafen mit Anlegebrücke. Auf der Wasserseite des Speichers befinden sich dazu *Schwenkausleger mit pneumatischem Rüssel* sowie *Entstaubungsfilter* und *Abscheider.* Die zentrale Verteilung erfolgte über eine *Redleranlage* im oberen Speicherboden. Zwischen Aufgabe und Kettenförderer befindet sich ein *Aspirateur* zur Getreidereinigung und eine *Waage* zur Kontrolle der angelieferten Menge. Die Verteileinrichtung arbeitet nach dem Vier-Wege-Prinzip. Die *Rohrbahnen* gehen durch alle Geschosse des Speichers. Die Lage der einzelnen Anschlüsse ist identisch mit dem Raster des Baukörpers. Die Förder- und Zerteileinrichtungen repräsentieren eine wichtige Etappe der Entwicklung der Technik für Großspeicher.

**Schwimm-Dampf-Ramme »Hecht«** (Liegeplatz am Westufer des Tiefen Sees). Das Arbeitsschiff wurde 1970 auf der Schiffswerft Plaue unter Verwendung eines gebrauchten Quersiedekessels, einer ebenfalls gebrauchten Rammwinde sowie einer Zwei-Zylinder-Dampfmaschine unbekannter Herkunft neu gebaut. Der eiserne pontonförmige Schiffskörper ist eine Schweißkonstruktion mit einer Länge von 22,1 m und einer Breite einschl. angehängter Schwimmer von 8,3 m. Das Schiff besitzt keine Antriebsanlage für den Vortrieb und keine Ruderanlage. Der Maschinen- und Kesselraum befindet sich auf dem Vorschiff. Das 10 m hohe Rammgerüst steht auf dem hinteren Teil. Zum Einsatz gelangt ein Dampf-Rammbär mit einem Gewicht von 2 t. Die Dampfmaschine treibt die Trommeln der Rammwinde über eine Vorgelegewelle an. Die stehende Zwillingsdampfmaschine erreicht bei 200 Umdrehungen/Minute eine Leistung von etwa 25 PS. Ihre Bauart läßt auf ein Baujahr zwischen 1910 und 1918 schließen. Die universelle Wasserbaumaschine, seit Anfang der 80er Jahre nur noch sporadisch eingesetzt, erinnert an die Traditionen beim Ausbau der Märkischen Wasserstraßen Ende des vergangenen und im ersten Drittel dieses Jahrhunderts. Sie ist eine der letzten Dampframmen auf ostdeutschen Binnenwasserstraßen.

● Ehem. **Astrophysikalisches Observatorium Potsdam, »Einsteinturm«** (auf dem Telegrafenberg). Südlich des Brauhausbergs – heute Sitz der Landesregierung – liegt der nach einem 1832 eingerichteten optischen Telegrafen benannte Telegrafenberg mit den Gebäuden des 1874 gegründeten, 1878 eröffneten Astrophysikalischen Observatoriums für spektralanalytische Untersuchungen der Sonne und der Gestirne. Zugehörig waren dann das Meteorologisch-magnetische Observatorium und das Geodätische Institut mit dem Zentralbüro der internationalen Erdmessung. Abgesehen vom Einsteinturm handelt es sich bei den wichtigsten Gebäuden um den Bestand aus dem letzten Drittel des 19. Jh.s, die nach Entwürfen von Paul Spieker nach 1876 errichtet worden sind. Als Charakteristika sind die mit gelben Klinkern verkleideten, durch dunkelrote Ziegelbänder horizontal gegliederten Fassaden, die vorwiegend rundbogigen Öffnungen und im Inneren die Eisenkonstruktionen besonders hervorzuheben. Die Qualität der Anlagen ist in ihrer städtebaulichen Gruppierung, betont axialen Zuordnung und kompositorischen Verteilung auf dem weiten parkähnlichen Areal zu sehen. Auf der höchsten Erhebung wurde 1876–1878 das *Hauptgebäude* des ehem. Astrophysikalischen Observatoriums plaziert. Das zweigesch. Gebäude von T-förmigem Grundriß hat drei Kuppelpavillons, die durch urspr. offene, jetzt durch Fenster geschlossene Arkadengänge miteinander verbunden sind. In der mittleren und in der Westkuppel standen urspr. Refraktoren und in der Ostkuppel ein Fernrohr. 1899 wurde in einem imposanten zweigesch. Kuppelbau

*Potsdam. Einsteinturm*

von 24 m Durchmesser der größte der bis dahin gebauten *Doppelrefraktoren* für fotografische und spektrografische Arbeiten montiert. Sein großes Objektiv hat einen Durchmesser von 800 mm bei einer Brennweite von 12 m, sein kleines hat 500 mm Durchmesser. Mit diesen technischen Daten ist es einzigartig in der Welt. Die optischen Teile wurden bei Carl August Steinheil in München, die mechanische Ausrüstung von Repsold in Hamburg hergestellt. Das *Hauptgebäude Geodäsie* entstand 1898. Der zweigesch. Mitteltrakt mit Mezzanin wird seitlich von Querflügeln eingefaßt. Bemerkenswert sind 4 hohe achteckige Schornsteine auf dem Mitteldach. Im EG dominierte ein großer Saal, dessen gewölbte Decke Eisensäulen trugen. 1928 wurde hier der Zeitdienst mit der Atomuhr eingerichtet. Der astro-geodätische *Helmertturm* und das sog. *Uhrenhaus* für Instrumente runden die Anzahl der herausragenden Bauwerke ab. An der südlichen Peripherie des weiträumigen Geländes steht der 1920/21 von Erich Mendelsohn erbaute, 18 m hohe **Einsteinturm,** eines der bedeutendsten Bauwerke des Expressionismus. Die rasch fortschreitende Geldentwertung in Deutschland zwang Mendelsohn, von seinem Plan einer »Architektur in Eisen und Beton« teilweise Abstand zu nehmen. Die Untergeschosse,

*Potsdam.*
*Einsteinturm, Schnitt*

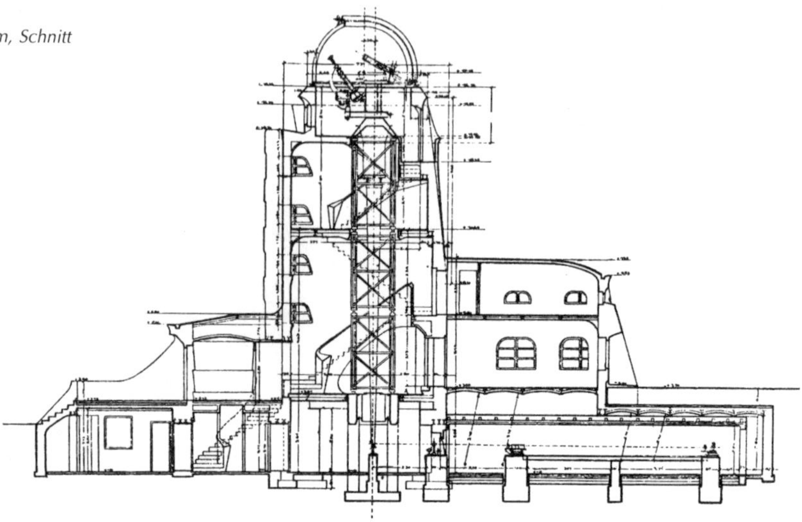

die Vorhalle an der Nordseite und der zweigesch. Gebäudeteil an der Südseite sind noch in Stahlbetonbauweise ausgeführt. Der Turm selbst wurde in Ziegelmauerwerk errichtet. Seine vorgesehene äußere Formgebung mit kraftvollen Rundungen erhielt er durch Putz, der ohne Farbanstrich in seinem natürlichen hellen Grauton belassen wurde. Im 2. Weltkrieg wurde der Einsteinturm durch Fliegerbomben beschädigt. 1952 waren die Kriegsschäden beseitigt, und die wissenschaftlichen Arbeiten konnten fortgesetzt werden. Restaurierungen erfolgten 1965 und 1978. Nach 1949 wurde das Gelände des Telegrafenberges von der Akademie der Wissenschaften der DDR übernommen. In den genannten Gebäuden waren u.a. das Zentralinstitut für Astrophysik und das Zentralinstitut für Solarterrestrische Physik untergebracht.

Das um 1804 errichtete **Zollhaus** (Templiner Straße 30) steht im engen Zusammenhang mit dem zu dieser Zeit beginnenden Ausbau der Straßenverbindungen von Potsdam. Die Errichtung von Zollhäusern wurde deshalb notwendig, weil die Benutzer von öffentlichen gepflasterten (chaussierten) Straßen Benutzungsgebühren entrichten mußten, die der Unterhaltung und dem weiteren Ausbau des Straßennetzes dienten. In seiner Kubatur entspricht das Zollhaus dem aus der Landbaukunst abgeleiteten Grundtyp. Dafür spricht die für den Frühklassizismus typische geschlossene Form des Baukörpers. Ungewöhnlich ist sein reich geschmückter Fries, der sich unterhalb des Krüppelwalmdaches an den beiden Straßenseiten befindet. Seine Motive sind der Antike entlehnt. Merkurhut und -stab stellen den funktionalen Bezug zu Handel und Verkehr her.

## P.-Babelsberg

**Ehem. Lokomotivenfabrik Orenstein & Koppel** (Ahornstraße 28–32). Gleichzeitig mit der 1899/1900 errichteten Waggon- und Weichenbauanstalt in Spandau entstanden. Der beispielhaften Gestaltung der Fabrikanlage lag eine entwicklungsfähige großflächige Raumkonzeption zugrunde. Einzeln und in ihrer Gesamtheit sind die Bauten bedeutende Zeugen neugotischer und neoklassizistischer Architekturformen im Industriebau. Herausragend auch die Entwurfs- und Ausführungsqualität der filigranen Tragwerkskonstruktionen. Im *Kuppelbau,* einer freitragenden Stahlkonstruktion über sechseckigem Grundriß, erfolgte die Endmontage der Lokomotiven. Die Baugruppen wurden in den unmittelbar angrenzenden Hallen produziert und über ein sternförmig angelegtes Gleissystem mit Drehscheiben den Montageplätzen zugeführt. Die völlig neue Produktionsorganisation hatte ihr Vorbild in der von Henry Ford erstmals angewandten Serienfertigung von Automobilen. Die

Vorfertigung von Baugruppen und die Trennung von Vorfertigung und Endmontage bestimmten die funktionellen Unterschiede und Zusammenhänge der einzelnen baulichen Anlagen, die heute noch erkennbar sind. Die Geschlossenheit der überkommenen baulichen Anlagen macht die Lokomotivfabrik zu einem industrie- und wirtschaftsgeschichtlichen Zeugnis besonderer Art. Da der Betrieb als Rüstungsbetrieb galt, wurden die Produktionsanlagen 1945 demontiert. 1949–90 volkseigener Betrieb, werden seit 1991 große Teile der Gebäude von der Maschinenbau Babelsberg GmbH genutzt.

● **Film-Ateliergebäude Haus 1 und Haus 2** (August-Bebel-Straße 26–53). Beide Ateliergebäude liegen im Zentrum des ehem. Ufa-Geländes. Die nach Entwürfen des Berliner Architekten Carl Stahl-Urach 1926 gebaute *Aufnahmehalle* (Haus 1) hat einen I-förmigen Grundriß mit 5600 $m^2$ Grundfläche. Ihr besonderer Grundriß erlaubte es erstmals, Szenen mit 50 m Breite und Objektiventfernungen bis zu 100 m in einer Halle aufnehmen zu können. Die in 5 Monaten fertiggestellte Halle ist eine Stahlfachwerkkonstruktion. Die Binder im Bereich der Kopfhallen sind als Zweigelenkrahmen mit Zugband ausgeführt und werden durch Fachwerkunterzüge getragen. Die Binder im Bereich der Mittelhalle sind über Stützen steif verbunden. Da alle Filme ausschließlich bei Kunstlicht gedreht wurden, war die Beleuchtung wichtigstes Kriterium bei der Projektierung. In die Stahlkonstruktion mußten Konstruktionselemente für eine riesige Anzahl Scheinwerfer integriert werden. Fünf doppelspurige Kranbahnen laufen allein von Giebel zu Giebel, um an Hilfsrahmen variabel Scheinwerfer aufnehmen zu können. Weitere Scheinwerfer befinden sich in einer umlaufenden Galerie und selbst unter den Kranbrücken. Die an Mosaik erinnernden Fassaden ergeben sich aus der Ausfachung der Stahlkonstruktion mit verschiedenfarbigen Steinen. Das Ateliergebäude Haus 1 erhielt seinen Namen »Stumme Hallen« nach den damals noch üblichen Stummfilmen. Anfang der 1930er Jahre wurde mit dem Bau möglichst schalldichter Ateliers im Zentrum des Geländes für die Produktion von Tonfilmen der Filmgesellschaft Ufa begonnen. Es entstand das wegen seiner 4 im rechten Winkel zueinander angeordneter fensterloser Blöcke sog. *»Tonkreuz«* (Haus 2) mit 4 Aufnahmeateliers. Die eigenwillige architektonische Gestaltung, eine Haus-in-Haus-Bauweise, ist durch die akustischen Anforderungen bedingt. *WT*

## Prausitz-Pahrenz FS
(Riesa-Großenhain/F 5)

**Turmholländer-Windmühle.** An der Stelle einer 1850 erbauten Bockwindmühle wurde 1889 die jetzige Turmholländermühle mit fünfgesch., massivem, 16 m hohem Turm erbaut. Die urspr. Jalousieflügel wurden 1947 durch die heute noch erhaltenen Ventikanten ersetzt. Die Haube mit der Windrose ist auf 44 gußeisernen Kugeln von 10 cm Durchmesser drehbar. Die Königswelle wurde 1922 verkürzt und durch ein großes Getrieberad und eine seitlich gelagerte senkrechte Welle ersetzt, die alle Müllerei-Maschinen antreibt. Die Mühle ist die höchste Windmühle im Raum Dresden. *OW*

Lit.: Mühlen, 292, 391.

## Prerow, Ostseebad MV
(Nordvorpommern/A 4)

**Leuchtturm »Darßer Ort«** (etwa 4 km nw. des Ortes). Ein schlanker, leicht konischer sechsgesch. Backsteinschaft (H 35,4 m) trägt zurückgesetzt hinter einer wenig auskragenden Galerie den zylindrischen Backsteinsockel der Laterne. Erbaut (einschl. des unmittelbar benachbarten Wärterwohnhauses) 1847–48 nahm das Leuchtfeuer mit einer in Paris gefertigten Optik (Fresnel-Linsen) und Petroleum-Dochtlicht, am 1. 1. 1849 den Dienst auf. Ein urspr. zusätzlich installiertes Unterfeuer wurde 1911 außer Betrieb genommen, die Petroleumlampen des Oberfeuers 1936 durch eine (ab 1978 ferngesteuerte) elektr. Anlage ersetzt. 1990 Grundinstandsetzung des Turmes. *VR*

Lit.: Schmidt/Theile II, 119; Zemke, 165.

## Pretschen (Dahme-Spreewald/E 5) BG

**Landgut Pretschen, Brennerei.** Das 1848 in Backsteinrohbau errichtete Brennereigebäude dominiert mit seinem Volumen die übrigen Bauten des Gutshofes. In baukonstruktiver Hinsicht bemerkenswert ist die Ausführung seines Hauptproduktionsraumes mit einer Decke in Backsteinwölbung zwischen Gurtbögen. Die Brennerei ist die einzige im Land Brandenburg, in der mit Hilfe historischer technischer Ausrüstungen, im Prinzip Maschinen der 1920er und 1930er Jahre, die klassische Technologie der Alkoholgewinnung praktiziert wird. Urspr. war die um 1880 bei der Firma Hermann Pauksch in Landsberg an der Warthe hergestellte Dampfmaschine die zentrale Kraftstation. Mit einer Leistung von etwa 22 PS trieb die einzylindrige Gegendruckmaschine liegender Bauart über Transmissionen alle Maschinen und Geräte, später auch einen Generator zur Erzeugung von elektrischer Energie zu Beleuchtungszwecken, an. Im historischen technologischen Prozeß der Rohsprit-Herstellung sind folgende Maschinen eingesetzt: Henze-Dämpfer, Vormaischbottich, Malzmischapparat, Maischbehälter (4 genietete Behälter mit einem Fassungsvermögen von je 6488 l), Maischepumpe, Destillationskolonne, Spritkühler und Lagerbehälter. Die Gesamtkapazität der Kornbrennerei beträgt 1163 hl im Brennjahr. *WT*

## Pretzien (Schönebeck/E 3) SA

Um den durch immer wiederkehrende Hochwasser der Elbe in deren Niederungen östlich von Magdeburg entstehenden Schaden langfristig zu begrenzen, beschloß die preuß. Regierung 1869 ein großangelegtes Meliorationsprogramm zum Schutz der Anliegergemeinden zwischen Barby und Magdeburg. Zwischen 1871 und 1875 bauten italienische Gastarbeiter und französische Kriegsgefangene den streckenweise das Bett der Alten Elbe nutzenden Umflutkanal mit bis zu 8 m hohen Deichen, den zwischen P. und Ranies ein monumentales **Schützenwehr** zur Regulierung des Hochwasserspiegels der Elbe sperrt. Aus einem durchgehenden Fundament aus Elbsandstein von 162,8 m Länge, 7,5 m Breite und einer Tiefe von 3,8 m erheben sich zwischen den Widerlagern 8 massige Sandsteinpfeiler bis zu einer Höhe von 4,77 m als Auflager für die eisernen Brückentafeln (Gesamtlänge 112,5 m, Achsmaß der 9 Joche 12,55 m), als dem Bedienungshorizont für die auf Schienen verfahrbaren elektr. Winden zum Ziehen der in Doppel-T-Profilen, den sog. Losständern, geführten 324 Schützentafeln aus Buckelblech (H 0,84 m, B 1,31 m, Dm. 6 mm). Überregionale Anerkennung erhielt das Ingenieurbauwerk auf der Pariser Weltausstellung 1889 durch die Auszeichnung mit einer Goldmedaille. *VR*

Lit.: Schmidt/Theile I, 141; Wirth, 1990, 298.

## Pritzwalk (Prignitz/C 3) BG

**Kathfelder Mühle** (nordwestl. des Stadtkerns, an der Dömitz). Am Mühlenstandort wird erstmals in der Mitte des 14. Jh.s eine Wassermühle erwähnt. Die heutige Mühle wurde 1872 – in den ersten Jahren als Mahl- und Sägemühle – in Betrieb genommen. Das Sägewerk wurde schon 1888 wieder stillgelegt. Heute erzeugt eine moderne Turbinenanlage elektrische Energie, die ins Netz eingespeist wird. Das Mühlengebäude ist ein viergesch. Putzbau über fast quadr. Grundriß. 1937 vergrößert, enthält sie auf den 4 Arbeitsböden die Maschinen und Ausrüstungen zum Herstellen von Mehl verschiedener Qualitäten. Ihr hölzernes Wasserrad wurde 1898 durch ein eisernes Rad ersetzt. Ab 1935 wurde die Mühlentechnik von einer Francisturbine mit einer Leistung von etwa 28 PS angetrieben. Diese Anlage wurde 1960 vom damaligen Nutzer, einer landwirtschaftlichen Produktionsgenossenschaft, zum Teil demontiert und verschrottet. Das im rechten Winkel angrenzende Speichergebäude entstand 1904/05. *WT*

Der südl. Rand der Stadt (B 107) an der Dömitz wird bestimmt durch den strengen Backsteinzylinder des städtischen **Wasserturmes** aus den späten 1920er Jahren. Über rustiziertem Sockel fünf, durch dunkle Ziegelbänder mit flachen Fensterluken getrennte Geschosse, die über gestuftem, gering auskragendem Gesims zinnengleich eine Brüstung mit Lisenengliederung abschließt. *VR*

## Pulsnitz (Westlausitz-Dresdner Land/G 5) FS

Neben der seit dem 17. Jh. betriebenen und den Ort weit über die Landesgrenzen hinaus bekanntmachenden Pfefferkuchenbäckerei trugen seit der Mitte des 18. Jh.s Bandweberei, Blaufarbendruck und Töpferei zum Wohlstand bei. **Blaudruckwerkstatt** (Bachstraße 7). Das in den Niederlanden seit dem 16. Jh. bekannte, aus dem Orient übernommene, in Schlesien seit dem 17. Jh. heimische Verfahren des Blaufarbendrukkes übernahm Karl Frenzel um 1840, dessen Erben die Stoffveredlung bis 1927 betrieben. Nach Unterbrechung bis 1946 wurden erneut Stoffe in den typischen sorbischen Trachtenmustern bedruckt. Erhalten sind etwa 400 Modeln aus Birkenholz (mit etwa 250 Mustern aus dem 18. und 19. Jh.), mit denen unterschiedliche Muster mittels einer Druckmasse aus Kupfer- bzw. Eisenvitriol unter Zusatz von Kalk und Zinnsalz, gelöst in Gummiwasser, verdickt durch Tonerde auf das Baumwollgewebe aufgedruckt wird. Die durch den sog. »Papp« präparierten Stellen setzen sich nach der Einfärbung des Stoffes als helles Muster ab. – **Töpferei Jürgel** (Ernst-Thälmann-Straße 4). Seit den 1920er Jahren produziert der 1742 in der »Töpferei vor dem Obertor« gegründete Familienbetrieb Gebrauchskeramik mit ansprechendem Dekor u.a. nach der sog. Schwämmeltechnik, bei der das aus einzelnen Kreisen zu konzentrischen Ringen sich addierende Muster durch Verwendung von Naturschwämmen aufgebracht wird. Im 1982–84 restaurierten *Brennhaus* ein Zweikammerbrennofen mit halbkontinuierlichem Betrieb (in der neueren Literatur dat. 1742), bis 1893 mit Holz, danach bis 1959 mit Kohle befeuert. – **Band- und Gurtweberei I. G. Hauffe** (Goethestraße 4–6). 1805 als Verlagsgeschäft von Johann Gottlieb Hauffe gegründet, begann der Betrieb ab etwa 1880 mit der maschinellen Band- und Gurtfertigung auch aus Gummi. Neben dem Stammhaus von 1817 entstand 1855 an der Goethestraße ein repräsentatives spätklassizistisches Wohn- und Geschäftshaus in Mischformen deutscher und italienischer Renaissance. In der Tiefe des Grundstücks schließen sich Produktionsgebäude als Geschoß- und Shedbauten an, akzentuiert durch einen fünfgesch., durch Rundbögen geöffneten Turm unter von Zinnen umgebener Aussichtsplattform in Formen des romantischen Spätklassizismus. Daneben Erweiterungsbauten von 1880 bis 1906. *VR*

Lit.: Bauten der Technik und Industrie, 162; Schmidt/Theile I, 260; Wirth, 1990, 298f.

## Putgarten-Arkona (Rügen/A 4) MV

● **Leuchttürme** (Kap Arkona). Für die 1683 eingerichtete Segelschiff-Postlinie zwischen Pommern und Schweden soll beim Posthaus auf der Halbinsel Wittow bereits ein Laternenfeuer, später auf dem Kap Arkona eine Feuerbake existiert haben. Wirkungsvolleren Ersatz bedeutete der nach Entwurf von Karl Friedrich Schinkel 1826–29 unter Leitung von Oberbauinspektor Michaelis und Baukondukteur Lübke auf quadr. Grundriß errichtete Leuchtturm. Über einem wuchtigen Granitsockel erheben sich 3 durch kräftig profilierte Gesimse getrennte, nach oben gering gegeneinander zurückgesetzte Geschosse, deren Backsteinfassaden je 3 rechteckige Blendnischen mit zentralen Fenstern in abgestufter Leibung gliedern. Im Zentrum des Daches die polygonale Laterne unter einem von 24 dünnen Kupferpfosten getragenen Kegeldach. Das Leuchtfeuer mit 17 ölbefeuerten Lampen und kupfernen Parabolspiegeln (Dm. 0,65 m) war seit 1918 im Reichsverkehrsmuseum eingelagert, seit 1927 verschwunden. Nach mehr als 70 Betriebsjahren wurde der Alte Leuchtturm stillgelegt; seine Aufgabe übernahm der 1901–02 fast doppelt so hoch erbaute Neue Leuchtturm. Sein schlanker, leicht konischer, mit Verblendsteinen verkleideter Schaft über oktogonalem Feldsteinsockel trägt eine zweigesch. Laterne, umfaßt von 2 auskragenden Galerien. *VR*

Lit.: Schmidt/Theile II, 108; Vorpommersche Küstenregion, 463; Wirth, 1990, 300f.

## Putzkau (Bautzen/G 6) FS

**Eisenbahnbrücke** der Bahnstrecke Dresden–Zittau. Die 1879 erbaute Brücke über das Tal der Wesenitz ist etwa 400 m lang und besteht aus 21 Stichbogen in Natursteinmauerwerk. *OW*

Lit.: Erler/Schmiedel, 166, 213.

## Quedlinburg (Quedlinburg/F 2) SA

*Mit der Stadt an der Bode verbinden sich in der deutschen Geschichte die Namen der ottonischen Kaiser, soll doch der Legende nach Heinrich der Vogler am hiesigen »Finkenherd« die Reichsinsignien empfangen haben. Die Protektion der Liudolfinger verlieh der 922 erstmals urkundlich erwähnten Siedlung bis in staufische Zeit eine gewisse politische Bedeutung, jedoch ohne besondere Auswirkung auf die wirtschaftliche Entwicklung. Regionaler Handel, Handwerk und Ackerbürgertum bildeten bis in die Neuzeit die Erwerbsgrundlage der Bürger. Der Versuch, im 19. Jh. in Q. Textilindustrie anzusiedeln, scheiterte noch vor dessen Ende.*

Die wohl urspr. zur wirtschaftlichen Förderung des nördl. Harzvorlandes gedachte Bahnlinie Halberstadt–Q.–Thale (Magdeburg-Halberstädter Eisenbahn, 2. 7. 1862) diente seit dem Ende des Jahrhunderts eher touristischen Aufgaben. Aufwertung erhielt die **Bahnstation** Q. im SO der Stadt auf ehem. Befestigungsanlagen mit der Streckeneröffnung nach Ballenstedt (Magdeburg-Halberstädter Eisenbahn, 1. 7. 1885) – das bereits seit dem 7. 1. 1868 über Frose Verbindung zur Hauptstrecke Halberstadt–Aschersleben besaß – durch ein nun nobles neugotisches *Empfangsgebäude* aus gelbem Sandstein, ausgeführt in gleicher baulicher Qualität und im Geiste gleicher »vaterländischer« Gesinnung wie die neoromanischen Bauten von Bad Hersfeld und Gelnhausen (1882–83, *Reclams Führer zu den Denkmalen der Industrie und Technik,* Bd. 1, S. 112, 151). Die zweigesch., je zweiachsigen Seitenflügel – flankiert von eingesch. Nebenbauten – zentriert ein durch Spitzbogenfenster und Staffelgiebel geprägter Risalit. Im Original erhalten die meisten Türen und Fenster, die Holzkonstruktion der Hallendecke und die Perronhalle (Gleis 1) auf Gußstützen sowie die Treppenabgänge der Nebengleise. Im westl. Bahnhofsgelände *Stellwerk* und *Wasserturm* mit Flachbodenbehälter (verm. 1960er Jahre). – Östlich der Straße nach Warnstedt bzw. Weddersleben (SW-Ortsrand, Bushaltestelle Ziegelwerk) am Ufer der Bode ein ausgedehnter **Industriemühlenkomplex** am Standort einer früheren, durch einige Fachwerkbauten noch kenntlichen Wassermühle: Die beiden Speicherbauten in Backsteinrohbau neugotisch (um 1890) und in Formen des Industriejugendstils (um 1905), die Nebengebäude stilistisch unausgeprägter. – Nördlich anschließend eine im Kern als Dreiflügelanlage konzipierte **Ziegelei** mit einem der Bode parallelen dreigesch. Ofengebäude mit zentralem Schornstein in der typischen Lisenengliederung der späten 1870er Jahre, den Hof rechtwinklig zum Hauptgebäude beidseitig fassend mächtige Trokkenschuppen mit hölzernem OG. Einige der Nebengebäude sind in die erste Hälfte des 19. Jh.s zu datieren. – Wahrzeichen von Warnstedt ist die hochaufragende **Turmwindmühle** (östl. Ortsrand, südl. Straße nach Q.) mit teilweise erhaltener techn. Einrichtung. *VR*

## Querfurt (Merseburg-Querfurt/F 3) SA

LANDKREIS: **Mühlen.** – Dornstedt. Um 1890 in Bruchstein auf dem »Mühlberg« erbauter *Turmholländer* (Flügel abgängig) mit erhaltener Flügel- und Königswelle, Getriebe und Schrotgang. – Gatterstädt. 1925 zur Paltrockmühle umgebaute *Bockwindmühle* von 1757 mit weitgehend kompletter techn. Einrichtung. – Langeneichstädt. *Bockwindmühle* von 1836 mit Resten techn. Ausstattung. 1960 stillgelegt, 1991–92 restauriert. – Leimbach. 1830 aufgeschlagene, 1949 außer Betrieb genommene *Bockwindmühle* mit techn. Einrichtung. – Lodersleben. *Turmholländer* aus Bruchsteinmauerwerk von 1859 (umgebaut 1879) mit funktionsfähiger Technik: Flügel, Windrose sowie Schrotgang und Walzenstuhl. *VR*

Lit.: Mühlen, 227, 228, 231.

## Radebeul (Meißen-Radebeul/G 5) FS

**Lößnitztalbahn.** Am 16. 9. 1884 von der Sächs. Staatsbahn für den Verkehr freigegeben, verbindet die urspr. für den Güterverkehr konzipierte, heute als touristische Attraktion mit Dampftraktion betriebene 750-mm-Schmalspurbahn (älteste Lokomotive von 1899) den Ort des 1928 eingerichteten »Karl-May-Museums« mit dem 16,6 km entfernten Radeburg, dem Geburtsort Heinrich Zilles. Auf der Nordseite des Bahnhofs R.-Ost die Betriebseinrichtungen der Schmalspurbahn mit zweiständigem Lokschuppen, Bekohlungsanlage, Wasserkran, Reparaturwerkstatt und Ladeeinrichtung für die beim Spurwechsel von 1435 mm auf 750 mm notwendigen Rollböcke. *VR*

Lit.: Kirsche/Müller, 253; Wirth, 1990, 301.

## Ragewitz (Muldentalkreis/G 4) FS

**Braunkohlenförderturm.** Verm. um 1890 erbaut, ist der zwischen dem Ort und der Autobahn stehende Förderturm das letzte Denkmal des meist untertägig geführten Braunkohlenabbaus in den kleinen Kohlevorkommen im Raum Grimma-Wurzen. Der Förderturm besteht aus massivem, unverputztem Ziegelmauerwerk, etwas abgesetztem OG und flachem Satteldach, das verm. später an Stelle eines flach gewölbten Wellblechdaches getreten ist. Heute steht die Gebäudegruppe auf einem Hügel, da ringsum die Landschaft über der abgebauten Kohle gesenkt ist. *OW*

## Rangsdorf (Teltow-Fläming/E 5) BG

**Flugplatz und »Bücker-Flugzeugwerke GmbH«.** Trotz Eisenbahnanschluß ab 1875 begann sich der Ort erst Ende der 1920er Jahre zu einem bevorzugten Ausflugsziel der Berliner zu entwickeln. Überregionale Bedeutung erhielt R. durch die im Hinblick auf die Olympiade 1936 gefällte Entscheidung des Reichsluftfahrtministeriums unter Hermann Göring im Frühjahr 1935, am Rangsdorfer See einen Land- und Wasserflughafen, ein Flugzeugwerk, eine Motorfliegerschule sowie den »Aero-Club von Deutschland« anzusiedeln. Bereits im Herbst 1935 konnte die »Bükker-Flugzeugwerk GmbH« von → Berlin-Johannisthal in die Neubauten für Verwaltung, Produktion und Einfliegerhalle (später ergänzt durch den Prüfstand) umziehen. Bis Juli 1936, noch vor Eröffnung der Olympischen Spiele, waren Fliegerschule und 3 Flugzeughallen in Stahl-Ziegel-Konstruktion (von der Roten Armee 1945 abgerissen) fertiggestellt, ebenso das von Ernst Sagebiel entworfene Haus des Aero-Clubs Deutschland, dessen schlichte Putzfassaden durch dreiseitig umlaufende Terrassen, getragen von schlanken Säulen, Kontur erhielten. Nach dem Ende der Sportfliegerei 1939 übernahm R. für ein Jahr die Aufgabe des Verkehrsflughafens von Berlin. Nachdem Tempelhof ab dem 7. 3. 1940 wieder für den zivilen Luftverkehr zuständig wurde, diente die Anlage bis 1945 als Fliegerhorst der Luftwaffe für Transport- und Kurierflugzeuge und Zwischenstation für Kampfverbände, danach bis 1956 als Stützpunkt der sowjetischen Luftwaffe. *WT/VR*

Lit.: Wietstruk, 65.

## Rankendorf MV (Nordwestmecklenburg/B 2)

Der in lagerflächig behauenem Bruchstein 1856 aufgeführte sog. **»Speckturm«** (5 × 7,5 m im Grundriß, H 15 m) erinnert in der Verbindung mit dem ihn fast dreiseitig umfassenden Wohnhaus samt Stallungen und dem spitzgiebligen Eingangsgebäude eher an einen romanischen Kirchenbau als an ein von den Dorfbewohnern genutztes Räucherhaus. In den 1970er Jahren stillgelegt. *VR*

Lit.: Schmidt/Theile I, 198.

## Rathen, Kurort FS (Sächsische Schweiz/G 5)

Der Aufstieg zur Bastei, dem berühmtesten Aussichtsfelsen der Sächsischen Schweiz, war früher von R. aus nur mit Begleitung ortskundiger Führer möglich. Eine 1826 gebaute **Holzbrücke** machte den Aufstieg für jedermann möglich. 1850/51 wurde diese Brücke durch die steinerne Friedrich-August-Brücke (Basteiweg), heute **Basteibrücke,** ersetzt (L 77 m, B 3 m, 7 Bögen, max. Höhe über der Schlucht: 40 m). Im 2. Bogen von SO sind die Namen aller Bauleute eingemeißelt. *KD*

Lit.: Erler/Schmiedel.

## Rathenow (Havelland/D 3) BG

Die **Opel-Zentrale** (Berliner Straße 23) als symmetrisch gestalteter Gebäudekomplex wurde in den Jahren 1937–38 errichtet. Dem zur Straße orientierten zweigesch. verputzten Hauptgebäude unter Walmdach mit Hechtgaupen vorgelagert eine Tankstelle, deren vorn abgerundetes Dach 2 Pfeiler tragen. Das Hauptgebäude flankieren eingesch., durch große Fenster geöffnete Ausstellungs- und Verkaufspavillons. Der Hof wird durch Garagenbauten und ein langes Werkstattgebäude begrenzt. Der verputzte Ziegelbau besteht aus einer großzügigen Halle mit Oberlichtern sowie zweigesch. Kopfbauten mit dreiachsigen, die Pultdächer überragenden Fassaden.

Die 1914–20 gebaute **Jederitzer Brücke** überführt einen kanalisierten Havelarm, den Stadt- und Schleusenkanal, am nördlichen Zugang zur Altstadt. Die Hubbrücke ist eine Stahlkonstruktion aus genieteten Walzprofilen. Sie ist etwa 11,5 m lang und 5,8 m breit. Der Hubvorgang erfolgte über einen elektrischen Zentralantrieb. Die Antriebsmaschinen befinden sich in einem Maschinenraum unterhalb der Fußgängerbrükke. Mit Hilfe des Hubwerkes und Gallscher Ketten konnte der Brückenbalken um etwa 1,4 m angehoben werden. Die Hubpylone mit den Gegengewichten wurden demontiert. Die Fußgän-

gerbrücke ist in Stahlbetonbauweise ausgeführt. Zur Überwindung des Höhenunterschiedes hat die Straßenbrücke beiderseitig Treppenrampen mit Podesten. Das Geländer dieser Brücke ist eine attraktive Kunstschmiedearbeit im Jugendstil. Das Hubwerk wurde nach Erliegen des Bootsverkehrs Anfang der 1950er Jahre funktionslos.
**Brachymedial-Fernrohr** (am Hermann-Duncker-Gymnasium). Das Rathenower Medial entstand 1953 als Baumuster im Rahmen eines Forschungsauftrages der Akademie der Wissenschaften der DDR. Entwickelt, konstruiert und gebaut wurde es von Ingenieur Edwin Rolf, Mitarbeiter der Rathenower Optischen Werke. Das Brachymedial, ein »verkürzter Reflektor«, hat bei einer Tubuslänge von 9,6 m eine 20,8 m lange Brennweite. Durch eine neuartige Kombination von Objektivlinse mit Kompensationslinse und Konkavspiegeln sowie einem dreilinsigen System, das zusammen mit dem Okular auf einem Kreuzschlitten zentriert ist, konnten vorher immer wieder auftretende Abbildungsmängel und Farbfehler vermieden werden. Das Rolfsche Brachymedial ist das größte hergestellte Gerät, sei es als Medial oder als Brachymedial, und weltweit das einzige. *WT*

## Reichenbach (Vogtlandkreis/H 3) FS

**Wasserturm.** Im Zuge des ständig steigenden Wasserbedarfs der Stadt Reichenbach entstand 1888 ein 1000 $m^3$ fassender Wasserbehälter. Da dieser allein mit dem beginnenden 20. Jh. nicht mehr ausreichte, ließ die Stadt außerdem 1926 einen weiteren Wasserturm errichten. Der Stahlbetonbau wurde vom Architekten Rudolf Ladewig entworfen und entstand unter der Bauleitung des Ingenieurs Kurt Zahn vom Wasserwerk Reichenbach. Der Behälter mit 2 Kammern von je 500 $m^3$ Fassungsvermögen ruht auf 16 Säulen. Der Turm mit seinen 7 Geschossen und einem Dachgeschoß hat eine Höhe von 28 m. 1928 wurde das Bauwerk durch ein Treppenhaus mit Aborten erweitert und eine Gaststätte und eine Jugendherberge in das Turminnere integriert. *ST*

## Reichstädt (Weißeritzwalde/G 5) FS

**Turmholländer-Windmühle.** Im Jahre 1850 baute der Bauer Zönnchen auf eigenem Grund die nur 7,7 m hohe, aus Sandstein-Mauerwerk bestehende Windmühle, die mit Türenzeug-Flügeln und einem Schrotgang Futter erzeugte. Sie war bis 1883 in Betrieb und wurde 1959/60 und 1982/83 restauriert. Diese Mühle ist die kleinste und höchstgelegene Windmühle Sachsens (in 544 m Höhe). *OW*

Lit.: Mühlen, 293, 391.

## Reinsberg (Freiberg/G 5) FS

**4. Lichtloch des Rothschönberger Stollns.** Der 1844–77 von Rothschönberg bis Halsbrücke vorgetriebene, bis dahin etwa 14 km lange Rothschönberger Stolln erforderte zu seinem Bau auf diese Strecke Hilfsschächte, sog. Lichtlöcher (→ Halsbrücke, Krummenhennersdorf). Die Gebäudegruppe des 4. Lichtloches in der Ortslage R. ist vollständig erhalten. Das 1844–49 abgeteufte, 84 m tiefe 4. Lichtloch erhielt ein auf der Schachthalde stehendes, zweigesch. *Schachtgebäude* aus Holzfachwerk mit Brettbeschlag, Satteldach und Dachreiter, in dem die Kunstglocke vom Kunstgezeug (Pumpensystem) angeschlagen wurde und damit dessen Gang anzeigte. Neben dem Schachtgebäude bedeckt eine Kaue (ein bis auf die Haldenfläche herabreichendes Satteldach) die heute verschüttete Radstube für Kehrrad und Kunstrad (für die Förderanlage bzw. den Pumpenantrieb). Das Aufschlagwasser erhielten diese Wasserräder durch die Grabentour (→ Krummenhennersdorf). Am oberen Ende der Halde steht das zweigesch., mit überkragendem Satteldach versehene Huthaus (Verwaltungsgebäude) des Rothschönberger Stollns, das durch eine Inschrifttafel auf 1844 datiert ist. Vor dem Huthaus wird dieses im Osten von der Bergschmiede, im Westen vom Zimmereischuppen flankiert. *OW*

Lit.: Wagenbreth/Wächtler, 1986, 181, 327 f.

## Reinshagen (Güstrow/B 3) MV

Die bereits im 17. Jh. urkundlich erwähnte, in der Bausubstanz seitdem bis in das 20. Jh. in Anpassung an den Ursprungsbau veränderte **Wassermühle** wurde nach der Stillegung 1973 zur musealen Schauanlage mit techn. Einrichtung aus dem 19. und frühen 20. Jh., darunter zwei Mahlgängen, Reinigungsanlagen, Sichter, Becherwerken, Walzenstühlen und einem Zuppingerrad (Dm. 5,6 m, B 1,55 m). *VR*

Lit.: Schmidt/Theile I, 238; Mühlen, 192.

## Rittersgrün (Aue-Schwarzenberg/H 4) FS

**Schmalspurbahnhof** Oberrittersgrün. Der Bahnhof an der 1888/89 angelegten und 9,36 km langen, 1971 abgebauten Schmalspurstrecke von Gründstädtel durch das Pöhlwassertal nach Oberrittersgrün, ist seit 1977 mit Empfangsgebäude, Güterboden, Lokschuppen und historischen Fahrzeugen Museum. *ST*

Lit.: Möller.

## Ritzgerode (Mansfelder Land/F 2) SA

Eine erste Erwähnung einer **Wassermühle** an der Eine nördl. von R. datiert in das Jahr 1524, die heutige »Untermühle« mit Wohn- und Mühlengebäude entstand um 1800. An historischer Technik erhalten eins von ehem. 2 oberschlächtigen Wasserrädern (Dm. 3,6 m, 1962 erneuert), ein Dieselmotor von 1921, ein Elektromotor von 1942, der steinerne Mahlgang und zwei Walzenstühle. *VR*

Lit.: Wirth, 1990, 309; Mühlen, 234.

## Rochlitz (Mittweida/G 4) FS

**Industriemühle »Schloßmühle«.** Erstmals 1288 als Mühle des 18 km entfernten Klosters Buch genannt, hatte die Mühle 1548 neun Gänge und 1774 Pansterräder. Das heutige mehrstöckige Mühlengebäude wurde ab 1855 errichtet. Betrieben wurde die Mühle bis um 1880 mit unterschlächtigen Wasserrädern, dann mit Girardturbinen, schließlich mit Francisturbinen. Das von Johann Gottlieb Pfau erbaute und mit »K. L. Schlobach 1862« bezeichnete neugotische Wohnhaus des Mühlenbesitzers zeichnet sich durch reiche, aus Rochlitzer Porphyrtuff gehauene Details aus. Der 1896 erbaute fünfgesch. Schüttsilobau bildet an der Mulde eine städtebauliche Dominante. – Unterhalb der Mühle steht eine **Spinnerei** von 1834 an der Mulde, und diese wird von einer 1954–56 erbauten **Stahlseilhängebrücke** von 60 m Spannweite für Fußgänger überspannt. *OW*

Lit.: Erler/Schmiedel, 169; Mühlen, 271, 385.

## Rodewisch (Vogtlandkreis/H 3) FS

Die von Franz Louis Wolff zur Herstellung von techn. Filzen 1868 gegr. **Sächsische Filztuchfabrik** (Wernesgrüner Straße 76) entwickelte sich gegen Ende des 19. Jh.s zu einem führenden Unternehmen der Branche. Bemerkenswert der Eisenbetonskelettbau von 1927, der mit großflächiger Verglasung zwischen den statisch notwendigen Konstruktionselementen an den seit 1910 propagierten Reformstil anknüpft. Die Rasterfassaden akzentuieren im Norden zweiseitig risalitähnlich vorgesetzte Treppentürme, die der Zeit entsprechend horizontale, mit wachsender Höhe zunehmend niedriger werdende Fensterbänder durchbrechen. Entlang der Göltsch weitere, meist zu Ende des 19. Jh.s entstandene Betriebsgebäude. *VR*

Lit.: Bauten der Technik und Industrie, 211.

## Röversbagen (Bad Doberan/A 3) MV

**Sockel-Holländer-Windmühle** von 1870 mit typischer oktogonaler, verschindelter Holzkonstruktion über einem in der Grundrißform angepaßten Backsteingeschoß. Wegen defekter Windkraftanlage Antrieb der weitgehend erhaltenen techn. Ausstattung – hölzernes Getriebe aus der Bauzeit, Mahl- und Schrotgang, Sechskantsichter und Elevatoren – mittels Elektromotor. Restaurierung zur Schauanlage geplant. *VR*

Lit.: Schmidt/Theile I, 218; Die Bau- und Kunstdenkmale in der mecklenburgischen Küstenregion, 319.

## Ronneburg (Greiz/G 3) TH

**Bergbaurevier »Erzfeld Ronneburg«.** Bedeutendster Teil des 1946–90 in Thüringen und Sachsen betriebenen größten Uranerz-Abbaugebietes Europas, nach denen der USA und Kanadas das drittgrößte der Welt, Zulieferant für die sowjetische Atom-Rüstungsindustrie. Mit Über- und Untertageanlagen sowie betriebseigenen Verkehrswegen (Eisenbahnen, Straßen) erfolgte eine gigantische, von Bahn- und Straßentrassenverlegungen, vom Verlust allein von fünf Dörfern (Culmitzsch, Gessen, Katzendorf, Lichtenberg, Schmirchau) begleitete Um- und Überformung der Landschaft, deren 1990 begonnene »Rekultivierung« markante übertägige Sachzeugen einer

*Ronneburg. Bergbaurevier, Wismutschacht*

zweifelhaften, in Deutschland abgeschlossenen »Entwicklungsphase« zumindest partiell hinterläßt: 2 *Spitzhalden* des ehem. Betriebsteiles Reust, die größte mit einer Höhe von 130 m, südlich von Ronneburg; 2 weitere derartige künstliche Berge bei Paitzdorf, der größte 105 m hoch, südöstlich von Ronneburg (»Die Pyramiden von Ronneburg«); die Nordhalde des vornehmlich mit dem Abraum der »Gessenhalde« verfüllten, 240 m tiefen Tagebaus »Lichtenberg« (rund 2 km NS, 600 m OW), südwestlich von Ronneburg; 5 Schachtanlagen, davon 3 mit einfach-, 2 mit doppelstrebigem stählernem Fördergerüst (Schächte 397 und 401 bei Beerwalde, einer bei Raitzhain, nordöstlich bzw. östlich von R.; Schacht 418 bei Korbußen, nördlich von R., und einer von zwei Schächten bei Drosen, nordöstlich von R.; Schacht 407 nördlich von R. mit Fördergerüst und Hängebank; Schacht 415 mit Turmfördermaschine von 1984–85). – Radioaktive Bodenschätze waren hier seit dem 17. Jh. bekannt, ab 1766 gab es schließlich verwirklichte Erwägungen der balneologischen Nutzung von Solequellen (im 19. Jh.: »Bad Ronneburg« mit entsprechenden, in Resten noch vorhandenen Kuranlagen). Auf der Suche nach Rohstoffen für die großindustrielle Entfaltung der Atom-Technik im 1945 entstandenen sowjetischen Imperium erfolgten durch die mit dem Tarnnamen »Wismut« versehene Firma SAG (Sowjetische Aktiengesellschaft) 1946 erste tiefbergbauliche Erkundungen auf das hier mit weniger als 0,1% im Uranerz vorhandene begehrte Mineral; ab 1952 Schachtförderungen bei Schmirchau und Lichtenberg, ab 1958 – nun (seit 1954) unter dem Namen »SDAG (Sowjetisch-deutsche Aktiengesellschaft) Wismut« – Anschnitt des Tagebaues »Lichtenberg«, schließlich ab 1977 nur noch Untertagebau bei Ausweitung des Grubenfeldes auf 73,4 km² mit Schachtteufen bis zu 940 m Tiefe, stets unter strengster Geheimhaltung, jedoch nicht als Straflager (→ Niedersachswerfen), sondern als »Staat im Staate« besonders privilegierter und überwachter Belegschaftsangehöriger mit Zentrum in R. (Wohn-Neubauviertel, Klubhaus). Insges. betrug die Ausbeute 113 900 t Uran, bei dem geringen Mineralgehalt mit entsprechenden gewaltigen Ausschüttungen von Deckgebirgen (im Tagebau) und Taubgesteinen (im Tiefbau); nach Erlöschen der Produktion 1991 Gründung der »Wismut GmbH« – erneut der Tarnname eines der spektakulärsten »Entsorgungs«-Unternehmen Deutschlands. *HW*

Lit.: Schreck.

## Rositz (Altenburger Land/G 3) TH

**Zuckerraffinerie.** Ausgedehnte bauliche Anlage weitgehend aneinandergereihter bzw. parallel zueinander angeordneter Gebäude in anspruchsvoller, mit stich- und rundbogigen Öffnungen, z. T. auch mit Lisenen gegliederter Ziegelarchitektur. Urspr. Fabrikationsstätte von Rübenzucker auf den 1872 von einer Kapitalgesellschaft erworbenen Fluren des Rittergutes Zechau mit der Absicht, Zuckerrübenanbau, Braunkohlenbergbau und Zuckerherstellung in einer Hand zu betreiben. Mit 20 m langem, 16 m breitem Rübenhaus, 51,5 m langem, 16,5 m breitem Preß- und Siedehaus, ferner Maschinenhaus, Waagegebäude, Füll- und Packhaus, Kohlenglüh- und Gärhaus, Filterturm, zwei Schornsteinen (der größere 44 m hoch), »Niederlage« sowie normalspurigem Gleisanschluß. Das Ganze war wohl unvollendet, da im selben Jahr, als die Rübenzuckerproduktion einsetzte (1874), die Betreibergesellschaft bankrott ging. Nach mehrmaligem Besitzerwechsel und Lösung von den Liegenschaften, auf denen alsbald tatsächlich eine Braunkohlengrube und die Brikettfabrik Zechau entstand, ab 1881 Reduzierung des Produktionsprofils auf Entzuckerung von Melasse (Rositzer Zuckerraffinerie Seelig & Comp.) bei gleichzeitiger Ausweitung des Betriebsgeländes auf Rositzer Flur. 1882/83 Neubau von Melassehaus, Schlempe- und Kohlenstationshaus mit Schornstein, Kühlhaus, Salzhaus, Reparaturwerkstatt sowie Beamtenwohnhaus und »Arbeiterkaserne«, schließlich – wohl erstmals in Deutschland für betriebsinternes Glühlampenlicht – Errichtung der elektrischen Kraftzentrale, die 1912 völlig erneuert und mit erhalten gebliebenem Drehstromturboaggregat von Siemens & Schuckert ausgestattet wurde. Kohle kam seit 1894 über eine Drahtseilbahn aus der Zechauer Fabrik. Seit 1915 ausschließliche Beschränkung auf hier ab 1904 betriebene Raffination von Rohzucker, 1946 Zwangsenteignung und 1964/65 Fortsetzung der Produktion, danach nur noch Zuckerabpackbetrieb, der größte in der DDR; nach 1989 erloschen, riesige Hallen, verrostete Maschinenteile, ein stillgelegtes Kraftwerk hinterlassend. Anschließend wurde das Produktionsgebäude von einer GmbH zur Fertigung von Fenstern und Türen nachgenutzt, Teile des verbliebenen wertvollen technischen Inventars hat man für museale Präsentationen nach → Oldisleben gebracht. *HW*

**Teerverarbeitungswerk.** Das ab 1916 von der Deutschen Erdöl Aktiengesellschaft (DEA) – gedacht zur Erzeugung von Treibstoffen auf Braunkohlenbasis für die Kaiserliche Kriegsmarine – mit techn. Anlagen zur Weiterverarbeitung der beim »Cräcken« (Aufspalten) der Kohle entstehenden Produkte (Schwer- und Leichtöle, Teer, Paraffin) erbaute Mineralölwerk Rositz konnte erst 1918, am Ende des Krieges, die Produktion aufnehmen. Nach 85%iger Zerstörung der Werksanlagen 1944, Wiederaufnahme der Produktion 1945 als SAG-Betrieb (Sowjet. Aktienge-

*Rositz. Zuckerraffinerie*

sellschaften), ab 1952 dem VEB »Otto Grotewohl« Böhlen zugehörig, und schließlich Einstellung der Produktion 1990 als Teerverarbeitungsbetrieb der Sächs. Olefinwerke AG Böhlen. Von der ersten Anlage zeugt lediglich das oktogonale, an den Kanten durch Lisenen gefaßte, von Laterne abgeschlossene Prisma des *Wasserturms.* Die während der Gesamtproduktionszeit im Teersee »Neue Sorge« abgelagerten Teerrückstände, die zu den größten ökologischen Altlasten Thüringens zählen, sollen in einer eigens errichteten Aufbereitungsanlage ab Ende 1997 zu Koks und Ölen verarbeitet werden. Das Ende der auf 85 Mio. Mark geschätzten Renaturierung ist für das Jahr 2002 geplant. *VR*

### R.-Zechau

● **Brikettfabrik, Braunkohlenmuseum.** Daß der Gebrauch von Rohbraunkohle für Feuerungszwecke in der Gegend von Altenburg und Meuselwitz verfeinert wurde, ist seit 1671 nachweisbar. Die Kohlegewinnung erfolgte anfangs aus Schürfgruben im Kleinbetrieb, ab etwa 1840 im Tief- und Tagebau durch Kapitalgesellschaften auf industrielle Weise (ergänzt durch Veredlungsanlagen), wobei von etwa 1880 bis 1925 der Tiefbau vorherrschte. Beide, Tief- und Tagebau, haben charakteristische Landschaftsbilder hinterlassen: Bruchfelder (Geländesenkungen), Restlöcher, Kippen. – Die Anlage Zechau mit **Schacht »Gertrud«**, Kohleaufbereitung und Brikettierung wurde 1899 von der »Zechau-Kriebitzscher Kohlenwerke AG ›Glückauf‹« in Betrieb genommen, 1907 durch Erschließung der Tagebaugrube »Gertrud I« erweitert. 1924 hat man die Schachtförderung eingestellt, anschließend den Schacht verplombt. Nach 1945 zwangsenteignet und als »VEB Braunkohlenwerk« weiterbetrieben, seit 1990 von der »Mitteldeutschen Braunkohlen AG« (MIBRAG), wurde die Produktion 1991 eingestellt und der Ausbau der Kernanlagen zum technischen Museum eingeleitet. Verblieben ist ein heterogener Baukomplex, der sich urspr. entlang dem Anschlußgleis (südwestlich-nordöstlich) und rechtwinklig dazu erstreckte, alsbald ein keilförmiges Grundstück (mit Orientierung an der Chaussee Altenburg–Meuselwitz) füllte und sowohl architektonisch als auch ausstattungstechnisch alle technologischen Phasen der »Zweiten« und »Dritten Generation« in der Geschichte der mitteldeutschen Braunkohlenindustrie dokumentiert (ältestes und jüngstes Gebäude sind Schachthaus, 1899, und Verladegebäude, 1968; älteste und jüngste Maschine Tellertrockner, 1898, und Brikettpresse, 1985). Die Kernanlage (1898/99) besteht aus dem Schachthaus, einem 1925 funktionslos gewordenen markanten Baukörper in Ziegeln und Stahlfachwerk mit kreissegmentförmigem oberen Abschluß, dem Sortierungsgebäude (zuletzt Werkstätten), dem Naßdienstgebäude, dem Ofenhaus mit 3 charakteristischen Dunstschloten und dem Pressenhaus; dieses 1901, 1922 und 1925 in der vorgegebenen nordwestlichen Bauflucht verlängert, heute noch mit 8 von ehemals 13 Pressen (Baujahr 1906, 1913, 1956, 1965, 1966, 1967, 1981, 1984); ferner dem Kesselhaus (zuletzt Werkstatt- und Lagergebäude) mit separatem Schornstein und dem kunstgeschichtlich bemerkenswertesten Gebäude, dem einstigen Maschinenhaus (zuletzt Elektrowerkstatt), einem langrechteckigen, lisenengeschmückten, mit Rundbogenfenstern versehenen Ziegelbau unter mäßig geneigtem Dach, im Inneren mit farbiger Glasornamentwand und Fliesenbelag. Bis 1910 waren Fabrikantenvilla und Wohnhäuser für das gehobene und mittlere Personal sowie Sozialgebäude an der Chaussee von Altenburg entstanden, architektonisch qualitätvolle, dem Jugendstil verpflichtete Ziegelgebäude mit geputzten Zwischenfeldern und manchen charakteristischen Details im Inneren. Spätere bauliche Erweiterungen haben zwar dem früheren ästhetischen Anspruch nicht mehr entsprochen, dennoch das Ensemble unverwechselbar geprägt, so das 1957 errichtete neue Röhrentrocknergebäude in Stahlbetonrahmenkonstruktion, die höchste bauliche Zutat – von den beiden Schornsteinen (1899 und 1925) abgesehen –, von dessen betretbarem Dach man den besten Überblick über den Baukomplex und über die Altenburger Bergbaulandschaft hat. *HW*

Lit.: Henniger; Wegener.

## Roßwein (Döbeln/G 4) FS

**Bahnhof.** Gleichzeitig mit der Eröffnung des Streckenabschnitts Döbeln–Nossen der Borsdorf-Meißener Eisenbahn (25. 10. 1868, Leipzig-Dresdener Eisenbahn) nahm der bis heute nur geringfügig veränderte Bahnhof den Betrieb auf. Das *Empfangsgebäude* entspricht mit zentraler eingesch. traufständiger Eingangs- und Wartehalle, flankiert beidseitig von zweigesch. giebelständigen Betriebs- und Wohngebäuden in spätklassizistischen Formen – akzentuierender Fugenschnitt im EG, Fassadengliederung durch Rundbogenfenster – dem Empfangsgebäude in → Nossen. Bahnsteigüberdachung und Verbretterung der OG-Längsseiten um 1900. – **Stadtmühle** (Mühlstraße 27b). Als mittlere von 3 an der Freiberger Mulde arbeitenden Mahl- und Getreidemühlen wurde die »Mittelmühle« erstmals 1364 erwähnt. 1858 (dat. am Portal) entstand am gleichen Standort ein dreigesch. Massivbau, an den sich östl. der viergesch., durch Treppenturm unter Pagodendach bzw. firstüberragendem Schweifgiebel betonte Kubus der 1915–16 erbauten, die Substanz der 1894 errichteten Dampfmühle nutzenden Industriemühle anschließt. – **Tuch- und Deckenfabrik Krondorf & Metzler** (Stadtbadstraße 40). Die an historischem Mühlenstandort 1857 als genossenschaftliches Unternehmen der Tuchmacherinnung (seit 1565) gegründete Spinn- und Walkmühle erhielt unter den Tuchmeistern C. G. Metzler und W. Krondorf 1893 mit einem verputzten, durch Backsteinlisenen gegliederten dreigesch. Fabrikneubau die endgültige Gestalt. Die maschinelle Ausstattung des Websaales mit Jacquard-Webstühlen ab 1914 und einer Krempelmaschine (Fa. Hartmann, Chemnitz) von 1917 ist vollständig erhalten.

*VR*

In der *Kraftzentrale* eine die zunächst benutzte Francis-Turbine ersetzende, 1911 von der Hanomag gebaute liegende 300-PS-Zweizylinder-Tandem-Verbunddampfmaschine (Kolben-Dm.: Hochdruckzylinder 305 mm, Niederdruckzylinder 335 mm, Hub 500 mm, Schwungrad-Dm. 3200 mm) mit Ventilsteuerung und Proell-Achsregler. Die Maschine hat bis 1965 über Transmissionen die Maschinen der Volltuchfabrik, wie Selfaktoren, Webstühle und – bis 1978 – noch einen Generator angetrieben. *OW*

Lit.: Bauten der Technik und Industrie, 207, 395; Berger, 102; Wagenbreth/Wächtler, 1986, 234, 321.

## Rostock (Rostock/A 3) MV

*An der Mündung der Warnow in die fast 600 m breite Unterwarnow, etwa 12 km von der Ostseeküste entfernt, aber mit dem Meer über Unterwarnow und Breitling schiffbar verbunden, siedelten seit der 2. Hälfte des 12. Jh.s in slawischer Nachbarschaft zunehmend deutsche Einwanderer aus Niedersachsen und Westfalen, die für ihre Stadtsiedlung 1218 das Lübsche Recht bestätigt erhielten. Rostocker Kaufleute gehörten zu den ersten Mitgliedern der Hanse; der Seehandel bildete auch bis zum Niedergang der Hanse im Dreißigjährigen Krieg die Grundlage für den Wohlstand der Stadt. Ähnlich Greifswald und Stralsund erholte sich R. wirtschaftlich nach dem Siebenjährigen Krieg durch den Getreidehandel. Eine neue Blüte begann im 2. Viertel des 19. Jh.s mit der Ansiedlung einiger Industriebetriebe, in der Folgezeit durch die Gründung neuer Werften (u. a. die Neptun Schiffs- und Maschinenfabrik AG, bis zum Ende des 20. Jh.s größter Industriebetrieb Mecklenburgs) und die Beteiligung am Überseehandel. Der sich ausweitenden Stadt folgte ab 1850 der Ausbau der Infrastruktur mit Gas-, Wasser- und Elektrizitätswerk sowie Straßenbahn. Nach dem 2. Weltkrieg erhielt die Stadt mit dem Ausbau des einzigen Überseehafens der DDR neue Bedeutung, die in den großen Neubauvierteln am linken Ufer der Unterwarnow augenfällig wird.*

Den historischen Handel belegen in der Innenstadt noch einige ehem. **Speicherbauten:** Auf der Huder 2, neunachsiger Fachwerkbau auf mass. EG unter Mansarddach, die Längsfront zentriert durch Zwerchhaus mit Ladevorrichtung, 18. Jh., 1988 restauriert; Badstüberstraße 5–6, sechsgesch., durch drei Risalite gegliederter Putzbau, Mitte 19. Jh.; Beim Hornschen Hof 6, Dreiflügelanlage mit Backsteingebäuden des 16. bis 19. Jh.s; Schnickmannstraße 13–14, zweigesch. Massivbau mit Fachwerkgiebeln von 1795, Anfang der 1990er Jahre außen restauriert, im Inneren stark verändert; Strandstraße 16, dreigesch. Backsteinrohbau mit zentralem Zwerchhaus, 1790, 1989 verputzt; Strandstraße 25 und 26, zwei Backsteinspeicher mit fünf und vier Geschossen aus der Mitte bzw. dem Ende des 19. Jh.s; Beim St. Katharinenstift 9, dreigesch. Putzbau mit Giebeln und Zwerchhaus in Fachwerk von 1754; Grubenstraße 32, zweigesch. Putzbau, das Zwerchhaus mit Schweifgiebel, Mitte 18. Jh.; Hartestraße 27, im Kern spätgot. Wohnspeicherhaus, Anfang 16. Jh., im Zustand von 1804–09; Lohgerberstraße 11, dreigesch. Backsteinrohbau mit dreiachsigem Mittelrisalit von 1815. – **Bahnhof.** Bahnanschluß erhielt die Hafenstadt mit der Eröffnung der von Kleinen kommenden Strecke (13. 5. 1850, Meckl. Eisenbahn). Vor dem in Formen des romantischen Spätklassizismus errichteten *Empfangsgebäude* auf den Bleicherwiesen endeten auch die Bahnlinien von Wismar (22. 12. 1883), Stralsund (1. 6. 1889) und Tribsees (16. 12. 1895). Ab 1906 als Güterbahnhof genutzt, wurde das Gebäude nach Kriegszerstörung stark vereinfacht wiederaufgebaut. Das Empfangsgebäude des heutigen Hauptbahnhofes diente urspr. dem Deutsch-Nordischen Lloyd als letzte Station auf der Strekke von Neustrelitz (1. 6. 1886) nach dem Fährbahnhof in Warnemünde (1. 7. 1886, Neustrelitz-Warnemünder Eisenbahn, ab 1. 4. 1894 Meckl. Friedr.-Franz-Eisenbahn). 1886 zweigesch. mit Verblendsteinfassaden und die Längsfront zentrierendem Risalit errichtet, erfuhr die Platzfassade 1913 Aufwertung durch eine vorgesetzte neobarocke Eingangshalle (nach Kriegszerstörung in den Details vereinfacht wiederaufgebaut).

**Energieversorgung.** R. gehörte zu den wenigen deutschen Städten, die sich unabhängig von der englischen Imperial Continental Gas Association (ICGA) Bau und Betrieb einer Gasanstalt zutrauten. Ende des Jahres 1856 ging das **Gaswerk** (Bleicherstraße) mit einer Jahresproduktion von rund 450 000 m³ Leuchtgas in Betrieb, ein auf das Dreifache gestiegener Bedarf erforderte 1898–99 die Erweiterung der Betriebseinrichtungen, von denen sich Retortenhaus und Kohlenschuppen auf dem Gaswerksgelände erhalten haben. 1968 Einstellung der Produktion von Steinkohlengas. – Am 1. 12. 1900 ging das seit 1890 in der Stadt diskutierte, ab 1898 geplante **Elektrizitätswerk** (Bleicherstraße) ans Netz, mußte jedoch bereits im Zusammenhang mit der Elektrifizierung der Straßenbahn 1904 und nochmals 1909–10 bis an die Grenzen seiner techn. Möglichkeiten erweitert werden. Von nobler Wirkung das *Verwaltungsgebäude* in Formen der deutschen Renaissance mit im Winkel zueinander stehenden übergiebelten Fassaden, an der Eingangsfront angelehnt an einen polygonalen Turm, an der zweiten Schauseite akzentuiert durch Erker. Verwaltungsgebäude und ehem. *Maschinenhaus* 1992–93 durch die Hanseatische Energieversorgung Aktiengesellschaft (HEVAG) saniert. – Zur langfristigen Deckung des Bedarfs an elektr. Strom entschloß sich die Stadtregierung 1909 zum Bau eines **Großkraftwerkes** in R.-Bramow am Ostufer der Unterwarnow, das am 1. 7. 1910 den Betrieb aufnahm. Das Krafthaus der sog. Überlandzentrale entspricht mit klarer Gliederung des Gesamtbaukörpers und ausgewogener Fassadengestaltung dem aus dem Neoklassizismus hervorgegangenen Reformstil des Jahrzehnts vor dem 1. Weltkrieg. Nach Kriegszerstörung, Demontage und Verschleiß der Aggregate ab 1955 nur noch als Spitzenkraftwerk betrieben, 1960–64 zum Heizkraftwerk umgerüstet, 1991 stillgelegt. – **Wasserturm** (Blücher-/Dehmelstraße). In Ergänzung des 1894 in Betrieb genommenen Wasserwerkes wurde nach zweijähr. Bauzeit 1904 auf dem Galgenberg der – inzwischen zu einem Wahrzeichen der Stadt gewordene – nach Entwurf von Stadtbaudirektor Gustav Dehn aufwendig neugotisch gestaltete Wasserturm eingeweiht. Aus dem regelmäßigen Siebeneck des gequaderten Natursteinsockels, statisch sinnvoll durch Segmentbogenfenster in der Masse reduziert und mittels getreppter Strebepfeiler versteift, erhebt sich als gedrungener Konus der mit diagonalen bzw. zickzackförmigen Zierverbänden – beide getrennt durch ein meterhohes Band aus grünglasierten Formziegeln, stadtseitig geschmückt mit dem Rostocker Greif im Wappenschild – verblendete Schaft. Deutsches Band und Spitzbogenfries leiten über zum mäßig auskragenden Kopf, dessen maßwerkgeschmückte Blendbögen unter Staffelgiebeln sieben spitzbehelmte Runderker (im voluminösesten steht die Wendeltreppe zur Wartungsebene) trennen. Das Reservoir ist ein schmiedeeiserner, genieteter Hängebodenbehälter (800 m³) der Bauart Klönne. 1959 außer Betrieb genommen, nach Sanierung 1993 für kulturelle Nutzung vorgesehen.

**Industrie.** Der Komplex der **Spirituosenfabrik** (Doberaner Straße 144) dokumentiert mit den neoromanischen Fassadendetails seiner ineinander verschachtelten Backsteinrohbauten – Verwaltung und Produktion, Speicher- und Malzturm mit Feuerungs- und Lüftungskamin, Empfang und Nebengebäuden – die ästhetischen Grundsätze im Industriebau der 1860–80er Jahre. – Aus dem letzten Jahrfünft des 19. Jh.s stammt die von der »O. W. Hofwolt, Rostock i. M., Mühlenbau und Maschinenfabrik« gebaute, ehem. in einer Gerberei eingesetzte stationäre **Einzylinderkolbendampfmaschine** (Kolben-Dm. 180 mm, Hub 300 mm, Schwungrad-Dm.

1400 mm, Leistung 40–50 PS), die nach der Restaurierung im Handwerkerbildungszentrum (Schwaaner Landstraße) ausgestellt werden soll.

**Mühlen.** In R.-Dierkow (Hölderlinweg) oktogonaler **Sockelgeschoßholländer** von 1895 ohne Flügelkreuz. Seit den 1920er Jahren mit Elektromotor angetrieben, 1983 stillgelegt. Der 1866 in R.-Evershagen (Sievershagener Weg) erbaute **Galerieholländer** ersetzte eine Bockwindmühle von 1790. Die Restaurierung ist geplant. Von ungewohnter Gestalt der 1866 errichtete **Galerieholländer** in R.-Warnemünde (Mühlenstraße 44), dessen hölzerner Rumpf sich einschließlich des oktogonalen massiven Sockels aus einem zweigesch. quadr. Backsteinrohbau erhebt. Unter der Haube eine zweite, obere Galerie. Ab 1921 mit Unterstützung eines Elektromotors, seit 1932 gänzlich ohne Windkraft betrieben; 1991 stillgelegt. Von der Windkraftanlage original sind Flügelwelle, Kegelradgetriebe und Königswelle, das Flügelkreuz wurde 1993 rekonstruiert.

## R.-Schmarl

Das zur Dokumentation vorrangig des DDR-Schiffbaus eingerichtete **Schiffbaumuseum** zeigt neben den Werfterzeugnissen – Frachtschiff vom Typ »Frieden« mit 10 000 Bruttoregistertonnen, 1957 fertiggestellt auf der Warnow-Werft; Ausbildungsschiff von 1951; Fischkutter, 1949 im VEB Boddenwerft Damgarten vom Stapel gelaufen; Schleppdampfer, gebaut 1908 in Hamburg – zwei technische Raritäten: Die etwa 30 m lange Slipanlage, auf der Schiffe bis zu 100 Tonnen Eigengewicht bewegt werden konnten, wurde etwa 1855 auf der 1850 gegr. Rostocker Segelschiffswerft Otto Ludewig installiert und bis 1980 vom VEB Wasserbau Rostock genutzt, danach auf das Museumsgelände transloziert. Neben dem Frachtschiff vom Typ »Frieden« liegt der Schwimmkran »Langer Heinrich« vor Anker. Als Unikat 1890 von der Danziger Firma Bechem & Kostmann konstruiert, bis 1945 auf der Schichau-Werft in Danzig eingesetzt, fand er anschließend bis zur Übernahme in das Museum 1980 Verwendung auf der Neptun-Werft in R. Die rund 50 m hohe Eisenfachwerkkonstruktion des Wippauslegers (Tragkraft 593 t bei einem Gesamteigengewicht von 900 t, max. Auslage 19,7 m) ist auf einer Schwimmplattform (29,55 × 20,45 × 3,26 m, Tiefgang 2,96 m) montiert. Der Antrieb der Plattform erfolgt durch 2 jeweils von einer Dampfmaschine (Bj. 1905, je 110 PS) angetriebene Schrauben.

## R.-Warnemünde

Schon 1323 gehörte die im Jahrhundert davor entstandene Fischersiedlung zu R., für das die Kontrolle über die Einfahrt in Breitling und Unterwarnow lebenswichtige Bedeutung besaß. Kleinstädtischen Charakter erhielt das Dorf in der 2. Hälfte des 19. Jh.s mit der Zunahme des Badeverkehrs und der Einrichtung einer Fährverbindung nach Skandinavien 1886. Neben dem **Hafenbahnhof** des Deutsch-Nordischen Lloyds entstanden an der Warnowmündung (Alter Strom) die Liegeplätze für die Raddampfer der Fährlinie. Knapp zwei Jahrzehnte später forderte die Aufnahme des Eisenbahn-Trajektverkehrs nach Gedser den Neubau eines Hafens mit direktem Gleisanschluß in die Fährschiffe. Nach Verlegung der Warnowmündung konnten *Trajekthafen* und Bahnhof auf der künstlichen Insel zwischen alter und neuer Warnow am 30. 9. 1903 eröffnet werden. Die Bahnhofsgebäude in gelbem Verblendmauerwerk – *Empfangs-* und *Aufsichtsgebäude, Güterabfertigung, Perronüberdachung* auf gußeisernen Säulen sowie *Stellwerk* – bis auf den 1994 abgebrochenen Lokschuppen erhalten. Das mehrfach baulich veränderte Stellwerk (Gleis 6) mit etwa 10 m langer Hebelbank der Bauart Stahmer war 1925 auf dem Stand der modernsten Technik. Gleichzeitig mit dem Bau des Fährhafens erhielt der Alte Strom eine *Straßenquerung* aus einem 15 m langen festen Brückenteil und einer zweifeldrigen, auf massivem Strompfeiler gelagerten Drehbrükke (Gesamtlänge 30 m), beide aus genieteten Stahl-Vollwandträgern. 1937 festgesetzt, wurde der historische Drehmechanismus 1991 funktionstüchtig restauriert. – Eine erste urkundlich nachvollziehbare Befeuerung erhielt die Warnowmündung mit dem Hafenausbau 1283, die Nachfolgebauten ersetzte endgültig der nach Planung und unter Leitung von Hafenbaudirektor Karl-Friedrich Kerner 1897–98 an der Westseite der Hafeneinfahrt erbaute **Leuchtturm.** Den schlanken, fast zylindrischen mehrfarbigen Backsteinschaft prägt bis etwa zur Hälfte seiner 30,62 m Höhe ein horizontaler Fugenschnitt, über dem Sockel unterbrochen von breitem Kaffgesims. Zwischen unterer und oberer, auf gemauerten Konsolen aufgelagerter Galerie dreigesch. Fassadengestaltung durch Zierverband; die Laterne unter polygonalem Kuppeldach. Befeuerung: 220 V/1000 W Gürtelleuchte mit umlaufenden Vorlinsen, Umlaufzeit 72 s, Feuerebene 34,3 m, Reichweite 16,7 sm; Kennung: 2 × 0,3 s hell – 2 × 2,7 s dunkel, 2 × 0,3 s hell, 8,7 s dunkel, Wiederkehr 24 s. – Im Zusammenhang mit den Hafenneubauten 1903 erhielt die bis ins 16. Jh. zurückgehende, 1850 auf rund 440 m verlängerte Westmole mit etwa 540 m Länge ihre endgültige Gestalt (1948–50 mit Stahlprofilen umspundet). Am Molenende eine 1985 erneuerte *Leuchtbake.* Der 530 m lange Steindamm der Ostmole von 1958–59.

### R.-Wiethagen

Die **Teerschwelerei** am Rande der Rostocker Heide (Oberförsterei Rövershagen, nordöstlich Wiethagen) wurde 1837–38 auf Betreiben des Forstinspektors Hermann Friedrich Becker mit einem Teerofen eingerichtet. 1848 erfolgte ein zweiter, mit 13 Raummetern Fassungsvermögen kleinerer Teerofen, 1891 eine Kondensations- und Destillationsanlage. Auf die endgültige Betriebseinstellung 1979 folgte die funktionsfähige Rekonstruktion des kleineren Ofens, der seit 1987 für Demonstrationszwecke wieder betrieben wird. Der große Ofen ist als Schnittmodell restauriert. *VR*

Lit.: Schmidt/Theile I, 187, 199; Schmidt/Theile II, 122 ff.; Wirth, 1990, 310 ff.; Mühlen, 188; Zemke, 165; Berger, 216; Die Bau- und Kunstdenkmale in der mecklenburgischen Küstenregion, 331 ff.; Denkmale und Erbe der Rostocker Technikgeschichte; Dehn.

## Rudolstadt (Saalfeld-Rudolstadt/G 2) TH

**Ankerwerk.** Garten-, Park-, Villenanlage und Produktionsstätten der 1876 von Friedrich Adolph Richter gegründeten chemo-pharmazeutischen Fabrik, die u. a. den Verbandstoff »Ankerplast« lieferte. Prächtiger Ausbau des Anwesens mit noch weitgehend vorhandenem, in hohem Maße sozial ausgestatteten Werkstatttrakt und der dreigesch. Villa in Formen der deutschen Neurenaissance mit herrschaftlicher Zufahrt im barockisierenden Vorgarten seit 1882; nachdem der Fabrikant von Otto Lilienthal dessen selbst erfundene Rezepturen von Miniatur-Kunststeinen erworben, als Patent angemeldet, als »Ankerbausteine« in hölzernen Verkaufs- und Geschenkkästen auf den Markt gebracht hatte und zu großem Reichtum gelangt war. Das Unternehmen wurde nach dem 2. Weltkrieg liquidiert, in die Villa zog ein Kindergarten ein. Nachfolgebetrieb ist die »Ankerpharm GmbH«.

**Mittelmühle.** Offene Hofanlage mit freistehendem zwei- bzw. dreigesch. Wohn- und Produktionsgebäude, von diesem durch den vom Rinnebach abgezweigten Mühlgraben getrennt, Stallgebäude und Fachwerk-Hüllbauwerk einer ehem. Schneidemühle. Mühlenstandort verm. seit dem 13. Jh. Jetzige Anlage durch Umbauten ab 1794 entstanden. Erhalten blieb das Inventar nur der Getreidemühle, in Resten auch das oberschlächtige Wasserrad. *HW*

LIT.: Mühlen, 257.

## Rüdersdorf (Märkisch-Oderland/D 5) BG

**Industrie-Museumspark der Kalkindustrie** (Heinitzstraße 11). Der in R. gewonnene Kalkstein und die daraus hergestellten Bindemittel Kalk und Zement haben die Geschichte der Baustoffindustrie Deutschlands entscheidend mitgeprägt. Die reichen Kalkvorkommen führten im 18. Jh. zum Entstehen eines Zentrums der Baustoffindustrie. Substantielle Zeugnisse des Bruchs, des Transports und der Weiterverarbeitung des Kalksteins, aber auch die Lebensweise der Kalkarbeiter stehen im Mittelpunkt der Entwicklung des Industrieparkes. Sein Kernstück sind 2 *Rumfordsche Kalkbrennöfen.* Die von Sir Benjamin Thompson Rumford (1753–1814) entwickelte neue Brenntechnologie war der Beginn der industriellen Herstellung von Branntkalk. Die baugleichen Öfen wurden 1802 bzw. 1804 in Betrieb genommen. Zu jedem Ofen gehört eine Beschickungsbrücke. Über quadr. Grundriß erhebt sich ein zweigesch. sechseckiger Pyramidenstumpf, dessen Ecken durch Gewölbekappen überspannt sind. Im Inneren ist der Ofen zehneckig. Der achteckige Schornstein auf einem der beiden wurde erst später aufgesetzt. Die Anlage von Kanälen, mit denen die Kalkbrüche vom Wasser her erschlossen werden konnten, zählen zu den bedeutendsten Innovationen im 19. Jh. An diese schiffbaren Kanäle erinnern noch heute die architektonisch qualitätvollen Eingangsportale der tunnelartigen Kanalunterführungen. Die beiden *Portale des Heinitzkanals* (1804) und des

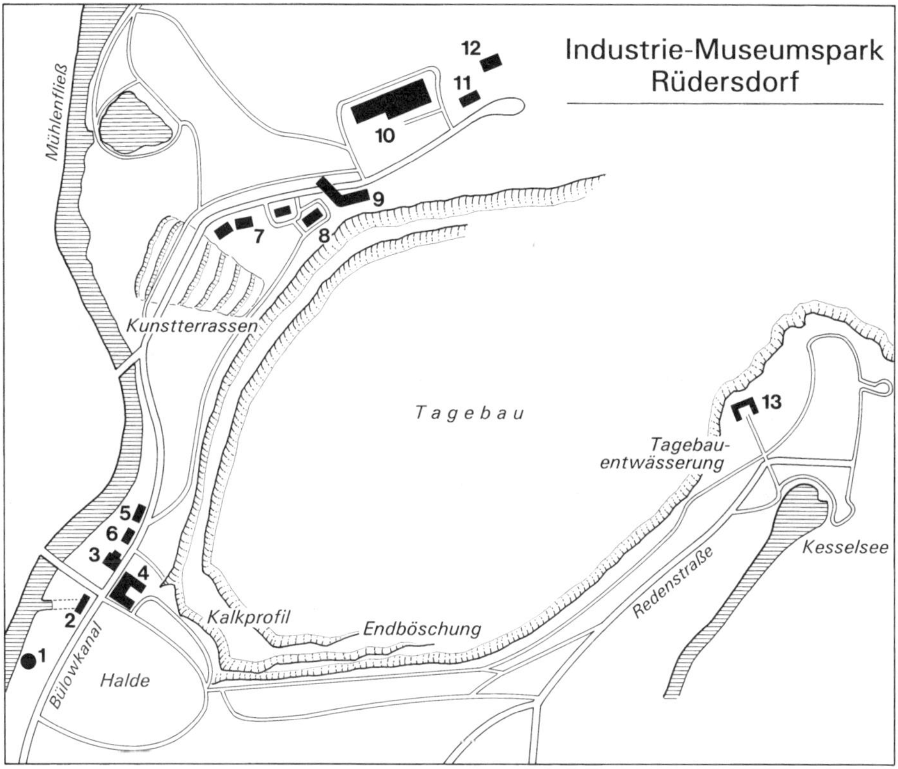


1 *Dampferanlegestelle*
2 *Bootsanlegestelle*
3 *Magazingebäude mit Uhrenturm*
4 *Rumfordsche Kalkbrennöfen*
5 *Heinitzportal*
6 *ehem. Bergamt*
7 *Steigerhäuser*
8 *Seilscheibenpfeiler*
9 *Seilbahnumlenkstation*
10 *Schachtofenbatterie*
11 *Laborgebäude mit Versuchsdrehrohrofen*
12 *Ringofenkaue*
13 *Redenportal*

*Bülow-Kanals* (1816) wurden in Anlehnungen an Gestaltungen der französischen Revolutionsarchitektur aus Kalkstein errichtet. Über den Gewölbebogen des *Reden-Kanal-Portals* (1806–27) befinden sich Büsten der Könige Friedrich II., Friedrich Wilhelm II. und Friedrich Wilhelm III. Sie entstanden in den Werkstätten von Christian Daniel Rauch und Christian Friedrich Tieck in Berlin. Die Verdienste der preußischen Staatsminister von Heinitz und von Reden würdigte man 1860 durch die Aufstellung ihrer Büsten im gleichen Portal. Das Auffahren einer tiefen Abbausohle führte zur Sperrung des Bülow- und Reden-Kanals. Der Abtransport des gebrochenen Kalkes erfolgte nun über die Anschlußbahn nach Fredersdorf und von dort mit der Ostbahn nach Berlin. Ein besonders imposantes Bauwerk aus dieser Zeit ist der *Seilscheibenpfeiler.* Er trug die großen Seilscheiben, über die die Seile der Fördermaschinen liefen, mit denen die beladenen Eisenbahnwaggons direkt aus dem Tiefbau gezogen wurden. Bezüge zur Revolutionsarchitektur sind hier, aber auch an dem unmittelbar am *Magazingebäude* stehenden *Uhrenturm* erkennbar. Ein herausragendes Zeugnis für die technologische Weiterentwicklung der Brenntechnologie ist die *Schachtofenbatterie.* Sie besteht aus 18 sog. *Rüdersdorfer Öfen* mit Seitenfeuerung. Sie

*Rüdersdorf. Schachtofenbatterie*

sind im unteren Teil zylindrische, von der Beschickungsbühne nach oben konisch verlaufende Backsteinbauten. Ihre Beschickungs-, Feuerungs- und Entnahmeöffnungen liegen in drei parallel verlaufenden Arbeitsebenen. Gleisanlagen verbinden die Schachtöfen miteinander. Die Anlage wurde zwischen 1870 und 1877 in Betrieb genommen. In der ab 1840 entstandenen *Kalkarbeiter-Siedlung* dokumentieren die einfachen zweigesch. Arbeiterwohnhäuser das soziale Umfeld des Industriebetriebes. *WT*

## Saalburg (Saale-Orla-Kreis/H 3) TH

**Bleilochtalsperre.** Zur Elektroenergiegewinnung und zur Wasserregulierung der Saale (mit beabsichtigten Auswirkungen auch für die Elbeschifffahrt) 1925–32 errichtete, 205 m lange, max. 65 m hohe, am Fuße 47 m, an der Krone 7,2 m breite Betonmauer mit Krafthaus aus Stahlbeton für 2 nach wie vor tätige Maschinensätze (Generator, 2 Francisturbinen, Speicherpumpe, die gegebenenfalls Wasser in das Speicherbecken zurückbefördert) sowie rechtsseitig in den Felsen gesprengtem Überlaufgerinne. 1927/28 wurde, um im Trockenen bauen zu können, eine 12 m hohe Vorsperre errichtet und ein Stollenpaar rechtsseitig durch das Gebirge getrieben, das jetzt der Hochwasserentlastung dient. Talseitig das Ausgleichbecken Burgkhammer mit Erddamm über Betonkern und 1933 vollendeter, 22 m hoher Schwergewichtsmauer mit Laufwasserkraftwerk (2 Turbinen) unterhalb des 4 km entfernten Schlosses Burgk. Bei Vollstau erreicht das Speicherbecken eine Länge von 28 km, eine Breite von 2 km und faßt 215 Mio. $m^3$ Wasser. *HW*

Lit.: Schmidt/Theile I, 144–145.

## Saalfeld (Saalfeld-Rudolstadt/H 2) TH

**Alaunschieferbergwerk (»Feengrotten«).** Bergbau bei S., u. a. auf Silber, hat eine bis ins 11. Jh. zurückreichende, 1859 hier erloschene Tradition (→ Kamsdorf). Abbau von Alaunschiefer wurde im jetzt eingemeindeten Garnsdorf von etwa 1530 bis nach dem Dreißigjährigen Krieg betrieben, 1757 wieder aufgenommen. Auf der Suche nach mineralischen Heilquellen 1909 kam es zur Wiederentdeckung des urkundlich 1543 erwähnten Stollens »Auf der schönen Jungfrau« der Grube »Jeremiasglück« mit inzwischen entstandenen farbenprächtigen Stalagmiten und Stalaktiten (»Blaue Grotte«, »Butterkeller«, »Märchendom«); 1914 als Schauanlage eröffnet mit Eingangsbauwerk im traditionellen Fachwerkstil (des 17./18. Jh.s). Erschlossen sind 3 Sohlen mit 600 m Wegestrecke bis in 30 m Tiefe, seit 1995 auch für Heilkuren.

**Bahnhof.** Mit dem Bau der Eisenbahnstrecke von Gera in das Saaletal erhielt Saalfeld 1871 den ersten Bahnhof, der sich nach Eröffnung der Saale-Bahn (Naumburg/Großheringen–Probstzella) 1874 als unzulänglich erwies, besonders für den Schnellzugverkehr (Berlin–München, ab 1897 auch über Saalfeld). Umgestaltung und Neubau des heutigen Empfangsgebäudes 1898–1900. 1924–26 bei weitgehender Bewahrung seines äußeren Erscheinungsbildes modernisiert; nach Kriegsbeschädigungen im 2. Weltkrieg erneuert. Rechtwinklig angeordnete Baugruppe, Empfangshalle vor quergestelltem Verwaltungsgebäude mit steilem Satteldach, akroteriengeziertem Giebel in Ziegeln und monumentalem Rundbogenportal. *HW*

Lit.: Berger, 248–249; Wirth, 1990, 320.

## Saalow (Teltow-Fläming/E 5) BG

**Scheunenwindmühle** (Auf dem Anger). Die Windmühle, eine Fachwerkkonstruktion, stand bis 1974 im Scheunengebäude des Dreiseitenhofes eines Bauern in Podemus, etwa 10 km westlich von Dresden. 1993/94 wurde sie hier in einer der Podemuser Scheune nachgebauten Scheune aufgestellt. Bei geöffneten Scheunentoren treibt der Wind das unmittelbar dahinter befindliche Windrad (Dm. 4,7 m) an. Auf der Windradwelle befinden sich 2 gleich große Kammräder. Das vordere Kammrad hatte zusätzlich 24 schräggestellte Flügelelemente. Am hinteren Kammrad bremste bei Bedarf ein radiales Schleifholz, das mittels Spindel und Kettentrieb vom Mühlenraum bedient wurde, den ganzen Mechanismus. Das Stockgetriebe des vorderen Rades führte in das OG und trieb den Mahlgang an, das Getriebe des hinteren Rades bewegte das Beutelwerk. Viele Teile der hölzernen Konstruktion haben eingekerbte Verzierungen, die Flügel waren verschiedenfarbig bemalt. Am Beutelwerk und den beiden Mahlgutbehältern sind Blattranken geschnitzt und Datierungen eingeschnitten: Beutelwerk 1871, Mahlgutbehälter 1860/1867. Einzigartig in Deutschland. – **Paltrockwindmühle** (Ortsausgang in Richtung Mellensee). Diese Mühle wurde 1903 auf dem Saalower Mühlenberg als Bockwindmühle anstelle einer vorher abgebrannten errichtet, bei ihrer Umsetzung 1936/37 innerhalb des Ortes zur Paltrockmühle umgebaut. Über einer 45 m² großen rechteckigen Grundfläche erhebt sich der Mühlenkasten 16,5 m hoch. Nach einer Rekonstruktion 1974/1975 erhielt die Mühle 22 m lange stählerne Jalousieflügel und eine Windrose von 9,6 m Durchmesser. Die Böden der Mühle enthalten 3 Mahlgänge, einen Walzenstuhl, eine Quetsche, 3 Wurfsichter, eine Mischmaschine, Elevatoren und mehrere Silos sowie einen Aufzug. Über eine Rollenbahn wird die ganze Mühle von der Windrose mittels Kettenzug in den Wind gedreht. Bis 1966 betrieb ein mit Ventikanten bestücktes Rutenkreuz und danach bis 1971 ein Elektromotor die Mühlenmaschinen. *WT*

## Bad Saarow-Pieskow (Oder-Spree/E 5) BG

**Bahnhof.** Das *Empfangsgebäude* an der am 3. 6. 1911 eröffneten Teilstrecke Fürstenwalde–Saarow Ost/Bad Saarow (Kreisbahn Beeskow-Fürstenwalde) orientiert sich in seiner Gestaltung an der lokalen Bautradition des Kurortes am Scharmützelsee, der zu den beliebtesten Erholungszielen der Berliner gehörte. Der über dem Traufgesims von vier Giebeln im steilen Satteldach geprägte Hauptbau wird flankiert von einer offenen Perronhalle, deren Dach paarig angeordnete Säulen tragen. *VR*

## Bad Salzungen (Wartburgkreis/G 1) TH

**Ehemalige Saline.** Die produktive Nutzung von Natursole in Salzungen ist urkundlich seit 775 belegt; eine Saline befand sich bis 1872 auf dem heutigen Nappenplatz (von »Napf«, Siedegefäß) außerhalb der im 13. Jh. zur Stadt erklärten Siedlung. Eine zweite Saline hat 1740 am Stadtrand Joachim Friedrich v. Beust mit neuen Schachtteufen auf ungesättigte Sole begründet und deshalb erneut mit hier seit 1589 nachweisbaren, nun allerdings mit Dornen bestückten *Gradierwerken* ausgestattet (→ Bad Sulza), die seit 1801 für balneologische Zwecke mitgenutzt wurden. Nachdem hier 1842 durch Tiefbohrungen angefahrene gesättigte Sole die rohstoffliche Basis bildete, hat man sie ausschließlich als Freiluftinhalatorien verwendet, diese auf zwei Exemplare reduziert und 1905 in den Kurpark einbezogen, teilweise verändernd mit begleitenden Wandelgängen ausgestattet und mit einem (1991) erneuerten Kurmittelhaus zu einer Dreiflügelanlage gestaltet. Am Eingang zum Kurpark ein schieferbedeckter *Soleförderturm* von 1868; jenseits der Eisenbahntrasse jüngere, bis 1951 tätige ohne Schornsteine und Brodemfänge verbliebene *Siedehäuser.* *HW*

Lit.: Bock.

## Salzwedel, Hansestadt SA

(Altmarkkreis Salzwedel/D 2)

An der Furt durch die sumpfige Jeetzeniederung entwickelte sich S. im Mittelalter, als Stapelplatz vom Salz-und Tuchhandel auf den von Hamburg und Lübeck kommenden, von hier aus gemeinsam nach Magdeburg führenden Straßen profitierend, zum Mittelpunkt der westl. Altmark. Als Mitglied der Hanse (1263–1550) baute sich S. gegen Ende des 13. Jh.s einen **Hafen**, dessen Lage in der Stadt Fachwerkbauten (16.–17. Jh.) und steinerner Treppenturm des sog. Hansehofs (Hohe Brücke 6) markieren. Die bis zum Beginn des 19. Jh.s blühende Tuchmacherei wird dokumentiert durch die rustizierte Putzfassade des 1792–1794 erbauten königl.-preuß. **Wollmagazins** (Burgstraße 16). – Infolge des Anschlusses an das Eisenbahnnetz (Magdeburg-Halberstädter Eisenbahn: Stendal–S. 15. 3. 1870; S.–Uelzen 15. 4. 1873) kam es zur Gründung einiger Industriebetriebe, unter denen die **Zuckerfabrik** (1892) auch überregionale Bedeutung erlangte. Das zweigesch., durch Risalit zentrierte **Bahnhofsempfangsgebäude** (Bahnhofstraße) in Backsteinrohbau mit beidseitig verlängernden eingesch. Nebengebäuden entspricht dem Standardtyp (→ Gardelegen, Haldensleben) der Magdeburger-Halberstädter Eisenbahn um 1870. Mit den Streckeneröffnungen von Oebisfelde (Preuß. Staatsbahn, 1. 11. 1889) und nach Lüchow (Preuß. Staatsbahn, 1. 10. 1891) erhielt S. den Status eines Bahnknotenpunktes mit Erweiterung der Bahnhofs-Infrastruktur ab 1889 durch ein *Bahnbetriebswerk*: Der über dem Gurtgesims des Sockels leicht konische, durch Lisenen und paarige Rundbogenfenster in beiden Geschossen gegliederte Schaft des Wasserturmes in Backsteinrohbau trägt heute einen geschweißten Flachbodenbehälter von 1965; daneben Bahnbedienstetenwohnhaus von 1894–95 nach Entwurf der Bahn-

*Salzwedel. Wasserturm*

Direktion Magdeburg (Stendal 1), Bauleitung Peter. Im östlichen Teil des Bahnhofsareals ein urspr. vierständiger fächerförmiger Lokschuppen (1890–91, Bahn-Direktion Magdeburg; Erweiterung um 4 Stände und Gießerei 1896–97, um weitere 8 Stände und Achssenke 1921) in Backsteinrohbau. Aus Reichsbahnzeiten vor 1945 stammen Einheitswasserkran, Ausschlaggrube, Kohlengleis und 23-m-Drehscheibe. – Der städtischen Versorgung diente der **Wasserturm** vor dem Neuperver Tor (Schillerstraße), dessen der norddeutschen Backsteingotik entlehnten Architekturdetails (verputzte Blendarkaden im oberen zylindrischen Drittel des sonst konischen Schaftes und des auf kräftigem Wulstgesims lagernden Kopfes, vierseitig Treppengiebel über Blendrosetten) auf eine Bauzeit um 1905 verweisen. – **Steinhöfels Mühle** (Reichestraße 47). Fachwerkbau einer ehem. Wassermühle des 18./19. Jh.s mit vollständig erhaltener Einrichtung.

LANDKREIS: In Abbendorf (südwestl. von S.) ehem. **Wassermühle** (Schinkenmühle) in Fachwerkgebäude von 1841 mit komplett erhaltenem Mahlwerk und Wasserrad (Dm. 2,5 m). Die gemauerte **Turmwindmühle** in Siedenlangenbeck-Wöpel (südl. von S., L 248), erbaut 1902, zeichnet sich durch die vollständig erhaltene technische Einrichtung aus. Reste der Mühlentechnik befinden sich noch in der 1755 abgezimmerten, 1976 restaurierten **Bockwindmühle** (Jalousieflügel) von Jeggeleben-Zierau. *VR*

Lit.: Fischer; Mühlen, 218, 222, 224.

## Sandersleben (Mansfelder Land/F 3) SA

**Bahnhof.** Die schlichte, zweckorientierte bauliche Infrastruktur – Empfangs- und Nebengebäude, Güterschuppen, Toiletten usw. – stammt aus den Jahren zwischen der Eröffnung der Strecken Aschersleben–Könnern (15. 10. 1871, Magdeburg-Halberstädter Eisenbahn) und Berlin–Belzig–Güsten–Blankenheim (15. 4./15. 5. 1879, Preußische Staatsbahn). Die z.T. zweigesch. Bahnhofsbauten überragt östl. der Gleise ein *Wasserturm*, dessen durch sockelabtrennendes Gesims, zweigesch. angeordnete schmale Rundbogenfenster und umlaufende Blendarkade mit schlanken hinterputzten Öffnungen viergeteilter Backsteinschaft über eisernen konkaven Konsolen einen von der Fa. Klönne um 1905 entwikkelten Kugelbehälter (500 m³) mit Stützboden nach Intze trägt. – In der 1795 an der Wipper erbauten Untermühle ersetzten 1935 zwei Turbinen von je 15 PS (Fallhöhe 2,2 m) das urspr. unterschlächtige Rad (Dm. 5 m) als Antriebsmechanismus für die noch erhaltenen Transmissionen, den Schrotgang und die Walzenstühle. Anfang der 1990er Jahre noch in Betrieb. *VR*

Lit.: Mühlen, 234.

## Sangerhausen (Sangerhausen/F 2) SA

Bronzezeitliche Schmelzstätten belegen das hohe Alter bergbaulicher Aktivitäten im Mansfelder Land und in der Sangerhäuser Mulde; auf einen organisierten Bergbau am Ende des 13. Jh.s verweisen die Konsolfiguren von Nappian und Neucke aus der St. Jodute um 1290 geweihten Kapelle in Welfesholz (→ Hettstedt). Zahlreiche Urkunden belegen für die folgenden Jahrhunderte intensiven Bergbau auf Kupferschiefer und seine Weiterverarbeitung in Schmelzhütten im Sangerhäuser Gebiet bis zur gänzlichen Einstellung 1634 als Folge der Verwüstungen des Dreißigjährigen Krieges. Ein neuer Aufschwung begann in den letzten Jahrzehnten des 17. Jh.s. Im 18. Jh. befanden sich die Bergbauanlagen auf dem zeitgemäß modernsten Stand der Technik. Etwa gleichzeitig mit der vollständigen Übernahme des Sangerhäuser Bergbaus 1833 durch die Mansfelder Kupferschieferbauende Gewerkschaft wurde der Segen-Gottes-Stollen angesetzt, der im Gebiet zwischen Morungen und Wettelrode langfristig eine wirksame Wasserlösung ermöglichte. Als wichtigste **Schächte** der Mitte des 19. Jh.s galten der Carolus- (bis 1850 Haupt-

*Sandersleben. Bahnwasserturm*

schacht) und der Johannis-Schacht (stillgelegt 1874), im letzten Viertel des Jahrhunderts der Alexander-Schacht (abgeteuft ab 1870) und der Röhrig-Schacht (abgeteuft 1871–75, → Wettelrode). Einstellung des Bergbaus 1885 wegen sinkender Kupferpreise auf dem Weltmarkt und zu geringem Kupfergehalt des Schiefers; nach Verschmelzen der Restschiefern Schließung auch der Hütten 1887. Wiederaufnahme des Bergbaus 1922 mit Abteufen des Barbara-Schachtes bei Pölsfeld und Sümpfung des Röhrig-Schachtes. Erneute Stornierung bergbaulicher Tätigkeit ab 1929 bis zur erneuten Sümpfung des Röhrig-Schachtes 1942 und Teufbeginn des Schachtes Sangerhausen 1944. Ende des Bergbaues in der Sangerhäuser Mulde 1990. – **Ehem. Kupferhütte** (nördl. S., Landstraße nach Wippra/Wettelrode). Zwischen Gonna und S. wird auf dem sog. Weidenmühlen-Platz eine von der Sangerhäuser Gewerkschaft 1679–81 erbaute Neue Kupferhütte bezeugt. Aus der 1. Hälfte des 19. Jh.s dagegen stammt mit Ausnahme eines noch dem ausgehenden 18. Jh. angehörigen Wohnhauses das erhaltene bauliche Ensemble der Kupferschmelzhütte beiderseits der Straße nach Wippra. Parallel zur Landstraße das langgestreckte Hüttengebäude (heute Lager und Werkstatt) in neugotischen Formen des romantischen Spätklassizismus (um 1830), geprägt durch risalitartige Staffelgiebel an den Schmalseiten des steilen Satteldaches und einen ein Zwerchhaus kaschierenden zentralen Staffelgiebel an den Längsseiten. Die spitzbogigen Öffnungen noch mit originalen gußeisernen Fensterkonstruktionen. Nördl. des Hüttengebäudes das eingesch. in Bruchstein gemauerte, in den Giebeln horizontal verschalte *Bethaus*, dem im Südgiebel ein ebenfalls holzverschalter *Uhrturm* entwächst. Auf der gegenüberliegenden Straßenseite inmitten einer Parkanlage das um 1820 erbaute, in der Fassadengestaltung noch dem Klassizismus verhaftete, durch das mächtige Walmdach jedoch barock wirkende *Herrenhaus*. – **Thomas-Müntzer-Schacht** (Gewerbegebiet Schacht). Nach kriegsbedingter Unterbrechung der 1944 begonnenen Teufarbeiten wurden diese 1947 bei Teufe 52 m fortgesetzt und erreichten 1953 bei Teufe 655,4 m die 7. Sohle, die Förderung wurde jedoch bereits 1951 aufgenommen. Innerhalb weniger Jahre entwickelte sich das Bergwerk bis 1962 mit einem Anteil von 60 % zur größten Kupferschiefer-Förderanlage der DDR. Die ausgedehnten, seit

*Sangerhausen. Kupferhütte, Kapelle*

1951 erbauten Übertageanlagen verteilen sich auf einer Fläche von rund 220 000 m$^2$: Dominierend das Verwaltungs- und Betriebsgebäude mit Kauen und Lohnhalle, dessen Architekturauffassung den Ende der 1920er Jahre entwickelten, im Dritten Reich übernommenen monumentalen Stil fortschreibt. Fast verdeckt von seiner Masse hinter ihm Fördermaschinenhaus mit Fördergerüst und Hängebank, Bunker und Verladestation sowie Gebäude mit techn. Hilfsfunktionen. Die Schachtanlage und den weithin sichtbaren Kegel der Halde »Hohe Linde« (H knapp 300 m, Grundfläche rund 220 000 m$^2$) verbindet ein Höhenförderer. Nach Einstellung des Bergbaus 1990 heute noch eingeschränkter Betrieb bis zum Abschluß der Verwahrungsarbeiten.

LANDKREIS: In der **Wassermühle** (1772) an der Helme in Martinsrieth haben sich das unterschlächtige gußeiserne Wasserrad und ein Teil der techn. Einrichtung erhalten. – Histor. Mühlentechnik zeigt die 1857 aufgeschlagene **Bockwindmühle** von Pölsfeld, betrieben mit Windkraft bis 1975, mit Elektromotor bis zur Stillegung 1988. – In Questenberg (Dorfstraße 33) **Wassermühle** (verm. 1468) mit oberschlächtigem Rad, Getriebe, Horizontal-Sägegatter und Mühlteich. *VR*

Lit.: Kästner/Slotta, 109; Information des Museums Röhrig-Schacht; Schmidt/Theile I, 34; Wirth, 1990, 321 f.; Mühlen, 232 ff.

## Saßnitz (Rügen/A 5) MV

Durch einen Verwaltungsakt ging 1906 die ehem. Bauernsiedlung Krampas (Crampaß) in dem ehem. Fischerdorf Saßnitz auf, nachdem sich beide Orte seit den 1830er Jahren bis zur Jahrhundertwende zu beliebten Badeorten an der Ostseeküste entwickelt hatten, ab 1. 7. 1891 unterstützt durch die Eröffnung der Bahnlinie von Bergen aus. Zusätzliche Bedeutung erhielt S. mit dem am 7. 7. 1909 eröffneten Fährhafen für die regelmäßige Post- und Eisenbahnverbindung nach Trelleborg in Schweden. Die urspr. **Hafenbeckenanlage** (Kosten einschl. des Bahnhofs 4373000 Reichsmark; örtl. Bauleitung Regierungsbaumeister Proetel) wird noch heute genutzt. Das *Empfangsgebäude* des **Bahnhofs** spiegelt in seiner verspielten Baumassenverteilung und in den Details den Anspruch des Badeortes. Zweigesch. das Hauptgebäude mit Halle, Wartesälen und Beamtenwohnungen unter variierten Dachformen; fassadenbetonend die dem Gleiskörper und dem Vorplatz zugewandten Risalite; stadtseitig ein weit auskragendes, den Eingang schützendes Vordach, als Pendant dazu gleisseitig eine auf der ganzen Gebäudelänge vorgelagerte Veranda. Beiderseits des Zentrums je eingeschossig die Restauration und mit Abstand die Güterabfertigung. *VR*

Lit.: ZBV 1909, 361 ff.; Vorpommersche Küstenregion, 500.

## Bad Schandau (Sächsische Schweiz/G 5) FS

Stadt seit Mitte des 15. Jh.s. Mit der Entdeckung von Heilquellen seit dem 18. Jh. und der Zunahme des Fremdenverkehrs kam es zum Bau von Hotels und Pensionen im hochgelegenen Ortsteil Ostrau und des dort hinführenden **Personenaufzuges** (Rudolf-Sendig-Straße 21), eines 1904 an der Felswand errichteten, 62 m hohen Eisengerüsts mit 35 m langer Brücke zum Plateau. Das Gerüst ist original erhalten, Fahrkorb und elektrischer Antrieb wurden 1988 erneuert und modernisiert. – Die ehem. **»Königin-Carola-Brücke«**, 1874–76 als Stahl-Fachwerk-Bogenbrücke nach Planung von Baurat Hofmann erbaut, wurde 1990 in anderer Form erneuert. Erhalten sind die vier achteckigen *Brückentürme* in Sandstein (H 13,5 m über Schienenoberkante) mit aufgesetzten Spitzen und Sandsteintafeln mit Bauzeit, Namen der Erbauer und königl.-sächs. Wappen. *KD*

Lit.: Schatz; Wagenbreth/Wächtler, 1989.

## Schiffmühle (Märkisch-Oderland/D 5) BG

**Chausseehaus** (Ortseingang an der B 158). Der Ortsname verweist auf eine besondere Mühlenkonstruktion, die hier bis Mitte des 19. Jh.s in der Alten Oder stand. Das besondere der Mühle ist ein breites, zwischen Haus- und Wellschiff gela-

*Bad Schandau. Personenaufzug*

gertes, unterschlächtiges Schaufelrad, das vom Fluß in Drehung versetzt wurde. Das klassizistische Chausseehaus, ein eingesch. Putzbau über Feldsteinsockel, zentriert durch übergiebelten, zweigesch. Risalit, wurde 1834 nach Plänen Karl Friedrich Schinkels errichtet. Es diente als Zollhaus und Zollbeamtenwohnhaus. *WT*

## Schildow (Oberhavel/D 4) BG

**Bahnhofsempfangsgebäude**. Der Bahnhof liegt im Süden der Gemeinde Sch., nahe der Straße Schönfließ–Blankenfelde, unmittelbar vor der nördlichen Berliner Stadtgrenze. Das 1901 in Betrieb genommene *Empfangsgebäude* sowie der Dienstraum sind in Backstein aufgeführt. Das zweigesch. Empfangsgebäude hat einen fast quadr. Grundriß und ein flaches Satteldach mit Papplage. Sein OG ist durch ein umlaufendes getrepptes Gesims mit schmalem Putzband abgesetzt. Dieses Schmuckelement wiederholt sich an Traufe und Giebel. Fenster und Türen haben flache Stichbogen. Sowohl bahnsteig- als auch straßenseitig wird jeweils ein seitliches Fenster durch einen risalitartigen Vorsprung betont. Der schmale Güterboden ist als Fachwerkbau ausgeführt, hölzerne Streben tragen das weit auskragende Satteldach. Ein später an den Giebel angebauter Funktionstrakt nimmt die Schmuckdetails auf. Der Bahnhof der sog. »Heidekrautbahn« in Schildow fand im Rahmen der Reinickendorf-Liebenwalde-Groß Schönebecker Eisenbahn AG für die verkehrstechnische Anbindung und die damit direkt verbundene wirtschaftliche Erschließung des Niederbarnimer Kreises große Bedeutung. *WT*

## Schillingstedt (Sömmerda/G 2) TH

**Bockwindmühle.** Das 1840 am Rande des Müllerhofes als Getreidemühle errichtete Windtriebwerk produzierte bis 1956 (zwischenzeitlich mit Hechtschen Federjalousien an den vier Ruten), danach Verfall; ab 1988 für Anschauungszwecke partiell betriebsfähig restauriert. Von krüppelgewalmtem Mansarddach bekrönter Mühlenkasten mit Feise, auf unverkleidetem Bock; im Inneren Flügelwelle mit 2 Kammrädern, Steingang und Sichter. *HW*

Lit.: Mühlen, 248.

*Schleifreisen. Teerofen*

## Schleifreisen (Saale-Holzland-Kreis/G 3) TH

**Teerofen.** Reste eines ungewöhnlich großen Ofens wurden 1975 bei archäologischen Grabungen auf der Wüstung Bleifeld entdeckt, dabei als einstige Produktionsstätte des 17. Jh.s für Holzessig, Kienöl, Holzteer und Pech aus Kiefernholz identifiziert. Man hat ihn partiell, als etwa 6 m hohes Schnittmodell im Maßstab 1:1, ausschließlich für Anschauungszwecke in glokkenförmiger Gestalt wieder aufgebaut und mit Kiefernscheiten (in fünf etwa lotrechten Stapelungen) bestückt. Sichtbar ist die Feuerungs- und Destillations- bzw. Kondensationsphase; wie das Holz in den Ofen kommt, bleibt hier unbegreiflich (→ Geisenhain).

**Wasserturm.** Konstruktivistisch gestaltetes, jedoch mit ziegelgedeckten Gaupen und Laterne romantisch bekröntes Bauwerk von etwa 1910. Der Turmkopf für den Wasserbehälter liegt auf 8 schlanken, Konsolen tragenden Stahlbetonstützen; zu ihm führt eine Stahlbetontreppe, deren versetzt angeordnete Stufen sie trotz enormer Steilheit für Wartungszwecke begehbar macht. *HW*

Lit.: Wirth, 1990, 325–326.

## Schlettau (Annaberg/H 4) FS

**Spinnmühle** (Talstraße 4). Johann Traugott Lohse, bekannt als Kirchenbaumeister und Planer der Spinnereibauten in Chemnitz-Harthau (1803–1804), Siebenhöfen (1812), Erfenschlag (1812) und Lugau (1812), gründete zusammen mit dem Bleichereibesitzer Neumann 1811 im Schlettauer Schloß eine eigene Baumwollspinnerei und Appreturanstalt, die 1812 durch einen nicht mehr erhaltenen Neubau erweitert wurde. Das florierende Unternehmen leistete sich 1824 ein weiteres Spinnereigebäude, ausgeführt im Duktus der früheren Bauten Lohses. Mit dem viergesch., den dreigesch. Hauptbau mittig durchdringenden Querhaus erhebt sich der aus erzgeb. Gneis aufgeführte Bau auf annähernd kreuzförmigem Grundriß, dessen Querhausarme an den Außenecken 3/4 Säulen – ein Markenzeichen Lohses – stabilisieren. Die urspr. Dachlandschaft – klassizistischer Dreiecksgiebel mit Thermenfenster über den Risaliten und Bohlenbinderkonstruktion über dem Hauptbau – ist heute reduziert auf einfache Satteldächer. Nach mehrfachem Besitzerwechsel seit den 1860er Jahren arbeitete ab 1903 bis in die 1970er Jahre eine Knochenpräparatefabrik in dem Spinnereigebäude. *VR*

Lit.: Bauten der Technik und Industrie, 87.

## Schleusegrund-Biberschlag TH (Hildburghausen/H 2)

**Rote Mühle.** Wassermühle am von der Biber abgezweigten Mühlgraben. Standort seit 1595 nachgewiesen, bis 1953 mit etwa 6 m im Durchmesser großem rückschlächtigen Wasserrad betrieben, danach nur noch für Wohn- und andere wirtschaftliche Zwecke genutzt. Jetzige Hofbebauung mit Speicher und Stall am Steilhang sowie dem in Strecklage kombinierten Wohn- und Mühlengebäude seit 1820, letzteres zweigesch. unter steilem Satteldach mit Schleppgaupe; massiv das EG des Wohnteiles (Ziegel) und der Mühlentrakt (Sandstein und Ziegel), in Sichtfachwerk der Oberstock des Wohngeschosses. 1967 Neubau des 4 m messenden hölzernen oberschlächtigen Wasserrades für Anschauungszwecke anstelle des indessen verbrochenen an der Traufseite des Mühlentraktes; nicht mehr betriebsfähig, aufgeständertes Gerinne desolat, Mühlgraben z.T. verschüttet. Am Mühlengebäude entstand 1997 schwerer Feuerschaden. *HW*

Lit.: Mühlen, 90, 294, 306, 376.

## Schleusingen (Hildburghausen/H 2) TH

**Nahebrücke.** Wahrscheinlich noch aus dem 15. Jh. stammende, aus Sandstein gefügte 8 m lange und 5,3 m breite einbogige Straßenüberquerung über die Nahe. Der Bogen ist 7,5 m weit gespannt und hat eine Scheitelhöhe von 2,4 m. Die Fahrbahn liegt 3,3 m über dem mittleren Wasserspiegel. – **Wassermühlen.** Von sieben nachweisbaren Wassertriebwerken sind drei an dem von der Erle abgezweigten Mühlgraben erhalten bzw. erkennbar geblieben. Laut urkundlicher Überlieferung die älteste ist die *Kehrs-* oder *Untere Mühle* von 1323; von ihr verblieben lediglich das jeglichen technischen Inventars entledigte einstige Wohn- und Produktionsgebäude mit massivem EG und Fachwerk-OG, das im Kern von 1588 stammt (Inschrift neben reich dekoriertem Sitznischenportal, dessen Schlußstein mit Sensenblättern auf die Nutzung auch als Hammerschmiede weist: »Die Mul ist Johannis Drot / sein Hofnung sthet alzu got / Anno 1588«). Auch im 14. Jh. erwähnt wird die bis 1800 als Getreidemühle, bis 1950 als Schneidemühle betriebene *Schloßmühle*; erhalten blieb als Standortbestimmung das (jüngere) Wohnhaus. Von der ebenfalls seit dem 14. Jh. bekannten *Vincentmühle* überkam das einstige, bis 1931 gewerblich genutzte, inschriftlich datierte Produktions- und Wohngebäude (»1549 C. W.«), ein stattlicher kubischer zweigesch. Baukörper, eckrustiziert, im OG z.T. in Fachwerk, mit spitzbogigem Portal an der Stirnseite, unter gewalmtem Satteldach. Das mittelschlächtige hölzerne Wasserrad mit 3,5 m Durchmesser wurde 1987 erneuert. *HW*

Lit.: Erler/Schmiedel, 156; Mühlen, 252.

## Schlotheim (Unstrut-Hainich-Kreis/G 1) TH

Gewerblich überregional bedeutsam wurde der seit 1227 mit Stadt bezeichnete Ort als Produktionsstätte technischer Textilien. Seit 1624 war hier das Seilereigewerbe heimisch, das später durch die Bandweberei von Gurten und Treibriemen ergänzt wurde. Die Segelschiffswerften an den deutschen Seeküsten bezogen das Holz für die Schiffsmasten aus dem Schwarzwald, die Taue u.a. aus Sch. Mit der als Fachwerkbau an das Fabrikantenwohnhaus angeschlossenen **Seilerei** (Heilingerstraße) ist eine der ältesten »Reeperbahnen«, wie diese Betriebe hießen, erhalten geblieben. – Auf der Hochfläche am nördlichen Stadtrand stattliche **Holländerwindmühle**; 1861 als zweigesch. Rittergutsmühle von Hopfgarten (→ Ohrdruf, Tobiashammer) errichtet, um die durch landwirtschaftliche Melioration ihres Aufschlagwassers reduzierte Wassermühlen zu ersetzen. Von der Wohnung des Pachtmüllers innerhalb des Mühlenkörpers (→ Immenrode) ist der Schornstein in der Bruchstein-Mauer an seiner jetzt zugesetzten Rauchöffnung noch erkennbar. 1922 Aufstockung um 5 m und Ersatz der Königswelle durch Riementransmission zum erhalten gebliebenen Wellengetriebe im Kellergeschoß; die geschweifte Haube mit Windrose und bemerkenswertem Innenkrühwerk wurde aus Wittenberge (MV) transloziert. Gleichzeitig ein Gasmotor zur Ergänzung der Windkraft, den erst ein Dieselmotor, 1933 ein Elektromotor ersetzte. Die Windkraftanlage war bis 1949 funktionstüchtig, dann wurde eine der vier Ruten wegen Aufstockung des angebauten Maschinenhauses demontiert. 1964 erlosch die Mehlproduktion. Seit 1981 Instandsetzung für museale Zwecke. *HW*

Lit.: Blaß; Wirth, 1990, 326 f.

## Schmalkalden TH

(Schmalkalden-Meiningen/G 1)

### Sch.-Asbach

**Erzgrube »Finstertal«, Schaubergwerk.** Roteisen- und Manganerze wurden in den Bergen um Asbach wahrscheinlich schon im Mittelalter abgebaut (Pingen am Dornberg, Hirschberg, Komberg, Ringberg). Bergbau auf Kupfererz am Kühberg ist seit 1519, auf Eisenerz in Asbach seit 1569 nachweisbar, auf Kobalterz von 1722 bis 1807 und von 1828 bis 1847. Ende 19. Jh. Gewinnung von Roteisen- und Manganerzen aus der Grube »Finstertal«, die nach 1920 erneut angefahren, wegen mangelnder Ergiebigkeit aber bald aufgelassen und 1950 zusammen mit der Grube am Kühberg für Kontrollzwecke wieder aufgewältigt wurde. Dabei erwies sie sich für ein Untertagebau-Museum als geeignet. 1958/59 wurde eine ihrer Sohlen für diesen Zweck hergerichtet; eine zweite Sohle ist abgesoffen. Vom neu gestalteten Mundloch (mit seitenverkehrt angebrachtem Bergbausymbol Schlägel und Eisen) führt ein 50 m langer Stollen zum Füllort. Hier befinden sich ein Gesenk (Unterhau im Erzgang) und ein tonnlägiger Blindschacht zur zweiten Sohle; auch zweigen eine in Richtung des Stollens 100 m vorangetriebene Gangstrecke mit 6 bzw. 13 m langen Querschlägen (einer davon zur Sprengstoffkammer) und rechtwinklig dazu ein nördlicher Querschlag von 90 m Länge mit 15 m nach S und 20 m nach N getriebener Gangstrecke ab. Museale Ausstattung mit bergbaulichen Geräten und Maschinen der letzten Abbauphase: Keilhaue, Pickhammer, Schaufel, Bohrmaschine mit Bohrsäule, Bohrer und Bohrkronen, Überkopflader und Hunt.

### Sch.-Weidebrunn

**»Neue Hütte«.** Einstige, nach erheblichen denkmalpflegerischen Eingriffen museal nachgenutzte weiträumige, Eisenerz verarbeitende Produktionsstätte mit 11,7 m hohem, von einem basilikal gestaffelten Fachwerkbau eingehausten Hochofen über quadr. Grundriß, einem kleineren, frei stehenden von 9,35 m Höhe, einer Brecheranlage, vier Holzkohleschuppen (von einst sieben), einem Sacklager für Holzkohle, einem Laborgebäude sowie einem Wohn- und Verwaltungsgebäude an der Schmalkalde. Deren Mühlgraben lieferte die Energie für die Betriebseinrichtungen (eine Radstube im Inneren des Hochofenhauses mit 3,6 m großem Triebrad für das Hüttengebläse, eine zweite im Freien ist nicht mehr vorhanden). Verwendet wurde Holzkohle, seit 1870 Steinkohlenkoks für das Erschmelzen anfangs vom Stahlberg bei → Trusetal bezogener, später importierter Erze. – Die Produktionsstätte hat 1656 der hessische Amtmann Siegfried Happel als Eisenhammerwerk begründet und 1669 ergänzt mit einem Eisenschmelzofen (»Happelshütte«), den 1835 ein 9,6 m großer, eingehauster Hochofen, der Kern des jetzigen Aggregates (»Neue Hütte«), ersetzte. 1870 auf seine heutige Höhe aufgestockt, wurde er 1885 um den zweiten Ofen erweitert und mit diesem unter eine gemeinsame Verdachung bei Einschluß eines monumentalen historistischen Portalbauwerkes gebracht. Baulichkeiten aus der Zeit davor blieben (zunächst) weitgehend erhalten. Die Produktion

*Schmalkalden-Weidebrunn. »Neue« oder »Happelhütte«*

die Arkade der Aussichtsplattform in walmdachähnlich gebrochener Glockenform. *VR*

von Gußeisenerzeugnissen wurde 1923 eingestellt, danach Verfall. Seit 1969 schrittweise Restaurierung bei Verzicht auf das Portalbauwerk und auf die Einhausung des kleinen Hochofens; dabei weitgehender Rückbau des klassizistischen Hüllbauwerkes mit großen Kopieanteilen; nach 1990 beträchtliche Erweiterung des museologischen Programms, u. a. mit Erzförderwagen und Sammlungen von Maschinen und Erzeugnissen der Kleineisenindustrie. *HW*

Lit.: Wirth, 1990, 62, 327 f.

## Bad Schmiedeberg (Wittenberg/F 4) SA

Im Zusammenhang mit der Aufwertung zum Moor-Heilbad erhielt das bis dahin unbedeutende Städtchen um 1910 einen aufwendig gestalteten **Wasser- und Aussichtsturm** (südl. Ortsrand, Straße nach Bad Düben) auf einer Anhöhe vor Korgau. Über zylindrischem Schaft in rustiziertem Natursteinmauerwerk kragt über kräftigem Bogenfries stilistisch von der Romanik zum Barock überleitend der zweigesch., oktogonale Turmkopf. Die Ecken betonen – mit Ausnahme des voluminöseren und höheren Treppenturmes – sieben zylindrische Erker unter Glockendach. Das geschweift ansetzende steile Hauptdach endet nach geschoßhoher Unterbrechung durch die Arkade der Aussichtsplattform in walmdachähnlich gebrochener Glockenform. *VR*

## Schmiedehausen (Weimarer Land/G 3) TH

**Turmholländerwindmühle.** Anstelle einer 1911 abgebrannten Bockmühle 1913 in Ziegeln errichtetes, im Grundriß kreisförmig und nach oben sich verjüngendes, mit der von einer Mecklenburger Mühle stammenden Haube ausgestattetes Windtriebwerk, mit (jetzt desolaten) 4 Ruten und Windrose; bis 1956, elektrisch bis 1970 betrieben. Die innere Ausstattung ist nahezu komplett erhalten: Steingang, Walzenstuhl, Kornreinigungs- und Sichteranlage, Lastenaufzug mit Friktionswinde. Aus der Zeit der Windmüllerei stammen die eiserne Flügelwelle, das Kammrad und die Königswelle. *HW*

Lit.: Mühlen, 248.

## Schneeberg (Aue-Schwarzenberg/H 4) FS

**Bergbaulandschaft Schneeberg/Neustädtel.** Seit der Mitte des 15. Jh.s wurde im Schneeberger Revier Bergbau betrieben. Reiche Silberfunde waren der Ausgangspunkt für die Entwicklung der Stadt. Nach dem Rückgang des Silberbergbaues gewann der Neustädtler Kobaltabbau mehr an Bedeutung. Die Landschaft von Neustädtel wurde intensiv durch den Bergbau geprägt. Haldenzüge, zahlreiche ehem. Grubengebäude und wasserbauliche Anlagen ermöglichen es dem Betrachter beim Begehen des angelegten Bergbaulehrpfades, die regionale Bergbaugeschichte nachzuvollziehen. So findet man auf der ehem. *»Grube Gesellschaft«* neben dem stattlichen Huthaus in Fachwerkbauweise (um 1825) auch einen der heute nur noch seltenen Pulvertürme, etwas abseits vom Grubengelände. Nahebei die ehem. Bergschmiede von 1813. Die wohl bedeutendste Anlage ist die Gebäudegruppe des *Siebenschlehener Pochwerkes* (Lindenauer Straße). Zu ihr gehören außer dem 1753 errichteten Pochwerkbau, welcher nach mehrmaligen Um- und Erweiterungsbaumaßnahmen heute noch über sein Pochwerk verfügt, das ehem. Steigerhaus als kleiner Fachwerkbau, ein ehemals als Kobaltkammer dienender massiver Flachbau und ein Blockschuppen. *ST*

### Sch.-Schlema

Behindert durch die Geheimhaltungsvorschriften der SAG (Sowjet. Aktiengesellschaften) bzw. ab 1954 SDAG (Sowjet.-Deutsche Aktiengesellschaften) kann der Umfang des Abbaus der uranhaltigen Pechblende im Schneeberger Revier nur geschätzt werden: weit über 100 **Schächte** bis zu einer max. Teufe von 1800 m und etwa 4200 km Streckenauffahrung werden vermutet, die Abraumhalden sind wie im Ronneburger Revier sichtbar und harren ihrer Entsorgung. *VR*

Lit.: Wagenbreth/Wächtler, 1990, 228, 426.

## Schönborn-Dreiwerden FS

(Mittweida/G 4)

**Grube Alte Hoffnung.** Im Gebiet von Sachsenburg an der Zschopau ist Bergbau seit dem 13. Jh. bekannt. Im 17./18. Jh. wurden mehrere kleine Gruben auf Silbererzgängen betrieben. Die im 19. Jh. dort allein noch wichtige Grube war die »Alte Hoffnung«, die 1835–85 etwa 20000 t Erz mit 11 000 t Blei und 18400 kg Silber lieferte. Erhalten sind das zweigesch., massive Huthaus, das Mundloch des 1859 angelegten Eisenbahnstollns (Eisenschienenbahn für den Erztransport aus der Grube zur Aufbereitung) und Röschenmundlöcher für die Zuführung von Aufschlagwasser von der Zschopau zu den 1843 und 1865 untertage zum Antrieb der Kunstgezeuge eingebauten Turbinen und für die Ableitung des von diesen verbrauchten Kraftwassers und des gehobenen Grundwassers. Das Wasser, das von der Zschopau durch die zwei elliptisch gemauerten Aufschlagröschenmundlöcher den Turbinen zugeleitet wurde und aus den beiden Abzugsröschenmundlöchern wieder in die Zschopau trat, schnitt nur die dort befindliche große Flußschleife ab und ergab deshalb bei den Turbinen eine energetisch nutzbare Fallhöhe von 2,08 m. *OW*

Lit.: Wagenbreth/Wächtler, 1986, 240, 350.

## Schönebeck-Salzelmen SA

(Schönebeck/E 3)

*Solequellen bei den Ortschaften Frohse und Elmen (Alten Salze) sind seit 1170 urkundlich belegt. Nahe den im 1. Viertel des 13. Jh.s bei dem Dorf Schadeleben entdeckten, von einer adligen Pfännerschaft genutzten Quellen, entwickelte sich in kurzer Zeit die neue Siedlung Groß Salze, die bereits 1290 Stadtrecht erhielt und sich bis zur Mitte des 14. Jh.s zu einer der wohlhabendsten Städte südl. von Magdeburg entwickelte. Holzmangel, geringer Salzgehalt der Sole und die Konkurrenz der 1705 in Schönebeck gegründeten königl.-preuß. Saline führten – obwohl noch seit 1623 langfristige Verträge mit Kursachsen zur Salzabnahme und Holzlieferung bestanden – zum Niedergang der Saline bei Groß Salze, der 1801 im Verkauf an den preuß. Staat endete. Während sich die Schönbecker Saline nach 1720 zu einem der größten Unternehmen in Preußen entwickelte, erhielten die älteren Salinen erneut Bedeutung erst durch das 1802 von dem Schönebecker Knappschaftsarzt Tolberg in Elmen gegründete Solbad. Frohse, Elmen und Groß Salze verband ein Verwaltungsakt 1926 zu Salzelmen, das bereits 1932 nach Schönebeck eingemeindet wurde.*

**Gradierwerk** (gegenüber der Bahnstation an der Straße von Eggersdorf nach Schönebeck). Das 1756–65 für die preuß. Saline in Schönebeck auf 1817 m Länge angelegte zweigesch. Gradierwerk (H 16,5 m, Basisbreite 12,55 m) – ab 1802 für den Heilmittelbetrieb des Tolbergschen Solebades genutzt – prägt trotz verkürzter Länge (1816 auf etwa 350 m, 1833 auf etwa 250 m) eine der drei von Kg. Friedrich II. (dem Großen) 1711–74 als Verbindungsdreieck zwischen Frohse, Groß

Salze und Schönebeck angelegten Kolonistenstraßen. Der Hebung der Sole aus dem die Basis des Gradierwerkes bildenden Erdreservoir dienten urspr. 3 Windkünste in Form von miniaturisierten Paltrockmühlen, von denen nach der Längenreduzierung eine erhalten blieb. Den heutigen Hauptdurchgang zum Kurpark betont ein hölzerner Uhrturm in klassizistischer Formgebung, aus dessen quadr. Sockel für das Uhrwerk ein oktogonales, allseitig durchfenstertes Belvedere erwächst. Rund 50 m westl. des Gradierwerkes der 1776 über dem seit 1774 niedergebrachten Soleförderungsschacht (Endteufe 82 m) aus Bruchsteinen erbaute sog. **»Solturm«** (H 32 m), dessen Kegelstumpf anfangs eine Haube mit Flügelkreuz analog den Holländerwindmühlen trug. Bereits 1793 ersetzte eine von Carl Friedrich Bückling konstruierte Dampfmaschine – ein Nachfolgemodell seiner für das Kupferschiefer-Bergwerk 1783–85 in Hettstedt gebauten ersten deutschen Dampfmaschine Wattscher Bauart – den Windkraftantrieb zur Hebung der Sole (→ Hettstedt). Von der Dampfmaschine blieb nichts erhalten, den oberen Turmteil beansprucht heute ein eiserner Solebehälter für den Kurbetrieb. Wenige Meter nördl. des Soleturms in klassizistischen Formen das »Lindenhofbad«: Beiderseits des dem Kurpark zugewandten fünfjochigen ionischen Portikus eingesch., ebenfalls fünfachsige Flankenbauten, gefaßt von Eckpavillons, deren Tympana Palmetten schmücken. *VR*

Lit.: Schmidt/Theile I, 64; Wirth, 1990, 331–333.

## Schönewalde BG

(Elbe-Elster, früher Herzberg/E 4)

**Paltrock-Windmühle** (Friedensstraße 7). Die mit der Mahleinrichtung erhaltene Mühle wurde um 1815 als Bockwindmühle im damaligen Amt Baruth errichtet und, wie bei Bockmühlen nicht selten, 1940/41 nach Sch. transloziert, gleichzeitig zur Paltrockmühle umgebaut. Jetzt steht sie auf einer Rollenbahn und wird mittels Windrose und einer Schnecke auf einem Zahnkranz in den Wind gedreht. Mit 4 Arbeitsböden und 2 gegenüberliegenden großen Anbauten zählt die Paltrockmühle zu den größten Mühlen in Brandenburg. Das Rutenkreuz hat einen Durchmesser von 22 m. Sturmschaden führte 1961 zur Stillegung der Windkraftanlage. Bis 1974 wurde die Mühle mit Hilfe eines Elektromotors betrieben. 1994 Restaurierung abgeschlossen. *WT*

## Schwaan (Bad Doberan/B 3) MV

Charakteristisch für das von zahlreichen Wasserläufen durchzogene Mecklenburg-Vorpommern sind bewegliche Brückenkonstruktionen im Kreuzungspunkt von Straßen- und Wasserwegen. Die **Hubbrücke** von 1928 über die Warnow (August-Bebel-Straße) kann mit den dem beweglichen Fahrbahnträger (12,5 m) parallelen Hubportalen – einseitig verbunden durch einen den elektrischen Antrieb tragenden Querträger – als ausgefallene Konstruktion gelten. Die Kraftübertragung übernehmen horizontale Wellen und Seilzüge mit Gegengewichten in den Seitenportalen. *VR*

Lit.: Wirth, 1990, 333.

## Schwarza TH

(Schmalkalden-Meiningen/G 2)

**Schwarzabrücke.** Um eine Zufahrt zum Vorwerk »Rasemühle« zu schaffen, wurde 1742 eine zweibogige Brücke aus Sandstein über die Schwarza (Nebenfluß der Hasel, die in die Werra mündet) geschlagen. 14 m ist sie lang; 4 m weit gespannt sind ihre 2,5 m hohen Bögen. *HW*

Lit.: Erler/Schmiedel, 158.

## Schwarzenberg FS

(Aue-Schwarzenberg/H 4)

**Erzbergwerk »Gottes Geschick«** am Graul, einem Höhenzug östlich von Schwarzenberg. Hier bestand mindestens seit 1704 die Grube »Gottes Geschick«, die Erze von Silber und anderen Metallen abbaute. Sie erfuhr ab 1800 einen neuen Aufschwung, von dem einige Gebäude zeugen: Huthaus, 1825 erbaut, massiv, zweistöckig, Krüppelwalmdach mit Glockenturm. Westlich davon die Bergschmiede sowie die Pochwäsche (südlich vom Graul, im Tal des Schwarzbaches, heute Wohnhaus, zuvor Gasthaus »Fröhlicher Bergmann«).

**Steinbogenbrücke** über das Schwarzwasser 1783 für die Poststraße Schwarzenberg–Annaberg erbaut. Die insges. 22,5 m lange und 4,5 m breite

Brücke hat 2 je 10 m weite und im Lichten 2,8 m hohe Korbbogen aus Bruchstein. Am Mittelpfeiler besagt eine Inschrift: »Neu erbaut 1783«.

### S.-Untersachsenfeld

**Hausbrücke »Hammerbrücke«**, über das Schwarzwasser, 1832 erbaut, um 1985 restauriert. Die Tragkonstruktion der 3,8 m breiten Brücke besteht aus 2 je 17 m weit gespannten, hölzernen Hängesprengwerken mit einer Hängesäule auf jeder Seite. Das seitliche Fachwerk ist mit Brettern beschlagen und trägt ein Walmdach. *OW*

Lit.: Erler/Schmiedel, 160, 165, 205; Wagenbreth/Wächtler, 1990, 308, 448.

## Schwedt an der Oder (Uckermark/C 5) BG

Der **Bahnhof** an der Strecke Angermünde–Sch. liegt nördlich des historischen Stadtzentrums. Sein klassizistisches Empfangsgebäude wurde 1945 zerstört, erhalten sind das 1873 errichtete Gebäude der Güterabfertigung und der Lokomotivschuppen mit Wasserturm. Der *Güterboden* ist ein eingesch. Fachwerkbau mit flachem, weit überkragendem Satteldach, der zweiständige *Lokschuppen* ein eingesch. Backsteinbau mit Satteldach geringer Neigung. Der ihm integrierte, im Grundriß nahezu quadr. *Wasserturm* enthält im OG einen aus zwei Kammern bestehenden Wasserbehälter. Blindfenster über einem Ziergesims gliedern ihn. Der Wasserkran steht unweit des Wasserturmes im Gleisbereich. Er ließ sich in einem Winkel von 180 Grad über die Mitte des Fahrgleises schwenken. Über eine einfache Hebelmechanik und ein Ventil füllte der Wasserkran den Vorratsbehälter des Tenders bzw. den Wasserkasten der Dampflokomotive mit Speisewasser. – Das (1965 stillgelegte) **Wasserwerk** (Heinersdorfer Damm) wurde nach Plänen des Düsseldorfer Architekturbüros Heinrich Scheven 1908–11 am westlichen Stadtrand errichtet. Die 3 Funktionsgebäude *Brunnenhaus, Enteisungsanlage* und *Pumpenstation* stehen in unmittelbarer Nähe des Wasserturmes. Giebel, Eck- und Mitteltürmchen auf den Giebeln sowie die breiten Backsteinfassungen der Fenster und Türen erinnern an mittelalterliche Architekturformen. Die einheitliche Gliederung aller 3 Gebäude wird auch durch die von der Traufe bis zum Boden reichenden Eckverblendungen, die die großen glatt geputzten Flächen fassen, deutlich. Zwischen 1994 und 1997 wurden die Funktionsgebäude sowie der Wasserturm nach historischen Plänen restauriert.

Tabakanbau und -verarbeitung zählte seit der Mitte des 18. Jh.s zu den wichtigsten Wirtschaftszweigen der Stadt. Bis 1944 bestimmten 78 **Tabakscheunen** ihr Bild. Fast alle wurden in den letzten Kriegstagen zerstört. Eine der wenigen erhaltenen befindet sich im Zentrum der Stadt (Karlsplatz). Das UG und die Giebel des zweigesch. Gebäudes sind massiv ausgeführt, die beiden Längsseiten sind Fachwerkkonstruktionen. Zur Be- und Entlüftung enthält das Dach durchgehende Schleppluken. *WT*

## Schwerin (Schwerin/B 2) MV

**Bahnhof.** Das erste, im Stil des romantischen Spätklassizismus erbaute *Empfangsgebäude* an der am 1. 5. 1847 von Hagenow aus freigegebenen Strecke (Mecklenburgische Eisenbahn) ersetzte 1888–89 unter Leitung des Regierungsbaumeisters Möller ein pompöser fünfgliedriger Neubau in französisch geprägten Mischformen aus Renaissance und Barock. Umbauten von 1926–27 ermöglichten über einen Tunnel den gefahrlosen Zugang zu den Bahnsteigen. – Von der Bauabteilung der AEG geplant, zeigt das 1903–04 erbaute **Elektrizitätswerk** (Spieltordamm 5) in den Fassaden von Maschinenhalle, Werkstatt- und Verwaltungsgebäude mit Formen der Romanik, der Renaissance und des Barock fast alle im Historismus gängigen Stilelemente. – Als drehbare Eisenbrücke konstruiert, verbindet die **Hintere Schloßbrücke** mit einem rund 20 m langen Fahrbahnträger seit 1897 Schloßinsel und Schloßgarten. *VR*

Lit.: Berger, 209; Wirth, 1990, 335.

## Seddin (Potsdam-Mittelmark/E 4) BG

**Betriebsanlagen des Rangierbahnhofes.** Über diesen Rangierbahnhof lief ein großer Teil des Güterverkehrs von und nach Berlin. Viele der historischen Betriebsanlagen wurden im 2. Weltkrieg zerstört. Zu dem wenigen erhaltenen zählen der Wasserturm und die Kohleverladebrücke. Der *Wasserturm* wurde von einem Entwurfsbüro der Deutschen Reichsbahn projektiert und von der Firma Dyckerhoff & Widmann 1923 gebaut. Der im Querschnitt achteckige Turmschaft enthält 4 Geschosse. Er wurde in Ziegelbauweise errichtet. Der leicht auskragende ebenfalls achteckige Turmkopf enthält den Behälter aus Stahlbeton mit einem Fassungsvermögen von etwa 1200 $m^3$. Die *Kohleverladebrücke* (Maschinenfabrik Gebr. Scholte, Duisburg) ist ein verfahrbares Portal auf 2 Stützen mit einem Querträger, der Lagerplatz und Gleise überspannt. Die genietete Stahlfachwerkkonstruktion der Brücke hat eine feste Stütze und eine Pendelstütze mit Schienenfahrwerken. Die Verladebrücke ist mit einer Hubeinrichtung in Form eines Auslegerkranes ausgerüstet. *WT*

## Seiffen (Mittlerer Erzgebirgskreis/G 5) FS

● **Pingen** des Zinnbergbaus. Der seit 1324 bei S. nachgewiesene Zinnbergbau begann mit dem Auswaschen von Zinnerzsteinkörnern aus den Bach-Ablagerungen, als Seifenbergbau (Ortsname). Um 1480 begann der Abbau festen zinnsteinhaltigen Gesteins, teils untertage (mit Feuersetzen), teils im Tagebau. Von diesem Bergbau sind in der Nähe der Kirche 2 (steinbruchartige) Pingen erhalten, die »Neuglück-Pinge« (1570 erstmals genannt) und die »Geyerin« (1593 erstmals genannt). Der bis um 1850 betriebene Seiffener Bergbau hat dort zu einem eigenständigen kleinen Revier mit Huthäusern, Pochwerken, Erzwäschen, Schmelzhütte und Bergamt geführt, die – mehr oder weniger umgebaut – erhalten und durch einen Lehrpfad erschlossen sind. Für die Wasserräder der Erzwäschen und Pochwerke sowie der Schmelzhütte wurden ein noch erhaltener Bergwerksteich (heute Schwimmbad) und 2 Kunstgräben angelegt, deren Verlauf im Gelände teilweise noch erkennbar ist. *OW*

Im 1981 eröffneten **Erzgebirgischen Freilichtmuseum** werden typische Gebäude und Anlagen aus dem oberen Erzgebirge umgesetzt und in einer Streusiedlung dargestellt, in mehreren Gebäuden die Handwerke praktisch vorgeführt. Die wichtigsten sind Wohnhäuser und Werkstätten des Spielwarenmachers, Spankorbmachers, Stellmachers, Böttchers und Schindelmachers. Gezeigt werden Wasserkraftdrehwerk, historische Umspannstation, Spritzenhaus, Wasserkraftsägewerk, Spanziehmühle, Lohstampfe, Kohlenmeiler, Wohnhäuser des Bergmanns, Flößers, Waldarbeiters, Kleinbauern u. a. m. *KD*

### S.-Oberseifenbach

**Spielwarenfabrik S. F. Fischer** (Mühlbergweg 21). Als Handwerksbetrieb für Holzschränke um 1850 gegründet, begann Samuel Friedrich Fischer in den Folgejahren, sich auf die Herstellung einfachen Spielzeugs nach Anregung durch Friedrich Fröbel mit Erfolg zu spezialisieren. Die seit 1861 entstandenen Gebäude (Produktion 1861, 1882, 1886; Pack- und Lagerhaus 1890; Darrhaus 1897; Kesselhaus, Erweiterung Trockenhaus, Schmiede und Färberei 1898) ohne architektonischen Anspruch, in der Kraftzentrale jedoch erhalten eine 1909 installierte, von der Maschinenfabrik H. Ulbricht, Chemnitz, gebaute *80-PS-Einzylinder-Gegendruck-Dampfmaschine* (Kolben-Dm. 350 mm, Hub 600 mm, Schwungrad-Dm. 3000 mm) mit Ventilsteuerung und Proell-Achsregler auf der Steuerwelle. *OW*

Lit.: Bauten der Technik und Industrie, 269; Wagenbreth/Wächtler, 1986, 234, 319; Werte unserer Heimat.

## Seifhennersdorf (Löbau-Zittau/G 6) FS

**Dampfmaschine** des Sägewerkes Richter u. Co. (Gründelstraße 8). Das vor 1890 gegründete Sägewerk installierte 1926 eine neue, von der Maschinenfabrik R. Raupach, Görlitz, gelieferte liegende 200-PS-Einzylinder-Gegendruck-Dampfmaschine mit Ventilsteuerung und Achsregler, Kolbendurchmesser 350 mm, Hub 600 mm, Schwungraddurchmesser 2,8 m. *OW*

Lit.: Wagenbreth/Wächtler, 1986, 241, 330.

## Senftenberg-Hörlitz BG
(Oberspreewald-Lausitz/F 5)

Portal des Stollnmundlochs der Grube Meurostolln auf dem Betriebsgelände der **Brikettfabrik Meuro-Stolln**. Das aus gelben und roten Ziegeln 1872 errichtete Portal trägt in einem Putzstreifen die Inschrift »Meuro-Stolln«, die beiderseits von Schlägel und Eisen begrenzt ist. Zwei seitlich vorspringende Pfeiler mit Zieraufsatz fassen den jetzt vertieft liegenden rundbogigen Eingang zum ehem. Stollen, dem letzten im Revier erhaltenen. *WT*

## Siebenlehn (Freiberg/G 4) FS

**Autobahnbrücke** der A 4 über die Freiberger Mulde. Die 1938 erbaute, 403 m lange und 72 m hohe Stahlträgerbrücke ruht mit max. 82 m Spannweite auf schlanken, mit Granit verkleideten Betonpfeilern. *OW*

Lit.: Erler/Schmiedel, 173, 223.

## Siersleben (Mansfelder Land/F 2) SA

Mächtige Halden bezeichnen S. als ehem. wichtigen Förderort des Mansfelder Kupferschieferbergbaus. Vom einst bedeutenden **Niewandt-Schacht II** – benannt nach dem Hauptaktionär Friedrich Niewandt, abgeteuft ab 1866 mit Unterbrechung wegen Wassereinbruchs in der 2. Hälfte der 1870er Jahre bis zum Erreichen der 4. Sohle 1892 (der 5. Sohle 1894 in 447 m Teufe), in Förderung bis 1913, danach Flucht- und Wasserhaltungsschacht – zeugt lediglich der Sockel des Fördergerüstes mit denkmalhaft aufmontierter Seilscheibe in unmittelbarer Bahnhofsnähe. *VR*

## Singen (Ilmkreis/G 2) TH

● **Brauerei Schmitt.** Eine der kleinsten tätigen Anlagen ihrer Art (Produktionsmenge bis zu 1000 hl Bier im Jahr), 1875 als Familienunternehmen einer abseits gelegenen Gastwirtschaft gegründet. Die malerische Baugruppe zwischen Brauereiteichen und Berghang stammt im Kern aus der Entstehungszeit: Sudhaus mit massivem Erd- unter Fachwerkgeschoß und Datierungsinschrift im Portalgewände sowie Stollen und Eiskeller, Gär- und Lagerkeller. Anbauten für Dampfmaschine und Malz-Schrotmühle, für Flaschenabfüllung, Kohlen- und Flaschenlager, An- und Auslieferung kamen um 1900 dazu. Die von der Firma Kratzsch, Untermhaus (Gera), gelieferte 12-PS-Einzylinderdampfmaschine betreibt Rührwerke, Pumpe und Kompressor. Im Sudhaus der kohlebeheizte Braukessel (»No. 1/2480 Ltr.«), in dem Malzschrot mit dem im Vorwärmer erhitzten Wasser einer 500 m entfernten Quelle zu Maische vermengt wird, daneben der Maischbottich mit Siebboden zum Reinigen des Gemisches vor dessen Rückführung in den Braukessel, wo die Verzuckerung in Bierwürze und die Zugabe des Hopfens erfolgen; im Dachgeschoß das Kühlschiff (»No. 2/3737 Ltr.«), eine offene Wanne zum Abkühlen der vom Treber gereinigten Würze, die von hier ein mit Quellwasser berieseltes Kühlgerät im EG durchläuft. Der Gärkeller enthält einen Kühlwasserbehälter und 2 Gärbottiche (einen noch aus der Entstehungszeit der Anlage), wo durch Zugabe von Hefe zur Würze die Verwandlung von Zucker in Alkohol stattfindet. Im Lagerkeller mit elektrisch betriebenem Kühlaggregat 10 Fässer, in denen das Bier bis zu 7 Wochen reift. Im EG des Sudhauses liegt der Zu-

*Singen. Brauerei, Dampfmaschine*

gang zu dem ins Gebirge getriebenen Stollen mit neuerer Faß-Abfüllanlage (Druckregler, Filter, Abfüllung mit Druckkessel). *HW*

Lit.: Wirth, 1990, 339 f.; Wagenbreth/Wächtler, 1986.

## Sömmerda (Sömmerda/G 2) TH

Ehem. **Gewehrfabrik**. Ausgedehnte Industrieanlage am nördlichen Stadtrand, im Kern baulich weitgehend geprägt in der Zeit nach der Neustrukturierung des Werkes 1901: Architektonisch anspruchsvolle mehrgesch. Produktionsgebäude mit Lisenengliederungen und großen Fenstern, auch in den Flächen der ziegelbedeckten Steildächer, in »sachlichen«, dezent vom Jugendstil gezeichneten Formen. Besonders bemerkenswert die Montagehalle, ein basilikal gestaffelter, im Grundriß rechteckiger Baukörper in monolithischer Stahlbetonrahmen- und -Plattenkonstruktion (»System Hennebique«), in den Giebeln mit Ziegeln ausgefacht; fünfjochiges Mittelschiff unter polygonal gebrochenem Dach mit Oberlichtern, mit Laufkran, zehnjochige Seitenschiffe mit je einer Geschoßdecke. – Ihren Ursprung hat die Anlage in der 1840 von Johann Nikolaus (von) Dreyse, dem Erfinder des Zündnadelgewehrs (1817), gegründeten Gewehrfabrik, deren Belegschaft schnell auf 1000 Arbeitnehmer anstieg und die die preußische Armee mit Handfeuerwaffen belieferte (Sömmerda gehörte seit 1815 zu Preußen); bis 1901 »Munitionsfabrik Dreyse & Collenbusch«, dann dem »Rheinmetall«-Konzern einverleibt. Nach 1918 Ausweichen auf Büromaschinenproduktion, alsbald wieder Herstellung von Rüstungserzeugnissen (namentlich Zündern), 1939 mit 14000 Beschäftigten größter Betrieb in (preußisch) Thüringen. Wiederaufnahme der Produktion nach 1945 nur noch für zivile Zwecke als »VEB Rheinmetall«, schließlich als »VEB Büromaschinenwerke Sömmerda« im »Kombinat Zentronik Erfurt-Sömmerda« Zentrum des elektronischen Gerätebaus der DDR; 1995/96 als »Soemtron« AG liquidiert, danach von einer japanischen Firmenkette wieder in Betrieb genommen.

**Lohn- und Industriemühle** (»Dreysemühle«). Der Standort eines Wassertriebwerkes ist seit 1721 an dem von der Unstrut abgezweigten Mühlgraben nachweisbar. Zu dessen beiden Seiten steht je ein Mühlengebäude an einer gemeinsamen Wehrbrücke mit zwei, je 6,5 m hohen und 3,6 m breiten Wasserrädern; diesseits die Lohnmühle, ein 1866 entstandener zweigesch., im Äußeren jedoch mit hohen Rundbogenfenstern als Saalbau mit flachem Satteldach gestalteter sowie mit Rundbogenfries am Ortgang und unter der Traufe gezierter Bau, jenseits der kubische Baukörper der Großmühle von 1879/80, mit 3 durch Monumentallisenen gegliederten Ziegel- und 3 Fachwerkgeschossen, die bis 1990/1991 gewerblich betrieben wurden, zuletzt jedoch nicht mehr mit Wasserkraft. Die Lohnmühle wurde 1952 stillgelegt, 1986/87 im Äußeren restauriert und mit einem Anbau versehen, das Innere bei Bewahrung einiger Maschinenteile (stehendes Getriebegestell mit Kegelrädern, Kammrad und Wellen einst für 4 Steingänge, ein geöffneter Steingang sowie Reste der Transmissionen) zum Mühlencafé umgestaltet. Glasscheiben im geöffneten Fachwerk ermöglichen einen Blick auf das sich drehende Triebrad. – Der Name »Dreysemühle« stammt vom einstigen Inhaber der hiesigen Wasserrechte, dem Besitzer der Gewehrfabrik. *HW*

Lit.: Architekturführer DDR (Erfurt), 69; Mühlen, 114, 248, 350, 374.

## Sohland-Neusorge (Bautzen/G 6) FS

In dem 1896 gegr., bis in die 1960er Jahre noch mit Wasserkraft betriebenen **Steinbearbeitungsbetrieb »Hantusch & Co.«** (Taubenheimer Straße 6) dokumentieren 2 Steinsägen und ein von dem Mühlenbauer Karl Ernst Wagner um 1900 montiertes *Zuppinger-Wasserrad* (Dm. 6,5 m, B 2,7 m) industrielle Steinbearbeitung um die Jahrhundertwende. *VR/ÖW*

Lit.: Bauten der Technik und Industrie, 304.

## Sollstedt (Nordhausen/F 1) TH

Auf der Nordseite des Gleiskörpers, gegenüber dem Empfangsgebäude des Bahnhofs (B 80), präsentiert sich in qualitätvollem Industriejugendstil das Verwaltungs- und Betriebsgebäude der **Kaliwerke Sollstedt**. Die langgestreckte zweifarbige Backsteinfassade gliedern symmetrisch in geschweifter Giebelkontur endende Risalite, links geschmückt mit Schlägel und Eisen, rechts datiert 1902. Der zugehörige Schacht wurde 1902–1904 abgeteuft. *VR*

## Sondershausen (Kyffhäuserkreis/F 2) TH

**Anlagen des Kalibergbaus.** Die Erschließung der Kalilagerstätten bei Sondershausen begann mit der Gründung der westfälischen Gesellschaft »Glückauf« unter H. L. Brügemann 1893 und der Abteufung eines ersten Schachtes auf 675 m (**Brügemannschacht** nahe Stockhausen, 1893–1896), des ersten im Südharz-Revier. Die Betriebsaufnahme erfolgte mit der bis 1990 produktiv tätigen, 1896 von der Gutehoffnungshütte Oberhausen gelieferten *Dampfmaschine*: liegende doppeltwirkende Zwillingsdampfmaschine mit Ventilsteuerung, mit Kolbendurchmessern von 80 cm, Hub von 1,6 m. Leistung 1000 PS. Die Spiraltrommeln zum Auf- bzw. Abwickeln des Förderseiles, an der Kurbelwelle hinter den beiden Zylindern, wurden 1925/27 ersetzt durch eine Koepe-Scheibe von 6,5 m Durchmesser. Nach Stillegung seit 1996 konservatorische Erhaltungsmaßnahmen. Bei Sanierung des Fördermaschinenhauses Wiederentdeckung der urspr. Ausmalung an Pfeilervorlagen, in den Blendbögen und als Illusionsmalerei (Balustrade) über den Fensteröffnungen. Weil nach dem schweren Grubenunglück in Staßfurt 1906 jeder Grubenbau einen zweiten Schacht haben mußte, wurde der **Petersenschacht** 1907/08 als »Polizeischacht« abgeteuft und, mit dem Namen des Schwarzburg-Sondershäusischen Staatsministers Petersen versehen, alsbald für die Förderung bis auf einer Tiefe von 790 m, zuletzt als Schacht 2 bis 1927 betrieben, dann – nach Abbau der Dampffördermaschinen – elektrisch und noch für Materialtransport und Wetterführung, nach 1990 lediglich für Wartungszwecke. Verblieben sind, relativ wenig verändert und reduziert, die übertägigen Anlagen aus der Entstehungszeit, darunter als eines der bemerkenswertesten Stahlbauwerke der deutschen Kaliindustrie überhaupt das 41,5 m hohe *Fördergerüst*. Von der Firma A. Klönne, Dortmund, 1908 gebaut, erhielt es wegen der Nähe zur fürstlichen Residenz eine ausgefallene, ästhetisch anspruchsvolle Form als Doppelstrebengerüst: Den symmetrischen Seilscheibenstuhl tragen vier gespreizte offene, genietete Stahlfachwerk-Rahmenstiele (Fußabstände je 40 bzw. 17 m), die, durch Riegel und Bögen miteinander verbunden, das im Grundriß I-förmige Schachtgebäude überspannen. Dieses ist zweigesch., mit Turmbauten akzentuiert, unter monumentalisierenden Dachgestaltungen. Insges. eine wirkungsvolle Kombination traditioneller Haus- und industrieller »Geräte«-Architektur; Anregungen dazu kamen offensichtlich vom Pariser Eiffelturm (1889). – Eine sozialgeschichtlich beachtliche Ergänzung der einstigen Betriebsanlagen der Gewerkschaft »Glückauf« ist die ab 1892 entstandene **Werkswohnungssiedlung Marienhall** am nordwestlichen Stadtrand von S.: Drei parallele Gassen, die kammartig auf eine Straße stoßen, zeigen in den ersten bebauten Zeilen (Brügemannstraße) nüchterne gestaffelte Doppelhäuser mit steilen Satteldächern, in den letzten, von seriöser architektonischer Hand ge-

*Sondershausen. Petersenschacht*

leiteten Bebauungen (Groeblerstraße) den am Gartenstadtgedanken orientierten mansarddachbekrönten Doppelhaustyps der späten 1920er und 1930er Jahre.

S.-Bebra

**Teichmühle.** Stattlicher Müllerhof mit vierseitig gruppiertem Wohnhaus, Stall- und Speichertrakt und im Grundriß winkelförmigem Produktionsgebäude einer 1888 zum Sägewerk umgebauten Getreidemühle, seit 1902 Holzbiegerei; jetzt mit elektrisch betriebener Horizontalgattersäge von 1987 für Holzschnitt und -Biegerei vornehmlich zur Fertigung von Musikinstrumenten genutzt. Vom ursprünglichen Wasserantrieb zeugen der von der Bebra abgezweigte Mühlgraben, der Ablauf des Mühlteiches (jetzt Freibad) sowie das 1994 rekonstruierte, 5,7 m messende oberschlächtige Wasserrad (Radwelle) und die Rohrleitung sowie der Einlaufkasten für eine zusätzliche, mittelschlächtige Beaufschlagung des Rades: Dokumente einer wohl einmaligen Vereinigung zweier Wasserradtypen in einem Aggregat. *HW*

Lit.: Fulda/Hauske, 77; Wagenbreth/Wächtler, 1986, 225; Wirth, 1986, 9 f., 17; Wirth, 1990, 341 f.

## Sonneberg (Sonneberg/H 2) TH

**Hauptbahnhof.** Urspr. Endstation der 1858 eröffneten Strecke Eisenach–Coburg–S. (Werra-Eisenbahn), seit der Verlängerung nach → Lauscha 1886 Durchgangsbahnhof. 1907 neu ausgestattet mit Bahnsteigüberdachungen und einem langrechteckigen, eingesch. Empfangsgebäude, das zwei zweigesch. mansarddachbekrönte Querhäuser symmetrisch gliedert; es ist ein verputzter Massivbau auf Natursteinsockel, mit Fachwerk, Giebel z. T. im traditionellen Stil (17./18. Jh.). Besonders bemerkenswert die *Bahnsteigüberdachungen*: am Empfangsgebäude zweistielige, auf dem Inselbahnsteig einstielige monolithische Stahlbetonkonstruktionen mit Schmetterlingsdächern, ausgeführt von Dyckerhoff & Widmann als eine der ersten ihrer Art in Deutschland. – **Eisenbahnviadukt.** Errichtet anläßlich der Verlängerung der Eisenbahnstrecke von Effelder nach S. 1909/10 zur Überwindung des Tales zwischen Eichberg und Ebenholz bei der Station Bettelhekken (jetzt Sonneberg West). Unter gekrümmter Trasse reihen sich 8 steinerne, 17 m weit gespannte Bogen auf sich mäßig nach oben verjüngenden, mit Konsolgesimsen an den Kämpfern gezierten Pfeilern und Blendkreisen in den Zwickeln zu dem insgesamt 171 m langen und 22,5 m hohen Bauwerk aneinander. Ein Bogen wurde 1945 gesprengt und im selben Jahr repariert, die gesamte Brücke 1966 komplett restauriert. *HW*

Lit.: Berger, 246; Wirth, 1990, 342.

## Stadtilm (Ilmkreis/G 2) TH

**Eisenbahnviadukt.** Insges. 202 m langes und 19 m hohes, 13bogiges, im Grundriß partiell gekrümmtes Natursteinbauwerk, 1891–93 anläßlich der Anlage der 1895 eröffneten eingleisigen Eisenbahnstrecke Erfurt–Arnstadt–Saalfeld zur Überwindung des Ilmtales (mit der jetzigen B 87) errichtet. Die kräftig rustizierten, 14,1 m weit gespannten Bogen sind zu dritt bzw. zu viert durch lisenenartige Vorlagen vor den jeweiligen Pfeilern gestalterisch zusammengefaßt; in den Zwikkeln jeweils 5 bzw. 4 weitere Bogen, auf die die Fahrbahn mit stark profiliertem Konsolgesims aufgeständert ist.

**Saline Oberilm.** Im Kern von einem aus Ziegeln gefügten, mit Rundbogenfriesen gezierten Produktionsgebäude, sonst durch architektonisch höchst anspruchslose, von dampfbewölkten Brodemfängen und qualmenden Schornsteinen gekennzeichnete Baugruppe, die technikgeschichtliches Interesse dadurch verdient, daß hier durch Versiedung von gesättigter Natursole in Unterkesselpfannen Speisesalz sowie Natriumchlorid-Feinchemikalien für medizinische und pharmazeutische Zwecke, diese in 1979 installierten Vakuumverdampfern, erzeugt werden. Die Sole kommt aus 600 m tiefen Bohrungen über eine 8 km lange Rohrfahrt und wird in einer frei stehenden, lediglich überdachten Zylinderbatterie gereinigt und bevorratet. – In gewisser Weise verdankt die Saline ihre Existenz einem profitwirtschaftlichen Zufall: Ein auf Kohlegewinnung privilegiertes Unternehmen stieß bei bergbaulichen Erkundungen nicht auf Kohle, sondern auf Sole, änderte daraufhin sein beabsichtigtes Produktionsprofil und eröffnete 1905 ein Salzwerk. Nach 1945 wurde die Saline zwangsenteignet und dem »VEB Kombinat Kali« einverleibt, unter diesem »volkseigenen« Status erhielt sie eine Ausstattung der Pfannen mit mechanischen Austragungsvorrichtungen, mit Zentrifugen und Trocknungstrommeln. Seit 1990 privatwirtschaftlich weiterbetrieben. *HW*

Lit.: Bock; Erler/Schmiedel, 167, 214.

## Stadtroda-Hainbücht TH
(Saale-Holzland-Kreis/G 3)

**Wassermühle.** Weiträumiger Müllerhof an dem von der Roda abgezweigten Mühlgraben, mit dreigesch. Produktionsgebäude, verschränkt angefügtem, aus Grundsubstanz des 19. Jh.s mehrmals umgebauten Wohnhauses, freistehendem Backofen und Stallgebäude in Blockbauweise. Am Produktionsgebäude die Radstube mit dem mittelschlächtigen Wasserrad von 4 m Durchmesser und 1,8 m Breite, jetzt neben dem Elektromotor ein zusätzlicher Energiespender. Im Inneren zwei Steingänge, Steinkran, Walzenstuhl, Haferquetsche, Plansichter, Aufzug, Elevator. An der Stirnseite Silobatterie. Die Anlage ist noch für die Futtermittelbereitung tätig. *HW*

Lit.: Schäbitz.

## Stadt Wehlen (Sächsische Schweiz/G 5) FS

Der Fährbetrieb über die Elbe, gewöhnlich von einer Gierseilfähre besorgt, benötigt für Zeiten von Hochwasser oder Eisgang ein freifahrendes Fahrzeug. Der 1925 in Dresden gebaute **Fährdampfer »Wehlen-Bastei«** für 78 Personen ist der letzte von ehem. mehr als 60 Exemplaren ähnlicher Art auf der Elbe (L 15,5 m, B 3,5 m). Technische Ausrüstung: Einflammrohr-Rauchrohrkessel mit 17,7 m$^2$ Heizfläche, Druck 10 kp/cm$^2$; Zweizylinderverbundmaschine mit 220 U/min, 45 PS, Antrieb durch Vierflügelschraube (Dm. 0,85 m). – An den rechtselbischen Hängen nahe Ortsteil Zeichen stehen noch die Gebäude der alten **Steinsäge** (Vorwerkstraße 15) und viele Überreste des früheren Sandsteinabbaus: Transmissionsanlage, Feldbahn, Bremsberg, Verladeanlagen und Halbfertigprodukte wie Mühlsteine, Zerfaserungssteine (→ Ottendorf, Jonsdorf) u. a. Ein moderner Steinbruch wurde 1988 dicht daneben eröffnet. *KD*

Lit.: Bretschneider.

## Steigra (Merseburg-Querfurt/F 3) SA

Auf freiem Feld in den 1890er Jahren errichtet, dient der **Wasserturm** (Straße nach Mücheln) neben der Versorgung des Ortes gleichzeitig als Landmarke. Ein doppeltes Sandsteingesims trennt zylindrischen Sockel und konischen Schaft, beide mit Zierverbänden verblendet. Der vielfach von schmalen hochrechteckigen Öffnungen durchbrochene Kopf unter flachem Kegeldach mit Lüfterhaube lastet auf weit auskragenden konkaven Eisenkonsolen, das Reservoir ein Intze-Behälter. *VR*

## Steinhagen (Nordvorpommern/A 4) MV

Nach fast zwei Jahrhunderten Tätigkeit wurde der 1782 dreigesch. errichtete **Erdholländer** 1960 stillgelegt, zwei Jahrzehnte später zur Schauanlage umgebaut (1981–85) mit Ertüchtigung der Konstruktion, Restaurierung der aus der Bauzeit stammenden techn. Ausstattung und Rekonstruktion der Windkraftanlage (Flügelkreuz und Windrose). *VR*

Lit.: Mühlen, 189.

## Steinthaleben (Kyffhäuserkreis/F 2) TH

**Brunnen der Burg Kyffhausen.** 176 m tiefer Schachtbrunnen auf der einstigen Mittelburg der wahrscheinlich um 1110 ausgebauten, 600 m langen Reichsburg. Er wurde mit seiner 2 m bis 2,5 m weiten Röhre wohl Ende des 12. Jh.s niedergebracht. Seit dem 14. Jh. ist er verfallen, schließlich verschüttet, archäologisch 1934–36 wieder aufgewältigt und mit neuem Brunnenkranz sowie Schutzdach versehen. Im Inneren 9 m hoher (Grund-)Wasserstand. Dokumentation und Präsentation von Fundstücken (u. a. hölzerner Schöpfeimer) im Burgmuseum. – **Kyffhäuserdenkmal.** Dank der Kühnheit der Buntsandstein-Konstruktion und der Baustellenproblematik auf der Trümmerstätte des Mittelteiles der einstigen Reichsburg darf die Anlage auch als ein Denkmal der Bautechnik gelten. Sie besteht aus einer gewaltigen Terrassenanlage mit doppelten Stützmauern (innen aus Steingeröll im Schüttwinkel, außen in geschnittenen Steinen, von Entlastungs- bzw. Setzungsbögen unterbrochen), darüber 2 weiteren Terrassen und dem insges. 81 m hohen, nach oben sich verjüngenden Turmbauwerk mit 20 x 20 m messender Grundfläche, mit Aussichtsplattform und laternenartiger Kaiserkrone. Im unteren Geschoß, zum Terrassenhof gewendet, die monumentale Sitzstatue Kaiser Friedrichs I. Barbarossa aus Kalkstein, darüber das kolossale Reiterstandbild Kaiser Wilhelms I. aus Bronze. Nach Entwurf von Bruno Schmitz ist das Denkmal 1891–96 entstanden. Südlich unterhalb der Terrasse ist der Buntsandsteinbruch erkennbar, aus dem die Werksteine kamen. – **Fernsehturm** auf dem Kulpenberg. Auf höchster Erhebung des Kyffhäusergebirges (473 m ü. NN) 94 m hoher, 6,5 m dicker Turmschaft aus Stahlbeton mit gestaffelt auskragendem Kopf, in 85 m Höhe mit Turmcafé und Aussichtsplattform; 1963/64 als Relaisstation der Deutschen Post errichtet. *HW*

Lit.: Architekturführer DDR (Halle), 105; Wirth, 1990, 344.

## Stendal (Stendal/D 3) SA

Die Ende des 16. Jh.s erlahmende wirtschaftliche Kraft der Stadt im Zentrum der Altmark begann sich erst mit der Anbindung an das Eisenbahnnetz (7. 7. 1849, Magdeburg–Seehausen, Magdeburg-Wittenbergische Eisenbahn) zu erholen. Der erste Bahnhof im Osten der Stadt verlor seine Funktion 1871 nach der Eröffnung der von der Magdeburg-Halberstädter Eisenbahn gebauten Strecken S.–Salzwedel (15. 3. 1870, bis Uelzen 15. 4. 1873) und Spandau–S.–Gardelegen (1. 2. 1871, bis Lehrte 1. 11. 1871). Der neuen Bedeutung der Stadt als Eisenbahnknoten entsprach das aufwendig in Anlehnung an die den Stadtkern prägenden Bauten norddeutscher Backsteingotik gestaltete **Empfangsgebäude** (Bahnhofstraße). Die langgestreckten zweigesch. Backsteinfassaden – in den von Lisenen, Bogenfriesen und Fensterrahmungen begrenzten, zurückliegenden Wandflächen heute verputzt – unterbrechen stadt- und gleisseitig zwei dreiteilige Staffelgiebel, in der Attika nochmals durch Zinnen und Blendarkaden differenziert. Die Perronüberdachung vor Gleis 1 lagert über originaler Konstruktion aus gußeisernen Säulen und eisernen Gitterträgern; an die Bauzeit erinnern auch Fahrtrichtungsanzeiger. Im Bahnhof noch Reste der bis Ende der 1880er Jahre mehrfach erweiterten Hauptwerkstatt. Die renaissancistisch beeinflußten Jugendstilfassaden des neuen, nach der Neuordnung des Gleisfeldes (1. 5. 1900, Umgehungsbahn, Preußisch-Hessische Staatseisenbahnen) errichteten **Ausbesserungswerkes** (um 1905, Fabrikstraße/Tangermünder Straße) bilden mit ihren zwischen Putz und Backstein wechselnden, von gewaltigen Thermenfenstern durchbrochenen Giebeln immer noch ein stadtbildbestimmendes Ensemble.

LANDKREIS: Aus dem 19. Jh. stammt die technische Ausstattung der 1982 restaurierten **Bockwindmühle** in Insel-Tornau. *VR*

Lit.: Berger, 192; ZBW 1894; Mühlen, 221.

## Stößen (Burgenlandkreis/G 3) SA

**Wasserturm** (B 180, Ortseingang) der 1920er Jahre (Bauinschrift: Wasserwerk Stößen) in Verblendmauerwerk. Das ungegliederte Vierkantprisma des durch Gurtgesims vom Sockel getrennten Schaftes trägt über Sägezahnfries und kräftigem, gestuftem Gesims einen fast kubischen Kopf unter Pyramidendach. Das Rautendekor des Kopfes wie auch der Fries in Anlehnung an norddeutsche Backsteingotik gestaltet, jedoch expressionistisch verfremdet. *VR*

## Stolberg, Kurort (Sangerhausen/F 2) SA

Mit 580 Metern über Normal-Null überragt von Natur aus der Große Auerberg nordöstl. von S. alle anderen Gipfel des Ostharzes, das weithin sichtbare **Josephskreuz** erhöht ihn um nochmals 38 m. Nach Zerstörung durch Blitzschlag 1880 eines hölzernen Vorgängerbaues von 1832–34, dessen Entwurf auf Karl Friedrich Schinkel zurückging – eine erste Holzkonstruktion existierte bereits im 18. Jh. – entstand 1896 die heutige Eisenfachwerk-Konstruktion. Der schwach hyperbelförmigen Kontur entwächst etwa mittig eine erste Plattform, den völlig freien Blick über das Gebirge ermöglicht jedoch erst die Spitze des Turmes, zu der im Innenraum der Konstruktion eine Wendeltreppe führt. Fast würfelförmig unterhalb der Spitze vierseitig auskragende räumliche Fachwerkträger erzeugen allseitig die Form des Kreuzes. *VR*

Lit.: Wirth, 1990, 345.

## Stollberg (Stollberg/G 4) FS

1899–1900 erbaut, entspricht der städt. **Schlacht- und Viehhof** in der Organisation und in der renaissancistischen Gestaltung der Backsteinrohbauten dem für Kleinstädte üblichen Standard der Entstehungszeit. Bis zur Schließung des Schlachthofes 1992 betrieb eine 1899 von C.G. Haubold jr., Chemnitz, installierte Dampfmaschine eine Kältemaschine (Baujahr 1900) der »Maschinenfabrik Germania, vorm. J. S. Schwalbe & Sohn«. Beide Aggregate waren 1996 noch vorhanden. *VR*

Lit.: Bauten der Technik und Industrie, 332.

## Stolpe (Oberhavel/D 4) BG

**Wasserwerk Stolpe** (Waldgebiet östlich der Havel). Dominierender Bau im Wasserwerk von 1911 ist die monumentale *Maschinenhalle*. Ihre Jugendstil-Fassaden, auf denen sowohl die typischen geschwungenen Linien und floralen Akzente als auch die Vertikalen eine wichtige Rolle spielen, bezeugen die anspruchsvolle Gestaltung von Bauten der Wasserversorgung und Abwasserbeseitigung in und um Berlin. Die hohe Qualität der Architektur gilt auch für den weiten Innenraum. Interessant sind auch die Kolossalbauten der Riesleranlagen und die Einstiegshäuser zu den Reinwasserbehältern. Kernstück der Anlage sind 2 Maschinensätze, mit deren Hilfe das Rohwasser aus dem Sammelbrunnen gehoben wurde. Der eine Maschinensatz, Dampfmaschine und Förderpumpe, wurde 1910 von der Firma J.C. Freund & Co, Berlin – der späteren renommierten Berliner Aktiengesellschaft für Eisengießerei und Maschinenfabrikation –, hergestellt. Die Dampfmaschine erzeugte bei 60–75 Umdrehungen pro Minute eine Höchstleistung von 68 PS. Ihre Pumpe förderte 800 m$^3$ Wasser pro Stunde. Der zweite Maschinensatz wurde 1927 von der August Borsig GmbH Berlin geliefert. Diese Dampfmaschine erzeugte bei 60/70 Umdrehungen pro Minute eine Höchstleistung von 170 PS. Die geförderte Wassermenge war mit 1500 m$^3$ pro Stunde fast doppelt so groß. Die stehende Verbund-Dampfmaschine ist direkt gekoppelt mit der im Schacht stehenden vierfachwirkenden Plungerpumpe. Die Maschinensätze sind nach denen im Wasserwerk Friedrichshagen bei → Berlin die ältesten und stehen für eine Entwicklungsreihe dampfgetriebener vertikaler Wasserwerkspumpen von 1893 bis 1927. *WT*

## Stralsund (Stralsund/A 4) MV

*Bei einem wendischen Fischerdorf wohl im 1. Drittel des 13. Jh.s (erste urkundl. Erwähnung 1234) in topographisch wie strategisch günstiger Lage an der Nahtstelle zwischen dem Festland und der Insel Rügen gegründet, erwuchs der Stadt (seit dem 13. Jh.) sogleich Bedeutung an der Ostseeküste als Ausgangs- und Zwischenstation für den Fernhandel zwischen Flandern und England im Westen und Rußland im Osten, dem Handel mit Dänemark und dem Heringshandel auf Schonen. Eine kontinuierliche wirtschaftliche Prosperität der Stadt hemmten seit dem Dreißigjährigen Krieg immer wieder die kriegerischen Auseinandersetzungen zwischen Dänemark, Schweden und Brandenburg. Erst nach dem Frieden von Stockholm (1720), durch den S. erneut Schweden zugesprochen wurde, begann ein diesmal präindustrieller Aufschwung mit Gründung einer Fayence-, Spielkarten- und Zukkerfabrik sowie Wollmanufakturen. In der Entwicklung durch den napoleonischen Krieg kurzzeitig zurückgeworfen, erholte sich die Stadt wirtschaftlich nach der Zusprechung an Preußen 1815, intensiver noch ab der Mitte des 19. Jh.s durch Hafenbau und Eisenbahnanschluß.*

**Hafen.** Am Südufer der Insel Dänholm Reste des Hafens von 1849–51, darunter auch der fünfständige ehem. Kanonendampfbootschuppen in ausgemauerter Fachwerkkonstruktion. Der barocken Stadtbefestigung folgen die gleichzeitig mit den zur Hafenerweiterung im Strelasund 1862–68 geschaffenen künstlichen Inseln erbauten Kaimauern zwischen Langenbrücke und Flotthafen. Den Ausbau des Hafens am Ende des 19. Jh.s belegen, durch Modernisierung der 1950er Jahre verändert, Hafenbecken, Slipanlage und Landungsbrücke (Dänholmstraße). Im Hafenbereich mehrere bewegliche **Brücken**: Über den Langenkanal eine symmetrisch auf Mittelpfeiler gelagerte Drehbrücke, über den Querkanal die genietete Stahlkonstruktion einer einseitig gelagerten Klappbrücke von 1932. Den umständlichen Trajektverkehr zwischen dem Festland und der Insel Rügen vereinfachte der 1933 begonnene, Ende 1936 fertiggestellte 2540 m lange, die Sundinsel Dänholm gleichsam als Zwischenpfeiler benutzende Rügendamm mit Brücken über den Ziegelgraben und den Strelasund. In der Brücke über den Ziegelgraben sind zwischen der Stadt und Dänholm 2 getrennte, für Straßen- (genietet) und Schienenverkehr (geschweißt) einflügelige Klappbrücken mit Öffnungsweiten von 28 m. 1945 gesprengt, 1947–1951 rekonstruiert. – Im Bereich des Hafens etliche **Speicher**: Sechsgesch. ein 1939–42 erweiterter Backsteinbau von etwa 1928 (Silo II, Am Langenkanal), am Frankenwall die Backsteinbauten dreier Speicher aus dem 17./18. Jh.; in der Hafenstraße drei Speicher vom Ende des 19. Jh.s, Speicher III in Skelettbauweise (achtgesch.) von 1912–14, Silo IV auf T-förmigem Grundriß von 1935–36, Silo V in Backstein von 1940–41 und Silo I von 1940–42 mit Keramikrelief »Schnitter« von Paul Horn. – **Bahnhof.** Etwa 40 Jahre nach der ersten Anbindung an das Eisenbahnnetz (1. 11. 1863, Anklam–Stralsund, Berlin-Stettiner Eisenbahn) erhielt Stralsund bei zunehmender Bedeutung im Schienenverkehr (1. 1. 1878, Demmin–S., Berliner Nordbahn; 1. 7. 1883, S.–Bergen, 1. 7. 1888, S.–Ribnitz, Preuß. Staatsbahn) 1904–05 ein neues *Empfangsgebäude* in der Tribseer Vorstadt, entworfen von Architekt Heinrich als differenzierter Baukörper mit giebelständiger, durch Thermenfenster geprägter Eingangshalle, oktogonalem Turm, im Volumen unterschiedlichen, platzfassenden Seitenflügeln in formaler Anlehnung an norddeutsche Backsteingotik. In der Eingangshalle mit offener Deckenkonstruktion 2 Wandgemälde (Stadtansicht S. und Rügenpanorama) von Erich Kliefert, Stralsund, aus dem Jahr 1935. – **Gaswerk** (Greifswalder Chaussee). 3 Gasbehälter unterschiedlicher Bauzeit dokumentieren die Entwicklung der 1856 gegründeten Stralsunder Gasanstalt wie auch die des Gasbehälterbaues bis zum 1. Weltkrieg: Die Hülle des Gasbehälters I von 1856–57 ein Oktogon aus gelben Vormauerziegeln, gegliedert durch Lisenen und ein vierfaches Deutsches Band unter abschließendem Konsolgesims aus rotem Backstein. Speicherbehälter und Dach abgängig. Formal angelehnt an den älteren Gasbehälter der gelbe dreigesch., ebenfalls durch Lisenen ausgesteifte Backsteinzylinder von 1904–1905 unter flachem Kuppeldach (Speicher nicht erhalten); daneben Uhren- und Reglerhaus. Von 1914 das Stahl-Führungsgerüst für einen Teleskopbehälter. – Expressionistisch mit geschoßtrennenden Zickzackbändern gestaltet der quadr. fünfgesch. Backsteinturm des ab 1911 erbauten **Elektrizitätswerkes** (Dänholmstraße) mit auf schmalen Konsolen auskragendem gestuften Betondach von 1926–27. Der Versorgung der ehem. Provinzialheilanstalt (Rostocker Chaussee, Krankenhaus West) diente der neben dem Maschinen- und Kesselhaus 1909–10 in Backstein errichtete **Wasserturm**. – An die 1837 gegründete, bis in die 1930er Jahre produzierende **Kalkbrennerei** (Franzenhöhe) erinnern die spätklassizistische Unternehmervilla (um 1870), das zu Wohnungen umgenutzte Maschinenhaus und der Kalkbrennofen (Schachtbrennofen vom Typ Neuer Rüdersdorfer Ofen, verm. 1870/80er Jahre) mit zweigesch. polygonalem Unterbau und etwa 20 m hohem, sich stark verjüngendem, in den Schornstein übergehenden Brennschacht. – Den Übergang vom Historismus zur frühen Moderne belegt das 1909–11 in Sichtmauerwerk errichtete, durch 2 Zwerchhausgiebel akzentuierte Produktionsgebäude der **Spielkartenfabrik** (Heiliggeiststraße 2–3). – Schlichte Formen der Neurenaissance zeigen die zweifarbigen Backsteinbauten der ehem. Pommerschen **Eisengießerei** (Langenstraße) aus den 1880er Jahren. *VR*

Lit.: Vorpommersche Küstenregion, 119 ff.

## Straßberg (Quedlinburg/F 2) SA

**Grube Glasebach.** Erstmals um 1400 urkundlich erwähnt, erlebte der Bergbau auf silber-, blei- und kupferhaltige Gesteine in der 1. Hälfte des 18. Jh.s eine kurze Blütezeit. Nach zwei Jahrhunderten mäßiger bergbaulicher Aktivität begann die DDR 1969 Flußspat (Kalciumfluorid $CaF_2$, Verwendung z. B. als Flußmittel für die Herstellung von optischem Glas) abzubauen, stellte jedoch die Förderung 1982 wieder ein. Erhalten sind Fördergerüst und Fördermaschine des Fluorschachtes, der historische Ausbau in Holz oder Trockenmauerwerk bis zur 5. Sohle sowie Zeugen des Bergbaus über Tage, wie Dämme der Wasserführung, Mundlöcher und Halden. *VR*

Lit.: Schmidt/Theile I, 38.

## Bad Suderode (Quedlinburg/F 2) SA

**Bahnhof.** Das 1886–88 erbaute *Empfangsgebäude* der Magdeburg-Halberstädter Eisenbahn an der am 1. 7. 1885 eröffneten Strecke Quedlinburg–Ballenstedt – über die schon seit 1868 bestehende Strecke nach Frose an die Hauptbahn Halberstadt–Aschersleben angebunden – orientiert sich mit seiner strengen Backsteinarchitektur an den Typenbahnhöfen der Preuß. Staatseisenbahn. Baumassenverteilung – durch Fachwerkgiebel betonter Eingangsrisalit, zum Hauptbau überleitender Turm im Inneneck – und Fassadengestaltung – Rustizierung des Risalites, Kaffgesims als Geschoßtrennung und steile Dächer im Wechsel zwischen Sattel, Pyramide und Walm, triforische Bogenfenster, konsolgestütztes Traufgesims – tradieren jedoch ortsübliche Bauformen von der Romanik bis zur Renaissance. *VR*

## Suhl (Suhl/H 2) TH

*Einst hatte die 1527 zur Stadt erhobene, 1718–1815 kursächsische, danach preußische, ab 1952 zu einem der drei thüringischen Zentralorte (neben → Erfurt und → Gera) ausgebauten und nach 1990 noch gerade ihren kreisfreien Verwaltungsstatus rettende Siedlung überregionale Bedeutung als Produktionsstätte von Handfeuerwaffen, anfangs, seit dem 15. Jh., auf der Grundlage des hiesigen Eisenerzbergbaus und nach Erlöschen desselben dank des nach wie vor günstigen Energiedargebotes von Triebwasser und Brennholz. Die Standortgunst veranlaßte 1535 Nürnberger und Augsburger Büchsenmacher, sich hier niederzulassen; Suhler Manufakturen wurden zur Waffenschmiede Europas. Friedenszeiten brachten für sie konjunkturellen Rückgang, deshalb schon frühzeitig kleinmechanische Ausweichproduktionen von zivilen (Jagd-) Waffen, seit dem frühen 20. Jh. von Kleinfahrzeugen, Fahr- und Motorrädern. Bedeutsam das 1865 im jetzigen Stadtteil Heinrichs anstelle eines Stahlhammerwerkes gegründete Simson-Werk, das neben der Produktion von Kriegshandwerkszeug Fahrzeuge großen Zuspruchs auf den Markt brachte; seine Betriebsanlagen, z. T. noch aus der Entstehungszeit, blieben weitgehend erhalten.*

**Malzhaus** (Waffenmuseum). Langgestrecktes Fachwerkgebäude auf massivem EG, um 1650 über älteren Kellern errichtet und 1663 (Inschrift auf Portal-Schlußstein) vollendet als Aufbereitungsstätte von Getreide, geröstet für die Brauereien, gedörrt für die Branntweinbrennereien. Nach Restaurierung der verbliebenen Gebäudehülle 1971 Einrichtung eines der bedeutendsten Handschußwaffen-Museen Deutschlands mit Exponaten aus dem 14. Jh. bis zur Gegenwart, mit der fertigungstechnologischen Dokumentation der »Systemmacherei« vom »Schäfter« bis zum Graveur. – **Steinbogenbrücke** am Malzhaus. Um 1600 entstandene einbogige Sandsteinbrücke über dem einst das Malzhaus ver- und entsorgenden Wassergraben. Insges. 10,9 m langes, 6 m breites Bauwerk. Sein Bogen ist 8,8 m weit gespannt und hat eine Scheitelhöhe von 3 m.

**Gewerbegebiet »Schlauchgarten«.** Eine Urkunde von 1437 nennt erstmals einen Eisenhammer im »Schlüttgarten«, im offenbar in kontinuierlicher Nutzung für das Metallverarbeitungsgewerbe bis 1990/91 befindlichen, namenskundlich zu »Schlauchgarten« gewandelten Gebiet mit baulicher Entfaltung seit dem 18. Jh. zur hofartigen Situation mit dem jetzt ältesten, nach 1703 errichteten Gebäude der *Ratsmühle*, die ihr Triebwasser vom Mühlgraben der Lauter bezog. Um diese herum – neben verfallenen Wirtschaftsgebäuden – ein langrechteckiges, aus Fachwerk gefügtes *Fabrikgebäude* mit hohem Schornstein aus der Mitte des 19. Jh.s (ehem. »Metallwarenfabrik Gebr. Zehner«), mit maschinentechnischem Inventar von 1884 bis 1901, eine Hufschmiede aus der Zeit um 1800, eine jüngere Härterei, die Reste eines Wasserturbinentriebwerkes sowie die schieferverkleidete Fabrikantenvilla der Firma Zehner, oberhalb derselben Mühlteiche, einst Bestandteile einer Parkanlage. Produziert wurden hier Waffenteile, Hufeisen, zuletzt Fahrradrahmen und andere Kleineisenerzeugnisse, nach 1945 unter »volkseigenem« Status, begleitet von baulichen Verwahrlosungs- und Verfallserscheinungen; denkmalpflegerische Behandlung und partiell museale Nachnutzung sind vorgesehen. – **Schillingschmiede.** Oberhalb des »Schlaugartens« 1862 vom Hammerschmied Ernst Friedrich Schilling begründete metallurgische Produktionsstätte für Waffen-, später Fahrrad-, Motorrad-, Auto- und Maschinenbauteile, anfangs auf der energetischen Basis der Wasserkraft mittels Triebrad, ab 1897 mit Turbine. Ausgedehnte, vornehmlich in rationeller, aber baukünstlerisch nicht anspruchsloser Formensprache gestaltete Baugruppe mit Produktionshalle, Nebengebäuden und Fabrikantenvilla. Höchst bemerkenswert das technische Inventar der Produktionshalle (transmissionsbetriebene Brettfallhämmer) und der Turbinenstube (100-PS-Peltonrad von 1949, 75-PS-Dieselmotor von 1926). Dem Familienbesitz 1972 entzogen und dem »VEB Gesenkschmiede Schmalkalden« einverleibt, bis 1991/92 betrieben. Die Restaurierung für partiell museale Zwecke ist vorgesehen. *HW*

Lit.: Bartel/Schmitt; Erler/Schmiedel, 157; Wirth, 1990, 348f.

## Bad Sulza (Weimarer Land/G 3) TH

● **Saline** (Straße nach Großheringen). Der älteste urkundliche Hinweis auf Solequellen, denen die Stadt ihren Namen und ihren Status als Heilbad (seit 1907) verdankt, stammt von 1064 im Zusammenhang mit der kgl. Siederechtsverleihung an den Pfalzgrafen von Sachsen. Eine Saline aber ist vor dem 16. Jh. nicht nachweisbar, der Solebergbau für 1513 erschließbar. Eine Salinengründung westlich der Stadt, auf dem Gelände des heutigen Kurparkes, erfolgte 1154 als gewerkschaftliches Unternehmen mit Beteiligung der Landesherren (Sachsen-Weimar und Sachsen-Coburg-Eisenach); ihre Förderanlagen waren erstmals in der Technikgeschichte mit Feldgestängen ausgestattet (Bild- und Textbeleg von 1561). 1567 Vergabe an eine Augsburger Betreibergesellschaft, u. a. an Caspar Seeler, der in Sulza (Stroh-)Gradierhäuser errichten ließ. 1606–1616 Betriebsverlegung nach Nordosten, woraus die Ortsteile Oberneusulza und Unterneusulza (ab 1623, heute zu → Großheringen) entstanden; seit 1672 sächsisch-gothaische, seit 1680 sächsisch-eisenbergische (bis 1707), bzw. (bergrechtlich) sächsisch-meiningische Exklave im Grenzbereich zwischen dem Herzogtum Sachsen-Weimar und dem Kurfürstentum Sachsen. In dem 1700 an Georg Christoph v. Utterodt verpachteten Salzwerk wurde 1711 erstmals im Salinenwesen die Dorn-Gradierung eingeführt. 1752–1936 Privatsaline der Familie v. Beust. Beim Bau der Thüringischen Eisenbahn 1845–47 entstand auf Unterneusulzaer Salinengelände der Bahnhof Großheringen, in Oberneusulza der Stadtsulzaer Bahnhof unmittelbar neben dem Salzwerk, das nun mit mitteldeutscher Braunkohle versorgt wurde; die heiztechnische Umrüstung der Siedestätten mit Treppenrosten und hohen Schornsteinen war die Folge. Ab 1893 Erschließung von Tiefbohrungen südwestlich von Sulza auf Darnstedter Flur und Förderung von gesättigter Sole. 1948 Zwangsenteignung und Gründung des »VEB Saline Neusulza«, der bis 1967 existierte; danach anderweitige Nachnutzungen, Verwahrlosungen und Verfall. Seit 1977 partielle denkmalpflegerische Baustelle. Verblieben sind von der weiträumigen Anlage als Exklave auf Niedertrebra-Darnstedter Flur die malerische Baugruppe der beiden hölzernen, etwa 12 m hohen *Fördertürme* der »Heinrichsquelle« (1893/96) am Hof des Pumpenmeisters mit (brüchigem) Feldgestänge, Wendedocke und *Radstube* mit unterschlächtigem Wasserrad (1900) sowie der »Carl-Elisabeth-Quelle« (1937) mit 86 m langer Getriebewelle vom Wasserrad für die Entlastung des Elektromotors und kompletter Transmissions- und Pumpenanlage, auch die Reste zweier Reinigungsgradierwerke; auf dem Gelände des Kurparkes Schachtgebäude mit Radstube der »Carl-Alexander-Sophie-Quelle« (1884) sowie Abzweig und Oberlauf des 1,43 km langen Kunstgrabens (1557); an dessen Mittellauf (1608) die *Radstube* mit rekonstruiertem unterschlächtigen Wasserrad des *Kunstgrabenschachtes* (1778 angelegt, 1871 erneuert; Kaue mit Handgöpel), jenseits der Ilm Wendedocke für einstiges Feldgestänge zum Stollen des Beustschachtes (1841/51) mit etwa 200 m langem Streckengestänge auf gußeisernen Schaukeln; in Oberneusulza das 1952/53 anstelle und auf Resten eines Tröpfelwerkes von 1754 ausschließlich für Kurzwecke errichtete 110 m lange *Gradierhaus*, das zweigesch. *Solereservoirgebäude* (1780) mit den Resten seiner um 1810 erfolgten Verdoppelung, die Salinenschmiede (1886), schließlich die stattliche Reihe von fünf *Siedehäusern* mit noch zwei Schornsteinen: Siedehaus I, großenteils massiv (1871); Siedehaus II in nüchternem Fachwerk (1910/11); Siedehäuser III und IV in schmuckreichen Fachwerkformen, z. T. über massivem EG, mit Uhrenturm (1902); Siedehaus V mit einzig originaler Planpfanne (1886). In dem 1848–53 errichteten Gebäude der Salinenschenke jetzt das Salinemuseum, u. a. mit dem Inventar des einstigen *Konventsaales* des Beustschen Salzwerkes (mit »Ahnengalerie derer v. Beust«). Im Museumshof zusammengetragene Reste aus Schacht und Hütte: Fragmente des Streckengestänges aus dem Beustschacht, hölzerne Solerohrfahrten, Salzhunt; auch die Reste einer nachgebauten *Waidmühle*, deren Läuferstein aus dem jetzigen Stadtteil Bergsulza stammt. *HW*

Lit.: Wirth, 1984.

## Syrau (Vogtlandkreis/H 3) FS

**Turmholländer** (Windmühlenweg). Als letzte von einst etwa 35 Windmühlen des Vogtlandes ist diese 1887 erbaute und 1929 stillgelegte Windmühle erhalten. Die Flügel hatten einst Türenzeug, später Jalousien, sind aber jetzt etwas fehlerhafte Segelgatterflügel. Die in dem massiv gemauerten Turm enthaltene Technik besteht aus der 7 m langen Flügelwelle mit 3 m hohem Kammrad, der 9 m hohen Königswelle, 2 Mahlgängen, Steinkran, Sechskantsichter und Elevator. Die seit 1929 unter Denkmalschutz stehende und 1982 als Schauanlage eingerichtete Mühle steht zwar auf einer landschaftsbeherrschenden Höhe, ist aber hinter nun hochgewachsenen Bäumen verborgen. *OW*

Lit.: Mühlen, 273.

## Tambach-Dietharz (Gotha/G 1) TH

**Schmalwassertalsperre.** Älteste Talsperre Thüringens, 1902–06 nach Entwurf von Hugo Mairich als Natursteinmauer mit insges. 40 m Länge und 27 m Höhe errichtet. Bei Vollstau hat der vom Mittelwasser und von der Apfelstädt gespeiste See ein Fassungsvermögen von 775 000 $m^3$.

*HW*

Lit.: Schmidt/Theile I, 147.

## Tangermünde (Stendal/D 3) SA

Über ein halbes Jahrhundert blieb die 1826 gegründete **Zuckerraffinerie** das einzige nennenswerte Industrieunternehmen in der Stadt an der Mündung des Tanger in die Elbe. Mit dem Anschluß an das Bahnnetz (Stendal–T., 1. 4. 1886, und Zweigbahnen zur Elbe und zur Zuckerfabrik, 7. 4. 1886, Stendal-Tangermünder Eisenbahn) und dem Ausbau der Tangermündung zum Elbehafen 1887 entwickelte sich T. zu einem Zentrum der Zuckerindustrie im heutigen Kreis Stendal, dominiert von den einen eigenen Stadtteil bildenden Fabrikbauten des Meyerschen Zuckerimperiums. – Zur ehem. **Schokoladenfabrik** (Ulrichstraße, Friedensstraße) gehören ein massiger Backsteinrohbau im neoromanischen Stil der 1890er Jahre, begleitet von einem quadr. *Treppenhausturm* mit Wasserbehälter; giebelständig zur Straße ein fünfschiffiges Produktionsgebäude mit einer der norddeutschen Backsteingotik entlehnten Fassadengestaltung sowie Erweiterungen der Zeit um 1910 und der 1920er Jahre. In unmittelbarer Nachbarschaft der Schokoladenfabrik eine ausgedehnte Siedlung zweigesch., zur Straße giebelständiger *Arbeiter- und Beamtenwohnhäuser* in differenzierter Reihung ab 1890. Unterhalb der Schokoladenfabrik das Tal beherrschend der mächtige Hauptbau der **Meyerschen Marmeladenfabrik** (Meyerstraße) aus den 1920er Jahren: Den voluminösen, durch 8 vertikale, geschoßübergreifende Fensterbänder gegliederten Kernbau stützen seitliche, ebenfalls

*Tangermünde. Arbeitersiedlung der Meyerschen Schokoladenfabrik*

*Tangermünde. Wasserturm*

durch vertikale, aber sehr viel schmalere Fensterbänder strukturierte Risalite. – Die Zeit des Hafenbaus 1887 dokumentiert auf der Mole ein **Pegelhäuschen** (→ Torgau) mit neuromanisch biforischen Fenstern unter spitzem Pyramidendach. – Nördlich der Altstadt der Backsteinturm der städtischen **Wasserversorgung** (Friedrich-Ebert-Straße), dat. mit der Inschrift »Erbaut im Jahre 1904« über dem Sturz des Portals. Das Backsteinsichtmauerwerk des zylindrischen, im unteren Bereich leicht konischen Schaftes durchbrechen in Höhe des Behälterauflagerringes vier Erker, darüber das nur gering auskragende Oktogon des Kopfes, die Seitenflächen gedrittelt durch Pilasterordnung. Den Abschluß bildet ein steiles, durch Laterne gestuftes Zeltdach. *VR*

## Tanneberg-Rothschönberg FS

(Meißen-Radebeul/G 5)

**Rothschönberger Stolln.** Mit Fortschritt des Bergbaus in die Tiefe wurden vor der rationellen Nutzung der Dampfkraft und vor Einführung der Elektroenergie immer tiefere Stolln nötig, um das Grundwasser in tieferem Niveau abfließen zu lassen und um aus dem übertage verfügbaren Aufschlagwasser durch Vergrößerung der Fallhöhe bis zum Stolln eine größere Energiemenge für den Antrieb von Förderanlagen und Pumpen zu gewinnen. Seit dem 14. Jh. hatte das Freiberger Revier einen Stolln in etwa 100 m Tiefe verfügbar (→ Halsbrücke-Tuttendorf). Um 1825 waren die mit ihm erzielbaren Energiemengen so erschöpft, daß der Vortrieb eines tieferen Stollns aktuell wurde. Tiefere Stolln mußten jedoch in größerer Entfernung vom Revier angesetzt werden. Sie wurden somit länger und teurer. So plante der Oberberghauptmann S.A.W. v. Herder 1838 einen Stolln, der bei Meißen beginnend, bis zum Freiberger Revier etwa 23 km lang werden und hier etwa 200 m unter dem bisher tiefsten Stolln liegen sollte. Nach Herders Tod modifizierte man den Plan, legte das Niveau des neuen Stollns nur etwa 100 m unter den bisher tiefsten Stolln, reduzierte damit aber die Länge auf etwa 14 km und kam auf geringere Baukosten und Bauzeiten. Der Stollnansatzpunkt lag bei dieser Variante bei Rothschönberg im Triebischtal oberhalb von Meißen. Um die Brunnenwasser des Ortes nicht zu gefährden, verlegte man schließlich das Mundloch noch etwas flußaufwärts, behielt aber für den Stolln das projektierte Niveau bei, woraus folgende komplizierte Mundlochsituation des Grubenbaus resultierte: Oberhalb von Rothschönberg liegt im Triebischtal das Hauptstollnmundloch, repräsentativ aus Bruchstein gemauert, etwa 2,5 m breit und hoch, elliptisch gewölbt, darüber Sims, Giebelfeld und Inschrifttafel, daneben Pilaster. Die Inschrift: »Koeniglicher Rothschönberger Stolln, angefangen 1844, vollendet 1877«. Das aus dem Stolln fließende Wasser wird überwölbt unter der Triebisch und den anschließenden Wiesen hinweg durch den nächsten Bergrücken hindurch ins Triebischtal unterhalb des Ortes geführt und tritt dort aus dem in Bruchstein gemauerten Mundloch der sog. Stollnrösche hervor und mündet wenige Meter unterhalb in die Triebisch. Der Rothschönberger Stolln ist bis zum Nordrand des Freiberger Reviers bei Halsbrücke etwa 14 km lang, bis zur südlichsten Freiberger Grube etwa 29 km lang und mit allen Verzweigungen zu den verschiedenen Gruben etwa 51 km lang. Er diente 1877–1913 und 1935–70 dem Freiberger

*Tannenberg. Höffersche Baumwollspinnerei*

Bergbau und 1914–68 dem Kavernenkraftwerk Dreibrüderschacht als Abflußstolln. *OW*

Lit.: Wagenbreth/Wächtler, 1986, 181, 326.

## Tannenberg (Annaberg/H 4) FS

**Höffersche Spinnmühle** (Dorfstraße 93). 1838–1839 unter dem Bau- und Zimmermeister Christian Friedrich Uhlig aus Altenhain für den Chemnitzer Kolonialwarenhändler Carl Ferdinand Höffer errichtet, gehört der fünfgesch., durch Ecklisenen gefaßte Massivbau unter hohem, an den Längsseiten von langen Gaupenbändern und zentralem Uhrtürmchen geprägten Mansarddach zu den wenigen erhaltenen frühen Fabrikarchitekturen, die keine wesentlichen baulichen Veränderungen erfuhren. Einstellung der Produktion 1990. *ST*

### T.-Siebenhöfen

**Evansche Spinnmühle.** Der 1802 für die Bernhardsche Spinnmühle in Chemnitz-Harthau aus Manchester abgeworbene Spinn- und Werkmeister Evan Evans gründete 1807 in Dittersbach bei Zschopau eine Maschinenbauwerkstatt, die er zwei Jahre später nach Geyer verlegte, von wo aus er als einer der wichtigsten Arbeitgeber der strukturschwachen Region die in der Umgebung von Chemnitz entstehenden Spinnereien mit Maschinen ausrüstete, aber auch eine eigene Spinnerei gründete. Das 1812 nach Planung von Johann Traugott Lohse mit der für seine Entwürfe charakteristischen Fassung der Ecken durch kolossale 3/4-Säulen fertiggestellte Spinnereigebäude auf kreuzförmigem Grundriß unter dreigesch. Walmdach, an den Schmalseiten nochmals durch Risalite betont, übermittelt selbst nach Abbruch der mittleren Flügel und Verlust des Mansarddaches die urspr. Monumentalität. Das repräsentative Hauptportal (im Sturz datiert »Evan Evans 1812«) erhielt nach dem Brand von 1896, mit dem der Spinnereibetrieb endete, einen neuen Platz in der Längsfront. *VR*

Lit.: Bauten der Technik und Industrie, 84, 102.

## Tautenburg (Saale-Holzland-Kreis/G 3) TH

**Karl-Schwarzschild-Observatorium.** Der monumentale Rundbau mit umlaufender Galerie und 20 m weit gespannter Stahlgerüstkuppel steht auf einer Anhöhe 330 m über Normal-Null. Unter der Kuppel ein 65 t schweres Spiegelteleskop, 2 Zielfernrohre und 2 Spektographen. Das Teleskop ist mit der größten bis dahin gebauten, nach dem Optiker Bernhard Schmidt benannten Kamera für die photographische Dokumentation von Himmelsbeobachtungen ausgestattet. Für die Standortwahl der 1957–60 errichteten Sternwarte war die Nähe zu → Jena in idyllischer, von störender Umweltbelastung freier Waldlage entscheidend; die Namensgebung ehrt den Astronomen Karl Schwarzschild, der seit 1909 Direktor des Astrophysikalischen Observatoriums in → Potsdam war. *HW*

Lit.: Wirth, 1990, 355f.

## Teldau-Groß Timkenberg MV (Ludwigslust/C 2)

Die im Grundriß rundbogige, von Voluten abgeschlossene Portalöffnung des 1796 (Bauinschrift) erbauten **Timkenberger Siels**, verschließbar durch ein zweiflügeliges hölzernes Tor, gehört zu den ältesten erhaltenen Bauten des Wasserregulierungssystems im Hagenower Land. *VR*

Lit.: Wirth, 1990, 355 f.

## Thallwitz-Canitz (Muldentalkreis/F 4) FS

**Aquädukt** über die Mulde, zur Wasserversorgung Leipzigs aus dem östlich der Mulde gelegenen Wasserwerk, das gleichzeitig, 1910, erbaut wurde. Er ist 125 m lang, 4,4 m breit, besteht aus Beton und Bruchstein. 3 je 40 m weite Stichbogen tragen die Wasserleitung in etwa 8 m Höhe. Dank seitlichen Treppen und einem Steg auch als Fußgängerbrücke begehbar. *OW*

Lit.: Erler/Schmiedel, 176.

## Thießen (Anhalt-Zerbst/E 3) SA

Eine erste urkundliche Erwähnung des **Thiessener Hammers** (südl. Ortsrand, Landstraße nach Rosslau) erfolgte über die Eintragung eines Kupferschmiedgesellen ins Totenregister 1603, woraus gleichzeitig auf ein höheres Alter des Hammerwerkes zu schließen ist. Die simplen Nutzbauten von Schmiede, Wohnhaus und Nebengebäuden stammen im wesentlichen aus dem Anfang des 19. Jh.s und wurden nach der Stillegung des Hammerwerkes 1974 ab 1983 zur Schauanlage restauriert. Die gesamte technische Einrichtung – 2 durch Wasserantrieb über eine 10 m lange Welle bewegte Schwanzhämmer sowie ein zweites Wasserrad mitsamt Getriebe für die Bedienung der Gebläse des Schmelz- und der 2 Glühöfen – wurde 1986 rekonstruiert. *VR*

Lit.: Schmidt/Theile I, 92; Wirth, 1990, 358f.

## Timmendorf, Insel Poel MV (Nordwestmecklenburg/B 2)

Einen ungewohnten Anblick bietet der 1871–72 an der Westküste der Insel zur Sicherung der Einfahrt in die Wismarbucht erbaute **Leuchtturm**. Im Zentrum des langgestreckten eineinhalbgesch. Wärterhauses erhebt sich auf zweigesch., im EG geböschtem quadr. Sockel ein schlanker, Galerie und Laterne tragender Zylinder. Urspr. für eine bereits zur Bauzeit kaum ausreichende Feuerhöhe von 13 m über Mittelwasser konzipiert, wurde dieser mit der Aufstockung 1930–1931 auf 21,1 m angehoben. *VR*

Lit.: Schmidt/Theile II, 126; Wirth, 1990, 292.

## Torgau (Torgau-Oschatz/F 4) FS

Die **Pegelanlage** (→ Havelberg, Tangermünde) von 1897, Ersatz für ein 1894 nahe des Binnenhafens (1894–98) eingerichtetes hölzernes Pegelhäuschen, addiert sich aus dreiteiligem Latten- und eingehaustem Schreibpegel. Einen in die linksseitige, befestigte Elbböschung eingelassenen Schrägpegel (+ 0,6 bis + 2,8 m) ergänzt elbseitig im Pfeiler der Straßenbrücke, durch die Pfeilerabsätze in vier Abschnitte (+ 2,8 bis + 3 m, + 3 bis + 3,5 m, + 3,5 bis + 4,08 m, + 4,08 bis + 4,6 m) geteilt, eine vertikale Meßlatte, auf der Landseite des Pfeilers eine zweiteilige Latte (+ 4,1 bis + 4,6 m, + 4,6 bis + 10,0 m) und an der Futtermauer der Brücke, vom Wasser aus abzulesen, eine weitere, von + 5 m bis + 9,68 m reichende Latte. Etwa 50 m südl. ragt aus der Böschung des Hafenbeckens ein Zylinder, der über Konsolen das sechseckig gemauerte, durch steiles Zeltdach geschützte Gehäuse für den Wasserstandsschreiber trägt. *VR*

Lit.: Schmidt/Theile I, 147.

## Tornow (Oberhavel/C 4) BG

**Wassermühle** (Neue Straße 1). Das Mühlengebäude aus dem letzten Drittel des 19. Jahrhunderts ist ein dreigesch. Backsteinbau mit flachem Satteldach. Das 2. OG ist in Sichtfachwerk ausgeführt. Die überstehenden Geschoßdeckenbalken haben verzierte Köpfe. Im UG befindet sich die zentrale Kraftverteilung. Die Antriebswelle ist dreifach gelagert. Ein großes Kammrad mit hölzernen Zähnen überträgt die Kraft auf ein kleineres gußeisernes Kegelrad und von da direkt auf den Schrotgang. Ein Ausrückmechanismus steuert die Funktion mehrerer Riemenscheiben. Neben dem Schrotgang mit Steingalgen steht ein moderner Walzenstuhl, Baujahr 1958. Auf dem Sichterboden befinden sich mit Trieur und Beutelwerk typische frühe Reinigungs- bzw. Sichtervorrichtungen. Das Getreide hob ein vom Wasserrad angetriebener Mühlenaufzug auf den oberen Boden, ein Elevator förderte das Mahlgut in der Mühle. Zuletzt wurde nur noch mit Motorkraft gemahlen. Ein Elektromotor der Firma Brown & Boverie ersetzte die Wasserkraft. Das Wasserrad ist verlorengegangen. Ab Mitte der 1960er Jahre wurde auch in dieser Mühle nur noch Getreide zu Futterzwecken verarbeitet.

Mitte der 1970er Jahre wurde der Mühlenbetrieb eingestellt. *WT*

## Trebbus (Elbe-Elster/F 5) BG

**Bockwindmühle** (südlich des Ortes). Die 1895 erbaute Mühle war eine der letzten östlich der Elbe gebauten Bockwindmühlen. Es wurden danach nur noch Umsetzungen vorgenommen. Die Mühle enthält die vollständige Ausrüstung: Mahlgang, Reinigung, Sichter sowie alle Hilfseinrichtungen. Bei Restaurierung (1969) der in den 1950er Jahren stillgelegten Mühle wurden die Flügel aus Sicherheitsgründen nicht wieder mit Jalousien, sondern mit sturmsicheren abnehmbaren Türen versehen. *WT*

## Triglitz (Prignitz/C 3) BG

Die **Wassermühle** liegt abseits des Dorfes an der Kümmernitz. Die 1704 errichtete Mühle wurde Ende des 19. Jh.s zum Teil umgebaut. Das Mühlengebäude ist ein zweigesch. Fachwerkbau mit vorkragendem Oberstock und Satteldach. Die Antriebstechnik der Wassermühle ist nicht erhalten. Die Dimensionen des Kunstgrabens und die Wasserführung lassen darauf schließen, daß ein relativ breites, wahrscheinlich unterschlächtiges Wasserrad eingesetzt war. Die vom Rad erzeugte Kraft wurde über ein Getriebe zum Antrieb eines Schrot- und eines Mahlgangs sowie Sichter, Reinigung und Fördereinrichtungen verwendet. Von der ehem. Vermahlungstechnik sind lediglich der Läufer- und Bodenstein des einen Mahlganges mit dem dazugehörigen Steingalgen erhalten. Der Standort des anderen Mahlganges ist noch erkennbar und wird duch die Getriebeanordnung bestätigt. Von diesem Getriebe ist die vertikale Welle mit einem Kegelrad und einer Riemenscheibe erhalten. Weitere Riemenscheiben verweisen auf eine Transmissionsanlage zum Antrieb weiterer Maschinen. Das Mahlgut wurde mit großer Wahrscheinlichkeit nicht über Elevatoren, sondern nur mit einem Sackaufzug transportiert. Die Wassermühle ist ein wichtiges Zeugnis für das frühe Müllergewerbe in dieser Region. Die schon im 1. Weltkrieg stillgelegte Mühle zählt zu den ältesten Profanbauten für gewerbliche Zwecke der Dörfer dieser Region. *WT*

## Trusetal (Schmalkalden-Meiningen/G 1) TH

**Bergwerk.** Einzige öffentlich zugängliche Grube des Trusetaler Bergbaureviers, das einst u.a. den Schmelzofen (späteren Hochofen und Hammerwerk) → Schmalkalden-Weidebrunn mit Eisenerzen belieferte; 1990 als Grube »Hühne« des »VEB Fluß- und Schwerspatbetriebes Trusetal« stillgelegt, 1996 als Besucherbergwerk neu eröffnet. Gezeigt wird auf der ersten Sohle das komplett verbliebene, z.Z. seiner Außerbetriebnahme bereits großenteils überalterte, u.a. deswegen denkmalwerte Inventar: Grubenlok, Überkopflader, Sprengstofflager, Blindschachtanlage und Frühstücksraum der Bergleute. *HW*

## Tüngeda (Wartburgkreis/G 1) TH

**Bockwindmühle.** 1875 vom urspr. Standort südwestlich des Ortes an den Rand des Müllerhofes transloziert, 1913 auf einem mit bemerkenswerter Mischkonstruktion aus Holz und Stein stabilisierten Bock und einem mit Eisen bandagierten Steinbalken weitgehend neu errichtet. Bis 1936 mit Windkraft betrieben, danach Verfall. Für Anschauungszwecke 1984–86 restauriert, jedoch mit um 50 cm gestutztem, metallenem Rutenkreuz, mit Jalousien. Im Inneren des mit krüppelgewalmtem Mansarddach bekrönten Kastens die Flügelwelle, die auch als Haspelwelle diente, mit 2 Kammrädern, Steingang, Walzenstuhl, Trieur, Elevator. – Im Schuppen im Müllerhof – als Ersatz für das 1936 aufgegebene Windtriebwerk – ein Deutz-Dieselmotor von 1936 und ein Elektromotor von 1943 für den Antrieb von Steingang und Haferquetsche. *HW*

Lit.: Mühlen, 249.

## Ueckermünde-Neuendorf MV (Uecker-Randow/B 5)

Nur wenige Jahre nach der 1858 in der Praxis ausprobierten Idee eines kreisförmigen, kontinuierlichen Brennbetrieb ermöglichenden Ziegelofens bestimmten die noch wirtschaftlicher arbeitenden gestreckten Ringöfen als Standardbauwerke die Ziegelindustrie. 1865 fertiggestellt, gehört der gestreckte **Ringofen** von Neuendorf ● zu den wenigen erhaltenen Beispielen im NO

Deutschlands. Um den gemauerten Ofenkörper aufgeständert ist die verbretterte Fachwerkkonstruktion des Vortrockenhauses, gleichzeitig Beschickungsebene für die Befeuerung. Der Schornstein wurde ungewöhnlich dezentral angeordnet. 1961 stillgelegt. *VR*

Lit.: Schmidt/Theile I, 165.

## Uhlstädt (Saalfeld-Rudolstadt/G 2) TH

**Wassermühle.** Am von der Saale abgezweigten Mühlgraben seit 1349/50 nachweisbare Triebwerksanlage. Im 18./19. Jh. ausgebaut zu der noch partiell vorhandenen Baugruppe um einen engen Wirtschaftshof mit aneinandergereihten Produktions- und Speichergebäuden auf massiven EG und teils verputzten, teils sichtbaren Fachwerkgeschossen (beim Mühlgebäude auf Stichbogenreihung vorgekragt), mit 2, etwa 5 m messenden unterschlächtigen Wasserrädern diesseits des Grabens, jenseits desselben mit der (1986 abgebrochenen) Schneidemühle, die einst mit einem dritten Rad ausgestattet war. Die Getreidemühle wurde bis 1960 betrieben, danach Verfall der gesamten Anlage. Ab 1986 Teilrestaurierung (Graben im engeren Mühlenbereich, Räder der Getreidemühle). Im Inneren ist das technische Inventar komplett erhalten. *HW*

Lit.: Mühlen, 258, 379.

## Uhsmannsdorf FS
(Niederschlesischer Oberlausitzkreis/F 6)

Seit dem 31. 12. 1867 an den Bahnverkehr angebunden (Cottbus–Weißwasser–Görlitz, Berlin-Görlitzer Eisenbahn), erhielt der sonst unbedeutende Ort nach dem Zusammenschluß der Preuß. Staatseisenbahnen, der Hess. Staatseisenbahnen und der Hess. Ludwigsbahn zu den Preuß.-Hess. Staatseisenbahnen 1896 eine geringe Aufwertung als Betriebsstation für die Wasserversorgung der auf der Strecke verkehrenden Dampflokomotiven mit dem Neubau eines **Wasserturmes** mit konischem Schaft in Backsteinrohbau und einem für Intze-I-Behälter typischen Kopf in durch Ziegelmauerwerk gefülltem Eisenfachwerk, weit auskragend über gebogenen Konsolen. *VR*

Lit.: Bauten der Technik und Industrie, 354.

## Untermaßfeld TH
(Schmalkalden-Meiningen/H 1)

**Werrabrücke.** Als fünfbogige Kalksteinbrücke 1599–1604 nach dem Muster der östlich benachbarten »Salzbrücke« (→ Obermaßfeld-Grimmenthal) mit 5,4 m Breite (etwa 4,8 m li. W. zwischen den steinernen Brüstungen) und weit ins Flußtal vorgestreckten Flügelmauern errichtet; diese 1887 zur Erhöhung der Durchlässigkeit des Hochwassers mit je einem Brückenbogen ersetzt, wodurch das Bauwerk seine jetzige Gesamtlänge von 92 m erhielt. Anstelle der südlichen (stromaufseitigen) Brüstungsmauer führt seit 1965 ein mit stählernen Balken auf I-Trägern über den 6 Strompfeilern auskragender Fußgängersteg. Die Pfeiler sind stromaufwärts mit vorgelagerten steinernen Abweisern von Eisschollen, stromabwärts mit halbkreisförmigen, bastionsartigen Vorlagen versehen, welche bis zur Fahrbahnbrüstung hochgeführt wurden, um Austrittsmöglichkeiten für Fußgänger zu bieten. Pfeilerabstände und Bogenweiten differieren (von W nach O: 9, 12, 12, 9, 6, 12, 6 m). *HW*

Lit.: Erler/Schmiedel, 157; Wirth, 1990, 362.

## Unterwellenborn TH
(Saalfeld-Rudolstadt/H 2)

● **Maximilianhütte.** Auf der Grundlage hiesiger besonders gut verwertbarer Eisenerze (→ Kamsdorf) wurde 1871 eine Verhüttungsanlage als Zweigbetrieb des gleichnamigen Unternehmens in Sulzbach-Rosenberg gegründet. Im 2. Weltkrieg z.T. zerstört, danach zwangsenteignet, unter sowjetischer Administration 1946 wieder in Betrieb genommen, alsbald ausgebaut zu einer der größten metallurgischen Produktionsstätten der DDR (4 Hochofenanlagen), zuletzt als »VEB Qualitäts- und Edelstahlkombinat Henningsdorf, Werk Maxhütte«, nach 1990 stillgelegt und die baulichen Anlagen bis 1996 zugunsten eines neuen Stahlwerkes weitestgehend abgebrochen. Der Vernichtung infolge technischer Erneuerungen entgingen die beiden größten *Dampfmaschinen* der Welt durch ihre Translozierung nach → Ohrdruf bzw. → Wurzbach. Am Ort verblieb für Anschauungszwecke im Rahmen einer musealen Nachnutzung lediglich eine Industriehalle der Gaszentrale und darin eine 22 m lange *Gichtgas-Kolbenmaschine* der Firma Thyssen mit einem etwa 9 m messenden, 1923 installierten Schwungradgenerator, der einen Rotor von 7,5 m Durchmesser aufweist. *HW*

## Usedom-Karnin (Ostvorpommern/B 5) MV

Einem vorsintflutlichen Fossil gleich reckt sich bei Karnin vierbeinig die bedeutendste (genietete) Stahlkonstruktion Mecklenburg-Vorpommerns aus dem Peenestrom. Als Teil einer sonst festen Eisenfachwerk-Bogenbrücke zwischen dem Festland und der Insel Usedom in der zwischen Ducherow und Swinemünde am 15. 5. 1876 eröffneten Strecke (Berlin-Stettiner Eisenbahn) ermöglichte die 1932–34 von der MAN erbaute **Hubbrücke** (maschinelle Ausstattung von Siemens und AEG) auch die Passage größerer Schiffe. Sie galt – mit 35 m Gesamthöhe und einer lichten Durchfahrtshöhe von 28 m bei einem Hub der beiden Brückentafeln von 25 m sowie Durchfahrtsbreiten von je 15,6 m in jeder Richtung – bei der Inbetriebnahme als größte Hubbrücke im Deutschen Reich, gleichzeitig als modernste Eisenbahnbrücke Europas. Noch in den letzten Tagen des 2. Weltkrieges (23. 4. 1945) wurden die festen Brückenüberbauten gesprengt und 1952 verschrottet. *VR*

Lit.: Klinghammer, 2236.

## Vellahn (Ludwigslust/C 2) MV

**Bruchmühle** (südl. des Ortes an der Straße nach Neuhaus/Elbe). Im Dreißigjährigen Krieg vollständig zerstört, wurde die 1610 erstmals erwähnte Mühle unmittelbar nach dem Kriegsende wiederaufgebaut, ihr endgültiges Aussehen als eingesch. Fachwerkbau erhielt sie jedoch erst um 1890. 1972 stillgelegt, begann in den 1980er Jahren der Ausbau zu einer Schauanlage, die neben der 1920 installierten Turbine Mühlentechnik u. a. mit hölzernem Stirnrad mit 2 Stockgetrieben, Reinigungs- und Sichteranlagen, Schrot- und Mahlgängen, Mischmaschine und Elevatoren – zum Teil transloziert aus anderen Mühlen – eine bis in das 17. Jh. zurückgehende Technik dokumentiert. *VR*

Lit.: Mühlen, 192; Schmidt/Theile, 240; Wirth, 1990, 363.

## Velten (Oberhavel/D 4) BG

**Ofenfabrik A. Schmidt, Lehmann & Co** (Wilhelmstraße 32). Das 1872 gegründete Unternehmen nahm im 1899 errichteten Fabrikgebäude die Produktion der typischen weißen Kacheln für die bekannten Berliner Öfen auf. Das dreieinhalbgesch. Fabrikgebäude mit flachem Satteldach ist in Ziegelmauerwerk unverputzt errichtet. Der heute die Gebäudemitte betonende Dreieckgiebel war vor dem Brand von 1899 auch an beiden Schmalseiten vorhanden. Das

*Unterwellenborn. Maximilianhütte, Gaszentrale*

zwölfachsige Gebäude enthält zwischen dem 1. und 2. OG von links nach rechts folgende Inschriften: »Gegründet 1872 / A. Schmidt, Lehmann & Co / Erbaut 1899.« Das Unternehmen ist die einzige überkommene Fabrik in der ehemals »Ofenstadt« genannten Stadt Velten, in der noch heute die historische Technologie mit den Stufen Aufbereiten, Formgeben (Gießen bzw. Pressen), Trocknen, Glasieren und Brennen mit Maschinen und speziellen Geräten aus der Zeit um 1920 zur Herstellung von Kacheln angewandt wird. Einmalig ist die Verbindung von Produktion und direkt einbezogenem Ofen- und Keramikmuseum. In den beiden oberen Geschossen des Fabrikgebäudes, seit langem ungenutzte ehem. Lagerböden, hat das Anfang des Jahrhunderts in der Stadt gegründete und 1992 wieder entstandene Ofen- und Keramikmuseum seine neue Wirkungsstätte gefunden. Neben historischen Produktionsmitteln und Produkten, darunter 20 Kachelöfen, werden technische Dokumente und Musterkataloge bewahrt. Die aus Gründen der Modernisierung des technologischen Prozesses künftig nicht mehr einsetzbaren Maschinen und Geräte der Ofenfabrik werden in das Museum überführt. *WT*

## Vierraden (Uckermark/C 5) BG

Durch das Edikt von Potsdam (1685) animiert, siedelten unter Friedrich Wilhelm, dem Großen Kurfürsten, zahlreiche Hugenotten in Brandenburg. Auf sie soll die Intensivierung des Tabakanbaus in der Uckermark zurückgehen, der gegen Ende des 19. Jh.s eine der wesentlichen wirtschaftlichen Grundlagen der Region bildete. Aus der Hochzeit des Tabakanbaus stammt der für den Großhändler Lange um 1870 in Backsteinrohbau errichtete **Speicher**, der mit 14 zu Paaren gebündelten Fensterachsen und 5 Geschossen, festigenden Eckpfeilern und gotisierendem Mittelrisalit in der Hauptfassade Ort und Landschaft prägt. *VR*

Lit.: Sommer.

## Vitzeroda-Abteroda TH (Wartburgkreis/G 1)

● **Kaliwerk.** Angelegt wurde das Werk, nachdem das Werratal als ergiebige Fundstätte erkundet worden war, von 1911 bis 1915, blieb jedoch infolge von Zwangssyndizierung nur bis 1922 produktiv tätig, diente danach bloß noch für Wetterführung und als »Sicherheits- und Polizeischacht« benachbarter Gruben. In den funktionslos gewordenen Baulichkeiten richtete sich ein Teilbetrieb der Bayerischen Motorenwerke (Sitz Eisenach) ein, der in den 1940er Jahren seine Arbeitskräfte u. a. aus dem Konzentrationslager Buchenwald bei Weimar bezog. Erhalten blieb die Anlage nahezu komplett – mit Ausnahme der etwas abseits gelegenen Fabrikantenvilla – in urspr. Geschlossenheit: stählernes Fördergerüst, lisenengeschmückte Ziegelbauten des Fördermaschinenhauses, der Salzmühle, der Kaue, des Verwaltungsgebäudes, der Werkstätten des Salzschuppens; bemerkenswert von der Ausstattung die allerdings nicht mehr betriebsfähige Trommelfördermaschine mit Leonhard-Umformer. *HW*

Lit.: Hohmann.

## Vockerode (Anhalt-Zerbst/E 3) SA

Das 1936 für die Energieversorgung der Junkers-Werke in Dessau und die der Hauptstadt Berlin errichtete, 1957 in der Baumasse verdoppelte **Braunkohlengroßkraftwerk** prägt auch nach der Stillegung 1993 – nun dem langsamen Verfall preisgegeben – mit seinem vielfach in der Höhe gestaffelten Baukörper in Backsteinrohbau die Landschaft östl. von Dessau. *VR*

## Wachsenburg/Mühlberggemeinde TH (Ilmkreis/G 2)

**Tiefbrunnen auf der Wachsenburg.** Mit einer Teufe von 93 m in acht Jahren (1651–59) auf der Vorburg der Wachsenburg, einer der »Drei Gleichen«, bis zum Grundwasserspiegel niedergebrachter Brunnenschacht, als die aus dem Mittelalter stammende, seit 1525 verfallene Burg zu einem herzoglich-gothaischen »Zucht- und Waisenhaus« umgestaltet wurde. Instandsetzungen 1789 an der zur bescheidenen Festung ausgebauten Anlage u. a. am Brunnen; spätestens aus dieser Zeit stammt die jetzige, mehrfach restaurierte Brunnenstube in Fachwerk, mit bemerkenswerter Fördereinrichtung: hölzernes Tretrad von 4,2 m Durchmesser, mit dem, von Menschen oder von 2 Bernhardinerhunden betrieben, in einer halben Stunde ein Kübel mit 140 Litern ans Tageslicht gebracht werden konnte. Heute quasi-museale Anlage in der 1905 und 1967–69 für Repräsentations- bzw. gastronomische Zwecke umgestalteten einstigen Burg.

**Ölmühle in Mühlberg.** Eine von 6 in dem bereits für das Jahr 704 namenskundlich bezeugten Standort von Wassertriebwerken (→ Mühlhausen). Am »Spring«, der artesischen Quelle des Waidbaches, stand einst die »Springmühle«; am Waidbach steht noch die 1969 stillgelegte »Göltzenmühle« mit 1842 errichtetem zweigesch. Wohn- und Produktionsgebäude, restauriertem oberschlächtigen Wasserrad und drei Mahlgängen, Steinkran, Walzenstuhl und Haferquetsche im Inneren; ebenfalls am Waidbach die 1920 stillgelegte, nur noch als Wohnhaus dienende »Marktmühle«; am Burgbach, den der Waidbach mit z.T. erhaltenem Aquädukt überquerte und nach wie vor speist, die 1936 erneuerte, seit 1971 ruhende »Steigmühle« mit Radstube und Resten des technischen Inventars; in Sichtweite zu dieser die »Ölmühle« und außerhalb der Ortslage die 1935 mit Turbinen ausgestattete, 1953 stillgelegte »Feldmühle«, von der Graben und Wehr erhalten geblieben sind. Als technisches Denkmal am bedeutendsten ist die 1528 erstmals erwähnte Ölmühle, die 1838 neu errichtet als Öl- und Graupenmühle und bis 1910 betrieben wurde. Im zweigesch. Fachwerkgebäude sind Wohn- und Produktionsteil konstruktiv getrennt, letzterer ist wahrscheinlich älter als 1838 (nachträglich angebrachte Inschrift weist auf 1734); in diesem blieben das komplette hölzerne Getriebe, zwei rechtwinklig zueinander angeordnete Stampfwerke für die Öl-, Windfege und Walzenstuhl für die Graupenherstellung erhalten. Das Produktionsgebäude hat man als denkmalpflegerische Kopie 1992/93 neu errichtet, im OG mit eingebauter Wohnung; das 3,6 m messende oberschlächtige, betriebsfähige Wasserrad ist ebenfalls eine Kopie. Die Mühle ist attraktiver musealer Teil eines neben dem Müllerhof 1992/93 errichteten Hotels. *HW*

Lit.: Mühlen, 244, 247; Wirth, 1990, 202.

## Walbeck-Drachenberg (Ohrekreis/E 2) SA

**Kalköfen** (Wegener Kalkstein GmbH & Co. KG; Landstraße Haldensleben–Weferlingen, westl. Abzweig nach Walbeck). Die Muschelkalk- und Sandsteinbänke um Walbeck besaßen bereits vor dem Bergbau auf Kalisalze große Bedeutung für die Wirtschaft des Allertales. Um 1800 sind 32 Kalköfen bekannt, 1842 lieferten 5 große Kalk- und 6 Sandsteinbrüche, eine Ziegelei und 2 Kalköfen das Arbeitsmaterial für den Hoch- und Tiefbau. Dem steigenden Bedarf an Baukalk im letzten Drittel des 19. Jh.s folgte die Industrialisierung bei den Kalkherstellern auch im Walbekker Gebiet: 1870 errichtete die Wasmuth AG bei der sog. »Barriere« ein Kalkwerk mit Ringofen (14 Kammern), Schachtofen und Kugelmühle, ergänzt 1901 um einen weiteren Ringofen mit ebenfalls 14 Kammern. Am Drachenberg entstand durch die Portland Zementwerke GmbH 1904 ein zweites Werk mit einem 24-Kammer-Ringofen, wenig später erweitert durch einen Ringofen mit 12 Kammern und einen 4-Röhren-Schachtofen. 1907–08 folgte der Bau eines nach neuesten Erkenntnissen maschinell ausgestatteten Zementwerkes, das jedoch schon 1913 den Betrieb wieder einstellte. In den 1970er Jahren beendete Materialermüdung die Kalkbrennerei; das zum VEB Zuschlagstoffe Haldensleben gehörige Kalkwerk produzierte danach in einer 1984 fertiggestellten Aufbereitungsanlage Splitte, Schotter und Düngemittelkalk. Nach der Privatisierung 1991 wurde die Produktpalette spezifiziert beibehalten, wenn auch in modernster Anlage von 1993 aufbereitet. Von den historischen Anlagen haben die Schachtofenbatterie und das schlichte Verwaltungsgebäude von Werk I am Drachenberg sowie ein Ringofen (ruinöser Zustand) an der Barriere Abbruch und natürlichen Verfall bislang überstanden. *VR*

Lit.: Muth.

## Waldheim (Döbeln/G 4) FS

**Eisenbahnbrücke »Heiligenborn-Viadukt«** der 1846–52 erbauten Bahnstrecke Chemnitz–Döbeln (–Riesa–Berlin). Die 120 m lange, 60 m hohe, aus Naturstein errichtete Brücke besteht aus einer hohen unteren, dammartig gemauerten Etage mit drei 11,5 m weiten Spitzbogen-Gewölben und einer niedrigen oberen Etage mit 31 Rundbogen. *OW*

Lit.: Erler/Schmiedel, 166, 209.

## Walldorf (Schmalkalden-Meiningen/H 1) TH

**Sandbergwerk.** Mit einer Grubenfeldgröße von 65 000 $m^2$ stellt das Werk wohl ein einmaliges Sachzeugnis des untertägigen Abbaus von Streu- und Scheuersand, hier aus dem Mittleren Buntsandstein (Chirotherien-Sandstein), dar. Seit etwa 1810 urkundlich nachweisbar, wurde es bis 1912 von der Walldorfer Bevölkerung im Nebengewerbe betrieben. Männer brachen im Kammerabbau lediglich mit Handwerkzeugen das Gestein, Frauen und Kinder zerkleinerten und zerrieben es. Mit Karren und Körben wurde der Sand bis weit nach Bayern und Hessen hinein vertrieben. Nach Beendigung des Abbaus Erschließung des labyrinthischen Kammergefüges mit seinen mehr als 2000 Sicherheitspfeilern für touristische Zwecke, seit 1957 ist der etwa 80 m lange Rundgang mit Steinbrecher- und Märchenfiguren ausgestattet (»Märchenhöhle«). *HW*

Lit.: Wirth, 1990, 364 f.

## Wandlitz (Barnim/D 5) BG

**Wasserwerk** (An den Pfühlen 29). Das 1908–10 errichtete, Mitte der 1960er Jahre stillgelegte Wasserwerk versorgte die neu entstandene Sommer- und Ferienhäuser-Siedlung in Wandlitzsee mit Trinkwasser. Der dominierende verschieferte Wasserturm in der Mitte des Wasserwerksgebäudes hat die Form eines Pyramidenstumpfes. Sein ringsum etwa 1 m auskragender Kopf ist eine Holzfachwerkkonstruktion mit verzierten Balkenköpfen. Das Turmhaupttragwerk besteht aus Walzprofilen; die Eisenkonstruktion ist mit einem Lehmgemisch ausgefacht und geputzt. Das Wasserwerksgebäude ist ein eingesch. Putzbau mit Rundbogenportal und Mansarddach, seine Mitte vom hochragenden Turm betont. Kräftige Traufgesimse, ein Ochsenauge und ein von kleinen Fenstern flankiertes großes stehendes Fenster gliedern den Schaugiebel. Von den technischen Anlagen des Wasserwerkes ist nur noch eine Tauchkolbenpumpe und der dazugehörige Elektromotor erhalten. *WT*

## Waren (Müritz/B 4) MV

In weniger als einem Jahrzehnt nach der Bahnanbindung an Malchin (9. 11. 1879, Mecklenburgische Friedrich-Franz-Eisenbahn) entwickelte sich die über der Müritz gelegene Stadt durch Einbindung in die Strecken Parchim–Karow–Neubrandenburg (20. 1. 1885, Mecklenburgische Südbahn) und Neustrelitz–Kargow–Lalendorf–Rostock (1. 6. 1886, Neustrelitz-Warnemünder Eisenbahn) zu einem Eisenbahnknotenpunkt in Mecklenburg. Auf dem **Bahnhof** (an der B 192 nach Malchow/Teterow) ein **Wasserturm**, der mit zwei Bauphasen die Entwicklung im Behälterbau dokumentiert: Der schlanke, hoch aus dem Einschnitt der Bahn wachsende Schaft in Backsteinrohbau gehört mit seiner zurückhaltend neoromanischen Fassadengestaltung in die späten 80er Jahre des 19. Jh.s. Ursprünglich war er wohl geplant für die Aufnahme eines eisernen Behälters; der auf kräftigen Betonkragträgern aufgelagerte oktogonale Kopf mit Klinkermantel, durchbrochen von vertikalen Fensterschlitzen abgeschlossen über weitausladendem Traufgesims von einem horizontalen Fensterband, verweist formal auf eine Erneuerung mit Betonflachbodenbehälter in den frühen 1920er Jahren. *VR*

## Wasungen TH (Schmalkalden-Meiningen/H 1)

**Bahnhof.** An der 1858 eröffneten Strecke der Werra-Eisenbahn (Eisenach–Coburg), mit der Wasungen Gleisanschluß erhielt. Das *Empfangsgebäude* aus jener Zeit ist weitgehend erhalten: ein zweigesch., urspr. in Sichtfachwerk gestaltetes, jetzt verschiefertes langrechteckiges Bauwerk mit mäßig geneigtem Satteldach und bahnseitigem Zwerchhaus für die einstige Bahnhofsuhr. – **Mühlgrabenbrücke.** Um 1750 aus Sandstein errichtete Wegeüberquerung mit 2 je 3 m weit gespannten, 2,5 m hohen Rundbögen (Gesamtlänge 10 m, B 3,7 m). *HW*

Lit.: Berger, 245 f.; Erler/Schmiedel, 159.

## Wechselburg (Mittweida/G 4) FS

**Steinbogenbrücke** über die Zwickauer Mulde, 1846 aus Rochlitzer Porphyrtuff gebaut. Die mit den Rampen 110 m lange, 7 m breite Brücke besteht aus 5 je 13 m weiten und im Lichten 5 m hohen Stichbogen und besitzt kräftige runde Pfeilervorlagen.

W.-Göhren

**Eisenbahnbrücke** der Bahnstrecke Leipzig–Chemnitz über die Zwickauer Mulde, etwa 8 km südlich von Rochlitz. Die 1869–71 aus Naturstein erbaute Brücke ist 425 m lang und 68 m hoch und besteht aus zwei Etagen mit vier bzw. 18 Rundbogen von max. 26 m Spannweite. Mehrere kleine Rundbogen an den Enden der Brücke sind bei Reparaturarbeiten um 1970 zugeschüttet worden, so daß die Bahn dort heute scheinbar auf einem Damm verläuft. *OW*

Lit.: Erler/Schmiedel, 164, 166, 200, 212.

## Weesenstein (Sächsische Schweiz/G 5) FS

Im Dachgeschoß des Hauptgebäudes des 1318 erstmals genannten, zuletzt im 18. Jh. erweiterten Schlosses Weesenstein (Am Schloßberg 1) befindet sich in Traufhöhe ein **Handgöpel** zum Aufziehen und Ablassen der Braugerste, die in 4 Etagen des Bodens auf einer Fläche von etwa 1000 $m^2$ gedarrt wurde. Der wahrscheinlich im 18. Jh. gebaute Göpel hat ein Hauptrad mit einem Durchmesser von 1,8 m, das über 2 Zugbäume mit einer Länge von je 1,6 m angetrieben wurde. Mit einer Übersetzung von 1:3,75 wird die Windentrommel (Dm. 26 cm) gedreht. Alle Teile, außer Halterungen, Achsenstifte und Lager sind aus Holz. *KD*

Lit.: Werte der deutschen Heimat, 1966.

## Wefensleben (Bördekreis/E 2) SA

Salinen im Magdeburger Land erwähnen bereits mittelalterliche Urkunden; die rentable Verwertung von Steinsalz (NaCl) begann jedoch erst mit fündigen Bohrungen 1843 und bergmännischem Abbau der Stein- und Kalisalzlager bei Staßfurt ab 1851, wobei die Kalisalze (z.B. Carnallit: $KCl \cdot MgCl_2 \cdot 6H_2O$; Sylvin: KCl) noch als minderwertiger Abraum galten. Nachdem der Apotheker Adolf Frank die Eignung der Kalisalze als Düngemittel erkannte, entstand entlang des SW-Randes der Magdeburger Börde zwischen Staßfurt und Walbeck ab 1875 ein wichtiges Zentrum der deutschen Kalisalzindustrie, seit der Jahrhundertwende geprägt durch den von Gerhard Korte gegründeten Burbach-Konzern. Auf ehem. Feldbesitz von Burbach in den Gemarkungen Alleringersleben, Wefensleben, Belsdorf, Ummendorf und Eilsleben entstand 1908 die **Ummendorf-Eilsleben AG**, die mit den Schächten der Gewerkschaften Wefensleben und Belsdorf die Förderung aufnahm, während die Schächte in Alleringersleben und Ummendorf völlig verunglückten. – Das *Verwaltungsgebäude* mit neoklassizistischen Motiven und das in Backstein errichtete Maschinenhaus in einer für die Bauzeit um 1910 antiquierten Neoromanik sowie einige Fachwerkschuppen am Südrand des Ortes (Kreisstraße von Ummendorf, heute Agrargenossenschaft) sind letzte Belege der ehem. Schachtanlage Wefensleben. *VR*

Lit.: Muth.

## Weida (Greiz/G 3) TH

**Gerberei.** Aus Wohnhaus und Produktionsstätten bestehender, unscheinbarer Gebäudekomplex mit hochbeachtlichem Inventar: in der von einer hölzernen Sheddachkonstruktion überdeckten *Gerberhalle* die im Boden eingetieften runden Lohgruben und abseits neuere, flach liegende Gerbfässer für die Behandlung gereinigter Tierhäute (in den Gruben bis zu 10 Monaten, in den Fässern 8 bis 10 Tage) mit Gerbmitteln (zerstoßene Fichtenrinden, Eichelschuppen). Dahinter, in einem Fachwerkgebäude, die *Lederwalze* und die *Stoßmaschine* zur Nachbearbeitung des Rohleders; im Dachgeschoß 2 *Trockenböden* für gegerbte Tierhäute. Als z.Z. ihrer Installation, um 1900, einzige Energiequelle diente eine liegende 6–8-PS-Einzylinder-*Dampfmaschine* mit Gabelrahmen und Schiebersteuerung, zuletzt nur noch für den Antrieb der Lohpresse, in der Gerbmittelrückstände zu Feuerungsmaterial geformt wurden. – Das 1844 als Familienunternehmen begründete Anwesen wurde bis 1990 nur noch gelegentlich betrieben.

**Oschütztalviadukt.** Im Zusammenhang mit der Anlage der zweigleisigen Eisenbahnstrecke W.–Mehltheuer 1883/84 nach Entwurf von Claus Köpcke entstandene Stahlbrücke. Für jedes Gleis je ein parallelgurtiger Fachwerk-Gitterträger, auf seitlichen Natursteinpfeilern und zwei mittigen schlanken stählernen Pendelstützen, ebenfalls in Fachwerk, gelagert, mit größter Stützweite von 36 m. Beidseitig davor steinerner Bahndamm mit je einer Rundbogenbrücke, so daß die Gesamtlänge des Bauwerkes sich auf 183 m erstreckt;

insges. ist es 25 m hoch. Durch Neutrassierung des Streckenabschnittes bei W. 1982/83 funktionslos geworden; Denkmalschutz verhinderte den Abriß. – **Hängebrücken** über der Weida. Am Stadtrand und in Ortsmitte je ein Fußgängersteg. Der erstere von 1911 mit einer Gesamtlänge von 25,5 m und einer Weite zwischen den 3,1 m hohen, in Betonpfeilern eingespannten Stahlgitterpylonen von 18 m; der 1,2 m breite, aus Stahlwinkelprofilen gefügte, mit Holz belegte Steg fünfmal paarig an zwei 50 mm dicke Stahlseile gehängt, die über den Pylonen durch Hülsen geführt und gespreizt in Widerlagern, am jenseitigen Ufer über eine Vorbrücke hinweg, verankert sind. Als Teil eines öffentlichen Weges 1984/85 restauriert. – Aus gleicher Bauzeit, mit ähnlichen Dimensionen und ähnlich konstruiert, die zweite Brücke, deren Pylonenrahmen jedoch als Pendelstützen ausgeführt, der Steg achtmal paarig angehängt. Privatbesitz, verwahrlost.

### W.-Liebsdorf

**Steinbrücke.** Zweibogige, 18,9 m lange und 3,6 m breite Straßenüberführung über die Auma, 1754 errichtet (inschriftlich datiert). Die Bogen sind 5 m weit gespannt und vom Kämpfer bis zum Scheitel 2 m hoch; die Gesamthöhe bis zur mit steinernen Brüstungen versehenen Fahrbahn beträgt 2,5 m. – **Eisenhammer.** Lockere Baugruppe um den Müllerhof südlich der Straße (mit der Auma-Brücke von 1754) sowie am gegenüberliegenden Berghang, mit zweigesch. Wohnhaus (Umgebinde mit Blockstube), steinernem Hammergebäude, teils massiv, teils in Fachwerk gefügten Ställen mit Scheune, mit Kohleschuppen und Vorratsgebäude (Ruine) sowie einstigem Meilerplatz. Im Hammergebäude das Hammergerüst mit 9 m langer, einst von oberschlächtigem Wasserrad bewegter Nocken- bzw. Radwelle, zwei Schwanzhämmern mit 4 Zentner schweren Bären, Glühherd, Blasebalg, mannigfache, hier produzierte Erzeugnisse und verwendete Gerätschaften, sowie Steingang zur Getreideverarbeitung; in der Scheune eine ehem. auch mit Wasserkraft betriebene *Dreschmaschine.* – Auf der Basis des aus der Gegend von Saalfeld bezogenen Roheisens (→ Kamsdorf) und der energetischen Voraussetzung des von der Auma abgezweigten Mühlgrabens sowie selbst produzierter Holzkohle ist das Werk 1770 begründet worden; seitdem in Familienbesitz. Bis 1921 in Betrieb (Fertigung von Schmiedewerkzeugen, Wagenreifen und -achsen, Pflugscharen, Steinrammen und Klöppel, letztere als Zulieferung für die Glockengießerei in → Apolda) und bis 1977 noch betriebsfähig, danach Verfall. Seit 1991 schrittweise Restaurierung, u.a. mit neuem Wasserrad. *HW*

Lit.: Erler/Schmiedel, 160, 168, 169, 216; Schäbitz; Wirth, 1990, 366.

## Weimar (Weimar/G 2) TH

● **Hauptbahnhof.** Den ersten Eisenbahnanschluß – an die Strecke Halle–Erfurt–Kassel (Thüringische Eisenbahn) – hatte W. 1846 erhalten. Von hier aus zweigten 1876 die Weimar-Geraer Eisenbahn mit dem Bahnhof Oberweimar, 1887 zwei normalspurige Nebenbahnen von separaten, alsbald an den Hauptbahnhof angeschlossenen Ausgangsstationen nach Rastenberg (bis 1946; Stichbahn zum KZ Buchenwald 1943–45 resp. 1958) und nach Bad Berka ab. Das Empfangsgebäude des Bahnhofs Oberweimar ist ein bescheidenes Ziegelgebäude von 1897). Das Stationsgebäude des Rastenberger Bahnhofs ist schlichtes Holzfachwerk aus der Ursprungszeit der Strecke, am Berkaer Bahnhof zeigt das Empfangsgebäude von 1925 traditionelle Bauformen. Der heutige Hauptbahnhof entstand durch Um- und Neubauten ab 1912 (anfangs Erhöhung des Bahnkörpers um 50 bis 80 cm wegen Unterführung der kreuzenden Chausseen): bis 1916 Bau von Güterbahnhof und *Bahnbetriebswerk,* 1915–1922 des *Empfangsgebäudes.* Bemerkenswert die erhaltenen und funktionsfähigen Anlagen des Bahnbetriebswerkes mit einem *Wasserturm* auf städtebaulich wirkungsvollem Standort (Friedrich-Ebert-Straße) und einem Ringschuppen in Stahlbetonrahmenkonstruktion, Drehscheibe, Kohlenbansen mit 1,5-t-Kran, Hunt, zwei Ausschlackkanäle, Besandungseinrichtung mit Sandtrocknungsanlage und Sandturm. Das Empfangsgebäude von Oberbaurat Steinbrinck zeigt im Rahmen des verbreiteten Typs der Breitenhalle in Seitenlage auffallende Verwandtschaft mit dem Bahnhof Görlitz (1914–17) hinsichtlich funktioneller und baukörperlicher Anordnung sowie gestalterischer Details im Inneren. Die tonnengewölbte Schalterhalle nimmt den zentralen, mit steilem Walmdach bekrönten, nach außen dreiaxialen, mit kräftig rustizierten Lisenen gegliederten Baukörper ein, in der linken Achse liegt der Tunnel zu den Bahnsteigen. In den seitlich symmetrisch angefügten, niedrigeren und mäßig zurückgesetzten, mit Walmdächern und gereihten Gaupen versehenen Seitenflügeln hinter toskanisierend gestalteten Fassaden mit rustizierten Ecken liegen links die (ehem.) Restauration, rechts Gepäckabfertigung sowie Verwaltung und Logis; mittig vorgelagert ist eine Windfangzone. Rechts (östlich) separiert davon der »Fürstenbahnhof«, ein kubischer Baukörper unter steilem Walmdach, mit dorisierendem Portikus.

**Ilmviadukt.** 1873–75 als Teil der am 29. 6. 1876 eröffneten Weimar-Geraer Eisenbahn aus Muschelkalk (Pfeilersockel, Kernmauerwerk), Sandstein und Schaumkalk (Verkleidung und Bauzier) sowie Ziegeln (Gewölbe) über der Ilm, einem Mühlgraben und einem öffentlichen Weg errichtet; 152 m lang, 38 m hoch. Die 6 Rundbogen mit 4 Lisenen sind gestalterisch paarweise zusammengefaßt, über den jeweiligen Mittelpfeilern liegen Konsolen (Austritte für die Streckenwärter); die beiden mittleren Bögen sind je 21 m weit gespannt, die seitlichen je 16 m. 1988/89 restauriert. – **Sternbrücke.** Als »Schloßbrücke« 1651–53 nach Entwurf von Johann Moritz Richter über der Ilm sowie einem Weg zum »Stern«, dem barocken Teil des Ilmparkes, und der Läutra, einem Nebenbach der Ilm, als Verbindungsbauwerk der Straße zur Weimarer Nebenresidenz Jena in Kalkstein errichtet; 57 m lang, 7,6 m hoch, 7 m breit. Unter der mäßig geneigten Fahrbahn (jetzt nur noch für Fußgänger) zwei 19 m weit gespannte Bogen über der Ilm, je ein Rundbogen über dem Parkweg (12 m) und über der Läutra (5 m). Die materialsparenden elliptischen Öffnungen in den 3 Bogenzwickeln dienen auch dem Hochwasserdurchlaß. Im östlichen Pfeiler Reste der Treppe von der Fahrbahn zum Park. Seit 1994 aufwendige Restaurierungen mit großem Anteil von Kopien. – **Steinbrücke.** Zur Verbindung von W. und Oberweimar über die Ilm als Ersatz einer Holzbrücke, die eine 1613 durch die »Thüringische Sintflut« zerstörte erste steinerne Brücke an dieser Stelle ersetzt hatte, nach Entwurf von Christian August Richter in Kalkstein 1722 errichtet; 36,5 m lang, 5,7 m breit, 5 m hoch. Die vertikal bogenförmige Fahrbahn mit seitlichen massiven Brüstungen tragen 4 Gewölbe mit 6,3 m, 9,3 m, 6,9 m und 4,1 m Spannweite über dem Fluß und dem Mühlgraben der einstigen Oberweimarer Klostermühle. Seit 1952 Fußgängersteg aus Betondielen auf auskragenden Stahlträgern an der nördlichen Wange. – **»Schaukelbrücke«.** Hängebrücke über der Ilm, Teil des Zufahrtsweges zur einstigen Spinnmühle und zum Ilmpark, 1833 nach Entwurf von Karl Friedrich Christian Steiner anstelle eines Holzsteges errichtet; 13,4 m weit gespannt, 2,2 m breit, vom mittleren Wasserspiegel bis zu dem beim Betreten schaukelnden Fahrbahnträger 2 m hoch. Dieser, mit Holzbohlen belegt, hängt an senkrechten 20 mm dicken schmiedeeisernen Stäben, die mit Ösen, Laschen und Bolzen an jeweils (rechts und links) 3 Ketten, eine mit hohem, 2 parallel angeordneten, mit niedrigem (negativem) Scheitelpunkt, befestigt sind. Die Kettenglieder sind im Mittel 1,8 m lange, im Querschnitt 32 auf 18 mm messende schmiedeeiserne Stäbe; die Kraftumlenkung erfolgt über halbkreisförmige Köpfe, mit Lünettenzier, von 2,4 m hohen Travertin-Pylonen zu den abgespreizten Zugstäben, die unter der Rasensohle ihre Widerlager haben.

**Brauerei »Felsenkeller«.** Seinen Ursprung hat der stattliche Baukomplex an der Ausfallstraße nach Bad Berka (heute Humboldtstraße) im 1797 angelegten, 1841 zum Brauhaus über- und ausgebauten Felsenkeller. 1875 Verkauf der Liegenschaften der Stadtbraukommune an Johann Ludwig Deinhardt, danach Ausstattung mit modernster Brauereitechnik, am »Felsenkeller« Anbau eines Eiskellers. Gebraut wurde im »Felsenkeller«, Malz kam aus dem einstigen städtischen Brauhaus in Kernstadtnähe (heute Steubenstraße). Das 1888 abgebrannte Malzhaus wurde 1889 neu errichtet; den dreigesch. Klinkerbau mit fünfgesch. Seitentrakt hat man 1994/95 bis auf die Gußeisensäulen und Deckenfragmente »entkernt« und für Bibliothek und Ateliers der Weimarer Universität ausgebaut. Seit 1991 ist der mit der 1959 zwangsenteigneten Brauerei »Felsenkeller« wieder im Deinhardtschen Besitz: völlig neuer Innenausbau mit Brauereitechnik und gastronomischen Einrichtungen. Im OG des Sudhauses zwei kupferne Braukessel auf gemeinsamem Podium, in der Mitte die Schalttafel der elektronischen Überwachung des Brauprozesses (→ Singen), rundherum Tische, Stühle und Bänke für die Gäste.

**Zuchtvieh-Versteigerungshalle.** Am Güterbahnhof 1935/36 errichteter Hallenbau in Holzfachwerk (Ausfachung mit Leichtbetonsteinen im Ziegelformat) und mit hölzernen Bolzenbindern für das monumentale Satteldach mit Gaupen-Lichtbändern; im Inneren stützenfrei, 35,3 m breit, 70,2 m lang, 25,4 m hoch. Nach dem 2. Weltkrieg von sowjetischen Besatzungstruppen bzw. GUS-Streitkräften genutzt, von ihnen baulich unverändert, aber völlig verwahrlost hinterlassen. Die 12 unverkleideten Binder ruhen auf eingesch. Stahlbetonrahmensubstruktionen, die zugleich die umlaufenden sechsreihigen Tribünen stützen. Die Giebel sind durch je 6 lotrechte, ebenfalls auf Betonrahmen stehende parallelgurtige Holzfachwerkbinder ausgesteift; außen angefügt sind je zwei, an der südlichen Traufseite drei Schornsteine für nicht mehr vorhandene Heizungsanlagen. Formale und konstruktive Verwandtschaft besteht mit der Thüringenhalle in → Erfurt. – Nahe der Versteigerungshalle (Rießnerstraße) ein älteres, nach 1913 entstandenes, im Inneren stützenfreies, im Grundriß gestaffeltes Gebäude, das technikgeschichtliches Interesse durch die sogenannten Hetzerbinder verdient: patentierte geleimte, aus gebogenen Ober- und Untergurten bestehende, wie Stahl-Vollwandbinder konstruierte Holztragwerke, hier als 26,5 m weit gespannte Zwei-Gelenkrahmen sowie als Obergurt einer 20,1 m weit gespannten, gebolzten Binderkonstruktion. Der Patent-Inhaber war Otto Hetzer, Chef des Dampfsägerei- und Zimmereigeschäftes in Weimar auf diesem seinem ehem. Grundstück, der seine Binder u. a. bis nach Chile exportierte.

### W.-Taubach

**Wassermühle.** Dreiseitig bebauter Hof an einem von der Ilm abgezweigten Mühlgraben. Kombiniertes Wohn- und Produktionsgebäude, im EG massiv, im OG in Sichtfachwerk, mit komplett erhaltenem technischen Inventar einer handwerklichen Getreidemühle. In Strecklage anschließend das (ältere), jetzt leerstehende steinerne Gebäude einer Ölmühle. Mit der Ersterwähnung 1120 der älteste urkundlich exakt belegte Mühlenstandort Thüringens. Die jetzige Anlage entstand nach 1723, sie wurde mehrfach verändert und mit einem Speichergebäude ergänzt, das man zum Wohle des gesamten Erscheinungsbildes 1994 abgebrochen hat. Bis 1960 vollgewerblich betrieben, danach – mit elektrischem Antrieb – bis 1991 nur noch zum Schroten. Das neue hölzerne (unterschlächtige) Wasserrad, jetzt in seitlich offener Radstube, wurde für Anschauungszwecke und zur Umwandlung von Wasserkraft in Elektroenergie 1991 eingebaut. *HW*

Lit.: Mühlen, 54, 249; Wirth, 1990, 367 f.

## Weira (Saale-Orla-Kreis/G 3) TH

**Turmholländermühle.** Das im Müllerhof eingebundene Bauwerk wurde 1816 als Getreidemühle errichtet, wohl 1841 mit Lohestampfe im Sockelgeschoß ausgestattet (Jahreszahl am Stampfgerüst), bis 1938 mit Windkraft, bis 1964 mit Dieselmotor bzw. Elektromotor betrieben. Danach Verfall (vorher schon Demontage der Galerie und des Flügelkreuzes). Verblieben ist ein Fragment mit nahezu vollständiger Baukörperlichkeit und technischer Innenausstattung, besonders bemerkenswert durch die Kombination von Mahl- und Stampfwerk in einer Windkraftanlage. Ein im Grundriß zwölfeckiger steinerner Unterbau trägt den nach oben mäßig angezogenen hölzernen, jetzt mit Schalbrettern verkleideten Mühlenkörper; darüber die pyramidale, mit Innenkrühwerk einst drehbare Haube, aus der der Wellkopf herausragt. Im Inneren die Lohestampfe mit 12 Stempeln, die Königswelle (ehemalige Nockenwelle, Spolie) mit Kammrad, Sechskantsichter, Elevator, 2 Steingänge, die Flügelwelle mit Kammrad sowie – bei Holländermühlen unüblich – eine Feise und der Elektromotor. Die Restaurierung für Schauzwecke ist vorgesehen. *HW*

Lit.: Schäbitz.

## Weißenberg (Bautzen/F 6) FS

**Lederfabrik und Lohgerberei Nitschke** (Wasserstraße 1). Am rechten Ufer der Löbau um 1800 als Lohgerberei gegründet, verarbeitete das Familienunternehmen bis zum Ende des 2. Weltkrieges Rindshäute zu Sohl- und Fahlleder, danach bis zur Schließung des Betriebes 1984 Schweinshäute zu Chromleder. In dem um 1830 erbauten Komplex aus Wohnhaus und Gerbereigebäude haben sich im EG die urspr. Bottiche der Schererei und Färberei, in der Kraftzentrale eine Einzylinder-Dampfmaschine mit Ventilsteuerung von C.A. Gruschwitz, Olbersdorf, aus dem Jahr 1915 und Generator mit Schalttafel sowie im ehem. Fabrikationsbereich etliche Lederbearbeitungsmaschinen (Lederspalt-, Entfleisch-, Trommelstoß- und Falzmaschine, Sohllederwalze und Narbenpresse) erhalten. *VR*

Lit.: Bauten der Technik und Industrie, 422.

## Weißenfels (Weißenfels/G 3) SA

Das Gleisfeld des **Bahnhofs** (Halle/Saale–W., 20. 6. 1846; W.–Weimar, 19. 12. 1846; W.–Zeitz, 9. 2. 1859; Thüringische Eisenbahn) wird geprägt von dem um 1910 errichteten *Wasserturm*, dessen fast zylindrischer Backsteinschaft einen Kugelbehälter mit Stützboden (Bauart Klönne) der 500-$m^3$-Typenklasse trägt (vgl. *Reclams Führer zu den Denkmalen der Industrie und Technik*, Bd. 1: Bebra). Vom *Bahnbetriebswerk* erhalten ein dreiständiger Lokschuppen. – Der Komplex des um 1910 erbauten städt. **Gaswerkes** (zwischen Röntgen- und Schlachthofstraße), bestehend aus Retortenhaus, Reinigergebäude, Uhren- und Reglerhaus sowie Gasbehälterführungsgerüst, befindet sich seit der Stillegung im Zustand des Verfalls. – Die Backsteinbauten der **Brauerei »Felsenbräu«** (Zeitzer Straße) stammen zumeist aus dem letzten Jahrzehnt des 19. Jh.s.

LANDKREIS: In Dehlitz 2 **Wassermühlen** an der Rippach: In der verm. im 17. Jh. erbauten »Obermühle« treibt seit 1947 eine 24-PS-Turbine über Generator den Mahl- und Schrotgang sowie die Walzenstühle an. Die »Untermühle« besitzt ein Horizontalsägegatter. – Die **Turmholländer-Windmühle** mit konischem, 12 m hohen Backsteinschaft und einer auf Kugeln drehbaren Haube in Tagewerben (Mühlweg 2) wurde 1907–08 als Ersatz für eine Bockwindmühle errichtet und von 1942 bis zur Stillegung 1968 mit Elektromotor betrieben. Die techn. Ausstattung ist z. T. erhalten. *VR*

Lit.: Mühlen, 227, 235.

## Weißensee (Sömmerda/G 2) TH

**Sächsische Helbe.** In der Stadt verdeckt, führt ein kanalisierter, über einen 16 m hohen und 280 m langen Erddamm von der Helbe bei Clingen abgezweigter, etwa 16 km langer *Kunstgraben* Wasser für die Ver- und Entsorgung der erstmals als solche 1184 genannten urbanen Siedlung sowie für den Antrieb zweier Mühlen, von denen die Obermühle in Nachfolgebauten (Brauerei und Wohnhaus, seit 1983 Milch-Museum) noch erkennbar, die Unter- oder Seemühle aber bis auf einen Mühlstein aus dem Stadtbild verschwunden ist. Über seine Entstehungszeit geben die älteste bekannte urkundliche Erwähnung der Untermühle 1350 und die Nennung eines für den Kanal verantwortlichen Werkmeisters, Conradus von Gotha, um 1380 Aufschluß. – Am Anschnitt der Helbe, der seit 1282 bekannten *Schwarzburger Helbe*, befindet sich die bedeutend ältere Abzweigstelle (nach Norden) eines 17 km langen Kunstgrabens für zahlreiche Wassertriebwerke. Das jetzige Wehr- und Verzweigungsbauwerk besteht aus Werkstein, mit 9 Schützentafeln zwischen den beiden Flankenmauern und 2 Pfeilern von 1868 (inschriftlich datiert) sowie aus Beton für den nördlichen und südlichen Kanalanfang mit je einem Schützenwehr. Alle Gewässer werden nach wie vor wasserwirtschaftlich genutzt (→ Bad Frankenhausen, Gotha, Mühlhausen).

**Turmholländerwindmühle.** Nördlich der Stadt, jenseits des Jonastales (das von der Sächsischen Helbe überquert wird) anstelle einer abgebrannten Windmühle laut Inschrift 1862 am Rande des Müllerhofes errichtetes, im Grundriß 16eckiges, nach oben sich mäßig verjüngendes Steinbauwerk mit flacher Zeltdachbekrönung, aus der vorn die Flügelwelle des Rutenkreuzes und hinten das Gestell der Windrose herausragen. Die technische Ausstattung der bis 1949 betriebenen Mühle ist weitgehend komplett erhalten: aus der Zeit der Windmüllerei stammen das Inventar und in Resten das mit Jalousien doppelt bestückte Flügelkreuz; aus der Zeit rationelleren Energiegewinns die Unterflur-Transmission zu dem abseits in einem separaten Maschinenhaus installierten Dieselmotor von 1926 sowie der im später geschaffenen Kellergeschoß aufgestellte Elektromotor.

**Postsäule.** Eine mit zunächst kaum deutbarem »A«, mit der Nummer 49 und einem Posthorn gezierte Kalkstein-Stele (keine Säule) am Rand der Innenstadt. Im Zusammenhang mit dem vom Kurfürsten August von Sachsen, dem Starken (und König von Polen), angeordneten Orientierungssystems entstanden, erinnert sie jetzt daran, daß W. bis 1815 zum kur- bzw. königlich sächsischen Territorium gehört hatte. *HW*

Lit.: Mühlen, 249, 375; Wirth, 1990, 368–370, 374.

## Wellaune (Delitzsch/F 4) FS

**Bockwindmühle**. 1749 nach einem Streit zwischen dem Windmüller und den auf der benachbarten Mulde tätigen Schiffmüllern erbaut. Die zum Teil aus der Erbauungszeit stammende technische Einrichtung besteht u.a. aus Mahlgängen und einem Walzenstuhl. Die seit 6 Generationen in Familienbesitz befindliche Mühle wurde um 1980 vom Besitzer Müllermeister A. Wolkwitz restauriert und ist zur Zeit die einzige mit Windkraft Getreide mahlende Mühle in Sachsen. *OW*

Lit.: Mühlen, 284, 388.

## Wenigenlupnitz (Wartburgkreis/G 1) TH

**Wassermühle.** An dem von der Nesse abgezweigten Mühlgraben steht das stattliche Produktionsgebäude von 1913, ein im Kern viergesch., später um ein Geschoß erhöhter Ziegelbau mit unterschlächtigem, 5,5 m hohen und 2,4 m breiten Wasserrad. Das technische Inventar ist komplett erhalten, u.a. mit 2 Walzenstühlen. *HW*

Lit.: Mühlen, 249.

## Werdau (Zwickauer Land/G 3) FS

*Die Stadt im Tal der Pleiße, 1304 erstmals urkundlich erwähnt, seit dem 15. Jh. durch die handwerkliche Tuchmacherei geprägt, entwikkelte sich in der 2. Hälfte des 19. Jh.s mit Konzentration auf die Produktion von Streichgarnwolle zu einem Zentrum der sächs. Textilindustrie.*

Für den Betrieb der von der Sächsisch-Bayerischen Eisenbahn gebauten Strecken W.–Zwickau (18.9.1845) und W.–Reichenbach (31.5.1846) entstanden südlich der Stadt mit der **Leubnitzer Brücke** (10 Bogen, H 22 m), der **Steinpleiser Brücke** (6 Bogen, H 16 m) und der **Römertalbrücke** (12 Bogen, H 23 m) 3 für die Zeit typische Backsteinkonstruktionen. – Über die Geschichte der Werdauer Textilindustrie informiert das direkt an die ehem. Streichgarnspinnerei C.F. Schmelzer angrenzende **Kreis- und Stadtmuseum** (Uferstraße), von dem aus auch die 1899 in Betrieb genommene, 1941 stillgelegte, 1974 restaurierte und seitdem elektrisch bewegliche *Dreifach-Expansions-Tandemdampfmaschine* (400–450 PS, theoretische Höchstleistung 600 PS, Zylinder-Dm.: Hochdruck 440 mm, Mitteldruck 660 mm, Niederdruck 975 mm; Ventilsteuerung nach dem System Proell; Energieübertragung auf die Transmissionen mittels Schwungrad – Dm. 4 m –, Hanfseile und Seilscheibe – Dm. 3,1 m) der Zwickauer Maschinenfabrik AG zu besichtigen ist. *VR*

### W.-Steinpleis

**Eisenbahnbrücke** der Strecke Leipzig–Hof (Sächsisch-Bayerische Eisenbahn), 1843–45 erbaut. Die 126 m lange, 16 m hohe Brücke besteht aus sechs je 11 m weit gespannten Rundbogen in Naturstein- und Ziegelmauerwerk. – **Eisenbahnbrücke »Römertalbrücke«** der an die Sächsisch-Bayerische Eisenbahn anschließenden, für das Zwickauer Steinkohlenrevier bestimmten Stichbahn Werdau–Zwickau. Die 1846 aus Naturwerkstein und Ziegeln erbaute, 23 m hohe Brükke besteht aus 6 Rundbogen. *OW*

Lit.: Schmidt/Theile I, 127; Wagenbreth/Wächtler, 1989, 135f.; Wirth, 1990, 241f., 344, 370.

## Werder an der Havel BG (Potsdam-Mittelmark/D 4)

**Vulkanfiber-Fabrik Werder** (Adolf-Damaschke-Straße 56–58). Der 1916–38 angelegte Fabrikkomplex zwischen der Industriestraße, der Eisenbahnstrecke Potsdam–Brandenburg und der Havel, ein wichtiges Zeugnis für die Industriearchitektur des 20. Jh.s, setzte mit seinen gut gegliederten Klinkerbauten nach Plänen von Richard Schubert und Paul Tropp Maßstäbe für spätere Industrieanlagen. Vulkanfiber ist der älteste natürliche Kunststoff, die Fabrik in W. die älteste Vulkanfiberfabrik in Deutschland. Das Produktionssortiment umfaßte etwa 4000 verschiedene Erzeugnisse. Die produktionsgeschichtliche Bedeutung der Vulkanfiberherstellung ist in der unikaten Technologie begründet. Es ist bisher kein vergleichbarer Werkstoff bekannt, der unter ähnlichen technologischen Bedingungen und technischen Voraussetzungen hergestellt wird oder wurde. Die technikgeschichtliche Bedeutung der Fabrik bestimmen 2 Faktoren: Der Erwerb einer 1896 in Wilmington, Delaware, hergestellten

*Wickelmaschine,* die seit der Gründung der Fabrik als Kernstück der Produktionsanlagen bis zur Stillegung des Betriebs 1992 ununterbrochen im Einsatz war, und die Innovationsbereitschaft bei der Entwicklung und dem Bau neuer Produktionsmittel. Das gilt besonders für die in den 1930er Jahren entwickelten Rohrwickelmaschinen und Ziehbänke, deren Anwendung zur sprunghaften Sortimentserweiterung beitrugen. *WT*

## Wernigerode (Wernigerode/E 2) SA

**Bahnhof.** Die Stadt am Nordrand des Harzes entwickelte sich seit der Anbindung an das deutsche Eisenbahnnetz durch die Eröffnung der Zweigbahn von Heudeber (Halberstadt–Heudeber–Vienenburg, 1. 3. 1869; Heudeber–Wernigerode, 11. 5. 1872) zu einem Zentrum für Freizeitreisende, denen über die → Harzquerbahn (1897–99) ein großes Erholungsgebiet erschlossen wurde. Ein erstes *Empfangsgebäude* des Bahnhofes entspricht der Fertigstellung der Anbindung nach Heudeber: fünfachsiger, zweigesch., durch Lisenen gegliederter Backsteinrohbau im architektonischen Aufwand eines Nebenbahnhofes. Nach zehnjähriger Erfahrung mit den Touristenströmen nach Eröffnung der Harzquerbahn erhielt die Stadt ein Empfangsgebäude, das ihrer Rolle als Zugang zum Harz gerecht wurde: Der zweigesch., durch stadtseitig übergiebelte Eckrisalite betonte Bau – im linken Giebel datiert »AD 1910«, im rechten Giebel geschmückt mit Flügelrad – paßte sich dem Qualitätsstandard der Preußisch-Hessischen Staatsbahn an. Die gebäudeseitige Perronhalle ist eine originale Stahlkonstruktion aus genieteten Blechen; auf der entgegengesetzten Gleisseite steht ein zweihübiger Gasbehälter. – Bf. Westerntor → Harzquerbahn.

### W.-Hasserode

**Wasserkraftwerk Steinerne Renne** (über Bielsteinchaussee). Mitte der 1890er Jahre als Energielieferant für ein Natursteinwerk in Anlehnung an den zur Jahrhundertmitte von Heinrich Hübsch propagierten Rundbogenstil erbaut, heute Stromlieferant in das öffentliche Netz mit 2 Peltonrädern von 1899 und 1954. *VR*

## Wernsdorf (Mittlerer Erzgebirgskreis/H 4) FS

Nach der Übernahme 1906 der **von Herderschen Holzschleiferei und Papierfabrik** an der Flöha (Papierfabrik) durch das 1881 in Bockau gegr. Unternehmen »Günther & Richter« begann eine intensive Modernisierung des Betriebes. In den einfachen Fabrikgebäuden wurden 1996 noch Papiere für Schulhefte auf Maschinen der 1950er Jahre hergestellt. *VR*

Lit.: Bauten der Technik und Industrie, 289.

## Wesenberg-Ahrensberg MV (Mecklenburg-Strelitz/C 4)

Auf massiven Betonpfeilern gelagert, quert eine überdachte, senkrecht verbretterte **»Hausbrükke«** den 1840 nach Entwurf des Landbaumeisters Friedrich Wilhelm Buttel ausgehobenen, Woblitz- und Drewensee verbindenden Kammerkanal. Sie wurde 1928 nach Planung des Architekten Stolzenburg mit 17 m langen hölzernen Rautenfachwerkträgern (im Unterschied zu den traditionellen Hängesprengwerken) errichtet. *VR*

Lit.: Bez. Neubrandenburg, 215; Schmidt/Theile II, 52; Wirth, 1990, 374.

## Wettelrode (Sangerhausen/F 2) SA

**Röhrig-Schacht** (nordwestl. Ortsrand). Bergbau auf Kupferschiefer in der Sangerhäuser Mulde läßt sich bereits für die Bronzezeit (in Mitteleuropa um 1600–800 v. Chr.) nachweisen und wurde mit kurzen Unterbrechungen bis zum letzten Jahrzehnt des 20. Jh.s durchgängig betrieben. Mit dem 1832 unterhalb → Sangerhausen an der Gonna angesetzten Segen-Gottes-Stollen, der 1854 bei einer Länge von 4934,5 m das Flöz erreichte und zugleich über Jahre ausreichende Wasserlösung garantierte, erhielt der Bergbau um Morungen und W. (sichtbar an der Haldenlandschaft) Auftrieb. Zum Abbau der Lagerstätten in größeren Teufen wurde 1871 mit den Teufarbeiten am Röhrig-Schacht – benannt nach dem Berggeschworenen Gottlieb Röhrig (1808–75) – begonnen, der 1873 bei 168 m den Stollen und 1875 bei 288 m die Endteufe im Liegenden erreichte. Fallende Weltmarktpreise für Kupfer führten 1885 zur völligen Einstellung des Bergbaus um Sangerhausen zugunsten des Mansfel-

*Wettelrode. Röhrigschacht, Fördergerüst*

der Reviers. Bei der Wiederaufnahme des Bergbaus 1922 mußte der Röhrig-Schacht gesümpft werden und erhielt, transloziert vom Freiesleben-Schacht zwischen Klostermansfeld und Mansfeld, ein deutsches Strebengerüst (Baujahr 1871, H etwa 30 m, restauriert 1950er Jahre) sowie eine Trommel-Fördermaschine (1922, Fa. Eickhoff in Bochum; Seiltrommel-Dm. 2 m, Antrieb 75 kW Drehstrommotor, Fördergeschwindigkeit 3,25 m/s, Nutzlast rund 750 kg). Ab 1929 ruhte der Bergbau erneut bis zur Wiederaufnahme 1941/42 im Zusammenhang mit den Autarkiebestrebungen des Deutschen Reiches. Seit 1951 verbunden mit dem ab 1947 abgeteuften Thomas-Müntzer-Schacht in Sangerhausen (→ Sangerhausen), diente der Röhrig-Schacht bis zur endgültigen Stillegung des Sangerhäuser Kupferschieferbergbaus 1990 als Erzförder- und Wetterschacht, gleichzeitig als zweiter Fluchtweg für den Thomas-Müntzer-Schacht (bis zum Abschluß der Verwahrungsarbeiten noch als Wetterschacht genutzt). Die Schachtanlage mit Fördergerüst, den in Fachwerk errichteten Tagesanlagen der 1920er Jahre, der Fördermaschine, dem Freigelände mit zahlreichen Exponaten der im Bergbau eingesetzten Maschinen und einem Anschauungsstollen wurde 1991 als Museum und Besucherbergwerk eröffnet, mit der Möglichkeit der Seilfahrt auf die Teufe der 1. Sohle (283 m). – Am Museum beginnt und endet ein rund 4 km langer Bergbaulehrpfad mit Relikten bergmännischer Tätigkeit am Ausgehenden des Flözes (mittelalt. sog. Altbergbau: Schürfgraben, Pingen, Schacht I und II) und des 14.–19. Jh.s. Wetterzugofenreste, Schacht »Caroline«, Kunstgraben, Kunstteich, »Alexander-Schacht«, Halde des »Johann-Schachtes« mit Blick auf die Spitzkegelhalden der Schachtanlagen Sangerhausen und Niederröblingen. *VR*

Lit.: Kästner/Slotta, 109.

## Wiesenbad, Thermalbad FS (Annaberg/H 4)

**Oelheysche Spinnmühle** (Himmelmühle). Gottlieb Friedrich Oelhey, 1812 Gründer einer Spinnmanufaktur am Chemnitzer Töpfermarkt und seit 1823 Teilhaber einer Spinnerei in Altendorf, finanzierte 1834 im Tal der Zschopau in der Nähe der Brett- und Schneidemühle »Himmelmühle« ein mächtiges fünfgesch. Spinnereigebäude (datiert im zentr. Treppenhaus: »G. F. Oe. 1834«) nebst repräsentativem spätklassizistischen Herrenhaus, beide massiv aus erzgeb. Gneis errichtet, dazu 2 Arbeiterwohnhäuser in Fachwerk über massivem EG und, nach englischem Vorbild, eine Fabrikschule. Nach Konkurs 1913 übernahm der Dresdener Schokoladenhersteller Martin Schmidt das von seinem Architekten Oskar Röhle instand gesetzte Anwesen. Nach dem 2. Weltkrieg wurde das Spinnereigebäude Wohnheim für die Wismut AG, 1953–56 Frauengefängnis. Das ehem. Mansarddach wurde in den 1970er Jahren durch ein flaches Satteldach ersetzt. *ST/VR*

Lit.: Bauten der Technik und Industrie, 94.

## Wildau (Dahme-Spreewald/E 5) BG

Werkanlage der ehem. **Lokomotivfabrik Schwartzkopff** (Eichstraße/Freiheitsstraße). Die in gotisierenden Formen errichtete ausgedehnte Fabrikanlage, deren Bau 1898 begann und erst Mitte der 1920er Jahre abgeschlossen wurde, war für eine Produktionskapazität von etwa 700 Lokomotiven jährlich angelegt. Ihre wichtigsten Gebäude sind nahezu unverändert überkommen. Die Produktions- und Verwaltungsbauten weisen typisches rotes Klinkerverblendmauerwerk auf mit an märkischer Backsteingotik orientierten Gliederungen und Verzierungen. Die Dachtragwerke sind als filigrane Eisenkonstruktionen ausgeführt. Breite Werkstraßen mit umfangreichen Gleisanlagen und zwischen den Fabrikgebäuden fahrende Laufkrane mit hoher Tragkraft bestimmten das Bild der Fabrik. Die industriegeschichtliche Bedeutung der Lokomotivfabrik – sie war hinter Krupp und Henschel, später gemeinsam mit Orenstein & Koppel Babelsberg (→ Potsdam) die drittgrößte Deutschlands – liegt in der frühen und für ihre Zeit modernsten Produktionstechnik. Die Anordnung der Produktionshallen von Nord nach Süd entsprach exakt dem vorgesehenen technologischen Durchlauf vom Rohstoff bzw. Halbfabrikat bis zum Fertigprodukt. Von der technischen Ausstattung ist nur noch die Drehscheibe für Lokomotiven mit ihrem Steuerhaus und sternförmigen Gleisanschlußstümpfen erhalten. Diese Scheibe mit 22 m Durchmesser diente der Umsetzung der Lokomotiven von der Montagehalle zum Erprobungsgleis. *WT*

## ● Wilsdruff (Meißen-Radebeul/G 5) FS

*Dampfmaschine* der ehem. **Möbelfabrik Weinhold** (Fabrikstraße 1). Die im Jahre 1907 gegründete Firma stellte eine 1901 im Jacobiwerk Meißen gebaute, zuerst in einer Ziegelei benutzte liegende 75-PS-Einzylinder-Gegendruckdampfmaschine mit Ventilsteuerung und Achsregler auf, die bis etwa 1980 in Betrieb war und Dampf aus einem 1916 gebauten Einflammrohrkessel von C. Sulzberger, Flöha, erhielt. Kolbendurchmesser 320 mm, Hub 500 mm, Schwungraddurchmesser 2,7 m. – *Dampfmaschine* in der ehem. **Möbelfabrik Gebr. Müller** (Fabrikstraße 2). Die 1904 gegründete Firma stellte eine aus jener Zeit stammende liegende 120-PS-Einzylinder-Gegendruckdampfmaschine mit Ventilsteuerung und Proell-Achsregler auf. Die von der Maschinenfabrik Vogel und Schlegel, Dresden-Plauen, gebaute Maschine ist die einzige, die aus dieser zur Dresdener Tradition gehörenden Fabrik erhalten ist. Kolbendurchmesser 335 mm, Hub 600 mm, Schwungraddurchmesser 2,95 m. – *Dampflokomobile* der ehem. **Möbelfabrik G. Schlesinger** (Gezinge 8). Die 1910 gegründete Firma stellte eine 1935/36 von der Maschinenfabrik Buckau-R. Wolf, Magdeburg, gebaute 70-PS-Dampflokomobile auf. Der 7 m lange Kessel mit Vorfeuerung (ohne Fahrwerk) trägt die Einzylinder-Heißdampfmaschine mit Kolbenschiebersteuerung und Achsregler (dieser auf der Kurbelwelle). Kolbendurchmesser 240 mm, Hub 350 mm, 2 Schwungräder mit 1,75 bzw. 1,9 m Durchmesser. *OW*

Lit.: Wagenbreth/Wächtler, 1986, 229, 245, 314 f., 335.

## Wilthen (Bautzen/G 6) FS

In dem für seine Papierherstellung bekannten Oberlausitzer Ort produzierte die unter anderem Namen seit 1675 bekannte **Papier- und Pappenfabrik Karl Tschötsch** (Talstraße 22) bis um 1990 hochwertige elastische Pappen für die Verstärkung von Koffern, Taschen und Aktendeckeln sowie Spezialpapiere für die Kunstblumenindustrie mit Maschinen, die seit dem Wiederaufbau der Papiermühle nach einer Brandkatastrophe ab 1899 angeschafft worden waren. Die gesamte Produktionsanlage – u. a. Kollergang, Holländer mit rotierender Messerwalze, Siebstoffentwässerungsmaschine – ist funktionsfähig erhalten. *VR*

Lit.: Bauten der Technik und Industrie, 282.

## Wimmelburg (Mansfelder Land/F 2) SA

● **W-Schacht** (Maschinenstraße). Als eines der größten Probleme des Kupferschieferbergbaus im Mansfelder Land kann das zusitzende Wasser gelten, für dessen Lösung bzw. Hebung zahlreiche Schächte, so auch der W-Schacht für das Schafbreiter Revier niedergebracht wurden. Zwischen 1811 und 1815 mit einem Querschnitt von 1,6 x 5,5 m bis zum Kupferschiefer abgeteuft und mit einer *Dampfmaschine* (der zweiten im Mansfelder Bergbau) zum Antrieb der Pumpen ausgerüstet, ermöglichte die Wasserhebungskapazität des W-Schachtes in Verbindung mit der Wasserkunst des T-Schachtes das Auffahren immer tieferer Strecken bei gleichzeitiger Absenkung des W-Schachtes bis zu einer Endteufe von 130 m. Noch tätig (für die Trinkwasserversorgung) ist die Ende der 1850er Jahre installierte, um 1900 auf Elektroantrieb umgerüstete *Dampffördermaschine* mit Bobine. *VR*

Lit.: Jankowski, 1987.

## Wippra, Kurort (Mansfelder Land/F 2) SA

**Wippertalbahn.** Mit der Anerkennung als Luftkurort zu Beginn des 20. Jh.s erhielt W. am 1. 11. 1920 – im Jahr der Konstituierung der Deutschen Reichseisenbahn (Zusammenschluß aller Staatsbahnen, ab 12. 2. 1924 Deutsche Reichsbahn) – Schienenanschluß an die Hauptbahn Hettstedt–Sangerhausen in Mansfeld. Die Architektur der heute privatisierten *Empfangsgebäude* in W., Friesdorf und Biesenrode orientiert sich an Neoklassizismus und Neobarock in Kombination mit zeitgemäßem Holzständerbau. Das auf einem Bergsporn gelegene Rammelburg unterfährt die Bahn mittels Tunnel auf dem Niveau des Wippertales. Größter Kunstbau in der Strecke ist der **Viadukt** über die B 86 (Friedensallee, südl. Ortsrand Richtung Sangerhausen) mit drei gewaltigen, von unterspannten Eisen-Fachwerkträgern in Fischbauchform überbrückten Öffnungen, unterstützt von 2 massigen Pylonen zwischen ein- bzw. zweibogigen Widerlagern beiderseits des Tales. *VR*

## Wismar (Wismar/B 2) MV

*Vermutlich im 12. Jh. gegründet, da eine Urkunde Ottos IV. bereits 1211 einen Hafen erwähnt, und 1229 (?) als Stadt an der nach ihr später benannten Bucht erstmals erwähnt, entwickelte sich das mit einem der sichersten natürlichen Häfen der Ostseeküste gesegnete Wismar in den folgenden Jahrhunderten zu einem spätestens seit 1252 belegten wichtigen Stützpunkt der Hanse. Permanente Konflikte der Bürgerschaft mit den Herzögen von Mecklenburg, zeitweise auch mit der Hanse durch Öffnung des Hafens 1389 für die »Vitalienbrüder« (K. Störtebeker und G. Michel) sowie die mit dem Dreißigjährigen Krieg beginnenden Auseinandersetzungen zwischen Schweden, Dänemark und dem Reich bzw. Preußen um Mecklenburg unterbrachen immer wieder eine kontinuierliche Entwicklung der Stadt. Seit dem Malmöer Vertrag vom 26. Juni 1803, mit dem Schweden die Stadt für 1,25 Mio. Mark auf 100 Jahre verpfändete (1903 verzichtete Schweden auf die Wiedereinlösung), gehörte Wismar wieder zu Mecklenburg. Mit Beginn des 2. Drittels des 19. Jh.s entwickelte sich W. bis zur Jahrhundertmitte nach Rostock und Schwerin zur drittgrößten Stadt Mecklenburgs, gefördert durch die Einführung der Gewerbefreiheit und durch die Anbindung an ein überregionales Wirtschaftsnetz mittels Hafen, Straße und Schiene. Der Wohlstand der Stadt resultierte um die Jahrhundertwende weitgehend aus dem Gewerbesteueraufkommen der Industriebetriebe: Eisengießerei und Maschinenfabrik (seit 1850), Säge- und Hobelwerk (1884), Zuckerfabrik (1890, bald die größte in Mecklenburg) und Waggonfabrik (1893).*

**Hafen.** Neue wirtschaftliche Impulse brachte der über zwei Jahrzehnte dauernde, 1894 beginnende Ausbau des 1848 angelegten Handelshafens, an den noch das ehem. *Seefahrtsamt* (»Baumhaus« genannt, weil bei ihm die Hafeneinfahrt durch ein Langholz gesperrt werden konnte) erinnert. Den Alten Hafen von 1848 ergänzte 1894–95 ein neues Becken (Neuer Hafen, ab 1911 Kohlehafen), danach 1908–13 der Holz und 1912 der Industriehafen. Am Zugang zum Alten Hafen steht das norddeutsche Backsteingotik tradierende, für die Hafenerweiterung von 1895 erbaute ehem. *Zollhaus*. Die Backsteinbauten der Hafenspeicher vertreten den Industriebau zwischen 1862 und den 1920er Jahren. – **Speicher.** Im Stadtgebiet finden sich zahlreiche private, klassizistisch geprägte Speicherbauten hauptsächlich des späten 18. und frühen 19. Jh.s: Bohrstraße 12a; Scheuerstraße 11a, 15a; Am Lohberg 10 (verm. 1792), 11, 12; Kleine Hohe Straße 15; Frische Grube 31; Spiegelberg 48a (dat. 1664); Kurze Baustraße 9 (1844). – **Bahnhof.** Im 1. Jahrzehnt seiner Eisenbahnanbindung an Schwerin über Kleinen (12. 7. 1848, Mecklenburgische Friedrich-Franz-Eisenbahn) mußte sich W. für die Personenabfertigung mit einem Provisorium im Wagenschuppen begnügen, das erst 1857 mit der Eröffnung eines zweigesch. *Empfangsgebäudes* in noblen Formen des romantischen Klassizismus ein Ende fand. Die Fertigstellung der Wismar-Rostocker Eisenbahn (22. 12. 1883) und der Hafenausbau bedingten Um- und Anbauten, die sich u.a. mit der Übernahme des Fugenschnittes der Putzfassaden formal anpaßten. Nach der Jahrhundertwende ersetzt durch einen unmittelbar im SO benachbarten Neubau.

**Wasserversorgung.** Eine 1570–71 von den etwa 6 km südlich der Altstadt entspringenden Metelsdorfer Quellen unter Anleitung des aus Sachsen geholten Johann Fritzsche verlegte hölzerne Rohrleitung endete in einem ebenfalls hölzernen Wasserkasten an der SO-Ecke des Marktes, der das gleichzeitig fertiggestellte innerstädtische Rohrleitungssystem speiste. Nach Entwurf von Philipp Brandin aus Utrecht sollte bereits um 1580 ein steinerner den hölzernen Behälter ersetzen und ein Pavillon das offene Reservoir schützen, doch verzögerte sich der Beginn der Arbeiten bis zum Ende des Jahrhunderts; die neue *Wasserkunst* wurde erst 1602 unter Leitung von Heinrich Dammert fertiggestellt. 12 steinerne Hermenpilaster tragen ein kupfergedecktes Glockendach, bekrönt von offener sechsseitiger Laterne mit geschnitzten Hermenpilastern. Inschriften in Sockel (1861) und Sturz erzählen die Geschichte der städt. Wasserversorgung. Die schmiedeeisernen Gitter zwischen den Pilastern sind eine Zutat der Restaurierung und Modernisierung von 1861, bei der unter Leitung von Heinrich Thormann ein neuer Tief- sowie 2 Hochbehälter (bei gleichzeitiger Anhebung des Pavillons) installiert und ein gußeisernes Rohrnetz verlegt wurden. 1897 mit der Inbetriebnahme des neuen Wasserwerkes stillgelegt, bei der Restaurierung 1973–75 Austausch aller Holz- und Sandsteinbauteile. – Im Stadium des Verfalls befinden sich Turm und ehem. Pumpenhaus des 1896–97 nach Planung des Ingenieurs Emil Prinz aus Berlin in neugotischen Formen erbauten *Wasserwerks* auf dem Dahlberg (Werkstraße). Im Gegensatz zu den relativ schlichten Backsteinfassaden des Betriebsgebäudes zeigt der konische, teilweise mit Zierverbänden verblendete Turmschaft (Dm. unten 12,75 m bzw. oben 10,55 m; Gesamthöhe 33,78 m) eine aufwendigere Gestaltung. Den mäßig über Bogenfries und flachen Konsolen auskragenden Kopf betonen vierseitig von in Fialen endenden Dreikantprismen gerahmte paarige Spitzbogenfenster mit Maßwerk, verbunden durch abschließenden Zinnenkranz. Im Inneren ein genieteter Hängebodenbehälter (300 m$^3$, Dm. 9 m). Seit 1951 für die städt. Wasserversorgung entbehrlich, danach bis 1967 als Reservoir für das städt. Krankenhaus genutzt. – **Alte Stadtmühle** (Mühlenstraße 27). Industriemühle von 1855–56 (Dampfmühle, ab 1862 mit zusätzlicher Turbine) in Backsteinrohbau mit Erweiterungen von 1886 und 1923 an der seit dem 13. Jh. für Schiffsverkehr und Mühlenantrieb regulierten Grube. *VR*

Lit.: Schmidt/Theile I, 150 ff.; Wirth, 1990, 375 ff.; Die Bau- und Kunstdenkmale der mecklenburgischen Küstenregion, 125 ff.; Berger, 212; Schubert, 17 ff.

## Wittenberg, Lutherstadt SA

(Wittenberg/E 4)

*Stützpunkt der deutschen Ostkolonisation unter Albrecht dem Bären im letzten Drittel des 12. Jh.s, Regierungssitz der sächsischen Kurfürsten von 1490–1525, Universitätsstadt von europäischer Bedeutung zwischen 1502 und 1816, berühmt durch die provokative und professorale Tätigkeit Martin Luthers und Philipp Melanchthons, verlor die Stadt an der Elbe mit der Übernahme durch Preußen 1815 für fast ein halbes Jahrhundert jegliche Bedeutung. Die Bahn hatte von Coswig aus W. zwar bereits am 28. 8. 1841 (Berlin-Anhaltische Bahn) erreicht, Anschlüsse folgten nach Bitterfeld (3. 8. 1859) und Falkenberg (15. 10. 1875), aber erst die Entfestigung der Stadt 1874 machte den Weg frei für den Eintritt in das industrielle Zeitalter, den die Fertigstellung des Elbhafens 1879 unterstützte. Zwischen 1878 und 1913 entstanden außerhalb des mittelalterlichen Stadtkerns mindestens 10 bedeutende Unternehmen mit Schwergewicht Eisenguß, Maschinenbau, Tonwaren-, Steingut- und Schamotteprodukte, Seifenpulver, Gummiwaren, Sprengstoff und Haushaltschemie.*

Das mit der Eröffnung der Bahn 1841 in konstruktivem Fachwerk – eine Vorbedingung für freies Schußfeld im Festungsvorfeld – fertiggestellte erste *Empfangsgebäude* (Dr.-Kurt-Fischer-Straße) der Stadt (1859 außer Betrieb genommen) gehört zu den ältesten **Bahnhofsbauten** Deutschlands (s. *Reclams Führer zu den Denkmalen der Industrie und Technik*, Bd. 1: Vienenburg, Augsburg, 1840). Östlich des neuen Bahnhofsgeländes (B 187, Richtung Jessen) ein *Bahnwasserturm* (um 1880) auf oktogonalem Grundriß, dessen Backsteinschaft Blendbögen gliedern; innerhalb der vertikalen Verbretterung des Kopfes ein eiserner Flachbodenbehälter. – Voluminöse Backsteinbauten (B 187, Dessauer Straße, Gewerbepark Elbe) vor dem westl. Stadtrand erinnern – teilweise durch Umnutzung verfremdet oder in ruinösem Zustand – an Wittenbergs industrielle Vergangenheit: Zwischen 1885 und 1905 entstanden die zumeist zweifarbigen Backsteinbauten der ehem. **Wittol-Fabrik** (heute Bildungszentrum); das Verwaltungsgebäude des ehem. **Eisenwerkes Jolie** (um 1910) zeigt in den Fassaden barocke Elemente (u. a. liegende Okuli im Mezzaningeschoß) in ungewöhnlicher Kombination; die Hochbauten der **»Wilkana«-Werke** verbinden die Neoromanik der 1890er Jahre mit Jugendstil und Neoklassizismus der Reformbewegung um 1910. *VR*

## Wittenberge (Prignitz/C 3) BG

**Bahnhof** (Bahnhofstraße, östl. Stadtrand). Samuel Herz, Besitzer der 1823 als erster moderner Industriebetrieb in W. gegründeten Märkischen Ölmühle und Großaktionär der Berlin-Hamburger wie auch der Magdeburg-Halberstädter Eisenbahn, setzte eine Streckenführung der Eisenbahnverbindung von Berlin nach Hamburg (eröffnet bis Boitzenburg am 15. 10. 1846, bis Bergedorf zum Anschluß an die Hamburg-Bergedorfer Eisenbahn am 15. 12. 1846) über W. durch und legte damit den Grundstein für die Entstehung des Eisenbahnknotenpunktes und eines bedeutenden Industriestandortes im westlichen Brandenburg. Die Verbindung nach Magdeburg durch die Magdeburg-Wittenbergesche Eisenbahn fertiggestellt zwischen 1849 und 1851 (Magdeburg–Seehausen 7. 7. 1849; Seehausen–linkes Elbufer bei Wittenberge 5. 8. 1849; 1030 m hölzerne Elbbrücke–Wittenberge 25. 10. 1851), in Betrieb seit 11. 3. 1863, seit 14. 11. 1864 im Eigentum der Magdeburg-Halberstädter Eisenbahn. Weitere Strecken: W.–Hitzacker, 15. 12. 1873, und Hitzacker (über Lüneburg)–Buchholz, 31. 12. 1874 (Berlin-Hamburger Eisenbahn); W.–Perleberg, 15. 10. 1881 (Wittenberge-Perleberger Eisenbahn); nach Salzwedel: Salzwedel–Arendsee, 4. 5. 1922, und Arendsee–Geestgottberg, 15. 12. 1922 (Deutsche Reichsbahn). Im Zentrum

*Wittenberge. Bahnhof, Dienstgebäude*

des ausgedehnten Bahnhofsgeländes das imposante dreigesch. *Empfangsgebäude* in Insellage. Wie fast alle Hochbauten aus der Eröffnungszeit der Strecke Berlin–Hamburg (1846) steht es in der Tradition des Klassizismus nach Entwurf aus dem Büro des Berliner Architekten Friedrich Neuhaus (→ Berlin, Hamburger Bahnhof). Den massigen gleisparallelen, von giebelständigen Seitenflügeln gefaßten Baukörper differenzieren mit geputzter Scheinquaderung, die Obergeschosse abtrennendem Gurtgesims, geraden Fensterverdachungen und zum flachgeneigten Dach überleitenden Konsolgesimsen typisch klassizistische Baudetails, die auf die beiderseitigen Erweiterungen aus Reichsbahnzeit übertragen wurden. In südlicher Verlängerung des Empfangsgebäudes als straßenseitige Begrenzung des Ausbesserungswerkes (ab 1873) pittoresk ein Dienstgebäude in Mischformen des Historismus zwischen Gotik und Renaissance (um 1900) und ein zweigesch., durch zwei Risalite akzentuiertes Dienst- und Wohngebäude im Stil der 1890er Jahre, beide in Backsteinrohbau. Auf dem Gelände des Ausbesserungswerkes zwei *Wasserhochbehälter.* Der bedeutendere verweist mit oktogonalem Schaft in Backsteinrohbau, gegliedert durch Gurtgesimse und, galerieartig unter dem Kopf, paarig angeordneten polygonalen Fenstern, die ebenso wie das über Konsolen auskragende Eisenfachwerk des Behältermantels gotischem Formenschatz entstammen, in die Zeit der Jahrhundertmitte des 19. Jh.s.

In der 2. Hälfte des 19. Jh.s erlangte W. größere Bedeutung als Warenumschlagplatz im Schiffsverkehr auf der Elbe, jedoch ohne besondere Hafenanlage. Am westlichen Ende der Schiffslände (Elbestraße) stehen kleinere **Speicher** aus dem letzten Viertel des 19. Jh.s, stromauf reihen sich entlang der Bad Wilsnacker Straße die wichtigsten Industriebetriebe der Stadt: Den Stadthafen prägen 2 Speichergebäude aus Backstein (Bad Wilsnacker Straße 56), erbaut für die Gebr. Neumann (1938) und die Gebr. Albrecht (1938–39) von Gleitbau Klotz & Co., Frankfurt am Main, mit Fassungsvermögen von 1600 bzw. 3480 t Schwergetreide. – Die **Märkische Ölmühle** (Bad Wilsnacker Straße 52–55), 1823 von dem Berliner Kaufmann Samuel Herz gegründet, blieb für fast ein Jahrhundert das größte Industrieunternehmen in der Stadt. Die erhaltenen Bauten stammen aus der Zeit nach dem großen, die Mühle vollständig zerstörenden Brand im Jahre 1880, so auch das festungsartige Mühlen- und Speichergebäude, das die gesamte Grundstückstiefe zwischen Fluß und Straße ausfüllt. Die fünfgesch. Backsteinfassaden, eingespannt zwischen Treppenhaustürmen, gliedern Rundbogenfenster im Wechsel von bi- und triforischer Bündelung, im Attikageschoß als umlaufende, nur von den Türmen unterbrochene Arkade.

Moderne Wasserturbinen und leistungsstarke Dampfmaschinen deckten den großen Energiebedarf der Verarbeitungsmaschinen. Von 1890 bis zur Stillegung 1990 hatte sich die Kapazität mit 500 t Ölsaat am Tag mehr als versechsfacht. Hauptprodukt war Öl für technische Zwecke, 1936 lief die Produktion von Kunstharzlacken an. Um 1910 entstand das straßenparallele Verwaltungs- oder Kantinengebäude, dessen von Säulen dorischer Ordnung gestützte Vorhalle noch an frühere Pracht erinnert. – Den Ostrand des Industriegebietes (Bad Wilsnacker Straße 48) beherrscht der ausgedehnte Komplex der 1903 gegründeten **Nähmaschinenfabrik Singer Manufacturing-Company** (1949–90 VEB Textima). ● Entlang der Straße, das Werksgelände abschirmend, ein dreigesch., gleichmäßig durchfensterter Verwaltungstrakt unter steilem Dach im Reformstil der Zeit um 1910. Das sechsgesch. Produktionsgebäude, eine schmucklose, funktionale Eisenbetonkonstruktion, akzentuiert durch 2 Treppentürme, entstand 1922 nach Entwurf von Felix Ascher. Von ihm stammt auch der dem Produktionsgebäude vorgestellte, dessen Baumasse mit einer Höhe von 49 m weit überragende **Wasserturm** von 1928. Den im Grundriß quadr., an den Ecken gefasten Schaft gliedern aus der Fassade herausgezogene vertikale Fensterbänder, die pfeilerartig die Zifferblätter (Dm. 7,57 m) einer der größten je gebauten Werksuhren unterstützen. Das Werkstor schmücken scherenschnittartige Reliefs mit Darstellungen aus der Arbeitswelt des Unternehmens. *VR/WT*

Lit.: Berger, 179; Schmidt/Theile II, 211.

## Wittenburg (Ludwigslust/B 2) MV

Der um 1800 bei Schwerin erstmals errichtete, 1890 nach W. translozierte **Erdholländer** auf oktogonalem Grundriß (Hagenower Chaussee) wurde mit kompletter techn. Einrichtung (Segelgatterflügel 11,1 m, Windrose Dm. 3,8 m, Kammrad Dm. 3 m, Mahlgänge, Walzenstühle,

Sichter) 1979, acht Jahre nach der Stillegung, als Mühlenmuseum eröffnet. *VR*

Lit.: Mühlen, 192; Schmidt/Theile I, 222.

**Wittichenau** FS
(Westlausitz-Dresdner Land/F 6)

Die verm. mit ihren Bauten bis in das 17. Jh. zurückgehende, um 1970 stillgelegte **»Schoutschikmühle«** an einem Bach des Dubringer Moores birgt eine techn. Ausstattung aus den 1880er Jahren, darunter hölzernes Vorgelege, Beutelwerk mit darüber befindlichem Mahlgang, Schrotgang, Stampfwerk und trockengelegtes steinernes Gerinne für ein – nun defektes – oberschlächtiges Wasserrad (Dm. 2,4 m). *VR*

Lit.: Mühlen, 294; Schmidt/Theile I, 241.

**Wörlitz** (Anhalt-Zerbst/E 3) SA

Das 1698 erbaute, 1769–73 durch einen Neubau ersetzte Schloß der anhaltischen Fürsten erhielt ab 1763 – geplant von Friedrich Wilhelm von Erdmannsdorf, ausgeführt durch die Gärtner J. F. Eyserbeck, später Neumark und Schoch – eine Ergänzung durch eine bald weltberühmte Gartenanlage, die italienische Renaissance und englische Landschaftsgestaltung miteinander verknüpfte. Die **Brücken** über die Gewässer des Parkes dokumentieren Konstruktionsprinzipien des 18. Jh.s: Verm. noch von Erdmannsdorff nach antiken Vorbildern entworfen die einbogige Steinbrücke am Abfluß des Wörlitzer Sees (1788), ferner der tunnelartige Unterbau der Eisenhart-Pavillons (1783–84; SW-Grenze des Parks), die Holzbogenkonstruktion der zwischen Sandsteinwiderlagern gespannten Treppenbrükke (1773), im westl. Park die steinerne Wolfsbrücke (1811). Den Kanal überspannen im NW der Steinbogen der Hohen Brücke (1786, Georg Christoph Hesekiel) und die Kettenbrücke (1781, Spannweite 8,8 m), im nördlichen Parkteil eine 1811–12 erbaute steinerne Stichbogenkonstruktion, im NO die eiserne Sonnenbrücke (1796), im O die als erste deutsche Brücke – nach dem Vorbild der Brücke über den Severn bei Coalbrookdale – 1791 aus in der Hütte Harzgerode-Mägdesprung gefertigten Gußeisenteilen montierte Eiserne Brücke (Spannweite 7,5 m). *VR*

Lit.: Erler/Schmiedel, 181, 234; Wirth, 1990, 383–386.

**Woldegk** (Mecklenburg-Strelitz/C 5) MV

Wohl einmalig in Deutschland ist die hier anzutreffende Massierung mehr oder weniger gut erhaltener **Windmühlen**: Von 9 zwischen dem 17. und 19. Jh. bekannten, urspr. von Bockwindmühlen belegten Standorten tragen noch 5 Reste der die Bockwindmühlen im 19. Jh. ersetzenden Holländermühlen. Auf dem Mühlberg (westl. Stadtrand) ein *Erdholländer* von 1883 mit verschindeltem, oktogonalem Korpus über Feldsteinsockel und teilweise erhaltener Technik (1952 stillgelegt, seit 1969 Mühlenmuseum); in direkter Nachbarschaft ein 1886 aus Brohm umgesetzter *Erdholländer* mit komplett erhaltener techn. Einrichtung innerhalb der verschindelten achtkantigen Holzkonstruktion des Mühlenkörpers (Flügelkreuz abgängig); daneben der Rumpf eines seit 1988 als Café genutzten *Turmholländers.* Am Südrand der Stadt (Straße nach Fürstenwerder) der dreigesch. Backsteinkonus des *Turmholländers* von 1895, stillgelegt 1943, 1978 zum Wohnhaus umgebaut. Östl. der Stadt (B 104 nach Strasburg) ein *Galerieholländer* von 1888 in Backsteinrohbau über Feldsteinsockel mit erhaltener Mühlentechnik (2 Mahlgänge, Walzenstuhl, Sichter, Trieur, Elevator, Flügelkreuz fragmentarisch, Haube 1983 erneuert).

LANDKREIS: Innerhalb der zu Wolfshagen gehörigen Gutsanlage Amalienhof steht als zweigesch. oktogonales Backsteinprisma der gutseigene **Wasserturm** von 1857 in spätklassizistischen Formen. *VR*

Lit.: Bez. Neubrandenburg, 339, 371; Mühlen, 196; Schmidt/Theile I, 222; Wirth, 1990, 379–381.

**Wolfen** (Bitterfeld/F 3) SA

Ab 1909 begann die 1895 als Farbenfabrik in Berlin gegr. **Agfa**, die Produktion ihres neuen Produktes, des Films, nach Wolfen zu verlagern, wo sie, seit 1927 die größte Filmfabrik Europas, 1936 den ersten auch für den Laien benutzbaren Farbfilm herstellte. Aus der Zeit der Werksgründung erhalten ist das durch Mittelrisalit betonte neoklassizistische Verwaltungsgebäude aus rotem Backstein. Geländebeherrschend das dem IG-Farben-Gebäude in Frankfurt a.M. nachempfundene Hauptverwaltungsgebäude von 1938 auf halbkreisförmigem Grundriß. Nach Abbruchmaßnahmen der letzten Jahre noch erhalten das *Kraftwerk* und der *Emulsionsbau*, der *Betriebswasserturm* und die mit ihren Begießmaschinen zum Museum umgewidmete *Filmgießerei*. *VR*

## Wolgast (Ostvorpommern/A 5) MV

Seit Mitte der 1930er Jahre ließ sich die urspr. feste Straßenverbindung nach der Insel Usedom für den Schiffsverkehr auf dem Peenestrom mittels **Klappbrücke** (Bogislavstraße) aus einseitig gelagerten Stahlvollwandträgern öffnen. – Die wirtschaftliche Blüte der Stadt durch den Getreidehandel Ende des 18. bis Anfang des 19. Jh.s dokumentieren der dreigesch. mit 39 Achsen, zentriert durch Ladelukenerker, in Fachwerk 1836 am Hafen auf 99 Pfählen errichtete **»Wasserspeicher«** (Am Speicher) sowie der in Backstein aufgeführte **Speicher** von 1840 in der Hafenstraße. *VR*

Lit.: Schmidt/Theile I, 204; Wirth, 1990, 381–383; Vorpommersche Küstenregion, 359 ff.

## Wolkenburg (Chemnitzer Land/G 4) FS

**Industriemühle** »Hammermühle«. Die zum Schloß Wolkenburg gehörende, 1565 erstmals urkundlich genannte Mühle wurde vom Grafen von Einsiedel 1862 an den Müller Friedrich Hammer verkauft, daher der Name der Mühle. Die jetzige Mühle entstand 1888/89 viergesch. als verputzter Ziegelbau mit flachem Satteldach. Seitlich über dem Mühlgraben wurde 1901/02 das *Turbinenhaus*, in Längsachse der Mühle 1911 ein *Zellensilo* angefügt. Das urspr. unterschlächtige Wasserrad ersetzte man 1901/02 durch die jetzt noch mit dem Getriebe erhaltene Francis-Turbine der Sächsischen Maschinenfabrik, vorm. Richard Hartmann, Chemnitz. Die 4 Mühlengeschosse enthalten von unten nach oben: die Haupttransmission, den »Walzenboden« mit 2 Mahlgängen und 2 Walzenstühlen, den Rohrboden und den Sichterboden mit Plansichtern. *Wohnhaus* und *Stallgebäude* des Müllergehöftes wurden etwa 1830 erbaut. Das jenseits des Mühlgrabens gelegene, mit einer Francis-Spiralturbine von 1927 betriebene *Sägewerk* enthält ein Vertikalgatter (1929) und ein Horizontalgatter (1924). *OW*

Lit.: Mühlen, 274.

## Wolkenstein-Schönbrunn FS
(Mittlerer Erzgebirgskreis/H 4)

**Steinbogenbrücke** der Straße Dresden–Annaberg über die Zschopau. Ein 1769 aus Bruchstein gebauter, 18 m weiter und im Lichten 8 m hoher Rundbogen mit 7 m breiter Fahrbahn überspannt den Fluß. Am östlichen Brückenkopf ist der Brüstung ein Relief des kursächsischen Wappens eingefügt. In der östlichen, nach der Stadt Wolkenstein hinaufführenden, verm. im 16. Jh. aus Bruchstein gemauerten Rampe befinden sich zwei kleine Rundbogen-Durchgänge sowie der 1872 für die Bahnlinie Chemnitz–Annaberg eingebrochene, mit elliptischer Gewölbemauerung versehene Durchlaß. *OW*

Lit.: Erler/Schmiedel, 160, 194.

## Wünschendorf (Greiz/G 3) TH

● **Holzkastenbrücke.** Mit einer Gesamtlänge von 72,7 m das in Deutschland drittgrößte Exemplar dieses im 18./19. Jh. sehr verbreiteten Typs (s. *Reclams Führer zu den Denkmalen der Industrie und Technik*, Bd. 1: Säckingen, Gailingen). Straßenüberquerung über Weiße Elster, Mühleninsel und -graben (der Untermühle) auf 2 im Grundriß stromauf- wie stromabseitig spitz ausgezogenen Steinpfeilern, einem in Flußmitte, dem anderen auf der Mühleninsel. 3 Felder sind als gesonderte Konstruktionen abgebunden, 27,5 m, 26 m und 18 m lang, mit 5 m hohen brettverschalten Wänden, die lediglich Lichtluken enthalten, und einer am westlichen Brückenkopf in späterer Zeit angefügten Verlängerung unter gemeinsamem gewalmten Satteldach. Die beiden ersten, den Fluß überspannenden Felder haben je 5 Joche; je 4 ihrer Stiele sind als Hängestäbe aus 2 miteinander verzahnten, 40 auf 40 cm messenden Hölzern zweier ineinander verschränkter Hängesprengwerke (das innere mit verdoppelten Sprengstreben) ausgebildet. Das dritte Feld mit 2 Jochen ist prinzipiell ebenso konstruiert, jedoch nur mit einem Hängestab (aus 2 Hölzern). Sämtliche Jochstiele wurden auch quer zur Brückenachse miteinander verriegelt und (außer an den Stirnseiten) mit dem Dachwerk verstrebt, die Jochriegel und angehängten Unterzüge mit Andreaskreuzen horizontal stabilisiert, so daß ein konstruktiv geschlossener, 4,9 m breiter Kasten entstand. Die 2,45 m breite Fahrbahn und zwei schmale Bürgersteige – 5 m über dem mittleren Wasserspiegel – ruhen auf fünf 35 x 35 cm messenden hölzernen, gegen die Pfeiler abgesprengten Längsträgern, darüber liegen Querbalken, Lagerhölzer und der mit etwa 30° bzw. 90° (Gehsteige) verlegte Bohlenbelag. – Eine Brücke an dieser Stelle ist bereits für die Mitte des 13. Jh.s erschließbar; ein Neubau von 1576 wurde durch Eisgang 1784 zerstört. Der jetzige Bau stammt von 1786; nach Beschädigungen 1830 und später immer wieder repariert, hat man nach dem 2. Weltkrieg das mittlere Feld durch eine Behelfskonstruktion auf Betonpfeiler am Flußufer unterstützt. Das stark verformte Bauwerk ist trotz Verkehrsbehinderung (die noch vorhandene Anschlagtafel der Großherzogl. Sächsisch-Weimarischen Verwaltungsdirektion von 1851 verbietet gleichzeitiges Befahren mit mehr als einem Wagen) nach wie vor funktionsfähig, jedoch mit Ampelregelung und Profilrahmen vor den beiden Stirnseiten.

**Untermühle.** Stattlicher Gebäudekomplex an der Weißen Elster, durchflossen vom Mühlgraben; im Kern von 1885 (ältere Getreidemühle, dreigesch., verputzter, mit Lisenen gegliederter Baukörper auf älterem Standort). Urspr. Getreide- und Schneidemühle mit je einem unterschlächtigen Triebrad (von ersterem die Lage der Radstube noch erkennbar). Jetziges Wohnhaus mit Kontor und (jüngerem) sechsgesch. Produktionsgebäude von 1914 (Inschriften am Kontor), ergänzt 1918 mit Silo. Umrüstung 1921 von Wasserrad auf Turbine als zusätzliche Energiequelle zum Elektromotor; Schneidemühle 1965 stillgelegt. Technisches Inventar, da nach wie vor betrieben, komplett erhalten, u.a. 97-kW-Francisturbine mit 36 m langer Transmissionswelle, 10 Walzenstühle, 3 Plansichter, Reinigungsanlagen. *HW*

Lit.: Erler/Schmiedel, 161, 165, 205; Schäbitz

## Würchwitz-Suxdorf SA
(Burgenlandkreis/G 3)

**Turmholländermühle.** Die Windmühle wurde 1834–36 zweigesch. mit konischem Turm massiv erbaut und erhielt eine radialsymmetrische Haube mit Wetterfahne. Diese zeigt die Inschrift »18 W 36, 18 KG 91« (1836 Christoph Wagenbreth, 1891 Kurt Gneist). Beim Umbau 1940 wurde der Turm um zwei Geschosse erhöht, eine bilateral-symmetrische (norddeutsche) Haube aufgesetzt und Ventikantenflügel und Windrose montiert. Seit 1954 wurde die Mühle ohne Flügel, mit Elektromotor und Transmissionen betrieben. Sie brannte 1991 ab und wird seit 1993 restauriert (Haube schon neu, Flügel geplant). *OW*

## Wurzbach (Saale-Orla-Kreis/H 2) TH

**Eisenhütte. Technisches Museum »Heinrichshütte«.** Ihren Ursprung hat die Anlage in einer 1729 eingerichteten, nach dem Landesherrn (Heinrich v. Reuß-Ebersdorf) benannten Drahtziehmühle. Alsbald Erweiterung mit drei Wohnhäusern, mit Ställen und Scheunen, ab 1765 mit Brauhaus und Schenke; diese und das Wohnhaus des Hüttenmeisters (Verwaltung der jetzigen Schauanlage) sind noch vorhanden. 1745 Umrüstung zum Eisen- und Kupferhammer, Einbau eines Hochofens in das Produktionsgebäude, das nach Brand (1838) in heute noch weitgehend erkennbarer Baugestalt wiederaufgebaut wurde. Gesamtanlage mit Gießerei und Walzwerk 1959 nach Ankauf zum letzten Male als privatwirtschaftliches Unternehmen betrieben, alsbald zu staatlicher Beteiligung genötigt, 1972 zwangsenteignet. Aus dem mit einer Werkhalle über das 1980 abgebrochene Walzwerk und ein abgerissenes Wohnhaus sich ausweitenden Betrieb wurde die Gießerei 1982 für museale Nachnutzung ausgegliedert und 1983 als Schauanlage eröffnet: Langgestrecktes *Werkstatt- und Gießhallengebäude* in ästhetisch anspruchsvoller Mischbauweise, hofseitig Schieferbruchstein mit ziegelgerahmten Rundbogenöffnungen, Giebelwand in strebenlosem Holzfachwerk; hangseitig angebaute Beschickungsbühne für den Kupolofen sowie Radstube, nach Demontage des urspr. Triebwerkes mit Peltonturbine, jetzt mit nachgebautem, aus Wasserbehälter gespeistem Rad ausgestattet. In der Gießhalle hölzerner *Drehkran* sowie Besucherbühne für die Schauvorführungen; rechtwinkeliger Anschluß des Werkstattgebäudes für Modellierung und Nachbearbeitung der vornehmlich für denkmalpflegerische Restaurierungen gefertigten Gußerzeugnisse. – Seit 1989 Erweiterung, u.a. durch den aus der Maximilianshütte Unterwellenborn (→ Kamsdorf) translozierten *Dampfmaschine*: Zwillings-Tandem-Reversiermaschine mit 15000 PS

Leistung, mit einem Gesamtgewicht von 305 t und Grundrißabmessungen von 15 x 8 m, um 1925 von der Fa. Sack & Kieselbach, Düsseldorf-Rath, für den Antrieb einer Duo-Walzstraße geliefert; bis 1986 tätig. Nach Fertigstellung des Hüllbauwerkes ist Betriebssimulation mit versteckem Elektromotor vorgesehen (→ Ohrdruf). *HW*

Lit.: Wagenbreth/Wächtler, 1986; Wirth, 1990, 387 f.

## Wurzen (Muldentalkreis/F 4) FS

An Stelle der 1850 erworbenen Stadtmühle errichtete Johann Friedrich Krietzsch an der Dresdner Straße einen der ersten Großmühlenbetriebe Sachsens, der 1869–75 um eine Keks- und Brotfabrik erweitert wurde. Nach Bränden 1887 und 1917 entwarf der Leipziger Architekt Max Fricke die 1918–20 errichtete **Weizen-** und die 1924 fertiggestellte **Roggenmühle** als stadtbildprägende Großanlagen. Ebenfalls 1924 entstand für den »Ländlichen Wirtschaftsverein Kühren« auch an der Dresdner Straße ein weiteres *Silogebäude.* Den simplen Speichergebäuden stirnseitig vorgestellt sind die unverwechselbaren genieteten eisernen Zylinder (→ Gardelegen, Möckern) der Silobatterie. *VR*

Lit.: Bauten der Technik und Industrie, 415.

## Zechlinerhütte (Ostprignitz-Ruppin/C 4) BG

● **Dampfsägewerk.** Das 1883 gegründete, 1946 von der sowjetischen Besatzungsmacht demontierte Sägewerk arbeitet seit 1947 mit angekauften Maschinen. Auf dem 85 000 m² großen Betriebsgelände bestimmen die *Gatterhalle* und die *Kraftstation* das Bild. In der Gatterhalle stehen 2 *Gattersägen* mit Spann-, Zufuhr- und Empfangswagen. Ihre Leistung beträgt 280 Hübe/Min. bei einem Durchlaß von 70 cm. Die Kraftstation besteht aus Maschinenhaus, Kesselhaus und Generatorgebäude. Die Energieanlage enthält einen stehenden Schiffsdieselmotor mit einer Leistung von 73 PS, hergestellt 1927 bei Junkers in Dessau, und eine *Dampfmaschine (Lokomobile)* mit einer Leistung von 110 PS, hergestellt bei Bukkau-Wolf, Magdeburg, um 1942. Zu den für das Sägewerk typischen Einrichtungen zählt auch das innerbetriebliche Transportsystem mit seinen schienengebundenen Transportmitteln und der zur Anlandung der geflößten Stämme dienende Hafen mit seiner Slipanlage. *WT*

## Zeesen (Dahme-Spreewald/E 5) BG

**Schütte-Lanz-Luftschiffwerft** und **Flugzeugbau, Werk Zeesen** (Schütte-Lanz-Straße). Das Betriebsgelände liegt westlich der B 179 und der Fernbahnlinie Berlin–Cottbus nahe der historischen Achse des Hauptsiedlungsgebietes der Gemeinde Zeesen. Neben der in Mannheim-Rheinau seit 1909 produzierenden Luftschiffwerft nahm die Schütte-Lanz-Luftschiffwerft in Zeesen am 1. 4. 1916 die Produktion von Luftschiffen und Flugzeugen auf. Bis zum Ende des 1. Weltkrieges wurden hier 22 Luftschiffe und über 500 Flugzeuge gebaut. Am 26. 11. 1917 ging das damals größte und modernste Luftschiff SL-21 auf Fahrt (L 198 m, Gasvolumen 56 000 m³, 5 Motoren mit einer Leistung von 12 000 PS, Tragfähigkeit: 36 t Nutzlast). Das Werk entstand in nur 6 Monaten, zwischen 1. 10. 1915 und 1. 4. 1916. Kernstück der Anlage war eine Luftschiffhalle mit einer Grundfläche von mehr als 10 000 m². Sie wurde 1921–22 abgebrochen, gemäß dem Flugzeugbauverbot des Versailler Vertrags. Am 1. 4. 1925 erwarb die Deutsche Reichspost Werft und Villengelände. Zuerst Postbeamten-Erholungsheim, wurde die erweiterte Anlage Mitte der 30er Jahre zentrales nationalsozialistisches *Schulungsheim* der Deutschen Reichspost. Die Bebauung vereinigt drei wesentliche Komponenten: Verwaltung – Produktion – Funktion. Das Direktionsgebäude ist ein imposanter zweigesch. Bau in den Formen eines stattlichen Herrenhauses. Der symmetrische Bau wird von einem Mittelrisalit mit Dreiecksgiebel dominiert. Ein Zahnschnittfries schmückt Giebel und Traufgesims. Kolossalpilaster gliedern sowohl Längs- als auch Schmalseiten. Die großen Fenster liegen in eingetieften Putzrahmen. Zwischen den Geschossen schmücken Rosetten die Putzflächen. Eine flache Freitreppe betont den Haupteingang, über dessen zweiflügeliger Tür ein kniender Putto von Füllhörnern flankiert wird. Die anderen Verwaltungs- und Funktionsgebäude nehmen die Architekturformen des Direktionsgebäudes in vereinfachter Form auf. Alle Produktionsgebäude sind als Stahlbetonhallen mit flachem Dach ausgeführt. Das größte erhaltene Gebäude, die Flugzeughalle, hat kassettenartig verzierte

Wandflächen. Die *Unternehmervilla* entstand gleichzeitig mit der Werft. Das im Stil eines Jagd- bzw. Landschlosses errichtete, streng symmetrisch gegliederte zweigesch. Gebäude besteht aus einem großen Kernbau und pavillonartigen seitlichen Anbauten. Hohe stehende Rundbogenfenster verweisen auf die Repräsentationsaufgabe der Villa. Die kleinen Fenster im Sockelgeschoß weisen auf Funktionsräume hin. Der Haupteingang liegt unter einem Altan. Zur Terrasse an der Rückfront führt eine geschwungene Freitreppe. Das schwach geschweifte Walmdach hat eine Schieferdeckung. Auf dem Dach des Kernbaus befinden sich vorn und hinten je 3 stehende Gaupen, auf den Dächern der Anbauten vorn und hinten je eine Fledermausgaupe. Rechts und links der Villa entstand ab 1925 je ein langes, mit seinen Säulengängen an Bäderarchitektur erinnerndes Flügelgebäude der Reichspost. Ein ehemals repräsentatives *Empfangsgebäude* mit großer vergitterter Durchfahrt und Uhrenturm verband beide Flügelgebäude miteinander und verdeckte so die Villa. Vor dem südlichen Flügelbau steht ein gedrungener achteckiger Turm mit geschweifter schiefergedeckter Haube. Er ist mit einem Verbindungstrakt an den Flügelbau angeschlossen. Im nördlichen Flügelbau sind die ehem. Empfangshalle und der Fest- und Speisesaal zum Teil erhalten. Von 1964 bis 1994 wurde das Werftgelände als Autoreparaturwerk »Progress« von den sowjetischen, später russischen Streitkräften genutzt. Die Unternehmervilla und die später von der Deutschen Reichspost errichteten Bauten waren bis zum Sommer 1994 Militärhospital. Im Rahmen dieser Nutzung wurde eine Reihe baulicher Veränderungen vorgenommen. *WT*

## Zehdenick (Oberhavel/C 4) BG

*Henschel-Jonval-Turbine* der ehem. **Watt-Akkumulatorenwerke AG Zehdenick a. d. Havel** (Schleusenstraße). Das Turbinenhaus der Akkumulatoren-Werke lag unmittelbar an der Havel im nördlichen Randgebiet der Stadt. Das um 1900 führende Unternehmen fertigte Akkumulatoren für Straßenbahnen, Gruben- und Fabriklokomotiven sowie elektrisch betriebene Boote. Mit der erhaltenen, von Henschel und Jonval um 1840 entwickelten Axialturbine beginnen die Anfänge des industriellen Turbinenbaus. Sie ist das bisher einzige bekannte Exemplar einer sehr frühen und relativ selten ausgeführten Wasserkraftmaschine im Land Brandenburg. Sie steht heute auf einem Postament unweit des ehem. Turbinenhauses, an dessen Stelle heute eine moderne Anlage zur Wasserkraftnutzung entstanden ist. *WT*

## Zehren-Schieritz FS
(Meißen-Radebeul/G 5)

**Schloßmühle.** Bereits im 16. Jh. wurde eine Mühle am heutigen Standort erwähnt. Nachweislich ließ das am Ort ansässige Fürstengeschlecht der Schleinitze 1815 den später als Bäckerei dienenden Fachwerkbau und 1828 das massive Mühlengebäude errichten. Heute steht das vierseitige Mühlengehöft mit kompletter Mahltechnik unter Denkmalschutz und wird von den Eigentümern aus der Familie Andrä, welche die Mühle 1888–1960 betrieb, vorbildlich gepflegt. *ST*

## Zeitz (Burgenlandkreis/G 3) SA

*Urkundlich erstmals 967 erwähnt, entwickelte sich der seit 1147 als Stadt bezeichnete Ort zu einem bedeutenden mittelalterlichen Handelszentrum. Die zu Anfang des 19. Jh.s aufblühende Textilindustrie ergänzten gegen die Mitte des Jahrhunderts chem. und metallverarbeitende Fabriken, seit dem letzten Drittel dominierte die Braunkohlenindustrie.*

**Bahnhof.** Mit der Eröffnung der Strecke von Weißenfels (9. 2. 1859) nach Gera (19. 3. 1859) durch die Thüringische Eisenbahn erhielt die Stadt erstmals Bahnanschluß, später erweitert durch die Braunkohlenbahn nach Altenburg (19. 6. 1872, Altenburg-Zeitzer Eisenbahn, ab 15. 5. 1879 Sekundärbetrieb) und den Anschluß nach Leipzig (20. 10. 1873, Thüringische Eisenbahn). Im Zusammenhang mit der generellen Modernisierung der Hauptstrecken der Preuß.-Hess. Staatsbahnen zwischen 1910 und 1915 erhielt Z. 1912 ein neues *Empfangsgebäude* zur Erschließung der nun in Dammlage geführten Gleise im strengen Neoklassizismus des für das Jahrzehnt vor dem 1. Weltkrieg typischen Reformstils. Den schlichten rechteckigen, doppelgiebeligen Baukörper unter Satteldach akzentuieren stadtseitig Eingangsrisalit und asymmetrisch angeordneter *Uhrturm.* – Die Bedeutung der Textilindustrie um 1800 dokumentiert der Prachtbau der von dem Fabrikanten Adolph Ludwig Albrecht 1782–83 errichteten spätbarocken **Zeugmanufaktur** (Badstubenvorstadt 12–13), deren 17achsige zweigesch. Fassade durch einen nobel mit Lisenengliederung und reich stuckiertem Tympanon gestalteten Mittelrisalit dreigeschossig geteilt wird. – **Brikettfabrik** (Naumburger Straße). Zwei Jahre nach der 1856 vom bayerischen Oberpostrat Carl Exter erfundenen Presse zur Torfbrikettierung erhielt diese neue Aufgaben bei der mechanischen Kohleveredelung. Eine erste Brikettfabrik errichtete Ingenieur Robert Jacobi 1858 bei der Grube Von der Heydt in Ammendorf bei Halle, zahlreiche sollten in den deutschen Braunkohlenrevieren bis zur Jahrhundertwende folgen. Den auf die Stillegungen der 2. Hälfte des 20. Jh.s folgenden obligaten Abbruch hat als eine der wenigen die 1889 erbaute, 1959 außer Betrieb gegangene Brikettfabrik Zeitz in weitgehend originalem, wenn auch teilweise ruinösem baulichen Zustand überstanden. Dennoch vermitteln Gebäude und reduzierte techn. Einrichtung (Zweiflamm-Rohrkessel, Naßdienst mit Stachelwalzwerk, Glattwalzwerk, Schwingsieben und Elevatoren von 1889, Tellertrockner, Presse Typ ZEMAG 1883 einschl. Kolbendampfmaschine) der nunmehr ältesten Brikettfabrik der Welt genügend Informationen über den Produktionsablauf. – **Mühlen.** Am Standort einer bereits in der 2. Hälfte des 14. Jh.s erwähnten Wassermühle legt sich seit 1869–70 der viergesch. Massivbau der **»Obermühle«** quer über den Mühlgraben. Die Turbinen wurden 1972 durch Elektromotoren ersetzt. Zur Mühle gehören 2 *Silos* (1903, Architekt Georg Wrba; um 1937) und Wohnhäuser der Neurenaissance (1887) und des Jugendstils (1906). Die 1452 urkundlich erwähnte **»Mittelmühle«** entstand nach Brand 1903 auf urspr. Grundriß neu nach Entwurf von Wrba. An der Fassade Reliefs mit Müllereimotiven im Jugendstil. Der 1880 als Industriemühle errichtete viergesch. neoromanische Backsteinrohbau der **»Untermühle«** tradiert einen bereits 1196 belegten Mühlenstandort.

LANDKREIS: In der 1793 erbauten, um 1947 stillgelegten, 1975 restaurierten **Bockwindmühle** zu Heuckewalde sind Flügel, Welle, Kammrad, Stockgetriebe und ein Mahlgang erhalten. – Von etwa 1820 stammt der **Turmholländer** in Droßdorf-Rippicha (um 1918 stillgelegt) mit konischem, die Galerie tragendem Sandsteinschaft unter Mansardkegeldach. Technische Einrichtung: Flügelwelle, Königswelle, ein Walzenstuhl.

### Z.-Grana

**Ehem. Ziegelei Heier** (Bergstraße 11). Unmittelbar westl. des Elsterfloßgrabens (ca. 20 km Kunstgraben, angelegt 1577–82 vom Freiberger Oberbergmeister Martin Planer zwischen der Weißen Elster bei Krossen und Poserna zur Holzversorgung der dortigen Saline) existiert von der 1953 stillgelegten Ziegelei neben *Pressengebäude* und *Trockenschuppen* noch einer der rar gewordenen *Kassler Öfen.* Als Einkammerofen mit überschlagender Flamme 1827–28 von Obergrat Henschel entwickelt, ermöglichte er als Zwei- oder Mehrkammerofen durch Ausnutzung der Abgase zum Vorwärmen des luftgetrockneten Brenngutes in der der Brennkammer benachbarten Kammer einen quasi kontinuierlichen Brennprozeß. Trotz des 1858 patentierten leistungsstärkeren Ringofens nach F. E. Hoffmann und A. Licht wurden Kassler Öfen noch bis zur Mitte des 20. Jh.s gebaut und betrieben. Der 1905–06 aufgemauerte Ofen der ehem. Ziegelei Heier besitzt 2 spitzbogige Brennkammern, seitlich von Bruchsteinmauern aus Sandstein gefaßt; über den Gewölben eine lediglich von den Schüttlöchern für den Brennstoff durchbrochene Erdüberdeckung, die Einfahröffnungen an der Einmündung des Rauchkanals in die Brennkammern ebenso wie der Schornstein in Sichtmauerwerk. Bei einem Fassungsvermögen von rund 20000 normalformatigen Ziegeln pro Kammer konnten in der wegen der Lufttrocknung auf die Sommermonate beschränkten Brennperiode pro Jahr zwischen 500000 und 800000 Ziegel hergestellt werden. *VR*

Lit.: Mühlen, 228, 230, 237; Schmidt/Theile I, 49, 154; Wagenbreth/Wächtler, 1989, 120; Wagenbreth, 1991, 116 ff.; Wirth, 1990, 178 f., 390.

## Zella-Mehlis TH

(Schmalkalden-Meiningen/H 1)

**Beschußanstalt.** Auf herzoglich-gothaische Anordnung zur Qualitätsgarantie der namentlich in den damals selbständigen Städten Zella St. Blasii und Mehlis vor den Toren der zu Preußen gehörenden Stadt →Suhl produzierten Handfeuerwaffen 1893 als Prüfbehörde geschaffen, im selben Jahr mit eigener Baulichkeit für das Einschießen von Gewehrläufen ausgestattet: ein eingesch., mit Mittelrisalit gestaltetes Fachwerkgebäude auf Natursteinsockel, unter gewalmten Satteldächern, mit einem, von einer geschweiften Kuppel bekrönten Dachreiter auf dem schon 1894 erforderlichen Anbau sowie mit dem der Bleigießerei für Gewehrkugeln bzw. den Patroneninhalt zugehörigen Schornstein. Bauliche Erweiterungen von 1906, die Stillegung der Anlage 1941 und gewerbliche Nachnutzungen haben – bei schließlichem Verlust des technischen Inventars – die urspr. Baustruktur weitgehend unbeeinträchtigt hinterlassen. *HW*

Lit.: Müller, 129.

## Zella-Neidhartshausen TH (Wartburgkreis/F 1)

**Wassermühle.** Müllerhof mit einem der prächtigsten, teilweise schieferbekleideten Fachwerkhäuser (auf massivem Erd- bzw. Kellergeschoß) des Ortes: ein kombiniertes Wohn- und Produktionsgebäude, dreigesch. mit steilem Satteldach, um 1850 auf einem seit 1738 bekannten Mühlenstandort errichtet. An der Seite zwei vom Mühlgraben der Felda versorgte oberschlächtige hölzerne, mit Blechschaufeln versehene Wasserräder mit je 3 m Durchmesser, das eine für den Antrieb des steinernen Schrotganges, das andere für die übrige Maschinerie. Das technische Inventar ist komplett betriebsfähig erhalten. *HW*

Lit.: Mühlen, 252.

## Zepelin (Güstrow/B 3) MV

Die Überquerung des Bützow und Güstrow verbindenden, nach beiden Städten benannten Kanals ermöglichen nahe der südl. des Ortes 1896–1897 erbauten Schleuse zwei 1897 eingeweihte, sich über einem Mittelpfeiler drehende **Brükken** aus eisernen Vollwandträgern (L 25,5 bzw. 22,3 m). *VR*

Lit.: Wirth, 1990, 391.

## Zerbst (Anhalt-Zerbst/E 3) SA

Die bereits im 10. Jh. urkundlich erwähnte Ansiedlung am SW-Hang des Flämings zwischen

*Zerbst-Luso. Wasserwerk*

den drei Wasserläufen der Nuthe wurde 1850 zur Kreisstadt erhoben. Mit dem Eisenbahnanschluß (1. 11. 1863, Roßlau–Z., Anhaltische Leopoldsbahn, ab 1871 Berlin-Anhaltische Eisenbahn) begann eine zurückhaltende Industrialisierung der von mittelalterlicher Bausubstanz geprägten Stadt. Von der fast vollständigen Zerstörung des Stadtkerns am 16. 4. 1945 blieb der **Bahnhof** (Bahnhofsplatz) weitgehend verschont. Das asymmetrisch angelegte *Empfangsgebäude* von 1863 beeinflußte mit seiner Fassadengestaltung des romantischen Klassizismus noch eine Generation später die Architektur des 1889–92 angefügten Verwaltungstraktes, jedoch mit Vereinfachung der Details. So fehlt das geschoßtrennende Gurtgesims, die Attika (heute überputztes Mezzaningeschoß) gab sich mit Blendarkaden neoromanisch, der giebelseitig angebundene eingesch. Pavillon für das Stationsbüro (in der Auffassung eines Fürstenpavillons) neugotisch (heute verfremdet durch ein urspr. nicht vorhandenes Pyramidendach). Links vom Empfangsgebäude ein zweigesch. *Beamtenwohnhaus* in Backsteinrohbau und ein zum Bahnbetrieb gehörender *Wasserturm* mit Flachbodenbehälter um 1890. – 1894 errichtete Z. in Luso-Bone ein kommunales **Wasserwerk**, das nach einem Jahrhundert Tätigkeit Ende 1994 stillgelegt wurde. Zu der noch intakten baulichen Anlage südl. der Weizenberger Straße gehören (von O nach W) *Meisterwohnhaus* (dahinter modernes Lager), *Maschinen-* und *Pumpenhaus* (Umnutzung als Wohngebäude geplant), *Wasserturm* (datiert 1894) und 3 Einstiegshäuschen für die Grundwasserpumpanlage. Die neoromanisch gestalteten Backsteinrohbauten entsprechen der Architekturauffassung der Zeit, die äußere Form des Wasserturms – konischer Backsteinschaft, gebogene eiserne Konsolen als Auflager für den wiederum aus Backstein gemauerten Kopf unter aufwendig mit 4 Giebeln gestaltetem Kegeldach – läßt auf einen Behälter des Typs Intze II schließen. *VR*

## Zeulenroda (Greiz/H 3) TH

### Z.-Leitlitz

**Weidabrücke.** Einbogige Werksteinbrücke für 3 m breite Wegeüberquerung über die Weida aus dem 18. Jh.; Gesamtlänge etwa 8 m, der Bogen 4 m weit gespannt mit einer Scheitelhöhe von 2,5 m.

### Z.-Niederböhmersdorf

**Paltrockwindmühle.** Durch Umbau einer 1834 errichteten Bockwindmühle 1922 mit vergrößertem Kasten und – um die vordem auf dem Bock ermöglichte Drehung in den Wind weiterhin zu gewähren – mit Rollenkranz auf der Rasensohle entstanden; bis 1948 mit Windkraft betrieben, danach Verfall. Der ohne technisches Inventar verbliebene Baukörper dokumentiert die einzig verbliebene Paltrockmühle Thüringens und die südlichste in Deutschland. *HW*

Lit.: Erler/Schmiedel, 159; Mühlen, 257.

## Ziegenrück (Saale-Orla-Kreis/H 3) TH

**»Fernmühle«.** Die älteste bekannte Nachricht über eine Mühle an diesem Standort, zugleich am oberen Lauf der Saale, liegt für das Jahr 1258 vor, derzufolge sie zu einer der entferntesten Liegenschaften des Klosters Pforte (→ Bad Kösen, Schulpforte) gehörte; daher wahrscheinlich der Name »Fernmühle«. Erzeugt wurde in den nach Brandschatzung 1645 wieder errichteten Gebäuden zu seiten des von der Saale abgezweigten Mühlgrabens neben Mehl auch Öl, Gerberlohe und Schnittholz, nach erfolgter Privatisierung (1815) auch Garn und – seit 1879 im Eigentum der 1874 gegründeten, 2 km flußaufwärts gelegenen Ziegenrücker Holzstoff- und Pappenfabrik – von 1901 bis 1965 ausschließlich elektrischer Strom, ab 1921 – nach erneutem Besitzwechsel – im Rahmen des autarken Energieversorgungsprogramms des Zeiss-Konzerns (→ Jena, Zeiss-Werke), zuletzt (1963) als Teil des »VEB Pumpspeicherwerke« → Hohenwarte. Betrieb 1965 endgültig eingestellt, seit 1966 Museum. Verblieben sind: *Wohnstallhaus* (18./19. Jh.); *Spinnmühle* von 1860 auf der Mühleninsel (»Riffel«), ein stattliches Fachwerkgebäude mit Drempel unter flachem Dach, auf steinernem EG, ohne urspr. technisches Inventar; *Turbinen-* und *Generatorhaus* des damals modernsten Saalekraftwerkes, von 1900, eine winkelförmig sich über den Mühlgraben und das rechtsseitige Ufer desselben erstreckende, in der Höhe gestaffelte Baugruppe in verputztem Ziegelmauerwerk und mit den der Spinnmühle gestalterisch angeglichenen

Dachneigungen; ein hier wenig später angefügtes zweigesch. hölzernes Werkstatt- und Lagergebäude. Das *Turbinenhaus* mit hölzernen, von Hand heb- und senkbaren Schützenwehren, enthält 2 Francis-Turbinen (je 75 kW) mit eisernen Kammrädern (je 2 m Durchmesser) und hölzernen Kammen, einer 11 m langen Vorlegewelle mit Kegelrädern sowie Turbinenreglern. Im *Generatorhaus* das namengebende Aggregat (für 2100 V), ein AEG-Erzeugnis von 1899, eine auf Betonsockel aufgeständerte Riemenscheibe (Dm: 5 m), Spannrolle, Erreger und Spannungsregler sowie die Schaltwarte. Museale Präsentation erfolgt durch simulierten Betrieb einer Turbine und des Generators (mit geringerer Drehzahl) mit verborgenem Elektromotor. – Im Freigelände ein brückenförmiger eiserner Träger von 1900 für Elektro-Freileitungen und 2 hierher translozierte Wasserräder, ein oberschlächtiges und ein unterschlächtiges (Dm: 7 m), sowie Turbinen verschiedener Bauart (Kaplan, Pelton, Francis, Haag, Banki, Schwamkrug).

**Conrad-Kraftwerk.** Der Gedanke, Elektroenergie aus der Wasserspiegeldifferenz nicht nur zwischen Fluß und Mühlgraben, sondern zwischen dem oberen und dem unteren Lauf ein und desselben Gewässers zu erzeugen, gewann hier, wo die Saale mäanderartig fast sich selbst mit 16 m Höhenunterschied tangiert, ab 1917 (Erwerb der Wasserrechte der »Ludwigshütte« durch die Carl-Zeiss-Stiftung) praktische Wirksamkeit. Im Zusammenhang mit der Verwirklichung des autarken Energieprogramms des Zeiss-Konzerns (→ Jena, Zeiss-Werke) entstanden nach Plänen von Rudolf Straubel durch die Firma Dyckerhoff & Widmann AG Nürnberg 1920–22 der 624 m lange, 3,28 m weite Druckstollen mit ringförmigem Wasserschloß unter dem Conrod-Berg, das mit Schützenwehr und Krananlage (für den Transport fast sämtlicher Baumaterialien und Aggregate durch den Stollen hindurch) ausgestattete *Einlaufbauwerk* – eine Stahlbetonrahmenkonstruktion mit steilem Satteldach – und auf der Flur der Nachbargemeinde Paska in bislang ungestörter felsiger Tallandschaft das Wohn- und Verwaltungsgebäude sowie das *Turbinenhaus* mit 10000-V- und 50000-V-*Schalthaus*. Das Turbinenhaus zeigt eine charakteristische Staffelung (Turbinen-Teil: Stahlbetonrahmen-Hallenkonstruktion, außen ziegelverkleidet, unter traditionellem Steildach; 10000-V-Schalthaus: fünfgesch. turmartiger Stahlbetonbau mit Flachdach und umlaufender Galerie; 50000-V-Schalthaus: Stahlbetonbau, ebenfalls mit Flachdach) – insges. eine höchst bemerkenswerte architektonische Leistung zwischen Traditionalismus und Moderne. Schon beim Bau der Anlage war abzusehen, daß der Rückstau des → Hohenwarte-Staudamms Betriebsbeschränkungen zur Folge haben würde; deshalb der Standort der Energieanlagen in beträchtlicher Höhe über dem unteren Saalespiegel. Der Rückstau führte 1956 erstmals zur längeren Betriebsunterbrechung, 1960 schließlich zur Auflassung, danach zur Verwahrlosung und teils gedankenlosen, teils systematischen Plünderung.

**Brücken** und **Tunnels** der Eisenbahnstrecke Triptis–Lobenstein. Auf 7 km der 1894/95 angelegten, eingleisigen normalspurigen Eisenbahntrasse reihen sich allein 5 Tunnels aneinander. Sie und die weitestgehend aus der Entstehungszeit der Strecke erhaltene Brücken machen die Verkehrsanlage zu einer der technikgeschichtlich interessantesten ihrer Art in Mitteldeutschland. Nördlich vom Bahnhof Z. der **Plothenbachtal-Viadukt**, eine 16 m hohe rustizierte Natursteinbrücke mit 3 gleich weit gespannten Bögen sowie mit 3 Nebenbogen über den Pfeilern, und der 105 m lange **Kirchberg-Tunnel**, südlich der **Saaleviadukt** über dem Mühlgraben der »Fernmühle«, die Saale und die Straße nach Lobenstein, 18 m hohe, ebenfalls eine Natursteinbrükke, 18 m hoch, mit mäßig gekrümmter Gradiente und 7 Hauptbogen, der mittlere der 3 gleich weitestgespannten Bogen wurde 1945 gesprengt, 1946 in Beton wiederhergestellt, ferner der 181 m lange **Hemmkoppentunnel**, mit Baudatum »1894« im rustizierten Portal unter kräftigem Konsolgesims; danach der 109 m lange **Schweinbachtunnel**, und hinter dem Haltepunkt Liebschütz der 72 m lange **Mühlbergtunnel I** sowie der 118 m lange **Mühlbergtunnel II**. Zwischen Liebschütz und Lückenmühle der **Ziemestalviadukt**, eine 36 m hohe genietete Stahlbrücke; ihr Fachwerk-Gleiskörperträger ist 120 m lang, mit gekrümmter und geneigter Gradiente, auf Fachwerkstützen, deren Rahmenstiele, Riegel und Streben selbst in Fachwerk konstruiert sind; 1928 wurden die Fundamente erneuert, 1929 die Stahlkonstruktionen saniert. *HW*

Lit.: Mittelsdorf; Wirth, 1990, 391–393.

## Ziegra-Limmritz (Döbeln/G 4) FS

Zu den schwierigsten Baulosen der Niedererzgebirgischen Bahn Riesa–Chemnitz (29. 8. 1847 Riesa–Döbeln; 22. 9. 1847 Döbeln–Limmritz; seit dem 31. 12. 1850 Teil der Sächs. Staatsbahn; 1. 9. 1852 Limmritz–Chemnitz) zählt die Überbrückung des tiefeingeschnittenen Zschopautales. Unmittelbar nach dem **Limmritzer Tunnel** (L 128 m) wird die Trasse in 38 m Höhe auf einer Länge von 270 m durch 14 Steinbögen gestützt, um kurz vor Waldheim das Dietenmühlental auf ähnlicher Konstruktion (L 210 m, H 49 m) zu queren. Südlich Waldheim der Kriebethalviadukt mit Eisenfachwerkbindern über 5 Öffnungen, die auf Gerüstpfeilern in räumlichem Fachwerk gelagert sind. *VR*

Lit.: Kirsche/Müller, 248; Erler/Schmiedel, 166, 209.

## Zittau (Löbau-Zittau/G 6) FS

Der **Bahnhof**, 1848 erbaut, entwickelte sich zu einem Knotenpunkt für 6 Linien und wurde deshalb mehrmals erweitert. Das urspr. *Empfangsgebäude* ist eine großzügige, neugotisch dekorierte fünfteilige Anlage mit zwei- bis dreigesch. Flügel- und Verbindungsbauten. Vor dem Gebäude, seitlich versetzt, die Bahnsteiganlagen der heute noch *dampfgetriebenen Schmalspurbahn* nach Oybin und Jonsdorf. Wenig östlich des Bahnhofs überquert die Bahnstrecke nach Liberec die Neißeniederung und damit die Grenze zu Polen mit einem 745 m langen, 1848 vollendeten **Viadukt** von 13 m mittlerer Höhe. Die 34 Bogen verschiedener Weite wurden in Sand- und Phonolithsteinen gemauert. Bei Erneuerungen 1965–68 blieb die Originalform weitestgehend erhalten. *KD*

**Zwirnerei, Nähfaden- & Strickgarnfabrik Hermann Schubert** (Äußere Oybiner Straße 16). Aus der 1862 gegr. Färberei und Blaudruckerei entwickelte sich rasch ein industrielles Unternehmen, das sich in einem um 1870 an der Mandau errichteten Gebäude auf die Färberei und Veredelung von Garnen und Zwirnen konzentrierte. Die heute ein trapezförmiges Grundstück füllende Fabrikanlage prägen die dreigesch. Backsteinrohbauten der Zwirnerei (1902) und Nähfadenfabrikation (1904) im romanisierenden Industrie-Jugendstil. Pilaster rhythmisieren die über den großflächigen Korbbogenfenstern des EG triforisch von Segment- und Rundbögen durchbrochenen Fassaden unter flachem, axial von gewölbten Gaupen bestimmtem flachgeneigten Walmdach. Die Nordfassade durch einen Treppenturm unter Glockendach, das Gebäude (1904) von 2 durch einen Viertelkreis verbundenen, viergesch. verglasten Risaliten akzentuiert. Die Verwaltung von 1910 in neoklassizistischen Formen mit vereinfachten Kolossalpilastern; die als Stahlbetonskelettbau mit Klinkerverkleidung ausgeführte Erweiterung von 1930 vertritt zurückhaltend die Gestaltungsprinzipien der 1920er Jahre. *VR*

Lit.: Bauten der Technik und Industrie, 148; Berger; Feuereissen; Schmidt/Theile.

## Zörbig (Bitterfeld/F 3) SA

Südl. des Ortes (Landstraße nach Landsberg) beherrscht das sechsseitige Prisma des **Wasserturms** für die Ortsversorgung die flache Landschaft. Die glatten Klinkerflächen des Schaftes durchbrechen nur wenige schmale Fenster, als schmückendes Beiwerk dienen die verzahnten, im 1. OG zu Ecklisenen erweiterten Kanten. Ein Spitzbogenportal verbindet den Turm mit dem zwischen 2 Treppengiebeln – beides eine für die Architektur der 1920er Jahre typische Wiederaufnahme gotischer Elemente des Historismus – eingespannten Betriebs- und Wohngebäude. Unter farbig gefaßten Stadtwappen im Türsturz des Turmes 1929 datiert. *VR*

## Zossen (Teltow-Fläming/E 5) BG

**Kalkschachtöfen mit Beschickungsbühne und Aufzug** (Wasserstraße 5). Die beiden Kalköfen liegen inmitten der Stadt unmittelbar am Nottekanal, auf dem der in → Rüdersdorf gebrochene Kalkstein in Kähnen nach Z. transportiert wurde. Der erste Kalkofen wurde um 1850, der zweite 30 Jahre später in Betrieb genommen. Bei beiden handelt es sich um gemauerte Rundöfen mit Steifbändern und kegeligem Aufsatz. Ihr Durchmesser beträgt an der Basis 7 m, ihre Höhe etwa 18 m. Die nach dem System Lösche errichteten Brennöfen arbeiteten im kontinuierlichen Betrieb. Ihre Beschickung erfolgte durch eine Öffnung in der Haube mit Hilfe eines Aufzugs. Hinter einem gedeckten Umgang in halber Höhe befinden sich 3 Öffnungen für die Feuerung. Der

Kalkschacht diente zugleich als Feuerzug. Über die Entleerungsöffnung an der Ofensohle wurde der gebrannte Kalk täglich zweimal entnommen. Aus 300 kg Kalkstein, dem Fassungsvermögen eines Ofens, gewann man 150 kg gebrannten Kalk. Die Jahresproduktion von 20 000 bis 25 000 kg Branntkalk wurde vorwiegend in die Niederlausitz und die Gebiete südlich Berlins geliefert. Beide Kalkschachtöfen wurden um 1922 stillgelegt. *WT*

## Zschorlau (Aue-Schwarzenberg/H 4) FS

● **Fördergerüst des Türkschachtes.** Z. liegt im Schneeberger Bergbaurevier. Infolge der Modernisierung des 1838 geteuften Tagesschachtes der Grube Türk erhielt dieser 1887 gemeinsam mit einer Dampfgöpelanlage ein Stahlfördergerüst. Bis 1956 wurde das Fördergerüst noch durch die Wismut AG genutzt. Während alle anderen übertägigen Anlagen der Grube verschwanden, blieb das Gerüst stehen. 1984/85 repariert und konserviert. *ST*

*Zschorlau. Türkschacht, Fördergerüst*

## Zschornewitz (Wittenberg/F 3) SA

Für die kriegswichtige, doch energieintensive Stickstoffproduktion in Piesteritz entstand durch die AEG-Tochtergesellschaft »Elektrowerke AG« nach technischer Planung von Georg Klingenberg und Entwurf des Architekturbüros Walter Klingenberg & Werner Issel 1914–15 unter Ausnutzung der bereits 1846 bei Golpa und 1911 bei Z. erschlossenen Lagerstätten das damals größte **Braunkohlekraftwerk** Europas mit hohem architektonischen Anspruch. Das mit ersten Aggregaten am 15. 12. 1915 ans Netz angeschlossene Dampfkraftwerk galt mit 800 Mio. kWh Jahresenergieerzeugung um 1930 weltweit als das größte unter den Kohlekraftwerken. Lediglich 2 Jahre lief die Produktion im gleichzeitig errichteten Elektro-Nitrium-Werk, das 1917 nach einer Explosionskatastrophe nicht wiederaufgebaut wurde. An das 1992 stillgelegte, 1993–94 in den wesentlichen Teilen (Kesselhaus, Schornsteine, Maschinenhalle und Kühltürme) abgebrochene Kraftwerk erinnert außer dem aus einer in Dreiecke aufgelösten Tragkonstruktion aufsteigenden Rotations-Hyperboloid des 1927 betonierten *Kühlturms* lediglich ein letzter, museal aufbereiteter Rest der *Maschinenhalle* und die *Schaltwarte*. – Dem Kraftwerk südl. vorgelagert ist eine ausgedehnte, den Gartenstadtgedanken aufnehmende **»Kolonie«** für die Beschäftigten des Werkes nach Entwürfen des Dresdner Architekten Gustav von Mayenburg (1. Bauabschnitt) und Klingenberg & Issel, die im wesentlichen zwischen 1915 und 1930 einschließlich der Infrastruktur (Schulen, Post, Markt, Gasthaus) realisiert wurde. – Seit Anfang der 1990er Jahre entwickelt die Stiftung Bauhaus Dessau die Idee des **»Industriellen Gartenreichs«** mit einem »Lehrpfad der industriellen Wandlung« durch die vom Braunkohleabbau geprägte Landschaft um Z., der eindrucksvoll am Kunstort »Ferropolis« mit am Steilhang des ehem. Braunkohletagebaus Golpa-Nord (bei Gräfenhainichen) plazierten Abbau-Großgeräten beginnt und südl. von Z. an der Außenkippe Gröbern endet. *VR*

Lit.: Reiß.

## Zühlsdorf (Oberhavel/D 5) BG

**Bahnhof.** Für die verkehrstechnische Erschließung des Berliner Nordens spielte die Niederbarnimer Eisenbahn eine wichtige Rolle. Die urspr. nur als Bedarfshaltepunkt vorgesehene Station am Rand der Gemeinde erhielt mit ihrer gestiegenen touristischen Bedeutung kurz vor dem 1. Weltkrieg ein repräsentatives *Empfangsgebäude* mit angebautem Güterboden. Die Architekturformen, u. a. ein die Fassade dominierender, bis zum First reichender Giebel mit Mansarddach an der Bahnsteigseite, erinnern an den sog. Landhausstil. Links und rechts vom Ortsnamen ist ein Schmuckelement aus Ziegelmauerwerk angebracht. Platzseitig wird der Landhauscharakter durch Gliederung und Fensteranordnung betont. *WT*

## Zützen-Sagritz (Dahme-Spreewald/E 5) BG

**Mühlengehöft Kanow-Mühle.** Im Kartenwerk des ehemals sächsischen Kreises Luckau aus der Zeit um 1813 ist eine Wassermühle am gleichen Standort verzeichnet. *Mühlengebäude* und *Müllerwohnhaus* bilden einen L-förmigen Grundriß. Die urspr. Backsteinarchitektur ist nur noch am Mühlengebäude von 1852 ablesbar. Im Oktober 1924, so die Baugenehmigung, wurde an das Mühlengebäude ein *Turbinenhaus* angebaut, ein kleiner Fachwerkbau mit Satteldach.

Die **Wasserkraftanlage** bestand urspr. aus einem freistehenden unterschlächtigen Wasserrad mit einem Durchmesser von etwa 5 m. 1924 hat man das Wasserrad durch eine *Francisturbine* mit einer Leistung von etwa 6,5 PS bei 110 Umdrehungen ersetzt. Diese Turbine trieb über ein offenes Winkelgetriebe mit Regler über eine Vielzahl von Transmissionen alle Mühlenmaschinen, zeitweise auch Ölpressen, an. Zur Erzeugung elektrischer Energie diente ein *Generator*, der von einem kompressionslosen einzylindrigen *Dieselmotor* angetrieben wurde. Mit dem Anschluß an die Stromversorgung aus dem öffentlichen Netz im Jahr 1953 wurden diese Anlagen stillgelegt. Mit der Abmeldung des Gewerbes 1973 wurde der Mühlenbetrieb eingestellt. Sowohl *Scheune* als auch *Stallgebäude* sind original erhalten. Die beiden relativ großen Gebäude sind in Backstein aufgeführt. Markant für die Scheune sind ihre beiden großen hölzernen Schiebetore. Das lange Stallgebäude hat in der Längsseite und in den Giebeln stichbogige Fenster und Türen. Hölzerne Flügeltüren verschließen die Speicher im Drempel. Der Zugang zum *Erdkeller* ist portalartig gestaltet. *WT*

## Zwickau (Zwickau/G 4) FS

**Bahnhof.** Als die Sächsisch-Bayerische Eisenbahngesellschaft am 6. 9. 1845 auf der Strecke Werdau–Z. den Betrieb eröffnete, hatte sie wohl weniger den Personenverkehr im Sinn als das Frachtgutgeschäft, nachdem 1838 Bohrungen im Stadtgebiet gewinnträchtig abbaubare Steinkohlevorkommen aufgezeigt hatten. Innerhalb des folgenden Vierteljahrhunderts entwickelte sich Z. zu einem Verkehrsknotenpunkt. Ende des 19. Jh.s galt dieser Bahnhof als der verkehrsreichste Sachsens, dessen 1845 entwickelte Konzeption trotz mehrerer Umbauten den steigenden Ansprüchen nicht mehr gewachsen war, aber erst 1933–36 nach Entwurf von Reichsbahnoberbaurat Falk nach vorheriger Modernisierung der Gleisanlagen und ihres Umfeldes ein neues, die alte Keillage berücksichtigendes *Empfangsgebäude* in der Tradition der Neuen Sachlichkeit erhielt. Den mehrfach abgewinkelten Klinkerbau mit Lochfassade akzentuiert der in der Höhenentwicklung überragende, von 5 Kolossallisenen aus Werkstein zwischen rahmenden Eckpilastern geprägte Risalit der Eingangshalle. *VR*

**Gaswerke** (Kleine Biergasse). 1851 wurde der Aktienverein für Gasbeleuchtung der Stadt Zwikkau gegründet, 1853 ging das erste Gaswerk in Betrieb, das bereits 1857 um einen Gasbehälter erweitert wurde (1870 umgebaut), erneut 1886. – **Röhrensteig** (Z.–Schedewitz–Oberhohndorf). Eine seit 1536 belegte Konstruktion über die Zwickauer Mulde ersetzte 1750 eine Hausbrükke von 60,5 m Länge (B 2,3 m) aus 3 auf Granitpfeilern abgesetzten Hängesprengwerken, die lediglich noch auf einer Länge von 38 m überdacht sind. Sie führte Trinkwasser aus dem Reinsdorfer Grund zur Stadt. *ST*

**Paradiesbrücke** (Äußere Dresdner Straße). Die um 1890 als genietetes Stahlfachwerk über die Zwickauer Mulde erbaute Brücke (L 58 m; B 13 m) besteht aus zwei Teilen, die mit je 28 m Spannweite auf einem aus Naturstein gemauerten, portalartigen Strompfeiler aufliegen. Die Mittelpylone des Stahlfachwerks sind mit neugotischen Details verziert. *OW*

**Textilindustrie.** 1884 gegr., bezog die Gardinen- und **Tüllweberei »Hoffmann, Fischer & Co.«** 1896 einen Neubau (Werdauer Straße 18), der als gelber Backsteinrohbau mit romanisierenden Fassaden, rhythmisiert durch Lisenen, horizontal betont durch Gurte und abschließendes Konsolgesims, dem zeitgenössischen Industriebau entspricht. Die Erweiterung von 1910 (Lutherstraße) übernimmt in den Brüstungen die horizontale Gliederung, läßt aber in den vertikalen Gestaltungselementen die Eisenbeton-Skelettkonstruktion deutlich erkennen. – 1890 als Gardinen- und Tüllweberei von **Landmann & Hellwig** in Z.-Marienthal (Seilerstraße 1) gegründet, zeigen die zwischen 1890 und 1910 entstandenen Backsteinrohbauten des Unternehmens in den Fassaden den Übergang von Historismus zum Reformstil. *VR*

Lit.: Bauten der Technik und Industrie, 194, 197; Berger, 92.

## Zwönitz (Stollwerk/H 4) FS

**Papiermühle Niederzwönitz.** Die bereits seit Anfang des 17. Jh.s an dem Ort existierende Papiermühle erhielt ihr heutiges Aussehen als zweiflügeliges Fachwerkgebäude 1850. 1847 wurde sie als Pappenfabrik eingerichtet, welche bis 1972 produzierte. Der stillgelegte Betrieb mit all seinen ehemals durch Wasserkraft getriebenen Maschinen (Kugelhocker, Kollergang, Holländer, Papiermaschine und Presse) dient heute als Museum. In einem kleinen Nebengebäude wurde eine Papiermacherwerkstatt eingerichtet. *ST*

Lit.: Wagenbreth/Wächtler, 1989.

# ANHANG

# Glossar

**Allegorie** bildliche, meist personifizierte Darstellung von unanschaulichen Begriffen und Vorstellungen
**Altan** vom Boden aus gestützter Balkon
**Apsis** zumeist mit einer Halbkugel überwölbte Nische eines Hauptraumes, kanonisiert in der röm. Architektur; in der christl. Baukunst Abschluß des Chores
**Abteufen** einen Schacht von oben nach unten herstellen
**Aquädukt** oft mehrgeschossige Bogenbrücke zur Aufnahme einer Wasserleitung
**Archaisch** altertümlich, uranfänglich; Bezeichnung für eine Kunstepoche des antiken Griechenland

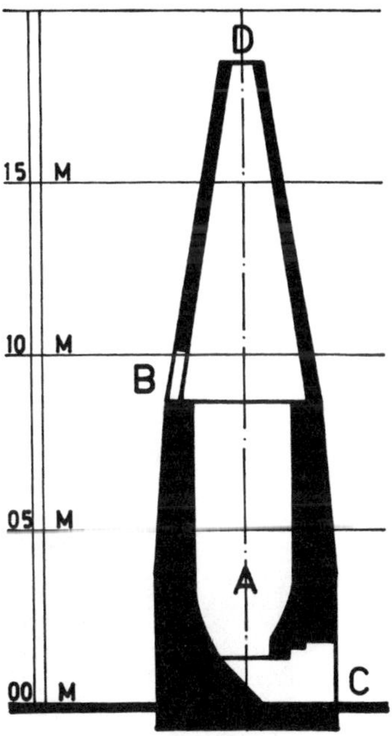


*Abb. 1 Schachtofen (ab ca. 1870, für Kalk und Zement)*
*A Brennraum mit wechselnden Schichten von Brennmaterial und Brenngut*
*B Beschickungsboden*
*C Abzugsöffnung*
*D Schornstein*

**Architrav** Hauptbalken
**Arkade** Bogenstellung
**Aspirateur** Getreidereinigungsmaschine mit Sieben und saugendem Luftstrom
**Attika** dem Hauptgesims eines Bauwerkes aufgesetzte niedrige, geschlossene Wand
**Attikageschoß** niedriges Obergeschoß an Stelle einer Attika
**Aufbereitung** Trennung von Kohle/Erzen von Nebengestein sowie Sortieren
**Aufbrechen** einen Schacht von unten nach oben herstellen
**Ausgehendes** Ausstreichendes, Ausbiß; Schnittlinie der Fläche einer Lagerstätte mit der Erdoberfläche

**Bahnhof** zusammenfassender Begriff für alle baulichen und technischen Funktionseinheiten der Eisenbahn im Zusammenhang mit einer geplanten und terminierten Fahrtunterbrechung. Dazu gehören Empfangsgebäude (Typologie der Hauptbahnhöfe s. U. Krings), Güterumschlagseinrichtungen (Schuppen, Ablaufberge etc.), Gleiskörper, technische Hilfseinrichtungen (Stellwerke, Schranken, Signalanlagen inkl. Spann- und Übertragungsvorrichtungen etc.), Brücken bzw. Unterführungen, Werkstätten mit Hilfseinrichtungen (Lokschuppen, Drehscheiben etc.), Toilettenanlagen, Wartehallen, Verwaltungs- und Wohngebäude
**Bansen** Kohlebansen, Schuppen
**Basilika** mehrschiffiges Gebäude mit zumeist überhöhtem Mittelschiff
**Bewetterung** Belüftung eines Bergwerkes
**Bobine** (Spule) *s.* Spinnen
**Bockwindmühle** (Abb. 10, A) auf einem zumeist pyramidenförmig konstruierten hölzernen Bock in seiner Gesamtheit (inkl. Mahlwerk) drehbar gelagertes Mühlengehäuse. Seit der 2. Hälfte des 12. Jh.s in Mitteleuropa nachgewiesen
**Bogendach** *s.* Bohlendach
**Bohlendach** Dachkonstruktion mit gekrümmten, aus Bohlen zusammengesetzten Sparren (a) nach dem System des Philibert de l'Orme (16. Jh.) mittels Holz- oder Eisennägeln, besser

durch Schrauben verbundene, krumm (in der Art eines Felgenkranzes hölzerner Wasserräder) zugeschnittene Brettlagen bis ca. 1,5 m oder (b) nach dem 1819 von Emy vorgeschlagenen System möglichst langer, zylindrisch gebogener und nach der Art von Blattfedern fest miteinander verschraubter Bohlen

**Braunkohle** durch Druck und Luftabschluß im Tertiär (rund 50 Mio. Jahre) aus Pflanzen entstandener Brennstoff unterschiedlicher Konsistenz: die durch dunkelbraune Farbe und erdigen Strich erkennbare gemeine Braunkohle enthält im grubenfeuchten Zustand bis zu 50 Gewichtsprozente Wasser; ausgesprochenen Holzcharakter zeigen die festeren Arten Lignit (fossiles Holz) und die der Steinkohle ähnliche Pechkohle, die in einer strukturlosen, zähen und politurfähigen Variante als Gagat seit der Antike zu Schmuckgegenständen verarbeitet wurde

**Brennöfen** (Abb. 1–3, 7) zur Herstellung von Ziegeln, Tonwaren, Porzellan, Kalk und Zement. Nach Art der Ausführung werden grundsätzlich Öfen mit intermittierendem und kontinuierlichem Betrieb unterschieden. Die Tonwarenherstellung – gewöhnliche Töpferware aus eisenhaltigen, gelb- oder rotbrennenden Tonmergeln; Steingut, Steinzeug und Porzellan aus weißbrennenden Tonen (Kaoline) mit variierenden Zuschlägen – gehört zu den ältesten von Menschen ausgeübten Gewerken. Die Brenntechnik jedoch basierte mit Ausnahmen im Detail bis zum Beginn des 19. Jh.s auf dem Prinzip des Meilerofens, bei dem die zu brennende Charge, durchmischt mit Brennmaterial, ähnlich wie beim Holzkohlemeiler luftdicht abgeschlossen, während des Brennvorganges sich selbst überlassen blieb. Nachteile: bis zu 40% Fehlbrand, hoher Energieverbrauch und Zeitverlust durch Abkühlen, Abbruch, Abräumen der Charge und Neuaufbau. Allein **Schachtöfen,** wenn sie zum Brennen von Kalk, Zement und Schamotte benutzt wurden, ließen wirtschaftlicheren, kontinuierlichen Betrieb zu. Mit dem 1827–28 entwickelten Kassler Flammofen – dessen Feuer sich durch Beschickung mit Brennmaterial von oben auf den am Ende angeordneten Schornstein zubewegt – in der Weiterentwicklung zu Zwei- und Mehrkammeröfen konnten auch die Brenngase für den Vorbrand der Nachbaröfen genutzt werden – zeigte Oberbergrat Henschel den Weg zum kontinuierlichen Betrieb bei der Ziegelherstellung. Den immensen Bedarf der Bauindustrie an gebrannten Mauersteinen in der 2. Hälfte des 19. Jh.s erfüllte erst der von Friedrich Eduard Hoffmann und A. Licht entwickelte (1858 in Preußen patentierte) kreisförmige (später ovale) **Ringofen** mit fortschreitendem Feuer, der durch die Gleichzeitigkeit von Beschicken, Brennen und Entleeren erstmals echten kontinuierlichen Betrieb ermöglichte. Heutige Brennöfen (**Tunnelöfen**) arbeiten mit der Umkehrung des Hoffmannschen Prinzips: Das Brenngut, auf Wagen geschichtet, bewegt sich durch ein feststehendes Feuer

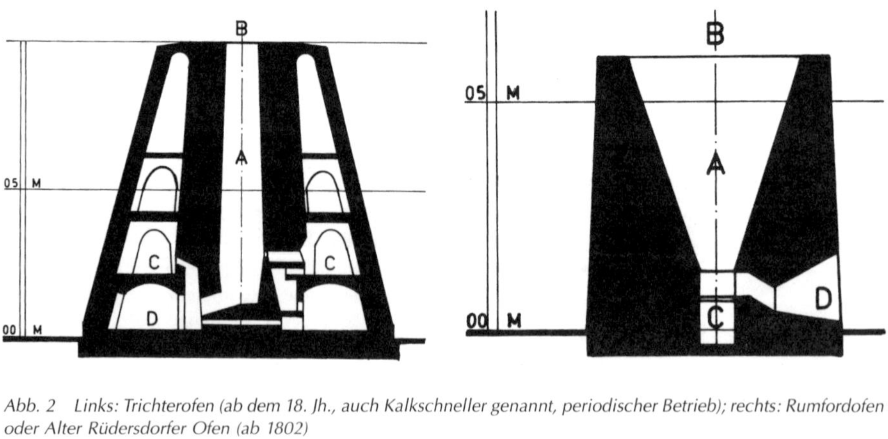


*Abb. 2 Links: Trichterofen (ab dem 18. Jh., auch Kalkschneller genannt, periodischer Betrieb); rechts: Rumfordofen oder Alter Rüdersdorfer Ofen (ab 1802)*

*A Brennraum*
*B Beschickungsebene*
*C Feuerung*
*D Abzugsöffnung*

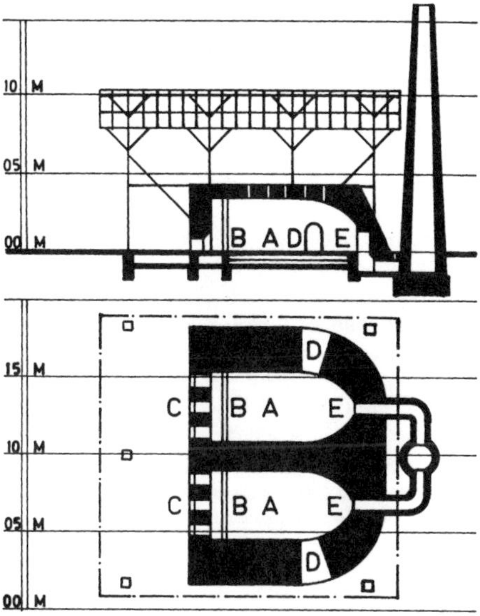


*Abb. 3 Kasseler Ofen*
*A Brennraum*
*B Schildwand*
*C Befeuerungsroste*
*D Ein- bzw. Auskarrtüren*
*E Abzug zum Schornstein*

**Brikett** (frz. **briquette** ›Steinchen‹) in verschiedenen Formen gepreßte Kohlen oder Erze, vorrangig bitumenarmer Braunkohle: handelsüblich ursprünglich **Naßpreßsteine** aus an der Luft getrocknetem, in Ziegelgröße geformtem Brei aus gemahlener Kohle und Wasser; handelswichtiger das aus der durch Darren wasserreduzierten gemahlenen Rohkohle unter hohem Druck zu einer kompakten Masse verdichtete **Brikett**
**Brikettierung** Verfahren zur Herstellung von allgemein einsetzbarem Brennmaterial durch Trocknung der gemahlenen Rohkohle (vorn. Braunkohle) mittels dampfgespeister Öfen und anschließender Verdichtung (bei gleichzeitiger Formgebung) unter hohem Druck, der gleichzeitig die in der Kohle enthaltenen Bitumenbestandteile durch die beim Pressen erzeugte Wärme als Bindemittel aktiviert

**Cour d'honneur** dreiflügelig umschlossener Ehrenhof barocker Schloßanlagen, in Front das Hauptgebäude (Corps de logis)

**Darre** Vorrichtung zum Trocknen von Getreide, hauptsächlich im Brauereiwesen
**Diffuseur** Apparat zur Auslaugung von Rübenschnitzeln in der Zuckerfabrikation
**Doppelstrebengerüst** (Abb. 4, C) → Strebengerüst in axialsymmetrischer Anordnung für Doppelförderung
**Dromos** Bezeichnung für einen schmalen, nach oben offenen Gang als Zugang zu den mykenischen Kammer- bzw. Kuppelgräbern (15. Jh. v. Chr.)
**Düker** zur Querung von Gewässern (auch anderer Hindernisse) verlegtes Rohr, funktionierend nach dem Prinzip komm. Röhren
**durchörtern** durchschlagig werden, Herstellung einer Verbindung zwischen 2 Grubenräumen

**Eisen** ein in der Natur hauptsächlich als Oxyd vorkommendes Schwermetall, aus dem durch den Schmelzprozeß bei der Verhüttung **Roheisen** gewonnen wird, das mit einem Kohlenstoffgehalt über 1,5–1,7% mechanisch durch Schmieden, Walzen, Hämmern oder Pressen nicht bearbeitet werden kann. Durch Reduktion des Kohlenstoffs mittels erneutem Schmelzen und Frischen (Oxydation durch Sauerstoffzufuhr, Wind) entsteht Stahl: **Schweißstahl** im offenen Feuer; **Puddelstahl** als teigige, schlackenhaltige, gut schmiedbare »Luppe« nach dem von Henry Cort entwikkelten, 1783 patentierten Verfahren; **Flußstahl** bei Temperaturen um 1650°C im Windfrischverfahren in birnenförmigen Konvertern: aus siliciumreichem, phosphorarmem Roheisen in der **Bessemer-Birne** mit sog. saurer Ausmauerung (feuerfeste Steine); aus phosphorreichem, siliciumarmem Roheisen nach dem **Thomas-Verfahren** mit basisch ausgemauertem Konverter unter Zugabe von Kalk; energiesparend durch Regenerativgasfeuerung in **Siemens-Martin-Öfen** (Emile und Pierre Martin 1864, Friedrich Siemens 1856) mit definiertem Kohlenstoff- und Legierungsgehalt
**Elevator** Fördereinrichtung mit kontinuierlichem Betrieb
**Englischer Bock** *s.* Tomson-Bock
**Exzenter** eine Scheibe, die nicht im Mittelpunkt einer Welle gelagert bzw. nicht kreisförmig ist, damit nicht (= ex)-zentrische Bewegungen steuert

**Fahrkunst** mechanisch gegenläufig bewegtes

Gestänge zum erleichterten Ein- und Ausfahren der Bergleute

**Fasche** äußere Umrahmung einer Gebäudeöffnung in Putz

**Fase** abgeschrägte Kante (gewöhnl. unter 45°)

**Feise** Speicher

**Feldgestänge** übertägige, fast ausschließlich hölzerne Konstruktion zur Kraftübertragung im Bergbau zwischen Wasserrad und Betriebsmaschine (z. B. Pumpe; als vertikales **Treibgestänge** auch zum Antrieb der Seilkorbwelle in der Schachtförderung eingesetzt) aus auf Pendelstützen (Schwingen) gelagerten Balken. Richtungsänderungen ermöglichen Winkelhebel (vertikal: **Bruchschwingen** oder **Kunstkreuze;** horizontal: **Wendedocken**)

**Feuerbake** Lichtsignal in der Schiffahrt

**Fiale** reich verziertes, schlankes türmchenartiges Gebilde zur Unterstützung gotischer Großformen

**Fördergerüst** (Abb. 4, A–C) Seilstützkonstruktion im Bergbau zur Umlenkung des von schachtferner Maschine angetriebenen Förderseiles in den Schacht

**Förderturm** (Abb. 5, A–D) Seilstützkonstruktion im Bergbau mit über dem Schacht angeordneter Fördermaschine

**Fries** schmaler, glatter oder ornamentierter Streifen zur Abgrenzung bzw. Teilung einer Wandfläche

**Friktionswinde** auf dem Reibungswiderstand basierende Konstruktion

**Galerieholländer** *s.* Holländerwindmühle

**Gasbehälter** (fälschlich nach der die Füllmenge anzeigenden Armatur **Gasometer** genannt) Speicher und Ausgleichsbehälter für schwankenden Bedarf des seit dem 1. Viertel des 19. Jh.s sich als Energiemedium durchsetzenden, aus Harz oder Kohle durch Verschwelen gewonnenen Leucht(Stadt)gases. Der klassische Behälter, konzipiert für etwa 75% Fassungsvermögen des täglichen Maximalbedarfs, besteht aus einem nach unten abdichtenden Wasserbassin und ei-

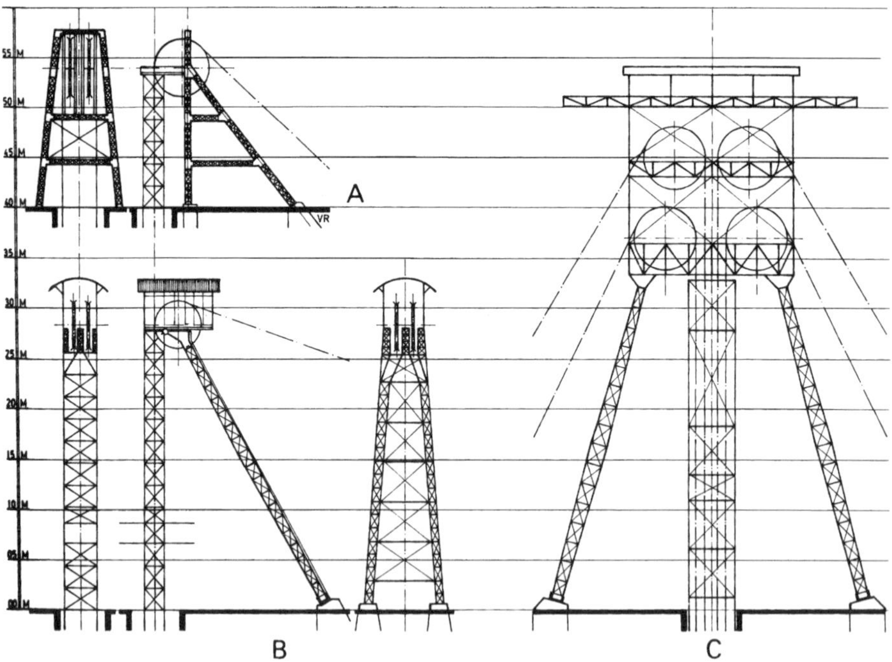


*Abb. 4 Fördergerüste im Bergbau*
*A Tomson-Bock*
*B Strebengerüst*
*C Doppelstrebengerüst*

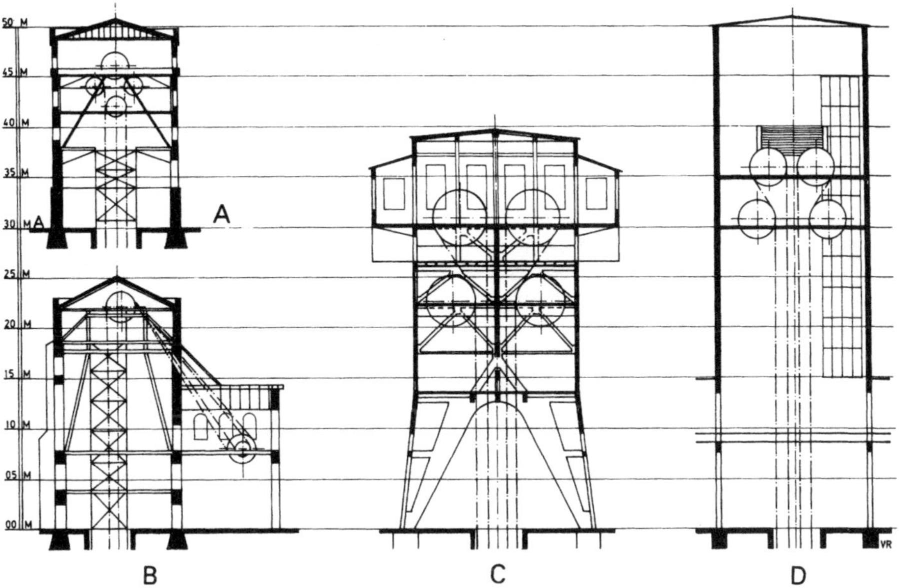


*Abb. 5 Fördertürme im Bergbau*
*A Förderturm ab 1877*
*B Malakowturm ab 1855, mit Fördermaschinenhaus*
*C Sog. Hammerkopfturm*
*D Moderner Förderturm ab 1928*

nem ein- oder mehrteiligen, je nach Gasdruck sich vertikal innerhalb einer Stützkonstruktion (freistehendes Eisengerüst oder eingebunden in ein massives Mantelbauwerk) bewegenden zylindrischen Speicherraum (**Glocken-** oder **Teleskopbehälter**); **Scheibengasbehälter,** in denen sich eine zum Rand des Mantels hin abgedichtete Scheibe dem Gasdruck anpaßt, wurden seit dem 1. Viertel des 20. Jh.s für ein Speichervolumen von über 100 000 m³ gebaut

**Gaupe** in der Dachfläche stehendes Dachfenster

**Gekoppelt** Zusammenschluß mehrerer gleichartiger Bauteile durch gemeinsames Verbindungsglied, z. B. Zwillings- (Biforium) oder Drillingsfenster (Triforium)

**Gerechtsame** Bergwerkseigentum, Nutzungsrecht

**Gewerkschaft** historische Rechtsform einer Bergwerksgesellschaft

**Göpel** Winde (Haspel), betrieben durch menschliche, tierische oder maschinelle Kraft

**Gradi(e)r-/Tröpfelwerk** mit der Breitseite der Hauptwindrichtung zugekehrte, mit Schwarzdorn gefüllte Holzkonstruktion zur Erreichung einer für die Versiedung notwendigen Konzentration der natürlich vorkommenden Kochsalz-(NaCl)-Lösung (Sole) durch relativ schnelle Verdunstung des Lösungswassers auf der von den Dornen gebildeten großen Oberfläche; gleichzeitig Abscheidung des schwer löslichen Calciumsulfats als Dornstein. Zur industriellen Kochsalzgewinnung heute ohne Bedeutung; dafür Nutzung der mit Gradierwerken erzeugten kochsalzgeschwängerten Luft zu Heilzwecken in Badeorten mit Solequellen

**Hängebank** heute meist geschlossene Halle über dem Schacht für den Umschlag der Fördergefäße/-wagen

**Hammerkopfturm** (Abb. 5, C) Sonderform des → Förderturmes bei Doppelförderung mit zweiseitigen Auskragungen zur Aufnahme der Fördermaschinen

**Hammerwerk** (Eisenhammer) Bezeichnung für Betriebe, in denen das in den Eisenhütten gewonnene Rohmaterial durch Schlagen oder Pressen zu Halb- oder Fertigprodukten umgeformt wird. Menschliche Anstrengung ersetzte seit dem 16. Jh. die Wasserkraft, abgelöst im 19. Jh. durch dampfbetriebene Fallhämmer. Bei den mittels Wasserkraft betriebenen Hämmern übertrug das Wasserrad die Drehbewegung auf eine Daumen- oder Nockenwelle, die auf das Ende des in einem Gerüst gelagerten Hammerstiels drückte und damit den Hammerkopf (Helm) anhob (**Schwanzhammer**; Abb. 6) oder zwischen Lager und Kopf von unten angriff (**Aufwurf-** oder **Brusthammer**) bzw. direkt vor dem Helm (**Stirnhammer**), um die notwendige Höhe für den Fall des Hammers zu erreichen

**Hecht** Dachhecht, sehr breite, meist über die gesamte Länge des Daches angeordnete Schleppgaupe

**Holländer** in der Papierfabrikation eingesetzte Maschine, die nach trockener Reinigung, Schneiden und Kochen des Rohmaterials dem Zerfasern der Lumpen (Hadern) dient

**Holländerwindmühle** (Abb. 10, C–D) feststehendes, in der Regel sich verjüngendes Mühlengebäude mit über Stert oder Windrose beweglicher, die Flügel aufnehmender Kappe. In massiver Ausführung (bei großer Höhe als Turmwindmühle bezeichnet) zumeist auf kreisförmigem, als Holzkonstruktion auf polygonalem Grundriß. Auf dem Erdboden errichtet die sog. Bodenmühle oder **Erdholländer,** die Laufsteg- oder **Galeriemühle** auf erhöhtem massiven Unterbau. Älteste Erwähnung der Holländermühle 1526

**Hunt** (Hund) im Bergbau für die Streckenförderung eingesetzter offener Transportwagen

**Huthaus** Versammlungsort der Bergleute, gleichzeitig Material- und Gezähelager

**Kämpfer** Auflager für Bogen oder Gewölbe

**Kämpfergelenk** bewegliches Auflager (meist bei Eisenbrücken) im Kämpferbereich

**Kalander** Appreturmaschine zur Erzeugung von Glanz und Glätte bei Geweben und Papier

**Kalotte** Kugelabschnitt mit einem Pfeil kleiner als der Kugelradius

**Kammrad** ein mit Holzzähnen (Kammen, Radkämme) bestücktes Getrieberad mit einem Radkranz aus Holz oder Eisen

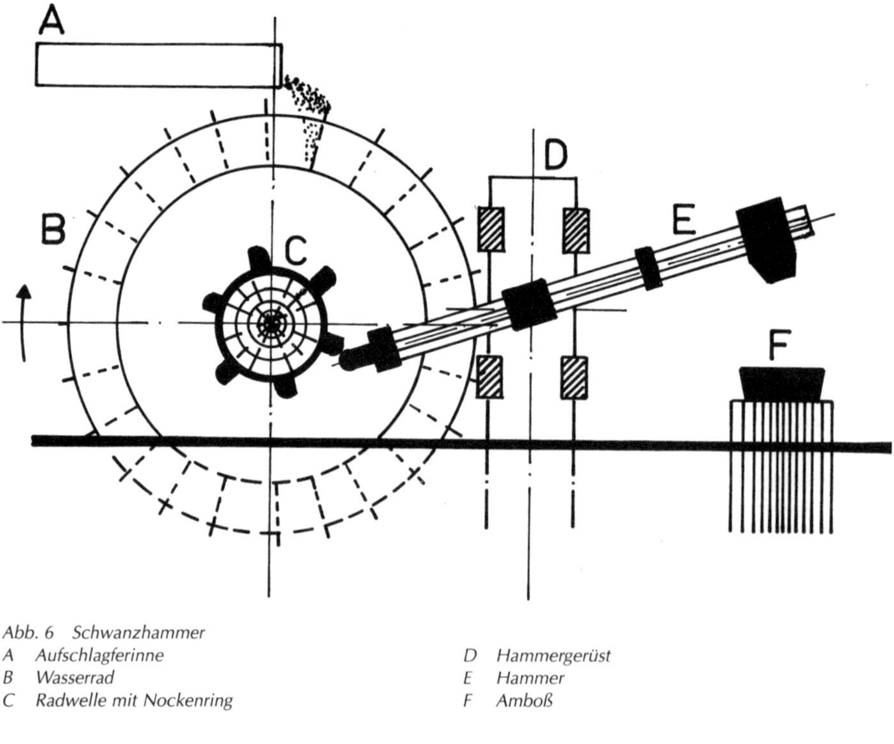


*Abb. 6 Schwanzhammer*
*A Aufschlagferinne*
*B Wasserrad*
*C Radwelle mit Nockenring*
*D Hammergerüst*
*E Hammer*
*F Amboß*

**Kannelur** (kanneliert, lat. *canna* ›Rohr‹) rinnenförmige Auskehlung der antiken Säulen
**Kappendecke** flaches, einseitig zwischen Rippen gespanntes Gewölbe
**Kaue** (Waschkaue) Umkleide- und Waschraum
**Kehrrad** für die Schachtförderung im Bergbau entwickeltes Wasserrad (erstmals beschrieben von Georgius Agricola in seinem 1556 erschienenen Hauptwerk *De re metallica libri XII*), dessen doppelte, aber gegenläufige Beschaufelung das Heben oder Senken von Lasten mittels einfacher Steuertechnik (wechselseitige Beaufschlagung) ermöglichte
**Knochenpoche** *s.* Pochwerk
**Kokille** eiserne Gußform zur Herstellung 1. von Hartguß in der Eisengießerei und 2. der für die Weiterverarbeitung (Walzen, Schmieden) geeigneten Rohformen im Stahlwerk
**Kolossalordnung** mehrere Geschosse übergreifende Pilaster oder Säulen
**Konche** (griech.-lat., ›Muschel‹) Nische mit Halbkuppel
**Krühwerk** Windrose; mech. Vorrichtung zum selbsttätigen Drehen der Haube und damit auch der Flügel in den Wind. Wirksam bei Holländermühlen
**Kunstgezeug** masch. Vorrichtung im Bergbau zum Heben von Wasser oder Fördergut
**Kupolofen** senkrechte Schachtöfen, in denen das im Hochofen gewonnene Roheisen durch Umschmelzen für die Weiterverarbeitung aufbereitet wird
**Kux, Kuxe** Anteilschein am Vermögen einer bergrechtlichen Gewerkschaft

**Lisene** vertikale Wandvorlage ohne Basis und Kapitell

**Malakowturm** (Abb. 5, B) massives Gebäude zur Aufnahme der Seilscheiben für die Schachtförderung mit einer schachtfernen Fördermaschine, benannt nach einem im Krimkrieg 1855–1856 heftig umkämpften Fort der Festung Sewastopol
**Maschikulis** (frz.) Ausgußöffnungen für Pech usw. zwischen den Konsolen eines auskragenden Wehrganges
**Mezzanin** Halb- oder Niedriggeschoß über dem Erdgeschoß oder unmittelbar unter dem Dach
**Mulegarn** *s.* Spinnen
**Mundloch** Tagesöffnung eines Stollens

**Obelisk** mit einer Pyramide abschließender, sich mäßig über quadratischem Grundriß verjüngender, meist monolithischer Steinpfeiler (ägypt.)

**Paltrockmühle** mittels Rollenkranz fast direkt über dem Erdboden in den Wind drehbarer Mühlenkasten, namensgebend dessen vertikale Verbretterung (niederdt./ndl. *paltrock* ›Faltenrock‹)
**Pansterzeug** mech. Hilfsvorrichtung zum Heben und Senken eines Wasserrades, um dieses dem aktuellen Wasserstand anpassen zu können
**Paß** (»Zirkel«) gotische Maßwerkfigur, aus Dreiviertelkreisen zusammengesetzt
**Pfeilhöhe** Gewölbehöhe (Stichhöhe) eines Bogens
**Pilaster** Wandpfeiler mit Basis und Kapitell
**Pingen** Mulden zusammengestürzter oberflächennaher Grubenbaue (Tagesbrüche)
**Plungerpumpe** nur in der Stopfbüchse des Zylinders abgedichtet
**Pochwerk** in der Industrie und in der bergmännischen Aufbereitung eingesetzte Zerkleinerungsmaschine, die mittels Stampfen (später Mahlen, Brechen etc.) das grobe Ausgangsgut für die Weiterverarbeitung vorbereitet

**Radstube** untertägiger Grubenraum zur Aufnahme von Wasser-(Kehr- bzw. Kunst-)Rädern
**Rennofen** niedriger Schachtofen zur Roheisengewinnung
**Ringziegelofen** (Abb. 7) von Friedrich Hoffmann 1858 entwickelter Ofen zum Brennen von Ziegeln, Tonwaren etc. in kontinuierlichem Betrieb mit fortschreitendem Feuer. Runder oder ovaler Grundriß mit meist zentraler Feuerung. Über den gemauerten Brennkammern – wechselweise zum Beschicken, Brennen oder Entleeren genutzt – oft mehrgeschossige Fachwerkkonstruktion als Boden zum Vortrocknen des Rohmaterials
**Risalit** in seiner ganzen Höhe aus der Fluchtlinie eines Baukörpers hervortretender Gebäudeteil
**Rösche** der Wasserhaltung im Bergbau dienender, meist künstlich angelegter Graben
**Roheisen** eine mittels Beigabe von Kohlenstoff (Holzkohle, Koks) durch reduzierendes Schmelzen von zumeist natürlichen Eisenoxyden im →Schacht-, →Rennofen erzeugte Eisenlegierung mit einer in Abhängigkeit von der Zusammensetzung des Erzes relativ geringen Elastizität. Veredelung durch Frischen (Sauerstoffzuführung) im Puddel-, Thomas- oder Bessemerverfahren

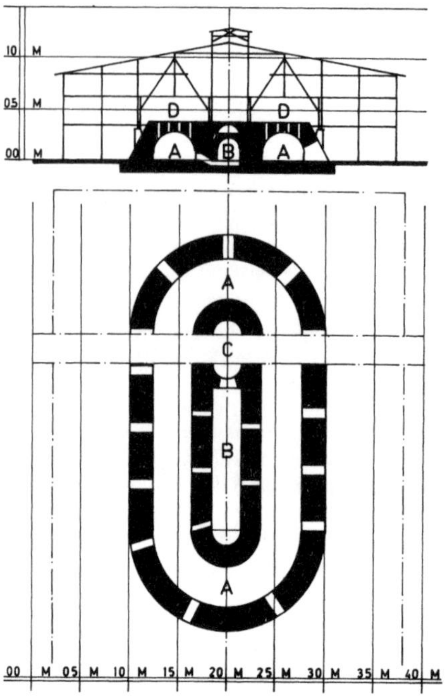


*Abb. 7 Hoffmannscher Ringofen (runde und gestreckte Form)*
*A Brennkanal*
*B Rauchsammler*
*C Schornstein*
*D Brennmaterial Beschickungsebene*

**Rustika** Quadermauerwerk von roher Bearbeitung der Ansichtsseite, oft zwischen glattem Randschlag

**Saiger** (von ahd. *sigan* ›sinken, abtropfen‹) bergmännische Bezeichnung für senkrecht anstehende Lagerstätten
**Saigern** Schmelzprozeß in Pfannen mit leicht geneigter Sohle zur Trennung von Metallen mit unterschiedlichem Schmelzpunkt
**Schacht** senkrechter oder stark geneigter Grubenbau
**Schälmaschine** Müllereimaschine zum Schälen des Getreidekorns
**Schlempe** Rückstand nach der Destillation der vergorenen Maische bei der Herstellung von (Kartoffel-)Spiritus
**Schneidemühle** Sägemühle
**Schrapper** kübelartiges Gerät zur Beförderung von losem Gut, in der Regel geführt durch Seile
**Schwelen** Trennung geeigneter organischer Stoffe (Kohlen, Holz, Torf, Erdöl, Ölschiefer u. a.) in flüchtige und feste Bestandteile durch trockene Destillation – Erhitzen unter Luftabschluß – zur Darstellung von Gasen, Ölen, Teeren, Koks u. a. in Meilern, Schacht-, Drehrohr- oder Spülgasöfen
**Schwibbogen** Bogen als Durchgang, besonders Strebebogen
**Sechskantsichter** eine dem Aspirateur ähnliche Maschine zur Getreidereinigung
**Segelgatterflügel** mit Stoff bespannte Flügel (Ruten) von Windmühlen
**Sgraffito** durch Auskratzen mehrfarbig getönter übereinanderliegender Putzschichten entstandene Baudekoration
**Sheddach** zumeist einhüftiges, in den steileren Flächen verglastes Satteldach
**Siel** Deichschleuse
**SM-Ofen** Siemens-Martin-Ofen
**Soda** (Natriumkarbonat, $Na_2CO_3$) findet Verwendung in der Glas-, Seifen- und Papierfabrikation, dient zur Darstellung anderer Natriumverbindungen sowie zum Färben und Bleichen in der Textilindustrie und ist Bestandteil von Reinigungsmitteln im Haushalt. – Soda wurde bis zum Ende des 18. Jh.s aus den kristallinen Ablagerungen der sog. Natronseen in Ägypten, Venezuela und Kalifornien und aus der Einäscherung von Strand- und Salzsteppenpflanzen gewonnen. Ausgangsmaterial für die Darstellung von Soda auf chem. Weg ist Natriumchlorid (Kochsalz): Bei dem von Nicolas Leblanc bis 1789 entwickelten Verfahren (nach dem eine erste Fabrik 1792 in St. Denis bei Paris die Produktion aufnahm) wurde Kochsalz unter Einwirkung von Schwefelsäure, Luftsauerstoff und Wasserdampf in Salzsäure und Natriumsulfat überführt, das durch Beimengung von Calciumcarbonat (Kalkstein) und Kohlenstoff (Steinkohle) und Glühen in Rotations(Revolver)öfen in Natriumkarbonat überging. – Energiesparender und damit preiswerter war das von Ernest Solvay 1863 eingeführte **Ammoniaksoda-(Solvay)-Verfahren,** das auf der Umsetzung von Kochsalz durch Reaktion mit Ammoniumbikarbonat in Salmiak und Natriumbikarbonat ($NaCl + NH_4HCO_3 = NH_4Cl + NaHCO_3$) beruht. Das Erhitzen des Natriumbikarbonates führt zur Darstellung von Soda. – Die aus

den Nebenprodukten gewonnenen Schwerchemikalien – Salz- und Schwefelsäure – als Grundlage der Teerfarbenherstellung – erlangten bald mehr Bedeutung als die Darstellung von Soda. – Produktionssteigerungen ermöglichte das von Ignatz Stroof in der Chem. Fabrik Griesheim 1892 entwickelte, für die industrielle Herstellung geeignete **Chloralkali-Elektrolyse-Verfahren** zur Darstellung von Chlor und Natronlauge durch Zersetzen von Kochsalzlösung mittels elektrischen Stroms

**Sohlbank** Fensterbank

**Spinnen** ein Vorgang, bei dem durch das Zusammendrehen von durch Waschen, Trocknen, Kämmen bzw. Krempeln aufbereitete Pflanzenfasern (Baumwolle, Flachs u.a.) oder Tierhaare (vornehmlich Schafwolle) beliebig lange Fäden erzeugt werden können. Ältestes und einfachstes Gerät ist die **Handspindel,** bestehend aus einem Rundholz (Rocken) und einem ringförmigen Schwungkörper (Wirtel), die im Wechsel von Verdrehen der Fasern (Spinnen) und Abschlagen (Aufwickeln) nur diskontinuierlichen Betrieb zuläßt. Produktionssteigerungen brachte das Handspinnrad (13. Jh.) unter Beibehaltung der diskontinuierlichen Fadenerzeugung. Die Gleichzeitigkeit von Fadenherstellung und Aufwicklung zeigen erstmals die Abbildungen eines **Flügelspinnrads** im Hausbuch der Familie Waldenburg Wolfegg (um 1480) und eine Skizze Leonardo da Vincis (um 1490). 1738 erwarb Lewis Paul das Patent für einen **»Continuespinner«**, der, seit 1742 in Birmingham mit 250 Spindeln in Betrieb, die beginnende industrielle Revolution in England förderte. Ihm folgte die noch handbetriebene, anfangs für 8 Fäden ausgelegte **»Spinning Jenny«,** um 1764 konstruiert von James Hargreaves. Den Durchbruch zu industrieller Fertigung erreichte Richard Arkwright 1769 mit der Konstruktion der **»Water-Frame«,** einer wassergetriebenen Flügelspinnmaschine zur kontinuierlichen Herstellung fester (hartgedrehter) Kett-

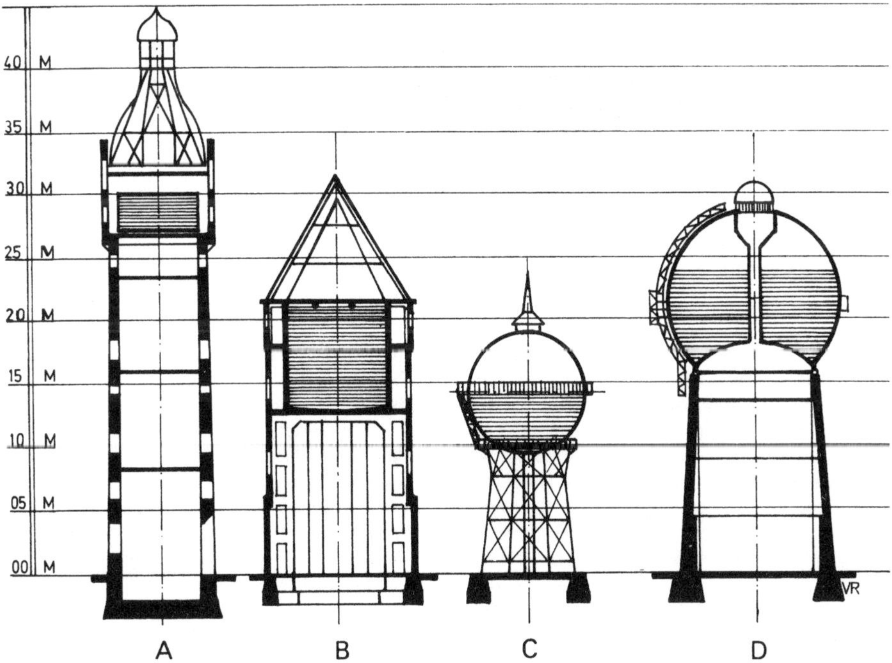


*Abb. 8 Wassertürme*
*A Flachbodenbehälter (Eisen)*
*B Flachbodenbehälter (Beton)*
*C Kugelbehälter Bauart Klönne*
*D Kugelbehälter mit Stützboden*

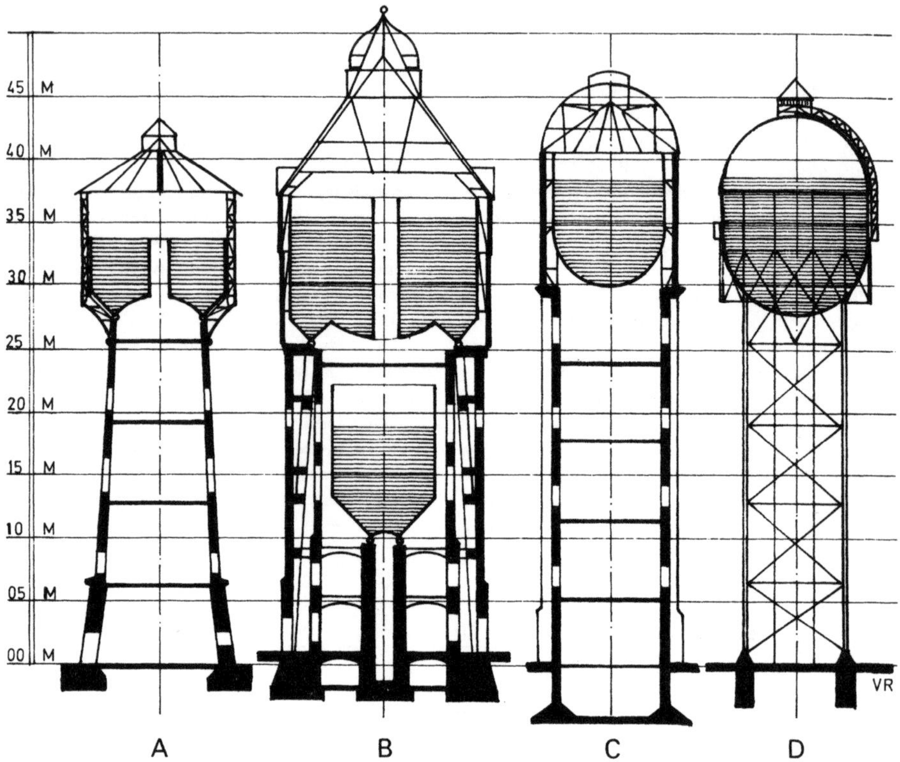


*Abb. 9 Wassertürme*
*A Stützbodenbehälter System Intze I*
*B Stützbodenbehälter System Intze II*
*C Hängebodenbehälter, offen*
*D Hängebodenbehälter, geschlossen*

garne (»**Watergarn**«). 1779 entwickelte Samuel Crompton aus der Kombination von Jenny und Water-Frame mit der »**Mule**« eine zur Herstellung von sowohl Schuß- als auch Kettgarnen geeignete Universalspinnmaschine, die trotz einer geringeren Leistung durch absetzende Spinnweise besonders für weichgedrehte Garne (»**Mulegarn**«) eingesetzt wird. Auf der Mulespinnmaschine wird das Garn, freidurchhängend während des Drillens zwischen Spindelspitze und Streckwerk, nur gering belastet; bei der **Flügelspinnmaschine** bzw. der um 1830 in den USA entwickelten **Ringspinnmaschine** muß der Faden entweder die gebremste Spule (»**Bobine**«) oder die gebremste Fadenöse (Fliege) bewegen. Die Automatisierung im Spinnprozeß begann 1830 mit der von Richard Roberts entwickelten »**Selfacting-Mule**« (Selbstspinner)

**Stahl** Schmiedeeisen, Puddel-, Fluß-, Bessemer-, Thomas- und Siemens-Martin-Stahl *s.* Eisen

**Stollen** etwa horizontal von über Tage aus angelegter Grubenbau

**Strebengerüst** (Abb. 4, B) stahlsparende Seilstützkonstruktion mit schachtferner Maschine als Weiterentwicklung des englischen Bockes. Ersatz dessen schwerer Stütze durch eine Abspannung des Strebenkopfes

**Strecke** horizontaler Grubenbau ohne Tagesöffnung

**Teerschwelofen** meist doppelwandige, bienenkorbartige, seit Beginn des 18. Jh.s den Erdmeiler

ablösende Konstruktion zur Gewinnung von Holzkohle, Holzteer, Holzessig, Holzgas und Terpentin
**Teufe** Tiefe
**Tholos** (griech.) Rundbau mit Säulenumgang
**Tomson-Bock** (Abb. 4, A) Seilstützkonstruktion als deutsche Variante des auf einem Dreieck für die Lastabtragung basierenden »Englischen Bokkes« mit Abfangung der Seilscheibenlasten über Hilfsstützen
**Tondo** kreisrundes Format für Gemälde oder Relief in der italienischen Kunst vorwiegend der Renaissance. Im 19. Jh. auch als leere Kreisform üblich
**tonnlägig** geneigt
**Treibscheibe** (Koepe-Scheibe) *s.* Friktion
**Triforium** (altfrz. *trifoire* ›durchbrochene Arbeit‹) ursprünglich sich in dreifacher Bogenstellung öffnender Laufgang romanischer oder gotischer Kirchen, im 19. Jh. auch auf dreifach gekuppelte Fenster übertragen
**Turbine** »Räder mit stetig gekrümmten Schaufeln, die das Wasser mit gleichmäßiger oder beschleunigter relativer Geschwindigkeit durchströmt, ohne zu relativer Ruhe zu gelangen«. Bei Direktwirkung des Wassers: **Aktions-** oder **Druckturbine;** bei gleichzeitiger Reaktionswirkung: **Reaktions-** oder **Überdruckturbine.** Wasserströmung radial durch den Radkranz: **Radialturbine** (u.a. Francis-Turbine); Wasserströmung in Richtung der Achse: **Axialturbine** (u.a. Jonval-Turbine)

**Ventikantenflügel** (s. Windmühlen) nach dem 1. Weltkrieg entwickelte Flügelform mit stromlinienförmigen, im Heckteil beweglichen Konturen (vordere Anströmkante = Ventikante) ähnlich den Tragflächenprofilen moderner Flugzeuge
**Vierpaß** *s.* Paß

**Wäsche** nasse Aufbereitung von Erzen bzw. Kohle
**Waid** der **Färberwaid** (Isatis tinctoria), gelbblühende Kreuzblüterstaude urspr. des Mittelmeergebietes, deren Saft sich unter Lufteinwirkung indigoblau verfärbt. Seit der Antike als Textilfarbstoff verwendet bis zur Ablösung durch synthetischen Indigo
**Wasserlösung** Abführen der Grubenwasser
**Wasserrad** ringsum mit Schaufeln, Zellen oder Kübeln versehene Räder, die dem fließenden Wasser »die Arbeit seiner Schwere« entziehen,

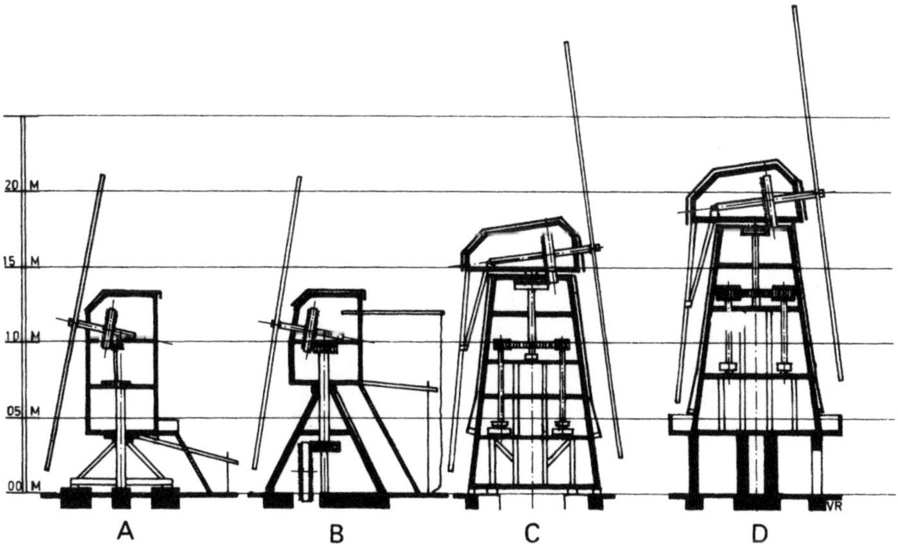


*Abb. 10 Windmühlen*
*A Bockwindmühle*
*B Wippmühle*
*C Erdholländer*
*D Galerieholländer*

»indem sie es zu relativer Ruhe bringen«. Wasserräder werden unterschieden nach dem Angriffspunkt (Beaufschlagung) des Wassers: 1. »unterschlächtig«: Oberwasserspiegel in $^1/_{10}$–$^1/_3$ der Radhöhe, Beaufschlagung auf die untersten Schaufeln; 2. »mittelschlächtig«: Oberwasserspiegel etwa in Höhe der Radachse; 3. »oberschlächtig«: Oberwasserspiegel über dem Radscheitel, Beaufschlagung der obersten Schaufeln

**Wasserturm** (Abb. 8, 9) Substruktion bzw. Umhüllung hoch über dem natürlichen Gelände angeordneter Wasserreservoir. Die Behälter unterscheiden sich grundsätzlich durch 1. geschlossene oder nach oben offene Ausführung, 2. die Wahl des Materials (Gußeisen/Stahl/Beton/Spannbeton) und 3. das Konstruktionsprinzip (Anwendung in Deutschland): A. Flachbodenbehälter (Abb. 8, A–B) rechteckig/zylindrisch – Holz, Eisen ab 1835, Beton ab 1903; B. Hängebodenbehälter um 1870, Hängebodenbehälter System Barkhausen ab 1899 offen (Abb. 9, C) bzw. um 1904 geschlossen (Abb. 9, D); C. Stützbodenbehälter System Intze I (Abb. 9, A) ab 1883, über 500 m$^3$ Nutzinhalt; Intze II (Abb. 9, B) ab 1884; D. Kugelbehälter Bauart Klönne (Abb. 8, C) ab ca. 1905, Sonderform Kugelbehälter mit Stützboden (Abb. 8, D) ab ca. 1910

**Watergarn** *s.* Spinnen

**Wetterschacht** ein der Bergwerkslüftung dienender Schacht

**Windmühle** (Abb. 10) die Windkraft nutzende mechanische Einrichtung, vorrangig eingesetzt zum Mahlen von Getreide oder zum Antrieb von Entwässerungseinrichtungen, *s.a.* Bockwindmühle, Wippmühle, Holländerwindmühle, Windrad

**Windrad** Schaufel- oder Flügelrad zumeist aus Metall zur Nutzung der Windenergie für mechanische Arbeit. Unterkonstruktion in der Regel ein Eisengittermast

**Wippmühle** (Abb. 10, B) Weiterentwicklung der Bockwindmühle mit Mahlwerk im feststehenden Unterbau, im drehbaren Mühlenhaus lediglich der Antriebsmechanismus

**Zikkurat** (mesop., ›Götterberg‹) künstlicher, gestufter Berg als Basis eines Tempels

**Zwerchhaus** quer zum First angeordnetes Dachhäuschen mit frontseitigem Giebel

*VR*

# Chronologie nach Gattungen

## Übersicht



## Arbeitersiedlungen

| | |
|---|---|
| ab 1840 | Rüdersdorf |
| ab 1890 | Tangermünde |
| 1915–1930 | Zschornewitz |
| 1938 | Magdeburg-Rothensee |
| 1939 | Brandenburg |

## Bahnanlagen

### Betriebsgebäude

D Drehscheibe S Stellwerk
L Lokschuppen W Werkstätten

| | |
|---|---|
| 1873 | Leipzig-Plagwitz (L/W) |
| 1873–1929 | Halle (D/L/S/W) |
| 1877–1890/ 1908 | Dessau (D/L) |
| um 1880 | Bützow (L/S) |
| 1884 | Radebeul (L/W) |
| ab 1880 | Magdeburg-Buckau (W) |
| 1887–1889 | Gernrode (L) |
| 1889–1921 | Salzwedel (D/L) |
| 1891–1899 | Aschersleben (L) |
| 1893 | Berlin-Pankow (Rund-L/D) |
| 1894 | Arnstadt (L/D); Köthen (L) |
| 1895–1940 | Magdeburg-SO (W) |
| 1895 | Putbus *s.* Binz (L/W) |
| 1895–1900 | Halberstadt (L/W, Mischgas-anstalt) |

| | |
|---|---|
| 1899 | Nordhausen (L); Oschersleben (L/W) |
| um 1904 | Berlin-Niederschöneweide (L/W) |
| 1904 | Berlin-Rummelsburg (Rund-L/D) |
| um 1908 | Angermünde (S) |
| 1909–1930 | Elstal-Wustermark (L/W) |
| um 1910 | Weißenfels (L) |
| 1910 | Kühlungsborn-West (L) |
| 1911 | Finsterwalde (L/D) |
| 1912–1916 | Weimar (D/L) |
| 1925 | Rostock-Warnemünde (S) |

Empfangsgebäude

Anlagen der Stadtbahnen Berlin *s.* dort

| | |
|---|---|
| 1842–1844 | Leipzig: Bayer. Bf. |
| 1842/1923 | Niederau |
| 1846 | Glöwen |
| 1846/1874 | Neustadt/Dosse |
| 1846/1873/ um 1900 | Wittenberge |
| 1846/1905 | Bad Kösen |
| 1847 | Berlin: Hamburger Bahnhof; Ludwigslust |
| 1848 | Hagenow; Pirna; Zittau |
| 1848/1870/1926 | Bad Kleinen |
| 1850 | Blankenberg; Güstrow |
| 1853 | Karstädt |
| 1857–Ende 19. Jh. | Wismar |
| um 1860 | Wasungen |
| 1862 | Freiberg |
| 1863 | Angermünde |
| 1863/1892 | Zerbst |
| um 1865 | Miltzow |
| 1866/um 1900 | Lübbenau |
| 1866/1913 | Nordhausen; Rostock Hbf. |
| 1868 | Grimma; Roßwein |
| um 1869 | Köthen |
| um 1870 | Salzwedel |
| 1870 | Magdeburg-Neustadt; Mühlhausen |
| 1871 | Gardelegen; Stendal |
| 1872 | Chemnitz |
| 1874 | Haldensleben |
| 1875 | Greiz |
| 1878 | Altenburg; Altentreptow; Demmin |
| 1879 | Bützow |
| 1882 | Magdeburg Hbf. |
| 1883 | Bad Doberan |
| 1885 | Quedlinburg |
| um 1885 | Apolda |
| 1886–1890 | Halle |
| 1887 | Blankenberg; Harzgerode-Mägdesprung; Naunhof; Plau |
| 1888 | Bad Suderode |
| 1889 | Gernrode |
| 1889/1927 | Schwerin |
| 1891/1899 | Bergen (Rügen) |
| 1893 | Erfurt |
| 1894 | Dessau; Heringsdorf |
| 1895 | Putbus *s.* Binz |
| 1896 | Binz; Göhren |
| 1897 | Ahlbeck, Seebad; Falkensee-Finkenkrug |
| 1898 | Dresden Hbf. |
| 1899 | Arnsdorf-Amerika (bei Penig); Genthin |
| 1900/1926 | Saalfeld |
| 1901 | Dresden-Neustadt; Schildow |
| 1903 | Rostock-Warnemünde |
| 1904 | Eisenach |
| 1905 | Stralsund |
| 1907 | Sonneberg |
| 1909 | Saßnitz |
| 1910 | Wernigerode |
| 1911 | Gera; Heringsdorf; Saarow-Pieskow |
| um 1912 | Zühlsdorf |
| 1912 | Zeitz |
| 1913 | Chorin; Lauscha |
| 1914 | Köthen |
| 1915 | Leipzig Hbf. |
| 1916 | Brandenburg-Kirchmöser |
| 1922 | Weimar Hbf. |
| 1926 | Erfurt |
| 1927/1934 | Kühlungsborn West |
| 1928 | Magdeburg-Buckau |
| 1931 (1846) | Rübeland |
| 1936 | Wernigerode-Westerntor; Zwickau |

Tunnel

| | |
|---|---|
| 1852 | Ziegra-Limmritz |
| 1875+1879 | Greiz |
| 1884 | Oberhof: Brandleitetunnel |
| 1886 | Blankenburg: Bielsteintunnel; Bismarcktunnel |
| 1894 | Zeitz (Strecke Triptis–Lobenstein) |

| | |
|---|---|
| 1931 | Blankenburg: Krumme Grube und Nebelholztunnel |

## Bergbau-Seilstützkonstruktionen

### Malakowtürme

| | |
|---|---|
| 1859 | Ilmenau |
| 1865 | Erfurt-Ilversgehofen |
| 1886 | Helbra |
| 1893 | Bannewitz/Boderitz |

### Fördergerüste

| | |
|---|---|
| 1871/1922 | Wettelrode |
| 1887 | Zschorlau |
| 1908+1925 | Sondershausen |
| 1914 | Deuben |
| 1915 | Vitzenroda-Abteroda |
| 1. Hälfte 20. Jh. | Helbra |
| 1925 | Leipzig-Dölitz |
| 1936 | Bleicherode |
| 1951 | Sangerhausen |
| 1953 | Freiberg |
| 1954 | Ronneburg |
| um 1955 | Kleinvoigtsberg |
| 1962/1966 | Ehrenfriedersdorf |
| 1969 | Straßberg |
| 1975 | Bleicherode |

### Fördertürme

| | |
|---|---|
| um 1890 | Ragewitz |
| 1896 | Bad Sulza (Sole) |
| 1923 | Oelsnitz |

## Brennöfen

### Kalk

| | |
|---|---|
| 1802–1877 | Rüdersdorf |
| 1818/1835/1873 | Lengefeld |
| 1827 | Hermsdorf (Erzgeb.) |
| 1850+1880 | Zossen |
| 1856 | Maxen |
| 2. Hälfte 19. Jh. | Ostrau |
| um 1880 | Stralsund |
| 1904 | Nordhausen-Krimderode |
| um 1905 | Walbeck-Drachenberg |
| 1936 | Elxleben |

### Ziegel

K Kammer/Kassler-Ofen
R Ringofen
Z Zickzackofen

| | |
|---|---|
| um 1860 | Geithain-Wickershain (K) |
| 1865 | Ueckermünde-Neuendorf (R) |
| um 1870 | Großtreben (R) |
| 1870 | Glindow (R) |
| um 1875 | Brandshagen-Neuhof (R) |
| 1876 | Glindow (R) |
| 1880 | Parey (R) |
| um 1880 | Quedlinburg (R) |
| um 1890/1928 | Mildenberg (R) |
| Ende 19. Jh. | Kahla (R) |
| 1906 | Grana (K) |
| 1908 | Berge-Muggerkuhl (R) |
| 1910 | Pegau (R) |
| 1938 | Hundisburg (Z) |

## Brücken

D Drehbrücke
H Hubbrücke
K Klappbrücke
RK Rollklappbrücke
Z Zugbrücke

Nicht gekennzeichnete Konstruktionen beziehen sich auf feste, unbewegliche Brücken. Brücken in Berlin s. dort

### Bahnbrücken
– Eisen

| | |
|---|---|
| 1850 | Ziegra-Limmritz |
| 1884 | Weida |
| 1894 | Halle; Magdeburg-Handelshafen (H) |
| 1901 | Dresden |
| 1910 | Leipzig |
| 1920 | Wippra, Kurort |
| 1930 | Blankenburg |
| 1934 | Magdeburg (H); Usedom-Karnin (H) |
| 1936 | Stralsund (K) |
| 1938 | Anklam (RK) |

### Bahnbrücken
– Stein/Backstein/Beton

| | |
|---|---|
| 1845 | Leubnitz |
| 1845+1846 | Steinpleis |
| 1846 | Werdau; Apolda; Demitz-Thumitz; Gotha |
| 1848 | Obercunnersdorf |

| | |
|---|---|
| 1848/1968 | Zittau |
| 1850 | Ziegra-Limmritz; Großschweidnitz |
| 1851 | Jocketa; Netzschkau |
| 1852 | Hartha-Diedenhain; Steina; Waldheim |
| 1862 | Hilbersdorf-Muldenhütten; Niederbobritzsch |
| 1868 | Falkenau |
| 1871 | Wechselburg-Göhren |
| 1875 | Weimar |
| 1879 | Putzkau |
| 1880 | Lengenfeld unterm Stein |
| 1892 | Frankenhain |
| 1893 | Stadtilm |
| 1894 | Zeitz |
| 1910 | Sonneberg |
| 1913 | Ernstthal |
| 1911 | Weida |
| 1914 | Plau (H) |
| 1916 | Halle |
| 1918/1953 | Brandenburg-Kirchmöser |
| 1920 | Rathenow (H) |
| 1924 | Grimma |
| 1926 | Demmin (K) |
| 1927 | Plate (K) |
| 1927/1994 | Altfriesack (K) |
| 1928 | Schwaan (H) |
| 1930 | Neu Kaliß (K) |
| 1932 + 1936 | Stralsund (K) |
| 1934 | Bützow (D) |
| um 1935 | Wolgast (K) |
| 1937 | Lübz (H) |
| 1938 | Siebenlehn |
| 1941 | Gera-Thieselitz |
| 1952 | Banzkow (D) |

Straßen-/Wegebrücken
– Holz (Arche = Hausbrücke)

| | |
|---|---|
| 1786/1830 | Wünschendorf |
| 1799 | Göhren-Döhlen |
| um 1800 | Camburg; Großheringen |
| 1818 | Buchfahrt |
| 1832 | Hohenfichte; Schwarzenberg-Untersachsenfeld |
| 1840 | Hennersdorf |
| 1887/1994 | Greifswald-Wieck (K) |
| 19. Jh. | Kranichfeld |
| um 1900/1986 | Grammendorf-Nehringen (K) |
| 1928 | Wesenberg-Ahrensberg |

Straßen-/Wegebrücken
– Eisen

| | |
|---|---|
| 1833 | Weimar |
| 1863 | Gera-Untermhaus |
| um 1885 | Bad Berka |
| um 1890 | Zwickau |
| 1893 | Dresden |
| 1895 | Lüssow (K) |
| 1897 | Zepelin (D); Schwerin (D) |
| 1899/nach 1945 | Halle |
| Ende 19. Jh. | Meiningen |
| um 1900 | Linumhorst |
| 1903 | Rostock-Warnemünde |
| 1904 | Halle |
| 1904/um 1950 | Brandenburg-Kirchmöser |
| 1907 | Havelberg |
| 1908/1993 | Kleineutersdorf |

Straßenbrücken
– Stein/Beton

| | |
|---|---|
| 1244/1630/ 1840/1989 | Plauen |
| um 1300 | Erfurt |
| 1342–1994 | Vacha |
| verm. 15. Jh. | Finsterbergen; Schleusingen |
| 1536 | Obermaßfeld-Grimmenthal |
| Mitte 16. Jh. | Einhausen |
| 16. Jh. | Großschirma-Rothenfurt |
| 1576 | Freiberg-Halsbach |
| 1578 | Belrieth |
| 1604/1887 | Untermaßfeld |
| 1610/1969 | Oppurg |
| 1653/1994 | Weimar |
| 17. Jh. | Dreitzsch |
| um 1700 | Steinsdorf |
| 1717/1933 | Nossen |
| 1722 | Dermbach; Weimar |
| um 1740 | Pirna |
| um 1750 | Wasungen |
| 1752 | Ingersleben |
| 1754 | Weida-Liebsdorf |
| 1769 | Wolkenstein-Schönbrunn |
| 1783 | Schwarzenberg |
| 1787 | Bernburg |
| 18. Jh. | Leitlitz; Möschlitz |
| um 1800 | Dorndorf |
| 1803 | Gebra |
| 1806 | Krummenhennersdorf |
| 1819 | Heubisch |
| 1823 | Heilingen-Röbschütz |

| | |
|---|---|
| um 1830 | Wickerstedt |
| 1846 | Wechselburg |
| 1851 | Rathen, Kurort |
| 1905 | Plauen |
| 1906 | Eberswalde-Finow (Beton) |
| 1907 | Krummenhennersdorf |
| 1910 | Erdmannsdorf (Beton) |
| 1912 | Erfurt (Beton) |
| 1913 | Lichte |
| um 1920 | Nohra-Kinderode (Beton) |
| 1928 | Halle (Beton) |
| 1937 | Klein-Marzehns (Beton) |
| 1937/1996 | Aue (Spann-Beton) |
| 1938 | Mörsdorf (Beton) |
| 1939 | Jena-Göschwitz (Beton) |

## Gasbehälter

T Teleskop- oder Glockenbehälter
S Scheibenbehälter

| | |
|---|---|
| 1853 | Magdeburg (T) |
| 1857 + 1905 + 1914 | Stralsund (T) |
| 1870 + 1886 | Zwickau (T) |
| 1879 | Dresden (T) |
| 1885 + 1910 | Leipzig (T) |
| 1890 | Leipzig (T) |
| 1891 | Halle (T) |
| 1901 | Berlin (T) |
| 1903 | Neustadt/Dosse (T) |
| 1905 | Berlin (T) |
| 1909 | Dresden (S) |
| 1910 | Berlin (T) |
| um 1910 | Weißenfels (T) |
| 1931 | Bernau bei Berlin (S) |

## Hafenanlagen

| | |
|---|---|
| 1848/1895/1913 | Wismar |
| 1851/1950 | Stralsund |
| 1877 | Dresden |
| 1887 | Tangermünde |
| 1893 | Magdeburg |
| 1895 | Dresden |
| 1898 | Torgau |
| 1906 | Berlin-Tempelhof |
| 1907–1913 | Berlin Osthafen |
| 1909 | Saßnitz |
| 1914–1927 | Berlin Westhafen |

## Hammerwerke

Schwanzhammer

| | |
|---|---|
| um 1600/ ab 1806 | Ohrdruf: Tobiashammer |
| ab 1687 | Pöhla: Pfeilhammer |
| 16./19. Jh. | Dorfchemnitz |
| ab 1607 | Freiberg-Freibergsdorf |
| ab 1692/1986 | Frohnau |
| ab 1770 | Weida-Liebsdorf |

## Hochöfen

| | |
|---|---|
| 1693 | Bielatal-Brausenstein |
| um 1800 | Morgenröthe |
| 1810 | Peitz |
| 1819 | Schmalzgrube |
| 1835 | Schmalkalden-Weidebrunn |

## Hüttenwerke

| | |
|---|---|
| ab 1537 | Olbernhau-Grünthal (Saigerhütte) |
| ab Mitte 16. Jh. | Ilsenburg |
| ab 1596 | Morgenröthe |
| ab 1612 | Halsbrücke |
| ab 1656 | Schmalkalden-Weidebrunn |
| ab 1724 | Harzgerode-Mägdesprung |
| ab 1808 | Peitz |
| ab 1830 | Hilbersdorf-Muldenhütten |
| 1832 | Antonsthal: Kgl. Antonshütte |
| ab 1836 | Wurzbach |
| Anfang 19. Jh. | Thiessen |

## Kanäle

| | |
|---|---|
| 1349/1698 | Gotha: Leinakanal |
| 1572 | Dömitz: Neue Elde; Plate: Störkanal |
| 1748 | Nünchritz-Grödel: Grödel-Elsterwerdaer Floßkanal |
| 1790 + 1823 | Großschirma-Rothenfurth |
| 1911 | Chorin: Hohenzollern-Kanal |

## Leuchttürme/Leuchtfeuer

| | |
|---|---|
| ab 1769 | Moritzburg |
| 1829 + 1902 | Kap Arkona/Putgarten |
| 1848 | Prerow am Darß |
| 1855 | Greifswalder Oie |
| 1872/1931 | Timmendorf/Insel Poel |
| 1878 | Bastorf (Buk) |
| 1888/1927 | Neuendorf-Plogshagen |
| 1898 | Rostock-Warnemünde |

## Schlachthöfe

| | |
|---|---|
| 1878/1910 | Berlin |
| 1883 | Chemnitz |
| 1888 | Leipzig |
| 1891 | Gotha |
| 1892 | Dessau |
| 1893 | Halle |
| 1893/1926 | Magdeburg |
| 1900 | Stollberg |
| 1910 | Dresden |

## Schleusen/Wehre

N Nadelwehr S Schützenwehr
K Klappenwehr

| | |
|---|---|
| 1572 | Dömitz |
| 1796 | Teldau-Groß Tinkenberg (Tinkenberger Siel) |
| 1868 | Weißensee |
| 1875 | Pretzien (S) |
| 1891 | Parey (Koppelschleuse) |
| 1910 | Münchehofe; Märkisch-Buchholz (K) |
| 1912 | Bahnitz (N) |
| 1934 | Niederfinow (+ Hebewerk) |

## Stollenmundlöcher

| | |
|---|---|
| 1592 | Martinroda |
| um 1820 | Pobershau |
| 1822 | Conradsdorf-Tuttendorf |
| 1825 | Großvoigtsberg |
| 1830–1862 | Harzgerode-Mägdesprung |
| 1848 | Kleinvoigtsberg |
| 1859 | Schönborn |
| 1872 | Senftenberg-Hörlitz |
| 1877 | Rothschönberg |

## Talsperren

| | |
|---|---|
| 1893 | Einsiedel |
| 1905 | Neustadt/Harz |
| 1906 | Tambach-Dietharz: Schmalwassertalsperre |
| 1929 | Höfchen: Talsperre Kriebstein |
| 1932 | Saalburg: Bleilochtalsperre |
| 1937 | Frankenhain: Lütschetalsperre |
| 1942 | Hohenwarte |
| 1945 | Kaulsdorf: Talsperre Eichicht |
| 1959 | Wendefurth: Rappbodetalsperre |

## Technische Einrichtungen

### Energieerzeugung

T Turbinen G Generatoren

| | |
|---|---|
| 1892 | Döbeln (Girard-T) |
| Anfang 20. Jh. | Boitzenburg (T) |
| 1907 | Berlin-Rummelsburg (Schaltwarte) |
| 1909/1930 | Elstal-Wustermark (G, Diesel) |
| 1912 | Rositz (Drehstromturboaggregat) |
| 1926 | Plessa (Dampf-T) |
| 1927 | Magdeburg-Rothensee (T); Berlin-Pankow (Umspannwerk) |
| 1935 | Hinternah (T); Sandersleben (T) |

### Maschinen

D Dampfmaschine G Gebläsemaschine
DF Dampf-Fördermaschine K Kompressor
EF Elektro-Fördermaschine P Pumpe

| | |
|---|---|
| 1. Viertel 19. Jh. | Bautzen (P) |
| 1828 | Hilbersdorf-Muldenhütten (G) |
| 1831 | Freiberg (G) |
| 1833 | Gera (D) |
| 1837 | Lauchhammer (G) |
| 1842 + 1895 + 1937 | Potsdam (D + P) |
| 1849 | Freiberg (DF) |

| | |
|---|---|
| um 1860/ um 1900 | Wimmelburg (DF) |
| 1868 | Leipzig (D) |
| ab 1873 | Berlin-Grunewald (D) |
| ab 1882 | Oldisleben (D; 1882, 1903, 1915, 1918, 1921, 1925) |
| um 1890 | Rostock (D) |
| ab 1893 | Berlin-Köpenick (D/P) |
| 1896 | Großröhrsdorf (D) |
| 1896/1925 | Sondershausen (DF) |
| 1898 | Berlin-Kreuzberg (Kältemaschine) |
| 1898/1935 | Morsleben (EF) |
| 1899 | Werdau (D) |
| 1900 | Mulda (D) |
| 1901 | Markersbach (D) |
| 1901 + 1904 + 1936 | Wilsdruff (D) |
| 1902 | Berlin-Kreuzberg (P); Pockau (D) |
| 1904 | Markersbach (D) |
| 1905 | Olbernhau (D) |
| 1906 | Berlin-Friedrichshain (P); Berlin-Prenzlauer Berg (P) |
| 1909 | Bleicherode (DF); Seiffen-Oberseiffenbach (D) |
| 1910 + 1927 | Stolpe (D/P) |
| um 1910 | Görzke (D) |
| 1911 | Roßwein (D) |
| 1915 | Vitzenroda-Abteroda (F) |
| 1916 | Ketzin-Paretz (P) |
| 1919 | Hammer-Unterwiesenthal (D) |
| 1921 | Hohenfichte (D) |
| 1922 | Deutschkatharinenberg (D) |
| 1923 | Oelsnitz (DF, Leonard-Umformer) |
| 1924 | Blumenau (D); Görlitz (D/K) |
| 1925 | Domsdorf (D/P); Hettstedt (G) |
| 1926 | Seifhennersdorf (D) |
| 1927 | Webau s. Hohenmölsen (D/P) |
| 1928 | Berlin-Wilmersdorf (P) |
| 1935 | Bleicherode (DF) |
| 1. Hälfte 20. Jh. | Helbra (F) |

Betriebseinrichtungen

| | |
|---|---|
| ab Ende 15. Jh. | Geltow: Webstühle |
| ab 17. Jh. | Vellahn: Wassermühle |
| 1744 | Dorfchemnitz: Knochenstampfe |
| ab 1753 | Schneeberg: Pochwerk |
| 1783 | Pockau: Ölmühle |
| ab 18. Jh. | Höfgen: Wassermühle |
| um 1800/1907 | Obermehler: Wassermühle |
| ab 1806 | Ohrdruf: Tobiashammer |
| ab 1808 | Peitz: Eisenhütten- und Hammerwerk |
| 1813 | Erfurt: Wassermühle |
| ab 1838 | Wachsenburg-Mühlberggemeinde: Ölmühle |
| um 1850 | Wallendorf s. Merseburg: Panstertechnik |
| ab 1850 | Neidhartshausen s. Zeitz: Wassermühle |
| ab Mitte 19. Jh. | Neustadt/Orla: Seifensiederei |
| ab 1869 | Kirnitzschtal-Ottendorf: Holzschleiferei |
| ab 1870 | Greifswald: W-Mühlentechnik |
| ab 1872 | Gielow: Industriemühle; Oldisleben: Zuckerfabrik |
| 1873 | Eisenach: Kaffeerösterei |
| 1879 | Brehna: W-Mühlentechnik |
| 1880 | Halberstadt: Wanddrehkran |
| ab 1880 | Mülda: Sägemühle; Buchfahrt: Wassermühle; Wittichenau: Wassermühle |
| 1883–1914 | Domsdorf: Brikettpressen |
| 1888/1902 | Sondershausen-Bebra: Holzbiegerei |
| ab 1889 | Zeitz: Brikettfabrik |
| 1892–1950 | Dabel: W-Mühlentechnik |
| um 1895 | Harzgerode-Mägdesprung: Gießerei + Maschinenfabrik |
| 1897 | Laucha: Wassermühle |
| ab 1897 | Freienorla: Wassermühle |
| ab 1898 | Rositz-Zechau: Brikettfabrik |
| 1899/um 1920 | Velten: Kachelherstellung |
| ab 1899 | Wilthen: Papierfabrik |
| ab Ende 19. Jh. | Grünhainichen: Spanziehwerkstatt; Hainbücht: Wassermühle; Ilsenburg: Wassermühle; Tornow: Wassermühle |
| Anfang 20. Jh. | Weißenberg: Lederfabrik |
| um 1900 | Sohland-Neusorge: Steinsägen |
| um 1900/1925 | Plessa: Mahl- u. Sägemühle |
| 1900/1935 | Manebach: Sägemühle |
| ab 1900 | Jersleben: Wassermühle; Lübz: Industriemühle; Tuchheim s. Genthin: Wassermühle; Goßmar-Pießig: W-Mühlentechnik/ Sägewerk; Heyerode: Wasser- |

| | |
|---|---|
| | mühle; Hoyerswerda-Bröthen: Wassermühle; Singen: Brauerei; Wolkenburg: Industriemühle; Wünschendorf: Wassermühle |
| 1901 | Brandenburg: Zuppingerrad; Halle: Panstertechnik |
| 1906 | Meuselwitz-Mumsdorf: Brikettfabrik |
| ab 1908 | Nordhausen: Branntweinbrennerei |
| 1909/1923 | Hettstedt: Walzwerk |
| 1913 | Wenigenlupnitz: Wassermühle |
| ab 1913 | Königs-Wusterhausen: Funkstelle; Luckenwalde: Dampfkraftwerk |
| ab 1914 | Frankenförde: Wassermühle; Roßwein: Textilmaschinen |
| 1915 | Zschornewitz: Schaltwarte |
| ab 1915 | Brandenburg: Industriemühle |
| ab 1916 | Werder an der Havel: Vulkanfiberfabrik |
| 1. Viertel 20. Jh. | Crimmitschau: Textilmaschinen |
| ab 1920 | Finsterwalde: Textilmaschinen; Pretschen: Branntweinbrennerei |
| ab 1921 | Ritzgerode: Wassermühle |
| 1931 | Potsdam: Schaltwarte |
| ab 1938 | Bad Kösen: Industriemühle |
| 1938/1952 | Muldenstein: Dampfkraftwerk |
| 1942 | Peenemünde: Schaltzentrale |
| 1947 | Brehna: W-Mühlentechnik |
| 1956 | Altenkalen: W-Mühlentechnik |
| 1958 | Brandenburg: Siemens-Martin-Ofen |
| 1962 | Miltzow-Reinkenhagen: Erdölpumpe |

## Wasserkraftwerke

| | |
|---|---|
| um 1895 | Wernigerode-Hasserode |
| 1900/1917 | Ziegenrück |
| 1909/1923/1928 | Mittweida-Neudörfchen |
| 1920 | Hirschfelde |
| 1930 | Grießen |
| 1931 | Cossebaude-Niederwartha |
| 1959 | Wendefurth |
| 1963 | Hohenwarte |

## Wassertürme

| | | | |
|---|---|---|---|
| F | Flachbodenbehälter | S | Stützbodenbehälter |
| H | Hängebodenbehälter | Fe | Eisenkonstruktion |
| K | Kugelbehälter | Bt | Betonkonstruktion |

### Bahn

| | |
|---|---|
| um 1880 | Wittenberg, Lutherstadt (F); Bützow |
| um 1887 | Karow |
| um 1890 | Magdeburg-Buckau; Zerbst (F); Dessau (Fe/F) |
| 1891/1965 | Salzwedel (F) |
| 1894 | Arnstadt |
| 1895 | Magdeburg-SO (S) |
| 1896 | Uhsmannsdorf (S) |
| 1897 | Großkorbetha (B) |
| 1899 | Oschersleben (F); Aschersleben |
| Ende 19. Jh. | Wittenberge |
| um 1900 | Naumburg (F) |
| um 1905 | Sandersleben (K); Merseburg (K) |
| um 1908 | Angermünde |
| 1909 | Elstal-Wustermark |
| um 1910 | Halle (K); Köthen (K); Weißenfels; Blankenberg; Burg bei Magdeburg; Halberstadt (K) |
| 1912 | Berlin-Ostkreuz (H); Genthin (K/S) |
| um 1912 | Berlin-Niederschöneweide |
| 1914 | Berlin-Rummelsburg (H); Cottbus (K/S) |
| 1916 | Weimar |
| um 1918 | Frankfurt/Oder (K) |
| um 1920 | Waren/Müritz (F/Bt) |
| 1924 | Brandenburg-Kirchmöser |
| 1925 | Seddin (F/Bt) |
| 1927 | Berlin-Tempelhof (K) |
| um 1935–1940 | Brandenburg |

### Industrie

| | |
|---|---|
| 1893 | Halle |
| um 1900 | Magdeburg-Sudenburg |
| 1910 | Dresden (F) |
| um 1910 | Merseburg |
| 1916 | Rositz |
| um 1920 | Zembschen *s.* Hohenmölsen (K) |
| 1928 | Wittenberge |

Öffentliche Versorgung

| | |
|---|---|
| 1876 | Berlin-Prenzlauer Berg |
| 1881 | Halberstadt |
| 1882 | Berlin-Westend (H) |
| 1886 | Dessau |
| 1888 | Merseburg |
| 1894 | Zerbst-Luso (S) |
| um 1895 | Demmin; Göhren/Rügen (S); Steigra (S) |
| 1896 | Dessau (S) |
| 1897 | Leipzig-Möckern; Wismar (H) |
| 1899 | Halle-Nord (S) |
| um 1900 | Bad Dürrenberg; Hohenmölsen; Köthen (F) |
| 1902 | Burg bei Magdeburg; Nienburg |
| um 1902 | Klostermannsfeld (S) |
| 1903 | Forst (S) |
| 1903/1928 | Leipzig-Großzschocher |
| 1904 | Groitzsch (F/Fe); Leipzig-Möckern; Rostock (H); Tangermünde |
| um 1905 | Gleina (S); Salzwedel |
| 1906 | Berlin-Treptow; Leipzig-Probstheida; Parchim |
| 1908 | Leipzig-Wahren; Leipzig-Mokkau |
| 1909 | Berlin-Westend (B) |
| 1910 | Stralsund; Wandlitz |
| um 1910 | Bützow; Schleifreisen; Bad Schmiedeberg |
| 1912 | Grevesmühlen (F/Bt) |
| 1914 | Hohen Neudorf (F/Bt) |
| um 1915 | Karow |
| um 1920 | Burkersroda (F/Bt) |
| Mitte 1920er J. | Stößen |
| 1926 | Arnstadt; Reichenbach |
| 1928 | Güstrow; Halle-Süd (F/Bt) |
| 1929 | Zörbig |
| um 1930 | Lübz; Pritzwalk |
| 1933 | Havelberg |
| 1935 | Genthin |
| 1942 | Bad Dürrenberg (F/Bt) |

## Windmühlen

B Bockwindmühlen P Paltrockmühlen
H Holländerwindmühlen

| | |
|---|---|
| 1703 | Billroda-Tanhardt (B) |
| 1729 + 1911 | Obermehler (B + H) |
| 1733/1953/1978 | Luga-Quoos (B) |
| 1743 | Klettbach (B) |
| 1749 | Wellaune (B) |
| 1755/1976 | Jeggeleben-Zierau *s.* Salzwedel (B) |
| 1757/1925 | Gatterstädt *s.* Querfurt (B/P) |
| 1758 | Fahrland (B) |
| um 1760 | Bückwitz-Metzelthin (B) |
| 1767 | Blankenhain (B) |
| 1782 | Steinhagen (H) |
| 1793/1975 | Heukewalde *s.* Zeitz (B) |
| um 1800/1890 | Wittenburg (H) |
| 1814 | Libehna (B) |
| 1815/1940 | Schönewalde (B/P) |
| 1816 | Weira (H) |
| 1817 + 1847 + 1867 | Oberoderwitz (B) |
| 1818 | Brehna (B) |
| um 1820 | Droßdorf-Rippicha *s.* Zeitz (H) |
| 1828/1950 | Brumby (B/P) |
| 1830 | Leimbach *s.* Querfurt (B) |
| 1831 | Eckartsberga (H) |
| 1834 | Ballstädt (B); Bechstedtstraß (B) |
| 1834/1922 | Niederböhmersdorf (B/P) |
| 1835 | Ballendorf (B) |
| 1836 | Benz (H); Würchwitz-Suxdorf (H) |
| 1837 | Parchen *s.* Genthin (B); Uhrsleben *s.* Halberstadt (B); Bad Lauchstädt *s.* Merseburg (B); Mittelpöllnitz-Porstendorf (B) |
| 1838 | Hopfgarten (H) |
| um 1840 | Großfahner; Schillingstedt (B) |
| 1841 | Lebien (B) |
| 1842 | Sargstedt *s.* Halberstadt (B) |
| 1843 | Etingen *s.* Haldensleben (B); Kottmarsdorf (B) |
| 1846/1947 | Brehna (B/P) |
| 1848 | Eimersleben *s.* Haldensleben (B); Ausleben-Ottleben *s.* Oschersleben (B) |
| 1849 + 1947 | Poggelow-Neu Vorwerk (H) |
| 1850 | Reichstädt (H) |
| um 1850 | Erdeborn (B); Immenrode (H) |
| 1850/1920 | Beichlingen-Altenbeichlingen (H) |
| 1857 | Pölsfeld *s.* Sangerhausen (B) |
| 1859 | Ebersbach (B) |
| 1859/1879 | Lodersleben *s.* Querfurt (H) |
| 1860 | Krippendorf (B) |
| 1861/1922 | Schlotheim (H) |
| 1862 | Weißensee (H) |

| | |
|---|---|
| 1865 | Dittrichshütte (H) |
| 1866 | Badersleben *s.* Halberstadt (B); Rostock-Evershagen (H); Rostock-Warnemünde (H) |
| 1868 | Marzahna (B) |
| 1870 | Cossebaude-Gohlis (H); Greifswald (H); Rövershagen (H) |
| 1873 | Eliasbrunn (H); Nienburg-Altenburg (H) |
| 1875/1913 | Tüngeda (B) |
| 1878 + 1904 | Grevesmühlen |
| 1879 | Lebusa (B) |
| 1883 + 1886 + 1888 + 1895 | Woldegk |
| 1887 | Syrau (H) |
| 1889 | Boiensdorf-Stove (H); Prausitz-Pahrenz (H) |
| um 1890 | Hagebök-Nantrow (B); Dornstedt *s.* Querfurt (H) |
| 1892 | Dabel |
| 1895 | Rostock-Dierkow (H); Trebbus (B) |
| 1902 | Siedenlangenbeck-Wöpel *s.* Salzwedel (H) |
| 1905/1937 | Saalow (B/P) |
| 1908 | Tagewerben *s.* Weißenfels (H) |
| 1910 | Altenkalen (H); Neubuckow (H) |
| 1912 | Koßdorf (H) |
| 1913 | Schmiedehausen (H) |

# Bibliographie


Agricola, Georg: Vom Bergwerk. 12 Bücher. Nachdr. der Ausg. Basel 1557. Frankfurt a.M. 1992.

Die Arbeiterheilstätten der Landesversicherungsanstalt Beelitz bei Berlin. Hrsg. von der Landesversicherungsanstalt Berlin. Berlin 1902.

Architekturführer DDR. Bezirk Erfurt. Hrsg. von Karl-Heinz Hüter. Berlin 1979. – Bezirk Gera. Hrsg. von Gotthärd Brandler. Berlin 1981. – Bezirk Halle. Berlin 1977.

Banse, Gerhard / Wollgast, Siegfried: Biographien bedeutender Techniker. Berlin 1983.

Bartel, Uta / Schmitt, Bianka: Suhl-Schlauchgarten. [Ing.-Diplomarb.] Weimar 1990. [Masch.]

Bartels, Helke: Zuckerfabrik Oldisleben. [Ing.-Diplomarb.] Weimar 1996. [Masch.]

Die Bau- und Kunstdenkmale in der DDR. Hrsg. vom Institut für Denkmalpflege. Berlin 1. Berlin 1983. – Bezirk Neubrandenburg. Berlin ²1986. – Berlin 2. Berlin 1987. – Mecklenburgische Küstenregion. Berlin 1990.

Die Bau- und Kunstdenkmale Mecklenburg-Vorpommerns. Vorpommersche Küstenregion. Mit Stralsund, Greifswald, Rügen und Usedom. Hrsg. vom Landesamt für Denkmalpflege Mecklenburg-Vorpommern. Bearb. von Gerd Baier. Berlin 1995.

Baudenkmale in Berlin. Hrsg. vom Senator für Stadtentwicklung und Umweltschutz Berlin. Bezirk Reinikkendorf, Ortsteil Reinickendorf. Bearb. von Jürgen Tomisch und Rainer Schomann. Berlin 1988. – Bezirk Wilmersdorf, Ortsteil Grunewald. Bearb. von Werner Hildebrandt, Peter Lemburg, Jörg Wewel, Hagen Eyink und Rainer Schomann. Berlin ²1994. – Bezirk Zehlendorf, Ortsteil Zehlendorf. Bearb. von Martin Gärtner, Christiane Keim und Heino Grunert. Berlin 1995. – Bezirk Friedrichshain. Berlin 1996.

Bauten der Technik und Industrie. Hrsg. vom Landesamt für Denkmalpflege Sachsen. Dresden 1996. (Reihe B: Besonders gefährdete Kulturdenkmale im Freistaat Sachsen. Bulletin 3.)

Die Bauten, technischen und industriellen Anlagen in Dresden. Hrsg. vom sächsischen Ingenieur- und Architekten-Verein und dem Dresdener Architekten-Verein. Dresden 1878.

Die Bauwerke und Kunstdenkmäler von Berlin. Tiergarten. Berlin 1955. – Stadt und Bezirk Charlottenburg. Bearb. von Irmgard Wirth. Berlin 1961. – Stadt und Bezirk Spandau. Bearb. von Gunther Jahn. Berlin 1971.

Bayerl, Günter (Hrsg.): Technisch-historische Spaziergänge in Cottbus. Cottbus 1995.

Becker, Bernhard / Becker, Hilla: Die Architektur der Förder- und Wassertürme. München 1971.

Behrendt, Otto / Malbranc, Karl: Auf dem Prenzlauer Berg. Berlin/Frankfurt a.M. 1928.

Beil, Arthur: Zur Geschichte Burgstädts. Burgstädt ²1929.

Berger, Manfred: Historische Bahnhofsbauten. Bd. 1. Berlin 1991.

Berlin und seine Bauten. Hrsg. vom Architekten- und Ingenieur-Verein zu Berlin. Tl. 10. Bd. B (1): Städtischer Nahverkehr. Berlin/München/Düsseldorf 1979. – Tl. 10. Bd. B (2): Fernverkehr. Berlin/München/Düsseldorf 1984. – Tl. 10. Bd. B (4): Post- und Fernmeldewesen. Berlin/München/Düsseldorf 1987. – Tl. 11: Industriebauten. Bürohäuser. Berlin/München/Düsseldorf 1971.

Berlin und seine Bauten. Hrsg. vom Architekten-Verein Berlin. Berlin 1877. (Reprogr. Nachdr. 1984.) – 2., veränd. Ausg. Berlin 1896. (Reprogr. Nachdr. 1988.)

Berlin. Die Stadt der Wasserstraßen und Häfen. Berlin 1967.

Berlin/Brandenburg. Ein Architekturführer. Hrsg. vom Institut für Städtebau und Architektur der Bauakademie gemeinsam mit dem Architekten- und Ingenieur-Verein zu Berlin. Berlin 1990.

Die Berliner S-Bahn. Gesellschaftsgeschichte eines industriellen Verkehrsmittels. Katalog hrsg. von der Arbeitsgruppe Berliner S-Bahn Rainer Balcerowiak. Berlin 1982.

Bernhard, Karl: Die Brückenbaukunst, besonders in Berlin und Umgebung. In: Architekten- und Ingenieur-Verein 1824–1924. Festschrift. Berlin 1924.

Beyer, Peter: Vom Werden der Göltzschtal- und der Elstertalbrücke. Mylau ⁴1985.

Beyer, Rolf / Sobek, Gerd: Der Bayerische Bahnhof in Leipzig. Berlin 1985.

Blankenstein, Hermann / Lindemann, August: Zentralvieh- und Schlachthof zu Berlin. Berlin 1885.

Blaß, Frank: Die Schlotheimer Holländermühle. Schlotheim 1991. [Masch.]

Boberg, Jochen / Fichter, Tilman / Gillen, Eckhart (Hrsg.): Exerzierfeld der Moderne. Industriekultur in Berlin im 19. Jahrhundert. München 1984.

Boberg, Jochen / Fichter, Tilman / Gillen, Eckhart (Hrsg.): Die Metropole. Industriekultur in Berlin im 20. Jahrhundert. München 1986.

Bock, S.: Denkmale des Salinenwesens in der Deutschen Demokratischen Republik. Diss. Weimar 1981.

Bockemeyer, A. H.: 400 Jahre Kupferhammer Grünthal. Olbernhau 1937.

Bohle-Heintzenberg, Sabine: Architektur der Berliner Hoch- und Untergrundbahn. Planungen, Entwürfe, Bauten bis 1930. Berlin 1980.

Bornemann, Manfred: Geheimprojekt Mittelbau. Bonn 1994.
Boué, Paul: Dokumentation einer Realisierungsstudie. Zeitz 1996.
Bousset, Johannes: Die Berliner U-Bahn. Berlin 1935.
Brentjes, Burchard / Richter, Siegfried / Sonnemann, Rolf: Geschichte der Technik. Leipzig 1978.
Bretschneider, Peter: 65 Jahre Fährdampfer »Pötzscha – Wehlen – Bastei«. Königstein 1990.
Das Buch der Erfindungen. 10 Bde. Bearb. von C. Arndt. 9., überarb. Aufl. Leipzig 1896–1901.
Buchinger, Marie-Luise: Denkmaltopographie Bundesrepublik Deutschland. Denkmale in Brandenburg. Stadt Brandenburg an der Havel. Tl. 2. Worms 1995.
Buddensieg, Tilmann / Rogge, Henning: Industriekultur. Peter Behrens und die AEG 1907–1914. Berlin 1979.

Cante, Marcus: Denkmaltopographie Bundesrepublik Deutschland. Denkmale in Brandenburg. Stadt Brandenburg an der Havel. 2 Tle. Worms 1994–95.
Clauß, Ernst Stephan: Ein Jahrhundert Baumwollspinnerei 1809–1909. Flöha 1909.

Dannat, Felicitas: Ein Stück Baugeschichte des mittleren Sachsens und mittleren Erzgebirges. Dresden 1991. [Masch.]
Dehio-Handbuch der Deutschen Kunstdenkmäler. Berlin. Bearb. von Sibylle Badstübner-Gröger [u. a.]. München 1994.
Dehn, G.: Der Wasserturm in Rostock in Mecklenburg. In: BgwZ 37 (1905) S. 335–337.
Denkmale des Waidanbaus in Thüringen. Erfurt 1989.
Denkmale und Erbe der Rostocker Technikgeschichte. Hrsg. von Redieck & Schade GbR Rostock. Rostock 1995.
Denkmalschutz und Denkmalpflege in Berlin. Hrsg. vom Landesdenkmalamt Berlin. Jahrbuch 1994. Berlin 1996.
Dittmann, Frank: Die gleislose Bielatalbahn. In: Sächsische Heimatblätter 37 (1991) H. 3.
Dolgner, Dieter (Hrsg.): Historische Industriebauten der Stadt Halle/Saale. Freunde der Bau- und Kunstdenkmale Sachsen-Anhalt e. V. Landesamt für Denkmalpflege Sachsen-Anhalt. Halle a. d. Saale 1996.
Dolgner, Dieter (Hrsg.): Historische Bauten und Anlagen der Stadttechnik und des Verkehrs. Halle/Saale 1997.
Dreßler, Klaus: Der Grödel-Elsterwerdaer Floßkanal. In: Festschrift Kurt Asche. Worpswede 1990.

Ehlert, Hans: Schultheiss-Patzenhofer von 1871–1921. Berlin 1921.
Emons, Hans-Heinz / Walter, Hans-Henning: Alte Salinen in Mitteleuropa. Zur Geschichte der Siedesalzerzeugung vom Mittelalter bis zur Gegenwart. Leipzig 1988.
Engel, Helmut [u. a.] (Hrsg.): Geschichtslandschaft Berlin. Bd. 2: Tiergarten. Tl. 2: Moabit. Berlin 1987.
Erler, Uwe / Schmiedel, Helga [u. a.]: Brücken. Historisches – Konstruktion – Denkmäler. Leipzig 1988.
Die erste Bergschwebebahn der Welt. Hrsg. von den Dresdner Verkehrsbetrieben AG. Dresden 1991.
Escher, Max: Leipzigs Denkmäler, Denksteine und Gedenktafeln mit 83 Bildern. Leipzig 1910.

F. B.: Die Umgestaltung der Bahnhofsanlagen in Dresden. In: ZBV 45 (10. 11. 1894) S. 469ff.
Feuereissen, Günther: Reisen mit der Schmalspurbahn. Berlin 1989.
Fiedler, Wolfram: 110 Jahre Konsum Leipzig. Leipzig 1994.
Fischer, Peter: Denkmale des Kreises Salzwedel. Diesdorf 1990.
Flughafen Berlin-Tegel. Hrsg. von der Ph. Holzmann AG. Berlin 1973.
Föhl, Axel: Bauten der Industrie und Technik. In: Schriftenreihe des Deutschen Nationalkommittees für Denkmalschutz. Bd. 47. [o. O., o. J.]
Forberger, Rudolf: Industrielle Revolution in Sachsen 1800–1861. 2 Bde. Berlin 1982.
Führer durch den städtischen Vieh- und Schlachthof von Berlin. Berlin 1902.
Fuhrmann, Matthias: Deutsche Bahnbetriebswerke. Sonderheft: Das Bahnbetriebswerk Berlin-Niederschöneweide. München 1993.
Fulda, Dieter / Hauske, Karl H. (Hrsg.): Kali. Das bunte, bittere Salz. Leipzig 1990.

Geschichte des Betriebes Sächsische Kunstweberei Claviez AG. [Masch. o. O. und o. J.]
Gottwaldt, Alfred B.: Eisenbahn-Brennpunkt Berlin. Die Deutsche Reichsbahn 1920–1939. Erw. Neuausg. Stuttgart 1982.
Gottwaldt, Alfred B.: Berliner Fernbahnhöfe. Berlin $^{2}$1983.
Gottwaldt, Alfred B.: Die Berlin-Hamburger Eisenbahn und ihre Bahnhöfe. In: Brandenburgische Denkmalpflege 5, 1 (Berlin 1996).
Graßmann, Siegfried: 75 Jahre Bahnkraftwerk Muldenstein. In: Modell Eisenbahner 3 (1986).
Die Großindustrie des Königreiches Sachsen in Wort und Bild. 2. Bde. Leipzig 1892–93.
Günschel, Günter: Große Konstrukteure 1. In: Bauwelt Fundamente 17 (1966).

Hallfahrt, Hans-Günter: Die Malzfabrik der Schultheiss-Brauerei in Berlin-Pankow, Mühlenstraße. In: Berliner Geschichte. Dokumente, Beiträge, Informationen. H. 9. Hrsg. vom Stadtarchiv der Hauptstadt der DDR. Berlin 1988.
Handbuch der historischen Stätten. Bd. 8: Sachsen. Hrsg. von W. Schlesinger. Stuttgart 1965. [Neudr. 1990.] – Bd. 9: Thüringen. Hrsg. von H. Patze in Verb. mit Peter Aufgebauer. Stuttgart $^{2}$1989. – Bd. 10: Berlin und Brandenburg. Hrsg. von G. Heinrich. 3., korr. und akt. Aufl., Stuttgart 1995. – Bd. 11: Provinz

Sachsen-Anhalt. Hrsg. von B. Schwineköper. 2., überarb. Aufl., Stuttgart 1987. – Bd. 12: Mecklenburg/Pommern. Hrsg. von R. Schmidt und H. bei der Wieden. Stuttgart 1995.

Hebehr, W. / Müllerott, H.: Denkmale des Waidanbaus in Thüringen. Erfurt 1989. [Faltblatt.]

Hechler: Der Schlacht- und Viehhof zu Chemnitz. In: ZA + IVH 35 (1885) H. 7. S. 561 ff.

Henniger, Gerd: Zuckerraffinerie Rositz. Bad Homburg/Leipzig 1996.

Herberg, A. (Hrsg.): Ingenieurwerke in und bei Berlin. Berlin 1906.

Hesse, Thomas: 150 Jahre Bahnhof Niederau. In: Die Deutsche Bahn 5 (1992).

Hildebrandt, Werner / Lemburg, Peter / Wewel, Jörg: Historische Bauwerke der Berliner Industrie. In: Beiträge zur Denkmalpflege in Berlin 1 (Berlin 1988).

Hirte, Christian: Bauten der Reichsautobahn in Brandenburg. In: Brandenburgische Denkmalpflege 5 (1996).

Historische Sachzeugen der Kraftwerks- und Energietechnik in Sachsen. Hrsg. von der TU Dresden. Dresden 1994.

Historische Wassertürme. Beiträge zur Technikgeschichte von Wasserspeicherung und Wasserversorgung. Hrsg. von Gerhard Merkl [u. a.]. München/Wien 1985.

Hocquél, Wolfgang: Leipzig. Baumeister und Bauten. Berlin/Leipzig 1990.

Hocquél, Wolfgang: Schlachthof für Medien. Zur Umnutzung eines technischen Denkmals. In: Leipziger Blätter 21 (1992).

Hofmann, G. / Thürmer, E.: Erfahrungen bei der Sanierung der Bahnhofsbrücke Aue. In: Die Straße 6 (1986).

Hohlfeld, Johannes: Das Bibliographische Institut. Festschrift zu seiner Jahrhundertfeier. Leipzig 1926.

Hohmann, Hermann-Josef: Projektbeschreibung. Der Kalischacht Abteroda. Heringen 1991. [Masch.]

Höpner, Anne: Viehmarktgelände in Pößneck. [Ing.-Diplomarb.] Weimar 1996. [Masch.]

Hoßfeld, Hans-Joachim: Stromverteilung 1895 bis 1949. Bericht an die Fachtagung Kommunale Stromverteilung auf dem Weg in das Jahr 2000. Leipzig 1995.

Hübener, Dieter: Die Spreewaldbahn und ihre Bahnhöfe. In: Brandenburgische Denkmalpflege 5 (1996) H. 1. S. 49 ff.

Hübner, Kurt: Der Glockenguß in Apolda. Weimar 1980. (Weimarer Schriften zur Heimatgeschichte und Naturkunde. H. 40.)

Hubert Ritter und die Baukunst der zwanziger Jahre. Hrsg. vom Sächsischen Staatsministerium des Innern. Dresden 1993. (Schriftenreihe für Baukultur, Architektur, Denkmalpflege. Reihe A. Bd. 1.)

Hüter, Karl-Heinz: Architektur in Berlin 1900–1933. Berlin 1987.

Hüttenwerk Peitz. Hrsg. von der Stadt Peitz. Peitz 1994.

Hundert Jahre deutsche Eisenbahnen. Hrsg. vom Reichsverkehrsministerium. Berlin 1935.

Hundert Jahre Strom für Berlin. Ein Streifzug durch unsere Geschichte in Wort und Bild 1884–1984. Hrsg. von der Bewag. Berlin 1984.

Huse, Norbert (Hrsg.): Verloren, gefährdet, geschützt. Baudenkmale in Berlin. Berlin 1988.

Jäger, Volker: Zur Geschichte der Firma Willmar Schwabe. In: Medizin, Gesellschaft und Geschichte 10 (1991) S. 171–188.

Jankowski, Günter [u. a.]: Zur Geschichte der ersten deutschen Dampfmaschine. Halberstadt 1987.

Jankowski, Günter: Wichtige Kupferschiefer-Schächte in der Mansfelder Mulde. Eisleben ²1987.

Jankowski, Günter: Zur Geschichte des Kalibergbaus im Mansfelder Land. Magdeburg 1988.

Kästner, Uwe / Slotta, Rainer: Der Röhrig-Schacht in Wettelrode. In: Der Anschnitt 43 (1991) H. 3–5.

Kahl, Günther / Schlösser, Karl: Stadtbilder aus Demmin. Demmin 1993.

Kahlfeld, Paul: Hans Heinrich Müller 1879–1951. Berliner Industriebauten. Basel/Berlin/Boston 1992.

Karner, Stefan / Wichniearz, Peter J.: Berliner Wassertürme. Berlin 1987.

Kasper, H.-H.: Die Entstehung des frühkapitalistischen Hüttenwerkes. In: Kupfer Silber Stahl. Beiträge zu 450 Jahren Geschichte. Olbernhau 1987.

Keil, Barbara: Baudenkmale in Pankow. Berlin 1993.

Kirsche, Hans-Joachim / Müller, Hans: Eisenbahnatlas DDR. Berlin/Leipzig 1987.

Kley, Günter: Wasserwerk Friedrichshagen. Industriedenkmal und Versorgungsbetrieb. 1893–1993. Hrsg. von den Berliner Wasserbetrieben. Berlin 1993.

Klinghammer, Bernd: Die Eisenbahnhubbrücke bei Karnin. In: Die Wochenschau 1990.

Klose, H.: Die versteckten Denkmale. In: Sächsische Zeitung. 6. 2. 1992.

Kobschätzky, Hans: Streckenatlas der deutschen Eisenbahnen. Bd. 1: 1835–1892. Bd. 2: 1893–1935. Düsseldorf 1971–75.

Krause, Friedrich: Der Osthafen zu Berlin. Berlin 1913.

Krause, Friedrich: Die Hafenanlagen der Stadt Berlin. Leipzig 1920.

Krings, Ulrich: Bahnhofsarchitektur. München 1985.

Krohne, Erich: 50 Jahre Schaltanlagenbau der Bewag. 1884–1934. In: Elektrotechnische Zeitschrift 26 (1935).

Krüger, Ulrich: Das Pumpspeicherwerk Niederwartha. In: Energietechnik 37 (1987) H. 10. S. 395–396.

Krüger, Ulrich: Das einmalige Plagwitz. In: Stadtbauwelt 48 (1993).

Krüger, Ulrich: Frühe Leipziger Flugplätze. In: Mitteilungen des Landesvereins Sächsischer Heimatschutz e.V. 1 (1994) S. 36–38.

Krüger, Ulrich: Leipzigs Stadtwerke. Beucha 1995.
Die Kunst in Industrie und Handel. Jahrbuch des Deutschen Werkbundes 1913. Jena 1913.

Lange, S.: Pirnaer Postbrücke erinnert an die Zeit der Postillione. In: Sächsische Zeitung, 19. 2. 1992.
Langelüttich, Hans-Joachim: Der historische Kupferschieferbergbau um Hettstedt. [o. O. und o. J.]
Laube, R.: Das Großkraftwerk Klingenberg. Berlin 1927.
Lehmann, Gert: Maxener Marmor für die Kathedrale. In: Sächsische Zeitung. 12. 10. 1991.
Lohse, Hans: 600 Jahre Schmalkalder Eisengewinnung und Eisenverarbeitung vom 14. bis 20. Jahrhundert. Meiningen 1965.
Luegers, Otto: Lexikon der gesamten Technik. 7 Bde. Stuttgart/Leipzig/Berlin/Wien 1894–1925.

Mager, Johannes / Meißner, Günter / Orf, Wolfgang: Die Kulturgeschichte der Mühlen. Leipzig 1938.
Maier, Helmut: Berlin Anhalter Bahnhof. Berlin 1984.
Markgraf, W.: Erzgebirgische Hammerherrenhäuser. Marienberg 1994. (Erzgebirgische Heimatblätter. Sonderheft.)
Mattschoss, Conrad / Lindner, Werner: Technische Kulturdenkmale. München 1932.
Meixner, L.: Städtische und stadtnahe Fortifikationsanlagen. Ein Beitrag zur Geschichte und Denkmalpflege des Festungswesens im Thüringer Raum. 4 Bde. Weimar 1988. [Masch.]
Misterek, Hans: Handschriftliche Aufzeichnungen zum Denkmalbestand von Altenhain. 1992.
Mitteilungen der Berliner Elektrizitätswerke. Hrsg. von der BEW. Berlin 1908.
Mittelsdorf, H.: Zur Geschichte der ersten drei Wasserkraftwerke an der oberen Saale. Ziegenrück 1990. (Ziegenrücker Hefte. 5.)
Möbius, Martin Richard: Bruno Buch. Industriearchitekt B.D.A. Neue Werkkunst. Berlin/Leipzig/Wien 1929.
Möller, Klaus: Endstation Oberrittersgrün. Rittersgrün 1985.
Mühlen. Geschichte der Getreidemühlen. Technische Denkmals in Mittel- und Ostdeutschland. Hrsg. von Otfried Wagenbreth, Helmut Düntzsch, Rudolf Tschiersch und Eberhard Wächtler. Leipzig/Stuttgart 1994.
Müller, J.: Die thüringische Industrie. Jena 1930.
Muth, Otto: Heimatgrüße aus Walbeck. Bd. 3. Walbeck 1994.

Natzschka, Werner: Berlin und seine Wasserstraßen. Berlin 1971.

Paape, Angelika: Bruno Buch. Industrie-Architekt. Berlin o. J. [1984].
Paul, Willi: Technische Sehenswürdigkeiten in Deutschland. Bd. 5: Berlin. München 1980.
Philipp, Rainer: Die Rübelandbahn. In: Denkmalpflege in Sachsen-Anhalt 3 (1995).
Pierson, Kurt: Dampfzüge auf Berlins Stadt- und Ringbahn. Vergangenheit und Gegenwart Berlins im Spiegel seiner Stadt-, Ring- und Vorortbahnen. Stuttgart 1969.
Posener, Julius: Berlin auf dem Weg zu einer neuen Architektur. München 1979.
Preiß, W.: Zinnaufbereitung Altenberg. Probleme der Erhaltung technischer Denkmale. In: Wissenschaftliche Zeitschrift der Technischen Hochschule Dresden 3 (1954) S. 371–376.
Propyläen Technikgeschichte. Hrsg. von Wolfgang König. 5 Bde. Berlin 1990–92.

Reetz, V.: Das Wasserkraftwerk Ziegenrück. Ziegenrück 1983. (Ziegenrücker Hefte. 3.)
Reiß, Herlind: Kraftwerk und Kolonie Zschornewitz. Hrsg. von der Stiftung Bauhaus Dessau. Dessau 1995.
Ribbe, Wolfgang / Schäche, Wolfgang: Die Siemensstadt. Geschichte und Architektur eines Industriestandortes. Berlin 1985.
Ribbe, Wolfgang / Schäche, Wolfgang (Hrsg.): Baumeister – Architekten – Stadtplaner. Biographien zur baulichen Entwicklung Berlins. Berlin 1987.
Richter, Tilo: Industriearchitektur in Chemnitz. Leipzig 1995.
Risse, Heike: Frühe Moderne in Frankfurt a. M. Frankfurt a. M. 1984.
Rödel, Volker: Reclams Führer zu den Denkmalen der Industrie und Technik in Deutschland. Bd. 1: Alte Länder. Stuttgart 1992.

Schäbitz, S.: Exkursionsführer zur Jahrestagung 1993 der Deutschen Gesellschaft für Mühlenkunde und Mühlenerhaltung. Weimar 1993.
Schäche, Wolfgang / Strelinsky, Manfred / Worbs, Dietrich: Siemensbauten in Siemensstadt. Tl. 1: Industriegebäude. Berlin 1994.
Schiffner, Karl: Alte Hütten und Hämmer in Sachsen. Berlin 1959.
Schmidt, Hartwig / Eilhardt, Eva-Maria: Die Bauwerke der Berliner S-Bahn. Die Stadtbahn. In: Arbeitshefte der Berliner Denkmalpflege. H. 1. Berlin 1984.
Schmidt, Wolfgang / Theile, Wilfried: Denkmale der Produktions- und Verkehrsgeschichte. 2 Bde. Berlin 1989–91.
Schönberg, M. / Fichtner, F.: Die Adolf-Hitler-Brücke in Aue (Sa.). In: Die Bautechnik 8 (1939).
Schreck, René: Das einstige »Wismut-Revier« Ronneburg (Thüringen). ›Rekultivierung‹ einer ›Kulturlandschaft‹. [Ing.-Diplomarb.] Weimar 1997. [Masch.]
Schubert, Matthias: Der Wasserturm in Wismar. In: Technische Kulturdenkmale 22 (1991) S. 18f.
Schulze-Besse, Heinrich: Aus der Geschichte des Berliner Brauwesens und seiner Braumeister. Berlin 1927.

Schwarz, K. (Hrsg.): Berlin. Von der Residenz zur Industriemetropole. Berlin 1981.
Sieber, H.: Talsperren in Sachsen. Pirna 1992.
Sommer, Thomas: Von Planteuren und Bandeliers. In: Monumente 9/10 (1996).
Spur, Günter: Produktionstechniken im Wandel. München/Wien 1979.
Steinbuch, Carl: Das Buch der Technik. Gütersloh/Berlin/München 1971.
Steinle, Holger: Ein Bahnhof auf dem Abstellgleis. Der ehemalige Hamburger Bahnhof in Berlin und seine Geschichte. Berlin 1983.
Die Straßen-Brücken der Stadt Berlin. 2 Bde. Berlin 1902.

Taube, Angelika: Festung Königstein. Königstein 1990.
Technische Denkmale der Luftfahrtforschung in Berlin-Adlershof. In: Schriftenreihe zur Luftfahrtgeschichte 3 (1994).
Technisches Museum Ölmühle Pockau. Hrsg. vom Amt für Kultur im Landratsamt Marienberg. Marienberg 1992.
Thümmel, Simone: Historische Spinnereien im Bezirk Karl-Marx-Stadt. Karl-Marx-Stadt 1989.

Über ein sächsisches Eisenbahn-System als Grundlage eines allgemeinen deutschen Eisenbahn-Systems. Leipzig 1897.
Uhlemann, Hans Joachim: Berlin und die Märkischen Wasserstraßen. Berlin 1987.

Vergessene Mühlen in Mecklenburg-Vorpommern. Hrsg. vom Mühlenverein Mecklenburg-Vorpommern e. V. Waren (Müritz). Schwerin 1995.
Vogel, Rolf: Das Lugau-Oelsnitzer Steinkohlerevier. Hrsg. vom Förderverein Bergbaumuseum Oelsnitz/Erzgeb. e.V. Hohenstein-Ernstthal 1993.
Von der Pferdebahn zum Gelenkzug. Betriebsgeschichte des VEB (K) Verkehrsbetriebe der Stadt Leipzig. Leipzig 1966.

Wagenbreth, Otfried: Goethe und der Ilmenauer Bergbau. Veröffentlichung der Nationalen Forschungs- und Gedenkstätten der klassischen deutschen Literatur Weimar. Weimar 1983.
Wagenbreth, Otfried: Technische Denkmale des Schieferbergbaus. In: Technische Denkmale in der Deutschen Demokratischen Republik. Leipzig [3]1983. S. 117–119, 293–294.
Wagenbreth, Otfried: Technische Denkmale der Braunkohleindustrie in Mitteldeutschland. In: Der Anschnitt 43 (1991) H. 3–5. S. 116ff.
Wagenbreth, Otfried / Wächtler, Eberhard [u. a.]: Der Freiberger Bergbau, technische Denkmale und Geschichte. Leipzig 1986. [2]1988.
Wagenbreth, Otfried / Wächtler, Eberhard: Dampfmaschinen. Die Kolbendampfmaschine als historische Erscheinung und technisches Denkmal. Leipzig 1986.
Wagenbreth, Otfried / Wächtler, Eberhard: Technische Denkmale in der Deutschen Demokratischen Republik. Leipzig 1983. [4]1989.
Wagenbreth, Otfried / Wächtler, Eberhard [u.a.]: Bergbau im Erzgebirge, technische Denkmale und Geschichte. Leipzig 1990.
Wegener, Romy: Brikettfabrik Zechau. [Ing.-Diplomarb.] Weimar 1991. [Masch.]
Werte der deutschen Heimat. Hrsg. von der Deutschen Akademie der Wissenschaften zu Berlin. Bd. 2: Zwischen Sebnitz, Hinterhermsdorf und den Zschirnsteinen. Berlin 1965. – Bd. 4: Um Gottleuba, Berggießhübel und Liebstadt. Berlin 1961. – Bd. 9: Pirna und seine Umgebung. Berlin 1966. [Ab Bd. 16 fortgeführt unter dem Titel *Werte unserer Heimat.*]
Werte unserer Heimat. Hrsg. von der Deutschen Akademie der Wissenschaften. Bd. 43: Um Olbernhau und Seiffen. Berlin 1985. – Bd. 49/50: Berlin. Ergebnisse der heimatkundlichen Bestandsaufnahme. Hrsg. von Joachim Herrmann. Berlin 1987.
Wiebe, Friedrich Carl Hermann (Hrsg.): Die neuen Berliner Wasserwerke. Berlin 1872.
Wieck, Friedrich Georg: Industrielle Zustände Sachsens. Hrsg. von der Redaktion des Gewerbeblattes Sachsen. Chemnitz 1839.
Wietstruk, Siegfried: Rangsdorf bei Berlin. In: Brandenburgische Denkmalpflege 5 (1996) H. 1.
Wirth, Hermann: Das Frankenhäuser Salzwerk. In: Wissenschaftliche Zeitschrift der Hochschule für Architektur und Bauwesen Weimar 19 (1972) H. 1. S. 89–99.
Wirth, Hermann: Denkmale der Kali- und Steinsalzindustrie in der DDR. In: Fundgrube 22 (1986) H. 1. S. 8–11, 14–17.
Wirth, Hermann: Turmholländermühle Immenrode. Denkmalpflegerische Zielstellung. Hrsg. vom Thüringischen Landesamt für Denkmalpflege Erfurt. Erfurt 1988.
Wirth, Hermann: Technik. Zeugnisse der Produktions- und Verkehrsgeschichte. Berlin/Leipzig 1990.
Woll, Stefan: Berliner Wassertürme. Berlin 1986. (Berliner Kaleidoskop. 31.)

Zemke, Friedrich-Karl: Leuchttürme der Welt. Bd. 1. Herford 1992.
Ziegelei Hundisburg. Förderverein Technisches Denkmal Ziegelei Hundisburg e. V. Hundisburg 1994.
Zittlau, Reiner: Berliner Eisenbrücken. In Baukammer Berlin 3 (1992) S. 7–18.
Zur Geschichte der Stadt Mittweida. Mittweida 1898.

## Zeitschriften-Siglen

| | |
|---|---|
| ABZ | Allgemeine Bauzeitung Wien. 1836–1900 |
| | Der Anschnitt. 1949 ff. |
| AR | Architektonische Rundschau. 1885–1925 |
| | Architektur des XX. Jahrhunderts. 1902–14 |
| Bau | Der Bau |
| B+W | Bauen und Wohnen |
| BgwZ | Baugewerbszeitung. 1869–1920 |
| BG | Baugilde. 1919 ff. |
| BIng | Der Bauingenieur |
| BIngZ | Bauingenieur-Zeitung |
| BM | Der Baumeister. 1903–16, 1949 |
| BB | Bauplanung und Bautechnik. 1947 ff. |
| B–R | Bau-Rundschau. 1910–20 |
| | Bausubstanz |
| | Die Bautechnik. 1923 ff. |
| BT | Der Bautechniker |
| | Bautechnische Zeitschrift. 1886–1914 |
| BW | Die Bauwelt. 1910–18 |
| | Bauwelt Fundamente. 1963 ff. |
| BZWü | Bauzeitung für Württemberg, Baden, Hessen, Elsaß, Lothringen. 1904–14 |
| BA | Berliner Architekturwelt. 1899–1918 |
| DA | Deutsche Architektur |
| DB | Deutsche Bauzeitung. 1867–1931 (einschl. Mitteilungen) |
| DBH | Deutsche Bauhütte. 1897–1918 |
| DK | Deutsche Konkurrenzen |
| DKD | Deutsche Kunst- und Denkmalpflege |
| ICOMOS | International Council of Monuments and Sites |
| IB | Der Industriebau. 1910–30 |
| K & T | Kultur & Technik. Zeitschrift des Deutschen Museums, München |
| MBf | Moderne Bauformen. 1902–20 |
| | Monumente. 1991 ff. |
| NBz | Neudeutsche Bauzeitung. 1905–17 |
| | Österreichische Wochenschrift für den öffentlichen Baudienst. 1895–1910 |
| PB | Der Profanbau. 1905–15 |
| | Die Raumkunst. 1908–17 |
| St | Stahlbau. 1930 ff. |
| SBH | Süddeutsche Bauhütte. 1900–14 |
| SBZ | Süddeutsche Bauzeitung. 1891–1914 |
| SchBZ | Schweizerische Bauzeitung. 1876–1914 |
| | Stadtbauwelt. 1964 ff. |
| | Der Städtebau. 1904–10 |
| TKD | Technische Kulturdenkmale. 1970 ff. |
| VDI | Zeitschrift des Vereins deutscher Ingenieure. 1875–1904 |
| WMBS | Wasmuths Monatshefte für Baukunst und Städtebau |
| Wt | Werkstattstechnik. 1910 ff. |
| | Werkbund |
| WBindZ | Wiener Bauindustrie-Zeitung. 1884–1920 |
| WAI | Wochenblatt für Architekten und Ingenieure. 1879–84 |
| WBK | Wochenblatt für Baukunde. 1879–90 |
| | Wochenschrift des österreichischen Architekten- und Ingenieurvereins. 1876–92 |
| WK | Wohnungskunst. 1909–20 |
| WVfB | Monatsschrift des württembergischen Vereins für Baukunde. 1895/96 |
| ZA+IVH | Zeitschrift des Architekten- und Ingenieurvereins zu Hannover. 1855–92 |
| ZA+IW | Zeitschrift für Architektur- und Ingenieurwesen |
| ZbAIV | Zeitschrift des bayerischen Architekten- und Ingenieurvereins. 1869–74 |
| ZBK | Zeitschrift für Baukunde. 1878–84 |
| ZBV | Zentralblatt der Bauverwaltung. 1881–1931 |
| ZdB | Zentralblatt für das deutsche Baugewerbe |
| ZBW | Zeitschrift für Bauwesen. 1851–1919 |
| | Zentralblatt für das deutsche Baugewerbe. 1916 ff. |
| ZfBhw | Zeitschrift für Bauhandwerker. 1857–1905 |
| | Zeitschrift für das Baugewerbe. 54 (1910) bis 58 (1914) |
| ZöIAV | Zeitschrift des österreichischen Ingenieur- und Architektenvereins. 19 (1867) bis 65 (1913) |
| ZpBK | Zeitschrift für praktische Baukunst. 1841–70 |
| ZVDA+IV | Zeitschrift des Verbandes deutscher Architekten- und Ingenieurvereine. 1912–18 |
| ZWW | Zeitschrift für Wohnungswesen |
| ZVdE | Zeitung des Vereins deutscher Eisenbahnverwaltungen |

# Abkürzungen

Hier nicht aufgeführt sind allgemein übliche Abkürzungen von Sprachbezeichnungen und von Adjektiven, die auf *-isch* oder *-ich* enden.

| | |
|---|---|
| AEG | Allgemeine Elektricitäts-Gesellschaft |
| AG | Aktiengesellschaft, A.-G. |
| B | Breite |
| BAB | Bundesautobahn |
| BEWAG | Berliner Elektricitäts-Werke AG (heute: Berliner Kraft und Licht [Bewag]-AG) |
| dat. | datiert |
| DEMAG | Deutsche Maschinenfabrik Aktiengesellschaft |
| Dm. | Durchmesser |
| EG | Erdgeschoß |
| ehem. | ehemalig |
| E-Werk | Elektrizitätswerk |
| E-Zentrale | Elektrische Zentrale |
| Fa. | Firma |
| Gebr. | Gebrüder |
| gegr. | gegründet |
| ges. | gesamt |
| Ges. | Gesellschaft |
| gesch. | geschossig |
| H | Höhe |
| hist. | historisch |
| hzgl. | herzoglich |
| i.M. | im Mittel |
| Ing. | Ingenieur |
| insges. | insgesamt |
| Insp. | Inspektor |
| Jh. | Jahrhundert |
| kgl. | königlich |
| KWU | Kraftwerksunion |
| L | Länge |
| li. H. | lichte Höhe |
| li. W. | lichte Weite |
| MA, ma. | Mittelalter, mittelalterlich |
| masch. | maschinell |
| MIAG | Mühlen-Industrie Aktiengesellschaft |
| N | Norden |
| NN | Normalnull |
| O | Osten |
| OG | Obergeschoß |
| orig. | original |
| Preußag | Preußische Bergwerks- und Hütten-AG |
| PreußenElektra | Preußische Elektrizitäts-Aktiengesellschaft |
| quadr. | quadratisch |
| Reg.-Bmstr. | Regierungsbaumeister |
| rest. | restauriert |
| RWE | Rheinisch-Westfälisches Elektrizitätswerk |
| S | Süden |
| TH | Technische Hochschule |
| VEAG | Vereinigte Energiewerke AG |
| VEB | Volkseigener Betrieb |
| VEBA | Vereinigte Elektrizitäts- und Bergwerks-AG |
| verm. | vermutlich |
| VDM | Vereinigte Deutsche Metallwerke |
| W | Westen |
| W. | Weite |

*Ländernamen*

| | |
|---|---|
| B | Berlin |
| BG | Brandenburg |
| FS | Freistaat Sachsen |
| MV | Mecklenburg-Vorpommern |
| SA | Sachsen-Anhalt |
| TH | Thüringen |

# Namenregister

## Architekten, Ingenieure, Künstler

# Ortsregister

# Abbildungsnachweis

Achim Bednarz, Köln: 2
Bergakademie Freiberg: 135, 136
Brandenburgisches Landesamt für Denkmalpflege (Foto Dieter Möller): 26, 27
Helmut Derp, Düsseldorf: 233
Deutsche Fotothek Dresden: 183, 244
Klaus Dreßler, Stadt Wehlen: 29, 77, 111, 192, 234, 247, 291
Axel Föhl, Düsseldorf: 228, 229 oben, 229 unten, 230, 231
Günter Linke, Berlin: 146, 224, 246
Wolfgang Reuss, Berlin: 33, 36, 38, 43, 56, 57, 58, 59, 60, 70, 75
Volker Rödel, Frankfurt a. M.: 80, 86, 88, 91, 92, 93, 99, 101, 102, 104, 109, 112, 114, 115, 116, 118, 132, 138, 140, 162, 163, 168, 169, 190, 222, 236, 260, 278, 279, 288, 289, 290, 310, 311, 327, 331, 339, 349, 350, 351, 352, 353, 354, 356, 357, 358, 359
Hans Christian Schink / PUNCTUM, Leipzig: 198, 201, 205, 208
Theodor Schwarz, Urbach: 31, 196, 285, 395, 396, 397, 398, 399
Wilfried Theile, Berlin: 83, 107, 139, 243, 248, 261, 265, 269, 286
Simone Thümmel, Attenkirchen: 238, 312, 343
Verlagsarchiv: 270
Otfried Wagenbreth, Freiberg: 145, 154, 156
Hermann Wirth, Weimar: 123, 126, 143, 181, 235, 292, 295, 300, 302, 316

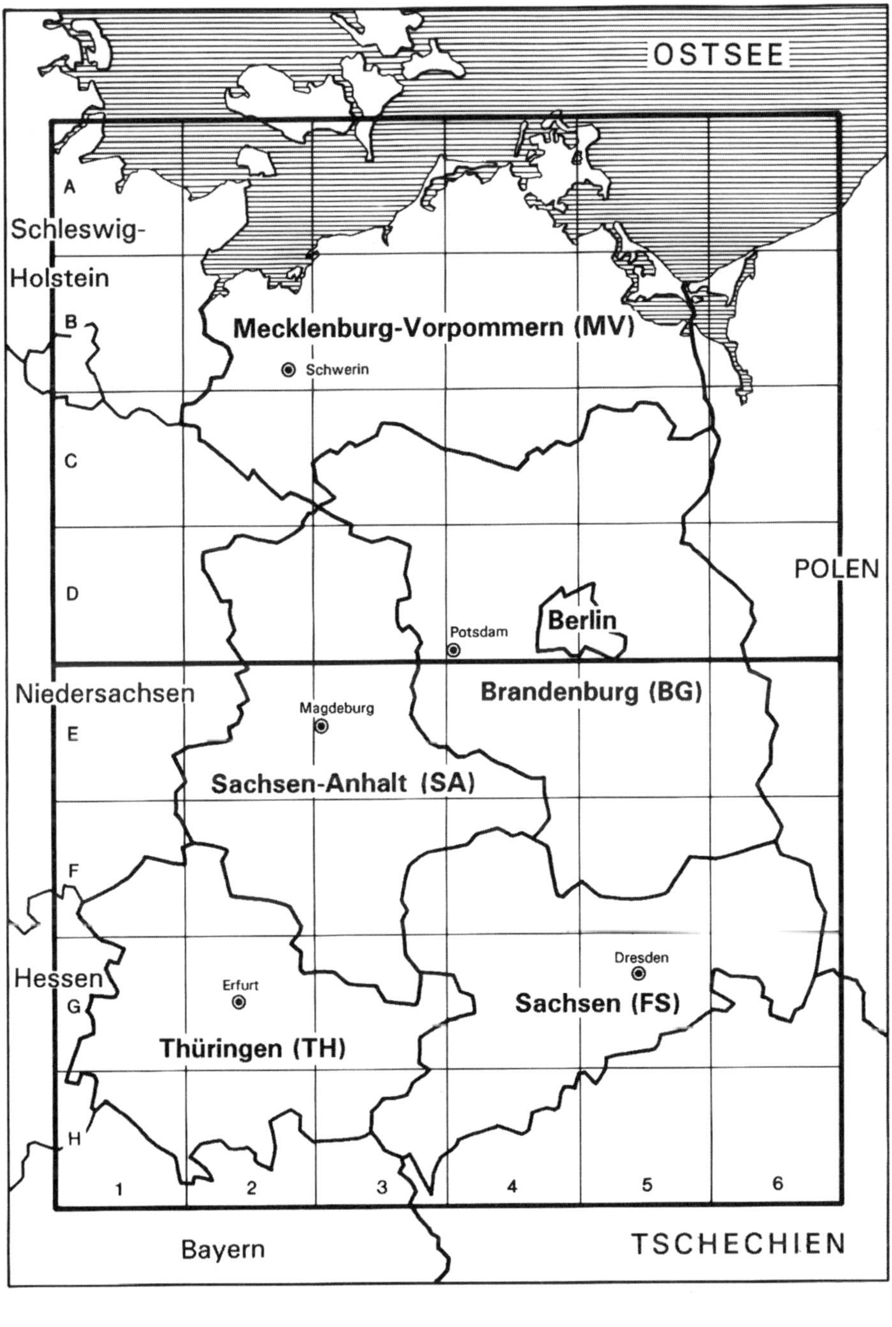

OSTSEE
A
Schleswig-
Holstein
B
Mecklenburg-Vorpommern (MV)
Schwerin
C
D
POLEN
Potsdam
Berlin
Niedersachsen
Brandenburg (BG)
Magdeburg
E
Sachsen-Anhalt (SA)
F
Dresden
Hessen
Erfurt
Sachsen (FS)
G
Thüringen (TH)
H
1
2
3
4
5
6
Bayern
TSCHECHIEN

1
2
3
Kieler Bucht
OSTSEE
Fehmarn
Zingst
A
Mecklenburger Bucht
Rövershagen
Lübecker Bucht
Bastorf
Bad Doberan
Rostock
Neubukow
Timmendorf
Boiensdorf
Schleswig-Holstein
Hagebök
Bröbberow
Schwaan
Recknitz
Rankendorf
Mecklenburg-
Wismar
Grevesmühlen
Bützow
Lüssow
Zepelin
Güstrow
Reinshagen
B
Blankenberg
Bad Kleinen
Schweriner See
Warnow
Dabel
Krakower See
Schaalsee
SCHWERIN
Karow
Wittenburg
Plate
Banzkow
Störkanal
Elde
Elbe
Lübz
Plau am See
Plauer See
Parchim
Hagenow
Vellahn
Teldau
Ludwigslust
Elde-Kanal
Berge
Triglitz
C
Neu Kaliß
Dömitz
Karstädt
Pritzwalk
Perleberg
Wittenberge
Glöwen
Neustadt/ Dosse
Niedersachsen
Salzwedel
Havelberg
Sachsen-
D
Rathenow
Stendal
0
25
50 km
Tangermünde
Döberitz
Gardelegen
Bahnitz
Anhalt
Mittelland-Kanal
Genthin
Plauer See
Parey

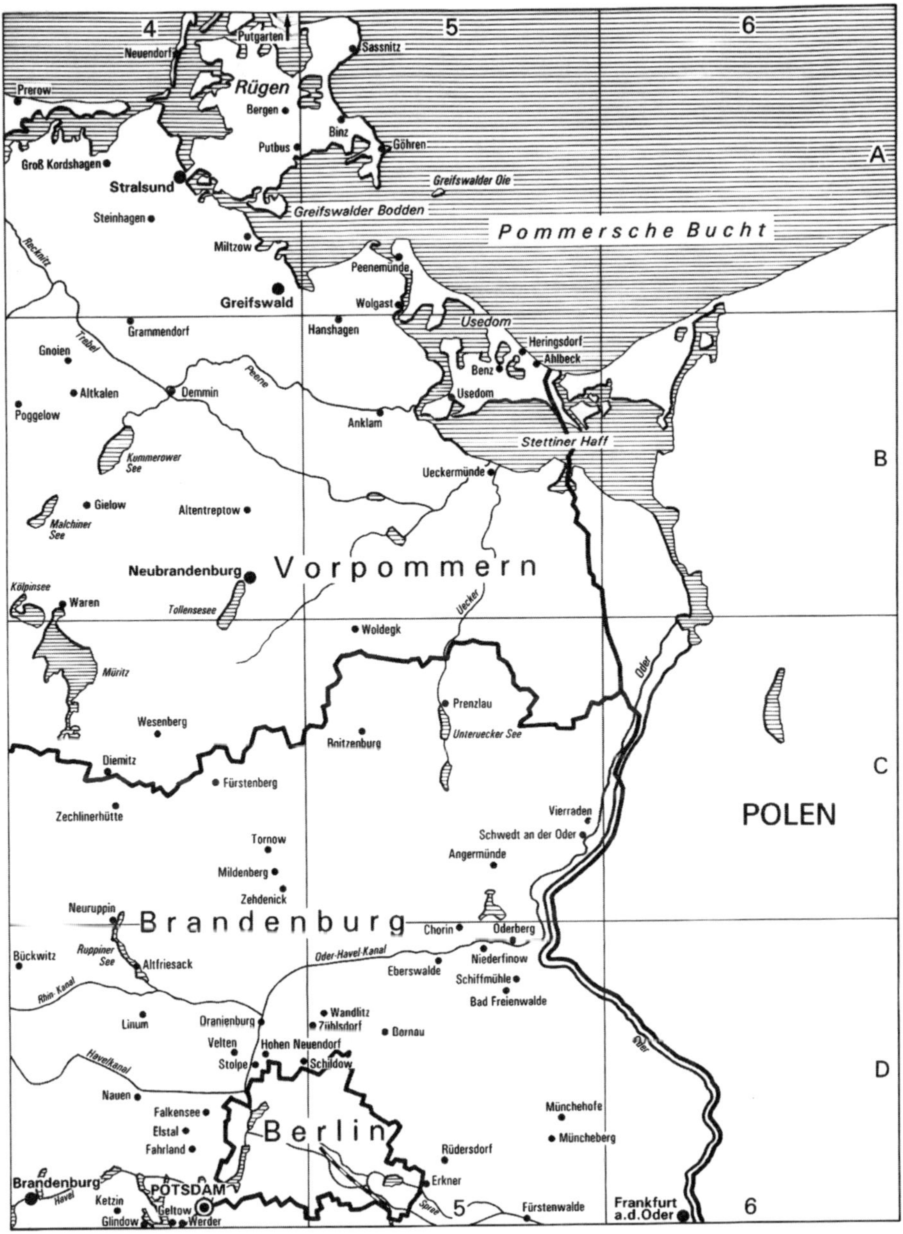

4
5
6
Putgarten
Neuendorf
Sassnitz
Prerow
Rügen
Bergen
Binz
Putbus
Göhren
A
Groß Kordshagen
Stralsund
Greifswalder Oie
Greifswalder Bodden
Steinhagen
Pommersche Bucht
Recknitz
Miltzow
Peenemünde
Greifswald
Wolgast
Usedom
Grammendorf
Hanshagen
Heringsdorf
Gnoien
Trebel
Ahlbeck
Benz
Altkalen
Demmin
Peene
Usedom
Poggelow
Anklam
Stettiner Haff
Kummerower See
B
Ueckermünde
Gielow
Altentreptow
Malchiner See
Neubrandenburg
Vorpommern
Kölpinsee
Waren
Tollensesee
Uecker
Woldegk
Müritz
Oder
Prenzlau
Wesenberg
Unteruecker See
Boitzenburg
Diemitz
C
Fürstenberg
Zechlinerhütte
POLEN
Vierraden
Schwedt an der Oder
Tornow
Angermünde
Mildenberg
Zehdenick
Neuruppin
Brandenburg
Chorin
Oderberg
Bückwitz
Ruppiner See
Oder-Havel-Kanal
Niederfinow
Altfriesack
Eberswalde
Schiffmühle
Rhin-Kanal
Bad Freienwalde
Wandlitz
Linum
Oranienburg
Zühlsdorf
Bernau
Velten
Hohen Neuendorf
Oder
Havelkanal
Stolpe
Schildow
D
Nauen
Münchehofe
Falkensee
Elstal
Berlin
Müncheberg
Fahrland
Rüdersdorf
Brandenburg
Erkner
POTSDAM
Havel
Ketzin
Geltow
Spree
5
Fürstenwalde
Frankfurt a.d. Oder
6
Glindow
Werder

1
2
3
Walbeck
Haldensleben
Jersleben
Burg bei Magdeburg
Morsleben
Hundisburg
Mittelland-Kanal
Elbe
Alleringersleben
Wefensleben
Görzke
E
MAGDEBURG
Möckern
Ampfurth
Klein Wanzleben
Pretzien
Oschersleben
Schönebeck
Hessen
Zerbst
Thießen
Klein Quenstedt
Sachsen-
Halberstadt
Brumby
Ilsenburg
Wernigerode
Nienburg
Aken
Vockerode
Elbe
Wörlitz
Harzquerbahn
Rübelandbahn
Elbingerode
Quedlinburg
Dessau
Blankenburg
Aschersleben
Bernburg
Köthen
Rübeland
Bad Suderode
Zschornewitz
Anhalt
Tanne
Altenbrak
Gernrode
Muldenstein
Hettstedt
Sandersleben
Libehna
Wolfen
Harzgerode
Wippra
Wippertalbahn
Klostermansfeld
Zörbig
Straßberg
Ritzgerode
Augsdorf
Friedeburgerhütte
Bitterfeld
Mulde
Ilfeld
Niedersachswerfen
Stolberg
Wettelrode
Siersleben
Polleben
Brehna
F
Neustadt/Harz
Helbra
Wimmelburg
Saale
Nordhausen
Erdeborn
Halle
Bleicherode
Nohra
Sangerhausen
Gebra
Immenrode
Steinthaleben
Bad Lauchstädt
Werra
Leipzig
Heiligenstadt
Sondershausen
Bad Frankenhausen
Artern
Querfurt
Merseburg
Weiße Elster
Dingelstädt
Sollstedt
Leuna
Zella
Obermehler
Steigra
Ebersroda
Bad Dürrenberg
Lengenfeld unterm Stein
Schlotheim
Mühlhausen
Oldisleben
Schillingstedt
Beichlingen
Billroda
Gleina
Laucha
Großkorbetha
Weißensee
Weißenfels
Heyerode
Burkersroda
Hohenmölsen
Pegau
Thüringen
Sömmerda
Eckartsberga
Naumburg
Groitzsch
Bad Kösen
Deuben
Großfahner
Herbsleben
Großheringen
Stößen
Würchwitz
Bad Sulza
Schmiedehausen
Kretzschau
Meuselwitz
Creuzburg
Tüngeda
Elxleben
Ilm
Camburg
Zeitz
Rositz
Ballstädt
ERFURT
Weimar
Apolda
G
Wenigenlupnitz
Altenburg
Gotha
Bechstedtstraß
Tautenburg
Eisenach
Pferdingsleben
Buchfart
Saale
Weiße Elster
Jena
Ingersleben
Schleifreisen
Vitzeroda
Mühlberg
Bad Berka
Gera
Ronneburg
Friedrichroda
Kranichfeld
Schwarza
Stadtroda
Mörsdorf
Bad Salzungen
Arnstadt
Geisenhain
Merkers
Ohrdruf
Tambach-Dietharz
Dienstedt-Hettstedt
Wünschendorf
Crimmitschau
Trusetal
Werra
Stadtilm
Kleineutersdorf
Kahla
Mittelpöllnitz
Blankenhain
Frankenhain
Gräfenroda
Uhlstädt
Neustadt/Orla
Weida
Werdau
Schmalkalden
Elgersburg
Singen
Freienorla
Dreitzsch
Dermbach
Ilm
Oppurg
Niederschmalkalden
Martinroda
Rudolstadt
Heilingen
Weira
Linda
Auma
Leubnitz
Oberhof
Ilmenau
Unterwellenborn
Pößneck
Göhren-Döhlen
Greiz
Reichenbach
Wasungen
Zella-Mehlis
Saalfeld
Kamsdorf
Zeulenroda
Elsterberg
Walldorf
Saale
Meiningen
Suhl
Kaulsdorf
Hohenwarte
Ziegenrück
Netzschkau
Lengenfeld
Obermaßfeld-Grimmenthal
Oberweißbach
Jocketa
Untermaßfeld
Belrieth
Hinternah
Möschlitz
Schleusingen
Lichte
Eliasbrunn
Syrau
Rodewisch
Schleusegrund
Plauen
Lauscha
Lehesten
Saalburg
Kloster Veßra
Wurzbach
Falkenstein
H
Ernstthal
Hildburghausen
Weiße Elster
Engnitzthal
Sonneberg
Adorf
Heubisch
Bayern
1
2
3

4
5
6
4
5
6
E
F
G
H
Schmielowsee
Seddin
Beelitz
Brück
Frankenförde
Luckenwalde
Klein Marzehns
Marzahna
Wittenberg
Elster
Elbe
Schönewalde
Rangsdorf
Wildau
Königs Wusterhausen
Zeesen
Saalow
Zossen
Friedersdorf
Bad Saarow
Pieskow
Lindenberg
Märkisch Buchholz
Spreewaldbahn
Spree
Pretschen
Klasdorf
Zützen
Straupitz
Lübbenau
Goßmar
Brandenburg
Oder
Oder-Spree-Kanal
Eisenhüttenstadt
Peitz
Grießen
POLEN
Forst
Cottbus
Lebusa
Trebbus
Doberlug
Domsdorf
Finsterwalde
Bad Schmiedeberg
Lebien
Großtreben
Wellaune
Torgau
Schwarze Elster
Bad Liebenwerda
Lauchhammer
Senftenberg
Koßdorf
Kosilenzien
Plessa
Pulsnitz
Hoyerswerda
Neiße
Wittichenau
Uhsmannsdorf
Pleiße
Thallwitz
Wurzen
Oschatz
Nünchritz
Prausitz
Luga
Weißenberg
Naunhof
Grimma
Ragewitz
Ostrau
Zehren
Meißen
Niederau
Moritzburg
Pulsnitz
Demitz-Thumitz
Bautzen
Görlitz
Sachsen
Ballendorf
Ebersbach
Neukirchen
Geithain
Hartha
Döbeln
Ziegra
Waldheim
Coswig
Cossebaude
Radebeul
DRESDEN
Putzkau
Wilthen
Sohland
Löbau
Großschweidnitz
Kriebstein
Nossen
Tanneberg
Wilsdruff
Elbe
Kottmarsdorf
Obercunnersdorf
Oberoderwitz
Rochlitz
Roßwein
Siebenlehn
Freital
Wechselburg
Stausee
Arnsdorf
Krummenhennersdorf
Reinsberg
Bannewitz
Stadt Wehlen
Neugersdorf
Hirschfelde
Lunzenau
Mittweida
Schönborn-Dreiwerden
Großschirma
Halsbrücke
Windbergbahn
Maxen
Pirna
Rathen
Seifhennersdorf
Großschönau
Wolkenburg
Burgstädt
Gersdorf
Bräunsdorf
Hilbersdorf
Colmnitz
Großröhrsdorf
Weesenstein
Bad Schandau
Ottendorf
Zittau
Olbersdorf
Frankenberg
Freiberg
Königstein
Jonsdorf
Hartmannsdorf
Niederwiesa
Flöha
Falkenau
Niederbobritzsch
Reichstädt
Berggießhübel
Bielatal
Chemnitz
Erdmannsdorf
Hohenfichte
Müdisdorf
Mulda
Hermsdorf
Hohenstein-Ernstthal
Augustusbg.
Leubsdorf
Großhartmannsdorf
Hennersdorf
Dittmannsdorf
Dorfchemnitz
Oberlungwitz
Einsiedel
Grünhainichen
Dörnthal
Lugau
Stollberg
Lengefeld
Neuhausen
Zwickau
Gelenau
Krumhermersdorf
Wernsdorf
Seiffen
Oelsnitz
Dorfchemnitz
Pockau
Ehrenfriedersdorf
Wolkenstein
Olbernhau
Deutscheinsiedel
Deutschneudorf
Zwönitz
Geyer
Wiesenbad
Pobershau
Schneeberg
Aue
Tannenberg
Annaberg
Zschorlau
Schlettau
Schwarzenberg
Markersbach
Jöhstadt
Eibenstock
Erla
Pöhla
Antonsthal
Rittersgrün
Morgenröthe-Rautenkranz
Hammerunterwiesenthal
Johanngeorgenstadt
Klingenthal
TSCHECHIEN
0
25
50 km